राजीव भार्गव

राजीव भार्गव का जन्म 1954 में हुआ। शिक्षा दिल्ली और ऑक्सफ़ोर्ड से प्राप्त की। दिल्ली विश्वविद्यालय और जवाहरलाल नेहरू विश्वविद्यालय में अध्यापन किया। विभिन्न विश्वविद्यालयों में व्याख्यान दे चुके हैं; विज़िटिंग प्रोफ़ेसर के पद पर रहे हैं और फ़ेलो के रूप में हार्वर्ड विश्वविद्यालय (संयुक्त राज्य अमेरिका), ब्रिस्टल विश्वविद्यालय (यूनाइटेड किंगडम), इंस्टीट्यूट ऑफ़ एडवांस्ड स्टडीज़ (जेरुसलम), विस्सेन शॉफ़्ट्स कॉलेज (बर्लिन) तथा दी इंस्टीट्यूट फ़ॉर ह्यूमन साइंसेज़ (विएना) से जुड़े रहे हैं। इसके अलावा इंस्टीट्यूट फ़ॉर रिलीजन, कल्चर एंड पब्लिक लाइफ़, कोलम्बिया विश्वविद्यालय में विशिष्ट रेज़िडेंट स्कॉलर तथा साइंसेज़ पो (पेरिस) के एशिया चेयर भी रह चुके हैं। 2015-17 के दौरान स्टैनफ़ोर्ड (कैलीफ़ोर्निया), त्सिंगुआ (बीजिंग) तथा न्यूयॉर्क विश्वविद्यालयों में बर्ग्रुएन फ़ेलो रहे हैं। 2014-18 के मध्य इंस्टीट्यूट ऑफ़ सोशल जस्टिस, एसीयू (सिडनी) में प्रोफ़ेशोरियल फ़ेलो, 2022 में लाइपज़िग विश्वविद्यालय (जर्मनी) में सीनियर रिसर्च फ़ेलो रहे।

उनकी प्रकाशित एवं चर्चित कृतियों में प्रमुख हैं—'बिटवीन होप एंड डिस्पेयर', 'इंडिविडुअलिज़्म इन सोशल साइंस', 'ह्वाट इज़ पॉलिटिकल थिअरी एंड व्हाइ डू वी नीड इट?' तथा 'द प्रॉमिज़ ऑफ़ इंडियाज़ सेक्युलर डेमोक्रेसी'। 'सेक्युलरिज़्म एंड इट्स क्रिटिक्स', 'पॉलिटिक्स एंड एथिक्स ऑफ़ द इंडियन कॉन्स्टिट्यूशन' तथा 'पॉलिटिक्स, एथिक्स एंड द सेल्फ़ : री-रीडिंग हिंद स्वराज' उनकी सम्पादित पुस्तकें हैं।

बेलिअल कॉलेज, ऑक्सफ़ोर्ड (यूनाइटेड किंगडम) में मानद फ़ेलो हैं। सेंटर फ़ॉर द स्टडी ऑफ़ डेवलपिंग सोसायटीज़, दिल्ली में मानद फ़ेलो और इसके पारेख इंस्टीट्यूट ऑफ़ इंडियन थॉट के निदेशक हैं।

दिल्ली में पत्नी तानी व दो पुत्रियों अरण्यानी एवं वन्या के साथ रहते हैं।

अभिषेक श्रीवास्तव

स्वभाव से घुमक्कड़ अभिषेक श्रीवास्तव काशी हिन्दू विश्वविद्यालय से गणित में औपचारिक शिक्षण और भारतीय जनसंचार संस्थान से पत्रकारिता में प्रशिक्षण प्राप्त हैं। अपने कैरियर के शुरुआती दस साल मीडिया संस्थानों में नौकरी को देने के बाद पिछले दस सालों से उन्होंने अनुवाद और स्वतंत्र लेखन को ही अपने जीवनयापन का रास्ता बना लिया है। हाल ही में उनके अनूठे अनुवाद में जॉर्ज ऑरवेल का विश्वप्रसिद्ध उपन्यास '1984' प्रकाशित हुआ है। पिछले 11 वर्षों में की गई कई यात्राओं के बाद लिखा गया, एथ्नोग्राफ़िक यात्रा-आख्यान 'कच्छ कथा' उनकी पहली मुकम्मल किताब है।

राष्ट्र और नैतिकता

नए भारत से उठते 100 सवाल

राजीव भार्गव

अनुवाद
अभिषेक श्रीवास्तव

राजकमल पेपरबैक्स

Bloomsbury India द्वारा 2023 में प्रकाशित 'Between Hope and Despair : 100 Ethical Reflections on Contemporary India' का अनुवाद

राजकमल पेपरबैक्स में
पहला संस्करण : 2024

राजकमल पेपरबैक्स : उत्कृष्ट साहित्य के जनसुलभ संस्करण

राजकमल प्रकाशन प्रा. लि.
1-बी, नेताजी सुभाष मार्ग, दरियागंज
नई दिल्ली-110 002

शाखाएँ : अशोक राजपथ, साइंस कॉलेज के सामने, पटना-800 006
पहली मंजिल, दरबारी बिल्डिंग, महात्मा गांधी मार्ग, प्रयागराज-211 001
1, अनमोल सोराबजी सन्तुक लेन, धोबी तलाव, मरीन लाइंस, मुम्बई-400 002
वेबसाइट : www.rajkamalprakashan.com
ई-मेल : info@rajkamalprakashan.com

विकास कम्प्यूटर एंड प्रिंटर्स
ट्रॉनिका सिटी-201 102
द्वारा मुद्रित

मूल्य : ₹499

RASHTRA AUR NAITIKATA : Naye Bharat Se Uthte 100 Sawal
by Rajeev Bhargava

ISBN : 978-93-6086-719-5

मेरे नाती मिरान और उसकी पीढ़ी के सभी
बच्चों के भविष्य की खातिर

क्रम

आभार

अपने अकादमिक जीवन के चालीस वर्षों के दौरान मैंने कुल पाँच अख़बारी लेख लिखे थे। फिर भी, जाने किस कारण से बीते दशक में कई राष्ट्रीय और अन्तरराष्ट्रीय अख़बारों व साप्ताहिकों ने मुझसे लिखने के लिए सम्पर्क किया। संकोच और आत्मविश्वास की कमी के चलते मैं लगातार सबको मना करता रहा। मुझे लगता था कि अकादमिक क्षेत्र से बाहर के सामान्य और विशाल पाठक-समूह के लिए लिखने की सलाहियत मुझमें नहीं है। जब द *हिन्दू* की मिनी कपूर ने मुझसे एक स्तम्भ लिखने के लिए सम्पर्क किया तो साप्ताहिक के नाम पर ही मैं अटक गया। मुझे लगा कि एक नियमित स्तम्भ लिखने का दबाव मेरे अकादमिक लेखन को प्रभावित कर सकता है।

तब मेरी बेटी वन्या और अरण्यानि और इनके पति शिव और गणेश ने मुझे लगातार मनाने का काम किया कि मैं अपनी क्लास से बाहर निकलूँ और सामान्य पाठकों के लिए लिखूँ। ख़ासकर, वन्या और शिव ने इस बात पर ज़ोर दिया कि उनके दोस्तों और जाननेवालों को राजनीतिक सिद्धान्तों की समझदारी की बहुत दरकार है। मेरी पत्नी तानी ने भी हमेशा की तरह उत्साहपूर्वक मुझे प्रोत्साहित किया। इसलिए इन सबका मैं धन्यवाद देना चाहूँगा कि इन्होंने मुझे एक अकादमिक लेखक से एक सामान्य लेखक बनने में मदद की।

मैं द *हिन्दू* की सम्पादकीय टीम को भी, ख़ासकर मिनी कपूर और वी.आर. श्रीनिवासन को धन्यवाद देना चाहूँगा कि मेरी शुरुआती टालमटोल के बावजूद उन्होंने हार नहीं मानी। अन्ततः, मैंने तीन शर्तों पर अपनी सहमति दी। पहली कि मैं हर पखवाड़े लिखूँगा, हर सप्ताह नहीं। दूसरे कि विषय को चुनने के लिए मैं स्वतंत्र रहूँगा। और तीसरे कि विषयवस्तु बेशक समकालीन घटनाक्रम से जुड़ी होगी लेकिन उसका व्यापक सामाजिक, राजनीतिक और दार्शनिक महत्त्व होगा। वन्या का ज़ोर इस बात पर था कि हर लेख युवा पाठक को ध्यान में रखते हुए अवधारणात्मक स्पष्टता पर ज़ोर देनेवाला हो। तानी और वान्या दोनों ने ही विषयों को चुनने में मदद की और मेरे लिखे को पढ़ा, यह सुनिश्चित करने के लिए कि पठनीयता बनी रहे। द *हिन्दू* के कॉपी सम्पादक मुरली कृष्णस्वामी, राधिका संथानम और जी.एल.

नारायणन ने भी इसे सुनिश्चित करने में अपनी भूमिका निभाई।

आरम्भ में इस स्तम्भ का नाम था 'द पब्लिक आइ' और यह 'संडे रिव्यू' में प्रकाशित होता था। बाद में जब संडे का सप्लीमेंट बन्द हो गया और यह स्तम्भ ओप-एड पन्ने पर चला गया तो मुझे लिखने के लिए थोड़ी और जगह मिली। कोई पचासेक लेखों के बाद मेरा दम छूटने लगा। लगा कि अब नहीं हो पाएगा। इस मौक़े पर श्रीनिवासन ने मुझमें हौसला भरा। कुछ दोस्त मेरे नियमित पाठक थे जो काफ़ी सतर्कता के साथ पढ़ते और अपनी आलोचनात्मक प्रतिक्रियाएँ भेजते थे। इनमें आलोक राय, शालिनी आडवाणी और चार्ल्स टेलर प्रमुख थे। कुछ और पाठक भी थे जिनका सहयोग मिलता रहा था, जैसे पैट्रिक ओलिवेल, हामिद अंसारी, पामेला फिलिपोस, रंजिनी ओबेयसेखेरे, नीलाद्रि भट्टाचार्य, डॉ. अम्बरीश मित्तल, लॉरा वीसबर्ग, संजीव भार्गव, डेनियल बेल, राघवेंद्र गडगकर, ऋतु मेनन, अनु चेनॉय, हिलाल अहमद, निकोलस कॉमप्रिदिस, शबाना आज़मी, जावेद अख़्तर, जो कारेन्स, टी.एम. कृष्णा और जैक हॉली। प्रताप भानु मेहता, योगेंद्र यादव और मुकुल मांगलिक ने यह बताकर मुझे आश्वस्त किया कि मेरे लेख वे अपने छात्रों के बीच वितरित करते रहे हैं। इससे मुझे लिखते रहने की प्रेरणा मिली। इसके अलावा, तत्काल प्रतिक्रिया का भी अपना एक मूल्य होता है, जिसके लिए मैं चित्रा जोशी, निलुफर गोले, असफ सवत, डॉ. नवीन डांग, अनूप झालानी, सुदीप्तो मंडल, राकेश पांडे, अनन्या वाजपेयी, पॉगी मेनन, डॉ. अमित सेन, कमलिनी दत्त, तनिका सरकार, मिनी और अभि चटर्जी, निलांजना कविराज, मदन लोकुर, रोमिला थापर, दीपक नैयर, दीपंकर गुप्ता, अजय शंकर, सीमा चिश्ती, के.टी. रवींद्रन, संजय बारू, डेविड वोंग, एंथनी बार्नेट, पामेला डेलार्गी, एंड्रयू और पेगोटी ग्राहम, ऑबे टेलर, निस्सीम, मन्नथुकारेन, रमेश दीक्षित, राजेंद्र प्रसाद, आर्यमा, सुधा मोहन, पार्थिव शाह, अनन्त शाह और अन्वेष सतिपति का आभारी हूँ। कई और नाम हैं जो छूट गए हैं, लेकिन मेरा उन्हें धन्यवाद देना बनता है। मैं उन अनगिनत युवाओं, ख़ासकर छात्र-छात्राओं के नाम भी यहाँ नहीं दे पा रहा जिन्होंने मुझे सन्देश भेजे। उनकी उत्तेजक टिप्पणियों के लिए उन्हें कोई भी धन्यवाद कम ही होगा। इसी तरह, अपनी ऑनलाइन टिप्पणियों से *द हिन्दू* के कई पाठकों ने मुझे लिखते रहने का बल दिया। कुछ ने तो मेरा ईमेल एड्रेस खोजने के लिए काफ़ी मेहनत की थी। जैसे, सबसे ज़्यादा सुखद और सन्तोषजनक टिप्पणी एक स्टार्ट-अप के सीईओ विवेक की आई, जिसने लिखा था, "मैं बुरा व्यक्ति नहीं हूँ लेकिन अपनी अज्ञानता और एक अच्छे शिक्षक की कमी के चलते मैं आन्तरिक अच्छाइयों के बजाय बाहरी चीज़ों के चक्कर में पड़ गया। अब मैं इनका फ़र्क़ समझ पाया हूँ तो ख़ुद से सवाल कर रहा हूँ कि मुझे किस क़िस्म की अच्छाई की चाहत है और क्यों। आपने बाहरी और आन्तरिक अच्छाइयों के बीच का फ़र्क़ बहुत अच्छे से समझाया है।"

मुझे इस बात की ख़ुशी है कि 2017 से 2020 तक और 2022 में कुछ समय तक यानी कुल तीन वर्ष से ज़्यादा समय तक यह स्तम्भ मैं चला सका। अख़बारी लेखों का जीवन छोटा होता है, लेकिन छोटे लेख उन लोगों के लिए सुविधाजनक होते हैं जिनके पास जटिल और अहम मुद्दों पर पढ़ने का वक़्त कम होता है। इसीलिए जब इन लेखों को पुस्तकाकार प्रकाशित करने का सुझाव आया तो मैं सहर्ष तैयार हो गया। ऐसे संग्रह का एक लाभ यह होता है कि पाठक अपनी तात्कालिक रुचि के विषय के एकाध लेख उठाकर तुरन्त पढ़ सकता है, जैसे कि वह कोई अख़बारी लेख हो, और आगे उसके आधार पर सोचता रह सकता है। हिलाल अहमद को मैं धन्यवाद देना चाहूँगा कि उन्होंने ब्लूम्सबरी इंडिया के चंद्र शेखर से मेरा सम्पर्क करवाया। मुझे उम्मीद है कि यह साझा प्रयास इस संग्रह के पाठकों के लिए सुखद, उपयोगी और लाभप्रद साबित होगा।

प्रस्तावना

भारत की सामूहिक नैतिक पहचान बहुत दबाव में है। हम सबकी भलाई किस चीज़ में है, इस पर देश में कोई आम सहमति नहीं दिखती। कुछ लोगों की तो इस अफ़साने में ही आस्था नहीं रह गई है कि हम एक बहुलतावादी संवैधानिक लोकतंत्र हैं। उनके लिए भारत में हो रहे बदलाव अच्छे हैं। वे मानते हैं कि भारत आख़िरकार अपनी हिन्दू पहचान को वापस पा रहा है और फिर से एक महान राष्ट्र-राज्य बनने की राह पर है। जिन लोगों की आस्था अब भी उपनिवेश-विरोधी संघर्ष के दौरान विकसित दृष्टि में क़ायम है, वे मानते हैं कि देश में आजकल हो रहे बदलाव बहुत चिन्ताजनक हैं और हम अपने सभ्यतागत चरित्र को गँवा देने के कगार पर पहुँच चुके हैं। ऐसे लोग हताश हैं। मोटे तौर पर हम लोग आजकल इन्हीं दो ख़ेमों में बँटे हुए हैं। बिलकुल अलहदा नज़रिये वाले इन दो समूहों को अपने-अपने पक्ष पर चर्चा करने के लिए साथ ला पाना क्या सम्भव है, वो भी ऐसे कि वे खुले दिमाग़ से एक तर्कसंगत विमर्श कर सकें? मुझे लगता है, यह हो सकता है। मेरी आस्था अब भी समावेशी दृष्टि में है। इसलिए समकालीन घटनाओं पर विचार के माध्यम से मैं दूसरे पक्ष के साथ संवाद की दिशा में पहला क़दम उठाना चाहूँगा। मुझे उम्मीद है कि इस गणराज्य की नींव रखनेवाले भव्य आख्यान का स्मरण करा कर हमारे नैतिक आदर्शों में निहित तत्त्वों को आपके समक्ष मैं स्पष्ट कर सकूँगा। मेरा मानना है कि जो लोग भारत के समावेशी और बहुलतावादी विचार में भरोसा खो चुके हैं, उनकी जायज़ चिन्ताओं को भारत के संवैधानिक लोकतंत्र के बुनियादी खाँचे में सम्बोधित किया जा सकता है। हमारी बुनियादी समझ साफ़ हो और इस गणतंत्र को खड़ा करनेवाली मूल दृष्टि की नैतिक भाषा की हमें क़ायदे से समझ हो तो अब भी हम इस देश को और ज़्यादा ध्रुवीकृत होने से बचा सकेंगे और सम्भव है कि कुछ दरारों को भी भर पाएँ। मुझे उम्मीद है कि इस छोटी-सी किताब को पढ़ने के बाद भारत की मूल दृष्टि को ख़ारिज कर चुके लोग एक बार पुनर्विचार करेंगे और जो लोग हाल ही में भ्रम का शिकार हुए हैं, उनके कुछ भ्रम दूर होंगे। कम-से-कम इतना तो होगा ही कि मेरे और मेरे जैसे लोगों के ख़िलाफ़ अपनी असहमतियों को वे थोड़ा और सफ़ाई से देख-समझ पाएँगे। हमारे देश को यदि समृद्ध होना है, या कहें बचे

रहना है तो हम सबके लिए ज़रूरी है कि हम लोग आपस में बातचीत शुरू करें।

हम सभी सपने देखते हैं। हमारे सपने बेहतर भविष्य के लिए होते हैं। बेहतर भविष्य के रास्तों की तलाश हमारी ज़िन्दगी को दिशा देती है, उद्देश्य देती है, गतिशीलता का बोध कराती है। हम जान पाते हैं कि अभी हमारी स्थिति क्या है और आगे हमारे लक्ष्य क्या हैं। यही बात जीवन को सार्थक और जीने योग्य बनाती है। हम लोगों में से कोई भी ऐसा नहीं है जो महज़ ज़िन्दा हो; हम सब जीवन को एक यात्रा की तरह जीते हैं जिसमें हमें उम्मीद और नाउम्मीदी के उतार-चढ़ावों के नाटकीय अनुभव होते हैं।

सपने हम सब अकेले ही देखते हैं, लेकिन कुछ सपने मिलकर भी देखे जाते हैं। मसलन, एक परिवार, समुदाय, देश और यहाँ तक कि मानवता के बतौर हम सामूहिक सपने भी देखते हैं। सामूहिक सपनों को संवाद की ज़रूरत होती है। हमें एक-दूसरे को सुनने, जानने और एक आदर्श सामूहिक जीवन के बारे में अपने विचारों का आपस में आदान-प्रदान करने की ज़रूरत होती है। इसके बग़ैर मेरा, आपका और सबका 'मैं' मिलकर 'हम' में कैसे बदल पाएगा? सामूहिक सपनों को बुनने के लिए ज़रूरी शर्त यह होती है कि लोग एक जैसा सोचते हों। इस साझा सोच को पहले गढ़ना होता है। उन्नीसवीं सदी के अन्त और बीसवीं सदी के आरम्भ में ऐसे साझा मानस के बनने की शुरुआत हुई थी, जब हमने ख़ुद को 'भारतीय' समझना शुरू किया। साथ मिलकर ही हम इस अहसास पर पहुँचे थे कि यह देश एक इकाई के बतौर किसी विदेशी शासन के मातहत है। वे इसलिए विदेशी नहीं थे क्योंकि उनका रंग या धर्म अलग था या कि वे कहीं दूर से आए थे। वे इसलिए विदेशी थे क्योंकि उनमें से ज़्यादातर लोग हमारी संस्कृति के बारे में अनजान थे। हम लोग ख़ुद को जैसा देखते थे और जैसा जीवन बिताने की चाह रखते थे, उससे उनका कोई सरोकार नहीं था। उन्नीसवीं सदी के मध्य में उन्होंने हमारे साथ घुलना-मिलना बन्द कर दिया। वे सत्ताधारी की भूमिका में आने लगे और हमें अपने से हीन समझने लगे। वे लोग हमें ज़्यादातर अपने हित-साधन का एक औज़ार मानते थे और हमारे सहारे अपने सपनों को पूरा करते थे। उनके सपनों में हमारे लिए कोई जगह नहीं थी।

हमारा पहला सामूहिक स्वप्न इनसे निजात पाने और अपनी सरकार बनाने का था। जीवन-जगत के तमाम क्षेत्रों के लोग औपनिवेशिक राज से लड़ने के लिए साथ आए और इसी प्रक्रिया में उन्हें अहसास हुआ कि वे एक हैं। इस सपने का केन्द्रीय तत्त्व स्वराज था। सवाल यह था कि स्वराज की प्राप्ति के बाद क्या किया जाए? हम कैसा समाज या राष्ट्र बनाएँगे, जब हमारे हाथ में सामूहिक रूप से सत्ता आ जाएगी?

किसी चीज़ के ख़िलाफ़ साथ आना हमेशा आसान होता है, ख़ासकर तब

जब हमारे सामने एक उत्पीड़क हो। लेकिन इसके आगे जब हम और ठोस ढंग से सोचना शुरू करते हैं कि हमारे सपनों का समाज कैसा होगा, तब मतभेद उभर कर सतह पर आ जाते हैं। ये मतभेद काफ़ी बड़े हो सकते हैं। ऐसा ख़ासकर उन लोगों के साथ घटता है जिनका इतिहास हज़ारों साल का होता है और जिन्हें नए विचारों और लोगों के साथ सिलसिलेवार साक्षात्कारों का तज़ुर्बा होता है। इसीलिए विविधता अपने साथ एक तनाव भी लेकर आती है, जो सामूहिक सपने देखने को थोड़ा जटिल बना देता है। इसके बावजूद हमने विविधताओं की एकजुटता का सपना देखा। अपने बीच के अन्तरों को हमने सकारात्मक ढंग से सँजोया, न कि ख़ुद को नष्ट हो जाने दिया। हम इससे समृद्ध हुए। हमने एकजुट होकर एक दृष्टि विकसित की जिसने हमें बेहतर सामूहिक जीवन की दिशा और उद्देश्य दिया।

हमने स्वतंत्र और समान व्यक्तियों का एक समाज बनाने का सपना देखा। हमने ऊँच-नीच को ख़त्म करने का सपना देखा। हमने हर व्यक्ति की जीवन की आकांक्षा के हिसाब से उसे अवसर और सामर्थ्य मुहैया करवाने का सपना देखा। एक साम्राज्य तले लम्बे समय तक रहने के बाद हमने उत्तर-औपनिवेशिक विश्व-व्यवस्था में अपनी सही जगह पाने का सपना देखा जिसके भीतर दुनिया के दूसरे हिस्सों में मौजूद लोगों को भी उनकी स्वतंत्रता और समानता हासिल करने में मदद करने की एक सदिच्छा निहित थी। इस पुस्तक में शामिल संक्षिप्त निबन्ध इसी उम्मीद पर लिखे गए हैं कि हमारा यह सपना अब भी ज़िन्दा है।

सामूहिक सपने देखने की जो दृष्टि होती है, उसमें 'कल्याण' या भलाई का विचार अपने आप निहित होता है। मैं चाहूँ तो सपने की जगह अच्छे जीवन की अवधारणा जैसा एक तकनीकी और दार्शनिक पद भी प्रयोग कर सकता हूँ। मार्टिन लूथर किंग ने जब कहा था कि उनके पास एक सपना है तो इसका अर्थ यह नहीं था कि नींद में उन्होंने कोई सपना देखा। उसका अर्थ था कि सभी अमेरिकियों के लिए, चाहे वे काले हों या गोरे, एक अच्छे जीवन की दृष्टि उनके पास थी। हम सामान्यत: जो कुछ भी चाहते हैं, भलाई उससे कहीं बड़ी चीज़ होती है। भलाई एक ऐसी चाहत होती है जिसे हम बहुत सचेत रूप से महत्त्वपूर्ण और सार्थक समझते हैं। इसीलिए अक्सर उसे पाने के लिए हमें मेहनत करनी होती है और उसे क़ायम रखने के लिए हम कुछ कम महत्त्व की चीज़ों का बलिदान करने को भी तैयार रहते हैं। कोविड के दौरान लगाए गए लॉकडाउन में घर पर रहने की चाहत बाहर जाकर लोगों से मिलने की चाहत के मुक़ाबले अच्छी थी क्योंकि उसमें सबका भला निहित था। क्रिकेट या संगीत में श्रेष्ठता प्राप्त करना, आत्मचिन्तन वाला जीवन व्यतीत करना, ईश्वर की खोज में जीवन को समर्पित कर देना, एक महान बुनकर के रूप में मान्यता की चाह पालना, उत्पीड़न-मुक्त और समतावादी समाज बनाने में योगदान देना—ये सब भलाई या अच्छाई की ही अवधारणाएँ हैं। ये महज़ स्फूर्त

इच्छाएँ नहीं हैं, नपी-तुली अच्छाइयाँ हैं।

चूँकि अच्छे और नैतिक के बीच एक मज़बूत रिश्ता होता है, इसीलिए मैंने पूरी किताब में 'नैतिक', 'नीति' और 'नैतिकता' जैसे शब्दों का प्रयोग किया है, जो अंग्रेज़ी के संस्करण में 'एथिक्स' के रूप में आता है। 'एथिक्स' एक ऐसा शब्द है जो इनसानी जीवन के दो महत्त्वपूर्ण आयामों को घेरता है। पहला आयाम किसी चीज़ के अच्छे या बुरे होने, सराहनीय या घृणास्पद होने के मूल्यांकन से ताल्लुक़ रखता है। हमें 15 अगस्त 1947 को आज़ादी मिली, यह एक तथ्य है, लेकिन यह कहना कि 15 अगस्त को आज़ादी मिलना अच्छी बात थी, इस तथ्य को एक एथिकल बयान में तब्दील कर देगा। चूँकि हम देश की आज़ादी को एक ऐसी सकारात्मक परिघटना के रूप में देखते हैं जिसकी हमें चाह थी और जिसे हासिल किया जाना था, इसलिए यह 'अच्छी' बात है। इसी अच्छाई के चलते हम हर साल 15 अगस्त का उत्सव मनाते हैं।

एथिक्स केवल अच्छे और बुरे तक सीमित नहीं है। इसका दूसरा आयाम अच्छे और बुरे होने के आकलन से जुड़ा है। फ़र्ज़ करिए, जय ने वीरू से पैसे लिए। ऐसा कह कर मैं कोई नैतिक बयान नहीं दे रहा हूँ, लेकिन अगर मैं कहता हूँ कि जय ने वीरू से पैसे लिये जिसे लौटाने की उसकी नीयत नहीं है, तब मेरे कहने का आशय यह होगा कि जय ने कुछ ग़लत किया है। सही और ग़लत व्यक्तिगत कृत्यों के सन्दर्भ में किए गए मूल्यांकन से पैदा होता है। कुछ विचार परम्पराओं और समाजों में सही और ग़लत कृत्यों पर बात करते वक़्त 'मोरालिटी' का प्रयोग करने का चलन है। इसे अगर माना जाए, तब हम कह सकते हैं कि मोटे तौर पर एथिक्स का मतलब मोरालिटी ही है, लेकिन दोनों एक नहीं हैं। मोरालिटी, एथिक्स का एक हिस्सा-भर है। वापस पिछले उदाहरण को देखें तो अब हम कह सकते हैं कि जय ने एक ऐसा काम किया था जो 'इम्मोरल' या अनैतिक है। कई संस्कृतियों में रोज़मर्रा के जीवन में मोरालिटी और एथिक्स को एक दूसरे की जगह पर रखकर बोलने का चलन है, पर बेहतर होगा कि हम दोनों को अलग-अलग बरतें। इस फ़र्क़ को समझने का अहम बिन्दु इस बात को रेखांकित करना है कि अपनी भलाई के चक्कर में हम दूसरों के साथ बुरा भी कर सकते हैं। मसलन, दौड़ में जीतने के लिए अपने प्रतिद्वंद्वी को लंगड़ी मारना ग़लत है। फुटबॉल में कोई खिलाड़ी दूसरी टीम के किसी खिलाड़ी को धक्का नहीं दे सकता। खेल में जीतना बेशक एक अच्छा काम है, लेकिन ऐसा आप ग़लत तरीक़ों से नहीं कर सकते। इसका मतलब यह है कि अच्छी ज़िन्दगी के सम्बन्ध में अपनी एक परिकल्पना निर्मित करना महत्त्वपूर्ण बात है पर यह दूसरों की भलाई की क़ीमत पर नहीं किया जाना चाहिए। वह अनैतिक होगा। यही बात उपनिवेशवाद को ग़लत और अनैतिक बनाती है। उपनिवेशवाद ने उपनिवेशकों के सपनों को तो साकार करने में मदद की, उनका तो भला किया,

लेकिन यह उपनिवेशितों, उत्पीड़ितों और शोषितों को नुक़सान पहुँचाकर किया। यह सरासर ग़लत था। इसी तर्ज़ पर हम कह सकते हैं कि ऊँची जाति के लोग भले ही अच्छे जीवन की अपनी कल्पना को साकार करने को स्वतंत्र हैं लेकिन ऐसा वे दूसरी जातियों और महिलाओं की क़ीमत पर नहीं कर सकते। इसीलिए उन्होंने वर्ण-व्यवस्था नाम की जो संस्थागत व्यवस्था स्थापित की, वह अपने आप में ग़लत थी क्योंकि उसके भीतर कमज़ोर समूहों को बड़े व्यवस्थित और नियमित रूप से शोषित और उत्पीड़ित करने का चलन था। इसीलिए, दरजेदार (पदानुक्रम पर आधारित) जाति व्यवस्था अनैतिक है।

इस पुस्तक में शामिल निबन्धों में नैतिक दृष्टिकोण से इन्हीं सारे विषयों पर विचार किया गया है जहाँ लगातार अच्छे और बुरे, सही और ग़लत के खाँचे में बात रखी गई है। यहाँ कई बातें भारत के संविधान से ताल्लुक़ रखती हैं क्योंकि संविधान भी एक नैतिक दस्तावेज़ है। भारत की संविधान सभा (1946-1949) ने अपनी बैठकों में सिर्फ़ सरकार की संरचना और सत्ता के संगठन पर बात नहीं की थी बल्कि एक साझा संवैधानिक नैतिकता का भी निरूपण किया था जिसे भारत में रहनेवाले सभी व्यक्तियों और समूहों को मानना था। संविधान यह बताने की कोशिश करता है कि हमारी तमाम चाहतों के बीच कौन-सी इच्छाएँ ऐसी हैं जो गुणात्मक रूप से बेहतर, सार्थक और लोकमंगलकारी हैं। इसी हिसाब से संविधान हमें सही कृत्यों का एक नैतिक खाँचा उपलब्ध कराता है जिसके दायरे में हमें अपना भला सुनिश्चित करना होता है। उन्हीं नैतिक कसौटियों के आधार पर संविधान हमें अपने लिए मंगलकारी जीवन को ख़ुद गढ़ने को कहता है। मसलन, अपना भला सोचते हुए हम दूसरों की आज़ादी में दख़ल न दें, या दूसरों की भलाई की उपेक्षा न करें। हमारा कल्याण उनके कल्याण में बाधक न बने।

सभी भारतीयों के लिए एक अच्छे जीवन और साझा नैतिकता की समग्र दृष्टि तीन शब्दों के इर्द-गिर्द बुनी गई है—'आज़ादी', 'बराबरी' और 'इंसाफ़'। ये महज़ शब्द नहीं हैं। यदि हम साझा नैतिकता का अनुपालन करते हैं तो निश्चित रूप से अपने साझा कल्याण की दिशा में सामूहिक परिकल्पना को अंजाम दे सकेंगे। यही परिकल्पना जब समृद्ध होगी तो हमारे बीच एकजुटता या भाईचारे को पैदा करेगी।

पुस्तक का एक बड़ा हिस्सा इसीलिए हमारी संवैधानिक नैतिकता से ताल्लुक़ रखता है। कई निबन्धों में मैंने समकालीन घटनाओं को उठाया है और उन पर प्रकाश डालते हुए नीतिगत और नैतिक अवधारणाओं का अर्थ, हमारे संवैधानिक मूल्यों की महत्ता और इनकी उपेक्षा करने के प्रतिकूल परिणामों को स्पष्ट करने की कोशिश की है। इस संवैधानिक नैतिकता के मुख्य लक्षणों को थोड़ा और विस्तार से समझा जा सकता है।

अव्वल तो यह बहुलतावाद के प्रति एक वचनबद्धता को अपने में समाहित

करती है। हमारा संविधान यह मानता है कि हम सबके लिए अच्छे जीवन की कोई एक परिकल्पना नहीं हो सकती और होनी भी नहीं चाहिए। संविधान की नज़र में भारत विविधताओं वाला देश है इसलिए यहाँ अच्छे जीवन व आत्मतोष की कई परिकल्पनाएँ एक साथ मौजूद हैं। अच्छे जीवन पर अवधारणाओं की यह बहुलता हमेशा से हमारे परिदृश्य का हिस्सा रही है। इसे छेड़ा नहीं जा सकता। ऐसा करना सम्भव भी नहीं है, न ही उसकी ज़रूरत है। यहाँ लोगों के अच्छे जीवन की परिकल्पना एक ईश्वर के प्रति आस्था पर भी निर्भर रही है (जैसे सिख, मुसलमान, ईसाई और कुछ हिन्दू भी), बहुदेववाद पर भी निर्भर रही है (हिन्दुओं में) और ईश्वर पर निर्भरता से मुक्त भी रही है (जैसे जैनी, बौद्ध, कुछ हिन्दू और आधुनिक नास्तिक)। अच्छे जीवन की ये सभी अवधारणाएँ वस्तुगत मानी जाती थीं, इस अर्थ में कि आत्मगत चाहतों या ज़रूरतों से ये बहुत ऊपर की चीज़ें थीं और इस पर एक क़िस्म की सर्वसहमति क़ायम थी। एक अच्छा जीवन क्या है और उसे कैसे बिताया जाना चाहिए, इस सवाल का कोई एक तयशुदा जवाब नहीं था। ईसाई, पारसी, मुसलमान, यहूदी, जैन, बौद्ध और तमाम हिन्दू पंथ जैसे शैव, वैष्णव, शाक्त, तांत्रिक और योगी—इन सब की अच्छे जीवन की अपनी-अपनी अलहदा अवधारणाएँ थीं। हमेशा से यह माना जाता रहा कि कल्याण की उच्चतर धारणाएँ या सत्य एक नहीं, एकाधिक हैं। ये नहीं तो कम-से-कम इतनी मान्यता तो थी ही कि ईश्वर या सत्य एक है पर उसे पाने के रास्ते अलग-अलग हैं।

इन तमाम अलहदा मान्यताओं, समुदाय-विशिष्ट सामूहिक परिकल्पनाओं और लोगों द्वारा इनकी विभिन्न व्याख्याओं की सुरक्षा का ज़िम्मा संविधान ने अपने ऊपर लिया है। इस क्रम में संविधान आज़ादी को सबसे बड़ा और बुनियादी मंगलकारी मूल्य मानता है क्योंकि इसके बग़ैर एक सार्थक जीवन की परिकल्पना सम्भव ही नहीं है। धर्म की स्वतंत्रता की संवैधानिक गारंटी यहीं से और ज़्यादा समृद्ध हो जाती है, जिसमें संगठित धर्म से आज़ादी भी शामिल है। कोई भी, किसी दूसरे की अच्छे जीवन की क़वायद को दबा नहीं सकता।

संविधान हमें केवल धार्मिक आज़ादी नहीं देता। इसके अलावा भी कई क़िस्म की स्वतंत्रताएँ संविधान में सुनिश्चित हैं : आवाजाही की आज़ादी, अभिव्यक्ति की आज़ादी, निजी आज़ादी (खाने-पीने, पहनने-ओढ़ने), राजनीतिक आज़ादी यानी सरकार से सवाल पूछने की आज़ादी और शान्तिपूर्ण ढंग से एकत्रित होने, सभा करने, आन्दोलन करने और प्रदर्शन करने की आज़ादी। इन आज़ादियों को क़ानूनी गारंटी प्रदान करने व इनमें इस्तक्षेप को दंडनीय बनाने के लिए कुछ अधिकारों की एक व्यवस्था की गई है। कुछ अधिकार ऐसे हैं जो समूह या समुदायों से ताल्लुक रखते हैं, जैसे अपने शैक्षणिक संस्थान स्थापित करने और चलाने का धार्मिक या भाषायी अल्पसंख्यकों को मिला अधिकार।

स्वतंत्रता के अलावा भारतीय संविधान बराबरी अथवा 'समानता' के मूल्य को अंगीकार करता है। भारत के ख़ास सन्दर्भ में यह मूल्य अतीत से एक निर्णायक प्रस्थान था, इसीलिए इसे सामाजिक और राजनीतिक क्रान्ति माना जाता है। उन्नीसवीं सदी के अन्त तक भारत में ऊँच-नीच की स्थिति बहुत विकट हो चुकी थी। मुख्यत: दो क़िस्म के पदानुक्रम ज़्यादा अहम रहे—जातिगत और लैंगिक। संविधान में समानता के मूल्य को अंगीकार कर के जाति और लिंग-आधारित असमानता को ख़त्म करने का एक बड़ा क़दम उठाया गया। उन्नीसवीं सदी तक जाति-व्यवस्था बहुत रूढ़ हो चुकी थी। इसके पीछे औपनिवेशिक राज का हाथ था। सार्वजनिक दायरों से शूद्र और अतिशूद्र के बहिष्करण तथा अस्पृश्यता का घृणास्पद चलन समाज में आम था। इसीलिए जब समानता को संविधान का केन्द्रीय तत्त्व माना गया तो इसे अतीत के पदानुक्रम से एक निर्णायक प्रस्थान के रूप में देखा गया। समानता ने लैंगिक असमानता और उसे सही ठहरानेवाले सिद्धान्तों को भी चुनौती दी, जो अतीत की तक़रीबन हर धार्मिक व गैर-धार्मिक विश्वदृष्टि का हिस्सा थे।

संविधान की प्रस्तावना में एक और आदर्श को उतना ही महत्त्वपूर्ण स्थान दिया गया है—इंसाफ़ या न्याय। न्याय का अर्थ यह है कि जिसका जो भी दाय है, उसे निष्पक्ष और बराबर ढंग से दिया जाना चाहिए। समाज में न्याय स्थापित करने का तरीक़ा शान्तिपूर्ण विमर्श और चर्चा है। यानी, न्याय को लोकतांत्रिक ढंग से स्थापित किया जाना है।

आम तौर से लोग लोकतंत्र को चुनावों तक सीमित कर के देखते हैं। लेकिन लोकतंत्र कहीं ज़्यादा व्यापक चीज़ है। इसका सम्बन्ध राजनीतिक स्वतंत्रता और समानता के साकारीकरण से है। हमारे संविधान में मूलभूत अधिकारों के खंड में लोकतंत्र के तमाम लक्षण बिखरे पड़े हैं। इसमें कई गारंटियाँ प्रदत्त हैं। पहली गारंटी समावेशी नागरिकता की है। धर्म, वर्ण, आदि के आधार पर कोई भी बहिष्कृत नहीं है। समावेश अपने आप में समानता लेकर नहीं आ जाता। यह बहुत सम्भव है कि किसी को एक समूह में समावेशित तो कर लिया जाए लेकिन उसे दोयम दरजे पर ही रखा और बरता जाए। इसीलिए नागरिकता में समानता की गारंटी होनी चाहिए। नागरिकता में कोई पदानुक्रमिक व्यवस्था नहीं होती। कोई पहले या दूसरे दरजे का नागरिक नहीं होता है। सब बराबर होते हैं। अगर सभी नागरिकों को बराबरी के साथ प्रभावी रूप से नागरिक कर्तव्य निभाने हैं तो यह ज़रूरी है कि सबका भौतिक कल्याण भी बराबर हो। इसका मतलब कि आम नागरिकों के भौतिक कल्याण और लोकतंत्र के बीच एक रिश्ता होना चाहिए। यह बात मूलभूत अधिकारों के खंड में नहीं, बल्कि राज्य नीति के दिशानिर्देशक सिद्धान्तों में वर्णित है। ये तीनों विचार हमारे लिए एकदम नए थे। लोकतंत्र की पैदाइश से पहले हम इस या उस साम्राज्य की प्रजा हुआ करते थे। बेशक, इनमें एकाध साम्राज्य ऐसे रहे जहाँ समावेशी प्रजातंत्र

के तत्त्व दिखाई देते थे। इसका अर्थ यह हो सकता था कि साम्राज्य की निगाह में हम सब भाषा या धर्म से बराबर हैं या यह भी कि हम सब सम्राट के बराबर कृपापात्र चाहे जिस कारण हों, यानी हमारी साम्राज्यवादी परम्पराओं में भी समावेश और बहुलता दोनों तत्त्व मौजूद थे। लेकिन 1950 में हमने एक झटके में उन सभी को बराबर शर्तों पर नागरिकता का हक दे दिया जो एक सुपरिभाषित परिक्षेत्र के निवासी थे। इसमें भाषा, धर्म, वर्ग, लिंग, पंथ, नस्ल आदि के दरजे ख़त्म कर दिए गए। हम सभी नए राजनीतिक समुदाय के बराबर सदस्य बन गए।

नागरिकता को समावेशी और समतावादी बनाकर हमने लोकतंत्र को न सिर्फ़ बहुलतावाद के साथ जोड़ दिया बल्कि इसमें से बहिष्कार और भेदभाव के तत्त्वों को भी समाप्त कर दिया। अधिकतम समावेश और समानता ने यह सुनिश्चित किया कि भारत की राज्य व्यवस्था का किसी एक धार्मिक या जातीय समूह के साथ ख़ास रिश्ता नहीं रहेगा जिसके चलते बाक़ी समूहों को बहिष्कार या भेदभाव झेलना पड़े। राजनीतिक धर्मनिरपेक्षता का यह तत्त्व ही तय करता है कि भारतीय राज्य स्वतंत्रता, समानता और बन्धुत्व के हित में सभी धर्मों से बराबर सैद्धान्तिक दूरी बनाकर चलेगा। इस अहम लक्षण के अभाव में एक धार्मिक समूह दूसरे पर अपना वर्चस्व बड़ी आसानी से क़ायम कर सकता था। इसके अलावा, लोकतंत्र की आदर्श चाल ही यह मानकर चलती है कि राजनीति को जहाँ तक सम्भव हो, शान्त रहना चाहिए। इससे तीन बातें निकलकर आती हैं। एक, राजनीतिक सत्ता का एक समूह से दूसरे तक हस्तांतरण शान्तिपूर्ण तरीक़े से होना है, अतीत के हिंसक तरीक़ों से नहीं। दो, एक मुक्त लोकवृत्त अस्तित्व में होना चाहिए जहाँ साझा मुद्दों पर खुल कर बात-बहस हो सके। चूँकि विचारों का मुक्त आदान-प्रदान अब सम्भव है, इसलिए असहमति का दमन नहीं किया जाएगा; बल्कि उसके साथ सहिष्णुता बरती जाएगी, यह बात भी इसी में निहित है। साथ ही यह भी कि अलहदा विचार वाले लोगों को स्थायी दुश्मन न मान लिया जाए, बस अस्थायी प्रतिस्पर्धी माना जाए। तीसरे, अच्छे जीवन की अलहदा परिकल्पनाएँ करनेवाले नागरिकों के बीच बन्धुत्व स्थापित करने के लिए स्वैच्छिक समझौते और वार्ता की राह चुनी जाए।

लोकतंत्र का यह विचार हमने अपनी परम्परा के भीतर मौजूद तत्त्वों से ही निर्मित किया था। इनमें वैदिक काल से निरन्तर चली आ रही बहुदेववाद की बहुलतावादी सामाजिक प्रथा थी; प्राचीन कुनबाई गणतंत्रों की तर्ज़ पर संवाद आधारित सरकार की प्रथा थी; तथा टकरावों के समाधान के लिए युद्ध से इनकार और समुदायों के बीच परस्पर सम्मान के स्वीकार की भावना थी, जिसकी जड़ें सम्राट अशोक तक जाती हैं। इसके अलावा, हमारी परम्परा में मौजूद कुछ लोकतंत्र विरोधी तत्त्वों को काट-छाँटकर भी लोकतंत्र को बनाया गया था। लोकतंत्र ने जो नई नीति अपनाई, उसमें वैदिक काल के अतिपौरुषेय आचार, अर्थशास्त्र की

राजनीति, धर्मशास्त्र के पदानुक्रमिक वर्ण-तंत्र, तक़रीबन सभी राजतंत्रों में निहित निरंकुशता के तत्त्वों और ब्रिटिश साम्राज्य के शोषणकारी राज को ख़ारिज कर दिया गया। इस तरह हमारी संवैधानिक नैतिकता में परम्परा की निरन्तरता और अलगाव दोनों के दर्शन होते हैं।

भारत में आज भी कुछ समता-विरोधी, लोकतंत्र-विरोधी और स्वतंत्रता-विरोधी परम्पराएँ मौजूद हैं। यही वजह है कि एक न्यायपूर्ण सामाजिक और राजनीतिक व्यवस्था क़ायम करने के लिए स्वतंत्रता-प्रेमी और समतावादी संवैधानिक नैतिकता के समक्ष ख़तरे केवल बाहरी नहीं, आन्तरिक भी हैं। इस पुस्तक में शामिल निबन्ध भारतीय संविधान की नैतिक दृष्टि के समक्ष मौजूद इन आन्तरिक ख़तरों और कारकों की ओर भी ध्यान खींचते हैं ताकि कुछ ख़ास सामाजिक और राजनीतिक तत्त्वों के कुकृत्यों से नागरिक जीवन पर पड़नेवाले दुष्प्रभावों के प्रति लोगों को जागरूक किया जा सके।

भारत में तमाम लोग इस जागरूकता की ज़रूरत को आज शिद्दत के साथ महसूस कर रहे हैं। ज़ाहिर है, पचहत्तर साल का यह सामूहिक सफ़र ऐसे बहुत से परिणाम लेकर आया है जिनको लेकर लोगों को शिकवे-शिकायतें और दुख हैं। आप पाएँगे कि पुस्तक में शामिल कई निबन्ध इसी निष्कर्ष पर पहुँचे हैं कि भारत में चीज़ें ठीक नहीं चल रही हैं। इस सफ़र में क्या ग़लत हो गया, हमने कहाँ-कहाँ ग़लतियाँ कीं, इस सब का दुख भी इस किताब में झलका है। हमारे समाज के सामने क्या नैतिक ख़तरे हैं, उनसे यह किताब पाठकों को आगाह कराती है और इन ख़तरों से लड़ने के तरीक़ों और संसाधनों की पहचान भी कराती है। ये ख़तरे बिलकुल पर्यावरणीय प्रदूषण जैसे होते हैं। हमारे पीछे वातावरण लगातार प्रदूषित होता रहता है लेकिन उसका अहसास हमें तभी होता है जब हम बीमार पड़ते हैं। ठीक इसी तरह अपने सामाजिक और सांस्कृतिक माहौल में घुल रहे ज़हर का पता हमें तब तक नहीं लगता जब तक वह हमारी निजी ज़िन्दगी तक न पहुँच जाए। वैसे, अक्सर ही यह होता है कि किसी चीज़ की अहमियत हमें तब समझ आती है जब वह हमसे छिन जाती है। इसका मतलब यह नहीं कि हम अपने संवैधानिक मूल्यों के एकदम से गुम हो जाने तक उनके महत्त्व के ज़ाहिर हो जाने का इंतजार करते रहें। संवैधानिक मूल्यों के प्रति हमें उदासीन नहीं होना चाहिए। जिस तरीक़े से हम लोग अलग-अलग स्तरों पर इन मूल्यों की उपेक्षा कर रहे हैं उसके प्रति बेपरवाही भी ख़तरनाक साबित होगी।

ये निबन्ध इस आस्था से प्रेरित हैं कि संविधान हम में से हर एक को निर्भय होकर सवाल पूछने को कहता है; मसलन, हमारे देश में बहुलतावादी और धर्मनिरपेक्ष जगहें संकुचित हुई हैं या फैली हैं? हम ज़्यादा समावेशी हो रहे हैं या कम? हमारे यहाँ लोकतंत्र की स्थिति क्या है? क्या हम सरकार की आलोचना करने को आज़ाद

हैं? क्या सरकार की नीतियाँ हमारी आज़ादियों का हनन कर रही हैं? क्या एक समूह दूसरे की आलोचना करने को स्वतंत्र है और क्या इस आज़ादी का बेजा इस्तेमाल दूसरे को नीचा दिखाने के लिए किया जा रहा है? इन सवालों के जवाब जब हम खोजेंगे तो ज़ाहिर है कि संविधान हमें कुछ फ़ैसले सुनाने को भी प्रेरित करेगा—जैसे, इसमें दो राय नहीं कि दलितों के साथ दुर्व्यवहार हो रहा है; निजी क़ानूनों पर सरकार की नीति औरतों पर ज़्यादा बन्दिशें थोप रही है; एक ही व्यक्ति में सत्ता का केन्द्रीकरण हो चुका है, जो हमारे लोकतंत्र के लिए बुरा है। बेशक, इन संवैधानिक मसलों पर अन्तिम राय या फ़ैसला देना न्यायपालिका का काम है, लेकिन नागरिकों को भी अपनी राय देने का हक़ है। राष्ट्रीय आन्दोलन के दौरान जो स्वतंत्रता-प्रेमी समतावादी नीति उपजी थी और जिसे हमने बरसों की मेहनत से एक आकार दिया, उसका स्वाभाविक और अनिवार्य परिणाम यह है कि हम अपने संवैधानिक मूल्यों और सिद्धान्तों के आलोक में एक नागरिक के तौर पर अपनी अन्तिम राय दे सकते हैं।

लेकिन संवैधानिक मूल्यों की रोशनी में कोई फ़ैसला सुनाना आज की तारीख़ में इतना आसान काम नहीं है। अभिव्यक्ति की यह कठिनाई दो अलग दिशाओं से दो अलग रूपों में पैदा होती है। एक कठिनाई तो पढ़े-लिखे लोगों के कारण ही है जिनकी बहुत हाल-हाल तक आदत रही है कि वे किसी भी बात पर कोई ठोस राय रखने से बचते रहे हैं, या हो सकता है उन्हें यही सिखाया गया हो। चाहे जो भी कारण हो, लेकिन इससे हमारे इर्द-गिर्द जो लोकवृत्त बना वह पूरी तरह मूल्यरहित हो गया। एक विशाल नैतिक निर्वात क़ायम हो गया। ऐसे में संवैधानिक मूल्यों की रोशनी में चीज़ों को देखना सम्भव नहीं रह गया क्योंकि रायशुमारी ही नदारद थी।

मूल्य-निर्णय के अभाव या नैतिक व नीतिगत परिप्रेक्ष्य में राय न देने के पीछे की एक ख़तरनाक वजह यह हो सकती है कि लोग शायद यह मानते हों कि ऐसा कुछ भी नहीं है जो वस्तुगत रूप से सही या अच्छा हो। सामान्य धारणा यही है कि जो चीज़ एक के लिए अच्छी है वह दूसरे के लिए बुरी हो सकती है। यानी जो चीज़ एक के लिए सही है वह दूसरे के लिए ग़लत हो सकती है। ऐसी सोच यह मानकर चलती है कि अच्छा या सही दरअसल आत्मपरक बात है, अपनी-अपनी प्राथमिकताओं, पसन्द-नापसन्द, निजी अहसास या जायक़े का मसला है। इसका एक और निहितार्थ है। आपको लाल रंग पसन्द है और मुझे नीला, क्या इसकी कोई तार्किक व्याख्या सम्भव है?

कौन-सा रंग बेहतर है, इसे तर्क कैसे तय कर पाएगा? कतई नहीं कर सकता। इसका मतलब यह हुआ कि अगर अच्छे या सही से जुड़े सारे फ़ैसले आत्मपरक ही हैं तो उनका कोई तार्किक समाधान सम्भव नहीं है। हम संवाद और रायशुमारी से किसी नैतिक सहमति तक पहुँच ही नहीं सकते। तब तो कोई भी सहमति क़ायम

करने के लिए बाहर से बलप्रयोग ही काम आएगा। हमारी संवैधानिक नैतिकता के सन्दर्भ में इसका निहितार्थ यह होगा कि संविधान में कुछ भी वस्तुगत रूप से सही या अच्छा नहीं है। उसमें जो कुछ भी अच्छा बताया गया है वह दरअसल सत्ता में बैठे लोगों की पसन्द का मामला है।

यदि नीति और नैतिकता इतनी ही लचीली और सत्ता-केन्द्रित होती तो सच के साथ न तो संविधान का कोई लेना-देना होता और न ही इन लेखों का कोई मतलब बन पाता। फिर संविधान हो या मेरे लेख, कुल मिलाकर दोनों सच के आवरण में आत्मगत राय बनकर रह जाते। इस स्थित में इन लेखों में सत्य का सन्धान एक कपटपूर्ण और जुमलेबाज खेल साबित होता या विशुद्ध दुष्प्रचार होता। ऐसे में मुझे यह स्वीकार करना होगा कि अगर वाक़ई मुझे यह लगता कि मैं पाठकों के मन से खेल रहा हूँ और उन्हें अपने पक्ष में राज़ी कर रहा हूँ तो मैं ये लेख लिखता ही नहीं। ख़ुद को मैं सपनों का विक्रेता या विचारों का प्रचारक नहीं मानता।

नीति-निर्णय को लेकर सन्देह की एक और वजह है जिसे आसानी से समझा जा सकता है। ज़्यादातर आम लोगों को लगता है कि उनसे ऊपर बैठे लोग लगातार उनके बारे में कोई राय बना रहे हैं; जैसे माता-पिता, शिक्षक, मालिक, धार्मिक नेता और समाज में नैतिकता के दूसरे स्वयंभू ठेकेदार। लोगों को लगातार इस बात का डर बना रहता है कि कहीं उन्हें 'कुछ ग़लत' न समझ लिया जाए। ख़ुद को वे हमेशा ऐसी परिस्थितियों में फँसा पाते हैं जहाँ उन्हें लगता है कि सामनेवाला उन्हें परख रहा है। कपड़े पहनने से लेकर किसी से मिलने तक, लोग दूसरों की राय को लेकर सतर्क रहते हैं कि कहीं उन्होंने ग़लत कपड़े तो नहीं पहन रखे, कहीं ग़लत आदमी से तो नहीं मिल रहे, या कहीं कोई यही न कह दे कि आप पूरी मेहनत नहीं कर रहे हैं, आलसी हैं। जो लोग ऐसे फ़तवे सहते हैं, उनकी समझ में राय देना एक नकारात्मक बात होती है जो किसी को पीड़ा पहुँचा सकती है। एक सच यह भी है कि सही-ग़लत और अच्छे-बुरे के विचार के पीछे जब धन-दौलत, प्रतिष्ठा और सत्ता काम करने लगती है तब ये नीति-निर्णय भ्रष्ट हो जाते हैं। इसीलिए, सत्ता या धर्म की गद्दी से सुनाए गए फ़ैसलों को थोड़ा सन्देह के साथ लेना जाना चाहिए। ऐसे मामलों में अक्सर यही होता है कि सामनेवाला हमसे सच नहीं कह रहा होता, बल्कि नैतिकता में लपेट कर अपने निजी हित या झूठ को परोस रहा होता है। उसका कहा सच की नहीं, उसकी ताक़त और रसूख की नुमाइन्दगी करता है। इसका मतलब यह नहीं है कि हमें कोई राय बनानी ही नहीं चाहिए। इससे यह सबक़ मिलता है कि हमें अपनी राय और निर्णयों में पैसे, ताक़त या प्रतिष्ठा की मिलावट नहीं करनी चाहिए।

इसके बावजूद, मूल्य-निर्णय देने से संकोच करने का एक मज़बूत कारण निश्चित रूप से हमारे समाज में मौजूद है। संवैधानिक मूल्यों के आलोक में अपनी

राय देने में आनेवाली दिक़्क़त को इसी से हम समझ सकते हैं। आज का सबसे बड़ा संकट यह नहीं है कि लोग राय देने से बच रहे हैं, बल्कि यह है कि हम सब ज़रूरत से ज़्यादा फतवे सुनाए जा रहे हैं। हमारे लोक-दायरे में आज दो ही तरह के मूल्य-निर्णय दिखाई देते हैं—दूसरे के ख़िलाफ़ नकारात्मक फ़तवे के रूप में एक राय और दूसरी, अपने बारे में प्रशंसात्मक और सकारात्मक राय। ज़्यादातर फ़ैसले मुद्दे पर सुनियोजित ढंग से सोचे-समझे बग़ैर या दूसरे के नज़रिये से मुद्दे को देखे बग़ैर सुनाए जा रहे हैं। ज़ाहिर है, ऐसे फ़ैसले पूर्वग्रहग्रस्त होते हैं और इनमें संवैधानिक मूल्यों की रोशनी कहीं नहीं झलकती। इसके उलट, ऐसे मूल्य-निर्णय अपने आप में संवैधानिक मूल्यों का उल्लंघन करते नज़र आते हैं। इनके निहितार्थ ख़तरनाक हो सकते हैं क्योंकि ये अविश्वास और दुर्भाव फैलाते हैं, हिंसा व नफ़रत की परिस्थितियाँ तैयार करते हैं। अगर फ़ैसलाकुन होने का अर्थ जल्दबाजी में नासमझी भरी बात कह देना है, तब तो फ़ैसलाकुन होने में ही दिक़्क़त है। किसी भी समुदाय या व्यक्ति के नीतिगत और नैतिक मूल्यों तथा सामाजिक और राजनीतिक कृत्य के बारे में तुरन्त अधपके निष्कर्षों पर पहुँच जाना सरासर ग़लत है। मेरा मानना है कि आज हम जिस सामाजिक और राजनीतिक संकट से गुज़र रहे हैं, उनमें ऐसी अधपकी बातों और जल्दबाजी में दिए गए फतवों का बड़ा हाथ है।

अगर नासमझी में सुनाए गए फ़ैसले खोखले होते हैं और नुक़सान पहुँचाते हैं तो केवल मुद्दे की समझदारी का होना भी पर्याप्त नहीं है। केवल चीज़ों को समझ लेना और चुप रह जाना सामनेवाले का कोई भला नहीं करता। समझदारी व्यवहार में न बदले तो उसका कोई मतलब नहीं रह जाता। इसके बावजूद लोगों से यह कहना कि आप अपने न्याय-निर्णय न सुनाएँ, असम्भव-सी बात है। मनुष्यों के लिए यह प्राकृतिक नहीं है। मनुष्य किसी भी क़िस्म की अच्छाई या कहें मूल्य से संचालित तो होगा ही। यह उसकी स्वाभाविक वृत्ति है। हम लोग अनिवार्यत: नैतिक प्राणी हैं। अच्छे या बुरे, सही या ग़लत में से हमारा झुकाव कहीं न कहीं तो होता ही है। इस भेद से कोई भी बच नहीं सकता। इससे इनकार करने का कोई अर्थ नहीं बनता। ऐसे में ज़्यादा व्यावहारिक और वांछित यह होगा कि लोगों से हम ज्ञात और सोची-समझी राय रखने को कहें। मूल्य-निर्णय समाज में बहुत महत्त्वपूर्ण भूमिका निभाता है। अगर हमारी राय वस्तुगत और अच्छी हो तो इससे हमें अपनी कमियों का पता चलता है और इसके सहारे हम ख़ुद को एक बेहतर मनुष्य के रूप में तब्दील कर सकते हैं। यदि एक व्यक्ति, समाज या समुदाय के तौर पर हम ख़ुद को बेहतर बनाने में दिलचस्पी रखते हों तो हमें हमेशा अपने बारे में एक ईमानदार प्रतिक्रिया की माँग करनी चाहिए जो वस्तुपरक हो—एक ऐसी टिप्पणी जो हमारी मंशा, नीयत, लक्ष्यों, चाहतों और मूल्यों की समग्र समझदारी के आधार पर की गई हो, न कि पूर्वग्रहों के आधार पर। लोगों, समुदायों और देशों की आत्मोन्नति के लिए समानुभूतिपूर्ण

मूल्य-निर्णय निर्णायक होते हैं। नैतिक आत्मचिन्तन और आलोचनात्मक मूल्यांकन के बग़ैर कोई भी समाज 'महान' नहीं बन सकता। इस पुस्तक में शामिल निबन्धों में खुलकर ऐसे मूल्य-निर्णयों का प्रयोग हुआ है—ज़रूरत के हिसाब से प्रशंसा और निन्दा की गई है, लेकिन दोनों में ही एक समझदारी और समानुभूति निहित है। जो भी मूल्य-निर्णय दिए गए हैं, वे संवैधानिक मूल्यों के आलोक में अवस्थित हैं। मुझे उम्मीद है कि इस पुस्तक के पाठक हमारी संवैधानिक परम्परा के मुताबिक़ पूरी समझदारी और समानुभूति के साथ आत्मचिन्तन करने के बाद ही कोई निर्णायक बात कहने को प्रोत्साहित होंगे।

इन निबन्धों में यह मानकर चला गया है कि यदि हम अपनी संकीर्ण भावनाएँ और गहरे पूर्वग्रहों को त्यागकर खुले मन से एक दूसरे को क़ायदे से समझते हुए तार्किक चिन्तन करते हैं तो हम इस आम सहमति पर पहुँच पाएँगे कि क्या सही है और क्या ग़लत। ऐसी कोई भी सहमति आत्मगत राय से आगे बढ़कर अच्छे और बुरे की वस्तुपरकता को स्थापित करेगी। मैं इस बात से इत्तेफ़ाक़ नहीं रखता कि नैतिकता और एथिक्स किसी की निजी राय से जुड़ी बातें हैं और सच व्यक्तियों के सापेक्ष होता है। मैं मानता हूँ कि ऐसी तमाम अच्छाइयाँ हैं जो इस अर्थ में वस्तुपरक हैं कि उन्हें केवल हम और आप नहीं, समूचा समुदाय और समाज हासिल करने की ख़्वाहिश रखता है (जैसे शादी में लगाए जानेवाले अग्नि के फेरे)। कुछ तो ऐसी अच्छाइयाँ होती हैं जिन्हें महज़ कोई समुदाय नहीं, पूरा राष्ट्र ही सार्थक और वांछनीय मानता है। हमारे संविधान-निर्माताओं ने भी दरअसल इसी को सूत्रीकृत करने का प्रयास किया था। इस प्रक्रिया में वे जिस सहमति पर पहुँचे थे, वह आज भी हम सबके लिए वस्तुगत और मंगलकारी है। इसी तर्ज़ पर आगे बढ़ें तो हम पाते हैं कि कुछ ऐसी मंगलकारी बातें हैं जिन्हें महज़ एक समूह या राष्ट्र नहीं, बल्कि समूची मानवता के लिए सार्थक कहा जा सकता है, (जैसे समृद्धि, शान्ति, खुलापन, इत्यादि) जबकि कुछ और बातें ऐसी हैं जो केवल मनुष्यों के लिए नहीं, बल्कि हमारी धरती के लिए भी वांछित हैं (जैसे प्रदूषण या ग्लोबल वार्मिंग से बचाव, प्रजातियों के बीच सौहार्द का प्रसार, इत्यादि)। संक्षेप में, ऐसी बातें निश्चित रूप से मौजूद हैं जिनसे सबका भला होता है, जो सबके लिए समान रूप से अच्छी और कल्याणकारी हैं, भले ही थोड़ा कम या ज़्यादा मात्रा में हों। इसी तरह हम कह सकते हैं कि किसी मनुष्य को, यहाँ तक कि किसी पशु को भी जान-बूझकर चोट पहुँचाना, किसी निर्दोष को दंड देना, भूखे से उसका निवाला छीनना, दूसरों को अपमानित और शर्मिन्दा करना, आदि ग़लत और बुरी बातें हैं। इससे समझ आता है कि कुछ ऐसे सही काम भी हैं जो अपनी प्रकृति में वस्तुपरक हैं। मसलन, दूसरों को नुक़सान न पहुँचाना वस्तुगत ढंग से एक सही बात है।

अब सवाल उठता है कि हम कैसे आश्वस्त हो सकेंगे कि हमारी समझदारी

हमारे पूर्वग्रहों पर भारी पड़ चुकी है? मैं तयशुदा रूप से कैसे कह सकता हूँ कि मेरी समझदारी ख़ुद पूर्वग्रहग्रस्त नहीं है? वास्तव में, मैं आश्वस्त नहीं हूँ। फिर अपनी राय को मैं सार्वजनिक क्यों कर रहा हूँ? इसलिए, क्योंकि मैं मानता हूँ कि मेरी पूर्वग्रहग्रस्त धारणाएँ समय के साथ दूसरों से संवाद और चर्चा के माध्यम से ही बदल सकेंगी। इस लिहाज़ से देखें तो कह सकते हैं कि हमारी तमाम धारणाएँ दरअसल अस्थायी होती हैं। हम जिन सच्चाइयों को बोलने का दावा करते हैं, वे अन्तिम नहीं होती हैं, न ही अपरिवर्तनीय होती हैं। मेरी निगाह में सत्य, लोगों की अलहदा धारणाओं का कोई औसत नहीं होता। विचार वे ही जो वैध सार्वजनिक परीक्षण को पार कर पाएँ और बचे रह जाएँ, उनमें सत्यता की गुंजाइश होती है। यही वजह है कि हमें अपने विचारों को सार्वजनिक करते रहना चाहिए ताकि उनका परीक्षण होता रहे।

इन निबन्धों में केवल संवैधानिक नैतिकता की बात नहीं की गई है। कुछ निबन्ध सार्वजनिक और निजी नैतिकता के मसलों से भी जुड़े हुए हैं। मसलन, विश्वविद्यालयों में क्या अच्छाइयाँ हैं? उनका महत्त्व क्या है? बुद्धिजीवियों का मोल क्या है और उन्हें श्रेष्ठता के किन पैमानों को पूरा करने की आकांक्षा होनी चाहिए? हमें वैज्ञानिक मिज़ाज क्यों विकसित करना चाहिए? दूसरों को माफ़ कब करना चाहिए? माफ़ी माँगने का कृत्य हमें कैसे मज़बूत बनाता है? क्या प्रेम और आलोचना एक साथ रह सकते हैं?

कुछ और निबन्ध इनसानी परिस्थितियों और अनुभवों की गहरी समझदारी को लेकर लिखे गए हैं। मसलन, भाषा क्यों महत्त्वपूर्ण है? हमारे समाज में मिथकों और कर्मकांडों की भूमिका क्या है? राज्यविहीनता का तजुर्बा कैसा होता है? शर्मिन्दगी या अपमान के निहितार्थ क्या होते हैं? यौन हमले से पीड़ित किसी व्यक्ति की मनोवैज्ञानिक तबाही कैसी होती है? कुछेक निबन्ध देश के मौजूदा हालात पर विचार हैं, जैसे न्यूनतम मर्यादा का अभाव, लोक संस्कृति का भोथरापन, बौद्धिक जीवन के जोख़िम, ज़हरीली मर्दानगी, सार्वजनिक जीवन में फ़र्ज़ी ख़बरों और अफ़वाहों की विनाशक भूमिका, इत्यादि।

किताब का एक समूचा खंड ही महामारी में हमारे सामूहिक अनुभवों पर केन्द्रित है। प्रवासी कामगारों की सामाजिक पीड़ा को ख़ास तौर से रेखांकित किया गया है। कुछ और लेख हैं जिनमें आम लोगों की ताक़त, लोक चेतना की गहराई, प्रार्थना की उपचारी भूमिका, महात्मा गांधी की नैतिक ताक़त, आदि पर बात की गई है।

मेरा औपचारिक प्रशिक्षण सामाजिक और राजनीतिक दर्शन की धारा में एक सैद्धान्तिक के रूप में हुआ था। ज़ाहिर है, उसकी शब्दावली मेरे लिखे में सहज ही चली आती है जो बाहर से देखने पर अनावश्यक जान पड़ सकती है। मैंने भरसक कोशिश की है कि ऐसे शब्दों से दूर रहा जाए। यदि मैं अपनी बात को सरल शब्दों

में नहीं समझा पाया हूँ तो इसकी इकलौती वजह यह है कि अन्य आदतों की तरह बौद्धिक आदतों से भी निजात पाना आसान नहीं होता।

एक अकादमिक के तौर पर दशकों तक मैंने अपने जैसे ही अकादमिकों के पढ़ने लायक़ लम्बे-लम्बे लेखों और किताबों का लेखन किया है जिनकी भाषा ज़िरह से भरी हुई बहुत सघन रही है। इसीलिए शुरुआत में सामान्य पाठकों के लिए अख़बारी लेखन को लेकर मेरे मन में काफ़ी संकोच था। कुछ पूर्व छात्रों और परिवारजन के कहने पर अन्ततः मैं कूद पड़ा। मुझे राज़ी करने के पीछे उनकी एक ज़ाहिर मंशा थी, जिसे उन्होंने छुपाया नहीं। वे कुछ सामाजिक-राजनीतिक शब्दों के इर्द-गिर्द मचे हो-हल्ले को लेकर आक्रान्त थे। इन शब्दों के आसपास जो भ्रम फैला था, जैसी नासमझियाँ दिखाई देती थीं, वे हतप्रभ थे। वे हताश थे कि हमारी संवैधानिक नैतिकता और सामान्यतः नैतिक विचारों की महत्ता को लेकर समझदारी चौतरफ़ा नाकाम होती जा रही है। फिर उन्होंने मेरे भीतर के शिक्षक का आह्वान किया, मुझसे आग्रह किया कि मैं अपने कुएँ से बाहर आऊँ और अपने शिक्षण का दायरा बढ़ाऊँ। इस बीच, अपनी उदासीनता के चलते मैं ख़ुद को नैतिक और नीतिगत अवधारणाओं के अर्थ-विज्ञान में फँसा हुआ पा रहा था। मसलन, लोकतंत्र और धर्मनिरपेक्षता जैसे शब्द, जो हमारे सार्वजनिक विमर्श पर छाये रहते हैं, उनके सटीक अर्थ वे नहीं जानते थे। कई को तो 'अल्पसंख्यक' का मतलब नहीं पता था। उन्हें यह नहीं मालूम था कि 'अनुसूचित जातियाँ और जनजातियाँ' संविधान में अल्पसंख्यक नहीं मानी गई हैं, अथवा यह बात कि धार्मिक अल्पसंख्यकों के लिए संविधान में आरक्षण की गारंटी नहीं है। उन्होंने मूलभूत अधिकारों की उपयोगिता या संस्थानों के मूल्य पर कभी सोचा ही नहीं था। शायद ही उन्होंने कभी यह सवाल उठाया हो कि 'संस्थाओं के पतन से क्या नुक़सान होता है? लोकतंत्र में अभिव्यक्ति की स्वतंत्रता का अधिकार निर्णायक क्यों है? लोकतंत्र की निरन्तर नाकामी हमारे निजी जीवन को कैसे प्रभावित करती है?' यही सब सोचकर मुझे महसूस हुआ कि अपने शिक्षण-प्रशिक्षण के अनुभवों को मुझे व्यापक जनहित में लगाना चाहिए और कुछ सवालों का जवाब देने की कोशिश करनी चाहिए।

मैं पेशे से एक शिक्षक रहा हूँ। फ़िलहाल मैं किसी विश्वविद्यालय से नहीं जुड़ा हूँ, लेकिन अब भी व्याख्यान देता हूँ। एक शिक्षक की दिक़्क़त यह होती है कि अपनी कक्षा से बाहर समाज में भी वह सिखानेवाले लहज़े में ही बात करता है, हालाँकि मैंने अपने छात्रों को हमेशा संवाद में सहभागी बनाने का प्रयास किया है। इसलिए आशा करता हूँ कि इस पुस्तक के पाठकों को मैंने अपने विद्यार्थियों की तरह नहीं बरता होगा।

खंड I

हमारा राष्ट्र, हमारा संविधान

1

महान भारतीय प्रयोग में आस्था का सवाल

औपनिवेशिक शासन से आज़ादी के बाद भारत ने अपने गहन विविधतावाले समाज में लोकतांत्रिक समानता लाने का एक अभूतपूर्व प्रयोग शुरू किया। दुनिया-भर के विद्वानों और राजनीतिक प्रेक्षकों ने इस प्रयोग की नाकामी की भविष्यवाणियाँ कीं। उनका कहना था कि एक राष्ट्र-राज्य और लोकतंत्र के रूप में कामयाब होने के लिए एक भाषा, एक संस्कृति और सम्भवत: एक धर्म की ज़रूरत पड़ती है। एक ग़रीब निरक्षर समाज में, जहाँ दिमाग़ को हिला देनेवाली धार्मिक, सांस्कृतिक और भाषायी विविधता है, लोकतंत्र कैसे पनप सकेगा? आज जब हम इन तमाम विविधताओं का दमन करने के लिए हो रहे बेशर्म प्रयासों को देखते हैं तो ऐसा लगता है कि उनका सन्देह और निराशा जायज़ ही थी। मैं हालाँकि इससे विचलित नहीं होता, यहाँ तक कि ऐसे हताशा-भरे दौर में भी मेरा यक़ीन इस प्रयोग की कामयाबी में है।

मेरी उम्मीद के पीछे कई कारण हैं। यहाँ मैं केवल दो पर बात करना चाहूँगा—एक सामान्य है और दूसरा भारत के लिहाज़ से विशिष्ट। सामान्य कारण यह है कि इनसानियत को कोरी एकरूपता के मुक़ाबले विविधता से ज़्यादा फ़ायदा पहुँचता है। कोई एक व्यक्ति या समूह जीवन और समृद्धि के लिए ज़रूरी तमाम क़िस्म के आचार-विचार और संसाधन पैदा नहीं कर सकता। लगातार विकसित हो रही इनसानी ज़रूरतों को पूरा करने के लिए अलग-अलग क़िस्म के हुनर की ज़रूरत पड़ती है। ऐसे हुनर को पालने-पोसने में पीढ़ियों की सामूहिक कोशिश लगती है। कोई एक समूह जब किसी ख़ास हुनर को सीखने में वक़्त लगाता है तो ज़ाहिर है कि बाक़ी हुनर उसकी नज़र से ओझल रह जाते हैं। इसका मतलब है कि चाहे कोई भी सांस्कृतिक समूह हो, आदमी की तमाम ज़रूरतों को पूरा करने की उसकी क्षमता बहुत सीमित होती है। सभी ज़रूरतें पूरा करने के लिए हर क़िस्म के हुनर को साथ लाना होता है और इन सबके बीच आपसी निर्भरता और सीखने-सिखाने की प्रक्रिया चलती है। ज़िन्दगी को और बेहतर व समृद्ध करना है तो ऐसी विविधता अनिवार्य हो जाती है। इस बात को जो लोग समझते और मानते हैं, वे बहुलतावादी होते हैं। इसके उलट, जो लोग विविधता को नकारते हैं उनकी ज़िन्दगी खंडित हो जाती है। वे लम्बी दौड़ में नहीं चल पाते। जिस तरह हमारे व्यापक कुदरती वातावरण को

क़ायम रखने के लिए जैव विविधता ज़रूरी है, वैसे ही मनुष्यों की छोटी-सी दुनिया के लिए सांस्कृतिक विविधता की ज़रूरत है।

मेरा दूसरा कारण भारत के ऐतिहासिक रूप से विकसित सामूहिक अवचेतन के चरित्र से जुड़ा है। इस सामूहिक अवचेतन का मतलब है, हमारी सबसे गहन आदतें, एक दूसरे की इज़्ज़त करने का मिज़ाज और एक दूसरे को अपनाने का भाव। कुछ ऐसे ऊँचे दिखनेवाले, गहरे असुरक्षित आधुनिक लोग हैं जो यूरोप में राष्ट्रों के बनने के भद्दे तरीक़े की नक़ल में यकीन रखते हैं लेकिन बातें भारतीय परम्परा को क़ायम रखने की करते हैं। ऐसे ख़ास लोग भारत के सामूहिक अवचेतन के लिए एक चुनौती हैं। मेरा विश्वास है कि इस क़िस्म की विनाशक ताक़तों के ऊपर भारत की सदियों पुरानी नैतिक आदतें अन्तत: भारी पड़ेंगी।

भारत की तरफदारी में मैंने अभी जो बात कही, उसे पागलपन भरी आदर्शवादी कहकर कुछ आलोचक तत्काल ख़ारिज कर सकते हैं। कहीं मैं कुछेक अच्छे अध्यायों के सहारे समूची जनता के चरित्र को तो नहीं आँक रहा हूँ? मुझे ऐसा नहीं लगता। भारत में धर्म और दर्शन की विविधता इतनी व्यापक और गहरी है कि अतीत में हमने सभी धर्मों के शान्तिपूर्ण सह-अस्तित्व को जिस तरह बरता है वह दूसरे के लिए रश्क की बात हो सकती है, और इस बात को दुनिया मानती है। इसके बावजूद आजकल के विद्वान इस धार्मिक-दार्शनिक सह-अस्तित्व पर दो विरोधी नज़रिये सामने रखते हैं। कुछ इसे हिन्दू संस्कृति में ख़ास तौर से मौजूद सहिष्णुता के गुण से समझाते हैं, जिसका तमाम आक्रान्ताओं ने इस हद तक बेजा फ़ायदा उठाया कि आजिज आकर कुछ भारतीयों को कहना पड़ा, अब बहुत हो चुका। दूसरे मानते हैं कि भारत की संस्कृति दूसरों से अलग नहीं है—इसमें हमेशा से ही धार्मिक टकरावों, हिंसा और दमन की प्रवृत्ति मौजूद रही है, और विभिन्न समूह एक साथ मिलकर इसलिए रह पाए कि कोई भी एक समूह इतना ताक़तवर नहीं था कि दूसरे समूह को समाज से अलग कर दे। यानी यह संयोगवश पैदा हुआ शक्ति सन्तुलन था। इसका साफ़ आशय यह है कि जैसे ही किसी एक समूह के पास ज़्यादा ताक़त आ जाएगी, वह दूसरे समूहों का सफाया कर देगा या उन्हें ग़ुलाम बना लेगा। इस तर्क के समर्थन में वे यह भी कहते हैं कि ताक़तों का यह सन्तुलन राजनीतिक बाध्यता के चलते संभव हुआ—चूँकि शासकों को सामाजिक-राजनीतिक अस्थिरता पसन्द नहीं होती। यानी भारत का शान्तिपूर्ण सह-अस्तित्व राजनीतिक अनिवार्यताओं के दबाव में समुदायों के बीच क़ायम ताक़त के सन्तुलन का परिणाम रहा है।

मैं इन दोनों नज़रियों से इत्तेफ़ाक़ नहीं रखता। इस बात से कोई इनकार नहीं है कि भारत का अतीत हमेशा से सद्भावपूर्ण नहीं था। धार्मिक टकराव, हिंसा और दमन के तत्त्व उसमें हमेशा से थे। हिन्दू और जैन, हिन्दू और बौद्ध, शैव और वैष्णव, यहाँ तक कि हिन्दू धार्मिक पंथों के बीच भी लड़ाइयाँ होती थीं और वे

एक दूसरे के पूजास्थल तोड़ते थे। कभी-कभार कुछ ऐसे शासक भी हुए जो अपने हिन्दू पंथ को लेकर बहुत आग्रही थे, जैसे ग्यारहवीं और बारहवीं सदी में बंगाल के सेन शासक। जो लोग धन और ज़मीनों की तलाश में भारत आए, वे भी हिंसा में लिप्त हो गए, जैसे ग्रीक, शक, कुषाण, हूण। तुर्क, अफ़गान, उज्बेक भी ऐसे ही थे। एक औसत हिन्दू लेकिन केवल मुसलमानों की हिंसा याद रखता है। दुर्भाग्य से उसे यह भी याद नहीं कि भारत में जो इस्लाम आया, वह अरब से लेकर मंगोलिया तक दुनिया के अलग-अलग सांस्कृतिक क्षेत्रों से अलग-अलग दौर में आया। इन सभी का उद्देश्य भी अलग-अलग रहा। इस्लाम की कुछ ही धाराएँ ऐसी थीं जो मूर्तिपूजा के ख़िलाफ़ धार्मिक कट्टररता से भरी हुई थीं। इनमें से कुछ आक्रान्ता लूट मचाकर भाग गए जबकि मोहम्मद गोरी और महमूद गजनी ने मन्दिरों को तोड़ा और यहीं रह कर राज किया। फारसी स्रोत यदि सही हैं तो उन्होंने यहाँ जबरन धर्म परिवर्तन भी करवाया।

एक सामान्य हिन्दू यह भी भूल जाता है कि ज़्यादातर मुस्लिम सियासी आक्रान्ताओं ने अन्य मुस्लिम शासकों से ही जंग लड़ी, हिन्दू शासक से नहीं। बाबर, जिसे बहुत बदनाम किया जाता है, उसने भी लोदी शासकों को हराया था, न कि हिन्दू किन्हीं राजा को। वास्तव में कई नए लोग जो यहाँ आकर बसे वे भारत की बहुलतावादी सोच से इतना प्रभावित हुए कि उसके हिसाब से उन्होंने अपनी आस्थाओं और व्यवहार को ढाल लिया। इस तरह कई हिन्दुओं और मुसलमानों के लिए अल्लाह तमाम देवी-देवताओं के बीच एक और देवता हो गया। कुछ लोग पैगम्बर मोहम्मद को अवतार मानने लगे जिन्हें धरती पर सच्चाई का राज क़ायम करने के लिए स्वर्ग से भेजा गया था। इस्माइली पंथ के लोगों ने तो मोहम्मद साहब के चचाजाद भाई, अली को विष्णु का बहुप्रतीक्षित दसवाँ अवतार माना। राम और कृष्ण को पैगम्बर मानकर कई लोगों ने इन देवताओं को इस्लामिक जगत का हिस्सा बनाकर अपना लिया। इस बहुलतावादी समाज में शासकों का व्यवहार सबकी तरफ निष्पक्ष होता था। हिन्दुओं और मुसलमानों के बीच झगड़े की सूरत में हिन्दू शासक ग़लत पाए जाने पर हिन्दुओं को दंडित करने में देरी नहीं करते थे। ऐसा एक उदाहरण पन्द्रहवीं सदी में मंगलोर के शासक का है। इसी तरह 1713 में अहमदाबाद के एक मुसलमान सरकारी अधिकारी को अपनी बिरादरी के लोगों से बहुत कुछ सुनना पड़ा था क्योंकि उसने इंसाफ़ के हक में हिन्दुओं के पक्ष में फ़ैसला सुना दिया था। इसी तरह की निष्पक्षता के कारण मुसलमान शासक जैनियों, सिक्खों और हिन्दुओं के बीच झगड़ों को निपटाने का काम भी करते थे। पहले के जैन, हिन्दू और बौद्ध शासकों की तर्ज पर राजकीय संरक्षण ग़ैर-मुसलमानों को ही प्राप्त होता था। मसलन, जम्मू के जखबार में अवस्थित गोरखनाथ मठ को तक़रीबन हर मुगल शासक से अनुदान मिलता रहा। यही स्थिति गोरखपुर के मठ की भी थी।

मेरा ख़याल है कि ये कुछ उदाहरण यह बताने के लिए काफ़ी होंगे कि भारत का बहुलतावाद दूसरे धर्म के लोगों को स्थायी दुश्मन बनाने से रोकने में बहुत कामयाब रहा और इसने शान्तिपूर्ण सह-अस्तित्व को प्रोत्साहित किया। इसने धार्मिक हिंसा पर लगाम कसे रखी। नफ़रत और दूसरों को कलंकित किए जाने के प्रसंग मध्यकालीन हिन्दू और मुस्लिम साहित्य में मिलते हैं लेकिन व्यवहार में यह जितनी तेज़ी से उभरता था उतनी ही तेज़ी से ग़ायब भी हो जाता था। बहुलतावाद भले ही कभी एक धार्मिक या दार्शनिक सिद्धान्त के रूप में ठोस नहीं बन सका लेकिन हमारी सामाजिक परिकल्पना का एक अनिवार्य अंग ज़रूर रहा, जो हमेशा हमारे लोगों की साझा समझदारी और पृष्ठभूमि के रूप में काम करता रहा है। यही वह नैतिक कल्पना है जो भारत में शान्तिपूर्ण सह-अस्तित्व की पुष्टि करती है। यह कोई शाश्वत दार्शनिक सिद्धान्त नहीं है बल्कि समयबद्ध सामाजिक सत्ता-सन्तुलन या कहें राजनीतिक सुविधा का मामला है।

सांस्कृतिक विविधता और शान्तिपूर्ण धार्मिक सह-अस्तित्व के इसी मूल्य में विश्वास ने गांधी और उपनिवेशविरोधी आन्दोलन के दूसरे नेताओं तथा भारत के संविधान निर्माताओं की सोच को गढ़ा। हमारी सामाजिक परिकल्पना ने धार्मिक हिंसा, दमन और शासकों के पक्षपात को हमेशा ही नियम नहीं, बल्कि विचलन माना है। यह साझा मानसिकता अघोषित है और हमारे समाज में इतने गहरे पैठी हुई है कि रातोरात ग़ायब नहीं हो जा सकती। आज नहीं तो कल भारत के लोग इसे महसूस करेंगे और हरकत में आएँगे। यही वजह है कि जो महान भारतीय प्रयोग 15 अगस्त 1947 को शुरू किया गया था, उसमें मेरी आस्था अब तक क़ायम है।

2

लोगों के संवाद से बनता है राष्ट्र

राष्ट्र का मतलब क्या होता है? सबसे पहले, राष्ट्र का अर्थ है उसमें रहनेवाले लोग, जिनकी अतीत, वर्तमान और भविष्य को लेकर परस्पर चिन्ताएँ उन्हें आपस में सचेत ढंग से जोड़ती हैं। परस्परता की यह आत्मसजग चेतना न तो बपौती में मिलती है, न ही आसमान से टपकती है। यह तब विकसित होती है जब लोग आपस में लिखे-बोले के माध्यम से संवाद करते हैं और एक दूसरे को सुनते-समझते हैं। परिवारों या गाँवों के सीमित दायरे में यह काम काफ़ी आसान होता है क्योंकि लोग

वहाँ एक-दूसरे से मिलते-जुलते रहते हैं। सवाल है कि अलहदा क़िस्म के लोगों के बीच, अजनबियों के बीच, यह साझा सरोकार कैसे बनता है? कैसे कोई सरोकार एक व्यापक भूगोल को अपनी आगोश में ले लेता है?

इसका संक्षिप्त जवाब यह होगा कि मीडिया के माध्यम से जो लोक संस्कृति बनती है वही लोगों के बीच संवाद का माध्यम बनती है। पहले यह काम प्रिंट मीडिया ने किया, बाद में इलेक्ट्रॉनिक मीडिया करने लगा। इस लोक-संस्कृति के बग़ैर व्यापक जनसामान्य में न तो कोई संवाद सम्भव हो पाएगा, न ही साझा सरोकार बन पाएँगे। इसके बग़ैर किसी राष्ट्र की कल्पना करना भी सम्भव नहीं है। इसीलिए एक राष्ट्र तभी तक वजूद में होता है जब तक उसके सदस्यों के बीच इस बात को लेकर निरन्तर संवाद जारी रहता है कि वह क्या था, क्या हो गया और आगे कैसा होना चाहिए। इस संवाद का टूटना ही राष्ट्र का टूटना है।

साझा सरोकार के मसले

यह बातचीत भी इसी बारे में है कि एक राष्ट्र को क्या करना चाहिए। हमारे दौर के लिहाज़ से यह एक अभूतपूर्व उपलब्धि कही जानी चाहिए, चूँकि आजकल जैसी बातें होती हैं वे महज़ सतही या सरसरी या फिर काम हो जाने के बाद उसके ज़िक्र वाले अन्दाज़ में नहीं होतीं बल्कि उनसे कुछ निर्णय भी निकलकर आते हैं जिन पर लोग अमल कर सकते हैं।

एक आधुनिक राष्ट्र इस अर्थ में एक सामूहिक निमित्त होता है कि उसके सदस्य अपने लिए निर्धारित लक्ष्य की प्राप्ति के लिए साथ मिलकर प्रयास कर सकते हैं। मसलन, बेरोज़गारी कम करने के लिए, कश्मीर में टकराव का हल निकालने के लिए और किसानों की बदहाली को दूर करने के लिए पूरे भारत को मिलकर बात करनी चाहिए और रास्ते ढूँढ़ने चाहिए। पहले के समाजों में ऐसा मुमकिन नहीं था। वहाँ समाज के मुस्तक़बिल का फ़ैसला राजा-महाराजा जैसे मुट्ठी-भर अभिजात लोग मिलकर कर लेते थे। इसमें वे सबसे ऊपर अपने हित सुरक्षित रखते थे। समाज उनके लिए अपने बाद आता था।

संवाद और साझा कार्रवाइयों की जगह हालाँकि अतीत में भी थी। अलग-अलग इलाक़ों में फैले हुए अभिजात लोगों के बीच बेशक साझा चीज़ों पर बातें हुआ करती रही होंगी। अन्यथा भारत के बड़े हिस्से में वेदान्त दर्शन या भक्तिधारा के प्रसार को आप कैसे समझ पाएँगे? हमारे दौर में फ़र्क़ यह आया है कि आज कोई भी भारतीय नागरिक किसी भी मसले पर बातचीत शुरू कर सकता है और उसे साझा और व्यापक मुद्दे में तब्दील कर सकता है। मसलन, तीन तलाक का मुद्दा सिर्फ मुसलमान औरतों पर प्रतिकूल प्रभाव डालता है और इस पर बहस

भी क़ायदे से उसी समुदाय के पुरुषों और औरतों के बीच सीमित होनी थी लेकिन आज वह, कम से कम, सार्वजनिक चिन्ता का विषय बन सकता है। इसी तरह हिन्दू औरतों को मन्दिर में प्रवेश न दिए जाने के मामले से गैर-हिन्दुओं के प्रभावित होने की सम्भावना नहीं है, लेकिन एक सामान्य सरोकार के चलते वे इस मसले पर बात कर सकते हैं।

दार्शनिक ज़्याँ पॉल सार्त्र ने कहीं कहा है कि एक बौद्धिक की असल पहचान यह है कि वह हर किसी के फटे में अपनी टाँग घुसा देता है। आधुनिक लोकतांत्रिक राष्ट्रों में तो यह बात आम हो चली है। मामला बस इतना है कि अगर कोई किसी मुद्दे को उसकी समूची जटिलता और विस्तार में समझता हो तो वह किसी के मुद्दे को अपना बना सकता है और इस तरह उस पर साझा सरोकार भी विकसित हो सकता है।

यदि ऐसा वास्तव में सम्भव है, तब एक राष्ट्र होने से जुड़ी नैतिकता के लिहाज़ से एक ज़रूरी बात यहाँ निकलकर सामने आती है—कि किसी भी मुद्दे को सामान्य सरोकार में तब्दील करने से किसी को भी रोका नहीं जाना चाहिए, संवाद के दायरे से उसे बाहर नहीं रखा जाना चाहिए, भले ही आप उससे घोर असहमत क्यों न हों। संवाद करने का मतलब सहमत होना नहीं होता।

जब एक बड़ा समूह बातचीत शुरू करता है तो सबकी भलाई के मसले पर अलग-अलग किस्म के लोग अपने-अपने स्वर, विचार और हितों को लेकर उसमें शामिल हो जाते हैं। इनमें कुछ मतभेद गहरे भी हो सकते हैं, जो शायद बातचीत के दौरान पहली बार उभरकर आए हों और जिनके चलते असहजता पैदा हो गई हो। जैसे, आजकल कश्मीर से जुड़े मुद्दे इतने नाज़ुक हो चुके हैं कि किसी जानकार प्रोफ़ेसर की विद्वत्तापूर्ण टिप्पणी भी गरमागरमी का सबब बन सकती है।

फिर इसमें कोई अचरज नहीं कि जिन सार्वजनिक मंचों पर ऐसे बहस-मुबाहिसे होते हैं वहाँ अक्सर टकराव की स्थिति देखने में आती है। ऐसी बहसों को उपयोगी बनाए रखने के लिए ज़रूरी है कि मतभेद खुलकर सामने आएँ, लेकिन समझदारी दिखाते हुए उन्हें टकराव में तब्दील होने से वहीं पर रोक दिया जाए।

एक राष्ट्र का मतलब यदि बहस-मुबाहिसे में मुब्तिला लोग हैं तो इस संवाद को रोकनेवाला आदमी राष्ट्र के नुक़सान का भागी माना जाएगा। ऐसे लोग दो तरीक़े अपनाते हैं। पहला, वे कुछ समूहों को संवाद के दायरे से जबरन बाहर कर देते हैं इस गफ़लत में कि वे टकराव को सँभाल या सुलझा रहे हैं। इस तरह बाहर किए गए समूह अपनी चिन्ताएँ और दलीलें सामने रखने से महरूम हो जाते हैं।

कुछ हिंसक अतिवादी ऐसा इतर कारणों से करते हैं। जैसे, आतंकवादी हमेशा इस बातचीत को तोड़ना चाहते हैं। असहमति या टकराव को आतंक के सहारे दबा देना राष्ट्र को नाकाम कर देता है।

बहस को बाधित करने का दूसरा तरीक़ा यह होता है कि मंच पर तो वे अलहदा ख़याल वाले लोगों को आने देते हैं लेकिन अपने शोरशराबे, गालियों, धमकियों आदि से माहौल को इतना अप्रिय और भयावह बना देते हैं कि मध्यस्थों को भी पीछे हटना पड़ जाता है। ऐसी हरकतें भी राष्ट्र को कमज़ोर करती हैं।

राष्ट्र के हित में

एक आख़िरी बात—साझा मसलों पर संवाद करते लोग यानी एक राष्ट्र का मतलब राज्य (स्टेट) नहीं होता। राज्य का अर्थ है संसद, सरकार, न्यायपालिका, फ़ौज, पुलिस और नौकरशाही जैसी ख़ास संस्थाओं में केन्द्रित लोगों की सत्ता।

राष्ट्र का वजूद राज्य के बग़ैर हो सकता है। वैसे ही राष्ट्र के बग़ैर राज्य भी मुमकिन है। दोनों के बीच हालाँकि राष्ट्र नैतिक रूप से पहले और ऊपर आता है। राज्य, राष्ट्र के हित में बना है। इसीलिए राज्य को किसी भी बहस में कूदने, उसे बाधित करने, अपना एजेंडा चलाने या संवाद को नियंत्रित करने का हक़ नहीं है। राज्य संवाद में एक हिस्सेदार है, लेकिन उसकी अगुआई नहीं कर सकता। क़ायदे से उसका काम तो ऐसे तत्त्वों पर लगाम कसना है जो संवाद को रोकते-टोकते हैं। राष्ट्र को राज्य से इसी की अपेक्षा रहती है।

3

हम गणतंत्र दिवस क्यों मनाते हैं?

संविधान की प्रस्तावना घोषित करती है कि भारत एक गणतंत्र है। इस आत्म- विवरण को गम्भीरता से लिया जाना चाहिए क्योंकि गणतंत्र होना भारत की राजनीतिक पहचान का अभिन्न हिस्सा है। इसके अलावा, यह महज़ विवरण नहीं है बल्कि एक बुनियादी और मज़बूत नैतिक दावा भी है। गणतांत्रिक एक आदर्श है जो हमारी निरन्तर आकांक्षा का विषय होना चाहिए ताकि जब हम इससे विचलित हों, हमें अहसास हो जाए कि हम ग़लत रास्ते पर चले गए हैं, हमें पछतावा हो और फिर हम अपनी राह को दुरुस्त कर सकें। हमारी राजनीतिक पहचान यदि गणतांत्रिक होने का गुण खो जाए तो हमें उसे बहाल करने के लिए तेज़ी से कार्रवाई करनी चाहिए। चूँकि हमें गणतंत्र होने का भान है इसीलिए हर साल 26 जनवरी को हम

गणतंत्र दिवस मनाते हैं क्योंकि 1950 में इसी दिन गणतंत्र की स्थापना हुई थी। इस दिवस के पीछे की भावना को समझना ज़रूरी है वरना परेड से लेकर तमाम कर्मकांड केवल आयोजन बनकर रह जाएँगे।

राजतंत्र के ख़िलाफ़

गणतंत्र का क्या अर्थ है और इसकी अहमियत क्या है? पहली बात तो यह है कि गणतंत्र के पीछे की बुनियादी सामूहिक मंशा राजतंत्र-विरोधी है। ग्रीक लोगों ने राजतंत्र को 'एक के राज' के रूप में परिभाषित किया था यानी एक ऐसी सरकार जहाँ एक आदमी राज करता है और बाक़ी सब उसकी आज्ञा का पालन करते हैं। एक राजा होता है, बाक़ी उसकी प्रजा होते हैं। हम लोग आम तौर पर इसे राजा-रानी के खानदानी राज से जोड़ कर देखते हैं लेकिन ग्रीक परिभाषा में आधुनिक तानाशाह भी आते हैं। एक आदमी के राज में दिक़्क़त क्या है? एक आदमी के राज से क्यों डरना? राजतंत्र की सबसे ख़राब बात शायद यह है कि इसमें जनता के ऊपर एक आदमी की मनमर्ज़ी चलती है। सब कुछ उसी की इच्छा से होता है। जैसे, एक दिन उसका मन हुआ तो उसने हमें पसन्द किया और दान में ज़मीन दे डाली। दूसरे ही दिन उसका मन बदल गया तो ज़मीन छीन कर उसने हमें जेल में डाल दिया। सारी ताक़त उसी के पास होती है। वह भगवान जितना ताक़तवर हो जाता है। वही जज है, वही वकील, वही दरोगा। वही तय करेगा कि कौन-सा क़ानून कब लागू होगा, कब उसका उल्लंघन होगा, कब, कितना और कैसे किसी को दंड मिलेगा। ऐसे तमाम फ़ैसले बहुत गोपनीय ढंग से लिए जाते हैं। किसी से कोई सलाह-मशविरा नहीं किया जाता। राजा को ही पता होता है कि वह कोई फ़ैसला क्यों और कैसे ले रहा है। फ़ैसले को दैवी सत्य की तरह थोपा जाता है, जो अगम्य और अबूझ होता है। यहाँ न पारदर्शिता होती है और न ही कोई जवाबदेही। एक आदमी के राज में यह जो मनमर्ज़ी, तानाशाही और निरंकुशता वाला तत्त्व है, इसी से हमें डर लगता है।

मशविरे की सरकार

गणतंत्र में इसके लिए क्या विकल्प मौजूद है? अंग्रेज़ी का शब्द 'रिपब्लिक' लैटिन के 'रेसपब्लिका' से आया है यानी पब्लिक की चीज़। इसका राजनीतिक अर्थ है, ऐसी निर्णय प्रक्रिया जो खुले में सबके सामने घटित हो। यानी एक गणतंत्र का लेना-देना हमारे लोक दायरे से है, उस जगह से जहाँ लोग खुलकर सामने आते हैं और बताते हैं कि उनके समुदाय के लिए (उनके सामूहिक हित में) क्या सही

है। इन नुक़्तों पर बातचीत, बहस और विचार-विमर्श के बाद वे इस फ़ैसले पर पहुँचते हैं कि कौन से क़ानून होने चाहिए और क्या रास्ता अपनाया जाना चाहिए। यानी एक गणतंत्र का अर्थ है 'ऐसी सरकार जो स्वतंत्र और खुली बहस पर आधारित हो'।

राजतंत्र और गणतंत्र की सरकारों में सबसे बड़ा फ़र्क़ यही होता है। राजतंत्र में एक आदमी की मनमानी सत्ता के सामने घुटने टेकने होते हैं, जो हमारे चुनने की आज़ादी में सनकी दख़ल देता है और जिसकी रहनुमाई पर जीना होता है। यह ग़ुलामी को जन्म देता है। जो लोग दूसरों की रहनुमाई में लम्बे समय तक जीते हैं वे ग़ुलाम बन जाते हैं। उनके दिमाग़ से फिर ग़ुलामी के अहसास को निकाल पाना मुश्किल हो जाता है। लम्बे समय तक अपनी ज़बान बन्द रखने के चलते अपनी ताक़त का उन्हें अन्दाज़ा नहीं रह जाता, वे ख़ुद के बारे में सोच नहीं पाते और अपनी ज़िन्दगी के फ़ैसले ख़ुद नहीं ले पाते। इसीलिए गांधी ने न सिर्फ़ अंग्रेज़ों की राजनीतिक ग़ुलामी से लड़ने के लिए, बल्कि अपनी दिमाग़ी ग़ुलामी से लड़ने के लिए भी स्वराज का विचार दिया था। चूँकि एक आदमी का राज लोगों को ग़ुलाम बनाता है, इसीलिए उसका विकल्प गणतंत्र आज़ादी के साथ बहुत गहरे जुड़ा है। गणतंत्र का अर्थ है आज़ाद लोग। इस मायने में गांधी का स्वराज एक महत्त्वपूर्ण गणतांत्रिक अवधारणा है। इसीलिए गणतंत्र में लोगों को प्रजा नहीं, नागरिक मानने की बात होती है। नागरिक होने का मतलब है एक ऐसे राजनीतिक समुदाय का सदस्य होना जहाँ आप खुलकर अपनी बात कह सकें और स्वतंत्र रूप से काम कर सकें। इस अर्थ में नागरिक के पास ही राजनीतिक आज़ादी होती है। राजनीतिक आज़ादी के बग़ैर हम महज़ ग़ुलाम हैं।

गणतंत्र प्रेमियों के लिए, राजनीतिक आज़ादी का मतलब यह नहीं कि आपका जो मन करेगा आप करेंगे। यह स्वच्छन्दता नहीं है। गणतंत्र के भीतर आपको अपने ही यानी नागरिकों के बनाये क़ानूनों के तहत जीना होता है। ये क़ानून कोई और बनाकर नहीं थोपता बल्कि नागरिकों की इच्छाशक्ति की ही ये पैदाइश होते हैं। इसीलिए गणतंत्रों में एक संविधान होता है जिसे विचारशील नागरिकों का एक समूह मिलकर बनाता है। यह संविधान बताता है कि देश में कौन से क़ानून लागू होंगे और राजकाज को कैसे अंजाम दिया जाएगा। हमारे संविधान में 'हम लोग' महज़ साहित्यिक प्रयोग नहीं, हमारे गणतांत्रिक संविधान की आत्मा है। ख़ुद के बनाए लेकिन जनता की चुनी हुई सत्ता या राज्य के द्वारा लागू नियमों के अधीन जीने की स्वेच्छा का अर्थ यह भी है कि जो लोग गणतंत्र का महत्त्व समझते हैं, वे राज्य के ख़िलाफ़ नहीं होते, केवल उनके ख़िलाफ़ होते हैं जो हमारी राजनीतिक आज़ादी छीनते हैं।

लोकतांत्रिक गणतंत्र, गणतांत्रिक लोकतंत्र

अब तक हमने जो बातें की हैं, उससे शायद ऐसा लगे कि 'गणतंत्र' शब्द में वह सब कुछ समाहित है जिसका अभिप्राय 'लोकतांत्रिक' से निकलता है। हमारी संविधान सभा ने भी शुरू में यही समझा था कि चूँकि 'गणतंत्र' के भीतर ही 'लोकतांत्रिक' शामिल है, इसलिए दोनों शब्दों का इस्तेमाल करने की ज़रूरत नहीं है। फ्रेंच गणराज्य की परम्परा में ऐसा ही होता है। वहाँ गणतंत्र और लोकतंत्र को एक दूसरे की जगह प्रयोग किया जाता है। फिर भी, जब नेहरू और आंबेडकर ने बाहरी साम्राज्यवादी राजतंत्र तथा घरेलू रजवाड़ों के मौजूदा और भविष्य के तमाम दावों से भारत को काट कर उसे एक गणतंत्र बनाने की प्रतिबद्धता ज़ाहिर की तो उन्हें लगा कि एक अलोकतांत्रिक राज्य कल्पना में भी सम्भव नहीं होना चाहिए। इसीलिए उन्हें यह ज़रूरी लगा कि लोकतांत्रिक संस्थाओं के प्रति अलग से प्रतिबद्धता को भी ज़ाहिर किया जाना चाहिए।

उनका यह फ़ैसला सही था। प्रस्तावना में दोनों शब्दों को रखना समझदारी भरा निर्णय था। गणतंत्र का अर्थ यह है कि फ़ैसले कोई एक व्यक्ति नहीं लेगा बल्कि खुले मंच पर बहस के बाद नागरिक लेंगे। इसमें एक पेंच यह था कि किसे नागरिक माना जाएगा। प्राचीन रोमन गणतंत्र समावेशी नहीं होते थे। इसके उलट प्राचीन भारत में सम्भवतः कुलीन वंशी गणतंत्र होते थे जो लोकतांत्रिक नहीं थे। प्राचीन ग्रीस में ग़ुलामों, औरतों और विदेशियों को नागरिक नहीं माना जाता था और उन्हें निर्णय प्रक्रिया से बाहर रखा जाता था। वास्तव में कई ग्रीक चिन्तक तो लोकतंत्र को केवल इसीलिए नकारात्मक मानते थे क्योंकि उसमें सबकी हिस्सेदारी होती थी, सामान्य लोगों की भी, जिन्हें वे हिकारत से 'भीड़' कहते थे।

इस सन्दर्भ में हमारे संविधान के भीतर 'लोकतांत्रिक' का मतलब यह निकलता है कि यहाँ *हर कोई* नागरिक है, चाहे वह कितना ही अमीर या ग़रीब क्यों न हो, उसकी शिक्षा, लिंग, समाज की नज़र में उसकी सामाजिक हैसियत, धर्म, नस्ल या वैचारिक आस्था कोई भी हो। यानी लोकतंत्र हमारे गणतंत्र को *समावेशी* बनाता है। कोई भी नागरिकता के दायरे से बाहर नहीं है, हम सभी को वोट देने का अधिकार है। अगर किन्हीं व्यावहारिक कारणों से वोटिंग पर बन्दिश लगाई भी जाती है और केवल ऐसे ही प्रतिनिधियों के चुनाव का मसला होता है जिन्हें जनता के नाम पर नीतियाँ और क़ानून बनाने हों, तब भी नागरिकों के पास पर्याप्त 'सूचित' होने का अधिकार होगा और वे अपनी सरकार से पारदर्शिता व जवाबदेही की माँग कर सकेंगे। एक गणतंत्र में कम से कम ऐसे सतर्क नागरिक हमेशा होने चाहिए जो उसकी पहरेदारी कर सकें, अपने नुमाइन्दों पर निगरानी रख सकें और अपने नाम पर बनाए गए किसी क़ानून या नीति को चुनौती देने का अधिकार रखते हों। इस

तरह महज़ सिर गिनने से आगे जाते हुए गणतंत्र की अवधारणा हमारे लोकतांत्रिक संविधान में मुक्त सार्वजनिक विमर्श के तत्त्व को लेकर आती है और लोकतंत्र को गहराई प्रदान करती है। जनता के प्रतिनिधियों के लिए फ़ैसलों पर बहस यहाँ अनिवार्य है, उन पर निगरानी रखी जानी होती है और उन्हें खुले तौर पर क़ानूनी चुनौती भी दी जा सकती है।

सरकार के बनाए तीन कृषि क़ानूनों के ख़िलाफ़ उन्हें शान्तिपूर्ण चुनौती देने के लिए जब किसान सड़क पर उतरे थे तो वे न सिर्फ़ अपने लोकतांत्रिक अधिकारों का प्रयोग कर रहे थे बल्कि सर्वोच्च गणतांत्रिक आदर्शों का भी मुज़ाहिरा कर रहे थे। नागरिकों के ऐसे ही राजनीतिक कृत्यों का जश्न मनाने के लिए हमने गणतंत्र दिवस का दिन चुन रखा है।

4

हमें संविधान की ज़रूरत क्यों है?

सुप्रीम कोर्ट द्वारा दिल्ली के लेफ़्टिनेंट गवर्नर और चुने हुए जनप्रतिनिधियों के अधिकार क्षेत्र और उनके अधिकारों की सीमाओं के सम्बन्ध में दिया गया फ़ैसला एक बार फिर इस बात को रेखांकित करता है कि हम कितने सौभाग्यशाली हैं कि हमारे यहाँ एक संविधान मौजूद है। एक संवैधानिक लोकतंत्र में जीने का आभार क्यों प्रकट किया जाना चाहिए? क्या ज़रूरत है हमें किसी संविधान की?

चूँकि एक व्यक्ति की निजी ताक़त बहुत सीमित होती है, इसलिए लोगों के सामूहिक प्रयासों के बग़ैर कुछ भी उल्लेखनीय हासिल नहीं किया जा सकता। एक भारी पत्थर को एक आदमी चाहे कितना ही धकेल ले वह नहीं हिलेगा जब तक औरों का हाथ उसमें न लगे। इनसान के पास ज़्यादातर जो नेमतें हैं—जैसे सेहत, शिक्षा, बुनियादी ढाँचे, शान्ति, सौहार्द, आर्थिक तरक़्क़ी, ख़ाली समय और मनोरंजन, कलाएँ, साहित्य, ख़ुद को समझने के तमाम रिवायतें और सामूहिक विरासत—ये सब लोगों की ताक़त को एक साथ लाकर ही साकार किए जाते हैं। यह सामूहिक ताक़त एक बार जुट गई तो ज़रूरी नहीं कि सबके कल्याण की दिशा में ही काम करे। यह किसी एक शख़्स के हित में भी काम आ सकती है। सम्भव है कि एक आदमी इस ताक़त का इस्तेमाल कर के दूसरों से वैसे काम उनकी इच्छा के ख़िलाफ़ करवाए जिनसे उसे फ़ायदा पहुँचता हो।

निरंकुशता पर लगाम

सभी आधुनिक समाजों की एक ख़ासियत यह होती है कि यह सामूहिक ताक़त मोटे तौर पर राज्य में समाहित होती है जो समाज से स्वायत्त होता है। इसका मतलब यह है कि जो राज्य सत्ता सबके कल्याण के लिए बनी है उसे कुछ लोग अपने हित में समाज के ख़िलाफ़ भी इस्तेमाल कर सकते हैं। इसीलिए जब से राज्य वजूद में आया है, इनसान को न केवल सामूहिक ताक़त इकट्‌ठा करने की ज़रूरत महसूस हुई है बल्कि कई बार उसे सीमित रखने का अहसास भी हुआ है ताकि उसका लोगों के कल्याण के ख़िलाफ़ कुछ के हित में मनमर्ज़ी इस्तेमाल न हो सके। यही बुनियादी वजह है कि हमारे पास एक संविधान नाम की चीज़ है, जो केवल क़ानूनों और संस्थानों का समुच्चय नहीं है बल्कि कुछ बुनियादी क़ायदों का एक ढाँचा है जो दूसरों का दमन और उत्पीड़न करने के लिए राज्य-सत्ता के बेजा इस्तेमाल के ख़िलाफ़ मज़बूत दीवार की तरह काम करता है।

संक्षेप में कहें तो संविधान दो चीज़ों के बीच एक नाज़ुक सन्तुलन बनाता है कि राज्यसत्ता में निहित समाज की सामूहिक ताक़त बिखरकर निष्प्रभावी न हो जाए (चूँकि इससे अराजकता फैलती है जो अच्छे जीवन को साकार होने में मुश्किल पैदा करती है) साथ ही यह ताक़त इतनी ठस और ठोस न हो कि हमारी आज़ादी को छीन ले। सभी क़िस्म की राज्यसत्ताओं में ताक़त के दुरुपयोग की आशंका निहित रहती है। इसीलिए दुनिया में जो सबसे शुरुआती संविधान बने, उनमें हमारे शासकों की निरंकुशता पर निगरानी रखने के औज़ार विकसित किए गए।

संविधान मानकर चलता है कि लोगों और राज्यसत्ता के बीच की दूरी को नहीं पाटा जा सकता—क्योंकि जनता के पास ताक़त नहीं होती है और उसे राज्यसत्ता पर लगाम रखने के लिए संवैधानिक क़ानून की ज़रूरत पड़ती है। लेकिन ख़ुद जनता ही यदि राज्यसत्ता को हाँकने लगे? क्या होगा अगर राज्यसत्ता की ताक़त जनता की ताक़त से ही आने लगे? राज्यसत्ता की ताक़त को किसी उच्चतर सत्ता से नहीं बल्कि लोगों की ताक़त से ही नियंत्रित किया जा सकता है। कह सकते हैं कि लोकतंत्र संविधान के एक विकल्प के रूप में काम कर सकता है। फिर संविधान की क्या ज़रूरत?

यह विचार आकर्षक है लेकिन इसमें गड़बड़ है। व्यवहार में लोकतांत्रिक सत्ता कभी भी जनता के पास नहीं होती बल्कि कुछ समय के लिए जनता द्वारा निर्वाचित बहुमत में होती है। कभी-कभार यही बहुमत स्थायी हो सकता है। ऐसे में निरंकुशता एक शासक की जगह एक बहुमत के समूह के माध्यम से साकार होती है। इसीलिए एक बहुसंख्यकवादी लोकतांत्रिक राज्य की निरंकुशता पर लगाम कसने के लिए हमें संविधान की ज़रूरत पड़ती है। इसका मतलब यह होता है कि अल्पसंख्यक

समूहों से जुड़े अत्यन्त महत्त्वपूर्ण मुद्दे बहुसंख्यक की इच्छा से मुक्त किए जाएँ, उन्हें चुनावी लोकतंत्र की निर्णय-प्रक्रिया से बाहर लाया जाए और कमोबेश स्वायत्त बना दिया जाए ताकि उनसे कोई समझौता न होने पाए। अधिकार इसीलिए होते हैं। व्यक्तियों या अल्पसंख्यकों के अधिकार बहुसंख्यक की प्राथमिकताओं के दबाव में नहीं आने चाहिए। संविधान या संवैधानिक लोकतंत्र की ज़रूरत के पीछे यह दूसरा कारण है।

अपने को बचाने के लिए

संविधान की ज़रूरत एक और कारण से है—इनसानी कमज़ोरियों की सूरत में हर किसी की रक्षा करने के लिए। यह भूलना नहीं चाहिए कि इनसान एक अस्थिर प्राणी है। वह अक्सर भूल जाता है कि उसकी भलाई किसमें है। वह लालच में घिर जाता है। क्षणिक सुख के चक्कर में लम्बा कष्ट पाल लेता है। लोग आम तौर से मौक़े की नज़ाकत में फँस जाते हैं और (ग़ुस्से, डर या नफ़रत में) प्रतिक्रिया कर बैठते हैं। बाद में उन्हें अपनें किए पर पछतावा होता है। मसलन, वे कभी-कभार किसी निरंकुश प्रतिनिधि को चुन लेते हैं। ऐसे में संविधान काम आता है। बरसों के सामूहिक तजुर्बे और विवेक के आधार पर बनाए गए क़ानूनों के एक ढाँचे के तौर पर हमारा संविधान लोगों को किसी की मनमर्ज़ी और सनक का शिकार बनने से बचाता है और रोज़मर्रा की राजनीति की अत्यधिक सरगर्मियों को भाँपते हुए उन्हें एक सुरक्षा प्रदान करता है। भारत के संविधान-निर्माताओं ने यह सुनिश्चित किया है कि अदूरदर्शिता या सनक के वशीभूत हो यदि विधायिका अस्थिर हो जाए तब भी संविधान के मूल ढाँचे से कोई छेड़छाड़ सम्भव नहीं हो सकेगी।

कल्याण के लिए सत्ता को सक्षम बनाना

भारत के संविधान की एक और मौलिक व बहुमूल्य ख़ासियत है—यह अहिंसक ढंग से समाज में बदलाव लाने का एक नैतिक ढाँचा प्रदान करता है। यह आंबेडकर का महान योगदान है। नेहरू ने इसे ऐसे व्यक्त किया है : 'संविधान सभा ने इस राष्ट्र को गति दी है। इसने अतीत के राजनीतिक और सम्भवत: सामाजिक ढाँचे को त्याग कर अपने लिए एक नया कवच तैयार किया है।' भारत का संविधान परम्परागत सामाजिक ऊँच-नीच की बेड़ियों को तोड़कर आज़ादी, बराबरी और इंसाफ़ के नए दौर में प्रवेश करने के लिए बनाया गया था। यानी राज्य को कुछ चीज़ें करने में अक्षम बनाकर संविधान ने उसे कुछ और काम उतने ही प्रभावी ढंग से करने में सक्षम भी बनाया है। इसलिए एक बार ये बन्दिशें साकार हो गईं तो जनता की

ताक़त को जनक़ल्याण की ओर प्रवृत्त किया जा सकता है। इस तरह एक संविधान न केवल मौजूदा सत्ता पर लगाम कसने का काम करता है बल्कि परम्परागत रूप से वंचित लोगों को सशक्त भी बनाता है—कमज़ोरों को वह ताक़त देता है कि वे समावेशी तरीक़े से सामूहिक हितों को साकार कर सकें।

5

कोई भी किताब भारत के संविधान से बड़ी नहीं है

पश्चिम बंगाल के एक मंत्री सिद्दीक़उल्लाह चौधरी ने कथित तौर पर एक टिप्पणी की थी कि मुसलमानों के लिए 'पाक कुरान शरीफ़ सबसे बड़ी किताब है और अगर संविधान का कोई भी प्रावधान कुरान को काटता है तो हमारी किताब की बात मानी जाएगी, संविधान की नहीं।'[1] एक संवैधानिक लोकतंत्र में यह बयान घोर निंदनीय है। इसे किसी भी तरह सही नहीं ठहराया जा सकता। इस मंत्री को क़ायदे से अपने मुख्यमंत्री की बात सुननी चाहिए थी जिन्होंने कुछ वर्ष पहले बहुत साफ़ कहा था कि 'हम सभी पावन ग्रंथों का सम्मान करते हैं...लोकतंत्र में संविधान एक पवित्र ग्रंथ होता है।'

इस बात में बहुत सच्चाई है। भारत के इतिहास में पहली बार 26 जनवरी 1950 को हमने—यानी विभिन्न धर्म-दर्शनों के विश्वासियों और अनुयायियों ने—एक किताब को अपनाने का फ़ैसला लिया। ख़ुद को एक आधुनिक राष्ट्र के ताने-बाने में बुनने का यही एक तरीक़ा था। केवल इसलिए नहीं कि हम सभी कहीं न कहीं तमाम किताबों में ही परम सत्य को लिखा पाते हैं बल्कि इसलिए क्योंकि हम किताबों में नहीं अपनी जीवित परम्पराओं में ज़िन्दा रहते हैं जहाँ किताबें धार्मिक स्तर पर अप्रासंगिक हैं—मसलन, भजन, भक्तिगीत, कर्मकांड, ध्यान, आत्मावलोकन, इत्यादि। हम सभी को अपने परम सत्य यानी ईश्वर, बहुदेव, देवियाँ अथवा निराकार तक पहुँचने के अपने विशिष्ट रास्ते और सह-अस्तित्व के साझा क़ायदों के बीच सन्तुलन बनाना होता है। हमारा संविधान भले ही कितना भी अपर्याप्त हो, लेकिन एक आम सहमति बेशक क़ायम है कि यह एक समावेशी, प्रतिष्ठाजन्य और स्वतंत्रता-संवेदी समाज के लिए सुरक्षित व मज़बूत आधार मुहैया कराता है। अलग-अलग आस्थाओं

1. द *स्टेट्समैन*, 'Bengal Minister Siddiqullah Chowdhury Says Quran Will Prevail over Constitution,' 22 सितम्बर, 2018.

और जातियों और भाषाओं के लोगों द्वारा बनाया गया संविधान का मूल ढाँचा बहुत मज़बूत है। उसमें किसी बदलाव की ज़रूरत नहीं है।

धर्म और राज्य

संविधान के भीतर धर्म को लेकर बहुत महीन लेकिन दिलचस्प नज़रिया मौजूद है। पहला, धर्म परम सत्य तक पहुँचने की राह है। दूसरे, यह चली आ रही परम्पराओं का एक जमाव है। तीसरे, यह सामाजिक व्यवहार के लिए एक मानक तय करता है। संविधान ने राज्य और धर्म के रिश्ते को बहुत जटिल ढंग से परिकल्पित किया है। हमारे मंत्री साहब इस बात को नहीं समझ रहे। पहली बात, राज्य व्यक्तियों या समूहों के परम सत्व तक पहुँचने के उनके चुने हुए रास्ते में कोई दख़ल नहीं देगा। इसी को धार्मिक आज़ादी कहते हैं। दूसरे, संविधान विशिष्ट परम्पराओं के मूल्य को मानता है लेकिन साथ ही यह भी समझता है कि किसी भी परम्परा के कुछ आयाम समय के साथ ठस पड़ जाते हैं इसलिए जब तक उनकी दोबारा व्याख्या न की जाए और उन्हें पुनर्जीवित न किया जाए, वे मरी हुई त्वचा की तरह झड़ जाएँगे। यह बात धर्म के बारे में भी सच है। इसीलिए धार्मिक परम्पराओं के प्रति राज्य का रवैया न तो पूरी तरह स्वीकार्यता का हो सकता है और न ही वह उन्हें पूरी तरह ख़ारिज कर सकता है। तीसरे मसले पर, कुछेक दुविधाओं और अस्थायी पलटावों के बावजूद संविधान का पक्ष मोटे तौर पर सुदृढ़ है। यह सामाजिक क्रान्ति से कम की माँग नहीं करता। यह अतीत के अन्यायपूर्ण ऊँच-नीच को तोड़ते हुए वर्तमान में ऐसी बराबरी की बात करता है जहाँ हर कोई प्रतिष्ठा और इज़्ज़त के साथ जी सके और उसकी रक्षा कर सके। यानी राज्य के लिए धर्म के प्रति आलोचनात्मक सम्मान एक निर्णायक नज़रिया है। सम्मान इसलिए क्योंकि धर्म के कुछ आयामों को पोषित और संरक्षित करने की दरकार है। आलोचना इसलिए क्योंकि कुछ आयाम ऐसे हैं जिनमें बदलाव की ज़रूरत है जबकि कुछ को ख़त्म कर दिया जाना ही बेहतर है।

इस आलोचनात्मक सम्मान को साकार करने के लिए राज्य को धर्म से एकदम अलगाव नहीं बरतना है, बल्कि सभी धर्मों से एक सैद्धान्तिक दूरी क़ायम रखनी है। सैद्धान्तिक दूरी के लिए धर्म के साथ राज्य को अपना औपचारिक गठजोड़ समाप्त कर देना होगा, लेकिन यह भी नहीं कि बीच में एक अभेद्य दीवार खड़ी कर दी जाए। राज्य या तो धर्म के साथ संलग्न होगा या विलग्न—संलग्नता सकारात्मक होनी है (सभी धर्मों का सक्रिय प्रसार) या नकारात्मक (रोकने के लिए दख़ल)—और सभी को बराबर बरतने के लिए सबको एक आँख से नहीं देखेगा बल्कि ज़रूरत के हिसाब से किसी की मदद करेगा तो किसी पर लगाम कसेगा। इस तरह, हिन्दू धर्म के प्रति सम्मान को क़ायम रखते हुए राज्य छुआछूत की बुराई को ख़त्म करने

की कोशिश करेगा, जिसे कई हिन्दू ग्रंथों में जायज़ ठहराया गया है और कुछ लोग जिसे धर्म का हिस्सा मानते हैं। यह संवैधानिक हस्तक्षेप उन दलितों के साथ इंसाफ़ करने के लिए था जो हिन्दू धर्म के भीतर बने हुए थे। अगर छुआछूत की यह बुराई भारत के इस्लाम और ईसाइयत में भी व्याप्त है तो बराबरी के प्रति औपचारिक सैद्धान्तिक प्रतिबद्धता के बावजूद राज्य उनमें भी हस्तक्षेप करेगा। ऐसा नहीं करना मुसलमान और ईसाई दलितों के साथ नाइंसाफ़ी होगी।

जो हिन्दू इस बात की शिकायत करते हैं कि राज्य का दख़ल उनके धर्म के ख़िलाफ़ रहा है, वे इसे ग़लत समझ बैठे हैं। यह तो वही बात हुई कि एक मरीज को ऑपरेशन से फ़ायदा हुआ है लेकिन वह उन लोगों से नफ़रत करता है जिन्हें इसकी ज़रूरत है लेकिन बदक़िस्मती से वे इलाज नहीं करवा पा रहे। ये तो बहुत अजीब बात हुई। संक्षेप में कहें तो राज्य ने हिन्दुओं के पक्ष में काम किया लेकिन दूसरे धर्मों के भीतर की नाइंसाफ़ियों से ग़ाफ़िल रहा। जैसे 1956 में आंबेडकर, नेहरू और अन्य तरक़्क़ीपसन्द हिन्दुओं को इस बात का धन्यवाद दिया जाना चाहिए कि उनके प्रयासों से संसद ने हिन्दू पर्सनल लॉ को आंशिक रूप से सुधारने के लिए हिन्दू कोड बिल पास किया। हिन्दू औरतों को उनके धर्म में हिस्सेदारी देकर उन्होंने हिन्दू धर्म को सड़ने से बचा लिया। इस तरह पहली बार ऐसा हुआ कि वे हिन्दू रहते हुए ज़्यादा समानता और आज़ादी की आकांक्षा कर सकती थीं। इससे भले ही कट्टर हिन्दुओं की एक जमात नाराज़ हुई लेकिन ज़्यादातर हिन्दुओं को लाभ मिला। अफ़सोस की बात है कि मुस्लिम औरतों को इस सुधार का लाभ नहीं मिल सका। आज भी वे अपने धर्म के भीतर मर्दों का शिकार बनी हुई हैं।

बुरी प्रथाओं की समाप्ति

मुस्लिम पर्सनल लॉ में सुधार लाने की केंद्र सरकार की मंशा के प्रति मंत्री जी को चाहे जितना भी सन्देह हो और इस 'सुधार' को लाने के लिए अध्यादेश का रास्ता चाहे कितना ही अवैध हो, तथ्य यह है कि तीन तलाक एक ऐसी घृणित प्रथा है जो कई मुस्लिम देशों द्वारा ख़ारिज की जा चुकी है। यह प्रथा मुस्लिम मर्दों को बेजा ताक़त देकर औरतों के लिए जलालत पैदा करती है। जब वैवाहिक अनुबंध के कहीं ज़्यादा सभ्य रूप संविधान में और कुरान की कहीं ज़्यादा सार्थक व्याख्याओं में मौजूद हैं, ऐसे में तीन तलाक का जारी रहना न सिर्फ़ मुस्लिम औरतों के साथ नाइंसाफ़ी है बल्कि लोकतंत्र की 'पवित्र किताब' की भी नाफ़रमानी है।

6

राष्ट्र की आत्मछवि का महत्त्व

2017 में निवर्तमान उपराष्ट्रपति हामिद अंसारी ने टिप्पणी की थी कि दलितों और अल्पसंख्यकों के बीच बेचैनी बढ़ती जा रही है। इस बयान ने कुछ नागरिकों में हलचल पैदा कर दी। यह कोई असामान्य टिप्पणी नहीं थी, इसलिए इस पर लोगों की बेचैनी समझ में नहीं आती। पूर्व राष्ट्रपति प्रणब मुखर्जी सहित भारत के अनेक लोगों ने देश में बढ़ती असहिष्णुता और हमारे बहुलतावाद पर ख़तरों को लेकर चिन्ता ज़ाहिर की है। लेकिन अंसारी का बयान कुछ लोगों को ख़ास तौर से नागवार गुज़रा क्योंकि इससे देश की छवि को नुक़सान पहुँचता है। कुछ लोगों ने तो यहाँ तक कहा कि यह देश का अपमान है।

देश की छवि की चिन्ता कोई ऐसी चीज़ नहीं है जिस पर नाक भौं सिकोड़ी जाएँ या जिसे महत्त्वहीन मानकर पूरी तरह ख़ारिज कर दिया जाए। देश की छवि एक ज़रूरी चीज़ है। चूँकि देश लोगों से बनता है तो उसकी छवि उसके लोगों की सामूहिक आत्मछवि है। हम में से हर कोई चाहता है कि दूसरे हमें अच्छी नज़र से देखें क्योंकि हमें जैसा देखा जाएगा वैसा ही हमारे साथ बरताव भी होगा। इसीलिए हम नहीं चाहते कि कोई हमें ग़लत समझे। हम जैसे हैं, वैसा ही दिखना चाहते हैं न कि किसी ग़लत चश्मे से। इसके अलावा, एक सकारात्मक आत्मछवि का लेना-देना हमारी आत्मप्रतिष्ठा के साथ भी होता है। अगर हमारी आत्मछवि को चोट पहुँचती है तो हमारी आत्मप्रतिष्ठा भी गिरेगी, फिर हम अपमानित और शर्मिन्दा महसूस करेंगे। यही बात हमारी सामूहिक आत्मछवि पर भी लागू होती है। हमारा देश अगर ग़लत नज़र से देखा जाएगा तो हमें शर्म आएगी, ग़ुस्सा आएगा और हो सकता है हम भड़क भी जाएँ। इसीलिए देश की छवि की अहमियत से इनकार नहीं किया जा सकता।

आत्मछवि : एक दुधारी तलवार

इसके बावजूद आत्मछवि और एक व्यक्ति के वास्तविक आत्म के बीच फ़र्क़ होता है। हम जैसे वास्तव में होते हैं और जैसा हमें देखा जाता है (दूसरों के द्वारा या अपनी नज़र में), उनके बीच हमेशा एक दूरी होती है। फिर, आत्मछवि भी दो क़िस्म की होती है। पहली वह जिसे हम काफ़ी सोच-समझ कर गढ़ते हैं। यह हमेशा हमारे आत्म और हमारे दिखने के बीच झूलती रहती है। इसे पता होता है कि हम कहाँ छले जा सकते हैं, इसलिए यह लगातार हमारी कमियों और कमज़ोरियों

को उभारती रहती है। यानी अपनी छवि को गढ़ना और ख़ुद अपने को गढ़ना, दोनों दरअसल एक ही नैतिक प्रक्रिया का हिस्सा हैं।

दूसरी वाली छवि कमियों को छुपाकर गढ़ी जाती है। इसका वास्तविकता से लेना-देना नहीं होता। यह हमारे वास्तविक आत्म को ढँक लेती है। उसकी कमियों को भी ढँक लेती है। ख़ुद को सामने कर देती है। इस छवि के चक्कर में पड़कर आदमी अपने आत्म के लिए रुकावट पैदा करता है। इस पर ऊर्जा ख़र्च कर के हम अपने को ही मार रहे होते हैं। यह बात व्यक्ति के लिए जितनी सच है, उतनी ही एक राष्ट्र के लिए भी।

अपनी कमियों को नजरंदाज़ करने के बजाय सबके सामने उसे स्वीकार लेना अपनी स्वस्थ और सकारात्मक आत्म-छवि के लिए बहुत ज़रूरी चीज़ है। सतही तौर पर उससे निपटना या सतह के नीचे उसे बुहार कर छुपाए रखना हमारे आत्म और उसकी वास्तविक छवि को नुक़सान पहुँचाता है। अब सवाल उठता है कि देश की आत्मछवि को कौन या क्या नुक़सान पहुँचा रहा है? और हम में से कौन इसे सकारात्मक रूप से पोषित कर रहा है? एक लड़के का उदाहरण लेते हैं जो आदतन इम्तिहान में नक़ल मारता है पर एक दिन एक सख़्त शिक्षक उसे पकड़ लेता है। नक़ल मारने की उसकी आदत उसके चरित्र को तो बताती ही है, उसके परिवार के नैतिक चरित्र का भी अन्दाज़ा देती है। यहाँ क़ायदे से माँ-बाप को अपनी ग़लती मान लेनी चाहिए और घर में नैतिक माहौल को दुरुस्त करने पर ध्यान देना चाहिए ताकि ऐसी घटना दोबारा न होने पाए, लेकिन होता इसका उलटा है। माँ-बाप उलटे शिक्षक को ही दोष देने लगते हैं कि उसने परिवार की छवि को नुक़सान पहुँचाया है। लोग आख़िर कितना उलटा सोच सकते हैं!

कुछ साल पहले देश में घपलों-घोटालों की बाढ़ आई हुई थी। कल्पना कीजिए कि जिन लोगों ने घोटालों को सामने लाने का काम किया था उन्हें देश की छवि ख़राब करने का दोषी ठहरा दिया जाता और घपलेबाज आसानी से छूट जाते तो क्या होता? आज देश की छवि को ख़राब हत्यारों की भीड़ कर रही है न कि वे जो हत्याओं पर चिन्ता जता रहे हैं और चाहते हैं कि सरकार उन्हें रोके। लेकिन यहाँ तो उलटा चोर कोतवाल को ही डाँटे जा रहा है!

घरेलू और बाहरी छवि

छवि को लेकर अतिरिक्त चिन्ता का एक और लक्षण होता है। जो लोग देश की छवि को लेकर लगातार बेचैन रहते हैं वे यह नहीं बताते कि उनकी शर्मिन्दगी दरअसल देश के बाहर देश की ख़राब हो चुकी छवि को लेकर है। उतनी ही ज़्यादा अहम चीज़ हालाँकि देश के भीतर अपने लोगों के बीच देश की छवि होती है। क्या हमें

यह नहीं पूछना चाहिए कि देश के दलितों, अल्पसंख्यकों, तबाह किसानों और तमाम बहराए अलगाए लोगों की नज़र में देश की छवि क्या है? क्या अब हमें देश की आन्तरिक छवि के बारे में चिन्ता शुरू नहीं कर देना चाहिए—उस निशान को लेकर जो यह असहिष्णुता हमारे अलगाव में पड़े नागरिकों की रूह पर हमेशा के लिए छोड़ जा रही है?

कोई भी देश बेदाग़ नहीं होता। ठीक वैसे ही जैसे कोई भी व्यक्ति आदर्श नहीं होता। हम सब ग़लतियाँ करते हैं, रास्ता भटकते हैं, ग़लत दिशा में चल पड़ते हैं, कभी रास्ता भूल जाते हैं तो ग़लत मंज़िल पर ही पहुँच जाते हैं। हम में से जो समझदार होते हैं वे ख़ुद को दुरुस्त करते रहते हैं। वे बता सकते हैं कि हमसे कब और कहाँ ग़लती हुई और इसे सही करने के लिए क्या किया जाना है। सही और ग़लत के बीच का फ़र्क़ बताने की सलाहियत, ग़लत को स्वीकार करने का साहस और इसे दुरुस्त करने का सामूहिक संकल्प—एक देश की सेहत के लिए ये चीज़ें निर्णायक होती हैं।

एक देश की छवि तब ज़्यादा बढ़ती है जब उसके नागरिक अपने या अपने देश के नाम पर किए गए ग़लत के ख़िलाफ़ बोलते हैं। ऊँचे ओहदे पर बैठे लोग जब पूरी ज़िम्मेदारी और उद्देश्य के साथ सार्वजनिक ग़लतियों को स्वीकार करते हैं तो उससे भरोसा बढ़ता है। यह दर्शाता है कि हम लोग आत्मावलोकन करने में सक्षम हैं। इससे यह भी दिखता है कि एक लोकतंत्र के रूप में हमारी आस्था अभी बची हुई है। क़ायदे से हमें इसी छवि की आकांक्षा करनी चाहिए—देश के भीतर और बाहर, दोनों जगह।

7

राष्ट्रीय संस्कृति में गर्वबोध

किसका सांस्कृतिक गर्व जायज़ है और क्यों? क्या इनसान को अपनी संस्कृति पर गर्व करना चाहिए? बिलकुल करना चाहिए, क्यों नहीं! हर भारतीय को इस बात पर गर्व होना चाहिए कि भारत में कभी बड़े धार्मिक युद्ध नहीं हुए, धार्मिक संहार के बड़े मामले कभी नहीं रहे और कम से कम उन्नीसवीं सदी तक तो बड़े पैमाने पर साम्प्रदायिक हिंसा भी नहीं हुआ करती थी।

क्या हमें अपने अतीत और वर्तमान संस्कृति के प्रत्येक आयाम पर गर्व करना

चाहिए? बिलकुल नहीं! आख़िर कोई हिन्दू छुआछूत जैसी सामाजिक प्रथा पर गर्व कैसे कर सकते हैं? या फिर औरतों के ऊपर नियंत्रण पर, जो आज भी ज़्यादातर स्वतंत्र सार्वजनिक जीवन बिता पाने में अक्षम हैं? इसका मतलब यह हुआ कि कौन-सा गर्व जायज़ है और कौन-सा नाजायज़, इसके बीच एक फ़र्क़ बरतना ज़रूरी है।

एक सवाल और, अपने सांस्कृतिक गौरव को लेकर हमें कितना मुखर होना चाहिए? क्या हमें छत पर खड़े होकर चिल्लाना चाहिए कि 'हम विश्वगुरु हैं'? क्या हमेशा माथे पर गर्व को चिपका कर चलना चाहिए या फिर अपने कर्मों और उपलब्धियों में विनम्रता और शान्त आत्मविश्वास के साथ उसे ख़ुद-ब-ख़ुद चमकने देना चाहिए?

गर्व-गर्व चिल्लाना

अपने सांस्कृतिक गौरव को लेकर चीख़ना-चिल्लाना तभी जायज़ माना जा सकता है जब कोई समूह लम्बी सांस्कृतिक ग़ुलामी और उत्पीड़न की ज़ंजीरों को तोड़कर मुक्त हो रहा हो—जैसा कि उन्नीसवीं सदी के मध्य में भारत में हुआ, जब सांस्कृतिक साम्राज्यवाद ने अपने बारे में हमारी समझ को विकृत कर दिया था। लेकिन बीसवीं सदी के आरम्भ में हम फिर देखते हैं कि विवेकानंद, टैगोर और गांधी की अभिव्यक्तियों में वह सांस्कृतिक गौरव वापसी कर रहा है। वे एक जायज़ सांस्कृतिक गौरव को स्वर दे रहे थे जो एक सांस्कृतिक समुदाय के रूप में हमारे भीतर आत्मविश्वास भर रहा था। सवाल है कि आज की तारीख़ में ऐसी अति मुखर सांस्कृतिक अभिव्यक्ति की ज़रूरत क्या है?

और अगर करना ही है तो तमाम उलट साक्ष्यों के बावजूद नक़ली महानता या मौलिकता पर गर्व करने की क्या ज़रूरत है जबकि गर्व करने को और भी जायज़ चीज़ें मौजूद हैं? पुष्पक विमान या प्लास्टिक सर्जरी पर फ़र्ज़ी गर्व करने का क्या मतलब जब हमारी संस्कृति में वास्तविक चीज़ें, विचार और मूल्य पहले से मौजूद हैं जो हमें ज़बरदस्त आत्मतोष दे सकते हैं? मसलन, बुद्ध और उपनिषद की शिक्षाएँ, पाणिनि का व्याकरण, आर्यभट्ट की खोज, कालिदास और कबीर की रचनाएँ इत्यादि।

आखिर, ख़ासकर धार्मिक और सांस्कृतिक रूप से बहुल एक जगत में हमारा सांस्कृतिक गौरव आख़िर किस रूप में हो? इसे मैं ऐसे रखूँगा कि सांस्कृतिक संसाधनों के ऐतिहासिक रूप से परस्पर जुड़े हुए वैश्विक प्रवाह में हम सभी गौरवान्वित हिस्सेदार हैं। हम सब इनसानियत की समृद्ध, विशाल, जटिल और विविधीकृत संस्कृतियों में अपने-अपने ढंग से योगदान देते हैं। सांस्कृतिक समुदायों को एक दूसरे के ऐतिहासिक और पुष्ट योगदान को परस्पर स्वीकार करना चाहिए क्योंकि इन सब

की सामूहिक उपलब्धि कोई भ्रम या अतिरंजना नहीं, बल्कि निहायत वास्तविक है।

इसे एक उदाहरण से समझें। हम जानते हैं कि महात्मा गांधी के ऊपर लेव तोलस्तोय का बहुत प्रभाव रहा। तोल्स्तोय जन्म से रूसी अभिजात वर्ग के सदस्य थे जो जवानी में फ़ौज में गए और बाद के जीवन में लेखक-विचारक बने। उनके भीतर क्रान्तिकारी आध्यात्मिक बदलाव हुआ था, जिसके बाद उन्होंने जागतिक उपलब्धियों को त्याग कर अहिंसा और समाजसेवा का सात्विक जीवन चुना।

उनके इस बदलाव के पीछे एक जॉर्जियन कथा थी जो उन्होंने पढ़ी थी। कहानी यह थी कि एक जंगली जानवर से डरकर एक आदमी बहुत तेज़ी से भागा जा रहा था कि वह कुएँ में गिर गया। गिरते हुए एक लता उसकी पकड़ में आ गई जिससे वह अचानक मरने से बच गया। अफ़सोस कि उस लता को एक सफ़ेद (दिन) और काला (रात) चूहा लगातार कुतर रहे थे। सो उसे कुएँ में गिरने में बहुत वक़्त नहीं लगा। उसकी मौत पहले से तय थी।

इस कहानी से तोलस्तोय को अहसास हुआ कि अन्त में पैसे, ताक़त और यश के बावजूद जीवन निरर्थक ही रह जाता है क्योंकि मौत अवश्यंभावी है। यह समझने के बाद उन्होंने धन और यश की दुनिया से मुँह फेर लिया। यह कथा ईसाई वांग्मय में सन्त बरलाम और सन्त जोसेफेत के सन्तचरित का हिस्सा है। दमिश्क से चलकर बग़दाद और ग्रीस और रोम होते हुए यह कथा पश्चिमी यूरोप तक गई और मध्यकाल में ईसाई चेतना का अंग बन गई। इसका केंद्रीय कथानक एक राजकुमार जोसेफेत द्वारा दुनियावी धन व ताक़त का त्याग है, जो सिनाई के रेगिस्तान के एक सन्त बरलाम के प्रभाव में आने पर अपना राजपाट छोड़ कर नैतिक और आध्यात्मिक सत्य की तलाश में निकल पड़ा है।

चली कहानी

इस ईसाई कथा में एक दिलचस्प पेंच है। ग्रीक, लैटिन और अरबी स्रोतों के आधार पर जॉर्जिया के सन्तों द्वारा बुनी गई इस कथा में मौजूद राजकुमार भारत का था। वो कोई और नहीं, राजकुमार सिद्धार्थ गौतम है, जो बोधिसत्व बना और अन्त में बुद्ध। जॉर्जिया के ईसाइयों को उसके बारे में अरब के मुसलमानों से पता चला। अरबी मुसलमानों को उसके बारे में मध्य एशिया के मणि के अनुयायियों से पता चला और उन्हें इसकी जानकारी बौद्धों से मिली थी।

मैनिचियन संस्करणों* में बोधिसत्व, अरबी में बोधिसफ बन जाता है। जॉर्जिया में इसे युदासफ कहते हैं, ग्रीक में आयोसफ और लैटिन में जोसेफेत। स्रोत की कथा

* मणि के अनुयायियों की कथाओं में।

यहीं ख़त्म नहीं होती। भारत की धार्मिक विविधता के बड़े प्रशंसक और हारवर्ड विश्वविद्यालय में वैश्विक धर्मों के विभाग के संस्थापक विल्फ्रेड कंटवेल स्मिथ कहते हैं कि सम्भव है, बुद्ध की यह कथा प्राचीन जैन या हिन्दू स्रोतों से आई रही हो। यह कहानी मुझे उनसे ही मिली थी।

कहने का मतलब यह है कि जो कहानी भारत में पैदा हुई, वह रोम, बग़दाद, जॉर्जिया और कीव होते हुए वापस बुद्ध तोल्स्तोय और गांधी की मार्फ़त भारत पहुँची। पश्चिम एशिया, चीन, यूरोप या अफ्रीका से ऐसी हज़ारों कहानियाँ चली होंगी और दुनिया के विभिन्न हिस्सों में पहुँची होंगी।

अगर ऐसे ही चीज़ें आकार लेती हैं, विचार और मूल्य इसी प्रकार दुनिया-भर में प्रसारित होते हैं, तब तो कोई भी चीज़ किसी भी समूह की नहीं है। इसीलिए सांस्कृतिक गौरव को अभिव्यक्त करने का सही तरीक़ा यह है कि अपनी महानता का दावा न किया जाए बल्कि प्रत्येक सांस्कृतिक समुदाय को माना जाए, यह दिखाते हुए कि उसने भी इनसानियत की ऐतिहासिक रूप से जुड़ी हुई वैश्विक संस्कृतियों में अपना योगदान दिया है। बहुत गहरे में जाकर देखा जाए तो हम पाएँगे कि सांस्कृतिक गौरव का असली विषय दरअसल आपस में जुड़े हुए तमाम सांस्कृतिक समुदाय हैं, कोई एक नहीं।

खंड II

हमारा लोकतंत्र : लोग, राजनीति और नेतृत्व

8

लोकतंत्र को हम अनमोल क्यों मानते हैं?

राजनीति एक झंझट-भरी चीज़ है, देश और काल चाहे कोई भी हो। लोकतांत्रिक राजनीति में तो और ज़्यादा झंझट हैं क्योंकि यहाँ सबकुछ खुला खेल फर्रूखाबादी होता है। ऐसा लगता है कि लगातार उथल-पुथल और अव्यवस्था का आलम है। फिर इसमें हम लोग इससे क्यों चिपके रहते हैं? बहुतेरे लोग दूसरे क़िस्म की राजनीतिक व्यवस्थाओं के मुक़ाबले लोकतंत्र को ही क्यों तरज़ीह देते हैं?

अमन, आज़ादी और कल्याण के लिए

लोकतंत्र का आकर्षण इस बात में है कि यह हमें शान्तिपूर्ण तरीक़े से सत्ता के हस्तांतरण की सुविधा देता है। बेशक यह उन लोगों के लिए नहीं है जो मन की शान्ति की तलाश में हैं या वे जो असहमतियों या टकरावों से बहुत जल्दी बेचैन हो जाते हैं। लोकतंत्र सड़क पर चलनेवाले ऐसे आदमी के लिए है जो लगातार हादसों और रोमांच से दो-चार होता रहता है। यह हमरे आक्रोश पर पलता है और टकरावों को सतह पर ला देता है, लेकिन यह हमें ख़ून-ख़राबे और तख़्तापलट जैसी घटनाओं से बचाता है जिनके माध्यम से धनबल और बाहुबल से संपन्न अभिजात वर्ग परम्परागत रूप से अपने संघर्षों को निपटाता रहा है। कह सकते हैं कि लोकतंत्र घास खानेवाले शेरों का जंगल है।

दूसरी बात, यह उन ज़्यादातर बुनियादी तनावों और डरों को ख़त्म कर देता है जिनकी हमारे सामाजिक-राजनीतिक जीवन में हमें आदत-सी पड़ी हुई है—मसलन, अपने मन की बात कहने या ताक़तवर को चुनौती देने पर मारे जाने, पीटे जाने या अपमानित किए जाने का डर। हमारे सोचने, बोलने और आचार-व्यवहार के मामले में यह अधिकतम खुलेपन की पैरवी करता है। अधिकतम इसलिए क्योंकि हम में से कोई भी अपने बोलने या करने पर एक सीमा को लागू किए बग़ैर नहीं जी सकता। लोकतंत्र इस मामले में हमें अपनी हदों को जाँचने का मौक़ा देता है। हम अपने कर्म और विचार को अधिकतम सीमा तक खींच कर ले जा सकते हैं और किसी हादसे की सूरत में क़दम वापस भी खींच सकते हैं। इस लिहाज़ से सार्वजनिक

स्वतंत्रता और लोकतंत्र के बीच एक अभिन्न रिश्ता होता है।

तीसरे, अन्य कोई भी राजनीतिक व्यवस्था लोगों से उनकी ज़रूरतों, चाहतों और लक्ष्यों के बारे में उनके अपने ख़याल नहीं पूछती जितनी गम्भीरता से यह काम लोकतंत्र करता है। इस तरह लोकतंत्र लोगों की अधिकतम सन्तुष्टि के हित में काम करता है।

लोकतंत्र की मुश्किलें

लोकतंत्र इतनी आसानी से हासिल नहीं होता। भारतीय लोकतंत्र बहुत मुश्किल हालात में पैदा हुआ है। सार्वभौमिक वयस्क मताधिकार और संवैधानिक संस्थाओं की स्थापना के बाद भी कुछ लोगों को आशंका थी कि यहाँ लोकतंत्र विफल हो जाएगा। फिर, लोकतंत्र के लिए बराबरी की एक संस्कृति को केंद्रीय माना जाता है पर भारत को तो विरासत में ही एक ऐसा सामाजिक ढाँचा मिला था जिस पर लैंगिक और जातिगत ग़ैर-बराबरी की मोटी परतें चढ़ी हुई थीं। एक लोकतंत्र की कामयाबी उसकी उच्च वृद्धि दर पर निर्भर करती है लेकिन आज़ादी के समय, 1947 में भारत की वृद्धि दर शून्य थी और इसकी 65-70 फ़ीसदी आबादी अत्यधिक ग़रीबी की जकड़न में थी। इसके अलावा, कामयाब होने के लिए लोकतंत्रों में सांस्कृतिक, भाषायी और धार्मिक स्तर पर कमोबेश एकरूपता होनी चाहिए लेकिन इन तीनों मामलों में भारत बहुत गहरे तक विविध है। पश्चिम के अधिकतर लोकतंत्रों में शिक्षा और साक्षरता की ऊँची दर थी लेकिन भारत की आबादी का अच्छा-ख़ासा हिस्सा अशिक्षित था, जिसे औपचारिक शिक्षा नसीब ही नहीं हुई थी।

इन सबके बावजूद भारतीय लोकतंत्र जी गया। जी ही नहीं गया, बल्कि लैंगिक और जातिगत ग़ैर-बराबरी पर बाक़ायदा लोकतांत्रिक तरीक़ों से प्रहार किया गया ताकि करोड़ों लोग ग़रीबी की गर्त से बाहर निकलें और भारत की विविधता का पोषण हो। शिक्षा के अभाव ने लोकतंत्र के प्रति लोकप्रिय उत्साह में कोई कमी नहीं आने दी। यही बात हमें भारतीय लोकतंत्र के सबसे प्रशंसनीय पहलू तक लेकर आती है—तमाम क़िस्म की सामाजिक व्याधियों और उपनिवेशवाद में पनपी तमाम नई बीमारियों के बीच जन्मे लोकतंत्र ने इनके ख़िलाफ़ निरन्तर संघर्ष करते हुए अपने बचे रहने की परिस्थितियों को ख़ुद पैदा किया है। चूँकि इसके वजूद के लिए ज़रूरी सामाजिक परिस्थितियाँ यहाँ नदारद थीं तो लोकतंत्र ने अपना पोषण करने के लिए पूर्वस्थितियों को ख़ुद पैदा किया और जब-जब बीमार पड़ा ख़ुद का उपचार भी किया। इसलिए भारतीय लोकतंत्र मोटे तौर पर ख़ुद क़ायम रहनेवाली एक प्रणाली है। इसका यह लक्षण उसी तरह सराहनीय है जैसे हम उन लोगों की इज़्ज़त करते हैं जो ख़ुद के बनाए हुए होते हैं।

लोकतंत्र के फलने-फूलने में योगदान

यह दावा हालाँकि थोड़ा-सा अतिरंजित है। कोई भी पूरी तरह ख़ुद का बनाया हुआ नहीं होता, आदमी हो या लोकतंत्र। लोकतंत्र के फलने-फूलने में दो बाहरी परिस्थितियाँ मदद करती हैं। पहला, कोई राज्यविहीन समाज लोकतांत्रिक नहीं हो सकता क्योंकि लोकतंत्र की पूर्वस्थितियाँ अपने आप पैदा नहीं होती हैं, उसके लिए एक प्रभावी राज्य का होना आवश्यक है। लेकिन महज कोई भी राज्य ऐसा नहीं कर सकता। भारत में लोकतंत्र से पहले भी एक अपेक्षाकृत आधुनिक राज्य अस्तित्व में रहा है लेकिन इसी राज्य ने उसके लिए बाधा भी पैदा की है। हमें जो औपनिवेशिक राज्य-प्रणाली विरासत में मिली थी वह लोगों की ज़रूरतों के प्रति संवेदनहीन थी और पूरी तरह ब्रिटिश साम्राज्य के हित में काम करती थी। तमाम ऐसे औपनिवेशिक क़ानून थे जो दमनकारी और अत्यधिक नियंत्रणकारी थे। उनका मुख्य लक्ष्य ऐसी सार्वजनिक व्यवस्था क़ायम करना था जिसमें कोई 'ख़ुराफ़ात' न हो, लोगों की असहमतियाँ को नियंत्रित रखा जा सके और साम्राज्य के हित में उनका दोहन किया जा सके। यानी औनिवेशिक राज्य का निर्माण लोकतंत्र के ख़िलाफ़ हुआ था, उसके हक में नहीं। यह दमनकारी औजार हमारे लोकतंत्र के लिए स्थायी ख़तरा होता है और नेता अधिकारी अगर तानाशाह या निरंकुश हो तो उसके काम आता है, जैसा हमने इमरजेंसी के दौरान देखा। इसीलिए लोकतंत्र को एक ऐसा राज्य चाहिए होता है जो लोकतंत्र के हित में काम कर सके।

दूसरे, लोकतांत्रिक होने के लिए राज्य को वर्गों और जातीय समूहों से अपेक्षाकृत स्वतंत्र होना चाहिए। राज्यसत्ता के ऊपर किसी भी वर्ग या जातीय समूह (धार्मिक या भाषायी समुदाय) का नियंत्रण नहीं होना चाहिए, न ही कोई अपना एजेंडा आगे बढ़ाने के लिए उसका इस्तेमाल कर सके। इसीलिए हर वर्ग और जातीय समूह को इस बात की गाँठ बाँधकर चलना चाहिए कि किसी के भी लक्ष्य पूरी तरह इस व्यवस्था में पूरे नहीं हो सकते। यह अहसास तब आता है जब प्रत्येक वर्ग या जातीय समूह इतना ताक़तवर हो कि किसी एक के वर्चस्व को रोक सके या फिर तब जब ज़्यादा समावेशी नैतिक दृष्टि के तहत हर समूह अपने हितों को थोड़ा-थोड़ा छोड़ दे और एक सैद्धान्तिक समझौते पर आ जाए। दूसरों पर अपना एजेंडा थोपने का लोभ संवरण कर के एक समझौते पर पहुँचने से हम स्थिर लोकतंत्र को जन्म दे सकते हैं। भारतीय संविधान दरअसल इसी अहसास को साकार करता है।

राज्य को किसी ताक़तवर शख्स की सनक का मोहताज बना देने की कोशिश या किसी एक समूह के पक्ष में राज्य का दुरुपयोग इस नाजुक सामंजस्य को बाधित करता है, भारतीय लोकतंत्र को अस्थिर करता है; यह नागरिकों के साझे भविष्य के साथ खिलवाड़ है। इमरजेंसी में हमारा अपना तज़ुर्बा जैसा बुरा रहा है

और वर्चस्व क़ायम करने की कोशिशों के चलते दूसरों के यहाँ जैसी सामाजिक स्थितियाँ बनी हैं (जैसे श्रीलंका में सिंहली या पाकिस्तान में सुन्नियों द्वारा की गईं), वे हमें सिखाती हैं कि लोकतंत्र के मोल को हम समझें। इसे भुला देना विनाशक साबित होगा।

9

लोकतंत्र के लिए साइकिल की सवारी का प्रतीक

लोकतंत्र क्या है? जनता के द्वारा, जनता के लिए और जनता का राजनीतिक शासन है—अब्राहम लिंकन द्वारा दी गई यह परिभाषा अब रूढ़ हो चुकी है। कुछ लोगों के लिए यह बस रटनेवाली बात है, किसी गम्भीर मनन का विषय नहीं। मेरा मानना है कि यह आज भी लोकतंत्र का सबसे सटीक विवरण है और हमारी कल्पना से कहीं ज़्यादा वज़न इसमें है।

साइकिल का प्रतीक

एक साधारण सा उदाहरण लेते हैं। एक गाँव में रोज का सामान ढोकर लाने के लिए एक साइकिल है। उसका इस्तेमाल गाँव का प्रधान करता है और अपने परिवार के लिए सामान लाता है। अचानक उसका मन बदलता है या शायद लोगों के दबाव में, उसने अब दूसरों का सामान लाना भी शुरू कर दिया है। यानी अब कभी-कभार रही सही यह साइकिल दूसरों के *लिए* भी काम करती है। लोगों को जब अपना सामान मिलता है तो वे सोचते हैं कि एक दिन ऐसा भी आएगा जब वे ख़ुद उस साइकिल को चला पाएँगे, ख़ुद चीज़ों को छू पाएँगे, सूँघ पाएँगे, देख पाएँगे और चुन पाएँगे कि वाक़ई उन्हें किस चीज़ की ज़रूरत है। उनके लिए जो सामान लाया जाता है उससे अब वे सन्तुष्ट नहीं हैं। वे चाहते हैं कि ख़ुद बाज़ार जाकर सब कुछ देखें और अपने लिए सही चीज़ चुनें। तब वे एक दिन प्रधान के पास जाते हैं और उसे साइकिल देने के लिए राज़ी कर लेते हैं। अब जाकर उन्हें पता चलता है कि जाने कितनी चीज़ें बाज़ार में थीं जिनकी उन्होंने कल्पना तक नहीं की थी कि उन्हें इनकी ज़रूरत हो सकती है। बाज़ार जाने और वापस आने में लोगों को अब आनंद आने लगता है। यह साइकिल उन्हें केवल बाज़ार और

ज़रूरी सामान तक नहीं, उसके पार एक नई दुनिया में ले जा रही थी, उनकी कल्पनाओं को सुलगा रही थी, नए-नए रिश्ते बनाने के रास्ते खोल रही थी और नई दुनिया गढ़ने में मदद कर रही थी। साइकिल चलाने का सुख तो अपने आप में जो है सो है ही। साइकिल अब केवल उनके काम ही नहीं आ रही थी, बल्कि वे साइकिल को ख़ुद चला रहे थे और इसी वजह से साइकिल उनके लिए बेहतर काम कर रही थी।

तभी प्रधान का दिमाग़ पलट गया। उसने गाँव वालों से साइकिल माँग ली। पूरा गाँव वापस वहीं पहुँच गया जहाँ पड़ा हुआ था। तब जाकर गाँववालों को अहसास हुआ कि संयोग से साइकिल मिल तो गई थी लेकिन वह तो मौक़े बात थी, इतने भर से काम नहीं चलनेवाला। उनके पास ख़ुद की साइकिल होनी चाहिए। उन्हें उस साइकिल पर अपना दावा ठोंकना चाहिए था। उसमें अपना हिस्सा माँगना चाहिए था। यह साइकिल अकेले प्रधान की नहीं, सबकी होनी चाहिए क्योंकि उसका उपयोग इस बात पर निर्भर करता है कि किसका उस पर स्थायी और अखंड-अधिकार है। गाँव वालों ने तय किया कि प्रधान की इस मिल्कियत को ख़त्म कर के साइकिल को अपना बनाना है। उन्हें यह भी अहसास हुआ कि साइकिल महज़ उपयोग की एक मशीन नहीं है बल्कि उसका एक जीवन-मूल्य भी है। वह उनके वजूद का अभिन्न अंग है। इसलिए उसे खो देना उनका अस्थायी नुक़सान नहीं है जिससे वे जल्द ही उबर जाएँगे और उसकी जगह कुछ और ले आएँगे। साइकिल का चले जाना अपने जीवन की दिशा को तय करने की उनकी क्षमता का उनसे छिन जाना है। यह उनके आत्मविश्वास को लगा एक झटका है, उनकी प्रतिष्ठा का सवाल है और उनके अहं का मामला है। इसलिए उस पर दावा ठोंक कर वे यह जायज़ बात कह सकते हैं कि न सिर्फ़ वे साइकिल को चलाते हैं और वह उनके काम आती है, बल्कि उनकी है। वह उन सब की है—उनके लिए, उनके द्वारा और इससे कहीं ज़्यादा अहम, उनकी अपनी।

फ़ैसले लेना और पहचान

उम्मीद है कि पाठक यह समझ गए होंगे कि जो बात एक अदद साइकिल के लिए सही है वही लोकतंत्र की कहीं अधिक जटिल व्यवस्था के संचालन पर भी लागू होती है। लोकतंत्र एक संस्थागत प्रणाली है जो हमें ऐसे संसाधन हासिल करने में मदद करती है जिनसे हम अपनी पसन्द और चुनाव का जीवन जीने में सक्षम और सन्तुष्ट होते हैं। लेकिन यह हमारे लिए तभी कारगर होगा जब हम सब उसके चलने में हिस्सा लें। अगर हम किन्हीं सत्ताधारियों (जैसे प्रधान) के हाथ में लगाम थमा देते हैं और अपनी ज़रूरत के संसाधनों के लिए उसके ऊपर ज़रूरत से ज़्यादा निर्भर

हो जाते हैं तो बहुत संभावना है कि हमें कभी भी वे संसाधन प्राप्त न हों, या फिर प्रधान की मनमर्ज़ी के हिसाब से कभी-कभार ही कुछ प्राप्त हों। इतना ही नहीं, ऐसे में हम फ़ैसले लेने, चुनने, संसाधन बाँटने और हमारी निजी व सामूहिक ज़िन्दगी की दिशा तय करने के सुख से वंचित रह जाएँगे। अन्तत:, यदि लोकतंत्र में हमारी हिस्सेदारी नहीं होगी—यानी हमें ऐसा लगने लगे कि यह हमारा नहीं है और हमारी पहचान का हिस्सा नहीं है—तो एक दिन ऐसा आएगा जब इसे हमसे कोई छीन लेगा। इसलिए हमें यह सुनिश्चित करना होगा कि लोकतंत्र न केवल लोगों के लिए है और लोगों द्वारा संचालित है बल्कि लोगों का भी है। यह हमारा है, हम सब का है। ऐसा लगता है कि अब रूढ़ हो चुकी लोकतंत्र की इस छोटी-सी परिभाषा को देने में लिंकन ने जाने कितना माथा खपाया होगा।

10

शासक और शासित एक-दूसरे के प्रति कैसे ज़िम्मेदार हैं

भारत में राजनीतिक चिन्तन का इकलौता स्रोत *अर्थशास्त्र* नहीं है। एक और परम्परा मौजूद है जिससे हम काफ़ी कुछ सीख सकते हैं। लोकप्रिय शासन (लोकतंत्र) के सन्दर्भ में यह प्राचीन काल में जितनी प्रासंगिक थी, उतनी ही आज भी है।

मैं यहाँ उस परम्परा की बात कर रहा हूँ जिसमें चक्रवर्ती का विचार अत्यन्त महत्त्वपूर्ण हुआ करता था। इसमें महान शासकों द्वारा एक चक्र को घुमाया जाता था। इसे धम्म चक्र कहते थे। धम्म या धर्म यानी नैतिकता से प्रेरित क़ानून का चक्र। बुद्ध ने धार्मिक-दार्शनिक क्षेत्र में जैसे धम्म चक्र प्रवर्तन किया वैसे ही चक्रवर्ती राजनीतिक क्षेत्र में इसका प्रवर्तन करता है। यहाँ चक्र का प्रवर्तन एक रूपक है। इसका अर्थ है एक राजनीतिक और नैतिक दृष्टि के हिसाब से दुनिया को नए सिरे से गढ़ना। यहाँ राजा बिलकुल नए राजनीतिक और प्रशासनिक उपाय लेकर आता है। जो सार्वजनिक नैतिकता से प्रेरित होता है। इस प्रकार राजा नियामक हो जाता है—न्यायप्रिय शासक जो अपनी प्रजा के लिए अमन चैन और समृद्धि लाता है। यदि वह दूसरे साम्राज्यों को जीतता है तो ऐसा वह भौतिक बल से नहीं बल्कि नैतिक बल के सहारे करता है। लोग उसके राज के आगे ज़ोर-जबर के चलते घुटने नहीं टेकते, बल्कि धम्म के सिद्धान्तों के अनुरूप उसके आचरण के प्रति सम्मानवश स्वेच्छा से ऐसा करते हैं।

अशोक का मानक

अशोक वह पहला शासक था जिसने नैतिक शासक के विचार को आत्मसात किया और बताया कि एक राजा को कैसा होना चाहिए। उससे पहले, या भौतिक बल और हिंसा के आधार पर विजय को त्याग कर उसके चक्रवर्ती बनने से पहले तक, राजा ही तय करता था कि आचरण में सही क्या है और गलत क्या। तब क़ानून को सब पर बराबरी से नहीं बल्कि पक्षपातपूर्ण और मनमाने ढंग से लागू किया जाता था। राजा अपनी सनक में या अपने फ़ायदे के लिए अपनी प्रजा को मनमाने ढंग से दंडित या पुरस्कृत करता था। धम्म के विचार को अपनाते हुए अशोक ने अपने निजी आग्रहों और नैतिक रूप से सही को अलग किया। जो नैतिक रूप से सही था, उसके समक्ष समर्पण कर के उसने ऐसे कृत्यों से ख़ुद को बचा लिया जिन पर उसे बाद में पछतावा होता। इस तरह उसने राज्य की संस्था पर ही लगाम कस दी और अपनी निरपेक्ष सत्ता को सीमित कर डाला।

यानी धम्म अगर सर्वोच्च नैतिक सिद्धान्त है, शासक और शासित दोनों से सर्वोच्च तो इसके भीतर ही दोनों समाहित हैं। इसका मतलब यह हुआ कि शासक की शासित के प्रति कुछ ज़िम्मेदारी है और शासितों का शासक के प्रति भी कुछ देय है। यह राजनीतिक-नैतिक व्यवस्था आंशिक रूप से ही सही, लेकिन राजा से बड़ी है। इसे ऐसे समझें कि एक परिवार में उसका मुखिया परिवार का उतना ही हिस्सा है जितना उसकी पत्नी और बच्चे। उसी तरह एक राजा राजनीतिक व्यवस्था का उतना ही हिस्सा है जितना उसकी प्रजा है। जिस तरह परिवार के हर सदस्य का कुछ देय है, भले एक दूसरे के प्रति एक समान देय न हो, वैसे ही राजा की भी अपनी प्रजा के प्रति कुछ देयता बनती है, हालाँकि उससे अलग जो प्रजा की राजा के प्रति बनती होगी।

राजा और उसके अधिकारियों के आदेशों के प्रति प्रजा की आज्ञाकारिता होनी चाहिए, लेकिन ये आदेश राजा मनमर्ज़ी से नहीं दे सकता। उसके पीछे धम्म की प्रेरणा होनी चाहिए। इतना ही नहीं, अशोक के सातवें स्तम्भ लेख की राजाज्ञा कहती है कि "धम्म का अनुपालन अकेले *नियम* (क़ानून) के सहारे नहीं बल्कि अपेक्षाकृत निज्झति (समझाने-बुझाने) के आधार पर करवाया जाना चाहिए। ज़ाहिर है, कोई किसी बात को तभी समझता है जब उसे उस बात का मतलब समझ में आता है यानी जो आदेश दिया जाए वह आदेशित की नज़र में धर्मानुकूल हो। अपने भीतर की आवाज़ को सुनते हुए हर किसी को धर्म का पालन करना चाहिए। संक्षेप में कहें तो धर्मानुकूल शासन को इस रूप में भी देखा जा सकता है कि वह कोरी सत्ता को एक नैतिक अध्यादेश या सत्ता में बदलने का प्रयास है। यहाँ आदेश इसलिए माने जाते हैं क्योंकि उन्हें अपने लिए अच्छा समझा जाता है, केवल इसलिए नहीं कि राजा वैसा चाहता है।

धम्म का राजनीतिक आयाम इससे कहीं ज़्यादा व्यापक है। इसमें राजा द्वारा प्रजा को देय भी शामिल है। छठवें स्तम्भ लेख में इसे विस्तार से *लोकस हितसुखाय* (लोक के सभी जीवित प्राणियों का कल्याण और सुख) तथा उसके बाद *स्वर्ग* के माध्यम से बताया गया है। चौथे स्तम्भ लेख के अनुसार राजा के मातहत अधिकारियों का भी प्रजा के लिए कुछ देय है, जैसे *समता* (निष्पक्षता), *वियोहाल* या *व्यवहार समता* (सामाजिक दायरे में निष्पक्षता) और *दंड समता* (दंड दान में निष्पक्षता)।

धम्म के दायरे में राजा केवल शासक नहीं बल्कि एक अगुआ भी है जो उदाहरण द्वारा प्रजा की अगुआई करता है। इस सन्दर्भ में यह ज़रूरी है कि अशोक ने सबके पिता की भूमिका निभाने के अलावा एक ऐसा व्यक्ति बनने की कोशिश की जो दूसरों से कहीं ज़्यादा स्पष्ट और दूर तक देख सकता था, कभी-कभार उपदेशकों और उपचारकों से भी आगे। इस मामले में वह समाज का नैतिक अगुआ था।

आज के लिए सबक

धम्म प्रेरित चक्रवर्ती की इस प्राचीन अवधारणा से आज हम क्या सबक़ ले सकते हैं? किसी एक शख़्स के शासन या राज की बात नहीं है क्योंकि लोकतांत्रिक गणराज्य में इसका कोई मोल नहीं होता। न ही ये कि राजा हमारा माई-बाप होता है। लोकतंत्र में हम सामूहिक रूप से राज करते हैं। हम सब बराबर के नागरिक होते हुए राज करते हैं और बदले में शासित होते हैं। लेकिन हमारा अपना शासन भी तब विचलन का शिकार हो सकता है जब हम सामूहिक विवेक के आधार पर बनी कसौटियों के बजाय लोकप्रिय सनक में आकर सत्ता का प्रयोग करने लगते हैं। इसलिए हम सबके लिए एक साझा सबक़ यह है कि कुछ ऐसी चीज़ें हैं जिनके प्रति हम अपने लिए और एक-दूसरे के लिए जवाबदेह हैं—(1) क़ानून का निष्पक्ष राज जो सत्ता के दुरुपयोग पर लगाम रखता है और हमें यानी लोगों को ऐसे कामों से रोकता है जो बाद में पछतावे का कारण बन सकते हों, और उन्हें भी बन्दिश में रखता है जिन्हें हमने अपने ऊपर राज करने को फ़िलहाल चुना है, और (2) धम्म जैसी एक चीज़ जिसे हम संवैधानिक नैतिकता कहते हैं, जैसे न्याय, सहनशीलता, स्वतंत्रता, समानता और एक नागरिक रिश्ता, जो हम सभी को, शासित और शासक दोनों को निर्देशित करे। हमारे निर्वाचित जनप्रतिनिधि हमारे लिए इस मामले में ज़िम्मेदार हैं कि वे महज़ शासक नहीं, नैतिक उदाहरण हैं—क़ानून के राज और संवैधानिक नैतिकता के वफ़ादार अनुपालक। इस तरह हम पाते हैं कि चक्रवर्ती की परम्परा हमारे लोकतांत्रिक गणराज्य के लिए एक बहुमूल्य संसाधन है।

11

लोकतंत्र में नेताओं का सम्मान

हमारे दौर में नेताओं के प्रति इज़्ज़त कम रह गई है। इस दौर के जनतंत्रों में ऐसा लगता है कि लोग जिन्हें चुनते हैं उनका सम्मान नहीं करते, बस बरदाश्त करते हैं। क्या राजनीति में सम्मान देने का यह अभाव कोई दिक़्क़ततलब बात है? क्या नेता इज़्ज़त के लायक़ हैं भी? यदि हाँ तो उन्हें कैसी इज़्ज़त मिलनी चाहिए?

सहज सम्मान : समानतावादी

'सम्मान' के कई आशय हो सकते हैं। यहाँ हमारे काम के तीन हैं। एक, जिसे हम सहज सम्मान कहते हैं, अठारहवीं सदी के अन्त में जर्मन दार्शनिक इमानुअल कांट ने प्रतिपादित किया था। उनके यहाँ सम्मान में एक क़िस्म का आधिकारिक या नैतिक निर्देश छुपा होता है। कांट मानते थे कि इनसान अपने सामाजिक सम्बन्धों में कभी भी एक दूसरे का फ़ायदा उठाने की प्रवृत्ति को छोड़ नहीं सकता। मसलन, मैं एक बस के भीतर जब कंडक्टर के पास जाता हूँ तो इसके पीछे मेरा प्रेम, लगाव या कोई जिज्ञासा नहीं होती बल्कि सीधा-सा उद्देश्य होता है सफ़र के लिए टिकट ख़रीदना। इसी तरह कंडक्टर का काम बस मालिक के लिए टिकट बेचना होता है। इस तरह देखा जाए तो हम सभी यानी सवारियाँ, कंडक्टर, ड्राइवर और बस मालिक एक दूसरे के साथ अपने-अपने काम के सिलसिले में जुड़े हुए हैं। कोई कमाई कर रहा है, कोई मुनाफ़ा बना रहा है। कांट कहते थे कि यह बात भले अपनी जगह सही हो लेकिन हमें यह भी ध्यान में रखना चाहिए कि हम सभी दरअसल एक मनुष्य के रूप में कुछ ख़ास उद्देश्यों वाले नैतिक एजेंट भी हैं। इस दुनिया के बारे में हमारा अपना-अपना नज़रिया है और उसी नज़रिये से हम इस दुनिया में अर्थ भरते हैं, उद्देश्य तय करते हैं और मूल्य सृजन करते हैं। संक्षेप में, हमारी एक अन्तर्निहित प्रतिष्ठा है जो हम पर बन्दिश आयद करती है कि हम कहाँ तक दूसरे का अपने हित में फ़ायदा उठाएँ। जैसे, मैं बस के कंडक्टर से टिकट ख़रीदते वक़्त उसे महज़ एक औज़ार नहीं समझ सकता जिससे कैसा भी बरताव कर दिया जाए। मुझे उसका सम्मान करना ही होगा।

ये जो प्रतिष्ठा का मूल्य इनसान के भीतर मौजूद है, वही नैतिक निर्देश का काम करता है कि हम अपने उद्देश्य की पूर्ति के लिए उसे महज़ औज़ार न समझें। हमें समझना होगा कि उसका भी एक विशिष्ट उद्देश्य है। उसकी भी एक मनुष्य के तौर पर प्रतिष्ठा है, और प्रतिष्ठा सम्मान माँगती है। इसे ऐसे समझें कि

सामनेवाले का सम्मान करना केवल कोरी शालीनता का मसला नहीं है बल्कि उसके प्रति ऐसा व्यवहार है जो उसे उपयोग की वस्तु न समझता हो। यही चीज़ सहज सम्मान कही जाती है। मनुष्य के प्रति मनुष्य का सहज रूप से सम्मान होने के अलावा यह समानतावादी विचार भी है क्योंकि हम में से हर कोई इस सम्मान का बराबर भागी है, चाहे हमारी सामाजिक हैसियत, दरजा, वर्ग, लिंग, नस्ल, हुनर या उपलब्धि कुछ भी हो।

सहज सम्मान : दरजेदार

सहज सम्मान का यह समतावादी लक्षण अपने आप इसे एक और क़िस्म के सहज सम्मान से पृथक करता है वहाँ सम्मान का बायस मनुष्य के भीतर अन्तर्निहित गुण नहीं बल्कि उसका सामाजिक दरजा होता है या उसके कार्यक्षेत्र में उसकी सामाजिक भूमिका होती है। जैसे, बच्चों को अपने पिता का सम्मान करना चाहिए; औरतों को अपने पति का; नौकर को अपने मालिक का; निचली जातियों को ऊँची जातियों का, इत्यादि। दरअसल, यह असमान दरजा ही सम्मान का मूल कारण होता है। सम्मान की अवधारणा लम्बे समय से उच्चता और हीनता की श्रेणियों से तय होती रही है। इसमें ऊँच-नीच की भावना बहुत गहरे पैबस्त रही है। आम तौर से सम्मान को भय और अधीनता से अलगा पाना सम्भव नहीं रहा है। इसे हमेशा शब्दों में नहीं, चुप्पी और दैहिक मुद्राओं से भी ज़ाहिर किया जाता रहा है। जैसे, जिन्हें निचले दरजे का माना जाता है वे ऊँचे दरजे के व्यक्ति को उसके नाम से नहीं बुलाते थे या उनकी आँख में आँख डाल कर नहीं देख सकते थे। उन्हें हमेशा अपना सिर झुकाना पड़ता था या ढँकना पड़ता था। वे ऊँचे आदमी को स्पर्श नहीं कर सकते थे, बहुत हुआ तो उसके पाँव छू सकते थे। उन्हें हमेशा हुक्म बजानेवाला माना जाता था कि जैसा कहा जाए वे वैसा करें और पलटकर जवाब न दें अथवा सवाल न करें।

यह दरजेदारी से पैदा हुआ सम्मान हमारे समाज में अब भी क़ायम है, ग़ायब नहीं हुआ (जैसा कि बहुतों को उम्मीद थी)। हमारे सामाजिक रिश्तों में अब भी यह काम करता है। दिक़्क़त वाली बात यह है कि जब हमें लगने लगा कि इस क़िस्म के सम्मान का चलन जोतिराव फुले, महात्मा गांधी और आंबेडकर के नेतृत्व में चलाए गए उपनिवेश विरोधी संघर्ष और समतावादी आन्दोलनों के चलते छीज रहा है, हमने इसे दोबारा सिर उठाते महसूस किया। अब हम पाते हैं कि एक बार फिर से पदानुक्रमिक सम्मान का वह विचार चलन में आ गया है जहाँ असहमति ग़ायब है, आवाज़ें दबा दी गई हैं और जिसमें सभी से अप्रश्नेय चुप्पी की माँग की जा रही है। इसका इस्तेमाल एक 'सर्वोच्च नेता' के प्रति आज्ञाकारिता क़ायम करने में किया जा रहा है। ऐसा केवल भारत में ही नहीं, दुनिया के कई अन्य देशों में

होता दिखता है। मुझे पता चला था कि ट्रम्प के समर्थकों और उसके आलोचकों के बीच कई बार बातचीत इसलिए अचानक टूट गई क्योंकि यह शिकायत आई थी कि आलोचक राष्ट्रपति को सम्मान नहीं दे रहे। इसी तरह हंगरी के प्रधानमंत्री विक्टर ओरबन ने कहा कि उनकी नीति पर कोई भी हमला हंगरी के अपमान का प्रतीक होगा। तुर्की के लेखक एसे तेमेलकुरान ने वहाँ के राष्ट्रपति एर्दोआन द्वारा ऐसी ही माँगों की तरफ़ ध्यान आकृष्ट किया है। चुनाव में गड़बड़ी करवाने सम्बन्धी आरोप लगने पर एर्दोआन ने दावा किया कि यह तुर्की की जनता और उनके चयन का अपमान दिखाता है।

इस तरह हम देखते हैं कि सम्मान का दरजेदार विचार एकतरफ़ा रास्ता है और इसलिए लोकतंत्र के विचार से बेमेल है। कांट द्वारा प्रतिपादित सम्मान का समानतावादी विचार अधीनतावश किए जानेवाले सम्मान का सटीक जवाब है जो लोकतंत्र की पूर्वशर्त है और न केवल नागरिक रिश्तों में एक मूल्य के बतौर प्रासंगिक है बल्कि नागरिक और शासक के विशिष्ट सम्बन्ध में भी सामान्य उपयोग की चीज़ है। तो क्या ये समझा जाए कि लोकतंत्र में राजनेताओं के प्रति सम्मान पूरी तरह अनावश्यक चीज़ है? मुझे ऐसा नहीं लगता।

मूल्यांकन आधारित सम्मान

एक और तरीक़े का सम्मान होता है। यह किसी के सामाजिक दरजे के चलते नहीं, उसकी उपलब्धियों के आधार पर होता है। सम्भव है इसमें सामनेवाले के चरित्र के कुछ सराहनीय गुण काम करते हों, जैसे नैतिक अखंडता या फिर कोरी मेहनत से हासिल किया गया कोई कौशल, जैसे एक क्रिकेटर के साथ होता है। ऐसा सम्मान मोटे तौर पर व्यक्ति के नैतिक गुण या नैतिकता-निरपेक्ष कौशल या विशुद्ध कौशल जिसका नैतिकता से कोई लेना-देना नहीं है—के प्रति सकारात्मक सराहना के रवैए से पैदा होता है। यह सम्मान अर्जित किया जाता है, अन्तर्निहित नहीं होता। कह सकते हैं कि ऐसे सम्मान के लायक़ कोई तब ही बन पाता है जब उसने एक स्तर पर कोई उपलब्धि हासिल की हो। यह सीधे तौर पर किसी के द्वारा हासिल उपलब्धि का परिणाम होता है, उपलब्धि का स्तर भी इसमें मायने रख सकता है। मसलन, कह सकते हैं कि चेतन चौहान के मुक़ाबले सुनील गावस्कर के प्रति किसी का सम्मान ज़्यादा हो सकता है, या फिर गोबिंद बल्लभ पंत के मुक़ाबले जवाहरलाल नेहरू ज़्यादा इज़्ज़त के पात्र हैं। अब यह सही है या ग़लत, लेकिन इसका आधार एक मूल्यांकन पर बेशक टिका है।

यह गुणवत्ता आधारित प्रशंसात्मक सम्मान समतावादी सहज सम्मान से बिलकुल अलहदा चीज़ है क्योंकि समतावादी सहज सम्मान का हकदार हर मनुष्य है।

इसी मूल्यांकन आधारित नपे-तुले सम्मान की प्रासंगिकता लोकतांत्रिक राजनीति में है। राजनेता के ज़िम्मे जो काम होते हैं वहाँ उनकी स्थिति बहुत निर्णायक होती है। वे जनक़ल्याण के लिए काम करते हैं। उनका काम यह सुनिश्चित करना होता है कि हर किसी के साथ समान बर्ताव हो, सरकार के हाथों किसी के साथ भेदभाव न हो, लोगों की ज़रूरत पूरी हो और अमन व इंसाफ़ क़ायम रहे। इसके अलावा, नेता ईमानदारी, सच्चाई और पारदर्शिता के साथ काम करे। जब कोई नेता इन लक्ष्यों को पूरा करता है और राजनीतिक नैतिकता के उच्च मानदंडों पर खरा उतरता है तो वह हमारे सम्मान का हक़दार होता है। अगर वह ऐसा करने में नाकाम रहता है तो हम उसकी इज़्ज़त करना बन्द कर देते हैं।

आधुनिक लोकतांत्रिक राजनीति सम्मान के मामले में ऊँच-नीच नहीं बरतती। नेताओं से सवाल करना, उनकी आलोचना करना और उन्हें चुनौती देना हमारा अधिकार है। सभी सत्ताधारियों को इस अधिकार का सम्मान करना चाहिए। चाहे शासक हो या शासित, हम सभी सामान्य तौर से समतावादी सम्मान की शर्तों से और साथ ही विशिष्ट तौर से एक दूसरे के प्रति गुणवत्तापरक मूल्यांकन आधारित सम्मान से बँधे हुए हैं। इसलिए अपने नेताओं से हमारा यही कहना है कि अच्छा काम करो, इज़्ज़त अपने आप आएगी!

12

अपने नेताओं से हमें किन गुणों की अपेक्षा करनी चाहिए?

लोगों से हम यह उम्मीद कर के चलते हैं कि अपनी ज़िन्दगी की लगाम वे ख़ुद थामें, अपने जीवन के नियंता ख़ुद बनें और अपने किए फ़ैसलों की ज़िम्मेदारी भी ख़ुद ही लें। जब लोग आपस में मिलकर समूह बनाते हैं, समस्या तब खड़ी होती है क्योंकि कोई भी समूह ख़ुद का नियंता नहीं हो सकता, न ही उसका प्रत्येक सदस्य एक साथ समूचे समूह की ज़िम्मेदारी ले सकता है। लिहाज़ा, समूह में किसी एक को नेतृत्व करने को कहा जाता है। यह एक सहज तथ्य है कि समूहों को एक नेता की ज़रूरत पड़ती ही है। उसके बग़ैर वे नहीं चल सकते। जैसे हर खेल की टीम का एक कप्तान होता है, हर स्कूल या कॉलेज में एक प्रिंसिपल होता है, हर कंपनी का एक सीईओ होता है, हर संस्था में एक निदेशक होता है और हर सरकार में उसका राष्ट्रपति या प्रधानमंत्री ही प्रमुख होता है।

इसके बावजूद, केवल उच्च पद पर बैठ जाने भर से कोई नेता नहीं हो जाता। या कोई व्यक्ति यदि दूसरों के कामों का समन्वय और प्रबंधन कर रहा हो और उसके पास ऐसा करने का कौशल हो, तब भी वह नेता नहीं हो जाता। इसके उलट, ज़रूरी नहीं कि जिसे नेतृत्व की भूमिका दी गई हो वह उसके लायक़ ही हो। नेतृत्व के लिए कौन-से गुण ज़रूरी होते हैं? नैतिक नेतृत्व के लिए कौन-से गुण ज़रूरी होते हैं? मेरे ख़याल से इसके जवाब में बहुत कुछ नया कहने को नहीं होगा किसी के पास, फिर भी मैं एक कोशिश कर सकता हूँ ताकि सनद रहे। मैं ऐसे चार गुणों की पहचान करता हूँ।

समावेशी होना

यदि किसी शख्स को एक समूह का नेतृत्व करने के लिए चुना जाता है तो उसकी ज़िम्मेदारी बनती है कि वह समूह के हर सदस्य के हित का ख़याल रखे। इसके लिए ज़रूरी होता है कि वह अपने निजी हित या समूह में अपनी पसन्द के लोगों हितों के ऊपर सामूहिक हित को रखे। इसके लिए ज़रूरी है कि उसे सबके हित का अच्छे से भान हो, यह पता हो कि सबको क्या चीज़ स्वीकार्य है और उसके हिसाब से वह एक समावेशी नज़रिया विकसित कर सके। इसके लिए दूसरों को धैर्य से सुनने, उनसे सीखने, और सबकी इच्छाओं और ज़रूरतों को साथ रखकर विश्लेषित करने की बौद्धिक क्षमता और संयम का होना ज़रूरी है।

दूसरे, चूँकि यह बौद्धिक विश्लेषण पहला ही क़दम है तो कोई भी फ़ैसला लागू होने से पहले कैसा होगा उसका पता नहीं होता। लागू होने के बाद ही किसी फ़ैसले की ख़ामियाँ नज़र आना शुरू होती हैं। इसके लिए नेतृत्व को कान का पक्का होना ज़रूरी है और अपनी नीतियों की आलोचना को धैर्य के साथ सुनना ज़रूरी है। आलोचना के वक़्त उसे बचना नहीं चाहिए, रक्षात्मक भी नहीं होना चाहिए और असहज सवालों से भागना नहीं चाहिए। पूरी ताक़त के साथ आलोचना को सुनकर उसमें से काम की बात निकालने का हुनर उसके पास होना चाहिए। इसके लिए ज़रूरी है कि नेतृत्व लचीला हो और अपनी ग़लतियों को स्वीकार कर के नीति की दिशा में परिवर्तन करने की क्षमता रखता हो। उसे पता होना चाहिए कि ग़लती स्वीकार करने से किसी का क़द नहीं घट जाता।

तीसरे, एक नेता को अच्छा संवादी होना चाहिए। उसकी पकड़ अगर भाषा पर है तो यह बहुत काम आता है, लेकिन वाणी में अगर सच्चाई और संकल्प नहीं है तो फिर कैसी भी मुहावरेबाजी का कोई मतलब नहीं रह जाता। इसके अलावा, केवल संकल्प ही हो और हक़ीक़त या वास्तविक नतीजों के साथ उसका कोई लेना-देना न हो, तब भी वह बेईमानी होगी। अच्छा भाषण अगर सच्चा न हुआ

तो खोखला साबित होगा। इसीलिए बेहतर है कि बड़े-बड़े दावे या वादे करने के बजाय चुपचाप अपना काम करते रहा जाए।

अन्त में यह कि एक अच्छा नेता जानता है कि सामूहिक विशेषज्ञता और टीम के विवेक के बग़ैर कुछ भी हासिल नहीं किया जा सकता। जब पूरे देश का मामला हो तो समूह में तमाम क़िस्म के समुदाय और संस्थाएँ आ जाती हैं। ऐसी टीम के सदस्यों को चुना कैसे जाय? सामान्यत: लोग अपने जाति, क्षेत्र और धर्म के लोगों को चुनने के प्रति आकर्षित होते हैं। ऐसा समूह अपनी सोच में पूर्वग्रहग्रस्त होता है और अपने ही समूह के हित में काम करता है। ऐसे लोग पूरे देश के लिए ठीक नहीं होते। एक अच्छा नेतृत्व इस क़िस्म के संकीर्ण, अप्रासंगिक कारकों से ऊपर उठ कर अपनी टीम बनाता है।

विरोधियों से अभय

आम तौर से वफ़ादार लोगों को चुनने का भी एक आकर्षण होता है, पर ऐसे लोगों की रीढ़ कमज़ोर होती है। डरे हुए अक्षम लोग कभी भी अपने नेता को सही सलाह नहीं दे सकते और बुरे फ़ैसलों को लागू कर के वे देश को तबाही के रास्ते पर ले जा सकते हैं। इसके अलावा, सत्ता से एक बार वे बाहर हुए तो सबसे पहले अपने ही नेता की पीठ में छुरा घोंपते हैं। इसीलिए, टीम बनाते वक़्त निजी पसन्द या नापसन्द का ख़ास मतलब नहीं होना चाहिए। मेरे युवा पाठकों को शायद जानकारी न हो कि नेहरू ने अपनी कैबिनेट में अपने सबसे प्रमुख आलोचक डॉ. आंबेडकर और जनसंघ के संस्थापक श्यामाप्रसाद मुखर्जी को रखा था। उन्नीसवीं सदी के अमेरिकी राष्ट्रपति अब्राहम लिंकन का उदाहरण भी इस मामले में अनुकरणीय है। अपने सेक्रेटरी ऑफ वॉर के पद पर उन्होंने जिस व्यक्ति को बैठाया था, वह क़ानून के पेशे में उनका वरिष्ठ रहा था और कई मौक़ों पर उसने लिंकन को शर्मिन्दा भी किया था। फिर भी लिंकन को भरोसा था कि ऐसे अराजक आदमी को कैबिनेट में लेकर ही जंग के दौरान देश के हितों का सबसे अच्छी तरह से संरक्षण सम्भव है। इसके चलते उन्होंने निजी मनमुटाव को दरकिनार किया, उसे माफ़ किया और अपनी कैबिनेट में प्रमुख ओहदे पर तैनात किया। महान नेता कभी गिले-शिकवे नहीं रखते, वे बदला नहीं लेते और इस बात की परवाह नहीं करते कि अतीत में किसी ने उनके साथ क्या ग़लत किया है यदि वह भविष्य के लिए काम का आदमी हो और उन्हें भरोसा हो कि आगे वह ग़लत नहीं करेगा। बड़प्पन केवल नैतिक गुण नहीं, एक अनिवार्य राजनैतिक गुण भी है।

स्पष्ट है कि एक नेता को अपनी टीम चुनते समय ऐसे लोगों को देखना होता है जो उसके हिसाब से उपयुक्त हों—जिनकी क्षमता बेदाग़ हो, जो काम के

उद्देश्य को समझते हों, मुखर हों और बिना डरे ज़रूरत पड़ने पर अपने नेतृत्व से असहमति जताने में सक्षम हों। इन सब से ऊपर, उन्हें सबको साथ लेकर चलने के फ़लसफ़े की समझ होनी ज़रूरी है जो देश को चलाने के लिए ज़रूरी है। ऐसे लोगों की पहचान वही नेतृत्व कर सकता है जो ख़ुद इन गुणों से युक्त हो और इस नज़रिये के प्रति समर्पित हो। भारत में इसका मतलब बस इतना है कि हमारा नेता ऐसा हो जो जिसकी सर्वोच्च वफ़ादारी संवैधानिक मूल्यों के प्रति हो, और किसी चीज़ के प्रति नहीं।

13

धैर्य से सबको सुनने का महत्त्व

शास्त्रार्थ के मानकों पर प्राचीन भारतीय विद्वानों और राजा-महाराजाओं के बीच फ़र्क़ पर प्राचीन ग्रंथ मिलिन्दपञ्ह (मिलिन्द प्रश्न) में एक बहुत कारगर टिप्पणी मिलती है। इसमें इंडो-ग्रीक राजा मिलिन्द (मेनैंडर) और बौद्ध भिक्षु नागसेन के बीच संवाद का सन्दर्भ है। जब राजा नागसेन के एक संवाद को समझ नहीं पाता है तो कहता है, 'क्या आप एक बार फिर से मुझे अपनी बात समझाएँगे?'

नागसेन कहते हैं, 'यदि आप एक विद्वान की तरह चर्चा करने को तैयार हैं तो बिलकुल, लेकिन एक राजा की तरह करेंगे तब नहीं।'

राजा पूछता है, 'विद्वान कैसे विमर्श करते हैं?'

'जब विद्वान किसी विषय पर एक-दूसरे से चर्चा करते हैं तो बात को समेटा और खोला जाता है, विशिष्टताओं और समानताओं को रेखांकित किया जाता है, फिर कोई एक किसी त्रुटि को लेकर आश्वस्त हो जाता है, फिर अपनी ग़लती को स्वीकार करता है, इस तरह उनमें से कोई भी आक्रोशित नहीं होता। हे राजा, विद्वान ऐसे विमर्श करते हैं।'

'और राजा कैसे विमर्श करते हैं?'

'महाराज, जब एक राजा किसी विषय पर बात करता है तो वह अपनी बात को आगे रखता है और यदि कोई उससे असहमत हो तो वह उसके ऊपर दंड लगाते हुए कहता है—इस व्यक्ति पर फलाना दंड लगाया जाए! इस तरह राजा विमर्श करते हैं।'

इस ग्रंथ के मुताबिक़ प्राचीन भारत में विमर्श की प्रक्रिया शान्त सहज हुआ

करती थी जिसमें प्रतिभागी ज़रूरत पड़ने पर अपनी राय बदलने में संकोच नहीं करते थे। शाही दरबारों की बहसों से यह एकदम उलट था जहाँ राजाओं और शासकों के साथ असहमति अक्सर ख़तरनाक अंजाम देती थी जबकि बहस में जीतने का मतलब कभी-कभार ज़िन्दगी और मौत में से किसी एक को चुनने का मामला हुआ करता था।

नागरिकों को सुनना

वास्तव में लोकतंत्र शासन का ऐसा इकलौता स्वरूप है जहाँ नागरिकों के बीच बहस हो चाहे सरकार या नागरिकों के बीच, विद्वत और राजनीतिक बहसों के नियम-क़ायदे एक जैसे ही होते हैं। ये बहसें निर्भय माहौल में की जानी होती हैं और इनमें अपनी ग़लतियों को स्वीकार किया जाता है और राय बदली भी जाती है। अगर कोई ग़लत निकल जाए तो कोई ग़ुस्सा या शर्मिन्दगी महसूस नहीं की जाती। सार्वजनिक बहसें इसीलिए होती हैं कि नागरिक अपनी ग़लतियों को समझें और स्वीकारें तथा सरकार अपनी ग़लतियों को मानकर अपनी नीतियों को बदले। लेकिन क्या यह स्थिति बिना एक दूसरे को ध्यान से सुने सम्भव है? कहते हैं कि ताक़तवर आदमी बोलता है और कमज़ोर केवल सुनता है। लोकतंत्र की सुंदरता इसमें है कि वह ताक़तवर को भी सुनने को बाध्य करता है।

सच्चाई हालाँकि यह है कि लोकतांत्रिक ढंग से चुनी गई सरकारें भी हमेशा अपने चुननेवाले मतदाताओं की नहीं सुनती हैं। लोगों की बात को नज़रंदाज़ करते-करते जैसे ही यह स्थिति आती है कि उनका इक़बाल कम हो जाता है और उनके वजूद पर ख़तरा पैदा होने लगता है, उन्हें इस बात का अहसास अचानक होता है कि लोगों को सुनना बहुत ज़रूरी है।

भारत में तो अक्सर ऐसा होता रहता है। कुछ समय पहले ही मौजूदा सरकार, ऐसा लग रहा था कि किसी की भी नहीं सुन रही है। केवल कुछ शीर्ष उद्योगपतियों की ही सुनी जा रही थी, यह बात सच है लेकिन इसका दूसरा पहलू यह भी है कि आर्थिक मन्दी को लेकर जनता की माँगों पर अपने कान में महीनों रुई डालकर बैठी सरकार को आख़िरकार किसी की सुननी पड़ी। काश, इसी तरह सरकार ने तमिल, कश्मीरी, दलित और आदिवासी व अल्पसंख्यकों से लेकर शिक्षकों, विद्वानों, नर्तकों, संगीतकारों, चित्रकारों, शहरी योजनाकारों और किसानों-मज़दूरों की भी सुन ली होती! क्या अच्छी सरकारों को अपनी नीतियों से असहमत लोगों की नहीं सुननी चाहिए?

अच्छी सरकारों को नागरिकों की बात सुनने की आदत डालनी चाहिए। लोकतंत्र में सत्ता अस्थायी होती है, इसलिए सत्ताधारियों को सुश्रुत यानी अच्छा श्रोता होना चाहिए। इससे मेरा क्या आशय है और यह कैसे मददगार होता है?

अच्छे से सुनना

सुनने की पहली शर्त है सामनेवाले को बोलने देना। दूसरी शर्त है कि वह जब बोले तब आप चुप रहें। चुप रहते हुए भी ज़रूरी नहीं कि आप सुन रहे हों। सुनने का नाटक भी तो किया जा सकता है, जिस बीच दिमाग़ कहीं और ही हो। हम जानते हैं कि अक्सर सुननेवाला देखता तो है सामने लेकिन उसका मन कहीं और होता है। फिर, चुप रहकर सुनना सामनेवाले को यह भाव भी दे सकता है कि आप उसे अपनी भड़ास निकालने का मौक़ा दे रहे हैं। इस तरह की भंगिमाएँ संवाद में अड़चन पैदा करती हैं। इनसे न्याय पूर्वाग्रहग्रस्त हो जाता है। सामनेवाले को यह लग सकता है कि आप तुरन्त कोई सलाह देने के लिए चुप रहकर अपनी नैतिक ज़मीन तैयार कर रहे हैं। अच्छे सुनने का मतलब है सामनेवाले को तवज्जो देना, बिना टोके लगातार सुनना और उसकी बात पर सच्ची प्रतिक्रिया देना।

सुश्रुत होने की और भी शर्तें हैं। जे. कृष्णमूर्ति कहते हैं, 'सुनने के दो तरीक़े हैं: एक तो केवल शब्दों को सुनना है भले ही आपकी उसमें दिलचस्पी न हो और आप कही जा रही बात की गहराई को समझने की कोशिश न कर रहे हों। दूसरा सुनना वह है जो कहे जा रहे के सत्व को पकड़ता हो।' सक्षेप में कहें तो अच्छे से सुनना सहानुभूतिपूर्ण होता है और वह ख़ुद को सोचने पर मजबूर करता है। इसमें अपने नज़रिये की क़ैद से बाहर निकलना होता है और दूसरे के नज़रिये से चीज़ों को देखना होता है। हार्पर ली के शब्दों में, यह 'दूसरे की काया में प्रवेश करना होता है'। अच्छा सुनने के लिए यह सटीक समझदारी होनी चाहिए कि बोलनेवाला क्या सोच रहा है, महसूस कर रहा है, अनुभव कर रहा है और उसका आशय क्या है। अगर आप आत्मकेन्द्रित हैं और सच को एकतरफ़ा मानते हैं तो यह मुमकिन नहीं है। इसके अलावा, ठीक से सुनने के लिए यह मानकर भी चलना होता है कि सामनेवाले से कुछ सीखा जा सकता है, ख़ासकर उनसे, जो अहम मसलों पर हमसे अलहदा राय रखते हों।

गहन असहमतियों के दौर में अच्छे से सुनने की ख़ास ज़रूरत होती है, जब हम भूल चुके हों कि जितने क़िस्म के लोग हैं उतनी क़िस्म की बातें भी हो सकती हैं और हम इस गफ़लत में हों कि दुनिया तो बस दो खाँचों में बँटी हुई है—हम और वे। हम आम तौर से यही मानते हैं कि दो विरोधी विचार मौजूद हैं और हमारे वाला सही है। यह द्वैध टकरावों को बढ़ाता है और ध्रुवीकरण को गहरा करता है। ध्रुवीकृत दुनिया वह स्थिति है जहाँ लोग एक-दूसरे को सुनना बन्द कर देते हैं। बिलकुल ऐसे ही दौर के लिए हमें सुनने की आदत डालनी होगी ताकि अपने अनुभवों के क्षितिज को हम और विस्तार दे सकें और अपने बीच के अन्तरों को ख़ारिज करने की बुरी आदत से निजात पा सकें। सुनने से हम आपस की छुपी हुई समानताओं को खोज

पाते हैं। इससे सहयोग की संभावनाएँ पैदा होती हैं। ग़लत धारणाएँ समाप्त हो जाती हैं। स्वीकार्यता आती है। ऐसे बँटे हुए समय में क्या लोकतांत्रिक सरकारों की यह ज़िम्मेदारी नहीं होनी चाहिए कि वे लोगों को अपने बीच का मनमुटाव कम करने और एक-दूसरे को सुनने के लिए प्रोत्साहित करें?

एक साथ कई को सुनना

हमारी सरकार कुछ लोगों की सुनती है। शुरुआत के लिहाज़ से यह अच्छी बात है। चूँकि लोकतांत्रिक सरकारों को समावेशी होना चाहिए और सबका भरोसा जीतना चाहिए तो लाजिम है कि उन्हें ज़्यादा से ज़्यादा लोगों को सुनना चाहिए, बहुश्रुत होना चाहिए। विमर्शकारी जनवादी लोग अक्सर अच्छे तर्क-वितर्क पर ज़ोर देते हैं और मानते हैं कि सबसे उम्दा तर्क को ही निर्णय का वाहक बनना चाहिए। सवाल यह है कि जब तक हम सारे तर्कों को सुनेंगे नहीं, तब तक यह जान ही नहीं पाएँगे कि सबसे अच्छा तर्क कौन सा है। साथ ही, यह भी सुनिश्चित करना पड़ेगा कि जहाँ तक सम्भव हो, हर क़िस्म की राय को सुन लिया जाए। यह समावेश तब तक असम्भव है जब तक हम उन तमाम आवाज़ों को न सुन लें जिन्हें अतीत में दबाया गया है—यानी जो कमज़ोरों और मज़लूमों की आवाज़ है।

एक लोकतंत्र के भीतर सरकार और नागरिकों के बीच तथा ख़ुद नागरिकों के बीच चलनेवाला संवाद निर्णायक होता है। अच्छे संवाद की पूर्वशर्त होती है सुनने की आदत। सरकारों को सुश्रुत ही नहीं, बहुश्रुत होने को भी गम्भीरता से लेना चाहिए। नागरिकों को भी लोगों में इन गुणों को रोपने की ज़िम्मेदारी अपने हाथ में लेनी चाहिए।

14

लोकतांत्रिक शिक्षण की अहमियत

लोकतंत्र हमारी आकांक्षाओं पर खरा नहीं उतर रहा है, इस बात को लेकर लगातार चिन्ताएँ बनी हुई हैं। हम जो वोट देते हैं, वह काग़ज़ी पत्थर से ज़्यादा कुछ नहीं होता। उससे सरकार तो बदल सकती है लेकिन एक प्रभावी, सक्षम और अच्छी सरकार देने की ताक़त उसमें नहीं है। आख़िर क्या वजह है कि हमें आपराधिक

रिकॉर्ड वाले भ्रष्ट नेताओं को झेलना पड़ता है, जबकि हम जानते हैं कि ये दुर्गुण अच्छे शासन की राह में बाधा हैं। उन लोगों को क्यों बरदाश्त करते रहना जिनके पास न ज्ञान है न दृष्टि, और जो जनता के बजाय अपने हित के लिए ही काम करते हैं। आख़िर ऐसे औसत नेताओं की ज़रूरत ही क्या है जो लोगों की क्षमता और हुनर को छीनने का काम करते हैं।

बेहतर, विवेकपूर्ण सरकारें

ऊपर बताए गए लोकतंत्र के संकट के जवाब में कुछ निराशावादी लोग यह दलील दे सकते हैं कि राष्ट्रीय लक्ष्यों को हासिल करने के लिए हमें राजकाज के लिए सबसे अच्छी टीम की ज़रूरत पड़ती है और वैसी टीम को लोकप्रिय जनादेश नहीं चुन सकता। उसके लिए बौद्धिक क्षमता वाले लोगों की ज़रूरत होगी जो इस बात को समझें। ऐसे लोगों की मानें तो लोकतंत्र कभी भी सर्वश्रेष्ठ सरकार नहीं दे सकता, जहाँ एक व्यक्ति एक वोट का सिद्धान्त लागू होता है और मताधिकार किसी की क्षमता को देखकर नहीं दिया जाता।

वे अपनी बात को सही ठहराने के लिए क्रिकेट का उदाहरण दे सकते हैं जहाँ जीत और सर्वश्रेष्ठ प्रदर्शन करने के लिए सबसे अच्छी टीम का चयन करना होता है। अगर सबसे अच्छे खिलाड़ियों को नहीं चुना गया तो जीतना सम्भव नहीं हो पाता। लोकप्रिय जनादेश से ऐसा करना सम्भव नहीं है। उसके बजाय हमें विशेषज्ञों पर निर्भर होना होता है, जिस तरह क्रिकेट में अनुभवी खिलाड़ियों की एक चयन कमेटी खिलाड़ियों का चुनाव करती है। वे पूछ सकते हैं कि अगर लोकप्रिय जनादेश से क्रिकेट की एक टीम तक नहीं बनाई जा सकती तो फिर राजनीति में किसी अलग परिणाम की अपेक्षा क्यों की जाए। क्यों न सरकार को भी विशेषज्ञों की एक समिति द्वारा ही चुन लिया जाय?

आइए, इस पहेली को एक बार फिर से देखते हैं: हमारे दौर में चुनी जा रही सरकारें न तो समझदार हैं और न ही सक्षम। राष्ट्रीय लक्ष्यों को प्राप्त करने में वे हमेशा नाकाम रहती हैं। यह राष्ट्रीय लक्ष्य हैं सभी लोगों के लिए उच्च जीवन स्तर। अगर ऐसा ही है तो क्यों न लोकतंत्र को ही छोड़ दिया जाय? या कम से कम एक ऐसा पैमाना बनाया जाए कि वोट देने का अधिकार उसी को हो जिसकी औपचारिक शिक्षा हुई हो? क्या शिक्षित मतदाताओं के माध्यम से सर्वश्रेष्ठ राजनीतिक नुमाइन्दों को चुनने में मदद मिल पाएगी? एक लोकतांत्रिक व्यक्ति ज़रूरी नहीं कि इस दलील को ख़ारिज कर दे। वह कह सकता है कि सार्वभौमिक मताधिकार को त्यागने के बजाय बेहतर होगा कि सभी को शिक्षा दी जाए। यह रास्ता थोड़ा सभ्य मालूम देता है। टिकाऊ लोकतंत्र उच्च स्तर की साक्षरता की माँग करते हैं। हम जितना ज़्यादा

शिक्षित होंगे उतना ही दावा किया जा सकता है कि हम अपनी सरकार को चलाने के लिए सबसे अच्छे लोगों को चुन पाएँगे।

यह दलील भी हालाँकि गड़बड़ है। साक्षरता और शिक्षा अपने आप में अच्छे नागरिक नहीं बनाती हैं और अपने आप ही परिपक्व लोकतंत्र का निर्माण नहीं करती हैं। बाक़ायदा अशिक्षित होते हुए भी कई लोग राजनीतिक रूप से चतुर होते हैं, यहाँ तक कि उनमें अच्छा नागरिक होने के भी गुण होते हैं। इसके उलट तमाम ऐसे पढ़े-लिखे लोग हैं जो आत्म-केन्द्रित और अलोकतांत्रिक, यहाँ तक कि निरंकुश भी हो सकते हैं। इसलिए प्राथमिक शिक्षा हो, माध्यमिक या फिर उच्च शिक्षा, कोई भी अपने आप में अच्छी नागरिकता की गारंटी नहीं देती।

इसका मतलब कि समाधान केवल शिक्षा में नहीं है, बल्कि एक ऐसे क़िस्म की सार्वभौमिक शिक्षा में है जो हमारे लोकतंत्र की गुणवत्ता को सुधारने पर केन्द्रित हो। दिक़्क़त यह है कि हमारी मौजूदा शिक्षा प्रणाली लोकतंत्र पर केन्द्रित नहीं है या कह सकते हैं कि वह शिक्षा लोकतांत्रिक नहीं है। हमारी शिक्षा हमारी परम्पराओं में मौजूद लोकतांत्रिक संस्कृति के तत्त्व को उभारने के काम नहीं आती है।

मूल तत्त्व

सवाल उठता है कि लोकतांत्रिक शिक्षण के मूल तत्त्व क्या हैं। संक्षेप में कह सकते हैं कि वह ऐसी शिक्षा है जो लोकतांत्रिक गुणों का पोषण कर सकती हो। उदाहरण के लिए, सबकी भलाई की कल्पना करने की क्षमता जो शिक्षा पैदा कर सके। इसके लिए ज़रूरी यह है कि हम इस बात का फ़र्क़ समझ सकें कि क्या मेरे लिए अच्छा है और क्या सबके लिए अच्छा है। सबकी भलाई को लेकर हम सब की अपनी-अपनी अलहदा समझदारी होती है, इसलिए ज़रूरी है कि हम इन्हें मिलाकर एक साझा बात निकाल सकें। इसी से यह बात भी निकलती है कि हमारी शिक्षा ऐसी हो जो हमें अपने बीच के अन्तरों को समझने और असहमतियों को बनाए रखने के साथ ही संवाद और बहस के माध्यम से साझा भलाई के नुक़्ते तक पहुँचने को प्रेरित कर सके।

सबकी भलाई की परिकल्पना और अवधारणा की क्षमता ग्रीक भाषा के शब्द 'प्लियोनेक्सिया' के अर्थ से बिल्कुल उलट है, जिसका मतलब है हर चीज़ ख़ुद पा लेने का लोभ, कुछ भी दूसरे से साझा करने से इनकार और किसी दूसरे के अधिकार व न्याय का बोध न होना। इसका मतलब यह है कि साझा भलाई की अवधारणा न्यायबोध के बग़ैर सम्भव नहीं है। लोकतांत्रिक शिक्षण की शर्त है कि वह हमें आत्मकेन्द्रित होने से बचाए। साथ ही एक दूसरे से समझौता करने, मध्यम मार्ग को चुनने और स्वीकार्य मानकों के दायरे में चीज़ों के लेनदेन को साझा करने

जैसी क्षमताएँ विकसित कर सके। ज़ाहिर है यह चीज़ें दूसरों को धैर्य से सुनने, उनके प्रति करुणा का भाव रखने और असहमतियों के बावजूद लोगों से संवाद बनाए रखने जैसी सामान्य क्षमताओं के बग़ैर असम्भव होंगी।

कहीं ज़्यादा ज़रूरी यह है कि मनुष्य एक ख़ास ऐतिहासिक आख्यान में हिस्सेदारी करने की क्षमता रखता हो, जिसे कनाडा के राजनीतिक सिद्धान्तकार जेरेमी वेबर 'काल के प्रवाह में एक विशिष्ट विमर्श के प्रति प्रतिबद्धता' का नाम देते हैं। वे मानते हैं कि एक राजनीतिक समुदाय के सदस्य जब ऐतिहासिक रूप से विरासत में मिली विमर्श की कसौटियों, निरन्तर जारी आख्यान या एक ख़ास संवाद के माध्यम से महत्त्वपूर्ण मुद्दों के साथ अपनी संबद्धता स्थापित करते हैं तब वह बेहतर नागरिक बन पाते हैं। राजनीतिक निर्णयकारिता में ऐसी बहस सदस्यों की प्रतिभागिता और संलग्नता से जुड़े एहसास में प्रतिबिंबित होती है। उदाहरण के लिए, भारत में एक ख़ास तरीक़े से धर्म के सवाल को रखा जाता है। ठीक वैसे ही यहाँ पर राष्ट्र, जाति और लिंग के सवाल हमारे सामने आते हैं। इन मुद्दों के इर्द-गिर्द जो बहसें खड़ी होती हैं उनके दायरों को समझते हुए ही लोग सार्थक नागरिक बनते हैं। इन बहसों के दायरों को समझने का एक शुरुआती प्रवेश-द्वार संविधान सभा में चली बहस है और लोकतांत्रिक शिक्षण के लिए भारत में यह सबसे प्राथमिक साधन है।

इसी तरह लोकतांत्रिक शिक्षण में हमारे समाज और उसके इतिहास की एक बुनियादी समझ की ज़रूरत होती है। इस समझदारी से देश की बहुसांस्कृतिकता और बौद्धिक व धार्मिक परम्पराओं का पता चलता है जिसके माध्यम से हम विशिष्ट बहसों की दिशा को जान पाते हैं। कभी-कभार मैं ख़ुद हमारी जटिल सामाजिक समस्याओं की ऐतिहासिकता को लेकर अपनी अज्ञानता पर हैरत में पड़ जाता हूँ और यह देखकर दुखी होता हूँ कि मेरे कुछ उच्च शिक्षित मित्र यह नहीं जानते कि भारत में संवैधानिक रूप से अल्पसंख्यक होने का मतलब केवल संख्या में छोटा समूह नहीं होता बल्कि संख्यात्मक रूप से छोटा होने के चलते वंचित समूह भी होता है। कुछ को यह भ्रम है कि धार्मिक अल्पसंख्यकों को नौकरियों और उच्च शिक्षण संस्थानों में आरक्षण मिलता है। हमारी जाति प्रथा की उत्पीड़क प्रकृति के बारे में तो ज़बरदस्त अज्ञान फैला हुआ है। कई लोग सोचते हैं कि सेक्युलरिज़्म पूरी तरह पश्चिमी अवधारणा है, जैसे कि धर्म पश्चिमी न हो। क़ायदे की लोकतांत्रिक शिक्षा ही इस क़िस्म की गड़बड़ियों और भ्रमों को दूर कर सकती है।

फिर लोकतांत्रिक शिक्षा क्या है? मोटे तौर पर कहें तो यह एक ख़ास समुदाय को विरासत में मिली विशिष्ट राजनीतिक भाषाओं की शब्दावली और बहसों के पैमाने से निर्धारित ऐतिहासिक रूप से एक विशिष्ट उद्यम है। इसे ख़ास तौर से ऐसे तैयार किया जाता है कि वह किसी समुदाय विशेष से जुड़े केंद्रीय मुद्दों पर संवाद को सम्भव कर सके, यथासम्भव सहमति निर्माण कर सके और असहमति के साथ

शान्तिपूर्ण ढंग से जीना सिखा सके। संक्षेप में, यह शिक्षण प्रमुख लोकतांत्रिक गुणों के साथ सामाजिक और ऐतिहासिक जागरूकता की माँग करता है।

इस क़िस्म की अच्छी समझदारी कला विषयों में अच्छे शिक्षण से आ सकती है। राष्ट्रीय शिक्षा नीति 2019 इसे मानती है लेकिन इस मामले में अपर्याप्त है क्योंकि जितना मैंने उसे पढ़ा है, कह सकता हूँ कि उसका लोकतंत्र के साथ रिश्ते से कोई लेना-देना नहीं है। लोकतांत्रिक शिक्षण की ज़रूरतों के मामले में यह नीति खोखली जान पड़ती है। उपयुक्त लोकतांत्रिक शिक्षण के बग़ैर मुझे डर है कि हम लोग बुरी लोकतांत्रिक प्रक्रियाओं में फँसे रहेंगे, लोकतंत्र को लेकर नुक़सानदेह सन्देहों को बढ़ावा देते रहेंगे और अन्ततः उसे ख़तरे में डाल देंगे।

15

एक मुक्त समाज में विरोध-प्रदर्शन का अधिकार

हमने 2019 के अन्त में देश भर में कई विरोध-प्रदर्शन देखे थे। हज़ारों-हज़ार लोग सड़क पर उतर आए थे नागरिकता संशोधन क़ानून और राष्ट्रीय जनसंख्या रजिस्टर के ख़िलाफ़। वे सरकार से इन्हें रद्द करने की माँग कर रहे थे। ऐसे सार्वजनिक विरोध प्रदर्शन एक मुक्त, लोकतांत्रिक समाज की कसौटी हैं जहाँ लोगों की आवाज़ सरकारों को सुननी पड़ती है और बाक़ायदा परामर्श और रायशुमारी के बाद ही उसे किसी फ़ैसले पर पहुँचने का हक़ होता है। इसके लिए अभिव्यक्ति की आज़ादी का अधिकार, संबद्धता का अधिकार और शान्तिपूर्ण जुटान का अधिकार ज़रूरी है। ऐसे अधिकारों पर कोई भी बन्दिश लगाया जाना, मसलन किसी हिंसा की प्रत्याशा में धारा 144 को लागू किया जाना, दिखाता है कि सरकार असहमति को झेल पाने में अक्षम है। यह दंगा करने की लोगों की मनोवृत्ति को नहीं, बल्कि बातचीत करने, लोगों को सुनने और विचार-विमर्श करने में सरकारों की अक्षमता को दर्शाता है। विरोध-प्रदर्शनों पर अतार्किक बन्दिश उन लोगों पर सीधा वार है जिनके नाम पर सरकार को राजकाज की छूट दी गई है।

इस मामले में हमें अदालतों का शुक्रगुज़ार होना चाहिए जिन्होंने बार-बार कहा है कि विरोध-प्रदर्शन का अधिकार मूलभूत है। सम्भव है कि क़ानून का कोई छात्र उसे पढ़ कर कहे कि 'विरोध' शब्द वहाँ नहीं लिखा हुआ है। हो सकता है कि वह संविधान के प्रासंगिक अनुच्छेदों को (ख़ासकर अनुच्छेद 19) को अराजनीतिक ढंग

से पढ़े। जैसे, कोई यह समझ सकता है कि अभिव्यक्ति की आज़ादी के अधिकार का मतलब है किसी फ़िल्म पर या अपने शहर की हालत पर अपनी राय रखना। उसी तरह संबद्धता के अधिकार का अर्थ वह क्लबों, पेशेवर संस्थाओं और सोसायटियों में संबद्ध होने से लगा सकता है। शान्तिपूर्ण जुटान से किसी पार्क में पिकनिक मनाने या कुम्भ मेला जैसे किसी पर्व में शामिल होने से लगाया जा सकता है। ऐसे अधिकार बेशक महत्त्वपूर्ण हैं—निरंकुश देशों में तो इन अधिकारों की भी गारंटी नहीं होती—लेकिन अधिकारों को यहीं तक सीमित कर देना संकीर्ण नज़रिया होगा क्योंकि एक सक्रिय लोकतंत्र में ये अधिकार सक्रिय नागरिकता से ताल्लुक़ रखते हैं, निष्क्रिय नागरिकता से नहीं। सक्रिय नागरिकता राजनीतिक स्वतंत्रताओं से बनती है। इसलिए अभिव्यक्ति की आज़ादी के अधिकार का मतलब हो जाता है अपनी सरकार के कामकाज के बारे में अपनी राय रखना और संबद्धता के अधिकार का अर्थ हो जाता है राजनीतिक उद्देश्यों से संबद्धताएँ स्थापित करना। उदाहरण के लिए, सरकार के फ़ैसलों को सामूहिक रूप से चुनौती देना या सरकार को शान्तिपूर्ण ढंग से और क़ानूनी रास्ते से उखाड़ फेंकना। हमारे बहुदलीय तंत्र का यह आधार है, जहाँ विपक्षी दल शत्रु नहीं होते बल्कि बहुत काम के विरोधी होते हैं जो स्वस्थ तरीक़े से सत्ता के लिए प्रतिद्वंद्विता करते हैं।

शान्तिपूर्ण तरीक़े से जुटान का अधिकार राजनीतिक दलों को, नागरिकों को, विश्वविद्यालयों के छात्रों को विरोध प्रदर्शन, आन्दोलन, सार्वजनिक धरने आदि के माध्यम से सरकार की कार्रवाइयों पर सवाल खड़ा करने और एतराज करने की छूट देता है। ऐसे सभी अधिकारों की दो व्याख्याएँ हो सकती हैं। पहली, ये अधिकार सरकारी दख़ल से मुक्त होते हैं और मोटे तौर पर एक उदार अराजनीतिक वातावरण में लोगों द्वारा निजी उद्देश्यों के लिए इस्तेमाल किए जाते हैं। दूसरे, ये अधिकार सत्ता या ताक़त हासिल करने के लिए सामूहिक रूप से इस्तेमाल किए जाते हैं इसलिए बुनियादी रूप से राजनीतिक होते हैं। ये राजनीतिक अधिकार हमारे लोकतांत्रिक समाज की बुनियाद होते हैं।

किसी भी देश का संविधान केवल शाब्दिक नहीं होता है। उसमें लोगों के जिये हुए अतीत के सामूहिक अनुभव भी शामिल होते हैं, जिसे हम उसकी आत्मा कहते हैं। दूसरी वाली व्याख्या दरअसल अनुभवों के इसी इतिहास से होकर आती है। हमारे संविधान की पृष्ठभूमि बिला शक हमारे उपनिवेशविरोधी आन्दोलन से निर्मित है, जब हमारे राजनीतिक लोकवृत्त और लोकतांत्रिक संस्थाओं के बीज पहली बार बोये गए। भारत के लोगों ने औपनिवेशिक सत्ता के ख़िलाफ़ लम्बी लड़ाई लड़ी ताकि वे उसके ख़िलाफ़ अपनी राय रख सकें, उनका विरोध कर सकें और उसे चुनौती दे सके। लोगों ने केवल क़ानूनी याचिकाओं से ही लड़ाई नहीं लड़ी, उन्होंने धरने-प्रदर्शन भी किए, विशाल सभाएँ कीं, शान्तिपूर्ण प्रदर्शन किए और गांधीजी के

सत्याग्रह के साथ नागरिक अवज्ञा आन्दोलन भी चलाए। ये सब कुछ उसी तरह हमारे संविधान में कहीं नहीं पाया जाता, बल्कि संविधान इन्हें मानकर चलता है। इसीलिए संविधान की प्रस्तावना कहती है कि हम एक लोकतांत्रिक गणराज्य हैं।

आपस में जुड़े हुए ये तमाम राजनीतिक अधिकार इसलिए हैं कि सरकार यदि हमारे हित में काम कर भी रही हो तो भी हम चुप मार कर पीठ टिका कर न बैठे रहें और सरकार को उसका काम करने दें। हमें निगरानी रखनी होगी और लगातार उनकी हरकतों को देखते रहना होगा क्योंकि ऐसी सरकारें भी फिसल जा सकती हैं। हमारी ज़िम्मेदारी है कि हम उनकी ग़लतियों को पकड़ कर परामर्श, बैठकों और संवाद के माध्यम से उन्हें दुरुस्त करें। एक और गम्भीर स्थिति हालाँकि आसानी से खड़ी हो सकती है। वो यह कि लोकतांत्रिक ढंग से चुनी हुई सरकार संवैधानिक रास्ते से हट सकती है और जनता के ख़िलाफ़ जा सकती है, उनका जवाब देना बन्द कर सकती है और उन्हें सुनना भी बन्द कर सकती है। यहाँ पर सरकार के ख़िलाफ़ ज़्यादा कड़े सार्वजनिक तरीक़ों से दबाव बनाना होता है। हो सकता है कि विरोध में सड़कों पर सभा लगानी पड़े, लोग अस्थायी रूप से मिलें और बैठें और एक प्रक्रिया में धीरे-धीरे यह आन्दोलन की शक्ल ले ले, जो परम्परागत राजनीति को पुष्ट करने के लिए ज़रूरी भी है। याद कीजिए पोट्टि श्रीरामालु को, जो तेलुगुभाषी राज्य आंध्र के गठन की माँग को लेकर मद्रास राज्य की सरकार के ख़िलाफ़ अनशन कर के मर गए या फिर चिपको आन्दोलन को, जिसमें गौरा देवी, चंडी प्रसाद भट्ट और तमाम अन्य लोगों ने तत्कालीन यूपी सरकार द्वारा पेड़ों की व्यावसायिक कटाई को रोकने के लिए पेड़ों को गले लगा लिया। ऐसे विरोध-प्रदर्शन ख़ासकर उन लोगों के लिहाज़ से ज़रूरी होते हैं जिनकी औपचारिक शिक्षा नहीं हुई होती है और जो मुख्यधारा से बाहर होते हैं। आदमी चाहे कितना ही निरक्षर या कमज़ोर हो, नारा तो लगा ही सकता है, तख़्ती तो उठा ही सकता है, शान्तिपूर्वक पदयात्रा निकाल कर सरकार का विरोध तो कर ही सकता है। जितने ज़्यादा लोग सड़कों पर प्रदर्शन में जुट जाते हैं उतने टेबल पर होनेवाली वार्ताओं में नहीं आते। अब्राहम लिंकन ने ऐसे ही नहीं 'लोगों के शान्तिपूर्ण ढंग से जुटने के अधिकार' का आह्वान किया था और उसे 'इंकलाब का संवैधानिक विकल्प' बताया था।

यह साफ़ है कि हर कहीं लोकतंत्र दो मूल राजनीतिक अधिकारों पर बनता है। पहला, अपनी सरकार को स्वतंत्र रूप से चुनने का नागरिकों का अधिकार और उससे असन्तुष्ट होने पर वैधानिक रूप से कराए गए चुनाव में उसके ख़िलाफ़ वोट देकर उसे सत्ता से बाहर करने का अधिकार (भारतीय संविधान का अनुच्छेद 320)। सरकार से मुक्ति पाने का यही एक उपयुक्त तरीक़ा होता है। यह सही भी है। वास्तव में, लोकतंत्र के भीतर सत्ता का शान्तिपूर्ण हस्तांतरण सबसे बड़ी ताक़त है। जब तक यह शान्तिपूर्ण हस्तांतरण जारी है सरकार के प्रस्तावों या फ़ैसलों के

ख़िलाफ़ जनता की कार्रवाई भी संवैधानिक रूप से वैध है। यहीं से दूसरा अधिकार पैदा होता है—राजनीतिक भागीदारी, केवल चुनाव में नहीं बल्कि उनके बीच की अवधि में भी।

विरोध करना, सार्वजनिक रूप से सवाल पूछना और सरकार को उसका जवाब देने को बाध्य करना जनता का बुनियादी राजनीतिक हक़ है और वह उसे अनुच्छेद 19 की जनवादी व्याख्या से मिला है। ऐसे में सरकारों द्वारा मुद्दों को दरकिनार करना, सवालों से बचना और उन पर बातचीत की किसी भी कोशिश को जान-बूझकर रोकना हैरत में डालनेवाली चीज़ है। सरकार आदतन गोपनीय ढंग से फ़ैसले लेकर हम पर थोप देती है जिसके लिए लोग तैयार नहीं होते। जब लोग उसे देते हैं तो वह रात के अँधेरे में लिए अपने फ़ैसलों को जायज़ ठहराने के लिए प्रचार अभियान चलाती है। भाजपा की सरकार ने 'सबका साथ सबका विश्वास सबका विकास' का वादा किया था। सवाल उठता है कि क्या वह उस वादे की शुचिता को बरक़रार रखने के लिए वास्तव में सबकी सुनेगी, ख़ासकर अपने आलोचकों की? या फिर सभी विरोधियों को देशद्रोही और राष्ट्रविरोधी ही ठहराती रहेगी?

16

बैर की राजनीति

बीते तीन दशकों के दौरान भारत में चुनावी हिंसा कम होती गई है। इसका श्रेय न केवल निर्वाचन आयोग जैसी संस्थाओं को, बल्कि राजनीतिक वर्ग को भी दिया जाना चाहिए। इसके बावजूद एक चिन्ताजनक प्रवृत्ति इसी अवधि में समानांतर बढ़ी है, जो अपने भीतर हिंसा की संभावनाओं को छुपाए हुए है। वो है राजनीतिक प्रतिद्वंद्वियों को ऐसे दुश्मन की तरह देखना, जिनका सफ़ाया किया जाना है। 'कांग्रेसमुक्त भारत' जैसे नारों में आपको इसकी छवि दिखाई पड़ जाएगी। नारों से आगे हालाँकि यह प्रवृत्ति वक़्ताओं के भाषणों, उनकी देह-मुद्रा और आँखों से ज़्यादा झलकती है।

दोस्त और दुश्मन

नाजी समर्थक राजनीतिक सिद्धान्तकार कार्ल श्मिट ने राजनीति को दोस्त-दुश्मन की कोटि में परिभाषित किया था। उनके हिसाब से राजनीतिक होने का मतलब

है हम और वे, यानी दोस्त और दुश्मन के बीच फ़र्क़ करते हुए काम करना। यह विभाजन न सिर्फ़ राजनीतिक होने की निर्णायक कसौटी है बल्कि इस रिश्ते के भीतर दुश्मनी को दोस्ती के ऊपर तरज़ीह दी जाती है। यानी जो हमारी ओर नहीं है या हमारा वफ़ादार नहीं है वह अपने आप हमारा दुश्मन हो जाता है। ऐसी परिभाषा के साथ श्मिट समूची राजनीति को जंग में तब्दील कर देते हैं। या कह सकते हैं कि राजनीति में जंग एक शाश्वत संभावना है। इसीलिए उनका दावा था कि एक राजनीतिक व्यक्ति को हमेशा इस तरह व्यवहार करना चाहिए गोया वह हमेशा अपने दुश्मनों से घिरा हुआ हो। श्मिट ने यह व्याख्या अब्राहमिक धर्मों की कुछ धाराओं में पहले से मौजूद विभाजन से उधार ली थी, जहाँ एक 'अन्य' की अवधारणा होती है। ऐसा 'अन्य' जो 'हमारे' मानसिक जगत से बाहर का हो और जिसके साथ किसी क़िस्म के संवाद की गुंजाइश न बनती हो। हमारी व्यवस्था के चालक सिद्धान्तों को जो लोग नहीं मानते उन्हें दुश्मन मान लिया जाता है। ऐसे में आन्तरिक असहमतियाँ भी दुश्मनी का बायस बन जाती हैं। इसे गद्दारी माना जाता है। ऐसे भीतरी और बाहरी असहमतों को वजूद के लिए ख़तरा मानते हुए ज़रूरी होता है कि उनका 'मतांतरण' किया जाए, यानी अपनी तरफ़ लाया जाए। या फिर पूरी तरह मिटा ही दिया जाए।

कुछ धार्मिक परम्पराओं के भीतर किया गया इस क़िस्म का भेद किन्हीं ख़ास परिस्थितियों में बहुत विनाशक साबित हुआ है। ख़ासकर योरप के अधिकतर हिस्सों में इसने धर्मयुद्धों, विधर्मियों पर मुक़दमों, यहूदियों की बेदख़ली से लेकर अन्तिम समाधान के रूप में यातना शिविरों को जन्म दिया है। योरप के बाहर, मसलन मूलनिवासी अमेरिकियों के मामले में सीधे हत्याएँ देखने को मिलती हैं। इराक़ के ख़िलाफ़ जंग में भी कुछ लोग इसी अवधारणा को काम करता हुआ देखते हैं। इसकी सबसे हालिया अभिव्यक्ति इस्लामिक स्टेट जैसे संगठनों द्वारा की जानेवाली हिंसा में दिखाई देती है। यह मानसिकता हालाँकि अब अब्राहमिक धर्मों की कुछ धाराओं तक ही सीमित नहीं रह गई है। इसने चुपके से दूसरे धर्मों में भी प्रवेश कर लिया है और तक़रीबन धर्मनिरपेक्षता की स्थिति तक पहुँच चुकी है। बीसवीं सदी में यही प्रवृत्ति फासीवाद और स्तालिनवाद में दिखती है। तमाम क़िस्म के अंधराष्ट्रवाद इसी प्रवृत्ति से संचालित रहे हैं जो दुनिया के अलहदा हिस्सों में जातीय सफाये और नरसंहार का बायस बने। इनमें इंडोनेशिया, कम्बोडिया, रवांडा के उदाहरण शामिल हैं। विभाजक राष्ट्रवाद की यह धारा अब चीन में भी घुस चुकी है, जहाँ हान राष्ट्रवाद अब तिब्बती बौद्धों और उइघुर मुसलमानों को 'अन्य' या दुश्मन के रूप में देखने लगा है। दक्षिण एशियाई संस्कृतियों में भी यह रोग लग चुका है। इसी के चलते भारतीय उपमहाद्वीप का बँटवारा हुआ, श्रीलंका में तमिलों का जातीय सफ़ाया हुआ और म्यांमार से रोहिंग्या मुसलमानों को खदेड़ा गया।

भारत में मौजूदा शासन की आलोचना करनेवालों के लिए अक्सर इस्तेमाल किए जानेवाले शब्द 'राष्ट्रविरोधी' में भी इसी बीमारी की बू आती है। इससे वैचारिक रूप से कैसे निपटा जाए, यह मुझे आज की सबसे बड़ी चुनौती प्रतीत होती है।

दुश्मन और प्रतिद्वंद्वी

दोस्त-दुश्मन वाली मानसिकता बुनियादी रूप से अलोकतांत्रिक होती है। एक सक्रिय लोकतंत्र में दुश्मन और प्रतिद्वंद्वी के बीच के फ़र्क़ को जानना बहुत ज़रूरी होता है। प्रतिद्वंद्वी वह होता है जिसे आप किसी प्रतिस्पर्धा में हराने की ख़्वाहिश रखते हों, जैसे क़ानूनी लड़ाई या क्रिकेट का मैच। चुनाव हो तो अपने विरोधी को हराने की इच्छा बिलकुल जायज़ है। दूसरी ओर, दुश्मन उसे कहते हैं जिसे स्थायी रूप से ख़त्म किया जाना है। प्रतिद्वंद्वी को हरा कर उसे अपने पाले में किया जा सकता है लेकिन दुश्मन के साथ ऐसा सम्भव नहीं है। प्रतिद्वंद्वी के साथ समझौता स्वीकार्य है, यहाँ तक कि सराहनीय भी कह सकते हैं लेकिन दुश्मन के साथ समझौते का अर्थ है हार, जो स्वीकार्य नहीं है। इसे गद्दारी कहते हैं। लोकतंत्र में प्रतिद्वंद्विता का खेल निर्णायक नहीं होता यानी किसी की अन्तिम जीत या हार इसमें नहीं होती है। एक निष्पक्ष प्रतिस्पर्धा में हर प्रतिस्पर्धी कुछ जीतता है तो कुछ हारता भी है लेकिन दुश्मन के साथ जंग में निष्पक्षता के क़ायदों को छोड़ना पड़ता है। इसीलिए दुश्मनी के चश्मे से देखें तो राजनीति जंग के सिवा और कुछ नहीं रह जाती।

अक्सर यह सुनने में आता है कि राजनीति में कोई स्थायी दोस्त या दुश्मन नहीं होता। सुनने में यह बात अवसरवाद प्रतीत हो सकती है लेकिन लोकतांत्रिक राजनीति का यही मूल है जहाँ हर कोई इस उम्मीद से होता है कि आज हारनेवाला कल जीत भी सकता है। हर कोई, केवल नेता नहीं बल्कि नागरिक भी, इस बात को लेकर आश्वस्त रहते हैं कि चाहे कोई भी पार्टी जीते, सभी के बुनियादी हित और आज़ादी महफ़ूज़ है, चाहे वह बहुसंख्यक हो या अल्पसंख्यक। तमाम मसलों पर गहरे मतभेदों के बावजूद हर कोई कुछ न कुछ साझा करता है। यही साझापन हमारी मानवीयता का राष्ट्रीय भाव बन सकता है। यह संवैधानिकता या इतिहास-पोषित साझा सभ्यतागत मूल्यों पर टिका हो सकता है। मसलन, भारत में बहुलतावाद, स्वीकार्यता और समावेश के मूल्य, दो विरोधी तत्त्वों में दुनिया को देखने के नज़रिये से इनकार आदि को समय-समय पर संकीर्ण, कट्टर, पदानुक्रमित, उच्चवर्णीय व्यवहार (चूँकि इसे ब्राह्मण विद्वानों ने वैध ठहराया था तो अक्सर ब्राह्मणवाद की भ्रामक शब्दावली इसके लिए प्रयोग की जाती है), बन्ददिमाग़ धार्मिक पंथों सहित अफ़ग़ान और तुर्क लुटेरों व शोषक उपनिवेशवादियों से चुनौती मिलती रही है। हाल के दिनों में संवेदनहीन बहुराष्ट्रीय निगमों ने हर चीज़ को पूँजीवादी बाज़ार में

ख़रीदे और बेचे जाने लायक़ माल में तब्दील कर के इस भाव को चोट पहुँचाई है। विभाजनकारी अंधराष्ट्रवादियों का तो क्या ही कहना, जो इस सूची में सबसे ऊपर आते हैं (ये समावेशी, मध्यमार्गी राष्ट्रवादियों से अलग हैं) और हमारे सभ्यतागत व लोकतांत्रिक मूल्यों का गला घोंटने को आतुर हैं।

हमारी सभ्यता की रक्षा

जैसे-जैसे कोई समूह आकार में बड़ा होता जाता है, वह लोगों के आचार-व्यवहार को नियंत्रित करने के नियम-क़ानून बनाता है, वर्चस्व के ढाँचे स्थापित करता है और एक कसौटी निर्मित करता है कि कौन बाहरी है और कौन अपना। आइए, एक बार को मान लेते हैं कि 'अन्य' के बग़ैर कोई 'स्व' नहीं है, लेकिन नियम-क़ानून तो ढीले या सख़्त हो ही सकते हैं। किसी भी कसौटी को मिलनेवाली चुनौती या तो दंडित की जा सकती है या उसे बरदाश्त किया जा सकता है। एक स्वस्थ प्रतिस्पर्धा में 'अन्य' को अस्थायी प्रतिद्वंद्वी माना जा सकता है, जिसके साथ सार्थक संवाद सम्भव है या नहीं सम्भव नहीं है (यानी दुश्मन)। किसी समूह का हिस्सा होने के लिए ज़रूरी है कि लड़ने के लिए सामने एक दुश्मन हो, यह विचार कुछ धर्मों में बहुत ताक़तवर स्थान रखता रहा है। अब धीरे-धीरे एशियाई धर्मों में भी इसने जड़ जमा ली है, जिसमें आधुनिक हिन्दू धर्म भी शामिल है। अब यह हमारी लोकतांत्रिक राजनीति में भी घर कर गया है। अगर यह रह गया तो हमारी सभ्यता की आत्मा और लोकतंत्र के अस्तित्व को नष्ट कर देगा। इसलिए धार्मिक मतभेदों के बावजूद हर किसी को इससे लड़ना होगा। तमाम लोकतांत्रिक लोग जो इस व्यवस्था को बचाना चाहते हैं, उन्हें इसे विषमुक्त करना होगा, इससे पहले कि देर हो जाए।

17

भारतीय लोकतंत्र में वैधता का संकट

भारत के लोग इधर बीच बहुत तेज़ी से राज्य-केन्द्रित हुए हैं, जबकि परम्परागत रूप से यहाँ के लोगों ने राज्य को एक तमाशे के रूप में देखा है और हमेशा उसकी ओर अपनी पीठ कर के रखी है। हम लोग लगातार उसके बारे में पढ़ते हैं, बातें करते हैं, दृश्यों और फ़िल्मों में उसे देखते हैं, चुनावों के जादू और उसके जादुई

गणित में फँस जाते हैं और तमाम ग़रीब लोगों को भी ऐसा महसूस होता है कि इस राज्य पर उनका दावा बनता है। हम उम्मीद किए रहते हैं कि राज्य हमारी ज़्यादातर समस्याओं का हल ढूँढ़ देगा जबकि राज्य हमें लगातार झूठा साबित करता रहता है। यह मूर्खतापूर्ण मान्यता है। इसके बावजूद लोकतांत्रिक तमाशे की ताक़त ऐसी है कि आम लोग राज्य की अवधारणा में ही अपनी आस्था गड़ाए हुए रहते हैं।

इतना तो तय है कि भारतीय राज्य वैधता के ज़बरदस्त संकट से ग्रस्त है। तमाम लोकतंत्र अपने वजूद के लिए जनता की सहमति और मंज़ूरी पर टिके होते हैं। यह वैधता तब आती है जब लोगों को अहसास रहता है कि उनकी ज़रूरतों और चाहतों के हिसाब से राज्य पर्याप्त काम कर रहा है। जब लोगों की आकांक्षाओं और उन्हें मिलनेवाले वास्तविक लाभों के बीच खाई गहरा जाती है, तब यह वैधता लुप्त हो जाती है। फिर धीरे-धीरे वैधता का यह संकट लोगों की शिकायतों और बढ़ते असन्तोष, व्यापक मोहभंग और लोकप्रिय आन्दोलनों में झलकने लगता है, जब बड़ी संख्या में लोगों को लगने लगता है कि उनका राजनीतिक तंत्र ही उन्हें शिकार बना रहा है।

संकट के तीन क्षण

आज़ादी के बाद वाले भारत में वैधता के ऐसे संकट के कई मौक़े देखने में आए हैं। मैं विवरणों में नहीं जाना चाहता, बजाय इसके इस ओर ध्यान खींचना चाहता हूँ कि ऐसे तीन क्षण हैं जो लोकतंत्र की वैधता के संकट के प्रतिनिधि माने जा सकते हैं। पहला, जिसे मैं प्रक्रियागत वैधता कहता हूँ। लम्बे समय से हमारे नुमाइन्दे एक ऐसी प्रक्रिया से चुने जाते रहे जो न तो स्वतंत्र थी और न ही निष्पक्ष। इस प्रक्रिया में रणनीतिक तरीक़े से की जानेवाली हिंसा आम लोगों में भय पैदा करती थी। बूथों पर क़ब्ज़े किए जाते थे। दलित, अल्पयंख्यक और ग़रीबों को आम तौर से वोट देने से रोक दिया जाता था या फिर उनकी पसन्द से इतर किसी दूसरे को वोट देने को मज़बूर किया जाता था। चुनाव आयोग के मज़बूत होते जाने और केंद्रीय अर्धसैन्य बलों की तैनाती ने बड़े हद तक इस प्रक्रियागत वैधता-संकट को संबोधित किया है, हालाँकि इसी प्रक्रिया में एक और क़िस्म का संकट पनप रहा था। मतदाताओं को लगता था कि स्वतंत्र और निष्पक्ष ढंग से चुने गए उनके प्रतिनिधि उनके हितों की नुमाइन्दगी ठीक से करेंगे और उनकी माँगों को पूरा करेंगे। जब ऐसा नहीं होता तो लोकतंत्र प्रातिनिधिक वैधता के संकट में फँस जाता है। भारत में लोगों ने इस संकट को हल करने के लिए ही समुदाय-आधारित पहचानों की राजनीति का रास्ता पकड़ा। तमाम समूह, ख़ासकर दलित और ओबीसी ने अपनी-अपनी जाति के लोगों को वोट देने का

निर्णय किया, जिन पर वे भरोसा करते थे क्योंकि वे उन्हीं लोगों की परछाईं थे।

लेकिन कम से कम 2011 के बाद से ये होने लगा कि यह परछाईं भी नाकाम हो गई। भारत में कुल मिलाकर लोकतांत्रिक व्यवस्था का गहरा सवाल खड़ा हो गया। इसे आप लोकतंत्र का नैतिक संकट कह सकते हैं। अपने ही समुदाय के सदस्य द्वारा विश्वासघात का यह अहसास कुल मिलाकर लोकतांत्रिक ढंग से चुने गए सत्ता प्रतिष्ठान के प्रति अविश्वास में तब्दील हो जाता है। लोगों को लगातार यह लगने लगता है कि बेशक देश की अर्थव्यवस्था बहुत तेज़ी से बढ़ रही है और सिस्टम में पैसा भी आ रहा है लेकिन ज़्यादातर पैसा मुट्ठी-भर कुछ बड़े लोगों की झोली में चला जा रहा है। इसके बाद सारे राजनीतिक दल भ्रष्ट दिखने लगते हैं: कांग्रेस हो चाहे भाजपा, बसपा, सपा और यहाँ तक कि माकपा। ऐसे अहसास के बाद से ही मतदाता लगातार मौजूदा राजनीतिक तंत्र के बाहर किसी ऐसी ताक़त को तलाश रहा था जो इस सिस्टम को आकर दुरुस्त कर सके।

व्यक्ति या संस्थाएँ

इस संकट के समक्ष हमारे सामने दो भिन्न क़िस्म की प्रतिक्रियाएँ आई हैं। एक तो मसीहाई है, जो किसी वयक्ति विशेष के नायकत्व पर आधारित है बजाय नागरिक आधारित संस्थानों के, और दूसरी प्रतिक्रिया है नए संस्थान बनाने की नागरिकों की सामूहिक क्षमता पर आधारित उद्यम। पहली क़िस्म का जीता-जागता उदाहरण हैं प्रधानमंत्री नरेंद्र मोदी, जिन्होंने ख़ुद को एक वृहत्तर शख़्सियत के रूप में पेश किया है—मज़बूत, निर्णायक, सक्षम और सत्ता प्रतिष्ठान के लिए बाहरी, जो लुटियन दिल्ली की भ्रष्ट गलियों से अनछुआ रह कर उनकी सफ़ाई कर सकेगा जिसके माध्यम से राज्य द्वारा जनता तक माल और सेवाओं की सुगम पहुँच सम्भव हो पाएगी।

दूसरी प्रतिक्रिया एक आन्दोलन से उपजी, जो ज़्यादा पारदर्शिता और जवाबदेही की माँग से जुड़ा था कि सभी सत्ताधारियों को लगातार निगरानी में होना चाहिए क्योंकि निगरानी और सन्तुलन करने से जुड़ी तमाम संस्थाएँ लोकतांत्रिक ढंग से चुने गए नेताओं की ताक़त को सीमित कर पाने में अक्षम रही हैं। इसलिए नागरिकों को ये मामले अपने हाथ में लेने होंगे, लगातार सतर्क रहना होगा, सरकार की निगरानी करनी होगी और वॉचडॉग की भूमिका अपनानी पड़ेगी। इनका कहना था कि प्रातिनिधिक लोकतंत्र ज़्यादा भागीदारी के सहारे ही बच सकता है। संयुक्त प्रगतिशील गठबंधन के सूचना के अधिकार क़ानून का यही वादा था। इसी पर खड़े हुए आन्दोलन ने आम आदमी पार्टी को जन्म दिया। पहले क़िस्म की प्रतिक्रिया के साथ बड़ी संख्या में लोगों का जुड़ाव और दूसरी ओर आम आदमी पार्टी के नेतृत्व का इस बात को लेकर संशय कि वह सामूहिक प्रतिक्रिया का नुमाइन्दा है

या व्यक्तिगत, कई अहम सवाल खड़े हो गए हैं। इनमें दो सवाल अहम हैं: पहली प्रतिक्रिया अगर चुक गई तो कौन सी तबाहियाँ हमारे समक्ष होंगी, दूसरे, ऐसा कौन-सा नेतृत्व होगा जो लोगों को वापस एक उपयुक्त लोकतांत्रिक रास्ते पर ले आएगा जो हमारे सर्वश्रेष्ठ संस्थानों को सशक्त कर सके और नई नागरिक पहल क़दमियों को ईजाद करने में मदद कर सके?

18

प्रजा, नागरिक और महाराजा

तुतिकोरिन के थुतुकुडि में हुए क़त्लेआम पर मैं सोच रहा था कि जो लोग स्टर्लाइट इंडस्ट्रीज का विरोध करने के लिए सड़क पर उतरे थे उनकी राजनीतिक हैसियत क्या है। वैसे तो औपचारिक और तकनीकी रूप से वे भारत के नागरिक हैं। या फिर थे? कहीं वे एलियन तो नहीं थे, नए दौर के म्लेच्छ, जो राजनीतिक व्यवस्था और राज्य के लिए ख़तरा बन गए? या फिर मुमकिन है वे न नागरिक रहे हों और न ही एलियन, बल्कि महज़ ग़ुलाम लोग—जैसे प्रजा, जिन्हें सज़ा इसलिए मिली क्योंकि उन्होंने नागरिक बनने का दुस्साहस किया।

राज्य का कोप

राज्य का कोप आमंत्रित करने के लिए इन स्थानीय लोगों ने किया क्या? वे तो महज़ अपना नागरिकता का अधिकार जता रहे थे, वह भी मामूली, जब पुलिस ने उन्हें बर्बर तरीक़े से पीटा और स्नाइपरों ने गोली मार दी। ये लोग बस अपनी नाज़ुक पारिस्थितिकीय स्थिति के बारे में सबके सामने शिकायत रख रहे थे कि कैसे स्टर्लाइट के प्लांट के कारण दूषित हो चुके भूजल और उससे फैलनेवाली बीमारियों ने उनका जीना मुहाल कर रखा है। इस असन्तोष को दरकिनार करते हुए सरकार ने तमिलनाडु प्रदूषण बोर्ड की मिलीभगत से प्लांट के विस्तार को मंज़ूरी दे डाली। लोगों के अधिकारों की इस तरह उपेक्षा कर के क्या वे उन्हें ग़ुलाम प्रजा की तरह नहीं बरत रहे थे? राजनीतिक विचार में प्रजा और नागरिक के बीच फ़र्क़ करना बहुत ज़रूरी चीज़ है। नागरिक होने की पहली शर्त है किसी ख़ास राजनीतिक समुदाय से होना। नागरिकता हमें यह बोध देती है कि हम कौन हैं और दूसरे सदस्यों

के साथ आपसदारी का एक रिश्ता क़ायम करती है—जिसे हम नागरिकों की दोस्ती कह सकते हैं। इसीलिए जैसे परिवार, भाषायी या धार्मिक-दार्शनिक समूहों के बीच रिश्ता होता है, नागरिकों के बीच भी एक दूसरे के प्रति जवाबदेही और वचनबद्धता काम करती है। लेकिन नागरिकता अपने साथ अधिकार लेकर भी आती है। अपनी बुनियादी ज़रूरतों को पूरा करने के लिए नागरिक एक दूसरे पर और ख़ासकर राज्य के ऊपर दावा कर सकते हैं। ऐसे में जीवन की रक्षा का सवाल तत्काल सबसे ऊपर आता है कि हम एक-दूसरे के हाथों नहीं मारे जाएँगे, या किसी मानव निर्मित रोग और प्रदूषण इत्यादि से नहीं मारे जाएँगे। यह हमारा बुनियादी अधिकार भी है। विशाल और जटिल आधुनिक समाजों में राज्य के ऊपर इतनी ज़्यादा जवाबदेही बन चुकी है कि इसका अहसास उसे ख़ुद होना चाहिए था।

और भी तमाम अधिकार हैं जिनके बग़ैर जीना सम्भव नहीं, और ये सभी राज्य पर निर्भर करते हैं, जैसे खाने का अधिकार, पानी का अधिकार, साफ़ हवा का अधिकार, आश्रय का अधिकार, इत्यादि। वे तमाम अधिकार जो जीने के स्तर में मामूली सुधार भी कर सकें, जैसे हमारी निजी संपत्ति की सुरक्षा, एक जगह से दूसरी जगह आने-जाने की सुविधा, सड़कों पर रोशनी और निजी स्वतंत्रता की रक्षा, आदि। इन्हें हम अप्रत्यक्ष नागरिक अधिकार कह सकते हैं क्योंकि हम इनके लाभार्थी होते हैं। हमें ये अधिकार तब मिलते हैं जब हम क़ानून का पालन करते हैं, अपने टैक्स चुकाते हैं और अपने काम-काज करते हुए अपने परिवारों का ख़याल रखते हैं। लोकतंत्र में हालाँकि दूसरी राज्य व्यवस्थाओं से हटकर एक प्रत्यक्ष नागरिकता भी होती है, जिसमें हम सार्वजनिक रूप से शिकायत या विरोध कर सकते हैं, नीतियों की आलोचना कर सकते हैं, अपनी सरकारों को जवाबदेह ठहरा सकते हैं, सार्वजनिक संगठन बना सकते हैं और न सिर्फ़ वोट कर सकते हैं बल्कि ख़ुद चुनाव में भी खड़े हो सकते हैं।

प्रजा को ये अधिकार नहीं होते, केवल नागरिकों को होते हैं। प्रजा वोट नहीं दे सकती, राजनीतिक भागीदारी तो दूर की बात है। प्रजा सार्वजनिक मसलों पर विचार नहीं कर सकती, शिकायत नहीं कर सकती, आलोचना नहीं कर सकती और चुनाव नहीं लड़ सकती। राज्य पर उसका कोई दावा नहीं होता है, यहाँ तक कि जीवन के अधिकार जैसे मूलभूत सवाल पर भी उसका कोई दावा नहीं होता। खाना-पानी और रहने को जगह मिल गई या कोई और इमदाद तो वह पूरी तरह राज्य के रहमो-करम का मामला होता है। ऐसे लोग वे होते हैं जो युद्ध में हार जाते हैं, जिन्हें उपनिवेश या ग़ुलाम बना लिया जाता है और जिन्हें दूसरों के बनाए क़ानूनों के मातहत जीना पड़ता है। ऐसे क़ानून उन्हीं को दबाने के लिए बनाए जाते हैं। लिहाज़ा राज्य उनके लिए कोई राजनीतिक समुदाय नहीं होता बल्कि उनके दमन का स्रोत होता है। वे राज्य के मातहत होते हैं लेकिन राज्य के नहीं होते, न ही वे इससे अपनी किसी

पहचान को जोड़ कर देखते हैं। ऐसे समाज में प्रजा के बीच दोस्तियाँ नहीं होती हैं। बस एक अनाम क़िस्म का अराजनीतिक रिश्ता आपस में होता है।

प्रजा कायम है

तो क्या हम थुतुकुडि के प्रदर्शनकारियों को भारतीय राज्य की ग़ुलाम प्रजा कह सकते हैं? यह कहना पूरी तरह सही नहीं होगा। इसके बजाय शायद, यदि हम प्रजा और नागरिकता को एक दूसरे का विरोधी न समझें और एक दूसरे के विस्तार के रूप में देखें, तब कह सकते हैं कि थुतुकुडि के लोग कहने को नागरिक हैं लेकिन मोटे तौर पर प्रजा हैं। इस निरन्तरता को थोड़ा और क़रीब से देखना चाहिए: हमारे लोकतांत्रिक राष्ट्र में ऐसे लोगों की बड़ी संख्या है जो नागरिक से प्रजा बनते जा रहे हैं। जैसे ही उन्हें थोड़े से नागरिक अधिकार हासिल होते हैं, उन्हें वापस किसी आर्थिक या राजनीतिक तबाही के रास्ते प्रजा बनने को मज़बूर कर दिया जाता है। दमन की परिस्थितियों में जी रहे लोगों के साथ आम तौर पर यही होता है—जब कभी दमन बढ़ता है, लोगों की आज़ादी चली जाती है, वे नागरिक से प्रजा बन जाते हैं। ऐसे लोग आम तौर पर वे होते हैं जिनके पास पैसा या ताक़त नहीं होती। ये लोग हाशिये पर जीते हैं। वास्तव में, यह बात हम सबके लिए सच है। नागरिक या प्रजा होना कोई स्थायी स्थिति नहीं है, ये दोनों लगातार अपनी जगहें बदलते रहते हैं। सरकार की मार के डर से जब पढ़ा-लिखा मध्यवर्ग अपनी ज़बान बन्द कर लेता है तो वह प्रजा बन जाता है। अगर आपको ग़ुलाम प्रजा बनने का शौक़ है तो एक बार अपनी नगरपालिका के दफ़्तर में हो आइए। आपको अचानक महसूस होगा कि आप किसी शक्तिशाली, धुँधले साम्राज्य की लाचार प्रजा हैं। हम में से हालाँकि कई ऐसे लोग हैं जो न तो नागरिक हैं और न ही प्रजा। उनके पास इतनी ताक़त और पैसा है कि वे समूची राज्य-प्रणाली को अपना निजी औज़ार समझते हैं। कुछ निगमों के मालिकान, कारोबारी मुखिया, नेता आदि ऐसा ही व्यवहार करते हैं और इस अर्थ में वे आज के साम्राज्यवादी शासक हैं जो ग़ुजरे ज़माने के उन महाराजाओं का नया अवतार हैं जो अपनी मर्ज़ी से लोगों का शोषण-उत्पीड़न करते थे और उनसे सब कुछ छीन लेते थे। थुतुकुडि की घटना बताती है कि हम लोग अब भी एक राजनीतिक इकाई के रूप में गहरे बँटे हुए हैं। हम में से ज़्यादातर लोग प्रजा हैं, कुछ लोग नागरिक हैं, और मुट्ठी-भर लोग महाराजा हैं जो जनता की ताक़त का भी निजी सेना की तरह इस्तेमाल मारने-काटने में कर सकते हैं, अगर इससे उन्हें या उनके दोस्तों को फ़ायदा होता हो।

19

सक्रिय नागरिक का जाना, निश्चेष्ट प्रजा का आना

भारत में कुछ नया घटता दिख रहा है। कोई दशक-भर पहले तक यहाँ लोकतंत्र फल-फूल रहा था। राजनीति में मामूली दिलचस्पी रखनेवाले लोग भी सार्वजनिक दायरे में मुँह खोले बग़ैर नहीं रह पाते थे। याद करिए, इक्कीसवीं सदी का पहला दशक। कांग्रेसनीत गठबंधन की सरकार को सामाजिक कार्यकर्ताओं ने सूचना का अधिकार, शिक्षा का अधिकार और मनरेगा क़ानून लाने को बाध्य कर दिया था। निर्भया कांड के बाद तो हज़ारों किशोर-किशोरियाँ राजनीतिक कार्यकर्ता बन गए थे। उसी दौरान 'नागरिक पत्रकार' नाम के जीव का उभार हुआ, जो अन्यायपूर्ण घटनाओं की सूचनाएँ टीवी चैनलों को भेजा करते थे। उनके भेजे दृश्यों के कारण अक्सर ही सरकार कठघरे में आ जाती थी। फिर भ्रष्टाचारविरोधी आन्दोलन को कौन भूल सकता है जिसने केंद्र सरकार को घुटनों पर ला दिया और नतीजतन न सिर्फ़ भाजपा बल्कि नवगठित आम आदमी पार्टी भी सत्ता में आई। उस दौर में युवाओं ने आकर्षक नौकरियों को छोड़कर भारत का नया राजनीतिक भविष्य गढ़ने के लिए इस आन्दोलन का हिस्सा होना चुना था। वे ऐसी नई पार्टियाँ बना रहे थे जो जनता के प्रति जवाबदेह हो सकें और उसकी ज़रूरतों को पूरा कर सकें। फिर क्या हुआ? एक झटके में सब कुछ ढह गया और ऐसा लगा कि देश का लोकतांत्रिक माहौल एकदम से बदल गया है। आज उस सक्रिय नागरिक को खलनायक की तरह देखा जाता है, हिकारत से उसे 'आन्दोलनजीवी' की संज्ञा दी जाती है। जो लोग कल सक्रिय नागरिकता का चेहरा बने हुए थे, वे आज सत्ता में पहुँचकर उसके लिए ताले जड़ चुके हैं। न केवल सक्रिय नागरिकता, बल्कि सामान्य तौर से नागरिकता की अवधारणा ही ख़तरे में पड़ चुकी है। अब इसे सही कहें या ग़लत, लेकिन कुछ लोग तो अप्रत्यक्ष नागरिकता के तहत भी अपने अधिकारों को छोड़ देने को राज़ी हो चुके हैं और राजनीतिक ग़ुलामी को बरदाश्त करने को तैयार बैठे हैं। चूँकि ग़ुलाम वे अधिकारविहीन लोग होते हैं जो अपने शासक के मातहत निश्चेष्ट भाव से जीते हैं तो इस दौर को मैं एक नई राजनीतिक प्रजा के पुनर्जन्म के रूप में देख रहा हूँ।

सक्रिय और निश्चेष्ट नागरिक

इसका अर्थ समझना ज़रूरी है। तीन बातों के बीच का फ़र्क़ इसे समझने में हमारी मदद करेगा। पहले सक्रिय नागरिकता को लेते हैं। परिभाषा के अनुसार, एक सक्रिय नागरिक वोट दे सकता है, सार्वजनिक रूप से सबके कल्याण से जुड़ी चीज़ों पर

बात कर सकता है और सार्वजनिक नीति व क़ानून को प्रभावित करने के लिए उपलब्ध साधनों का इस्तेमाल कर सकता है और ख़ुद चुनाव में खड़ा हो सकता है।

एक निश्चेष्ट नागरिक इसके ठीक उलट होता है। वह कभी भी सार्वजनिक गतिविधि नहीं करता। या तो वोट देने की उसकी इच्छा नहीं होती या वह ऐसा करने में अक्षम होता है। सार्वजनिक मसलों पर वह अपना पक्ष नहीं रखता या रख भी दे तो उसका कोई मतलब नहीं होता। चुनाव में खड़ा होना तो उसकी कल्पना में आख़िरी बात होगी, वह कभी नहीं चाहेगा। वह राज्य से चीज़ें हासिल करने तक ही ख़ुद को सीमित और सन्तुष्ट रखता है—इसीलिए वह निश्चेष्ट होता है। यहाँ नागरिकता का अर्थ नागरिक को मिलनेवाली इमदाद तक सीमित हो जाता है, इसमें उसके द्वारा किया कुछ भी शामिल नहीं होता, भले ही उसकी निष्क्रियता दबाव में हो या ख़ुद की चुनी हुई।

फिर ऐसे व्यक्ति को नागरिक ही क्यों कहें? इसके दो कारण हैं। पहला, वह अब भी एक राजनीतिक समुदाय का हिस्सा है, राज्य का कार्डधारी सदस्य है जो उसे एक आधिकारिक पहचान देता है। दूसरे, उसके पास अब भी कुछ मूलभूत अधिकार हैं—मसलन, हिंसा से सुरक्षा का अधिकार और जीने के लिए न्यूनतम इमदाद पाने का अधिकार। हो सकता है कि वह अपनी ओर से कोई माँग न करता हो लेकिन राज्य की ओर से किया गया वादा जब पूरा नहीं होता तब वह शिकायत ज़रूर कर सकता है। इस लिहाज़ से देखें तो एक निश्चेष्ट नागरिक राजनीतिक प्रजा के कहीं ज़्यादा क़रीब होता है, लेकिन पूरी तरह नहीं।

वफ़ादार प्रजा

कम से कम दो लक्षण ऐसे हैं जो राजनीतिक प्रजा को निश्चेष्ट नागरिक से अलग करते हैं। पहला, निश्चेष्ट प्रजा के पास कोई अधिकार नहीं होता। वे शासक के रहमोकरम पर जीते हैं और अपनी वफ़ादारी के बदले सुरक्षा व अन्य लाभ प्राप्त करते हैं। इस समर्पण का अर्थ यह नहीं होता कि प्रजा केवल शासक के हित को ही आगे बढ़ाने का काम करती रहे। वह आसानी से कल्याण की उन व्यापक परियोजनाओं का हिस्सा बन सकती है जो शासक द्वारा मंज़ूर की गई हों। दूसरे, नागरिक कभी भी राज्य को मौजूदा शासकों के समान नहीं समझता। कोई भी शासक अगर लोकतांत्रिक ढंग से चुना गया है तो राज्य को अपनी बपौती नहीं कह सकता। राजनीतिक प्रजा राज्य और शासक को एक मानती है। शासक ख़ुद ऐसा ही मानता है। यानी आप किसी राज्य की प्रजा हैं तो उस पर राज करनेवाले शासक की प्रजा हैं।

समान नागरिकों वाली किसी लोकतांत्रिक इकाई से उलट, प्रजा और उसके

शासक का रिश्ता अनिवार्यत: ऊँच-नीच पर टिका होता है। प्रजा की स्थिति समर्पण और ग़ुलामी दोनों का सम्मिश्रण हो सकती है और वह इसे आसानी से स्वीकार भी करता है क्योंकि शासक उसे सुरक्षा प्रदान कर रहा होता है। इसलिए वह शासक की इच्छा को फरमान मानता है और उसके भीतर बगावत की कोई गुंजाइश नहीं होती। यहाँ प्रजा का आभार और शासक की दरियादिली दोनों एक दूसरे से मेल खाते हैं। इसलिए जब किसी प्रजा का राजकोष का मामूली-सा भी अंश इमदाद में मिलता है तो वह इसे सीधे राजा की दयालुता के रूप में देखता है। ज़ाहिर है, फिर वह शासक से मुँह नहीं मोड़ सकता। नाफ़रमानी का सीधा-सा अर्थ यहाँ द्रोह से लगाया जाएगा।

मुझे लगता है कि हमारे राजनीतिक वातावरण का बड़ा हिस्सा यहाँ वर्णित स्थिति से मेल खा रहा है। इसीलिए मैं एक नई श्रेणी 'लाभार्थी' के उभार को राजनीतिक प्रजा के पुनर्जन्म के रूप में देख पा रहा हूँ। लाभार्थी का मतलब है मामूली संसाधनों का ग्रहणकर्ता यानी शासक की दयालुता का लाभार्थी। यह कभी कुछ माँगता नहीं है। लगातार माँग करनेवाले एक सक्रिय अधिकार-चेतस नागरिक से यह ठीक उलट है। उत्तर प्रदेश के 2022 के विधानसभा चुनाव में प्रधानमंत्री वोट की उम्मीद लेकर जब उनके पास गए थे तो वे ग़लत नहीं थे। इस माहौल में यह असामान्य बिलकुल भी नहीं है। वे जानते थे कि जिन्होंने भी उनका 'नमक' खाया है वे उन्हें धोखा नहीं देंगे। नमकहलाल इतनी आसानी से, नमकहराम नहीं बनते। 2013 में ऐसी राजनीतिक ग़ुलामी कहीं नहीं थी, लेकिन अब पूरी तरह हमारे सामने है।

ग़ुलाम नागरिक

मेरे कहने से ऐसा लग रहा होगा कि आज का राजनीतिक जगत पूरी तरह शासक और उसके निश्चेष्ट या वफ़ादार ग़ुलामों में बँटा हुआ है। यह विभाजन इतना स्पष्ट नहीं है। एक बड़ी संख्या ऐसे लोगों की है जो न तो शासक हैं और न ही निश्चेष्ट प्रजा। इन्हें मैं बीच में रखता हूँ और ग़ुलाम नागरिक कहना पसन्द करता हूँ क्योंकि ये लोग निश्चेष्ट नागरिक और सक्रिय ग़ुलाम का मिला-जुला रूप हैं—सक्रिय का मतलब कि इन्होंने नागरिकता के कुछ पहलुओं को समर्पित कर दिया है और ख़ुद ही ग़ुलामी को स्वीकार किया है। ये अब भी नागरिक इसलिए हैं क्योंकि वे ख़ुद को एक ऐसे राज्य से जुड़ा मानते हैं जो किसी हद तक शासक से स्वतंत्र है। ऐसे लोगों के लिए सबसे ज़्यादा अपना उपभोग-भरा जीवन मायने रखता है जिसके लिए वे राज्य पर निर्भर नहीं होते। यहाँ तक कि इनके जीवन और निजी संपत्ति की सुरक्षा भी निजी सुरक्षागार्ड पैसे के बदले करते हैं। चूँकि ये लोग राज्य से न्यूनतम माँग करते हैं, इसलिए सक्रिय नागरिकता का इनके लिए बहुत मोल नहीं होता।

ऐसे लोग निष्क्रियता में ही सन्तुष्ट रहते हैं। इन्हें इस बात से कोई फ़र्क़ नहीं पड़ता कि शासक कौन है। इस लिहाज़ से ये लाभार्थियों से एकदम भिन्न होते हैं, चूँकि लाभार्थियों का तो वजूद ही शासक की दयालुता पर निर्भर है।

इसके बावजूद ऐसे लोग शासक पर एक मामले में ज़रूर निर्भर होते हैं—कि वह उन्हें बाहरी आक्रान्ताओं और उनकी नज़र में भीतरी दुश्मनों से बचाएगा। इसीलिए वे नागरिक के तौर पर अपनी पहचान को छोड़ देते हैं और राजनीतिक ग़ुलाम बन जाते हैं—यानी शासक और उसके तमाम पसन्दीदा कामों के वफ़ादार समर्थक, जो बिना सवाल किए स्वेच्छा से हुंकारी भरते रहते हैं। यही वह बिंदु है जहाँ राज्य पर निर्भर लाभार्थी और राज्य पर निर्भर न रहनेवाला उपभोक्ता आकर आपस में मिल जाता है। दोनों एक ऐसे साझा जगत का हिस्सा हैं जहाँ दोनों का कोई न कोई हित शासक की उदारता और उसके प्रति इनकी वफ़ादारी के सार्वजनिक प्रदर्शन से पूरा होता है। अफ़सोस की बात है कि जब हम मान कर चल रहे थे कि एक निश्चेष्ट प्रजा और ग़ुलाम अतीत की चीज़ हो चुके हैं, इन्होंने धमकादेार वापसी की है। हमारे राजनीतिक जगत में इनका प्रवेश लोकतंत्र को गम्भीर रूप से पंगु कर चुका है और नागरिकता को इसने तक़रीबन अप्रासंगिक बना डाला है।

20

क्या चुनावी राजनीति क्रिकेट से सबक़ ले सकती है?

जीतना कितना ज़रूरी है? क्रिकेट जैसे गलाकाट खेलों या चुनाव के सन्दर्भ में इस सवाल को पूछने का मतलब नहीं बनता, जहाँ आदमी खेलता ही जीतने के लिए है। एक सवाल हालाँकि यह ज़रूर बनता है कि क्या इन दोनों का महत्त्व केवल जीतने तक ही है? क्या किसी भी क़ीमत पर जीतना ज़रूरी होता है?

जीत से आगे

अगर क्रिकेट खेलने का कुल लेना-देना केवल जीतने से है तो सबसे आसान तरीक़ा यह है कि पाँच-पाँच ओवर का मैच करा लिया जाए। फिर गेंदबाजी, बल्लेबाजी या क्षेत्ररक्षण की कला न भी हो तो भी बाहुबल वाले कुछ खिलाड़ी मिलकर ही अपने दमखम पर आपको जितवा देंगे। इसके बावजूद पाँच दिन के मैच को इसलिए

तरज़ीह दी जाती है क्योंकि लम्बी अवधि के खेल में खिलाड़ियों का असली कौशल निखर कर सामने आता है। दो कुशल टीमों के बीच मैच हो और क़ायदे से खेल हुए बग़ैर ही जीत-हार का फ़ैसला हो जाए तो इससे सन्तोष नहीं मिलता। एक तो खेल का मज़ा जाता रहता है, दूसरे उसके प्रति सम्मान नहीं उपजता। संक्षेप में, क्रिकेट खेलने का एक महत्त्वपूर्ण उद्‌देश्य होता है श्रेष्ठता हासिल करना और उससे सुख प्राप्त करना।

इतना ही ज़्यादा ज़रूरी यह भी है कि खेल में जीत-हार का फ़ैसला निष्पक्ष रूप से हो। मान लीजिए कि सिडनी में हो रहे किसी मैच में सचिन तेंदुलकर बल्लेबाजी कर रहे हों और उनका पैर लेग स्टम्प के बाहर होने के बावजूद गेंद लगने पर पूरी ऑस्ट्रेलियाई टीम तगड़ी अपील कर दे, वहाँ बैठे दर्शक भी चिल्ला उठें और दबाव में आकर अंपायर अपनी उँगली उठा दे, तब क्या होगा? एक महान बल्लेबाज एक सन्दिग्ध फ़ैसले का शिकार हो जाएगा और भारत मैच हार जाएगा। पूरे देश के भीतर निराशा फैलेगी, दोनों टीमों के बीच मनमुटाव होगा, दोनों राष्ट्रों के बीच नफ़रत और तनाव पैदा हो जाएगा। यह कहानी काल्पनिक नहीं है। अस्सी के दशक तक ऐसा टेस्ट मैचों में होता था। अंपायर के फ़ैसलों पर विवाद हुआ करते थे। ऐसा नहीं है कि हर अंपायर वास्तव में पूर्वाग्रहग्रस्त हो, लेकिन टीम और दर्शकों के दबाव में ग़लत फ़ैसले हो जाते थे। इसके बाद इस खेल में बड़ी निष्पक्षता आई जब आइसीसी ने न्यूट्रल अंपायर रखने शुरू कर दिए। इससे लगातार की चिकचिक, अविश्वास और एक दूसरे पर आरोप-प्रत्यारोप का अन्त हो गया।

उसके बाद से ही लगातार क्रिकेट बिरादरी की कोशिश रही है कि इनसानी भूलों को न्यूनतम किया जाए और खेल में शुचिता पैदा हो। इसके लिए प्रौद्योगिकी का इस्तेमाल किया गया ताकि फ़ैसले निष्पक्ष लिए जा सकें, मसलन स्निकोमीटर, हॉटस्पॉट, बॉल ट्रैकिंग, जूम वीडियोग्राफ़ी और अंपायरों के निर्णयों की समीक्षा, इत्यादि। इससे फ़ैसलों और विजेता के ऊपर सन्देह के बादल कम होते गए हैं। इसका मतलब यह हुआ कि क्रिकेट तो निश्चित ही हम जीतने के लिए खेलते हैं लेकिन (क) झटपट का खेल जिसमें कौशल का परीक्षण न हो सके खेल को नीरस बनाता है, और (ख) पक्षपातपूर्ण तरीक़े से हासिल जीत खोखली होती है।

निष्पक्षता और श्रेष्ठता आपस में जुड़ी हुई चीज़ें हैं। आप किसी एक वातावरण में किसी टीम विशेष के अनुकूल माहौल बनाकर उसे जितवा सकते हैं लेकिन वातावरण बदलते ही उसकी कमज़ोरियाँ सतह पर आ जाएँगी। सपाट पिच के महारथी घर में तो रनों के अम्बार लगा देंगे लेकिन सीम पिच पर वे गच्चा खा जाएँगे। अच्छी टीम वह है जो हर हालात में खेल सके और अपने देश में पिच के साथ छेड़छाड़ करने का लोभ सँवरण कर सके। एक टीम तभी लगातार अच्छा प्रदर्शन करते हुए शीर्ष पर पहुँचती है जब उसके अव्वल बल्लेबाज फिरकी और तेज़ गेंदों को एक साथ

झेल सकते हों। ऐसा कौशल 'निष्पक्ष पिचों' के बग़ैर विकसित नहीं हो सकता।

चुनाव की तुलना भी ऐसे खेलों के साथ सम्भव है। यहाँ राजनीतिक दल जीतने के लिए चुनावी मैदान में उतरते हैं। लेकिन किसी को चुनने और जिताने का पूरा तर्क ही धरा रह जाएगा यदि मतदाता राजनीतिक दलों के प्रदर्शन का आकलन अतीत और भविष्य के सन्दर्भ में ठीक से नहीं कर पाएगा। मोटे तौर पर एक चुनाव का मुख्य उद्देश्य लड़ रहे नेताओं के कौशल का मूल्यांकन करना होता है, मसलन अपने किए वादों पर खरा उतरने की क्षमता, विभिन्न समूहों के बीच सहमति और रायशुमारी की क्षमता, आलोचना के प्रति खुला होने का कौशल और इस बात की सहिष्णुता कि आलोचना का मतलब निंदा नहीं है, साथ ही जनक़ल्याण के साथ निजी हितों का टकराव न होने देना और ईमानदार व सच्चा बने रहना, इत्यादि। चुनाव में यदि राजनीतिक कौशल के परीक्षण का रास्ता ही बन्द हो जाएगा और उसके बजाय नेता केवल अपनी जुमलेबाजी से जनता की आँख में धूल झोंकेंगे कि वही सर्वश्रेष्ठ हैं, फिर तो वह झटपट क्रिकेट की तरह ही बन जाएगा जहाँ चुनावी जीत का कोई मतलब नहीं होगा। इसका मतलब यह नहीं कि जुमलेबाजी या संचार की क्षमता का कोई महत्त्व नहीं होता। बात बस इतनी सी है कि अगर वह कल्याण से जुड़े ज़रूरी मुद्दों को भटकाने के काम आए या फिर नेता के कौशल के परीक्षण की राह में बाधा बन जाए, तब लोकतांत्रिक चुनाव बेमतलब हो जाएँगे।

अनैतिक तरीक़ों से जीता गया चुनाव कहीं ज़्यादा ख़तरनाक होता है। अस्सी के दशक तक बूथ पर क़ब्ज़ा किया जाना आम बात होती थी। फिर चुनाव आयोग को ज़्यादा संवैधानिक अधिकार मिले, अधिक स्वायत्तता हासिल हुई, तब सीट फिक्सिंग मुश्किल काम हो गया। इसी तरह, ईवीएम के आने से स्वतंत्र और निष्पक्ष चुनावों को और बल मिला है, भले उसमें तमाम कमज़ोरियाँ हों। अब भी हालाँकि बहुत कुछ किया जाना बाक़ी है। क्यों?

चुनावी हॉटस्पॉट

चुनावी जीत में अब भी बहुत महीन तरीक़ों से अनैतिक साधन आज़माये जा रहे हैं। मसलन, बहुसंख्यकों का दबाव चुनाव आयोग जैसी संस्थाओं को निष्पक्षता छोड़ने पर और मौजूदा क़ानूनों के उल्लंघनों को नज़रंदाज कर देने पर मज़बूर कर देता है। भारत में किसी ख़ास धार्मिक समूह के बहिष्कार या उसके प्रति प्रत्यक्ष अथवा परोक्ष विद्वेष-प्रदर्शन के आधार पर वोट माँगना वर्जित है। फिर गुजरात असेंबली के 2017 के चुनाव में चुनाव आयोग इसे रोक क्यों नहीं सका?

दूसरे, बीजेपी के कुछ नेताओं ने दूसरे दलों के नेताओं के रणनीतिक बयानों को तोड़-मरोड़ कर पेश किया और उसे जातिगत या विभाजक रंग दे डाला था

ताकि उन्हें उसका चुनावी लाभ मिल सके। टीवी के कैमरों में यह स्पष्ट दिखाई दिया था, फिर भी चुनाव आयोग चुप रहा। इसका मतलब है कि अनैतिक चुनावी आचार की निगरानी और उसके आधार पर दंड देने के आड़े हमारी नैतिकता आ रही है। क्रिकेट ने तो श्रेष्ठता और निष्पक्षता की दिशा में कई क़दम उठाए हैं, चुनावी राजनीति को अब भी बहुत कुछ करना बाक़ी है।

21

अच्छे जीवन का लोकतांत्रीकरण

आधुनिक जीवन की कल्पना एक अन्तरंग पारिवारिक जीवन, एक सन्तोषजनक नौकरी और इच्छा के हिसाब से चीज़ें खरीदने व उनका उपभोग करने के सुख के बग़ैर नहीं की जा सकती। आजकल एक अच्छी ज़िन्दगी के मूल में उत्पादन, पुनरुत्पादन और उपभोग है। पहले ऐसा नहीं था।

अद्वैत का विचार

इनसानी इतिहास के ज़्यादातर हिस्से में इस क़िस्म का जीवन नीच माना जाता था और इसके मुक़ाबले जीने के कई और उच्चतर तरीक़े थे। मसलन, कई समाजों में अतीत में सबसे उच्च जीवन उसे माना जाता था जिसे दूसरे इलाक़ों को जीतते हुए और अपने इलाक़े अपने लोगों की रक्षा करते हुए बिताया जाए। यानी युद्धक्षेत्र में साहस सबसे गड़ा गुण हुआ करता था। कर्ण और अर्जुन जैसे महान योद्धाओं की कहानियों से हमारे मिथक और ग्रंथ भरे पड़े हैं। दूसरे समाजों में, जैसे एथेंस में, मनुष्य की सबसे बड़ी उपलब्धि नगर गणराज्य में उसका राजनीतिक जीवन में भागीदार होना था।

कुछ और समाज थे जहाँ ध्यान और विचार को सबसे बड़ा गुण माना जाता था। सबसे उच्च आदर्श था बौद्धिक जीवन का, ताकि आत्म और जगत के रहस्यों को समझा जा सके और उन छुपी हुई संरचनाओं की खोज की जा सके जो इस ब्रह्मांड को टिकाये हुए हैं (जैसे कुछ उपनिषद, अरस्तू, और एक अर्थ में बुद्ध भी)। ऐसा जीवन जीते हुए जब अन्तिम स्रोत की खोज हो जाती थी, जिसे ज़्यादातर मामलों में ईश्वर समझा जाता था, तब ईश्वर की सेवा और पूर्ण

समर्पण में बिताये जीवन को ही सबसे बड़ा गुण माना जाता था।

जीवन जीने के ऐसे तमाम तरीक़ों को महत्त्व देना एक बात है (जैसे राजनीतिक शासन, भागीारी, बौद्धिक उद्यम या धार्मिक समर्पण) लेकिन किसी एक को सर्वोच्च मान लेना दूसरी बात है, जैसे कि वही सब कुछ है। वास्तव में, ज़्यादातर अद्वैत जीवन दर्शनों ने न सिर्फ़ अच्छी ज़िन्दगी से जुड़े तमाम विचारों के बीच ऊँच-नीच पैदा की बल्कि सामान्य जीवन को निरर्थक साबित कर डाला। जैसे, उत्पादन और पुनरुत्पादन का एक सामान्य जीवन—खेतीबाड़ी या घरेलू पारिवारिक कामकाज—को नीचा मान लिया गया, जो अच्छी ज़िन्दगी के सामाजिक विचार के बाहर की चीज़ है। ऐसे समाजों में उपचार, हिसाब-किताब और यहाँ तक कि व्यापार को भी नीची नज़र से देखा जाता था। दूसरी बात, उच्च आदर्श केवल कुछ ख़ास लोगों के लिए ही उपलब्ध थे—उच्च कुल या नस्ल में पैदा होनेवाले लोगों के लिए। यानी वास्तव में जिसे अच्छी ज़िन्दगी माना जाता था (राजनीतिक जीवन, धार्मिक जीवन या बौद्धिक जीवन), वह अधिसंख्य लोगों को उपलब्ध नहीं था। जीवन को लेकर यह अद्वैतवादी सोच हमेशा अलगाव को साथ लेकर चली है।

अच्छी ज़िन्दगी की बहुवचनीयता

अच्छी ज़िन्दगी के अद्वैत विचार को भारतीय वांगमय में ही चुनौती दी गई है, जहाँ कहा गया है कि एक ही आदर्श के पीछे भागते रहना और जीवन ख़र्च कर देना समझदारी की बात नहीं है। इसके बजाय एक जीवन के भीतर विभिन्न आदर्श समाहित होने चाहिए, भले अलग-अलग समय पर हों। यानी अच्छी ज़िन्दगी का विचार बहुलतापूर्ण होना चाहिए। हमें अपनी ज़िन्दगी को चरणों में बाँटना चाहिए, और हर चरण में एक अलग आदर्श के हिसाब से उसे नियमित करना चाहिए। मसलन, हर व्यक्ति पहले अपनी ज़िन्दगी बौद्धिक और नैतिक गुणों को सीखते हुए बिताता है। फिर एक गृहस्थ का जीवन जीता है (शादी, नौकरी और बच्चे) और उसके बाद बाक़ी का जीवन समाज से दूर ईश्वर या अन्य पारलौकिक चीज़ों के संधान को समर्पित कर देता है।

ऐसे एक जीवन के भीतर एकाधिक आदर्श समाहित होते हैं। हर किसी का मोल सर्वोच्च होता है, अपने-अपने ख़ास सन्दर्भ, अवधि और उद्देश्य में। कोई ऐसा आदर्श नहीं है जो सभी देश, काल और जीवन के हर चरण के लिए अच्छा हो। ठीक इसी तरह, एक संपूर्ण जीवन जीने के लिए भी कई गुण चाहिए होते हैं—शारीरिक बल, स्वास्थ्य, थोड़ी-सी निर्लिप्तता, आलोचनात्मक स्वमूल्यांकन, करुणा, कुछ मनुष्येतर भी। एक और गुण यह है कि इन तमाम आदर्शों को अपने भीतर क़ायदे से सन्तुलित कैसे किया जाए।

एक संपूर्ण जीवन को कई आदर्शों की ज़रूरत होती है, इस अहसास ने जीवन के अद्वैत विचार को चुनौती तो दी लेकिन उसके भीतर निहित अलगाव को वह पूरी तरह ख़त्म नहीं कर सका। जैसे, इसने कुछ ख़ास क़िस्म के इनसानी काम और उनके करनेवालों को कलंकित किए जाने पर सवाल नहीं खड़ा किया। इस ढंग से जीवन को बाँटकर देखने की सहूलियत 'निचली जातियों' को हासिल नहीं थी। हाल की सदियों में हालाँकि हमारी सोच में आए कई बदलाव अच्छी ज़िन्दगी के विचार को लोकतांत्रिक बना सकते हैं, लेकिन व्यवहार में इसे अभी भी पूरी तरह नहीं उतारा जा सका है।

सबके लिए अच्छा जीवन

इसके लिए सबसे पहले तो इस बात का अहसास होना ज़रूरी है कि घर-बार के काम, बच्चों को पालना-पोसना और शारीरिक श्रम उतना ही महत्त्वपूर्ण और प्रतिष्ठाजनक है जितना कि बौद्धिक काम या राजनीतिक काम। दूसरे, बौद्धिक उद्यम या राजनीतिक संलग्नता की अहमियत को कम किए बग़ैर एक अच्छे जीवन के भीतर आम जीवन के सुख भी होना ज़रूरी हैं। तीसरे, एकाधिक आदर्शों और गुणों से युक्त जीवन किसी एक समूह की बपौती नहीं है, इसे सबके लिए उपलब्ध होना चाहिए। पहले जिसे भी ऊँचा या नीचा माना जाता रहा, उन सबको आपस में मिलाकर सबको मुहैया कराया जाना चाहिए। एक व्यक्ति जो बौद्धिक जीवन जी रहा है, शारीरिक बल या क्षमता अथवा दुनियावी सियासत से ग़ाफ़िल नहीं रह सकता। इसी तरह, एक खिलाड़ी, एक पुलिसकर्मी या सेना का अधिकारी आत्मालोचना के गुण की उपेक्षा नहीं कर सकता। वे भी नहीं जो राजनीति में हैं। एक आम घरबारी आदमी के लिए जहाँ पेशेवर विशेषज्ञता और सार्वजनिक कौशल ज़रूरी हैं, उतना ही ज़्यादा सभ्यता और नागरिक चिन्तन की भी उसे ज़रूरत है। यानी हमारा समाज—और ख़ासकर हमारे शैक्षणिक संस्थान—ऐसे निर्मित किए जाने चाहिए कि वे हम सब को इन सभी गुणों को अपने में पैदा करने में सक्षम बना सकें। चौथे, इन सभी विविध आदर्शों को कैसे अपने जीवन में एक साथ सन्तुलित रखना है, इसका चुनाव व्यक्ति पर छोड़ देना चाहिए। हर किसी को ख़ुद यह तय करना है कि कि वह कैसा जीवन बिताना चाहता है। एक बहुलतावादी और लोकतांत्रिक जीवन के केंद्र में चुनने की स्वतंत्रता केंद्रीय होती है। इसलिए एक अच्छी ज़िन्दगी को बहुवचनीय और लोकतांत्रिक बनाने की राह में हमें अभी और यात्रा करनी है। इसके लिए हमें काफ़ी मेहनत करनी होगी।

खंड III

हमारे अधिकार, हमारे मूल्य

22

अधिकारों की अहमियत

प्रतिष्ठित क़ानूनविद फ़ली नरीमन अक्सर एक बात कहते थे कि हम सौभाग्यशाली हैं कि हमारे संविधान में अधिकारों की एक संहिता मौजूद है—जीवन का, स्वतंत्रता का, समानता का, अभिव्यक्ति की आज़ादी का, संगठन का, धर्म का, शिक्षा का अधिकार और विभिन्न क़िस्म के शोषण के ख़िलाफ़ अधिकार। क्यों है ऐसा? अधिकारों के विमर्श में ऐसा क्या है जो दूसरी संवैधानिक नैतिकताओं में नदारद है? इसका संक्षिप्त जवाब यह है कि अधिकार-आधारित नैतिकता एक स्वतंत्र और बराबरी वाला समाज बनाने में मदद करती है। कैसे?

नैतिक समानता का रेखांकन

फ़र्ज़ करिए ज़मीन के दो बराबर रक़्बे हों जिनके ठीक बीचोबीच एक बाड़ लगी हो। एक मेरे जैसे मामूली आदमी का हो और दूसरा किसी पैसे वाले ताक़तवर आदमी का, जैसे कोई स्थानीय नेता। समय के साथ मुझे पता चलता है कि धीरे-धीरे वह बाड़ मेरी ज़मीन की ओर खिसकती जा रही है जिससे मेरे प्लॉट का आकार छोटा होता जा रहा है और नेता की ज़मीन बड़ी हो गई है। अब अपनी ज़मीन पर दावे के मेरे पास दो रास्ते हैं। चूँकि उसकी ताक़त मुझसे कहीं ज़्यादा है तो एक रास्ता उसके सामने गिड़गिड़ाने का है कि वह मूल स्थिति को बहाल कर दे। मैं कुछ भी कर लूँगा लेकिन उसे चुनौती नहीं दूँगा क्योंकि वह बहुत ताक़तवर है और मेरी पूरी ज़मीन हड़पना चाह लेगा तब भी मैं उसे रोक नहीं पाऊँगा। इसलिए हाथ जोड़कर मैं उससे विनती करूँगा, इस उम्मीद में कि मेरी ज़मीन वापस मिल जाए। दूसरा तरीक़ा यह है कि मैं सीधे उससे जाकर बोलूँ कि मेरी ज़मीन वापस कर दो क्योंकि उस पर मेरा अधिकार है। मैं उससे अहसान नहीं माँग रहा, विनती भी नहीं कर रहा। मैं बराबरी के साथ उसके सामने खड़े होकर अपने पूरे आत्मसम्मान को क़ायम रखते हुए ज़मीन माँग रहा हूँ जो कि मेरी है। चूँकि ज़मीन पर मेरा दावा जायज़ है तो मैं अदालत में भी जा सकता हूँ। इसका मतलब कि अधिकार का एक काम नैतिक रूप से बराबरी को रेखांकित करना है—कि कोई भी किसी दूसरे से

भारी या बड़ा नहीं है। एक व्यक्ति की नैतिक ताक़त दूसरे के बराबर ही होती है। अधिकार का विमर्श समतावादी नीतिशास्त्र का अंश है जो ऊँच-नीच वाले समाजों के नीतिशास्त्र से बिलकुल अलहदा है।

इसे ऐसे भी कह सकते हैं कि अधिकार हमेशा कमज़ोर और वंचित की नुमाइन्दगी करते हैं, उनकी मदद करते हैं और उन्हें सशक्त बनाकर अपनी कमज़ोरियों से उबरने मं सहायता करते हैं। यह सिर्फ़ ग़रीब और कमज़ोर का मसला नहीं है। हम ऐसे हालात में जीते हैं जहाँ मज़बूत भावनात्मक रिश्ते भी टूट जाते हैं, लगाव और वफ़ादारी के रिश्ते आसानी से बिखर जाते हैं, जहाँ चारों ओर टकराव के बादल मंडरा रहे हैं और राज्य, निगमों या समुदायों के हाथ में इतनी ताक़त इकट्ठा हो गई है कि वे हम सबको मज़बूर कर सकते हैं। इसलिए अधिकार केवल उन्हीं की मदद नहीं करते जो स्थायी रूप से वंचित हों बल्कि उनकी भी करते हैं जो बीच-बीच में ख़तरे में आ जाते हैं। जब सब कुछ नाकाम हो जाए, तब अधिकार आपको सुरक्षा की गारंटी देता है। जब प्रेम और लगाव नहीं बचता (जैसे, पारिवारिक रिश्तों में) या उसकी गुंजाइश नहीं होती (जैसे व्यापक समाज में अपेक्षाकृत अजनबियों के बीच जहाँ प्रेम की संभावना नहीं है), तब अन्तिम सूरत में अधिकार काम आते हैं।

आपसी रिश्ते

अधिकारों का एक और लाभ होता है। इनकी जड़ें आपसी रिश्तों में होती हैं। जैसे, किसी मनुष्य की हत्या करना ग़लत है, यह तक़रीबन हर नीतिशास्त्र का अंग है, चाहे वह ईश्वर-केन्द्रित हो या नहीं। ऐसे में उन दो व्यक्तियों के बीच क्या अन्तर होगा, जहाँ एक व्यक्ति ईश्वरीय आदेश के चलते किसी की हत्या करने से इनकार कर दे और दूसरा व्यक्ति सामनेवाले के जीने के अधिकार का हवाला देकर उसे मारने से मना कर दे? फ़र्क़ यह है कि पहले मामले में हत्या इसलिए नहीं की जा रही क्योंकि या तो ईश्वर के प्रति वचनबद्धता है या फिर उसके दंड का भय। यहाँ सामनेवाले की माँग से जुड़ा नैतिक मूल्य ग़ायब है। दूसरे व्यक्ति के हाथ इसलिए बँधे हुए हैं क्योंकि सामनेवाले के प्रति उसकी एक देयता है। वह ख़ुद को बताता है कि ईश्वर हो या न हो, लेकिन हमें यह मानना चाहिए कि ज़िन्दा रहना सभी मनुष्यों के लिए इतना महत्त्वपूर्ण है कि हमारा कर्तव्य है कि किसी से यह अधिकार न छीनें। चाहे किसी को मारने की मेरी इच्छा कितनी ही बलवती क्यों न हो या फिर मेरा ईश्वर ही क्यों न कहे कि ऐसा कर दो, मैं हत्या नहीं करूँगा क्योंकि दूसरे व्यक्ति की जीने की ज़रूरत मेरे ऊपर सीधे उसे जीवित रखने की बाध्यता को पैदा कर देती है।

एक माँ को यह बताना नहीं पड़ता कि उसे अपने बच्चे को दूध पिलाना है। वह किसी ईश्वरीय आदेश के चलते ऐसा नहीं करती। बच्चे के रोते ही वह

ख़ुद-ब-ख़ुद उसकी ज़रूरत पूरी कर देगी। इसी तरह मनुष्य को भी एक-दूसरे के अधिकार को पूरा करना चाहिए और औपचारिक वातावरण में एक दूसरे की उन माँगों को पूरा करना चाहिए जो निजी न हों। लोग एक बार अधिकारों की संस्कृति को सीख गए तो बिना किसी बाहरी हस्तक्षेप के वे समझ सकेंगे कि एक दूसरे के प्रति उनका देय क्या बनता है। इसी तरह एक बच्चे को यदि शिक्षा का अधिकार है तो राज्य की ज़िम्मेदारी उसे पूरा करने की बनती है। यदि एक व्यक्ति के पास अपने विचार रखने का अधिकार है तो हर किसी को इस अधिकार का मान रखना चाहिए, उसे रोकना नहीं चाहिए।

नरीमन साहब की टिप्पणी में एक विडम्बना भी छुपी हुई है—उसमें यह स्वर छुपा हुआ है कि आजकल अधिकारों की बात खोखली और अप्रभावी जान पड़ती है। इसके बावजूद, अधिकार ज़रूरी हैं। वे कमज़ोर को स्वर देते हैं, सभी की कमज़ोरियों को संबोधित करते हैं, हमें उन माँगों को पूरा करने में मदद करते हैं जो एक दूसरे से हमारी हैं और जायज़ भी हैं—इसीलिए हमें उन लोगों का शुक्रगुज़ार होना चाहिए जिन्होंने हमें ये अधिकार प्रदान किए।

23

बुनियादी ज़रूरतें, बुनियादी अधिकार : न्यूनतम मर्यादा का अधिकार

इस लेख में व्यक्त विचार बिहार के मुज़फ़्फ़रपुर में हुई त्रासदी के बाद मेरे जेहन में आए, जहाँ सार्वजनिक स्वास्थ्य प्रणाली की व्यवस्थागत नाकामी सैकड़ों बच्चों की मौत का कारण बन गई थी। सबसे पहले, यह समय बुनियादी संवैधानिक सिद्धान्तों जितने ही मज़बूत बुनियादी अधिकारों की एक संहिता को सूत्रवत किए जाने का है। दूसरे, इन बुनियादी अधिकारों को मूलत: सकारात्मक रूप में देखा जाना होगा—मतलब ऐसे अधिकार जो राज्य के दख़ल के विरुद्ध (नकारात्मक अधिकार) नहीं हैं बल्कि उसी के द्वारा प्रावधानित हैं। तीसरे, जिस तरह क़ानूनी उल्लंघनों के लिए व्यक्तियों को दंड दिया जाता है, वैसे ही बुनियादी अधिकारों के उल्लंघन के लिए तत्कालीन सरकार को भी दंडित किया जाना चाहिए। इस दंड के लिए अगले चुनाव का इंतजार करने की ज़रूरत नहीं है। क़ानून को तत्काल अपना काम करना चाहिए। यानी अधिकारों को सुनिश्चित करने में चूकनेवाली

सरकार को क़ानूनी रूप से जवाबदेह ठहराया जाना चाहिए। मूलभूत अधिकारों का व्यवस्थागत उल्लंघन संवैधानिक मशीनरी के पतन के समान समझा जाना चाहिए।

एक ठोस अनिवार्यता

क्या हैं बुनियादी अधिकार? अन्य मूलभूत अधिकारों से वे अलग कैसे हैं? बुनियादी अधिकार हमारी बुनियादी ज़रूरतों से पैदा होते हैं, जैसे शारीरिक सुरक्षा और ज़िन्दा रहने की शर्तें। ज़रूरत और चाहत में फ़र्क़ होता है। हो सकता है आपको हर सुबह एक चाकलेट की चाहत हो लेकिन वह आपकी ज़रूरत नहीं है। आपको चॉकलेट नहीं मिलेगा तो कोई आसमान नहीं गिर जाएगा। बुनियादी ज़रूरतें हालाँकि अलग होती हैं। इनके पूरा न होने पर बड़ा नुक़सान हो सकता है, जान भी जा सकती है। आपको बैक्टीरियल संक्रमण हो और एंटिबायोटिक नहीं मिल पाए तो बहुत बुरा हो सकता है। ऐसे में तो बेशक आसमान गिर जाएगा।

चाहतें वैयक्तिक होती हैं। यह ठीक है कि आपको चॉकलेट की चाहत है पर हो सकता है कि आप जागरूक न हों, ग़लत जानकारी के प्रभाव में हों या इस बात से ही ग़ाफ़िल हों कि आपकी ज़रूरत क्या है। इसके उलट, हो सकता है आप एंटिबॉयोटिक की ज़रूरत को न बता पाएँ क्योंकि आपका दिमाग़ बैक्टीरियल और वायरल संक्रमण में फ़र्क़ नहीं कर सकता। इसीलिए यहाँ पर आपकी ज़रूरत को तय करने का काम एक ज़्यादा वस्तुगत कसौटी पर होता है। ज़रूरत इससे तय होती है कि मनुष्य का शरीर कैसा बना है। इसीलिए हमारी ज़रूरतें ठोस अनिवार्यताएँ हैं। आप उनके बग़ैर ज़िन्दगी नहीं चला सकते और उनकी जगह कोई और चीज़ नहीं ले सकती। मसलन, पानी, खाना और हवा की जगह कोई और चीज़ नहीं ले सकती।

यह भी एक सच है ओर उतना ही अहम कि मनुष्य केवल बुनियादी ज़रूरतों के लिए नहीं जीता है। उससे जीवन जीने लायक़ नहीं बन जाता। किसी और चीज़ की चाह तभी होगी जब बुनियादी ज़रूरतें पूरी होंगी। यदि हम लगातार भूखे, प्यासे, बेघर बीमारी और बुखारी में हैं तो एक सार्थक जीवन कैसा हो सकता है, इसकी कल्पना तक नहीं कर पाएँगे, उसकी चाहत करना तो दूर की बात है। उन लोगों के बारे में सोच के देखिए जो बस एक बाल्टी पानी के लिए या शौच और स्नान के लिए लम्बी कतारों में खड़े होकर इंतजार करते हैं। बुनियादी ज़रूरतें अधूरी रह जाएँ या उन्हें पूरा करने में देरी हो तो लोगों को उसकी क़ीमत चुकानी पड़ जाती है। ऐसा कर के उनसे एक मर्यादापूर्ण जीवन का न्यूनतम अधिकार छीन लिया जाता है।

बुनियादी ज़रूरतें पूरा न होने पर हम असहाय और लाचार महसूस करते हैं। फिर हम रोते-चिल्लाते हैं, किसी को मदद के लिए पुकारते हैं। हम राज्य से

इंसाफ़ की माँग करते हैं। इंसाफ़ का बुनियादी तकाजा यह है कि राज्य अपने नागरिकों की सभी बुनियादी ज़रूरतों को पूरा करे, ख़ासकर उनकी जो ख़ुद अपने दम पर नहीं जी सकते। राज्य जब इस ज़िम्मेदारी से पल्ला झाड़ लेता है तो हम नाराज़ हो जाते हैं।

सुरक्षा और गुज़ारा

सवाल है कि अधिकारों की भाषा हमारी बुनियादी ज़रूरतों पर कैसे लागू होगी। अव्वल तो, अधिकार एक ऐसी चीज़ है जिस पर हमारा हक़ है, यह किसी का अहसान नहीं है। अधिकार हमें किसी भी ऐसी चीज़ की पहचान में मदद देता है जो हक़ के तौर पर हमारी बुनियादी ज़रूरतों को पूरा करे। दूसरे, जब किसी चीज़ की पहचान बुनियादी अधिकार के रूप में हो जाती है तो वह राज्य को उसे पूरा करने के लिए कर्तव्यबद्ध कर देता है। राज्य उसका गारंटर बन जाता है। उदाहरण के लिए, शारीरिक सुरक्षा का अधिकार, सबसे मूल अधिकार एक सामाजिक गारंटी बन जाता है जब राज्य एक पेशेवर और प्रशिक्षित पुलिसबल हमें मुहैया कराता है। इसके बाद जब समाज और उसकी चुनी सरकार इस गारंटी से डिगती है तो हम उसे जवाबदेह ठहराते हैं। इसका मतलब यह हुआ कि बुनियादी अधिकार सबसे कमज़ोर आदमी की वह ढाल है जिसके सहारे वह सबसे बड़े ख़तरों से लड़ पाता है, जैसे भुखमरी, महामारी और रोग। जैसा कि दार्शनिक हेनरी शू कहते हैं, 'यह एक कमज़ोर आदमी को उसे ख़तरा पहुँचानेवाली आर्थिक, सामाजिक और राजनीतिक ताक़तों के ऊपर एक वीटो प्रदान करने का प्रयास है।'

ये अधिकार इसलिए भी बुनियादी होते हैं क्योंकि इनके पूरा होने के बाद ही हम कई अन्य बहुमूल्य अधिकारों को भोग सकते हैं। मान लीजिए कि हमें सार्वजनिक रूप से मुक्त होकर सभा करने का अधिकार प्राप्त है, लेकिन जैसे ही आप इस अधिकार को जताना शुरू करते हैं आपको हमले, बलात्कार और हत्या की धमकी मिलने लग जाती है। ऐसे में ज़्यादातर लोग अपने पाँव वापस खींच लेंगे। तो क्या यह हमारी शारीरिक सुरक्षा या शारीरिक अखंडता को ख़तरा नहीं हुआ, जो कि गुंडों, नेताओं और दमनकारी सरकारों का धमकाने का सबसे आम तरीक़ा है?

दूसरा है न्यूनतम आर्थिक सुरक्षा और गुज़ारे का अधिकार, जिसमें साफ़ पानी, स्वच्छ हवा, पोषक भोजन, कपड़ा और आश्रय शामिल हैं। मुज़फ़्फ़रपुर में जैसी त्रासदी घटी है, वह स्पष्ट दिखाती है कि प्राथमिक स्वास्थ्य सेवा का अधिकार भी गुज़ारे के अधिकार का अभिन्न अंग होना चाहिए। कुपोषण और रोग के बीच तो सीधा रिश्ता होता है। जैसा कि डॉ. टी. जेकब जॉन ने *द हिन्दू* में 19 जून, 2019 को अपने लेख 'एवर्टिंग डेथ्स इन मुज़फ़्फ़रपुर' में बताया था, लीची का गूदा खाने

से पैदा होनेवाला रोग एन्सेलोपैथी केवल कुपोषित बच्चों में होता है। यह सामान्य ज्ञान है कि कुपोषण किसी भी रोग के प्रति हमारी प्रतिरोधक क्षमता को कम कर देता है। बिलकुल यही रिश्ता रोग, बेरोज़गारी और ग़रीबी के बीच होता है।

इन अधिकारों के सामने जो ख़तरे हैं उन्हें सरकार ऐसे संस्थान बनाकर और आचार अपनाकर कम कर सकती है जो कमज़ोर लोगों के हित में हों, मसलन, ऐसे अस्पताल जहाँ डॉक्टरों, नर्सों, बिस्तरों, मेडिकल उपकरणों, आइसीयू, अनिवार्य औषधियों और इमरजेंसी इलाज की पर्याप्त सुविधा मौजूद हो। इसके लिए उपयुक्त बजटीय आवंटन की ज़रूरत होगी, जो इस पर निर्भर करता है कि सरकार की राजनीतिक प्राथमिकताएँ और वचनबद्धताएँ दुरुस्त हैं या नहीं। जब एक सरकार उन लोगों को प्राथमिक स्वास्थ्य सेवा नहीं दे पाती जो इसका ख़र्च उठाने में ख़ुद सक्षम नहीं हैं तो वह उनके बुनियादी अधिकारों का हनन कर रही होती है।

अरक्षितता और जवाबदेही

इन दो बुनियादी अधिकारों के साथ मैं एक तीसरा भी जोड़ता हूँ: बुनियादी अधिकारों का हनन होने पर अपनी निराशा और बेचारगी को सार्वजनिक रूप से खुलकर व्यक्त करने का अधिकार। अभिव्यक्ति की आज़ादी का दायरा बहुत बड़ा होता है। मेरे ख़याल से हर आज़ादी को मूलभूत तो नहीं माना जा सकता, लेकिन उसका प्रासंगिक अंश यह अधिकार है जिसके तहत कोई व्यक्ति अपनी अरक्षितता यानी कमज़ोरी को सबको बता सके—बुनियादी अधिकारों को प्रतिकूल ढंग से प्रभावित करनेवाले सरकार के किसी भी कृत्य अथवा कुकृत्य से सूचित होना, उनका आलोचनात्मक विश्लेषण और सीधे राजकीय अधिकारियों को ज़िम्मेदार ठहराना—शारीरिक सुरक्षा और गुजारे के साथ यह एक तीसरा बुनियादी अधिकार है, जो इनके साथ अभिन्न रूप से जुड़ा हुआ है।

इससे यह समझ में आता है कि सरकारों को जनता के लिए यह व्यवस्था करनी चाहिए कि वे अपने बुनियादी अधिकारों को पूरा किए जाने की माँग उठा सकें, पूरा न होने पर शिक़ायत कर सकें और सरकार की ख़ामियों को रिपोर्ट कर सकें, दोषी अफ़सरों पर उंगली उठा सकें, बिना डरे सरकार की आलोचना कर सकें।

ये तीन बुनियादी अधिकार आपस में मिलाकर एक वाक्य में कहे जा सकते हैं : न्यूनतम मर्यादा के साथ जीने का अधिकार। यह सबसे बुनियादी अधिकार है। बेहतर जीवन की चाहत की कोई सीमा नहीं होती। कोई भी समाज सामूहिक महानता का आकांक्षी हो सकता है, लेकिन इसकी एक बुनियादी और न्यूनतम सीमारेखा का होना यह बताता है कि हमारा जीवन अस्तित्व के एक निश्चित स्वीकार्य स्तर

से नीचे नहीं गिरना चाहिए। इससे कम कुछ भी बरदाश्त करने लायक़ नहीं होगा। दरअसल, बिलकुल यही चीज़ है जो बिहार सरकार की मुज़फ़्फ़रपुर में की गई लापरवाही को लेकर मुझे डराती है और मोटे तौर पर भारत की सभी सरकारों के सम्बन्ध में चिन्तनीय है। ये सरकारें नियम से अपनी ज़िम्मेदारी से पल्ला झाड़ लेती हैं, उन संकटों की सूरत में जो ख़ुद इन्हीं के पैदा किए हुए हैं, प्रत्यक्ष या अप्रत्यक्ष ढंग से। इसीलिए हमें पूछना होगा कि जब सरकारें इन बुनियादी अधिकारों से चूक जाती हैं तो उन्हें तत्काल गम्भीर रूप से दंडित क्यों नहीं किया जाता।

24

कमज़ोर के अधिकार, ताक़तवर के कर्तव्य

कर्तव्य और अधिकार एक दूसरे के साथ अवधारणात्मक रूप से जुड़े हुए हैं। बिना कर्तव्य के कोई अधिकार नहीं होता। अगर एक व्यक्ति के पास कुछ करने का अधिकार है तो ज़ाहिर तौर से इसका मतलब यह होगा कि किसी और का कर्तव्य यह सुनिश्चित करना है कि उसके अधिकार का हनन न होने पाए। मसलन, अगर एक व्यक्ति को स्वतंत्र अभिव्यक्ति का अधिकार है तो राज्य का यह कर्तव्य है कि उसमें किसी भी दख़ल को वह रोके। इसी तरह, अमेरिकी हिन्दुओं के धार्मिक अधिकारों को ले लीजिए—बाक़ी समूह, चाहे उनकी कितनी भी संख्या या ताक़त हो, उनका कर्तव्य है कि वे हिन्दुओं के धार्मिक अधिकारों में दख़ल न दें। अगर कभी उन्हें पूजा-अर्चना करने की जगह की कमी पड़ेगी तो यह सरकार का कर्तव्य बनता है कि वह उस समस्या को दुरुस्त करे और उन्हें सार्वजनिक रूप से अपने अधिकार को भोगने की सहूलियत दे। ऐसे में क्या यह शर्म की बात नहीं है कि गुड़गाँव में, जहाँ आम मुसलमानों को इबादत के लिए मस्जिद की सुविधा नहीं थी, खुले मैदान में उन्हें इबादत करने से हिन्दू अतिवादियों ने रोक दिया और केवल एक हिन्दू दुकानदार और सिक्खों के एक समूह को लगा कि उन्हें कर्तव्यवश मुसलमानों की मदद करनी चाहिए?[2]

2. *हिन्दुस्तान टाइम्स,* 'Sikhs in Gurugram Offer Muslims Space in Gurdwaras for Friday Prayers,' 18 नवम्बर, 2021. https://www.hindustantimes.com/cities/gurugram-news/sikhs-in-gurugram-offer-muslims-space-ingurdwaras-for-friday-prayers-101637176916887.html

अगर मेरे कुछ अधिकार हैं जो दूसरों को एक कर्तव्य से बाँधते हैं तो दूसरों के अधिकार हमसे भी कर्तव्यनिष्ठ होने की माँग करते हैं। एक व्यक्ति के रूप में हमारे जितने अधिकार हैं, उतने ही कर्तव्य हैं। कोई भी व्यक्ति जो किसी अधिकार की माँग करता है और दूसरों से उम्मीद करता है कि वे उस अधिकार को भोगने की छूट या सहूलियत उसे देंगे तो उसे भी यह अहसास होना चाहिए कि उससे भी सामनेवाला ऐसी ही उम्मीद करता है। साधारण-सी बात है कि आपकी तरह दूसरे के भी कुछ अधिकार हैं। हम सभी अधिकारसम्पन्न और कर्तव्यबद्ध लोग हैं।

चूँकि कर्तव्यों की जड़ें अधिकारों में हैं इसलिए (अधिकार-आधारित) कर्तव्यों को अधिकारों के ख़िलाफ़ खड़ा नहीं किया जा सकता। दोनों के बीच कोई विरोध नहीं है। यह कहना कि हमें अधिकारों के बजाय कर्तव्यों पर ज़ोर देना है, कोई अर्थ नहीं रखता। फिर, यह कथन कि हमें अधिकारकेन्द्रित से कर्तव्यकेन्द्रित नज़रिये की ओर जाना चाहिए, वास्तव में क्या कहता है?

अधिकार के ख़िलाफ़ कर्तव्य

ऊपर हमने कर्तव्य और अधिकार के जिस रिश्ते की चर्चा की है उसका आधार समतावादी परिकल्पना है। जैसे ही हम समतावादी खाँचे को छोड़ देते हैं, अधिकार और कर्तव्य का पूरा परिदृश्य ही बदल जाता है। अवधारणा के स्तर पर तो दोनों के बीच रिश्ता वही रहता है—अधिकार अपने बदले कर्तव्य को पैदा तो करता है, लेकिन एक ग़ैर-बराबर समाज के भीतर कुछ ही लोगों के पास अधिकार होते हैं जबकि ज़्यादातर लोगों का कर्तव्य होता है कि वे मुट्ठी-भर लोगों के अधिकारों को पूरा करते रहें।

जिन परिवारों में पिता की चलती है वहाँ उसी के पास हर फ़ैसला लेने का अधिकार होता है। बाक़ी हर सदस्य का कर्तव्य होता है उसके कहे को मानना। 'दिलवाले दुल्हनिया ले जाएँगे' में अमरीश पुरी के किरदार को याद करिए। उसने परिवार में बिना किसी से चर्चा के ख़ुद तय कर लिया था कि सिमरन (काजोल) का ब्याह पंजाब के उसके गाँव के एक दोस्त के बेटे से होना है। सिमरन के पास ऐसे में कोई रास्ता नहीं बचता। उसे शादी के लिए लन्दन से गाँव आना पड़ता है। उसकी माँ सिमरन के प्रति सहानुभूति रखती है, बावजूद इसके वह अपने पति की नाफ़रमानी नहीं कर पाती।

जातिग्रस्त समाजों में भी यही होता है। यह धारणा ग़लत है कि हिन्दू वर्ण व्यवस्था में केवल कर्तव्य होते हैं, अधिकार नहीं। शूद्र और अतिशूद्र के जो उच्चवर्णीय लोगों के प्रति कर्तव्य हैं, वे सीधे उच्च वर्णों द्वारा प्राप्त अधिकारों से निकलते हैं।

ऊँच-नीच वाली वर्ण व्यवस्था अधिकार और कर्तव्यकारों को असमान तरीक़े से समाज में बाँटती है। केवल मुट्ठी-भर लोगों के पास कुछ ज़रूरी अधिकार होते हैं, मसलन, सेवा पाने का अधिकार। व्यापक आबादी का कर्तव्य होता है कि वह इस बात को सुनिश्चित करे कि विशेषाधिकार प्राप्त लोगों के अधिकारों की पूर्ति निर्बाध रूप से होती रहे। मानव धर्मशास्त्र के अनुसार उच्च जाति, ख़ासकर ब्राह्मणों के अधिकारों में कोई भी दख़ल उल्लंघनकर्ता पर दंड आयद करता है, जो कभी-कभी मौत की सज़ा भी हो सकती है। इसी तरह कई इस्लामिक समाजों में भी अधिकार और कर्तव्य लिंग-आधारित और असमान होते हैं। जैसे, अदालतों में मर्द की गवाही का वज़न औरत की गवाही से दोगुना होता है और औरत का कर्तव्य होता है कि वह उसकी तामील करे।

राजशाही में राजा या शहंशाह के पास अकूत अधिकार होते हैं और इसी के हिसाब से बाक़ी सभी के कर्तव्य तय होते हैं। राजनीतिक परतों में हम जितना नीचे जाते हैं, ये कर्तव्य उतने ही बढ़ते जाते हैं। सबसे नीचे जो होता है उसके सबसे ज़्यादा कर्तव्य होते हैं—अपने से ऊपर बैठे सभी के प्रति। इसीलिए कर्तव्य पर अधिकार की बनिस्बत कर्तव्य पर ज़ोर दिया जाना ग़ैर-बराबर समाजों का लक्षण होता है। जब लोगों से कहा जाता है कि वे अधिकार भूल जाएँ और कर्तव्य का पालन करें तो इसका प्रच्छन्न अर्थ यह होता है कि वे अपने अधिकार भूल जाएँ और कुछ थोड़े से लोगों के प्रति अपने कर्तव्य का पालन करें। ऊँच-नीच वाले, असमान समाजों में जहाँ सत्ता असमान रूप से बंटी होती है, कर्तव्यों को अधिकारों के ख़िलाफ़ खड़ा कर के देखने का चलन वही है।

अगर हम ध्यान से असमान समाजों में कर्तव्यों और अधिकारों के रिश्ते की पड़ताल करें तो पाएँगे कि इसका गहरा सम्बन्ध सामाजिक और राजनीतिक सत्ता के साथ है। जो सत्ता में हैं उनके अधिकार हैं। जो सत्ता में नहीं हैं उनके कर्तव्य हैं। ऊँच-नीच वाले समाज से बराबरी वाले समाज में रूपान्तर होने से सत्ता ग़ायब नहीं हो जाती। बस, सैद्धान्तिक रूप से सत्ता का लोकतांत्रिक बँटवारा हो जाता है। सत्ता की यही समानता बराबर अधिकार और कर्तव्यों को पैदा करती है। वास्तव में बराबरी वाले समाजों के भीतर ज़्यादा सत्ता का मतलब होता ज़्यादा कर्तव्य। यहाँ कमज़ोर के पास अधिकार होते हैं, ताक़तवर के पास कर्तव्य। मसलन, यह सुनिश्चित करना राज्य का कर्तव्य है कि ग़रीबी न हा, बीमारी न हो, बेरोज़गारी न हो। इस सन्दर्भ में अधिकारों से कर्तव्यों की ओर मुड़ने की कोई भी क़वायद और वंचितों के अधिकारों व ताक़तवर के कर्तव्यों पर अत्यधिक ज़ोर से सम्बन्धित कोई भी शिकायत यह सन्देह पैदा करती है कि लोकतंत्र का ह्रास हो रहा है और पिछले दरवाज़े से ग़ैर-बराबरी को लाने की कोशिश की जा रही है।

अधिकार के पार कर्तव्य

नैतिक स्तर पर देखें तो कर्तव्य का पालन करने की माँग को पूरी तरह ख़ारिज नहीं किया जा सकता। इसकी वजह यह है कि ऐसे कर्तव्य भी होते हैं जो अधिकारों के पार जाते हैं। वे सीधे अधिकारों से पैदा नहीं होते, उनके बाद आते हैं। उदाहरण लें। एक सर्जन किसी मरीज का ऑपरेशन करता है। ऑपरेशन बढ़िया होता है। उसे लगता है कि उसका काम ख़त्म हो गया, अब उसे अस्पताल में रुकने या मरीज और उसके परिजनों से मिलने की कोई ज़रूरत नहीं है। एक और सर्जन को लें, जो ऑपरेशन करने के बाद मरीज से मिलता है और उसके परिजनों से बात कर के उन्हें ढाँढस बँधाता है। इस दूसरे सर्जन का यह कृत्य उसके कर्तव्य से सीधे निकल रहा है जो एक सर्जन के चरित्र में ही निहित है। उसका उदार हृदय होना, उसके निजी गुण, गर्मजोशी भरे सामाजिक सम्बन्धों को बनाए रखना आदि मरीज के अधिकार से पैदा होनेवाली चीज़ नहीं है, उसका अपना गुण है। इतना तो तय है कि ऑपरेशन के दौरान यह मरीज और उसके परिजनों का अधिकार है कि सर्जन पूरा ध्यान उन पर दे, लेकिन ऑपरेशन हो जाने के बाद सर्जन की ऐसी कोई बाध्यता नहीं है कि वह चार क़दम आगे बढ़कर मरीज और उसके परिवार को आश्वस्त करने चला जाए। इससे मरीज ओर उसके परिवार का कोई अधिकारहनन नहीं होता।

ज़ाहिर है, एक ऐसा समाज जहाँ लोग अपने कर्तव्य को मानवीय गुणों और परस्पर एकजुटता के साथ निभाते हैं, वह उन समाजों से बेहतर ही होता है जहाँ केवल सपाट कर्तव्य निभाए जाते हैं। ऐसे में लोगों से यह कहा जाना चाहिए कि वे अपने अधिकारों के पार जाकर दूसरों के प्रति अपने कर्तव्य के बारे में भी सोचें और मोटे तौर पर पूरे समाज के बारे में सोचें। हम सब का कर्तव्य है कि एक सहिष्णु समाज का निर्माण करते हुए हम अपने चुने हुए शासकों द्वारा की जानेवाली ग़लतियों के प्रति सतर्क रहें। हमारे ये कर्तव्य मूलत: नैतिक हैं। इन पर कोई दावा नहीं कर सकता। ऐसे तमाम कर्तव्य हमारे संविधान में वर्णित भी हैं: जैसे, समन्वित संस्कृति को क़ायम रखना, वैज्ञानिक प्रवृत्ति को विकसित करना, सार्वजनिक संपत्ति की सुरक्षा करना, भारत की सम्प्रभुता और अखंडता की रक्षा करना, प्राकृतिक वातावरण को नष्ट न करना, इत्यादि। इनमें से किसी को भी क़ानूनी रूप से थोपा नहीं जा सकता लेकिन ये नागरिकों के ऊपर बाध्यता के रूप में काम करते हैं, ख़ासकर उनके ऊपर जो सत्ता में हैं, निर्वाचित हैं कि वे अधिकार-आधारित कर्तव्यों के पार जाकर काम करें।

25

क्या अल्पसंख्यक अधिकार का विचार दुरुस्त है?

अब मध्यवर्ग में यह आम धारणा बन चुकी है कि भारत में अल्पसंख्यक अधिकारों के साथ कुछ गम्भीर दिक़्क़त है। एक समाज अपने अल्पसंख्यकों के साथ कैसा बरताव करता है, यह अगर उस समाज के सभ्य होने का पैमाना है तब अल्पसंख्यक अधिकार बेशक गर्व का स्रोत हो सकते हैं। लेकिन ज़्यादातर लोगों के लिए ये अधिकार आजकल एक खिझानेवाली कमज़ोरी को दर्शाने लगे हैं—कि तमाशा खड़ा करनेवाले एक छोटे समूह के आगे झुकने के चलते बहुसंख्यक आबादी समाज पर अपना नियंत्रण क़ायम रखने में नाकाम हो रही है।

ऐसी बातें करनेवाले यह दावा करते हैं कि अल्पसंख्यकों को दिया गया हरेक अधिकार दरअसल बहुसंख्यकों के विशेषाधिकार का नुक़सान है। वे कहते हैं कि पहले तो आप अल्पसंख्यक को सबसे अलग कर देते हो, फिर बहुसंख्यक से छीन कर उसे देते जाते हो। यानी बहुसंख्यक को नुक़सान पहुँचाकर अल्पसंख्यक को लाभ पहुँचाया जाता है। लोगों को महसूस होता है कि यह पक्षपातपूर्ण है और इससे समाज में ग़ैर-बराबरी आती है। सवाल उठता है कि समानता की बात करनेवाले हमारे संविधान में अल्पसंख्यक अधिकारों को कैसे देखा जाय?

अधिकार का मतलब है किसी व्यक्ति के हित में क़ानूनी रूप से किया गया प्रावधान जो दूसरों पर उससे छेड़छाड़ न करने का कर्तव्य डालता है। अगर मुझे धार्मिक आज़ादी का अधिकार मिला है तो कोई दूसरा मेरे चुनाव और धार्मिक आचार में दख़ल नहीं दे सकता। ऐसे कुछ अधिकार व्यक्तियों के बजाय समूहों को दिए गए हैं क्योंकि कुछ कृत्य समूह ही सम्पन्न कर सकते हैं, व्यक्ति नहीं। मसलन, एक भाषा को बोलना, एक धार्मिक आचार को बरतना या एक प्रथा को क़ायम रखना अकेले एक व्यक्ति के वश में नहीं है, यह समूह का काम है। इसीलिए भाषायी और धार्मिक अधिकार समूहों को दिए गए हैं और उन्हें सशक्त किया गया है कि इसमें दूसरे के ग़लत हस्तक्षेप को वे दूर रख सकें। ये अधिकार निजी अधिकारों के पूरक का काम करते हैं, उनसे प्रतिस्पर्धा नहीं करते। सामूहिक अधिकारों का इस्तेमाल उक्त समूह के किसी सदस्य की आज़ादी पर बन्दिश लगाने में नहीं किया जा सकता।

भाषायी और धार्मिक समूहों के पास कौन से अधिकार हैं? भारत में ऐसे केवल तीन अधिकार हैं। इनमें से एक भी सामाजिक-आर्थिक या राजनीतिक नहीं है। पहला, अपनी पसन्द के स्कूल या संस्थान चलाने का अधिकार (अनुच्छेद 30)। दूसरा, अपनी विशेष भाषा, लिपि या संस्कृति का संरक्षण करना (अनुच्छेद 29), और

तीसरा, जो कि ख़ास तौर से धार्मिक समूहों के लिए है—धार्मिक दायरे में अपनी गतिविधियों का प्रबंधन और इस हेतु संस्थानों की स्थापना व उनक रखरखाव (अनुच्छेद 26)। लेकिन यह अधिकार केवल अल्पसंख्यकों को ही क्यों मुहैया हैं? आख़िर अल्पसंख्यकों के साथ ऐसा 'विशेषाधिकार' वाला व्यवहार क्यों है?

दो अलग व्यवस्थाएँ

दो अलग व्यवस्थाओं की कल्पना करें। पहली व्यवस्था में एक सभागार का एक प्रवेश द्वार केवल कुछ बेहद महत्त्वपूर्ण व्यक्तियों के लिए बनाया गया है—मान लें, नए महाराजा और महारानी आदि—ताकि आम लोगों की भीड़ में उन्हें दिक़्क़त न हो। उनसे अलग बरताव इसलिए किया जाता है क्योंकि माना जाता है कि वे आम लोगों से श्रेष्ठ हैं और उनके पास कुछ ऐसे ख़ास गुण हैं जो सामान्य लोगों में नही हैं। ऐसे कुछेक लोगों को विशेषाधिकार देकर यह व्यवस्था असमानता को और बढ़ावा देती है।

दूसरे प्रवेश द्वार का मामला बिलकुल अलहदा है। यहाँ ख़ास तौर से वंचित लोगों के लिए एक दरवाज़ा बना है, जैसे बुजुर्ग, गर्भवती महिला, छोटे बच्चों के माँ-बाप, या जख्मी अथवा टूटे पैर वाले लोग। पहले से ही किसी चीज़ से वंचित व्यक्ति को और नुक़सान में न डालकर यह दूसरी व्यवस्था समानता के मूल्य को मज़बूत करती है।

ये राजा-रानी बड़ी आसानी से आम दरवाज़े से भी भीतर आ सकते थे लेकिन वे ऐसा नहीं करेंगे, ऐसा करना उनकी इज़्ज़त पर बट्टा लगा देगा। इसलिए उनके लिए विशेष द्वार बना दिया गया ताकि उनका विशेषाधिकार क़ायम रहे, जो बाक़ी के पास नहीं है। दूसरी ओर, वंचित लोग इस विशेष द्वार से नहीं आएँगे क्योंकि वे ऐसा नहीं कर सकते, इसके ख़तरे बहुत ज़्यादा हैं। उनके लिए बना विशेष द्वार उन्हें वह लाभ दे रहा है जिसे सामान्य लोग रोज़मर्रा की ज़िन्दगी में नियमित रूप से भोगते हैं, इस लिहाज़ से यह उनकी तात्कालिक ज़रूरत को पूरा कर रहा है। बराबरी वाले समाज पहली व्यवस्था को गवारा नहीं कर सकते और दूसरे के बग़ैर टिके भी नहीं रह सकते।

इससे यह समझ आता है कि भाषायी और धार्मिक अल्पसंख्यकों को दिया गया अधिकार ग़ैर-बराबर समाजों में महाराजाओं को मिले विशेषाधिकारों जैसा नहीं है बल्कि वंचना के प्रति एक समतावादी प्रतिक्रिया है। मसलन, महाराष्ट्र में मराठीभाषी लोगों को अपनी भाषा के लिए किसी अधिकार की ज़रूरत नहीं है। उनके पास पहले ही यह ताक़त है कि वे सभी स्कूलों में अपनी भाषा में पढ़ाई का क़ानून बना सकें। इससे हालाँकि महाराष्ट्र में रह रहे तमिलभाषी ज़रूर घाटे में आ

जाएँगे क्योंकि उनके बच्चे अपनी मातृभाषा कभी भी पूरी तरह सीख नहीं पाएँगे। ऐसे में वे ज़रूर यह माँग कर सकते हैं कि जिन स्कूलों को वे ख़ुद चला रहे हैं, वहाँ उन्हें तमिल में शिक्षण से कोई क़ानून नहीं रोक सकता। एक बार उन्हें यह क़ानूनी अधिकार मिल गया तो सभी मराठीभाषियों का कर्तव्य बन जाएगा कि वे उनके मामलों में दख़ल न दें। यह अधिकार पाकर तमिलभाषी मराठों से कुछ छीन नहीं रहे, वे बस अपने लिए उस चीज़ को सुरक्षित कर रहे हैं जो बहुसंख्यक मराठों को पहले से प्राप्त है। ठीक इसी तरह, अपने धार्मिक आचार का अधिकार पाकर मुसलमान और ईसाई अपने लिए उस चीज़ को सुरक्षित कर रहे हैं जो बहुसंख्यक हिन्दुओं को पहले से प्राप्त है—अपने धर्म का स्वतंत्र पालन।

जिस तरह सामान्य, सक्षम लोगों को किसी अलग प्रवेश द्वार की ज़रूरत नहीं होती, उसी तरह सामाजिक और राजनीतिक रूप से सशक्त बहुसंख्यकों को विशेष अधिकार की ज़रूरत नहीं होती है। वैसे ही, जिस तरह शारीरिक विकलांग व्यक्तियों को विशेष प्रवेश द्वार की ज़रूरत होती है ताकि वे भी वही कर सकें जो आम लोग नियमित रूप से करते हैं, संख्या व ताक़त में कम समूहों को भी अलग सांस्कृतिक, भाषायी व धार्मिक अधिकारों की ज़रूरत पड़ती है। यानी, अल्पसंख्यक को जिस चीज़ का लाभ मिलता है, वह बहुसंख्यक के पास पहले से ही मौजूद है। अल्पसंख्यक उस लाभ के बदले बहुसंख्यक का कुछ छीनता नहीं है। इसलिए अल्पसंख्यक अधिकारों के विचार में कहीं कोई दिक़्क़त नहीं है। विविधता और बराबरी वाले समाजों में अल्पसंख्यक अधिकारों का होना एक अच्छी बात है।

26

समतावादी खांचे में बहुलता को कैसे देखें

एक पुरानी कहावत है—जैसा अन्न वैसा मन। इसमें मैं एक बात अपनी ओर से जोड़ता हूँ कि आदमी जो नहीं खाता, वह भी होता है। वास्तव में, हम जो पहनते हैं, बोलते हैं, मानते हैं, पूजते हैं वैसे तो होते ही हैं लेकिन जो नहीं करते वैसे भी होते हैं। मसलन, हमें जो महक पसन्द है, जैसा संगीत पसन्द है, जो रंग पसन्द या नापसन्द हैं, वो सब कुछ हम ही हैं। यह सूची अलग-अलग व्यक्तियों के हिसाब से बहुत लम्बी जा सकती है। इनसानी विविधता इतनी समृद्ध और व्यापक है।

भारत की अपनी विविधता ही समृद्धतम है—खाना बनाने की अनगिनत विधियाँ,

आदतें, कपड़े, प्रथाएँ, सांगीतिक परम्पराएँ, 200 से ज़्यादा अलग-अलग भाषाएँ और बोलियाँ, धार्मिक और पंथिक विविधता—कर्मकांड आधारित वैदिक आचार से लेकर बुद्ध, महावीर, जरथ्रुस्त्र, तोरा, नानक और पुराण, क़ुरान, बाइबल से लेकर तमाम क़िस्म की जीव-पूजा और अनीश्वरवाद तक।

दरजेदार बहुलता

अतीत में हमारी विविधता असमानता के खाँचे में काम करती थी। चाहे कृषि समाज रहा हो या प्राक्-औद्योगिक समाज, यह बात हर जगह तक़रीबन सच थी। इन समाजों में श्रम का जटिल विभाजन हुआ करता था और सामाजिक विशिष्टताओं का एक सूक्ष्म नेटवर्क होता था। सांस्कृतिक अन्तर अक्सर भूमिकाओं में अन्तर को पुष्ट ही करते थे, उन्हें अक्षुण्ण रखते थे और उस पर सवाल नहीं किया जाता था। भाषा, परिधान, तौर-तरीक़े, खानपान या दिखावे में अन्तर को गहुत गहराई से देखें तो वे विभिन्न सामाजिक परतों या दरजों को दर्शाते थे। ये परतें बहुत महीन सांस्कृतिक ढंग से सँजोयी गई थीं जो एक असमान समाज में सतह पर अलग-अलग अधिकारों और कर्तव्यों का संकेत देती थीं। इनकी एक और भूमिका थी—घर्षण को कम करके ये हर चीज़ और हर किसी को उसकी जगह पर व्यवस्थित रखने का काम करती थीं। ये टकरावों को कम करती थीं और सत्ता-सम्बन्धों को सन्तुलित रखती थीं। हर कोई अपनी मर्ज़ी से बोल नहीं सकता था, खा-पी नहीं सकता था, पहन-ओढ़ नहीं सकता था। सामाजिक-सांस्कृतिक सरहदों को लाँघना इतना आसान नहीं हुआ करता था। हमारा अतीत दरजेदार बहुलता की एक व्यवस्था था।

एक के बाद एक आई समतावादी लहरों ने इस व्यवस्था को चुनौती दी। सबसे ज़ाहिर चुनौती जाति और लिंग की ऊँच-नीच को मिली। आज अधिकार और कर्तव्य जाति और लिंग के हिसाब से बँटे हुए नहीं हैं। भारत के संविधान में समानता का जो अधिकार दिया हुआ है वह महज़ भेदभाव के ख़िलाफ़ एक नकारात्मक अधिकार नहीं है बल्कि बराबर बरते जाने का सकारात्मक अधिकार भी है। हर व्यक्ति समान इज़्ज़त और सरोकार का सिर्फ़ मनुष्य होने के नाते हक़दार है। आज यह क़ानूनन सम्भव नहीं है कि पुरुषों के लिए एक तरह का क़ानून हो और स्त्रियों के लिए दूसरी तरह का। पुरानी व्यवस्था के ताबूत में अनुच्छेद 15 अन्तिम कील साबित हुआ, जो कहता है—'राज्य किसी भी नागरिक के ख़िलाफ़ धर्म, नस्ल, जाति, लिंग, जन्मस्थल या इनमें से किसी के आधार पर भेदभाव नहीं करेगा।' यह अनुच्छेद आगे कहता है कि 'इनमें से कोई भी कारक किसी भी नागरिक को (1) दुकान, रेस्त्रां, होटल और सार्वजनिक मनोरंजन के स्थानों तक पहुँच, और (2) कुएँ, टंकी, घाट, सड़क और सार्वजनिक उपयोग के स्थलों के प्रयोग में अक्षम

बनाने, बन्दिश लगाने या शर्त लगाने का आधार नहीं बनेंगे।'

अब न केवल अस्पृश्यता की अपमानजनक प्रथा को प्रतिबंधित कर दिया गया है बल्कि मन्दिरों को भी सभी जातियों के लिए खोल दिया गया है। किसी भी नौकरी में अब जाति अवरोध नहीं रह गई है, चाहे इस देश का सर्वोच्च पद ही क्यों न हो। समानता का यह क़ानूनी कार्यान्वयन हालाँकि सांस्कृतिक रूप से भिन्न विशिष्टताओं और अन्तरों को मिटा नहीं सका जिनके आधार पर सामाजिक हैसियत और ताक़त का फ़र्क़ पैदा होता था। कभी जब काफ़ी तेज़ी से यह सांस्कृतिक फ़र्क़ घटा भी तो एक भ्रम खड़ा कर दिया गया कि कहीं हम सभी सांस्कृतिक भिन्नताओं को ख़त्म तो नहीं कर रहे और एक ऐसी व्यवस्था तो नहीं बना रहे जहाँ सांस्कृतिक विशिष्टताओं का कोई अर्थ नहीं रह जाएगा या फिर सारे लोग एक ही संस्कृति में जी रहे होंगे।

प्रतिस्पर्धी समरूपता

यह धारणा कि समतावादी सामाजिक, आर्थिक और राजनीतिक आन्दोलन हमारे सांस्कृतिक फ़र्क़ को अप्रासंगिक कर देंगे या हमारे सांस्कृतिक परिदृश्य को पूरी तरह चौरस बना देंगे, ग़लत साबित हुई है। एक सार्वभौमिक निरपेक्ष समानता की संपूर्ण व्यवस्था अब तक अस्तित्व में नहीं आई है। इसलिए यह भी एक झूठ है कि हमारा समाज सांस्कृतिक रूप से समरूप हो जाएगा। हमारे भारत में कोई एकल संस्कृति नहीं है। छोटे-छोटे अनंत सांस्कृतिक अन्तर जो सामाजिक ऊँच-नीच का संकेत देते थे वे भले ही लुप्त हो गए हैं या लुप्त होने के कगार पर हैं, लेकिन उनकी जगह मोटी सांस्कृतिक पहचानों ने ले ली है। आज हमारे पास कहीं ज़्यादा समरूप लेकिन विशिष्ट भाषाएँ हैं (बांग्ला, उड़िया, असमिया, गुजराती, मराठी, हिन्दी, सिंधी, उर्दू, पंजाबी, तमिल, तेलुगु, मलयालम, कश्मीरी और कन्नड़); धर्म हैं (इस्लाम, ईसाइयत, पारसी, सिक्खी, बौद्ध, जैनी और ज़बरदस्त बहुलताओं वाला हिन्दू धर्म); स्थानीय दस्तरख़्वान हैं और साहित्य है। यहाँ तक कि विशाल जातिगत संबद्धताएँ भी अब बराबर मान्यता की बात कर रही हैं और एक-दूसरे के मातहत रहने को तैयार नहीं हैं। ये संस्कृतियाँ सम्भवत: ग़ायब नहीं हो जाएँगी। चाहे जैसे भी हो लेकिन सांस्कृतिक भिन्नताएँ यहाँ क़ायम रहेंगी।

इसके अलावा, क्या कोई आज यह दावा कर सकता है कि एक भाषा, मसलन बांग्ला या हिन्दी, दूसरी भाषा जैसे तमिल या पंजाबी से श्रेष्ठ है? क्या कोई दावा कर सकता है कि हिन्दू धर्म और इस्लाम से ईसाइयत श्रेष्ठ है? समुदाय-केन्द्रित सांस्कृतिक और धार्मिक अधिकार प्रदान कर के समतावादी, बहुभाषी, धार्मिक बहुलतावादी और बहुसांस्कृतिक व्यवस्था को अपनाने में हमारा संविधान अग्रणी रहा है—एक ऐसी व्यवस्था को, जहाँ धर्म, संस्कृति और भाषा के आधार पर कोई

समूह यह नहीं कह सकता कि वह दूसरे से श्रेष्ठ है।

पुराने तरीक़े, नए भ्रम

भारत एक ऐसा देश है जहाँ कुछ भी स्थायी रूप से जड़ नहीं है। आज भी देश में परतदार बहुलता बड़े पैमाने पर मौजूद है। निरपेक्ष समानता की उम्मीद केवल मुट्ठी-भर शहरी बौद्धिकों का शगल है, लेकिन आम जनता के मन में सांस्कृतिक रूप से एकरस समाज का सपना चल रहा है, जिसमें सामाजिक बराबरी हो या नहीं उसे इससे कोई फ़र्क़ नहीं पड़ता। हमारा संविधान जिस नाटकीय ढंग से पुराने तौर-तरीक़ों और नए भ्रमों को एक साथ सँभालता है—बड़ी चतुराई के साथ वह आंशिक रूप से ही अमूर्त और संस्कृति निरपेक्ष नागरिकता अधिकारों को मान्यता देता है (शिक्षा, आस्था, सार्वजनिक रोजगार, मतदान इत्यादि के व्यक्तिगत अधिकार) और कुछ बहुसांस्कृतिक अधिकार (अनुच्छेद 26-30), यह अब भी देखा जाना बाक़ी है। यह कैसे और कब होगा, कभी होगा भी या नहीं, यह बताना मुश्किल है।

27

सामूहिक इज़्ज़त और मानवीय प्रतिष्ठा

देश के कई हिस्सों में अन्तरजातीय विवाह पर लोगों की भृकुटि तन जाती है। आज भी अन्तरधार्मिक विवाह तक़रीबन वर्जित हैं। कभी-कभार नौजवानों को गाँवों में इसकी भारी क़ीमत चुकानी पड़ जाती है। कुछ की तो बस इसलिए जान चली जाती है क्योंकि उनकी हरकतों को उनके समुदाय अपनी बेइज़्ज़ती से जोड़ कर देखते हैं। सूफी कवि मलिक मोहम्मद जायसी की रचना पर बनी फ़िल्म 'पद्मावत' पर जो विवाद हुआ है, उसमें एक समुदाय की बदनामी का ही मामला केंद्र में है। माना जा रहा है कि इस फ़िल्म ने एक योद्धा क़ौम का अपमान किया है और हिन्दू राष्ट्र के सम्मान से खिलवाड़ किया है।

किसी बिरादरी की इज़्ज़त-सम्मान से क्या अर्थ निकाला जाए? इज़्ज़त सम्मान का ही एक रूप है। जब किसी का सम्मान होता है तो उसकी इज़्ज़त बढ़ जाती है। इससे यह समझ में आता है कि उसका सम्मान किसी ऐसी सकारात्मक उपलब्धि के चलते किया गया है जिस पर दूसरे खरे नहीं उतरे हैं। जब सामूहिक इज़्ज़त

की बात होती है तो इसका अर्थ यह निकलता है कि जिसका सम्मान हुआ है वह सम्बन्धित बिरादरी से वास्ता रखता है। वास्तव में, ऐसे सम्मान का हक़दार फिर पूरे समुदाय को समझा जाता है। किसी बिरादरी का सम्मान करने का मतलब है उसे दूसरों से बेहतर बताना। सम्मान के इस रूप को किसी व्यक्ति की उपलब्धि से मिले सम्मान और नतीजतन उसकी बिरादरी की सामूहिक प्रतिष्ठा के रूप में समझा जा सकता है। जैसे तब, जब किसी व्यक्ति को ज्ञानपीठ या नोबेल पुरस्कार मिल जाए या फिर भारतीय क्रिकेट टीम टेस्ट की श्रेणी में पहले पायदान पर आ जाए। इस तरह के सामुदायिक सम्मान का हालाँकि एक दूसरा पहलू भी होता है जो रूढ़ और ग़ैर-बराबर आचारों से बँधा होता है। यही पहलू अन्तरजातीय और अन्तरधार्मिक विवाहों के प्रति आक्रोश में ज़ाहिर होता है।

इज़्ज़त और ऊँच-नीच

इस समझदारी के हिसाब से किसी व्यक्ति को तक़रीबन पूरी तरह उसके ऊँच-नीच आधारित समुदाय से जोड़कर देखा जाता है और किसी समूह को स्वाभाविक तौर पर ऊँचा या नीचा समझा जाता है (जैसे आदमी बनाम औरत, ऊँची जाति बनाम नीची जाति, बड़े धर्म और छोटे धर्म)। यहाँ सम्मान अर्जित नहीं होता, बल्कि ऊँच-नीच से बने जगत में आपके समुदाय की अवस्थिति के हिसाब से होता है जो बदली नहीं जा सकती। इस दायरे में फिर सभी काम केवल इसी ऊँच-नीच को क़ायम करने के लिहाज़ से किए जाते हैं, ताकि लगातार यह दिखाया जा सके कि फलाना बिरादरी बाक़ी से श्रेष्ठ और ऊँची है इसलिए ज़्यादा इज़्ज़त की हकदार है। यहाँ सम्मान सामाजिक रूढ़ि बन जाता है और ग़ैर-बराबर ढाँचे के भीतर हैसियत का सीधा संकेतक होता है। ऐसे में हर समूह से ऊँच-नीच के बीच क़ायम इज़्ज़त की रूढ़ियों के हिसाब से व्यवहार करने की अपेक्षा होती है। मसलन, एक समूह दूसरे का सम्मान करने के लिए उसके समूह के सदस्य से अपने सदस्य की शादी नहीं करता। ज़ाहिर है, बिरादरी की श्रेष्ठता यदि उसकी औरत के शरीर से ही तय होनी है तो निचली जाति का आदमी उसे कैसे छू सकेगा? अगर कोई ऐसा कर ले, अपने से श्रेष्ठ को बराबर मान ले तो वह सामाजिक संहिता का उल्लंघन कर रहा होगा और समूची बिरादरी की बेइज़्ज़ती कर रहा होगा। और चूँकि बिरादरी के सदस्य की पहचान दूसरी बिरादरी के साथ बहुत गहरे नत्थी है, लिहाज़ा इस क़िस्म की शादी से उस बिरादरी का कोई भी सदस्य आहत होने का दावा आसानी से कर सकता है। फिर वह इस 'ग़लत' कृत्य का बदला लेने के लिए पूरे समुदाय की ओर से स्वतंत्र होगा ताकि बिरादरी की इज़्ज़त पर लगे दाग़ को धोया जा सके।

आजकल इज़्ज़त-प्रतिष्ठा की यही समझ सुर्ख़ियों में दिखाई देती है। गनीमत है कि इसके बरअक्स एक और क़िस्म की इज़्ज़त की अवधारणा समाज में मौजूद है जो इसे चुनौती देती है। इसका ज़िक्र मैंने अध्याय 11 में किया था। उसका लेना-देना भी किसी खास उपलब्धि से नहीं है, वह इज़्ज़त समुदाय से स्वतंत्र मौजूद रहती है और मनुष्यों में साझा तमाम गुणों के आधार पर असमानताओं को चुनौती देती है।

व्यक्तियों की प्रतिष्ठा

देश में चाहे जैसा भी माहौल हो, हमारे दौर का एक ज़बरदस्त लक्षण यह है कि हम में से हर कोई अपनी ज़िन्दगी की भौतिक स्थितियों में परिवर्तनकारी सुधार की आकांक्षा बिलकुल जायज़ ढंग से कर सकता है। यह आकांक्षा और इसकी अनिवार्य सार्वजनिक अभिव्यक्ति हमारी अपनी समझदारी में एक ख़ामोश परिवर्तन के रूप में होती है। कुछ हद तक तो हम सभी ने ख़ुद को एक व्यक्ति के रूप में देखना शुरू कर दिया है। इसका मतलब यह नहीं है कि हमने ख़ुद को अपने समुदाय के सन्दर्भ में परिभाषित करना छोड़ दिया है, या फिर एक संस्थागत इकाई के अंश (जैसे पिता, मां, पति या पत्नी) के रूप में हमारा होना अहम नहीं रह गया। लेकिन हमारे जीवन के सामाजिक और सामुदायिक आयाम अब हमारी व्यक्तिगत ज़िन्दगी के समानांतर चलने लगे हैं, और कभी-कभार तो वे हमारे व्यक्तिगत जीवन के साथ टकराहट में आ जाते हैं। हम मानते हैं कि हर किसी का जीवन महत्त्व रखता है क्योंकि रचने की हमारी क्षमता साझा है और तभी हम एक महत्त्वपूर्ण जीवन साथ बिता सकते हैं। हम सबका अपने बारे में, जीवन के बारे में और दुनिया के बारे में एक नज़रिया भी होता है। कुल मिलाकर मामला इतना है कि मेरा जीवन सबसे पहले मेरा अपना है और इसे वैयक्तिक तौर पर भी जिया जाना है। यह तथ्य अपने आप में हमें एक बुनियादी इज़्ज़त का हकदार बनाता है, जिसका हमारी बिरादरी से ख़ास लेना-देना नहीं है। इसके लिए प्रतिष्ठा बहुत सुंदर शब्द है। हम सबकी एक प्रतिष्ठा है जो सीधे मानवता से निःसृत है। यह मानवीय प्रतिष्ठा है। यह एक क़िस्म का गहरा सम्मान है जिसे लेकर ही हम पैदा होते हैं, और जिसे इसी रूप में मान्यता दी जानी चाहिए। इस अवधारणा की जड़ें इस धरती पर संन्यास की महान परम्पराओं से जुड़ी हुई हैं। बीती दो शताब्दियों में बराबरी पर आधारित सामाजिक आन्दोलनों, उपनिवेशविरोधी संघर्ष, लैंगिक समानता के संघर्ष और सबसे बढ़कर हमारे समय के महानतम दलित नेता बाबासाहब आंबेडकर के नेतृत्व में चलाए गए जातिविरोधी आन्दोलन ने इसे नया जन्म दिया है।

भारत आज बेहद दिलचस्प लेकिन समस्याग्रस्त संक्रमण के दौर से गुज़र रहा है जहाँ सामूहिक प्रतिष्ठा के पुराने विचार वैयक्तिक प्रतिष्ठा के नए विचारों के साथ

टकरा रहे हैं। दो क़िस्म की प्रतिष्ठाओं के इस टकराव में जैसे-जैसे सामाजिक और राजनीतिक लोकतंत्र मज़बूत होता जाएगा, सामूहिक प्रतिष्ठा के असमान रूप बहुत सम्भव है समाज से अपने आप बहिष्कृत हो जाएँगे। मनुष्य हालाँकि समुदाय के बग़ैर नहीं जी सकता और समुदाय में क़ैद होकर भी नहीं जी सकता, लिहाज़ा दोनों तरह की प्रतिष्ठा की ज़रूरत भविष्य में पड़नी ही है। क्या ही सुंदर होगा जब हमारे समाज में सामूहिक प्रतिष्ठा की एक ऐसी क़िस्म पैदा हो जहाँ व्यक्ति की प्रतिष्ठा भी समानान्तर क़ायम रह सके!

28

सहनशीलता का सद्गुण और उसका अभ्यास

ज़्यादा से ज़्यादा लोगों को अब महसूस हो रहा है कि यह दुनिया ज़बरदस्त टकरावों की ओर बढ़ रही है इसलिए सहनशीलता की सख़्त दरकार है। लेकिन सहनशीलता आख़िर होती क्या है?

सहनशीलता एक निजी गुण भी हो सकती है और सामाजिक चलन भी। सबसे पहले इन दोनों का फ़र्क़ समझना ज़रूरी है। सहनशीलता एक ऐसे समाज में मौजूद होती है जहाँ उसे निजी गुण के रूप में सराहा जाता है। वह ऐसे समाजों में भी होती है जहाँ हत्या, हिंसक टकरावों और ख़ूँरेजी को किसी तरह से रोके रखा जाता है। मसलन, गृहयुद्ध के बाद जहाँ-जहाँ लोगों के बीच सह-अस्तित्व देखा गया है वह दरअसल हिंसा से थक चुके समाज की देन है। कहने का मतलब कि ज़रूरी नहीं कि सहनशीलता हमेशा एक गुण के रूप में ही समाज में अभिव्यक्त हो। असहिष्णु प्रवृत्तियों के बीच भी कुछ समय के लिए समाज सहिष्णु बना रह सकता है।

सहिष्णुता के चार रूप

सहनशीलता की प्रवृत्ति क्या होती है? इसे समझने के कम से कम चार तरीक़े हैं। पहला, सहिष्णु होने का मतलब है दूसरे की गतिविधियों में दख़ल न देना, भले ही आपको वे अनैतिक जान पड़ती हों और आपके पास उन्हें रोकने की ताक़त भी हो। यूरोप में चले धार्मिक युद्धों के दौरान उपजी मनोवैज्ञानिक उग्रता और विक्षोभ के बाद 17वीं सदी में बरदाश्त करने की एक प्रवृत्ति के रूप में यह विकसित हुई।

इसमें ज़्यादा ताक़तवर व्यक्ति अपने से कमज़ोर में जो नापसन्द करता है, उसे किसी तरह बरदाश्त कर ले जाता है। हमारे यहाँ के एक उदाहरण से इसे समझा जा सकता है। अगर गोरक्षक और उन्हें संरक्षण देनेवाले लोग दलितों, ईसाइयों, मुसलमानों और उत्तर-पूर्व के लोगों की बीफ खाने की आदत को बर्दाश्त कर लें तो कहा जा सकता है कि वे सहनशीलता सीख गए हैं। इसे आप नकारात्मक सहिष्णुता कह सकते हैं।

सहनशीलता का दूसरा रूप तब सामने आता है जब दो समूह एक-दूसरे की गतिविधि को अनैतिक मानते हों और दोनों के पास दख़ल देने की बराबर ताक़त भी हो लेकिन दोनों ऐसा करने से बचें क्योंकि टकराव की क़ीमत बड़ी हो सकती है। वे न चाहते हुए भी मजबूरन साथ रहने के सौदे को स्वीकार कर लें। इसे ताक़त के सन्तुलन से उपजी स्वीकार्यता कहा जाएगा यानी झगड़े का निपटारा होने तक एक-दूसरे को सहने का समझौता।

हर क़िस्म की सहनशीलता के भीतर विविधता और अस्वीकार्यता मौजूद रहती है, लेकिन अस्वीकार्यता की तीव्रता और उसका स्वरूप दो और तरीक़ों को जन्म देता है। तीसरी कोटि में ताक़त उतना मायने नहीं रखती, बल्कि लोग उदासीनता के चलते एक-दूसरे के कामों में दख़ल नहीं देते। अस्वीकार्यता तब भी रहती है लेकिन मामूली होती है, तक़रीबन सुप्त। बड़े और जटिल समाजों में जीवन जीने का कारोबार ही इतना समय खा जाता है कि आदमी का दूसरे की ओर देखना दूभर होता है। कौन क्या कर रहा है लोग इसकी परवाह नहीं करते, जब तक कि उन पर किसी के किए का सीधा असर न पड़ रहा हो। कुल मिलाकर कोशिश रहती है कि सब अपने-अपने रास्ते पर चलें। इसे जीयो और जीने दो वाली सहनशील प्रवृत्ति कह सकते हैं जो आम तौर से उत्तर-औद्योगिक, व्यक्तिवादी और उदार समाजों में पाई जाती है।

इन तीनों से अलग सहिष्णुता का चौथा तरीक़ा समाज में सदियों से मौजूद रहा है, लेकिन इसमें सरपरस्ती वाला भाव होता है। इसे नकारात्मक सहनशीलता के बरअक्स बेहतर ढंग से समझा जा सकता है, जहाँ पहले से मौजूद नफ़रत की पृष्ठभूमि में ग़ैरों को मजबूरन स्वीकारना पड़ता है। नकारात्मक सहिष्णुता सामान्य नैतिक विद्वेष को निजी बनाने का मामला है, लेकिन चौथे क़िस्म की सहिष्णुता में यह मानकर ही नहीं चला जाता कि पहले से कोई विद्वेष मौजूद है। उदाहरण के लिए, हम लोग अपने बच्चों की उन बुराइयों को बरदाश्त कर ले जाते हैं जिन्हें शायद दूसरों के बच्चों में न कर पाएँ। जैसे, अपनों की उन ग़लतियों से हम आँख मूँद लेते हैं जिन पर ग़ैरों को हम माफ़ भी न कर सकें। लोगों के नज़रियों में फ़र्क़ को हम इसलिए बरदाश्त कर ले जाते हैं क्योंकि हमें भाईचारे का मूल्य पता है। ऐसी सहनशीलता का एक धार्मिक रूप भी होता है। हो सकता है कि आप घोर

आस्तिक हों, देवी-देवताओं को मानते हों, लेकिन नास्तिकों और एकेश्वरवादियों को यह सोच कर मान्यता देते हों कि सच और मोक्ष की तलाश में वह अपना हमराह है। हो सकता है कि हम उनकी आस्थाओं और कर्मकांडों के आलोचक हों फिर भी उन्हें अपने ही जैसा देखते-मानते हों, या फिर इनसानियत के धर्म का पालन करनेवाला मानते हों। ऐसे तमाम मामलों में हम दूसरों के प्रति असहमति के तत्त्वों के साथ जी लेते हैं तो सिर्फ़ इसलिए कि उनके प्रति हमारी भावना में खोट नहीं होता, भले ही उनकी ज़िन्दगी में दख़ल देने की ताक़त हममें हो। यहाँ नफ़रत के बावजूद बरदाश्त करनेवाली बात नहीं है बल्कि प्रेम के चलते सहने का मामला है। प्यार, बंधुत्व और मित्रता इस क़िस्म की सहिष्णुता की ज़मीन रचते हैं। इसे आप सकारात्मक सहिष्णुता का नाम दे सकते हैं, जो सामान्यत: आलोचनात्मक सम्मान का भाव पैदा करता है। इसमें सामनेवाले को बराबर भले न माना जाता हो, लेकिन उसके प्रति सराहना की एक मुद्रा ज़रूर रहती है। यह एक गुण है।

हमारे दौर की सहिष्णुता

ज़ाहिर है, चारों के बीच सकारात्मक सहिष्णुता सर्वाधिक वांछित है, लेकिन क्या हर देश-काल में एक सामान्य आदर्श के रूप में इसके होने की अपेक्षा करना समझदारी होगी? मुझे ऐसा नहीं लगता। जब असहिष्णुता तमाम लोगों के लिए धार्मिक या राष्ट्रवादी होने का पर्याय बन चुकी हो, ऐसे में आज के दौर के लिए कौन-सी सहिष्णुता सबसे उपयुक्त होगी? याद करिए, सहनशीलता एक आचार भी है और प्रवृत्ति भी। और इनमें फ़र्क़ है। अलग-अलग मिज़ाज, पृष्ठभूमि और मान्यताओं वाले लोगों के एक जटिल और विविध समाज में सम्भव है कि हम समान स्तर पर सहनशील नहीं हों, फिर भी आपसी सहमति से सहनशीलता भरा व्यवहार करने का एक पैमाना तो बना ही सकते हैं। जो लोग भीतर से नफ़रती सनक का शिकार हों उन्हें भी सुलह होने तक बरदाश्त करने को तैयार किया जा सकता है। जो दूसरों के प्रति सहानुभूतिपूर्ण रुझान रखते हों, उनमें सकारात्मक सहिष्णुता को प्रोत्साहित किया जा सकता है ताकि वे दूसरों के प्रति आलोचनात्मक सम्मान बरत सकें। बीच के एक बड़े तबके को जीयो और जीने दो वाली प्रवृत्ति के भरोसे छोड़ा जा सकता है। हर कोई अपने भीतर सहनशीलता का गुण पैदा कर ले, आज यह उम्मीद करना व्यावहारिक नहीं है। पर हमारे लिए क्या यही खुशक़िस्मती की बात नहीं है कि एक सहिष्णु समाज बनाने के लिए हर किसी को एक ही तरीक़े से सहिष्णु होने की अनिवार्यता नहीं है?

29

स्वतंत्र अभिव्यक्ति पर सम्राट अशोक का सन्देश

क्या एक धार्मिक समूह को दूसरे धार्मिक समुदायों की मुक्त आलोचना करने का अधिकार होना चाहिए? क्यों नहीं? बिलकुल होना चाहिए। क्या यह अधिकार निरपेक्ष है? कोई भी अधिकार निरपेक्ष नहीं होता, लेकिन हमारी वाणी यदि दूसरे को आहत नहीं कर रही तो फिर इसे अधिकार के रूप में बरतने की ज़रूरत ही क्या है? इसका मतलब कि बहस यहीं पर आकर ख़त्म हो जाएगी? नहीं, क्योंकि अधिकार का होना एक बात है और उसका प्रयोग करना दूसरी बात। हमें यह पूछने की ज़रूरत है कि ऐसे कौन से हालात हैं जहाँ हमें इस अधिकार का प्रयोग करने से बचना चाहिए। और यदि वाक़ई हमें दूसरे की आलोचना करने की प्रबल इच्छा है ही तो फिर उसका तरीक़ा क्या हो? दूसरे समूहों की आलोचना के अधिकार का प्रयोग कब और कैसे किया जाए, इसका निर्णय करने के लिए क्या हमारे पास कुछ अनौपचारिक सामाजिक कसौटियाँ नहीं होनी चाहिए?

आनेवाली सदियों के लिए सन्देश

स्वतंत्र अभिव्यक्ति की कसौटी पर ईसा पूर्व तीसरी सदी में सम्राट अशोक ने कुछ विचार किया था। यह अचरज की बात नहीं है। उनके दौर में समाज के भीतर ज़बरदस्त धार्मिक-दार्शनिक बहुलता व्याप्त थी (वैदिक ज्ञान, औपनिषदिक दर्शन, जैन, आजीवक, बौद्ध, आदि ऐसे तमाम समूह अस्तित्व में थे)। उस दौर के समाज में ऐसे समूह थे जो बलि को केंद्रीय कर्मकांड मानते थे और नहीं भी मानते थे; देवी-देवताओं को मानने और न माननेवाले लोग भी थे; वे भी थे जो अच्छे जीवन के लिए बलि को पर्याप्त मानते थे तो दूसरी ओर उनसे मतभेद रखनेवाले भी थे; कुछ लोग कर्म के सिद्धान्त में आस्था रखते थे तो कुछ नहीं; कुछ लोग कर्म को नकारात्मक मानते थे (कि कर्म दोष उत्पन्न करता है) तो कुछ इससे अलग राय रखते थे; कुछ लोग घोर तप और संन्यास को माननेवाले थे जबकि कुछ इसके विरोधी थे; कुछ लोग ऐसे भी थे जो दूसरों के प्रति करुणा में आत्मतोष खोजते थे जबकि कुछ ऐसे नहीं भी थे। ऐसी व्यापक विविधता ने निश्चित रूप से टकरावों को जन्म दिया होगा। ख़ासकर इसलिए, चूँकि अशोक ने हमेशा यह सुनिश्चित करने का प्रयास किया कि ये तमाम समूह सह-अस्तित्व में रहें, अपने-अपने दड़बों में न सिमट जाएँ।

इनके बीच के टकराव कैसे होते रहे होंगे? अशोक काल में लिखने की संस्कृति तक़रीबन नदारद थी। लोग मौखिक संवाद करते थे। कला, दर्शन, धर्म, काव्य,

हमारे गहरे रूहानी ख़याल, देवी-देवताओं की पूजा-अर्चना, आदि सब कुछ मौखिक था। शब्दों से काव्य रच कर गाया जाता था, मंत्रों को उच्चारा जाता था, और बोले गए को सुना जाता था। शब्द को ब्रह्म माना जाता था। माना जाता था कि शब्दों में जादुई ताक़त होती है, जो संकट में आवाहन करने पर ईश्वर तक को मनुष्य की सहायता के हित धरती पर उतार लाती है। शब्द कुछ नहीं में से कुछ पैदा करने की ताक़त रखते हैं। शब्द शक्ति देते तो उसे छीन भी सकते थे। शब्द किसी को पत्थर बना सकते थे, किसी की जान भी ले सकते थे। शब्द बाण था और शब्द ही अमृत भी। शब्द चोट पहुँचा सकते थे तो मरहम का भी काम करते थे। शब्द हमें जोड़ते थे तो शब्द ही हमें अलग करने की ताक़त भी रखते थे।

ऐसी मज़बूत मौखिक संस्कृति में सामाजिक टकराव अक्सर शास्त्रार्थ के दौरान विरोधी पक्षों के ज़बानी जमाख़र्च, मुँहामुँही, बहसाबहसी, शब्द-द्वंद्व आदि के रूप में सामने आते थे। लोग एक दूसरे के लिए बहुत कठोर शब्दों का इस्तेमाल करते थे लेकिन साथ में अपनी बड़ाई भी जम के करते और अपनी क्षमताओं की डींग हाँकते थे।

ज़बान को क़ाबू में रखने की कला

ऐसे शास्त्रार्थों में ज़बान यदि फिसल गई, शब्द अनायास ही ज़बान से टपक पड़े और वो भी बेपरवाही में तो ज़बान पर लगाम रखना ज़रूरी होता था ताकि सार्वजनिक रूप से प्रयोग किए जानेवाले शब्दों को सतर्कता से बरता जा सके। इसी के लिए अशोक ने वाक्-गति की बात की थी कि मुक्त वाणी को इससे नियमित होना चाहिए। यह ज़बान को कलात्मक ढंग से काबू में रखने की एक कसौटी थी। एक ख़ास क़िस्म का संयम था। अशोक ने कहा कि सम्भव है एक साथ रहनेवाले धार्मिक समुदाय एक-दूसरे को नाकाबिले बरदाश्त पाते हों, लेकिन ऐसी प्रतिक्रियाओं को न तो दबाया जाना चाहिए और न ही अपने तक सीमित रखना चाहिए। उन्हें बाहर आना चाहिए, पर तभी जब भाषा कुछ ख़ास शर्तों के साथ बरती जाए।

अव्वल तो ये कि दूसरों की आलोचना को तभी खुले में ज़ाहिर किया जाए जब ऐसा करने के पर्याप्त और उपयुक्त कारण मौजूद हों। दूसरे, अगर कोई वजह है भी तो वक़्त की नज़ाकत को देखकर आलोचना की जानी चाहिए। और यदि समय भी उपयुक्त हो तो वाणी अनियंत्रित नहीं होनी चाहिए। आलोचक को सामनेवाले को छोटा नहीं दिखाना चाहिए, उसे शर्मिन्दा नहीं करना चाहिए। उपयुक्त सार्वजनिक मौक़ों पर नियंत्रित आलोचना ही अभीष्ट है। इस तरह हम पाते हैं कि दूसरों के ख़िलाफ़ नकारात्मक वाणी पर आयद बन्दिशें बहुस्तरीय हैं और यह दरअसल दूसरों के हित में बरते जानेवाले आत्मसंयम का मामला होता है।

अशोक ने इसके माध्यम से सभ्य होने का एक मानक स्थापित किया, लेकिन वे यहीं नहीं रुके। उन्होंने आगे कहा कि अपने धर्म या दर्शन का स्तुतिगान बिना किसी सद् कारण के नहीं करना चाहिए। अपने समुदाय का अनावश्यक गुणगान नैतिक रूप से उतना ही आपत्तिजनक है जितना दूसरे की अनावश्यक आलोचना। इतना ही नहीं, यदि आपके पास अपने नज़रिये की सराहना करने का वाजिब कारण हो भी तो उसके लिए सही मौक़े का होना ज़रूरी है, और तब भी एक संयम ज़रूरी है। अत्यधिक आत्मप्रशंसा दूसरों को छोटा दिखाने का एक तरीक़ा होती है।

अशोक कहते हैं कि अपने नज़रिये के प्रति समर्पण और अविवेकपूर्ण आत्मप्रशंसा के मद में दूसरे समूहों को दोषी ठहराना वास्तव में अपने ही समुदाय को नुक़सान पहुँचाता है। दूसरे को दुख पहुँचाने और उसमें अपने प्रति मनमुटाव पैदा करने से परस्पर संवाद स्थापित करने और उसे प्रभाव में लेने की संभानाओं को नुक़सान पहुँचता है। इसलिए अपने हित के लिए ही अपने ऊपर अलग-अलग स्तरों पर बन्दिशें लगाने और उत्तरोत्तर संयम बरतने की ज़रूरत है।

आबोहवा का साझापन

अशोक के अनुसार दूसरों के प्रति हमारे कर्तव्यों को हमारे अपने भीतर पोषित सद्‌गुणों से अलगाया नहीं जा सकता। अपने प्रति अपने मन में बैठी हमारी श्रद्धा दूसरे के प्रति हमारे नैतिक सरोकार को ढँक नहीं सकती। अशोक आज जीवित होते तो यही कहते कि दूसरे समूहों की मुक्त आलोचना करने के अधिकार को प्रयोग करने की पूर्व-शर्त है ज़बरदस्त आत्मसंयम के माहौल को पैदा करना। सार्वजनिक बातचीत में सभ्यता की सामाजिक कसौटी ही समुदायों के बीच बढ़ रहे परस्पर मनमुटाव की काट बन सकती है।

30

विकास ज़रूरी है, पहचान भी

कभी-कभी यह दावा किया जाता है कि एक बार जब आम लोगों को आर्थिक विकास का लाभ मिल जाता है तो वे अपने आप ही अपनी पहचान से जुड़े मसलों

को दरकिनार कर देते हैं। ऐसा विचार न केवल उन भौतिकवादी सिद्धान्तों में पाया जाता था जहाँ मनुष्य के जीवन में आर्थिक कारकों को ही तरजीह दी जाती थी बल्कि सामाजिक और राजनीतिक आन्दोलनों के कई नेता भी ऐसा मानते थे। मसलन, यह माना जाता है कि नेहरू मानते थे कि भारत जब आर्थिक प्रगति कर लेगा तो धार्मिक पहचान अपने आप महत्त्व खो देगी और साम्प्रदायिक टकराव ख़त्म हो जाएँगे। हो सकता है कि कुछ सदिच्छाधारी नागरिक भी ऐसा ही ख़याल रखते हों। हमारी अपनी सरकार भी कभी-कभी ऐसा ही जताने की कोशिश करती है, जब वह कहती है कि कश्मीरियों को आर्थिक पैकेज, बेहतर नौकरियाँ, बेहतर स्वास्थ्य सेवा, उच्च गुणवत्ता वाली उपभोक्ता सामग्री इत्यादि उपलब्ध करवा देने पर वे अपनी विशिष्ट पहचान को भूलकर शान्तिपूर्ण ढंग से 'मुख्यधारा' में समाहित हो जाएँगे। कि 'विकास' पहचान पर भारी पड़ जाएगा।

सांस्कृतिक और नीतिशास्त्रीय परिप्रेक्ष्य

'पहचान' शब्द का बहुत दुरुपयोग हुआ है। हम इसकी ग़लत समझ रखते हैं। इसके महत्त्व को विकृत कर के देखते हैं और इसका राजनीतिकरण कर देते हैं, फिर भी यह क़ायम रहती है। क्यों? इसमें कोई दो राय नहीं कि हम लोग जैविक प्राणी हैं जिनकी कुछ बुनियादी भौतिक ज़रूरतें हैं, लेकिन हम अभिव्यक्तिशील भी है, अपनी छवि भी बनाते हैं, कहानियाँ और अवधारणाएँ भी गढ़ते हैं। हम जिस दुनिया में रहते हैं वह छवियों, प्रतीकों, मिथकों, कहानियों ओर नज़रियों से भरी हुई है। हज़ार साल से ज़्यादा के काल में एकाधिक काल्पनिक दुनियाएँ गढ़ी गई हैं। इनमें से हर एक दुनिया विभिन्न समाजों की सामूहिक थाती है। यही काल्पनिक आख्यान हमारी बुनियादी ज़रूरतों को गढ़ते हैं और उन्हें जटिल, विशिष्ट व विस्तृत बना देते हैं। जैसे, हर व्यक्ति के खानपान की पसन्द एक नहीं होती। लोग अपने घर अलग ढंग से बनाते हैं। यहाँ तक कि एक दूसरे से संवाद करने के लिए लोग अपनी देह और ज़बान का इस्तेमाल भी अलग-अलग ढंग से करते हैं। संक्षेप में, हमारी भौतिक ज़रूरतें, कल्पनाओं और अवधारणाओं के साथ मिलकर ही सूक्ष्मता ग्रहण करती हैं।

इतना ही नहीं, हमने कुछ अजैविक आवश्यकताएँ भी विकसित कर ली हैं। हम दुनिया को और ख़ुद को देखते हैं। फिर हमारे मन में एक समझ पैदा होती है कि हम कौन हैं। 'मैं कौन हूँ', इस सवाल का हमारे मन में प्रत्यक्ष और अप्रत्यक्ष जवाब भी होता है। इसका जवाब आंशिक रूप से हमारी सांस्कृतिक रूप से गढ़ी कई भौतिक ज़रूरतों से निकलता है—मसलन, हम वो हैं जो हम खाते हैं और जो नहीं खाते। इस जवाब के लिए हालाँकि एक नीतिशास्त्र की दरकार होती है जो

सही को ग़लत से अलगा सके, अच्छे और बुरे का फ़र्क़ कर सके, यह बता सके कि हमें किस चीज़ की चाहत होनी चाहिए और किसकी नहीं। इसी जवाब से हमें यह अन्दाज़ा लग पाता है कि इस दुनिया में हमारी जगह क्या है और इस पर हमारा पक्ष क्या होना चाहिए। संक्षेप में, कह सकते हैं कि मरने के बाद हमारा क्या होगा इसकी हमारी परिकल्पना भी हमें परिभाषित करती है और समाज में औरतों का दरजा क्या होना चाहिए, ऐसे मामलों पर हमारा पक्ष भी हमें गढ़ने का काम करता है।

कहने का मतलब कि संस्कृति और नीतिशास्त्र के एक चौखटे के बग़ैर हम एक क़ायदे का जीवन नहीं जी सकते। यह चौखटा ही हमारी ज़िन्दगी में अर्थ का स्रोत होता है और उसे सार्थक बनाता है। इसी तरह हम दूसरे लोगों के बग़ैर क़ायदे का जीवन नहीं जी सकते। दूसरे लोग यानी एक समुदाय, जिसके साथ हम अपनी समझ के चौखटे को साझा करते हैं।

हमारी पहचानों को गढ़नेवाला यह सांस्कृतिक और नीतिशास्त्रीय खाँचा अगर हम सबके लिए इतना ही निर्णायक है तो फिर अकेले आर्थिक विकास हमें कैसे सन्तुष्ट कर पाएगा। केवल इसलिए कि हमारी जैविक ज़रूरतें पूरी हो गई हैं, अपनी पहचान या स्वत्व की यह ज़रूरत अपने आप ग़ायब नहीं हो जाएगी या कोई और इसकी जगह नहीं ले लेगा।

इसलिए, न सिर्फ़ पहचान की ज़रूरत बहुत अहम होती है, बल्कि इस ज़रूरत को एक ख़ास सामाजिक-सांस्कृतिक नीतिशास्त्रीय खाँचा पुष्ट भी करता है। कोई और खाँचा क्यों नहीं चलेगा? अच्छा सवाल है। जवाब सहज है—हम एक ख़ास खांचे में पैदा होते हैं, उसी में हमारा पालन-पोषण होता है और यह हमें वो बनाता है जो हम हैं। यह मनुष्य को वे लक्षण देता है जो उसे परिभाषित करते हैं। यही वह मूल तत्त्व है जो स्थायी बना रहता है, भले आसपास सब कुछ बदलता जाए। किसी और चीज़ के मुक़ाबले ये घटक तत्त्व कहीं ज़्यादा मायने रखते हैं। शरीर पर एक मस्सा हो सकता है कि स्थायी हो, लेकिन उसे हटा भी दिया जाए तो कोई फ़र्क़ नहीं पड़ेगा। आप एक बंगाली की थाली से मछली को निकाल कर देखिए, अच्छा-ख़ासा तमाशा खड़ा हो जाएगा। यही हाल बंगाली मध्यवर्ग के घरों में टैगोर के गीतों के साथ है। कई तमिलों के मामले में मुरुगन की पूजा भी ऐसी ही चीज़ है। वैसे ही हजरतबल दरगाह में मोहम्मद साहब का मोइ-ए-मुकद्दस कश्मीरी मुसलमानों के लिए और कामाख्या देवी का महत्त्व असमियों के लिए है। ये विशिष्ट, स्थायी और बहुमूल्य आस्थाएँ पहचानों को बनाती हैं, ये लोगों का इस दुनिया में एक खूँटा हैं, जो उन्हें अपनापे का अहसास देती हैं, राहत देती हैं।

ये सब सही है, लेकिन एक सच यह भी है कि पहचान से जुड़े मसले डर पैदा करते हैं। इनका दुरुपयोग आसानी से किया जा सकता है। ये ख़तरनाक भी हो सकते हैं। कैसे? ये तब होता है जब कोई अपेक्षाकृत मज़बूत पहचान इस रूप में

देखी जाने लगे कि उसे चुनौती नहीं दी जा सकती क्योंकि वह एक स्थायी स्रोत की पैदाइश है। ऐसे में पहचान हमें एक श्रेणी के रूप में परिभाषित करने लगती है, इस तरह से कि वो है तो हम हैं वरना नहीं हैं। जैसे कि वह हमारे डीएनए में हो। इस सामाजिक-सांस्कृतिक डीएनए को छेड़नेवाली कोई भी चीज़ फिर हमें सुलगा और भड़का देती है। इसके लिए हम मरने-मारने को तैयार हो जाते हैं।

बदलती पहचानें

पहचान की प्रकृति के बारे में ये बातें चिन्ताजनक हो सकती हैं लेकिन हम इनसे बच कर भाग नहीं सकते। इसके तीन कारण हैं। पहला, भले ही हमारी पहचान को गढ़नेवाली आस्थाएँ, भावनाएँ और मूल्य हमें बचपन में ही थमा दिए जाते हैं, लेकिन बड़े होने पर हम धीरे-धीरे सोचने लगते हैं, उन पर सवाल करने लगते हैं, उन्हें बदलते हैं और यहाँ तक कि उन्हें ख़ारिज भी कर देते हैं। ठीक है कि वे पहचानें बनी रहें, लेकिन वे अक्षुण्ण नहीं रहेंगी।

दूसरे, हम जैसे-जैसे बड़े होते हैं, दूसरे समूहों के सम्पर्क में आते हैं, एक से ज़्यादा सामाजिक-सांस्कृतिक वातावरण में हिस्सा लेना शुरू करते हैं और अपनी एकाधिक पहचानें गढ़ लेते हैं। सन्दर्भ के हिसाब से हमारी ये तमाम पहचानें आती और जाती रहती हैं। इनसान को अगर एक चौखटे में बाँध दिया जाए, किसी एक पहचान के साथ स्थायी रूप से नत्थी कर दिया जाए तो उसके बढ़ने, या कहें बचे रहने पर भी सन्देह हो जाएगा। तीसरे, इनमें से प्रत्येक पहचान एक से ज़्यादा स्रोतों की पैदाइश है। जम्मू और कश्मीर को ही लें। तीन हज़ार साल पहले कश्मीर की संस्कृति भी बाक़ी उत्तर-पश्चिमी क्षेत्र की तरह वैदिक हुआ करती थी, जिसमें आज का पाकिस्तान और अफ़ग़ानिस्तान भी शामिल था। बाद में इस पर ग्रीक प्रवासियों की परत चढ़ी होगी और बुद्ध की शिक्षाओं का असर हुआ होगा। पहली सदी के मध्य तक यहाँ शैव प्रभाव बहुत मज़बूत रहा। इसके बाद सूफ़ी प्रभाव आया। काफ़ी बाद में जाकर आधुनिक इस्लाम इस क्षेत्र में आया। इस लिहाज़ से देखें तो कश्मीरी पहचान एक प्याज की तरह है जिसमें परतें ही परतें हैं। इसलिए इसे एकाश्म इस्लाम या हिन्दू पहचान तक सीमित कर देना अजीब होगा। विचारधारात्मक और राजनीतिक संघर्षों में ऐसे सरलीकरण काम आते हैं लेकिन सच में कहा जाए तो ये अधूरे सच होते हैं या विशुद्ध झूठ। कश्मीरी पहचान का मूल तत्त्व कई स्रोतों से मिलकर बनता है, जिसे एक सहज साधारण तत्त्व तक काट कर लाना सम्भव नहीं है। यह बात हर क्षेत्रीय अस्मिता पर लागू होती है, या कहें भारतीयता की पहचान पर ही मोटे तौर पर लागू होती है। यही चीज़ दुनिया-भर में हर समूह की पहचान के लिए भी सच है।

इस बात का राजनीतिक निहितार्थ क्या है? आधुनिक सामाजिक-आर्थिक परिस्थितियाँ इस बात की ताईद करती हैं कि राज्य न सिर्फ़ अपने लोगों के भौतिक कल्याण का, बल्कि उनकी पहचानों का भी ख़याल रखे। यही परिस्थितियाँ हालाँकि जातीय राष्ट्रवाद को भी बढ़ावा देती हैं, जो हर एकल सांस्कृतिक पहचान के लिए एक अलग राज्य पर ज़ोर देता है। यह अपने मूल में झूठा है क्योंकि यह इनसानी संस्कृतियों की जटिलताओं की उपेक्षा करता है।

सवाल उठता है कि क्या कोई व्यावहारिक और राजनीतिक आधुनिक व्यवस्था ऐसी है जो इनसानी पहचानों की जटिलताओं को संरक्षित रखते हुए उसकी हिंसक धार को भोथरा कर सके? बेशक है। एक मर्यादापूर्ण संघीय ढाँचा जो विभिन्न सांस्कृतिक समूहों को पर्याप्त राजनीतिक स्वायत्तता प्रदान करता हो, साझा राष्ट्रीय हितों की सुरक्षा करता हो और क्षेत्रीय संस्कृतियों के सार्थक संवाद को समर्थ बनाता हो। महज़ एकता के नाम पर इस संघीय ढाँचे को छेड़ना समझदारी भर की बात नहीं है। उससे दीर्घकालिक टकरावों के रास्ते खुल जाएँगे जिससे विकास बाधित होगा। फिर होगा यह कि विकास के नाम पर ही हम विकास पर कुल्हाड़ी चला रहे होंगे।

31

उदार लोकतंत्र का विचारधारात्मक संकट

उदार लोकतंत्र अपनी पैदाइश से ही विकृत रहा है। जिन सामाजिक, सांस्कृतिक और आर्थिक परिस्थितियों में इसने आकार लिया, उन हालात के प्रति यह बेशक एक सभ्य जवाब था लेकिन इसकी वैचारिकी में ही गड़बड़ियाँ थीं जिन्हें आज नहीं तो कल सतह पर आ ही जाना था। एक लिबरल या उदार लोकतंत्र की अवधारणा ही विकृति को अभिशप्त है।

नकारात्मक आज़ादी

लिबरल या उदार लोकतंत्र में लिबरल की अवधारणा लिबर्टी या आज़ादी की एक ख़ास अवधारणा से निकली थी, जिसे दार्शनिक इसैया बर्लिन ने 'नकारात्मक' क़रार दिया था। इस नकारात्मक आज़ादी का मूल विचार दरअसल एक निजी दायरे के वजूद के इर्द-गिर्द घूमता है जहाँ माना जाता है कि एक व्यक्ति जो चाहे वो कर

सकता है, उस पर न तो राज्य का, न दमनकारी समुदायों का और न ही सामाजिक संस्थाओं का कोई ज़ोर है। ऐसी नकारात्मक आज़ादी दरअसल व्यक्तियों पर बन्दिश लगाने की राज्य या सामाजिक संस्थाओं की क्षमता को सीमित करने से पैदा होती है। यह वैयक्तिक आज़ादी का अत्यधिक निजीकृत विचार है जो मानता है कि इनसान केवल अपनी चाहतों की सन्तुष्टि से सरोकार रखता है, उसे सार्वजनिक जीवन की गढ़न या राज्य के चरित्र से कोई लेना-देना नहीं होता।

मैं इस विचार को कमतर कर के नहीं आँक रहा। जिन हालात में ताक़तवर चर्च, जाति के संगठन या राज्य ही व्यक्ति की निजी ज़िन्दगी के हर आयाम को नियंत्रित करने पर आमादा हो जाए—कि आपको किससे शादी करनी है, कैसा पारिवारिक जीवन जीना है, कैसे विचार रखने हैं और क्या खाना-पीना है—वैसे में नकारात्मक आज़ादी भी बहुमूल्य चीज़ होती है।

इसके बावजूद, लिबरल लोकतंत्र के इतिहास में थोड़ा गहरे उतरें तो हम पाते हैं कि ऐसी नकारात्मक आज़ादी को चाहनेवाले लिबरल लोग यानी परम्परागत मध्यवर्ग को जल्द ही यह अहसास हो गया था कि सीमित शक्ति वाली सरकारें अपने दम पर उनकी आज़ादियों को सुनिश्चित नहीं कर सकती हैं। ऐसी आज़ादियाँ एक ख़ास क़िस्म के राज्य पर निर्भर होती हैं। क़ानून से बद्ध एक सरकार अगर सत्ता के भूखे स्वार्थी और सनकी लोगों द्वारा चलाई जा रही हो तो वह निजी आज़ादियों का हनन करने की राजनीतिक परिस्थितियाँ पैदा सकती है। ऐसे में निजी आज़ादी के प्रेमी लोगों को महसूस हुआ कि उन्हें कुछ हद तक सरकार की लगाम अपने हाथ में लेनी होगी। लोकतंत्र से तो वे तौबा कर नहीं सकते थे और दूसरी ओर सरकार चलाने की कला में उनकी बुनियादी रूप से अरुचि थी तो निजी आज़ादी के लिए सनक में इन लोगों ने न चाहते हुए भी एक नए क़िस्म की सरकार बना डाली—इसे उन्होंने प्रातिनिधिक लोकतंत्र का नाम दिया।

स्व-शासन बहुत मेहनत का काम है। साथ बैठना, सार्वजनिक महत्त्व के विषयों पर विचार-विमर्श करना और सूचित सहमतियों तक पहुँचना बहुत वक़्त और वचनबद्धता की माँग करता है। अब ऐसे लोग जो निजी सुख की चाह में पहले ही उत्पादन, ख़रीद-फरोख़्त, उपभोग और जीवन संचालन में व्यस्त हैं, एक सरकार चलाने का वादा कैसे कर सकते हैं? उनसे नहीं होता। तब वे सबसे क़रीबी बेहतर काम करते हैं—वो ये कि उन लोगों को खोजा जाए जो राजनीति को अपना निजी धंधा समझते हों और उन्हें अपना प्रतिनिधि बना लिया जाए। ज़िन्दा रहने के लिए रोज़ के खटराग में ही फँसे रहनेवाले तमाम लोग और निजी सुख की चाह में जी रहे लोग—दोनों के पास ही सार्वजनिक जीवन या राजनीतिक निर्णयों के लिए समय नहीं होता। राजनीतिक संलग्नता उनके लिए बहुत सतही चीज़ होती है—बस चुनाव के मौसम में, जब वे अपने प्रतिनिधि चुनते हैं। उन्हें इसके लिए समय मिलता है।

तो एक लिबरल लोकतंत्र में दिक़्क़त क्या है? वो यह कि उसका सार्वजनिक गतिविधि, राजनीतिक आज़ादी और व्यापक सामुदायिक जीवन से पर्याप्त सरोकार नहीं होता। पूरी तरह अपने निजी जीवन को समर्पित लोग मोटे तौर पर सार्वजनिक संस्थानों में कोई दिलचस्पी नहीं लेते, जिसके चलते इन संस्थानों के साथ आसानी से खिलवाड़ हो सकता है और इन्हें ताक़तवर व पैसेवालों के हित में मोड़ा जा सकता है। ठीक उनकी नाक के नीचे से उनकी छोटी-छोटी राजनीतिक आज़ादियाँ चुराई जा सकती हैं। चूँकि ऐसे लोग अपने समुदायों की परम्परा या विरासत को जानने-समझने में बहुत समय नहीं गँवा सकते तो उनकी आँखों के सामने इनका भी नाश बड़ी आसानी से हो सकता है।

ख़ुद को और अपने समाज को मुक्त करने के लिए उन्हें एक आपसदारी का भाव चाहिए होता है जो राजनीतिक संस्कृति का निर्माण कर सके, एक ऐसी संस्कृति जो पारिवारिक रिश्तों या जाति और धर्म की संकीर्ण सामुदायिक भावनाओं से संक्रमित न हो। इसके लिए वे चाहते हैं कि लोग एक साझा हित के प्रति अपनी वचनबद्धता ज़ाहिर करें। वे मानकर चलते हैं कि लोगों का उत्साह इसके प्रति होगा। संक्षेप में, ख़ुद अपने निजी जीवन-लक्ष्यों को हासिल करने के लिए भी नकारात्मक आज़ादी चाहनेवाले मध्यवर्गीय लोगों को निजी लाभ और जनहित के बीच एक सन्तुलन बैठाना पड़ता है, किसी एक को भारी रखना वे गवारा नहीं कर सकते। इसके उलट, सार्वजनिक जीवन के प्रति उदासीनता का मतलब ये होगा कि उसमें राजनीति की दीमक लग जाएगी, जो उनकी निजी ज़िन्दगी पर भी असर डालेगी। यानी जनहित के प्रति एक मज़बूत सरोकार नकारात्मक आज़ादी की अनिवार्य शर्त है। इसलिए लिबरल लोकतंत्र का विचार अपने आप में अपर्याप्त और गड़बड़ है।

एकजुटता का निर्माण

ज़्यादातर समाजों को यह अहसास आज नहीं तो कल हो ही जाता है। यही वजह है कि दुनिया-भर में जितने भी लिबरल लोकतंत्र हैं, वहाँ समय-समय पर रिपब्लिकन परम्परा से उधार लिया जन-उभार देखने को मिलता है। लोग अचानक सड़कों पर आ जाते हैं, नागरिक बन जाते हैं, सत्ता को चुनौती देते हैं, उद्देश्यपूर्ण प्रतिरोध करते हैं और राजनीतिक प्रतिनिधित्व के मौजूदा तरीक़ों पर सवाल उठाकर उदार लोकतंत्र के प्रति अपनी अनास्था ज़ाहिर करते हैं। लोग ज़्यादा पारदर्शिता और जवाबदेही की माँग करते हैं। राजनीतिक निर्णयों की कमान वे अपने हाथ में लेने तक को तत्पर रहते हैं। इसके बावजूद, लोकतंत्र की गहराई के लिहाज़ से ऐसे इक्का-दुक्का घटनाक्रम अरब स्प्रिंग या 2014 के लोकसभा चुनावों से पहले हुए भ्रष्टाचार विरोधी आन्दोलन जैसे बनकर ख़त्म हो जाते हैं।

लोकतांत्रिक एकजुटता उदार लोकतंत्र की समस्याओं से पार जाने का इकलौता तरीक़ा नहीं है। यह काम तो राष्ट्रवाद भी कर सकता है—जातीय प्रकृति का, समावेशी सा दिखता हुआ सन्दिग्ध राष्ट्रवाद, जैसे नफ़रत फैलानेवाले अलगाववादी राष्ट्रीय लोकरंजकतावादी उभार, जो आज दुनिया-भर में सिर उठा रहा है।

वैसे भी, एकजुटता बनाने, सार्वजनिक संस्थाएँ खड़ी करने, सरकारों को नैतिक और सूचित निर्णय लेने के लिए लगातार उन पर दबाव क़ायम करने तथा ऐतिहासिक सामग्री को खँगाल कर परम्पराओं को आकार देने में बहुत ज़्यादा समय और ऊर्जा ख़र्च होती है। दूसरी ओर विद्वेषपूर्ण राष्ट्रवाद और लोकरंजकतावाद आसानी से पैदा हो जाता है और तत्काल नतीजे देता है। एक संकटग्रस्त उदार लोकतंत्र में जनता के भय, आक्रोश और हताशा से खेलते हुए ऐसा सनसनीखेज और दिखावटी राष्ट्रवाद सर्वोच्च नेता की जुमलेबाजी से भी पैदा हो सकता है, जिसका खुला समर्थन एक अनैतिक और मुनाफ़ाजीवी मीडिया करता है। इस तरीक़े से उदार लोकतंत्र का संकट जानलेवा बन जाता है, जैसा आज हम देख रहे हैं।

स्थिति यहाँ तक कैसे आ गई? वैश्वीकरण ने चाहे जो कुछ किया हो, लेकिन इतना तो तय है कि इसने लोकतंत्र को पाँचसाला चुनाव में तब्दील कर डाला है, साथ ही लोगों को उनके निजी जीवन में क़ैद कर डाला है। वैश्वीकरण के दौर में उदारवाद ने लोगों को ज़्यादा आत्मकेन्द्रित बनाया है। वे अब व्यापक हित में सोचने के लायक़ नहीं रह गए हैं। वे राजनीतिक एकजुटता नहीं बना सकते। उदारवाद ने लोगों में एक-दूसरे के मुक़ाबले ज़्यादा वंचित होने का भाव पैदा कर के उनके बीच रंजिशें पैदा कर दी हैं। ऊपर से मोबाइल फ़ोन ओर सोशल मीडिया जैसी नई तकनीकों ने इनसान के अकेलेपन व अलगाव को और बढ़ाने का ही काम किया है। एक दूसरे से क़ायदे से संवाद कर के साझा मुद्दों पर सहमति बनाने के बजाय हम लोग ख़ुद को फेसबुक या वॉट्सएप पर अभिव्यक्ति करने में लगे हुए हैं। सोशल मीडिया पर दुनिया-भर की आवाज़ें एक साथ अपने-अपने राग में मगन रहती हैं। सब ध्यानाकर्षण चाहते हैं। सब एक दूसरे को पीछे छोड़ने की होड़ में हैं। लोग अपना ग़ुस्सा और विद्वेष किसी काल्पनिक दुश्मन पर निकाले जा रहे हैं।

इस उग्र व्यक्तिवाद और घिनौने राष्ट्रवाद ने एक दूसरे को परस्पर सुलगाने का काम किया है। इस दोहरी बीमारी में फँसकर हम उस स्थिति तक पहुँच गए हैं जहाँ बड़ी मेहनत से अर्जित अपनी नकारात्मक आज़ादियों को भी खो बैठने की कगार पर आ चुके हैं। ऐसा लगता है कि राह चलते-चलते हम लोग किसी ग़लत मोड़ पर मुड़ चुके हैं। अब रास्ते को बीच से दुरुस्त करने और लिबरल लोकतंत्र के मौजूदा संकट को संबोधित करने के लिए ज़बरदस्त सामूहिक प्रयास और मज़बूत इच्छाशक्ति की दरकार होगी। बहुत कुछ इस पर निर्भर करता है कि परम्परागत

रूप से लिबरल, निजता-प्रेमी मध्य वर्ग मौक़े की नज़ाकत को समझते हुए व्यापक हित में सोचना शुरू करेगा या नहीं।

32

उदारवाद और अन्य 'वादों' की समस्या

बहुत समय नहीं हुआ, जब प्रतिष्ठित बुद्धिजीवियों के बीच एक बहस छिड़ी थी। बहस का सबब बनी थी हर्ष मन्दर की एक टिप्पणी कि हमारे लोक दायरे से मुसलमान लगातार ग़ायब होते जा रहे हैं।[3] मन्दर ने इस रुझान का संकेत एक नेता के हवाले से दिया था जिसका कहना था कि राजनीति के अखाड़े में घुसने से पहले मुसलमानों को अपनी टोपी और बुरक़े को तिलांजलि देनी होगी। इस सन्दर्भ में बौद्धिक चर्चा का केंद्रबिंदु यह सवाल था कि टोपी और बुरक़े के मसले पर सही लिबरल पक्ष क्या होना चाहिए। रामचंद्र गुहा का दावा था कि यह राय अग्रगामी है क्योंकि बुरक़ा 'रूढ़िवादी' चीज़ है, जिसका एक स्वर में लिबरल लोग विरोध करते हैं।[4]

मुकुल केसवन और अपूर्वानंद का दावा था कि इस उत्पीड़नकारी प्रतीक का नागरिकता अधिकारों पर कोई प्रभाव नहीं पड़ना चाहिए, हमारी राजनीतिक भागीदारी को हमारी धार्मिक सम्बद्धता द्वारा थोपे गए परिधान पर निर्भर नहीं होना चाहिए।[5] इसके अतिरिक्त, धार्मिक रूढ़िवाद के ख़िलाफ़ उदारवादियों का हमला एक-दूसरे के प्रति बनी जड़ धारणाओं पर निर्भर नहीं हो सकता।

3. हर्ष मंदर, 'Sonia, Sadly', *इंडियन एक्सप्रेस,* 24 मार्च 2018, https://indianexprss.com/article/opinion/columns/sonis-sadly-congress-muslims-party-sonia-gandhi-5100506/
4. रामचन्द्र गुहा, 'Liberal, Sadly', द *इंडियन एक्सप्रेस,* 24 मार्च 2018, https://indianexprss.com/article/opinion/columns/sonis-sadly-indias-liberal-must-take-on-both-hindu-and-muslim-communalists-5103729/
5. मुकुल केसवन, 'Liberal, Really', द *इंडियन एक्सप्रेस,* 24 मार्च 2018, https://indianexprss.com/article/opinion/columns/muslims-in-india-hindu-bjp-congress-religions-in-india-liberal-really5111181/ and Apoorvanand, 'Liberally Blinkered', The Indian Express, 24 March 2018, https://indianexpress.com/articl/opinoin/columns/muslims-in-india-rss-hindu-rss-congress-bjp-narandra-modi-5106313/

थोड़ा थोड़ा दोनों?

मैं इस बहस में नहीं पड़ना चाहता, हालाँकि एक बात मैं स्वीकार करूँगा कि इस मसले पर मैं गुहा के बजाय मन्दर और केसवन के प्रति ज़्यादा पक्षधर महसूस करता हूँ। इस बहस के बजाय मेरी दिलचस्पी ऐसी बहसों में छुपी समस्याओं की जड़ तलाशने में ज़्यादा है, ख़ासकर इस प्रस्थापना की कि उदारवाद सहित सभी विचारधाराएँ बहुत कसी हुई हैं, अपने दायरों में जकड़बन्द हैं, जिनके सिद्धान्त या मूल्य समुदायवाद, समाजवाद या रूढ़िवाद जैसी दूसरी विचारधारात्मक प्रणालियों से बिलकुल अलहदा और उनसे स्थायी रंजिश में हैं। मसलन, उदारवाद कहता है कि व्यक्तियों की आज़ादी समुदाय की माँग से ज़्यादा बड़ी है जबकि समुदायवादियों के लिए समुदाय आस्था का प्रश्न होता है। इसके बावजूद लिबरल और समुदायवादी एक दूसरे को काट नहीं सकते। किसी भी एक बिंदु पर दोनों का मिलना इस बात का साक्ष्य होगा कि दोनों में से एक को ग़लत समझा गया है। ऐसा कैसे सम्भव है कि आप बिना अन्तर्विरोध के उदार और समुदायवादी दोनों हो सकें?

दरअसल, उदारवाद का मूल स्थिर नहीं है। इसके केंद्र में कोई ऐसा तत्त्व नहीं है जो शाश्वत हो, काल-निरपेक्ष हो, स्थायी हो। 'लिबरलिज़्म' के अन्तर्गत जो भी सिद्धान्त या नीतियाँ आती हैं, उनके बीच एक साझापन होता है, बाक़ी ये सारे एक दूसरे से उतने ही अलग होते हैं जैसे किसी खानदान के दो सदस्य।

उदारवाद की कुछ धाराएँ एकल सिद्धान्त पर चलती हैं, कुछ और तमाम सिद्धान्तों को मिलाकर चलती हैं। एकल मूल्यों वाले उदारवाद निजी आज़ादी पर ज़ोर देते हैं। बाक़ी, बराबरी की बात करते हैं। एकाधिक मूल्यों पर टिकी उदारवाद की धाराएँ दोनों को बराबर स्थान देती हैं, कुछ तो समुदाय को भी साथ लेकर चलती हैं (बंधुत्व के सन्दर्भ में)। कुछ उदारवादी पूरी तरह मूल्यपरक होते हैं तो कुछ को लगता है कि उदारवाद की असली पहचान सहिष्णुता है। कुछ अन्य के लिए यह वैयक्तिक स्वायत्तता है। कुछ उदारवादी मुक्त बाज़ार को आदर्श मानते हैं और कहते हैं कि राज्य को अपनी भूमिका न्यूनतम रखनी चाहिए। कुछ और हैं जो कल्याण और न्याय में राज्य के हस्तक्षेप की माँग करते हैं। अगर इतने सारे उदारवाद एक साथ मौजूद हैं तो उदार होने के भी कई तरीक़े होंगे। लिहाज़ा, उदारवाद का बताया कोई एक रास्ता अस्तित्व में हो ही नहीं सकता। यानी यह सवाल कि 'लिबरलिज़्म की क्या शर्त है' का कोई जवाब नहीं बनता। इसी तरह, 'क्या किया जाना चाहिए' का कोई जवाब भी उदारवाद या किसी और वाद की शर्तों की पड़ताल से नहीं निकल सकता।

दूसरे, उदारवाद के अन्तर्गत आनेवाले तमाम सिद्धान्त एक ऐसे दायरे में खड़े हैं जहाँ वे प्रतिस्पर्धी विचारधाराओं के साथ भी संवाद में होते हैं। वे उन्हें गढ़ते हैं

और भी बदले में ख़ुद आकार पाते हैं। यही वजह है कि इनकी एक विकास प्रक्रिया होती है और एक इतिहास होता है। कुछ ऐतिहासिक सन्दर्भों में, उदारवाद की कुछ क़िस्मों को रूढ़िवाद या कुछ दूसरे सन्दर्भों में समाजवाद से अलगा पाना मुश्किल हो जाता है। हो सकता है कि बीते कल में जो सिद्धान्त उदारवादी माना जाता था आज वह उदारवाद का हिस्सा न माना जाए। इस क़िस्म के तमाम नज़रिये समय के साथ या तो प्रतिस्पर्धी परिस्थितियों में विकसित होते हैं या कभी संवाद और विमर्श से निकलकर आते हैं। मसलन, उदारवाद और समुदायवाद यानी समुदाय-केन्द्रित धार्मिक बहुलतावाद को ही लें। दोनों लगातार एक संवाद में हैं। जब ये एक दूसरे की आलोचना करते हैं तो एक दूसरे से सीखते हुए एक दूसरे को परिष्कृत भी करते हैं।

दो वैचारिक धाराओं के ऐसे मिलन को हम अपनी जुमलेबाज और ध्रुवीकृत प्रवृत्ति के चलते नज़र से ओझल कर देते हैं। अगर कोई यह मानता हो कि उदारवाद जैसा है वैसे में संपूर्ण है, तभी वह धार्मिक या अधार्मिक समुदायवाद को ख़ारिज कर पाएगा। ऐसा करना हालाँकि एक जीवित वैचारिक परम्परा को मृत रूढ़ि मान लेने जैसा हो जाएगा, जो कि ग़लत है। यदि हम इन्हें कट्टर और जकड़बन्द विचार सरणियों के रूप में देखें जो एक दूसरे के साथ लगातार जीत के लिए संघर्षरत हैं तो हम दरअसल इनके बीच के अन्तरों को अतिरंजित कर रहे होंगे और ख़ुद समुदायवाद या उदारवाद के भीतर के अन्तरों की उपेक्षा कर रहे होंगे।

सरहदों के पार

संक्षेप में कहें तो ये तमाम सिद्धान्त न केवल एक दूसरे के ख़ानदानी जान पड़ते हैं बल्कि कभी-कभार आपस में समागम भी करते नज़र आते हैं। इस समागम से ऐसी धारा का जन्म होता है जो कभी माँ तो कभी बाप की शक्ल से मेल खाती है। अच्छे विचारक, जो किसी समस्या का समाधान सुझाने को प्रयासरत होते हैं या नियति के दायरे में आत्मावलोकन की पद्धति पर सोचते हैं, वे कभी भी किसी विचारधारा के जड़ हो चुके साहित्य का सन्दर्भ लेने से गुरेज नहीं करते ताकि पता कर सकें कि कहीं उनके सुझाए समाधान पर विचारधारा विशेष की अत्यधिक छाप तो नहीं है। मेधावी चिन्तक ऐसी किसी बहस के भीतर योगदान देते हुए कभी भी लगातार यह जाँचता नहीं रहता कि कहीं वह किसी वैचारिक सरहद को तोड़ तो नहीं रहा। वह अनावश्यक रूप से किसी वैचारिक चश्मे से नहीं देखता। जब वह ऐसा करने लगता है तो सोचने का काम अपनी जगह मृत विचारधारा को सौंप देता है। ऐसा कर के वह वैचारिक क़िले का महज़ चौकीदार बनकर रह जाता है।

विचारधारात्मक फरमानों को मानना—यानी ठोस मुद्दे पर सोचने के बजाय विचारधारात्मक औचित्य को लेकर लगातार परेशान रहना—बुरी बला है। ऐसा कर

के आप स्वलिप्त अभिव्यंजनावादी राजनीति के खड्ड में गिर जाते हैं (लगातार इस बात की चिन्ता कि मैं कैसा हूँ, मेरी प्रतिबद्धता कैसी है, राजनीतिक रूप से मैं कैसा दिखता हूँ) जबकि आपका काम दुनिया को बदलने के लिए सामूहिक ताक़त का दोहन करना था और एक जटिल परिस्थिति के साथ नीतिगत ढंग से संवाद करना था, जिसमें आपके अलावा दूसरे भी शामिल हैं। फलदायी नैतिक चिन्तन के साथ एक सन्दर्भ जुड़ा होता है और उसमें व्यावहारिक मूल्य निहित होते हैं। नैतिक अखंडता का मतलब यह नहीं है कि आप विचारधारा से चिपके रहें या हर सिद्धान्त के लिए जगह बनाते जाएँ। ऐसा करना नैतिक अवसरवाद कहा जाएगा। जो सच्चे नैतिक लोग होते हैं, वे हर वैचारिक धारा में डुबकी लगाते हैं। सभी जीवित वैचारिक परम्पराएँ लचीली हैं। सबके भीतर नैतिक रूप से वैध आचारों की संभावनाएँ अपार हैं। नैतिक होने का मतलब यह नहीं कि आप लगातार यह सवाल ख़ुद से पूछते रहें कि आप जिस मूल्य को लेकर जी रहे हैं वह किसी विचारधारा विशेष या वाद से नत्थी है या नहीं। ऐसा करना नैतिक फिसलन पैदा करेगा या फिर विशुद्ध मूर्खता साबित होगा।

खंड IV

हमारे धार्मिक और सेक्युलर आदर्श

33

गांधी की धार्मिक दृष्टि की पुनर्खोज

गांधीजी बहुत-सी आधुनिक चीज़ों को शंका से देखते थे। इनमें आधुनिक हिन्दू धर्म भी था—यानी उन्नीसवीं सदी का नया हिन्दू धर्म जो ख़ुद को इस्लाम और ईसाइयत का दुश्मन मानता था और दूसरे धर्मों से ख़ुद को बिलकुल अलग समझता था। गांधी को इस पर सन्देह क्यों था? क्योंकि वे ख़ुद को सनातनी मानते थे। सनातनी मतलब जीवन जीने की एक बहुत प्राचीन शैली, जो आज तक ज़िन्दा है, मरी नहीं।

अमिट विविधता

सनातनी हिन्दू परिकल्पना कें केंद्र में उसकी गहरी बहुलता है। यह तीन बुनियादी नीतिशास्त्रीय सिद्धान्तों के सह-अस्तित्व की स्वीकार्यता में झलकती है—एक, जो एकाधिक देवी-देवताओं पर निर्भर है, दूसरा जो एक ईश्वर को मानता है और तीसरा, जो देवी-देवताओं से पूरी तरह स्वतंत्र है (जैसे, सत्य की खोज)। गांधी के लिए यही धार्मिक-दार्शनिक बहुलता मानवता के लिए अपरिहार्य है और उसकी स्वस्थ नियति भी है। गांधी कहते हैं, 'सभी धर्मों में अन्तहीन क़िस्में हैं... और कभी न ख़त्म होनेवाले धार्मिक अन्तर। कुछ लोग तीर्थ पर जाते हैं और गंगा में डुबकी लगाते हैं, कुछ लोग मक्का जाते हैं, कोई मन्दिर में पूजा करता है तो कोई मस्जिद में इबादत तो कोई बस श्रद्धा में सिर नवा देता है, कोई वेद पढ़ता और कोई कुरान पढ़ता है... एक ख़ुद को हिन्दू कहता है, दूसरा मुसलमान।' गांधी मानते थे कि धर्मों के बीच ही नहीं, धर्मों के भीतर भी विविधता है—'मैं ख़ुद को हिन्दू मानता हूँ लेकिन मैं किसी दूसरे हिन्दू की तरह या सभी हिन्दुओं की तरह अपने ईश्वर की पूजा नहीं करता हूँ।'

इस गहरी धार्मिक विविधता से बचा नहीं जा सकता। गांधी कहते हैं, 'आज मानवता को किसी एक धर्म की नहीं, बल्कि विभिन्न धर्मों के अनुयायियों में परस्पर सम्मान, बराबर अहमियत और सहिष्णुता की ज़रूरत है।' सभी धर्मों के प्रति बराबर सम्मान की यह नैतिक और व्यावहारिक प्रवृत्ति दरअसल सभी धर्मों की बुनियादी

एकता की समझदारी से पैदा होती है। वे लिखते हैं, 'धर्म की आत्मा एक ही है जो अलग-अलग रूपों में हमारे सामने ज़ाहिर होती है। प्रज्ञावान लोग बाहरी स्वरूप को नहीं देखते, बल्कि यह देखते हैं कि हर खांचे की रूह एक है।'

सभी धर्मों की बुनियाद या तो ईश्वर पर टिकी है या सत्य पर। 'सारे धर्म सच्चे हैं और सभी में कुछ कुछ कमियाँ हैं। मेरा एक धर्म है, लेकिन मुझे दूसरे धर्मों को भी अपने हिन्दू धर्म जैसा ही मानना चाहिए। उनके बीच फ़र्क़ नहीं करना चाहिए।'

समावेशी एकेश्वरवाद

गांधी समावेशी एकेश्वरवाद (एक ऐसा ईश्वर जिसमें सभी ईश्वर समाहित हैं) में विश्वास करते थे, बाँटनेवाले एकेश्वरवाद में नहीं (एक ईश्वर को ही सच्चा मानना, बाक़ी को झूठा)। उनकी यह मान्यता सीधे भारत की बहुदेववादी परम्पराओं से आती थी। यह प्रवृत्ति प्राचीन जगत की दूसरी धार्मिक परम्पराओं में भी पाई जाती है (ग्रीक, लैटिन और इस्लाम-पूर्व अरब के धर्म)। इन धर्मों में निहित शास्त्र अलग-अलग क़िस्म के देवों की परस्पर परिवर्तनीयता को सम्भव मानता था।

तक़रीबन हर प्राचीन संस्कृति में हर ईश्वर का एक निर्दिष्ट काम होता था। हर ईश्वर अपनी अलौकिक क्षमता के हिसाब से काम करता था। प्रेम का देवता, युद्ध का देवता, ज्ञान का देवता, शिल्प का देवता, सब अलग-अलग होते थे। इसी तरह हर देवता में एक कुदरती महत्त्व की अलौकिक ताक़त होती थी; जैसे अग्नि देवता, वर्षा देवता, धरती के देवता, काल के देवता, सूर्य देवता, चंद्र देवता, समुद्र देवता, आदि। इनके अलावा कुछ प्राथमिक देवता होते थे जिनका काम रचना करना, नाश करना, संरक्षण करना आदि होता था। इस तरह, एक संस्कृति के देवी और देवता दूसरी संस्कृति के देवी-देवताओं से जुड़े होते थे। मसलन, एक स्थानीय संस्कृति में जो देवी पार्वती है, वह दूसरी संस्कृति में देवी दुर्गा हो सकती है। दोनों ही देवी के दो संस्करण हैं, एक दयालु तो एक रौद्र। यहाँ जो दयालु और रौद्र के बीच का अन्तर है, वह अकाट्य होने के बावजूद परिवर्तनीय है। यह स्वीकार्यता का एक ऐसा धर्मशास्त्र है जहाँ प्रत्येक संस्कृति के देवी-देवताओं को एक साझा ब्रह्मांड की पृष्ठभूमि में अर्थछवियों के आधार पर देखा जाता है।

समावेशी एकेश्वरवाद का एक लक्षण ऐसे में यह बन जाता है कि 'सभी अलग-अलग नामों से एक ही ईश्वर को पूजते हैं'। गांधी इस लक्षण को गुरु ग्रंथ साहब के एक दोहे से बताते हैं जिसमें गुरु नानक कहते हैं कि ईश्वर को अल्लाह, राम, रहीम कुछ भी कहा जा सकता है। ऐसी सार्वभौमिक दृष्टि एकाधिक धार्मिक श्रद्धाओं की छूट देती है। सवाल है कि यदि अलग-अलग नाम एक ही ईश्वर के हैं तो क्यों न सभी को गले लगाया जाय?

यहाँ से दो बातें और निकलती हैं। पहली, 'एक दूसरे के धर्म को खल साबित करना, ग़ैर-ज़िम्मेदार बयान देना, झूठ बोलना, निर्दोषों की हत्या करना, मन्दिर-मस्जिद तोड़ना ईश्वर का अपमान है'। दूसरी, 'यह कहना कि मेरा भगवान दूसरे के भगवान से श्रेष्ठ है, ग़लत बात है। ईश्वर एक ही है और सबके लिए समान है।' एक स्तर पर सभी धर्मों के बीच एक साझा एकता है और इसीलिए सबको बराबर मानना चाहिए। यानी धर्मांतरण या शुद्धीकरण के अभियानों का कोई अर्थ नहीं बनता। 'असली शुद्धि का अर्थ होता है अपनी-अपनी आस्थाओं में आदर्श की प्राप्ति।' इस परिभाषा के हिसाब से सबसे बड़ी कसौटी एक इनसान का चरित्र होता है। फिर सवाल उठता है कि 'एक से दूसरे धर्म की यात्रा करते हुए गांधी के धार्मिक नज़रिये को दोबारा खोजने का मतलब ही क्या है यदि वह हमारा नैतिक संवर्द्धन न कर सके?'

सहिष्णुता और सम्मान

गांधीजी के लिए सहिष्णुता और सम्मान परस्पर जुड़ी हुई चीज़ें हैं जिन्हें अलगाया नहीं जा सकता। सुनने में यह अजीब लग सकता है। सत्रहवीं शताब्दी में 'सहिष्णुता' की शास्त्रीय व्याख्या के हिसाब से देखें तो इसका मतलब होता है, दूसरे की गतिविधियों में हस्तक्षेप करने से बचना, भले ही वे आपको अनैतिक जान पड़ती हों और भले ही आपके पास ऐसा करने की ताक़त हो। यहाँ एक व्यक्ति दूसरे को न केवल बरदाश्त करता है, बल्कि उसकी अनैतिक जान पड़नेवाली हरकतों के साथ ही जीने की कोशिश करता है। कुल मिलाकर इसमें कमज़ोर पक्ष ताक़तवर के दख़ल से केवल इसलिए बचा रहता है क्योंकि वह उसके रहमोकरम पर है। ऐसी सहिष्णुता विद्वेष पर आधारित है—मैं नफ़रत करता हूँ फिर भी बरदाश्त करता हूँ।

गांधीजी की सहिष्णुता इससे अलग है। माता-पिता अक्सर अपने बच्चों की ग़लतियों के साथ ही जीते हैं। ऐसी ग़लती दूसरे का बच्चा करे तो शायद वे बरदाश्त न कर पाएँ। हम लोग आम तौर पर ऐसी ग़लतियों के लिए जीवनसाथी को माफ़ करते जाते हैं जिनके लिए दूसरों को कभी माफ़ नहीं करेंगे। हो सकता है कि हम दूसरे नागरिकों के साथ अपने धार्मिक मतभेदों के साथ बंधुत्व की भावना के चलते जी रहे हों। मतलब कि हम किसी दूसरे समूह की आस्था और आचार-व्यवहार से इत्तेफ़ाक़ न रखते हुए भी उसे बरदाश्त करते जाते हैं क्योंकि उनकी कई आस्थाएँ और व्यवहार अपने जैसे जान पड़ते हैं। इन सभी मामलों में हम ख़ुद को पसन्द नहीं आनेवाले दूसरों के ऐसे कृत्यों को दबाने की ताक़त होते हुए भी इसलिए नज़रंदाज़ करते जाते हैं क्योंकि उनके प्रति हमारे मन में लगाव होता है। यानी हम उन्हें नफ़रत के बावजूद नहीं, प्रेम के चलते नज़रंदाज़ कर रहे होते हैं—मैं उसे चाहता हूँ, इसलिए

उसे बरदाश्त करता हूँ। यही गांधीजी की प्रेम-आधारित सहिष्णुता है, जिसके भीतर सामनेवाले के प्रति सम्मान भी निहित है।

नफ़रत पर टिकी हुई सहनशीलता मानकर चलती है कि अपने से अलग व्यक्ति के साथ एकता तभी क़ायम हो पाएगी जब हम उसे पूरी तरह नष्ट कर देंगे और अपने व उसके बीच के अन्तर को मिटा देंगे। इसके उलट, गांधी कहते हैं कि यह एकता सामनेवाले को स्वीकार करने से क़ायम होगी, उसे अपने बराबर ही महत्त्वपूर्ण मानना होगा क्योंकि सभी दरअसल एक ही परमात्मा के अलग-अलग स्वरूप हैं। इसका मतलब यह हुआ कि सहनशीलता या सहिष्णुता का अर्थ दूसरे की ज़िन्दगी में दख़ल देने से ख़ुद को रोकना है, उनके प्रति अपनी नफ़रत के बावजूद नहीं बल्कि इसलिए कि हम दूसरे को प्यार करते हैं और उसे या तो अपनी ही एक वैकल्पिक अभिव्यक्ति मानते हैं अथवा इसलिए कि हम अपने और दूसरे के बीच मौजूद किसी साझेपन का सम्मान करते हैं। हम वो नहीं हो सकते जो वे हैं या उनकी कुछ आस्थाओं और आचारों से असहमत भी हो सकते हैं, लेकिन हम इस बात को समझते हैं कि दूसरा हमारे अपने ही स्व का एक और संस्करण है, हमारे भीतर मौजूद ईश्वरीय तत्त्व की ही दूसरी अभिव्यक्ति है। गांधी मानते थे कि यही चीज़ हम सबको एक अनंत प्रेम के रिश्ते में परस्पर जोड़े रखती है।

गांधीजी की दृष्टि श्रद्धा, समर्पण और धार्मिक पहचान की बहुलता को प्रोत्साहित करती है। क्या इस समय यह ज़रूरी नहीं कि हम विशिष्टतावाद पर आधारित धर्म के एकाश्म स्वरूप को चुनौती दें जिसका सर्वोच्च सामाजिक आदर्श एक अवसरवादी और नैतिक रूप से सन्दिग्ध विद्वेष-आधारित सहिष्णुता है? और उसकी जगह गांधी की दृष्टि के केंद्र में स्थित बहुलतावाद और प्रेम-आधारित सहिष्णुता की पुनर्खोज करें? जिस तरह धार्मिक रंज़िशें और हिंसा बढ़ती जा रही है, क्या हम ऐसा करना गवारा नहीं कर सकते?

34

आधुनिक धर्म के नीतिगत द्वंद्व

आधुनिक धर्म एक जटिल परिघटना है। तार्किक लोग इसीलिए इसके प्रति सुरक्षित दूरी बनाए रखते हैं। चूँकि यह धर्म प्रेम और विद्वेष दोनों सिखाता है तो इसे न तो बेशर्त माना जा सकता है और न ही एक सिरे से ख़ारिज किया जा सकता है। नागरिक

यह माँग नहीं कर सकते कि राज्य पूरी तरह ख़ुद को धर्म के मामलों से अलग रखे। वे यह भी नहीं चाहते कि राज्य धर्म के हर पहलू में अपनी टाँग अड़ाता रहे। क्यों?

आचार-नीति (एथिक्स) के रूप में धर्म (धर्म 'क')

आइए, एक वैचारिक प्रयोग कर के इस बात को समझते हैं। यह आठ चरणों का एक खेल है जो मनुष्य के धार्मिक और दार्शनिक जीवन के इतिहास का एक अन्दाज़ा हमें देता है। फ़र्ज़ करें कि सुदूर अतीत में हमने स्व के अलौकिक तक अतिक्रमण की क्षमता विकसित कर ली थी, यानी थोड़ा पीछे जाकर जीवन के पार झांकना और जीवन को समझना, इस जगत को और अपने अस्तित्व को समग्रता में जानना, निर्लिप्त होकर उसकी सीमाओं को समझना और उनसे पार जाने की आकांक्षा करना। इस प्रक्रिया में एक अन्तर पैदा होता है (चरण 1) कि हम क्या हैं और क्या हो सकते हैं। इस अन्तर को पाटने की कोशिश में हमें एक नज़रिये की दरकार होती है, निजी और सामूहिक दोनों, जिसके सन्दर्भ में हम ख़ुद को पोषित करने और पाने की यात्रा तय कर सकें।

इस रास्ते को पाने के लिए हमें एक गुरु की ज़रूरत होती है, जो हमारे चरित्र को गढ़ते हुए हमें ज़्यादा गहरे और ज़्यादा ऊँचाई पर जाने में मदद कर सके। फ़र्ज़ करें कि ऐसा एक शिक्षक हमें मिल गया और हम उसकी शिक्षाओं का पालन करने लगे। यह चरण 2 है। यहाँ ख़ुद को पाने के लिए लोग गुरु के बताए मार्ग के अनुयायी हो जाते हैं। समय के साथ इन अनुयायियों के बीच सामुदायिकता की एक ढीली-ढाली भावना विकसित होती है (चरण 3)। यह ज़रूरी भी है क्योंकि आत्मपोषण के लिए परस्पर शिक्षण, प्रभाव और उसकी अभिपुष्टि की दरकार होती है। आत्मविकास एक निर्देशित सामाजिक गतिविधि है जिसमें शिक्षक और अनुयायी निर्णायक अंग होते हैं।

यह जो ढीला-ढाला लेकिन संगठित इनसानी प्रयास है—आचार-व्यवहार और चारित्रिक विशेषताओं से मिलकर बना हुआ—एक अर्थ में इसे धर्म का नाम दिया जा सकता है। इसे हम धर्म 'क' कहेंगे। यह एक नीतिशास्त्रीय धर्म है। यह धर्म देवी-देवताओं से स्वतंत्र भी हो सकता है (मानवीय कर्म और तर्क पर आधारित, जैसे प्राचीन ग्रीस के प्लेटोनिक धर्म जो सेक्युलर या नास्तिक हुआ करते थे अथवा भारत में बौद्ध, जैनी और मीमांसा की धाराएँ) और उन पर निर्भर भी (जैसे भारत, ग्रीस और रोम के प्राचीन धर्म) या फिर किसी एक देवता को समर्पित हो सकता है (जैसे, यहूदी, ईसाइयत या इस्लाम)। प्राचीन काल से भारत धर्म 'क' के कई संस्करणों की धरती रहा है। यहाँ धर्म का कोई एक अर्थ नहीं था और धर्म व दर्शन के बीच कोई फ़र्क़ नहीं था।

सामाजिक व्यवस्था के रूप में धर्म (धर्म 'ख')

अब मान लें कि धर्म 'क' से जुड़ा हुआ समुदाय समय के साथ एक सांगठनिक ढाँचा अख़्तियार कर लेता है जिसके भीतर पदानुक्रम की सत्ता होती है और उसी के हिसाब से उसमें लोगों का दरजा होता है (चरण 4)। फिर इस समुदाय के भीतर कुछ लोगों को लगने लगता है कि इस धर्म की शिक्षाओं को व्यवस्थित करने और बौद्धिक सिद्धान्तों के रूप में गढ़ने की ज़िम्मेदारी उन्हीं के कंधे पर है, ऐसे में पदानुक्रम बढ़ता जाता है (चरण 5)। इस धर्म की शिक्षाओं के सैद्धान्तीकरण के बाद कुछ लोग उसके चौकीदार बन बैठते हैं जो बताते हैं कि क्या सही है और क्या ग़लत, कौन स्वागतेय है और कौन नहीं। इस तरह एक नौकरशाही की व्यवस्था अस्तित्व में आ जाती है (चरण 6)। सम्भव है कि इन लोगों में कुछ धर्मांतरण समर्थक भी हों, जो दूसरों को दुश्मन मानते हों और धीरे-धीरे दूसरे के बरअक्स ख़ुद को परिभाषित करने लग जाएँ (चरण 7)। फिर सैद्धान्तिक झगड़े शुरू हो जाते हैं, वे मार-काट मचाने लगते हैं और केवल दूसरों के साथ नहीं, अपने लोगों के साथ भी हिंसा करते हैं जो उनकी बात यानी 'स्वीकार्य' सिद्धान्तों को नहीं मानते। यह चरण 8 है।

अब देखिए कि चरण 4 से 8 तक की यात्रा करनेवाले धर्म के जो संस्करण थे, वे दूसरे अर्थ में धर्म बन चुके हैं। इन्हें आप सामाजिक व्यवस्था वाले धर्म या धर्म 'ख' पुकार सकते हैं। यानी कभी जो समुदाय ढीला-ढाला हुआ करता था अब वह ठस सिद्धान्तों, नौकरशाही और अलगाववाद के इर्द-गिर्द एक कसे हुए ढाँचे में रूपांतरित हो चुका है। अफ़सोस की बात यह है कि अब आपको धर्म 'क' का अनुयायी तभी माना जाएगा जब आप धर्म 'ख' से ताल्लुक़ रखते हों जबकि दोनों में समय के साथ बहुत अन्तर आ चुका है। चूँकि यह धर्म दो धाराओं से मिलकर बना है—धर्म 'क', जो एक गुरु की शिक्षाओं और उसके आधार पर सामूहिक आत्मचेतना से बना था और धर्म 'ख', जो संस्थागत, सिद्धान्तकृत, सत्तायुक्त और श्रेणीबद्ध ढाँचा है—तो तमाम समझदार लोग ऐसे भी होंगे जो इस धर्म से सुरक्षित दूरी बनाकर रखेंगे या उहापोह में रहेंगे। हो सकता है कि वे धर्म 'क' को मानते हों और धर्म 'ख' को नहीं।

आधुनिक धर्म

आधुनिक धर्म ऐसे ही दो धर्मों का संगम है। इसलिए वह न तो पूरी तरह अच्छा है और न ही बुरा। इसके बग़ैर कोई जी भी नहीं सकता और न ही इसकी आलोचना के बग़ैर रह सकता है। इसलिए इस धर्म के प्रति इकलौता संवेदनशील नज़रिया

इसके प्रति आलोचनात्मक सम्मान रखने में निहित है। इसके राजनीतिक और राज्य-सम्बंधी निहितार्थ व्यापक हैं। हमारे यहाँ बिना धर्म के राजनीति नहीं की जा सकती, चाहे वह दोनों में से किसी भी धारा का हो। इसीलिए गांधी के इस वक़्तव्य से नेहरू सहमत थे कि 'मैं बिना संकोच के कह सकता हूँ कि जो लोग कहते हैं कि धर्म का राजनीति से कोई लेना-देना नहीं वे धर्म का मतलब नहीं जानते।'

एक बात और है—धर्म 'ख' राजनीति को गंदा किए बग़ैर उसमें नहीं घुस सकता। इतना ही नहीं, नैतिक रूप से संवेदनशील लोग न तो राज्य और आधुनिक धर्म का पूरी तरह से अलगाव स्वीकार कर सकते हैं और न ही दोनों के बीच के परदे को इतना झीना करने की छूट दे सकते हैं कि राज्य अपनी मर्ज़ी से लोगों को धर्म 'क' चुनने और उसके मुताबिक़ धार्मिक आचार की आज़ादी को नष्ट कर दे। इसीलिए उन्हें इस बात पर ज़ोर देना चाहिए कि राज्य को सभी धर्मों से सैद्धान्तिक रूप से बराबर की दूरी बनाकर चलना चाहिए—यानी राज्य धर्म 'क' से दूर रहे और धर्म 'ख' में तभी दख़ल दे जब नैतिक रूप से यह आवश्यक हो।

35

'रिलीजन' और भारतीय संविधान

उदार लोकतांत्रिक संविधानों के कुछ अहम उद्देश्यों में हैं राजनीतिक निरंकुशता पर लगाम कसना, असहमत अल्पसंख्यकों के मूलभूत हितों की सुरक्षा करना और सभी नागरिकों को वर्तमान में ऐसे फ़ैसले लेने से रोकना जिन पर उन्हें बाद में पछताना पड़े। भारत का संविधान इस मामले में थोड़ा और गहरे उतरता है—यह संपूर्ण सामाजिक रूपांतरण की कोशिश करता है, जिसके बारे में इसमें कहा गया है—एक सामाजिक क्रान्ति को पैदा करना।

रूपांतरण के इस प्रयास का मुख्य निशाना धर्म है। यदि ऐसा है तो संविधान की यह रूपांतरकारी ताक़त एक धार्मिक समाज पर कैसे प्रभाव डालती है? इस सवाल का जवाब देने के लिए मैं पिछले निबंध में किए गए एक फ़र्क़ पर लौटूँगा—आत्मचेतना की व्यक्तिगत आचार नीति और रोज़मर्रा के आचरण के सामाजिक पैमाने के बीच का फ़र्क़। पहले से मेरा आशय जीवन और मृत्यु की एक सार्थक अवधारणा से है, जैसे इस दुनिया में जिया गया संपूर्ण जीवन, उसके

बाद दूसरी दुनिया में स्वर्ग, या पुनर्जन्म से मुक्ति यानी मोक्ष या निर्वाण या फिर ईश्वरीय आदेशों का पालन।

रोज़मर्रा के आचार-व्यवहार के सामाजिक पैमाने से मेरा आशय सामाजिक विनिमय के कर्मकांडों और उत्सवों से है, जिसमें प्राथमिक चीज़ दो व्यक्तियों के बीच के रिश्तों को नियमित करनेवाली सामाजिक कसौटियाँ हैं। मसलन, किसके साथ रिश्ते में जाना है और किसके साथ नहीं, किससे शादी करनी है, किसके साथ उठना-बैठना और खाना-पीना है, समाज में कौन क्या काम करेगा, इत्यादि। आत्मचेतना की आचार नीति और सामाजिक आचरण के मानक कभी इतने क़रीब से जुड़े हो सकते हैं कि ये मिलकर एक समग्र प्रणाली को जन्म दे सकते हैं। या फिर इनका रिश्ता इतना ढीला हो सकता है कि ये दो अलहदा प्रणालियों को जन्म दे सकते हैं।

आचार-नीति और सामाजिक मानक

अब्राहमिक परम्पराओं में आचार-नीति और सामाजिक मानकों के बीच रिश्ता कभी-कभी इतना कसा हुआ होता था कि दोनों एक ही व्यवस्था के अंग बन जाते थे। इस व्यवस्था को 'रिलीजन' (मज़हब/धर्म) कह दिया गया। यानी एक व्यक्ति यदि लैटिन ईसाई होना चुनता है तो वह तत्काल उस समूची व्यवस्था का अंग बन जाता था। मुक्ति से जुड़े ईसाई मत को मानने का सीधा-सा मतलब होता था कि वह ईसाई कर्मकांडों और समारोहों में हिस्सा लेगा और ग़ैर-ईसाइयों के साथ उसके सम्बन्ध ग़ैर-बराबरी वाले होंगे। यानी ईसाई मत वाले एक व्यक्ति का ग़ैर-ईसाई सामाजिक समारोहों में जाना और उन्हें सहन करना ग़लत होगा और वर्जित भी होगा।

इसी कारण यूरोप में 'धर्म' केन्द्रित सामाजिक क्रान्ति के तीन उद्देश्य सामने आए (1) ईसाइयत के एकाधिकार को तोड़ना और आत्मसन्तुष्टि के प्रभुत्ववादी ईसाई मत के अलावा दूसरे विकल्प मुहैया कराना—यानी आचार नीति की बहुलता क़ायम करना, (2) आचार नीति और सामाजिक मानकों के बीच के रिश्ते को थोड़ा ढीला करना, सामाजिक मानकों को ईसाई नीतिशास्त्र से मुक्त कराना और सामाजिक बराबरी के ऐसे मानक गढ़ना जो धार्मिक पहचानों से ऊपर हों—यानी धर्मनिरपेक्षता क़ायम करना, और (3) ऐसे चर्च के ख़िलाफ़ संघर्ष, जो बहुलता और धर्मनिरपेक्षता को बाधित करता हो।

यूरोप से उलट, भारतीय परम्परा में आचार-नीति और सामाजिक मानकों का आपसी रिश्ता बहुत ढीला रहा है। चूँकि सामाजिक मानकों और सत्ताओं ने बमुश्किल ही कभी आचार-नीति पर अपना प्रभुत्व गाँठने की कोशिश की, इसलिए यहाँ धर्म के क्षेत्र में बहुत नवाचार हो सका और आचार-नीति लोगों के भीतर बहुत गहरे घर कर

गई। हमेशा से ही यहाँ कई आचार-नीतियाँ मौजूद रहीं, लोगों को जिनमें से किसी को भी चुनने की छूट थी। लोग बड़ी आसानी से एक से दूसरी आचार-नीति पर जा सकते थे और कभी-कभार तो कई के एक साथ भागीदार हो सकते थे। और चूँकि सामाजिक मानक नीतिशास्त्रीय मानकों से स्वतंत्र थे तो आचार-नीति में लचीलेपन के साथ-साथ सामाजिक मानक बहुत कट्टर भी हो सकते थे। सामाजिक मानकों के कट्टर होने की मुख्य वजह थी उसके केंद्र में एक ठस और पदानुक्रमित वर्ण व्यवस्था का होना। विडम्बना है कि सामाजिक मानक और आचार-नीति यहाँ एक दूसरे के पूरक बन जाते थे—जैसे, जब तक आप वर्ण व्यवस्था के भीतर हैं, आपको अपनी मुक्ति का रास्ता चुनने यानी आचार नीति की पूरी छूट है। आप कृष्ण-भक्ति के साथ प्रेममार्गी हो सकते हैं, स्वर्ग के आकांक्षी हो सकते हैं या पुनर्जन्म के चक्र से मुक्ति और मोक्ष की प्राप्ति की ओर बढ़ सकते हैं। ऐसा कुछ भी करते हुए आप ग़ैर-बराबर सामाजिक सम्बन्धों को नियमित करनेवाले सामाजिक मानकों के साथ जी भी सकते हैं। अगर आपको ऐसे वैदिक आचार से दिक़्क़त है तो आप जैन संन्यासी का जीवन भी बिता सकते हैं, लेकिन कुछ भी कर लें पर आपकी जाति नहीं जाएगी, आप पदानुक्रमित वर्ण सम्बंधों का हिस्सा बने ही रहेंगे। जो लोग ईसाई या मुसलमान बन गए उनके साथ भी उनकी जाति क़ायम रही—उन्होंने अब्राहमिक आचार नीति को चुना लेकिन जाति-व्यवस्था से नहीं छूट सके।

भारत में 'रिलीजन'

'रिलीजन' शब्द का आविष्कार चूँकि एक एकल प्रणाली को सन्दर्भित करने के लिए हुआ था तो यह एक ऐसे उपमहाद्वीप में आसानी से लागू नहीं हो सकता था जहाँ एथिक्स (आचार-नीति) और सामाजिक मानक किसी एक इकाई का हिस्सा नहीं थे। इसके बावजूद, इस शब्द की ताक़त इतनी है कि सामाजिक मानकों और नीतिगत मानकों, दो निहायत अलहदा और विशिष्ट चीज़ों के लिए यहाँ 'रिलीजन' का ही प्रयोग किया जाने लगा। इसके कारण बहुत ज़्यादा भ्रम फैला और दिक़्क़त पैदा हुई है।

इस पहेली को समझने के लिए विज्ञान से एक आसान-सा उदाहरण लेते हैं। पानी का मतलब होता है एक ऐसी इकाई जो दो विशिष्ट और भिन्न तत्त्वों हाइड्रोजन और ऑक्सीजन से मिलकर बनी है। जब ये दो गैसें मिल जाती हैं और एक तत्त्व बनाती हैं, तब उसे हम पानी कह सकते हैं लेकिन जब दोनों घटक अपने स्वतंत्र अस्तित्व में होते हैं, तब हम उनहें हाइड्रोजन और ऑक्सीजन ही कहते हैं। दोनों अलग-अलग रहें तो क्या हम उन्हें पानी कह सकते हैं? कितनी अजीब बात होगी! इसी तरह भारत में एथिक्स और सामाजिक मानक, दोनों को धर्म (रिलीजन) कह

देना बहुत अटपटा और मूर्खतापूर्ण है। लेकिन कोई शब्द जब लोगों के दिमाग़ में घुस जाता है तो उसे निकालना इतना आसान भी नहीं होता।

कुछ विद्वानों ने इस संकट को सुलझाने के लिए धर्म का दो अर्थों में प्रयोग किया है—नैतिक धर्म और सामाजिक धर्म (पिछले लेख में जिसे हमने मोटे तौर पर धर्म 'क' और धर्म 'ख' का नाम दिया था)। यह प्रयोग उतना सन्तोषजनक तो नहीं है, लेकिन फ़िलहाल के लिए इसे हम स्वीकार कर लेते हैं और कह सकते हैं कि भारत में नैतिक धर्मों की जबरदस्त बहुलता मौजूद है। इसके बावजूद तमाम नैतिक धर्मों के अनुयायी मोटे तौर से एक ही जातिग्रस्त सामाजिक धर्म के भागीदार होते हैं।

इससे हमें हमारे संविधान और भारत के धर्मों के बीच का रिश्ता समझने में क्या मदद मिल सकती है? यूरोप में लोगों को आचार-नीति या नैतिक धर्म की बहुलता के लिए बाक़ायदा लड़ना पड़ा था। हमारे यहाँ की कहानी अलग है। अव्वल तो हम अपने यहाँ पहले से ही मौजूद नैतिक धर्मों की बहुलता को क़ायम रखने की पूरी कोशिश करते हैं और इन सब धाराओं को एकरस बनाने या किसी को अलगाव में डालने के ख़िलाफ़ संघर्ष करते हैं। इस लड़ाई में भारत का संविधान हमारी मदद करता है। दूसरे, सामाजिक मानकों और नैतिक धर्म के बीच क़रीबी रिश्ते को बनने से रोकते हुए भारतीय संविधान यह भी सुनिश्चित करता है कि हमारे यहाँ 'रिलीजन' या धर्म अपनी मूल परिकल्पना में न आ जाए, जैसी लैटिन ईसाइयत रही है या आज सउदी अरब का इस्लाम है। अन्ततः, संविधान का मुख्य उद्देश्य प्रभुत्ववादी सामाजिक धर्म के केंद्रीय तत्त्व को नष्ट करना है—यानी ऊँच-नीच वाली जाति व्यवस्था। यही चीज़ अकेले हमारे संविधान को सामाजिक क्रान्ति के एक औज़ार में तब्दील कर देती है।

36

न्यायपालिका की संवैधानिक फिसलन

जनवरी 2017 में सुप्रीम कोर्ट ने जन प्रतिनिधित्व क़ानून की धारा 123(3) के सम्बंध में अभिराम सिंह बनाम सीडी कोम्माचेन के मुक़दमे में एक फ़ैसला दिया था। उस फ़ैसले में एक न्यायाधीश जस्टिस टी.एस. ठाकुर ने बहुत सही टिप्पणी की थी कि अदालतों को भारत की संवैधानिक भावना के प्रति संवेदनशील होना चाहिए, जिसके

मूल में सेक्युलरिज़्म (धर्मनिरपेक्षता) है। एस. राधाकृष्णन और अन्य मुक़दमों का उद्धरण देते हुए जस्टिस ठाकुर ने इस फ़ैसले में धर्मनिरपेक्षता का अर्थ बतलाया था : एक धर्मनिरपेक्ष राज्य को किसी धर्म विशेष के साथ सम्बद्ध नहीं होना चाहिए या उससे नियंत्रित नहीं होना चाहिए। यह न तो किसी ईश्वर का समर्थक होता है और न ही ईश्वर-विरोधी होता है।'

यह बात बहुत मार्के की है। अगर किसी धर्म-विशेष से राज्य अपनी सम्बद्धता जतलाने लगेगा तो इसका मतलब कि वह उसे तरज़ीह दे रहा होगा—यह समानता के सिद्धान्त का हनन होगा। किसी एक धर्म को तरजीही मान्यता का सीधा-सा अर्थ है बाक़ी धर्मों को दोयम दरजे तक सीमित कर देना। यह निहायत ही भेदभावपूर्ण होगा। इसके अलावा, ऐसी कोई भी तरजीह सामाजिक और राजनीतिक दायरे में तमाम क़िस्म की कमज़ोरियाँ को पैदा कर देती है और उसके बाद भेदभाव का ऐसा दुष्चक्र शुरू हो जाता है जिसे किसी लोकतंत्र में बरदाश्त नहीं किया जा सकता। न्यायाधीश निष्कर्ष के तौर पर कहते हैं कि '...इसका अनिवार्य निहितार्थ यह है कि धर्म देश के शासन में कोई भूमिका नहीं निभाएगा...राज्य की धर्मनिरपेक्ष गतिविधियों में धर्म का अतिक्रमण पूर्णत: वर्जित है।'

सिक्के का दूसरा खोटा पहलू

भारतीय धर्मनिरपेक्षता का दूसरा लक्षण वे बताते हैं कि यह धर्म को नकारता नहीं है। एक सेक्युलर राज्य का मतलब 'किसी अदेखी ताक़त या जीवन में धर्म की प्रासंगिकता' का नकार नहीं है या अधर्म को प्रोत्साहन देना नहीं है। इसके उलट, राज्य हर किसी को अपने धर्म को मानने, स्वीकार करने और प्रसारित करने की आज़ादी की गारंटी देगा। यही सिक्के का दूसरा पहलू है, जो कि गड़बड़ है। 'राज्य सत्ता और धर्म' को आपस में मिलाने पर बन्दिश का एक आशय यह है कि राज्य के ऊपर किसी धर्म के मुक्त अभ्यास पर बन्दिश न लगाने की बाध्यता है। संक्षेप में, एक राज्य तभी सेक्युलर है जब वहाँ राज्य सत्ता और धर्म को एक दूसरे से अलग रखा जाए, और यह अलगाव अन्तरधार्मिक समानता, भेदभावहीनता तथा धार्मिक स्वतंत्रता के अधिकतम उपभोग की सुरक्षा के लिए ज़रूरी हो।

यह व्याख्या आंशिक रूप से सही है हालाँकि इसमें भारतीय धर्मनिरपेक्षता का एक विशिष्ट लक्षण नदारद है। यह अदालती फ़ैसला उपयुक्त ही किसी सेक्युलर स्टेट की एक धर्म-विशेष या अधार्मिक दर्शन के साथ सम्बद्धता को नकारता है, लेकिन इसके आधार पर यह निष्कर्ष ग़लत निकलता है कि राज्य और धर्म एक दूसरे के मामले में दख़ल नहीं दे सकते। सच तो यह है कि भारतीय संविधान राज्य को धर्म के मामलों में वैध हस्तक्षेप करने की छूट देता है। इसी तरह, वह

धार्मिक मसलों को भी शासन में प्रवेश करने की छूट देता है। अमेरिका में जो धर्म और राज्य के बीच दीवार खड़ी की गई है, वैसी भारत में नहीं है। यहाँ धर्म और राज्य का एक दूसरे के मामले में वैध हस्तक्षेप संवैधानिक माना गया है। दोनों के बीच बेशक दूरी है, लेकिन दोनों पूरी तरह अलग नहीं हैं।

शासन में धर्म

अव्वल तो यह जान लें कि राजकीय दख़ल हमेशा धर्म को प्रतिबंधित नहीं करता, बल्कि धर्म के मुक्त अभ्यास को सुगम बनाता है। किसी धार्मिक समुदाय को मान्यता देना राज्य के तईं एक सकारात्मक कृत्य है। धार्मिक अल्पसंख्यकों को मान्यता देना (अनुच्छेद 25 और 26) राजकीय दख़ल का उदाहरण है। इसके माध्यम से धार्मिक अल्पसंख्यक अपने शैक्षणिक संस्थान स्थापित कर के चला सकते हैं, जो कि बड़े धार्मिक समुदाय नियमित तौर से करते ही रहते हैं और जिसके लिए उन्हें किसी विशेषाधिकार की ज़रूरत नहीं होती। इतना ही नहीं, सारे धार्मिक समूह, चाहे बड़े हों या छोटे, अपने शैक्षणिक संस्थानों को चलाने के लिए उन्हें राज्य से सब्सिडी पाने का हक़ है। इसी तरह, भारतीय राज्य ही तय करता है कि किन धार्मिक त्योहारों को सरकारी छुट्टी घोषित किया जाना है। यानी यह कहना कि धर्म इस देश के राजकाज में कोई भूमिका नहीं निभाता, ग़लत बात है।

दूसरे, यदि धर्मों के सिद्धान्त और आचार के भीतर ऊँच-नीच पर आधारित जातिगत ढाँचा और पितृसत्ता निहित है, तब अस्पृश्यता पर संवैधानिक प्रतिबंध, जाति और लैंगिकता से इतर सभी हिन्दुओं के लिए मन्दिरों को खोला जाना और हिन्दू व मुस्लिम पर्सनल लॉ बोर्ड में अतीत में किए गए और आगे होनेवाले न्यायिक सुधार इस बात को दर्शाते हैं कि राज्य बड़ी आसानी से धर्म के क्षेत्र में दख़ल दे सकता है। ज़ाहिर है, फिर राज्य तब भी धर्म में दख़ल दे सकता है जब धार्मिक या जातिगत साम्प्रदायिकता सामाजिक सद्भाव को बिगाड़ने लगे। भारतीय धर्मनिरपेक्षता धर्म के प्रति नहीं, जाति और धार्मिक साम्प्रदायिकता के प्रति विरोधी रुख़ रखती है। राज्य को जो मूल्य धर्म के मामलों में दख़ल देने से रोकते हैं—जैसे आज़ादी, बराबरी और सामाजिक सद्भाव—वही मूल्य उसे धर्म में दख़ल देने में सक्षम भी बनाते हैं और राज्य के भीतर धार्मिक सरोकारों के प्रवेश को अनुमति देते हैं।

संक्षेप में, भारतीय धर्मनिरपेक्षता का एक ख़ास लक्षण यह है कि वह धर्म और राज्य के बीच अलगाव की दीवार को नकारती है लेकिन यह माँग करती है कि राज्य सभी धर्मों से एक सैद्धान्तिक दूरी क़ायम रखेगा। इसकी माँग यह है कि राज्य धर्म के साथ मूल्य-आधारित रिश्ता बनाएगा। भारतीय अदालतों को इस

सैद्धान्तिक दूरी का पालन करना होगा और धर्म व राज्य के बीच सख़्त अलगाव वाला जुमला त्यागना होगा।

37

क्या धर्म को अकेला छोड़ दे राज्य?

सबरीमाला मन्दिर के मामले में आया फ़ैसला और उसके बाद के घटनाक्रम ने धर्म में राज्य के हस्तक्षेप का मसला एक बार फिर जगा दिया है। सरकारें धर्म में दख़ल देने के बजाय क्या उन्हें अकेला छोड़ दें? इसका उत्तर बहुत सीधा नहीं है। यह बहुत कुछ इस पर निर्भर करता है कि धर्म से आप क्या समझते हैं।

धर्म इनसानी जीवन के उस पहलू से ताल्लुक़ रखता है जहाँ हम निजी आस्था या सामूहिक अभ्यास से अलौकिक के साथ जुड़ते हैं। यह अलौकिक तत्त्व या तो इंसानों के भीतर मौजूद माना जा सकता है या फिर ब्राह्मांड में कहीं स्थित सर्वोच्च शक्ति के रूप में देखा जा सकता है। धर्म दरअसल इसी सर्वसत्ता तक पहुँचने के लिए और गहरे उतरने व और ऊँचे जाने का आध्यात्मिक अभ्यास है। ऐसे अभ्यासों की अनगिनत क़िस्में मौजूद हैं। मोटे तौर पर यह तीन क़िस्म की हैं—एक देवता पर निर्भर, देवी-देवताओं पर निर्भर और देवी-देवताओं से स्वतंत्र। इस धर्म को सुविधा के लिए हम आस्था कह सकते हैं (इससे पहले के लेख में इसे ही मैंने नैतिक धर्म या धर्म 'क' कहा है)।

अब सवाल है कि क्या सरकार को हमारी आस्थाएँ अकेले में छोड़ देनी चाहिए तो सीधा-सा जवाब समझ में आता है—हाँ। इसका अर्थ यह नहीं कि सरकार का दख़ल हमेशा अनावश्यक ही होता है। मसलन, कुछ सामूहिक कर्मकांडों में मानव बलि की प्रथा है। यहाँ राज्य को हस्तक्षेप करना चाहिए। मोटे तौर पर यह मान्यता है कि सरकार को आस्थाओं में दख़ल नहीं देना चाहिए।

संगठित धर्म में दख़ल

हालाँकि यह सामान्य बात है कि जैसे-जैसे आस्था-आधारित समुदाय विशाल होते जाते हैं, उन्हें नियमों में बँधने की ज़रूरत महसूस होने लगती है, ताकि वे स्थायी और टिकाऊ हो सकें। इसीलिए वे अपना सांस्थानीकरण कर लेते हैं। सांस्थानीकरण

की प्रक्रिया में उसके भीतर ताक़त और हैसियत की दरजेदार परतें बनना शुरू हो जाती हैं। फिर कुछ के हाथ में ज़्यादा ताक़त आ जाती है। उनके और बाक़ी के बीच ग़ैर-बराबरी बढ़ती जाती है। ये ताक़तवर लोग फिर धीरे-धीरे आध्यात्मिक अभ्यासों का सैद्धान्तीकरण करने लग जाते हैं और इन्हें ठोस उपदेशों में तब्दील कर देते हैं। फिर वे इन सिद्धान्तों की शुद्धता का हवाला देने लग जाते हैं और अपने अनुयायियों को सही और ग़लत में बाँटने के लिए कड़े नियम बना देते हैं। विधर्मियों के लिए वे कड़े और हिंसक दंड तामील करते हैं। इस तरह वे समुदाय को दरवाज़े के भीतर क़ैद कर देते हैं और भीतर आने-जाने के नियम बना देते हैं। विधर्म, पाप और कुफ़्र की अवधारणाएँ यहीं से जन्म लेती हैं। पूरा समाज धार्मिक दंड-विधान के हिसाब से जीने लग जाता है। यह आस्थागत समुदाय को संस्थागत बनाने की प्रक्रिया ही चर्चों, मठों और संघों को जन्म देती है। ऐसा बन जाने के बाद आप इस संस्थागत धर्म का सदस्य हुए बग़ैर इसके आध्यात्मिक अभ्यास में नहीं जा सकते हैं। यही धर्म 'ख' है। सवाल उठता है कि क्या राज्य को कुछ ख़ास लोगों द्वारा नियंत्रित धार्मिक संस्थाओं द्वारा भेदभाव, बहिष्करण, हाशियाकरण, शर्मिन्दगी, उत्पीड़न और दंड को अनुमति देनी चाहिए या फिर यह सुनिश्चित करना चाहिए कि जो लोग इस आस्थागत समुदाय के भीतर हैं वे उन्मुक्त और प्रतिष्ठाजनक जीवन जी सकें? इस पर मेरा विचार बहुत साफ़ है। किसी भी सरकार को बहुत सावधानीपूर्वक, ख़याल रखते हुए संगठित धर्म में दख़ल देना चाहिए ताकि वह न सिर्फ़ उस समुदाय के भीतर, बल्कि दूसरे धार्मिक समुदायों के लोगों के ऊपर भी वर्चस्व क़ायम करने सम्बन्धी कृत्यों को रोक सके।

धर्म का प्रयोग एक तीसरे अर्थ में भी होता है। यहाँ धर्म न तो आस्था से आशय रखता है और न ही संस्थानों से, बल्कि उसका सम्बन्ध ऐतिहासिक रूप से चली आ रही परम्पराओं के साथ होता है जो जीवन जीने की संपूर्ण पद्धति से जुड़ी होती हैं। जब कुछ लोग कहते हैं कि हिन्दू धर्म कोई धर्म नहीं बल्कि जीवन जीने की एक पद्धति है तो उनका आशय इसी से होता है। धर्म यदि वाक़ई जीवन जीने की एक संपूर्ण पद्धति है, तब तो धर्म, समाज और संस्कृति के बीच का फ़र्क़ ही मिट जाएगा। यानी समाज में पाए जानेवाले ऊँच-नीच और वर्चस्व के सभी रिश्ते धर्म के लिए भी सही हो जाएँगे। जीवन जीने की पद्धति वाली हिन्दू धर्म की अवधारणा में इसीलिए जातिगत और लैंगिक ऊँच-नीच उतनी ही धार्मिक है जितनी सामाजिक। यहीं आ कर जातिगत वर्चस्व और लैंगिक हिंसा हिन्दू धर्म का अभिन्न अंग बन जाते हैं। अब जिस राज्य ने स्वतंत्रता और बराबरी को अपनी बुनियाद माना है, वह हिन्दू जीवन-पद्धति के भीतर मौजूद ऐसे प्रतिगामी व्यवहारों की ओर से आँखें कैसे मूँदे रह सकता है? यानी, संक्षेप में कहें तो धर्म को यदि जीवन जीने की पद्धति माना जाए तब राज्य धर्म में हस्तक्षेप करने को कर्तव्यबद्ध हो जाएगा।

ऐसे में इस सवाल का जवाब—कि क्या सरकारों को धर्म को अकेला छोड़ देना चाहिए—एक सपाट ना में होगा।

सैद्धान्तिक दूरी क़ायम रखना

हमने देखा कि ऊपर उठाए सवाल के जवाब में हमेशा सपाट ढंग से हाँ या ना नहीं कहा जा सकता क्योंकि धर्म एक जटिल और नैतिक रूप से उभय परिघटना है। दशकों तक अपने काम में मैंने लगातार माना है कि धर्म और राज्य के बीच पूर्ण अलगाव ठीक नहीं है। राज्य न तो धर्म के हर पहलू को नियंत्रित करने का निर्णय ले सकता है और न ही उससे पल्ला झाड़ सकता है। चाहे जो भी हो जाए, वह धर्म से ख़ुद को एक हाथ की दूरी पर ही रखेगा। जैसा कि मैंने कहा, राज्य को सभी धर्मों से एक सैद्धान्तिक दूरी बनाकर चलनी होगी।

इस सन्दर्भ में क़ानून और सार्वजनिक नीति की शक्ल कैसी हो? जहाँ तक सैद्धान्तिक दूरी वाले नज़रिये का सवाल है, राज्य को ऐसे धर्मों के मामले में कोई क़ानून या नीति बनाने की ज़रूरत नहीं है जिनके भीतर नियंत्रण, ऊँच-नीच या अलगाव के तत्त्व न हों। हम कौन-सी आस्था को मानते और व्यवहार में लाते हैं, राज्य को इससे भी कोई मतलब नहीं होना चाहिए। एक देवता में आस्था, तमाम देवी देवताओं में आस्था या ईश्वर-निरपेक्ष मानवीय गुणों में आस्था अथवा तर्कशीलता में आस्था, इन सब को राज्य के हस्तक्षेप से मुक्त रहना चाहिए। इसके साथ ही एक न्यायपूर्ण, समतावादी और स्वतंत्रता का सम्मान करनेवाला राज्य समाज के भीतर मौजूद अन्तरधार्मिक वर्चस्व या धर्मों के भीतर के वर्चस्व के प्रति अपने कर्तव्य से पल्ला नहीं झाड़ सकता। इसीलिए तीन तलाक को प्रतिबंधित करनेवाले या सबरीमाला जैसे मन्दिरों में औरतों के प्रवेश पर प्रतिबंध को ख़त्म करनेवाले क़ानून बनाए जाने चाहिए। जो प्रथाएँ औरतों के लिए अपमानजनक हैं, उन्हें जाना ही चाहिए।

मैंने लगातार कहा है कि भारत में सेक्युलरिज़्म को ऐसे ही देखा जाता है, न कि किसी राजनीतिक चश्मे से जो कि राज्य द्वारा धर्म पर निरंकुश नियंत्रण या उसके प्रति ढीलेढाले उदारवादी रवैये को प्रोत्साहित करे; बल्कि राज्य की भूमिका ऐसी हो जो मूल्य आधारित राजनीतिक या क़ानूनी निर्णय की बुनियाद पर एक लचीली और परिष्कृत नीति को प्रोत्साहित करती हो—इस सवाल पर कि धर्म में दख़ल देना है या नहीं। धर्मनिरपेक्षता की यह सैद्धान्तिक दूरी वाली क़िस्म भारतीय संविधान का एक ऐसा मौलिक व नैतिक आयाम है, जो भारत की ओर से बाक़ी दुनिया के लिए नजीर है।

38
लोकप्रिय धार्मिकताओं की आन्तरिक जटिलता

अपनी सांस्थानिक ताक़त और आध्यात्मिक प्रभामंडल का इस्तेमाल करते हुए अश्लील ढंग से अपनी प्रसिद्धि, पैसे और बल का प्रदर्शन बुरी चीज़ है। हाल के दिनों में हालाँकि ऐसे ढेरों स्वयंभू धर्मगुरु हमारे सामने यौन अपराधी के रूप में सामने आ रहे हैं जो अपने अनुयायियों का भयंकर शोषण करते हैं, औरतों से बलात्कार करते हैं और पुरुषों को नपुंसक बना देते हैं। इसीलिए जब अपना सच उजागर करनेवाले पत्रकार रामचंद्र छत्रपति के हत्यारे डेरा सच्चा सौदा के प्रमुख गुरमीत राम रहीम को बलात्कार का दोषी मानते हुए बीस साल की क़ैद की सज़ा हुई तो थोड़ी राहत की साँस आई।

भले ही यह खबर आश्वस्त करनेवाली रही, लेकिन बाद में यह जानकर बहुत चिन्ता हुई कि उसका विभिन्न राजनीतिक दलों के साथ बहुत क़रीब का रिश्ता था। बहुत समय नहीं हुआ जब केंद्र सरकार ने उसे एयरपोर्ट पर वीआइपी लाउंज के इस्तेमाल का अधिकार दिया था जो केवल प्रधानमंत्री, राष्ट्रपति और दूसरे राष्ट्राध्यक्षों को उपलब्ध होता है। इससे भी बुरी बात यह थी कि हरियाणा की भाजपानीत खट्टर सरकार ने उसके सामने घुटने टेक दिए।[6] फ़ैसला आने से पहले राज्य की भाजपा सरकार ने राम रहीम के अनुयायियों को भारी संख्या में जुटने दिया, यह जानते हुए भी कि वे भारी असलहा-बारूद से लैस हैं। इस तरह भाजपा ने हरियाणा में अपनी वोट बैंक की विशिष्ट राजनीति को ही धता बता डाला।

ये सब बहुत शर्मनाक और चौंकानेवाला रहा। डेरा सच्चा सौदा का केस हालाँकि कुछ और मुद्दे उठाता है। अगर आपके आँख और कान खुले हैं तो आप पाएँगे कि राम रहीम जैसी सामाजिक परिघटनाएँ सामाजिक रूप से कितनी जटिल होती हैं और इनके भीतर कितनी नैतिक उहापोह छुपी होती है। ऐसे किसी भी संगठन की एक निष्पक्ष पड़ताल हमें सीधे संस्थागत धार्मिक वर्चस्व और धार्मिक विविधता के मसलों तक ले जाती है।

---

6. पीटीआई, 'Harayana CM Manohar Lal Khattar Admits There Were Lapses in Handling Dera Situation', *द इकॉनॉमिक टाइम्स*, 25 अगस्त, 2017 https://economictimes. indiatimes.com/news/politics-and-nation/haryana-cm-manohar-lal-khattar-admits-there-were-lapses-in-handling-dera-situation/articleshow/60226072.coms?from=mdr

धार्मिक विविधता के स्वरूप

धार्मिक विविधता का मसला लें। इसकी दो क़िस्में मेरे दिमाग़ में आती हैं—पहली, धर्मों की विविधता, यानी समाज में ऐसी आबादी का मौजूद होना जो परस्पर विशिष्ट और विभाजित अलग-अलग धर्मों में आस्था रखती हो, जैसे हिन्दू, ईसाई, यहूदी या इस्लाम; दूसरी है धर्म के भीतर मौजूद विविधता। यहाँ क्षैतिज विविधता के दर्शन होते हैं—जब दर्शन और मान्यताओं की अलग-अलग व्याख्या के चलते एक ही धर्म के भीतर धाराएँ बन जाती हैं। यह व्याख्या मुख्यत: धार्मिक अभिजात्यों की तरफ़ से आती है, जैसे ईसाइयों में प्रोटेस्टेंट, रोमन कैथोलिक, ग्रीक रूढ़िवादी; मुसलमानों में शिया, सुन्नी, अहमदिया, इस्मायली, आदि; और हिन्दुओं में वैष्णव, शैव और शाक्त।

जिस चीज़ पर हमारा कम ध्यान जाता है वह है धर्मों के भीतर ऊर्ध्व विविधता का मौजूद होना। ऐसा तब होता है जब एक ही धर्म के लोग विविध आचारों में लिप्त होते हैं जिनके बीच ग़ैर-बराबरी होती है। मसलन, एक धर्म यह व्यवस्था कर सकता है कि उसके माननेवाले कुछ ख़ास क़िस्म के आचार करें और कुछ ख़ास तरीक़ों से दूर रहें। जैसे, वर्णाधारित हिन्दू धर्म में शुद्ध और अशुद्ध का बहुत साफ़ भेद है। कुछ ख़ास जातियों के आचार को शुद्ध माना जाता है और इनसे दूसरी जातियों के लोगों को बाहर रखा जाता है। जैसे, दलित औरतों को मन्दिरों के गर्भगृह में जाने की मनाही हो सकती है और कई मामलों में तो कुछ मन्दिरों के परिसरों में भी घुसना उनके लिए वर्जित होता है। इसका मतलब यह नहीं है कि समाज के ऐसे वंचित वर्ग धार्मिक या आध्यात्मिक होना छोड़ देते हैं। वे अपने भगवान गढ़ लेते हैं (अपने देवालय भी, जिनमें भूत-प्रेत, पुरखे और देवता बना दिए गए नायक प्रतिष्ठित हो सकते हैं), अपने गुरु बना लेते हैं, पूजा-अर्चना के अपने तरीक़े विकसित कर लेते हैं। यह सब कुछ अक्सर उच्चवर्णीय हिन्दू धर्म से दूरी पर होता है और कभी-कभार टकराव में भी आ जाता है। ऐसे उदाहरणों में हम तक़रीबन सभी जातियों की औरतों में प्रचलित गीत आधारित भक्ति या 'निचली जातियों' में यौगिक आचार को गिन सकते हैं। ये अपने आप में विविधता के वाहक हैं।

ऐसी ऊर्ध्व विविधता के भीतर जो तत्त्व है, उसका ज़िक्र हमें पहले ही कर देना चाहिए था। हर क़िस्म की विविधता, चाहे धार्मिक ही क्यों न हो, सत्ता-सम्बन्धों के भीतर काम करती है। यदि ऐसा है तो हर धार्मिक समाज के भीतर सत्ता का दुरुपयोग भी अनिवार्यत: होता होगा जहाँ किसी एक समूह के हितों को दूसरे समूह के कृत्य ख़तरे में डालते होंगे। इसका मतलब यह हुआ कि धार्मिक रूप से विविध समाजों के भीतर धर्मों के बीच और धर्मों के भीतर भी वर्चस्व की गुंजाइश होती है (यानी भेदभाव, हाशियाकरण, शर्मिन्दगी, अलगाव और ऊँच-नीच की प्रथा)। संक्षेप में,

यह वर्चस्व धर्मों (जैसे हिन्दू और मुसलमान) के बीच धर्मों के भीतर (जैसे शिया और सुन्नी) और यहाँ तक कि वंचितों के धार्मिक पंथों में (जैसे ओबीसी, दलित और आदिवासी में महिलाओं का प्रभुत्व) भी मौजूद हो सकता है।

डेरा सच्चा सौदा का केस

अब मैं अपने मूल बिंदु पर लौटता हूँ—डेरा सच्चा सौदा के मामले में हमने धर्म के भीतर वर्चस्व का एक अत्यंत घातक उदाहरण देखा है। यहाँ अनुयायियों का उन्हीं के चुने हुए गुरु द्वारा उत्पीड़न होता है, चाहे वह आदमी हो या औरत। यहाँ जो हुआ है उसकी कैसी भी निंदा पर्याप्त नहीं होगी, लेकिन ऐसे संगठनों के ऐतिहासिक गठन पर क़रीबी निगाह डालें तो हम पाते हैं कि अन्तरधार्मिक या आन्तरधार्मिक वर्चस्व के मामले में इनका भीतर से प्रतिरोध नहीं होता।

डेरा सच्चा सौदा 1948 में बना था। इसे एक आध्यात्मिक गुरु मस्ताना बलूचिस्तानी ने बनाया था। इसका जन्म प्रतिरोध से हुआ था लेकिन धीरे-धीरे इसने संगठित हिन्दू धर्म, इस्लाम और सिक्खी पर अपना दावा ठोंकना शुरू कर दिया। डेरा की शिक्षाएँ बहुत सरल हैं—कुछ मंत्र जपना, ध्यान लगाना और अपने से पार जाना। इसके अनुयायियों को कुछ निर्देश होते हैं, जैसे कर्मकांड से दूर रहें और पैसे में धार्मिक चंदा न दें। आश्रमों में लंगर और पानी का इंतजाम रहता है। यहाँ समावेशी माहौल होता है। इसके अनुयायी हिन्दू, मुसलमान, ईसाई और सिक्ख सभी हैं। इनमें ज़्यादातर दलित और मज़दूर तबक़े से हैं। ज़ाहिर है, गुरमीत सिंह ने मस्ताना की मूल धार्मिकता को अब त्याग दिया है और यहाँ अपनी लोकप्रियता, धन-दौलत और ताक़त की एक चमकदार दुनिया बना डाली है। अपने सत्संग के दौरान हालाँकि वह हिन्दू, मुस्लिम, सिक्ख और ईसाई चारों धर्मों के प्रतीकों के साथ बैठता था और सबसे ज़्यादा ग़रीब-गुरबा को आकर्षित करता था।

कम से कम अपने जन्म के वक़्त एक गुरु और आम लोगों की उसके प्रति आस्था से उपजे ऐसे लोकप्रिय धार्मिक पंथ वैयक्तिकता और निजी आज़ादी को प्रोत्साहित करते हैं, समतावादी होते हैं, लोगों की शारीरिक और मानसिक सेहत को केंद्र में रखते हैं और सभी के लिए इसी दुनिया में आनंद की प्राप्ति की बात करते हैं। ऐसा करते हुए वे प्राचीन हिन्दू धर्म के भीतर मौजूद लचीलेपन और प्रवाह को वापस पुष्ट करते हैं। इन संगठनों के ऐसे आयामों की उपेक्षा करना या इन्हें नज़रंदाज करना इसीलिए सही नहीं होगा—कुल मिलाकर ये भी समूचे धार्मिक परिदृश्य का अंग ही हैं और इनका सबसे बड़ा योगदान यह है कि ये अन्तरधार्मिक और आन्तरधार्मिक वर्चस्व को चुनौती देते हैं। इसके अलावा, ये पंथ बड़े, ताक़तवर और एकाश्म धर्मों द्वारा धर्म को एकरस बनाने की कोशिशों के ख़िलाफ़ मज़बूत दीवार के जैसे हैं,

कम से कम तब तक जब तक कि ये उनके पालतू नहीं हो जाते। इसलिए गुरमीत राम रहीम के किए अपराध एक तरफ़ लेकिन ज़रूरी है कि इन लोकप्रिय धार्मिक पंथों और गुरु आधारित धार्मिक धाराओं की भूमिका को समझा जाए।

39

संवैधानिक धर्मनिरपेक्षता या अवसरवादी पार्टी सेक्युलरवाद?

दुनिया में कुछ ही देश ऐसे होंगे जहाँ भारत की तरह धर्मनिरपेक्षता इतनी ज़्यादा बहसतलब चीज़ होती होगी। यहाँ तो लगातार इस शब्द का बहुत दुरुपयोग हुआ है और इसे ख़ूब गालियाँ पड़ी हैं। भारत में और कोई शब्द नहीं है जिसे इतना पीटा गया हो कि वह निरर्थक बन चुका हो। हो सकता है कि सेक्युलरिज़्म के इर्द-गिर्द मची चीख-पुकार वह क़ीमत हो, जो अपने देश के सार्वजनिक और राजनीतिक विमर्श में इसके अभिन्न अंग बनने की प्रक्रिया में हमें चुकानी पड़ रही हो।

एकाध दशक पहले तक भारतीय सेक्युलरिज़्म पर इसके विरोधियों द्वारा आरोप लगाया जाता था कि यह धर्म-विरोधी है। धीरे-धीरे इस पर अल्पसंख्यक-समर्थक की मुहर लगा दी गई। हाल के दिनों में हमें लगातार कहा जा रहा है कि या तो धर्मनिरपेक्षता को चुन लो या फिर विकास को, गोया सेक्युलर होना विकासविरोधी होना हो। एक अजीबोग़रीब घटनाक्रम में जुलाई 2017 में हमने देखा कि कैसे बिहार में धर्मनिरपेक्षता और भ्रष्टाचार को एक दूसरे का जुड़वाँ भाई ठहरा दिया गया और कहा गया कि सेक्युलरिज़्म के अलमबरदार ख़ुद भ्रष्टाचार में आकंठ डूबे हुए एक उछाल मार रही अर्थव्यवस्था की गति को रोक रहे हैं।

सेक्युलरिज़्म की यह गति हुई कैसे? यह कहानी वैसे तो बहुत जटिल है और यहाँ मैं उसकी भूमिका भी नहीं लिख पाऊँगा, फिर भी इस कहानी का एक सूत्र संक्षेप में यहाँ रखना चाहूँगा—संवैधानिक धर्मनिरपेक्षतावाद का पतन, जिसे मैं पार्टी सेक्युलरवाद कहना पसन्द करता हूँ।

यूरोपीय और भारतीय सेक्युलरिज़्म

ये दो क़िस्में क्या हैं? भारत के संवैधानिक धर्मनिरपेक्षतावाद को समझने के लिए हमें उसे धर्मनिरपेक्षता की यूरोपीय अवधारणाओं के बरअक्स रखकर देखना होगा।

यूरोप में लैटिन ईसाइयत जब खंडित हुई, तब उसने कई धार्मिक युद्धों को जन्म दिया। विधर्मियों के बहिष्कार और सफाये ने वहाँ मोटे तौर पर एकल धर्माधारित समाज बनाए। हर यूरोपीय राज्य ने ख़ुद को समाज के एक या दूसरे प्रभुत्वशाली चर्च के साथ जोड़ लिया। मसलन, इंग्लैंड एंग्लिकन हो गया, स्कैंडिनेविया लूथरन हो गया, स्पेन और इटली कैथोलिक बन गए, डेनमार्क काल्विनिस्ट हो गया, इत्यादि। कालांतर में हालाँकि यह महसूस किया गया कि चर्च राजनीति में बहुत हस्तक्षेप कर रहा है और सामाजिक उत्पीड़न को जन्म दे रहा है। इसके बाद समाज को चर्च से मुक्त करने यानी चर्च की ताक़त को छीनने का एक अभियान शुरू हुआ। राज्य और चर्च के बीच जंग छिड़ गई। इस जंग में मोटे तौर पर यूरोपीय राज्यों ने ख़ुद को बचा लिया। इस तरह, चर्च और राज्य का निर्णायक अलगाव यूरोप में और बाद में अमेरिका में सेक्युलरिज़्म का पारिभाषिक लक्षण बना।

हमारे यहाँ, कम से कम बीसवीं सदी तक परिदृश्य बिलकुल अलग था क्योंकि यहाँ धार्मिक विविधता को ख़त्म करने की कोशिशें नहीं हुई थीं। राज्य हमेशा ही विभिन्न धर्मों और धार्मिक समूहों से निपटने का रास्ता खोज निकालता था। शायद ही कोई ऐसा राज्य रहा होगा जो सभी धर्मों की सरपरस्ती न करता रहा हो। आधुनिक दौर में यही व्यवहार धार्मिक बहुलता की रक्षा का बायस बना। आधुनिक राज्य को सभी धर्मों का सम्मान करना था और किसी को भी तरजीह नहीं देनी थी। धर्मों का सम्मान करने का सीधा-सा आशय यह था कि राज्य सभी धर्मों से दो हाथ की दूरी बनाकर रखे। इसके अलावा, कुछ दूसरे मौक़ों पर राज्य का काम था धार्मिक जीवन को बेहतर बनाने में योगदान देना, मसलन धार्मिक समुदायों द्वारा चलाए जानेवाले स्कूलों को अनुदान देना। चूँकि इसी के समानांतर जाति की संस्था लगातार दलितों और औरतों का दमन कर रही थी, लिहाज़ा राज्य को वहाँ भी हस्तक्षेप करना पड़ता था जहाँ धर्म दमनकारी और ऊँच-नीच पैदा करनेवाला था। इसी के मद्देनज़र छुआछूत को प्रतिबंधित किया गया और औरतों से भेदभाव करनेवाले पर्सनल क़ानूनों में सुधार लाया गया।

भारत के संवैधानिक धर्मनिरपेक्षतावाद में शर्त है कि भारतीय राज्य न तो धर्मों का अनावश्यक ज़्यादा सम्मान करे और न ही उनका अपमान करे। राज्य द्वारा धर्मों का आलोचनात्मक सम्मान भारत की संवैधानिक धर्मनिरपेक्षतावाद की पहचान है। इसके अलावा, संविधान कहता है कि राज्य सभी धर्मों से मूल्य आधारित दूरी बनाकर रखेगा यानी उसका हस्तक्षेप या अ-हस्तक्षेप इस बात पर निर्भर करेगा कि कौन-सा क़दम स्वतंत्रता, समानता और बंधुत्व को सबसे ज़्यादा प्रचारित कर रहा है।

अवसरवाद की पैदाइश

पिछले कोई चालीस साल में हालाँकि हमने एक और क़िस्म के धर्मनिरपेक्षतावाद को उगते देखा है। इसे मैं पार्टी सेक्युलरवाद कहता हूँ। इसका अभ्यास वे राजनीतिक दल करते हैं, जिन्हें मोटे तौर पर सेक्युलर ताक़तों के नाम से पुकारा जाता है। इस सेक्युलरवाद ने मूल विचार में से सिद्धान्तों को निकाल फेंका है और उसकी जगह अवसरवाद को स्थापित कर दिया है—यानी सभी धर्मों से अवसरवादी दूरी। 'आलोचनात्मक सम्मान' में से इन दलों ने आलोचनात्मक को बाहर कर दिया और सम्मान को हर धार्मिक समूह के सबसे सनकी, सबसे मुखर, सबसे कट्टर और आक्रामक धड़े के साथ सौदेबाजी में तब्दील कर डाला। इस अवसरवाद के तहत राजनीतिक दल अब धर्मों को अपने से दूर रखते हैं या फिर हस्तक्षेप करते हैं, लेकिन तभी जब वह उनकी पार्टी या उनकी राजनीति के हितों की पूर्ति कर सके। इसी क़िस्म के अवसरवाद का नतीजा रहा कि यहाँ *सेटेनिक वर्सेज* पर प्रतिबंध लगा दिया गया, बाबरी मस्जिद/रामजन्मभूमि के ताले खोले गए, शाह बानो के मुक़दमे में औरतों को उनके अधिकारों से महरूम किया गया और बुखारी जैसे धार्मिक नेताओं के साथ सौदेबाजी की गई। धार्मिक समूहों के बीच सबसे अच्छे धड़ों का सम्मान करने के बजाय राजनीतिक दलों ने उन धड़ों के साथ सौदे किए जो सबसे कम सम्मान के लायक़ थे। यानी पार्टी सेक्युलरवाद का अर्थ हुआ राज्य और राजनीतिक दलों का सबसे खुराफ़ाती और सबसे ज़्यादा राजनीतिकृत धार्मिक समूहों के साथ अवसरवादी दूरी बरतना। ज़ाहिर है, फिर ऐसा आचार बहुसंख्यकवादी हिन्दू राजनीति के पनपने की उर्वर भूमि बन गया, जिनके प्रवक्ता अब बड़ी आसानी से सेक्युलरों के धार्मिक समूहों के साथ राजनीतिक सौदों पर सवाल कर सकते थे और इसकी आड़ में अपनी अनैतिकता को छुपा सकते थे।

यह अफ़सोस की बात है कि चुनावी राजनीति ने हमारे संवैधानिक सेक्युलरिज़्म को पूरी तरह दरकिनार कर दिया है या उसे भ्रष्ट बना दिया है। एक बात तो माननी होगी कि चुनावी राजनीति अवसरवाद को पैदा करती है। अगर आपका कुल उद्देश्य चुनाव जीतना है तो येन केन प्रकारेण आप ऐसा करेंगे। इसी बिंदु पर हमें अदालतों, आज़ाद प्रेस, सतर्क नागरिकों और नागरिक समाज कार्यकर्ताओं की ज़रूरत आन पड़ती है कि वे पहल करें और इन तथाकथित सेक्युलर दलों को आईना दिखा सकें कि उन्हें क्या करना है और क्या नहीं। मैं अकेले राजनीतिक दलों को दोष नहीं दे रहा हूँ। यह हमारी सामूहिक विफलता है। यह भार अब हम सब पर है कि कैसे महात्मा गांधी, आंबेडकर और नेहरू द्वारा मिलकर गढ़े गए धर्मनिरपेक्षतावाद का दुरुपयोग होने से उसे बचाएँ।

40

असली सेक्युलरिज़्म को कैसे बचाएँ

लोकसभा चुनाव 2019 के प्रचार से लेकर हाल के समूचे राजनीतिक विमर्श तक कोई एक शब्द यदि नदारद रहा है तो वह है धर्मनिरपेक्षता। प्रधानमंत्री नरेंद्र मोदी ने चुनाव जीतने के बाद अपने भाषण में इसका उल्लेख किया। उन्होंने कहा था कि बीते तीस साल में ज़्यादातर राजनीतिक दलों ने नक़ली धर्मनिरपेक्षता को बरता है। उनका आशय था कि उनकी सबसे बड़ी उपलब्धि इन नक़ली सेक्युलरों को बेनकाब करने की रही है। अकेले ही उन्होंने इनके सेक्युलरिज़्म को छिन्न-भिन्न कर डाला है। इस बयान के हिसाब से देखें तो मोदी के लिए नक़ली सेक्युलरिज़्म मुस्लिम तुष्टीकरण का औज़ार था। अगले ही दिन हालाँकि उन्होंने अल्पसंख्यकों का विश्वास हासिल करने की बात कही, जिन्हें उनके अनुसार बाक़ी दलों ने केवल छला है। इस बयान के बाद नक़ली धर्मनिरपेक्षता की उनकी परिभाषा बदल गई—यानी यह सेक्युलरिज़्म अल्पसंख्यकों का तुष्टीकरण नहीं करता, उनसे विश्वासघात करता है। दूसरे शब्दों में कहें तो यह अल्पसंख्यकों की वास्तविक ज़रूरतों को पूरा नहीं करता, केवल भ्रम देता है। यहाँ मोदी इस बात को मान रहे हैं कि मुसलमान वंचित जन हैं। फिर उनके हिसाब से अली धर्मनिरपेक्षता क्या होनी चाहिए? उनका जवाब था, 'सबका साथ सबका विकास' में मुसलमानों का समावेश। इसमें उन्होंने एक और जुमला जोड़ दिया, 'सबका विश्वास', यानी सबका भरोसा जीतना।

अल्पसंख्यकों में डर

अल्पसंख्यकों के प्रति बाक़ी दलों के बरताव को लेकर मोदी की बात आंशिक रूप से ही सही है, यह पूरी सच्चाई नहीं है। दूसरा सच यह भी है कि अल्संख्यकों में वास्तविक असुरक्षा मोदी के ही राजनीतिक समर्थकों द्वारा पैदा की हुई है। पिछले कुछ वर्षों में हुई मुसलमानों की भीड़ द्वारा हत्याएँ यानी लिंचिंग और इस क़िस्म की औचक हिंसा से पैदा हुआ भय का माहौल इस भयावह सच का एक अदद अंश है जो ऊपर से दिखता है। मोदी की बात इस अर्थ में सही है कि जब भी ग़ैर-भाजपा दलों की सरकारें रही हैं, ज़्यादातर दलों ने मुसलमानों को सुरक्षा मुहैया कराने से ज़्यादा कुछ ख़ास नहीं किया। यह बात अलग है कि सुरक्षा के सवाल को भी इतने हलके में नहीं लिया जाना चाहिए। भय से आज़ादी बहुत ज़रूरी चीज़ है। सिर्फ़ इसलिए कि आप मुसलमान हैं, लगातार अपनी हत्या के डर के साये में जीते रहें, यह आज़ादी का छिन जाना है। इसके बावजूद, राजनीतिक दलों ने मुसलमानों का विकास नहीं

किया है। कुछ ने तो उलटे इस समुदाय के भीतर मौजूद कट्टरता और रूढ़िवाद को बढ़ावा ही दिया है और उन्हें उनके दड़बों से बाहर निकालने में बहुत कम मदद की है। इसीलिए ऐसा सेक्युलरिज़्म आंशिक रूप से नक़ली है क्योंकि इसमें अक्सर मुस्लिमों की साम्प्रदायिकता को बरदाश्त किया गया है और देश के तमाम मुस्लिम समुदायों में मौजूद सबसे स्वार्थी और रूढ़िवादी धड़ों के साथ यारी क़ायम रखी गई है।

वास्तव में यह बहुत दुख की बात है कि चुनाव प्रचार के दौरान ऐसे नक़ली सेक्युलरवादी मुसलमानों के हक़ में बोलने में नाकाम रहे हैं। शायद, उन्हें डर रहा हो कि मुसलमानों के वास्तविक हितों की जायज़ बात करने के एवज़ में उन्हें कहीं पाकिस्तान-समर्थक, राष्ट्रविरोधी या हिन्दूविरोधी न ठहरा दिया जाए। निश्चित तौर पर ऐसे नक़ली सेक्युलरवाद ने भारत और उसके लोगों को नाकाम किया है, लेकिन भाजपा और उसके समर्थकों, ख़ासकर जिन्हें भाजपा के फ्रिंज (हाशिये पर सम्बद्ध) संगठन कहते हैं उन्हें इसका ज़्यादा दोष अपने सिर पर लेना होगा। इस स्थिति को अब बीच में से ही सही, दुरुस्त करना होगा। प्रधानमंत्री यदि ऐसी कोई प्रक्रिया शुरू कर पाए तो देश उनका आभारी होगा।

लेकिन सवाल उठता है कि प्रधानमंत्री जिस सेक्युलरवाद की बात कर रहे हैं क्या वह असली है? कम से कम सुनने में तो 'सबका साथ सबका विकास' एक मामले में ठीक जान पड़ता है कि धर्म के आधार पर किसी भी नागरिक के साथ भेदभाव नहीं होना चाहिए। बुनियादी सुविधाएँ, जैसे अच्छा स्वास्थ्य, शिक्षा, आवास और रोज़गार सभी को बराबरी से हासिल होना चाहिए, उसका धर्म चाहे कोई भी हो। यदि वे इस दिशा में कामयाब हो जाते हैं तो सेक्युलरवाद की प्राप्ति की दिशा में यह बड़ा योगदान होगा।

सेक्युलरवाद हालाँकि केवल भेदभाव और अन्य क़िस्म के अन्तरधार्मिक प्रभुत्व जैसे अलगाव, उत्पीड़न और अपमान से नहीं लड़ता। यह धर्म के भीतर भी प्रभुत्व का विरोधी है, जैसे हर समुदाय में औरतों, दलितों और असहमतों के ऊपर प्रभुत्व। उदाहरण के लिए, भारत में जाति प्रथा के ख़िलाफ़ जंग यूरोपीय दतिहास में चर्च के ख़िलाफ़ संघर्ष के तुलनीय है। यह लड़ाई सेक्युलरवाद के लिए केंद्रीय है। इसे आंबेडकर और नेहरू दोनों कह गए हैं। इसके साथ ही सेक्युलरवाद धार्मिक कट्टरता और पाखंड का भी विरोधी है। 'सबका साथ सबका विकास' में सेक्युलरवाद की ये भूमिकाएँ समाहित नहीं हैं।

ग़लत समझ

भारतीय धर्मनिरपेक्षता धर्मविरोधी नहीं है, व्यापक रूप से इस बात को समझा तो जाता है लेकिन यह बात लोगों को साफ़ नहीं है कि यह दोनों क़िस्म के संस्थागत

धार्मिक प्रभुत्व के ख़िलाफ़ है। यह भ्रम कैसे पैदा हुआ?

पहला, धर्मों के बीच प्रभुत्व के ख़िलाफ़ संघर्ष (यानी अल्पसंख्यक अधिकारों की रक्षा, बहुसंख्यक और अल्पसंख्यक साम्प्रदायिकता का विरोध) धर्मों के भीतर प्रभुत्व (धर्माधारित पितृसत्ता, ऊँच-नीच, जातिगत वर्चस्व, कट्टरता और पाखंड) के ख़िलाफ़ संघर्ष से अलग हो गया। इसने सेक्युलरवाद के अर्थ के भीतर से आतंरधार्मिक प्रभुत्व के तत्त्व को निकाल कर बाहर कर दिया। इसका नतीजा यह हुआ कि सेक्युलरवाद को केवल अल्पसंख्यक अधिकारों की रक्षा के बराबर रखकर समझा जाने लगा—इसके विरोधियों और समर्थकों दोनों के द्वारा।

यहीं से धर्मनिरपेक्षता को पहले तो मुसलमानों और ईसाइयों के हितों की रक्षा करनेवाला औज़ार समझे जाने का दरवाज़ा खुला जिससे यह धारणा बनी कि यह हिन्दुओं के किसी काम का नहीं है। इसके बाद स्वाभाविक परिणति यह हुई कि इसे तोड़-मरोड़ कर हिन्दूविरोधी और मुस्लिमसमर्थक बता दिया गया। इस तरह भारतीय धर्मनिरपेक्षता की ताक़त को उसकी कमज़ोरी बनाकर दिखाया जाने लगा और इसकी रक्षा करने का सारा बोझ केवल अल्पसंख्यकों और अल्पसंख्यक समर्थक सेक्युलरों के कंधे पर आ गिरा जबकि क़ायदे से सारे नागरिकों को इसे साझा करना था। यह ग़लत हुआ। सेक्युलरिज़्म की ज़रूरत हिन्दुओं को उनके धर्म के भीतर मौजूद वर्चस्व, फ्रिंज तत्त्वों और साथ ही धर्माधारित जातिगत व लैंगिक ऊँच-नीच का प्रसार करनेवालों से बचाने के लिए उतनी ही थी जितनी मुसलमानों को उनके यहाँ मौजूद रूढ़िवाद और कट्टरता से बचाने की थी। असली सेक्युलरवाद यही भूमिका निभाता है जबकि नक़ली सेक्युलरवाद रूढ़िवादी तत्त्वों को बचाता है और जाति व लिंग के आधार पर भेदभाव को बढ़ावा देता है।

आज सेक्युलरवाद के साथ कुछ और समस्याएँ जुड़ गई हैं। एक तो इसमें बौद्धिक नाकामी है जो सम्प्रदायवाद और साम्प्रदायिकता के बीच फ़र्क़ नहीं कर पाती। सम्प्रदायवाद का इतना ही मतलब है कि एक व्यक्ति आंशिक रूप से अपनी धार्मिक/दार्शनिक प्रतिबद्धताओं से परिभाषित होता है। इसलिए यह दावा करना कि हम हिन्दू हैं या मुसलमान, सिख, ईसाई, नास्तिक आदि, पूरी तरह सही है क्योंकि ऐसा कर के हम अपने समुदाय के प्रति गर्व को ज़ाहिर करते हैं या सही वजह मौजूद होने पर शर्मिन्दा भी हो सकते हैं।

साम्प्रदायिकता अलग चीज़ है। यहाँ एक समुदाय की पहचान, अस्तित्व और हितों को दूसरे समुदाय के बरअक्स विरोधी नज़रिये से देखा जाता है। अगर आपको ऐसा लगता है कि आप मुसलमानविरोधी हुए बग़ैर हिन्दू नहीं हो सकते, तब आप साम्प्रदायिक हैं। साम्प्रदायिकता का मतलब है सम्प्रदायवाद का सड़ जाना, एक दूसरे को स्थायी जंग में मुब्तिला मानते हुए दूसरे को अपना दुश्मन समझना। भारत के हर समझदार आदमी को ऐसी साम्प्रदायिकता के विरोध में होना होगा लेकिन

किसी को भी जायज़ सम्प्रदायवाद को ख़ारिज करने का अधिकार नहीं होना चाहिए। सम्प्रदायवाद को साम्प्रदायिकता के बराबर रखना क़तई ग़लत बात है।

भारतीय धर्मनिरपेक्षता की एक और समस्या की तरफ़ ध्यान देना चाहिए। हमारी शिक्षा-व्यवस्था अक्सर धार्मिक उपदेश और धार्मिक शिक्षा के बीच फ़र्क़ करना हमें नहीं सिखाती। किसी भी सरकारी पैसे से चलनेवाले स्कूल या कॉलेज में धर्मोपदेश नहीं सिखाये जाने चाहिए। ऐसा या तो घर पर या निजी स्कूलों में करना बेहतर है। एक तार्किक और सभ्य शिक्षा सभी धर्मों और धार्मिक परम्पराओं का बुनियादी ज्ञान मुहैया कराती है। इन परम्पराओं की एक गहन समझ छात्रों को यह समझने में सक्षम बना सकती है कि उनकी ताक़त और कमज़ोरियाँ क्या हैं और ऐसी क्या-क्या चीज़ें हैं जो उन्हें भीतर बचाए रखनी हैं और जिनसे निजात पानी है।

विडम्बना यह है कि भारत के लोग जब अपनी शिक्षा पूरी कर के निकलते हैं तो उनके भीतर अपनी धार्मिक-दार्शनिक परम्पराओं का कोई ज्ञान नहीं होता है। इसीलिए अपनी धार्मिक परम्परा की रक्षा या दूसरे की आलोचना, दोनों छिछली होती हैं और अक्सर खुराफ़ाती भी हो जाती हैं। यह भी नक़ली सेक्युलरवाद है।

क्या किया जाना चाहिए?

असली, खालिस सेक्युलरवाद से क्या अपेक्षा की जानी चाहिए? सभी नागरिकों को न्याय, सभी जायज़ धार्मिक पहचानों की पुष्टि, बहुसंख्यक साम्प्रदायिकता का नकार, वैध अल्पसंख्यक अधिकारों की सतर्क रक्षा इस शर्त पर कि उसमें अल्पसंख्यक कट्टरता की ठोस आलोचना समाहित हो और सभी धर्मों की परम्पराओं पर गहन पकड़ के साथ उनका एक आलोचनात्मक विश्लेषण। सरकार का बुनियादी काम है धर्म आधारित हिंसा, उत्पीड़न और भेदभाव को रोकना। शायद, सरकार के बाहर जो हैं उन्हें बाक़ी काम करने होंगे। तब जाकर हम सभी मिलकर असली सेक्युलरवाद की रक्षा कर पाएँगे।

41

सेक्युलर हिन्दू, सेक्युलर मुसलमान

वैसे तो 'सेक्युलर' और 'धार्मिक' अवधारणा के स्तर पर एक दूसरे से जुड़े हुए

हैं लेकिन लोगों की समझदारी इनके रिश्ते को लेकर अलहदा है। कुछ लोगों के लिए सेक्युलर का मतलब है धर्म विरोधी। यदि ऐसा है, तब तो दोनों के बीच कुछ भी साझा नहीं हो सकता। लिहाज़ा, एक सेक्युलर व्यक्ति को धर्म का विरोध करना चाहिए। इस लिहाज़ से एक सेक्युलर मुसलमान और एक सेक्युलर हिन्दू होना अपने आप में विरोधाभासी पद बन जाता है। आप धर्मविरोधी कैसे हो सकते हैं यदि आप हिन्दू हैं या मुसलमान हैं, यानी अगर किसी धार्मिक आस्था से जुड़े हुए हैं? बहुत से बहुत यह हो सकता है कि एक सेक्युलर मुसलमान ऐसा व्यक्ति हो सकता है जिसने अपनी इस्लाम में आस्था तो छोड़ दी है लेकिन सांस्कृतिक रूप से अब भी मुसलमान बना हुआ है।

यह विचार ही दरअसल समस्याग्रस्त है। इसमें मान लिया गया है कि धर्म हमेशा बुरा ही होता है। ऐसा सेक्युलर विचार तो भारत जैसे समाज के लिए पूरी तरह अप्रासंगिक ही हो जाएगा। सच्चाई यह है कि मानवता का एक बड़ा हिस्सा धार्मिक है। इसीलिए कुछ भारतीय लोग सेक्युलर को बहुधार्मिक मानकर समझते हैं। एक सेक्युलर राज्य ऐसे में सभी धर्मों का सम्मान करता है और बिना किसी पक्षपात के सभी को बढ़ावा देता है, उनके स्कूलों को अनुदान देता है, उनकी परम्पराओं की इज़्ज़त करता है। यह विचार भी हालाँकि एकतरफ़ा है। यह मानकर चलता है कि धर्म एक अच्छी चीज़ है, बावजूद इसके कि तमाम टकरावों और शोषण को पैदा करने के इसके साक्ष्य मौजूद हैं। फिर राज्यों को धर्म का समर्थन क्यों करना चाहिए? वैसे भी, एक व्यक्ति अपने धर्म को लेकर पक्षपाती कैसे नहीं होगा? आप जैनियों से इस्लाम के प्रति बराबर सम्मान दिखाने को कैसे कह सकते हैं? बहरहाल, भारत में ऐसी स्वस्थ परम्पराएँ मौजूद हैं जो एक व्यक्ति को एकाधिक धार्मिक संलग्नताओं के साथ जीने और सभी आस्थाओं का सम्मान करने की आराम से छूट देती हैं। हम यह तो जानते ही हैं कि हिन्दू लोग बड़ी श्रद्धा के साथ गुरुद्वारे जाते हैं और हिन्दू व मुसलमान दोनों ही दरगाहों पर जियारत करते हैं। ऐसे बहुधार्मिक लोगों को अगर छोड़ दें तो सामान्यत: लोगों से यह उम्मीद करना बेमानी है कि वे गहरे धार्मिक होते हुए भी निष्पक्ष सेक्युलर होंगे।

एक व्यावहारिक विचार

इसलिए मैं इन मौजूदा विचारों को चुनौती देते हुए एक बिलकुल अलहदा ख़याल सेक्युलर होने का रखना चाहूँगा—जो न तो धर्मविरोधी है न ही एक मासूम बहुधार्मिक, बल्कि वह 'संस्थागत धार्मिक प्रभुत्व' का विरोधी हो। यह शब्द मैं पहले भी इस्तेमाल कर चुका हूँ। इसको थोड़ा विस्तार से समझते हैं।

किसी को भी पसन्द नहीं कि उसे कोई दूसरा नियंत्रित करे, ज़ोर-ज़बरदस्ती

करे। हम में से कोई भी वे काम नहीं करेगा जो उसे पसन्द नहीं हैं, ख़ासकर तब जब वह हमारे हित के ख़िलाफ़ जाता हो। इसके बावजूद ताक़त का असर बहुत ज़्यादा होता है। ताक़त के बल पर लोग न केवल ऐसे काम कर बैठते हैं जो वे अन्यथा नहीं करेंगे बल्कि उन्हें देखकर ऐसा लगेगा कि वे स्वेच्छा से वह काम कर रहे हैं। क्यों? इसके पीछे डर काम कर रहा होता है। हम इसलिए घुटने टेक देते हैं क्योंकि हमें पता है मना करने पर ताक़तवर आदमी की मार झेलनी पड़ जाएगी। अक्सर हम बड़ी मेहनत के बाद इस स्थिति तक पहुँचते हैं। हम में से बहुत से लोग तो इस चक्कर में मारे भी जाते हैं। हमारी स्मृतियाँ, दिमाग़ में बसे पुरानी बर्बरताओं के दृश्य हमें झुकने को मज़बूर कर देते हैं।

इस क़िस्म की ज़ोर ज़बरदस्ती के पीछे आर्थिक, राजनीतिक या हैसियत से जुड़ी हुई मंशा काम करती हो सकती है लेकिन आम तौर से इसके पीछे के कारण धार्मिक ही होते हैं। उदाहरण लें—एक औरत को डायन कह कर जला दिया जाता है, एक आदमी को कुफ्र के आरोप में पत्थर से मारकर हत्या कर दी जाती है, एक रजस्वला औरत को मन्दिर में जाने से मना कर दिया जाता है, अछूत समझे जानेवाले एक आदमी को घोड़ी चढ़ने पर अपमानित कर के मार दिया जाता है क्योंकि यह अधिकार केवल ऊँची जातियों को है।

इस तरह की रोज़मर्रा की घटनाओं में आम बातें ये हैं: (1) लोगों को उनके मन की करने से रोक दिया जाता है—धार्मिक कारणों या धर्म सम्बंधी आधार पर उन्हें अलगाव में डाल दिया जाता है, हाशिये पर धकेल दिया जाता है, प्रताड़ित किया जाता है और शर्मिन्दा किया जाता है; और (2) शिकार और शिकारी दोनों एक ही धार्मिक समुदाय से होते हैं। इसे हम आन्तर-धार्मिक प्रभुत्व कह सकते हैं।

एक और उदाहरण लें। एक मुस्लिम व्यक्ति एक हिन्दू लड़के अंकित की जान ले लेता है क्योंकि वह उस व्यक्ति की बेटी से प्यार करता था। असहिष्णु हिन्दू या उग्र मुसलमानों की भीड़ चर्च को तोड़ देती है। हुसैन नाम के एक आदमी को हिन्दुओं की रिहाइश वाली इमारत में किराये का कमरा नहीं मिल पाता। अखलाक की हत्या कर दी जाती है क्योंकि उस पर गाय खाने या मारने का आरोप है। यहाँ हम पाते हैं कि (1) मतभेद, उत्पीड़न या हिंसा शुद्ध धार्मिक आधार पर है और (2) शिकार और शिकारी दोनों अलहदा धर्मों से आते हैं। इसे हम अन्तरधार्मिक प्रभुत्व कहेंगे।

नफ़रत या उत्पीड़न को ना

मैं यह कहना चाहता हूँ कि सेक्युलर का मतलब धर्मविरोधी या बहुधार्मिक नहीं होना चाहिए बल्कि 'संस्थागत धार्मिक प्रभुत्व' का विरोध होना चाहिए। मैं ऐसा इसलिए कह रहा हूँ क्योंकि यूरोप में यही विरोध चर्च का था जो कि आन्तरधार्मिक

प्रभुत्व का क्लासिक उदाहरण है जबकि भारत में इसे जातिगत और लैंगिक ऊँच-नीच के नकार, धार्मिक चरमपंथ का विरोध (आन्तरधार्मिक प्रभुत्व) और साथ में एक धार्मिक समुदाय के प्रभुत्व से दूसरे की रक्षा (अन्तरधार्मिक प्रभुत्व) के रूप में होना चाहिए। ऐसे में एक सेक्युलर नज़रिया यह माँग करता है कि एक बहुधार्मिक समाज के भीतर राज्य को ऐसे गढ़ा जाना होगा जो निष्पक्ष रूप से धर्मों के बीच और धर्मों के भीतर के प्रभुत्व को कम कर सके। इसके अलावा, वह लोगों को उनके अपने धर्म और दूसरों के धर्म के प्रति सम्मान विकसित करने में मदद कर सके। ऐसा होने के लिए ज़रूरी है कि राज्य धर्म-विशेष (जैसे हिन्दू या मुसलमान) या वर्ग-विशेष (जैसे पुरुष और/या उच्च जाति) के प्रति निष्पक्ष रहे।

यह ख़याल हालाँकि धार्मिक लोगों से बिलकुल यही माँग नहीं करता। यह लोगों को अपने धर्म के प्रति पक्षपाती होने की छूट देता है और यह माँग करता है कि वे अपने धर्म के उस पहलू के विरोधी रहें जो अन्तरधार्मिक या आन्तरधार्मिक प्रभुत्व को बढ़ावा देता हो। मसलन, एक हिन्दू या एक मुसलमान अपने ही धर्म के सदस्य द्वारा दूसरे धर्म के लोगों पर प्रभुत्व गाँठने का विरोध कर सकता है। इसी तरह, एक हिन्दू कम हिन्दू नहीं हो जाता अगर वह जातिगत और लैंगिक उत्पीड़न का विरोध करता हो और अपने ही धर्म के भीतर कट्टरता के ख़िलाफ़ हो। उसी तरह एक मुसलमान इस्लामिक हिंसा का विरोध कर सकता है ओर औरतों के शोषण के ख़िलाफ़ खड़ा हो सकता है। वास्तव में, आप अपने धार्मिक समुदाय से जितना ज़्यादा जुड़े होंगे उतना ही आप उसकी कमज़ोरियों के प्रति संवेदनशील भी होंगे और उसे दूर करने के प्रति कृतसंकल्पित भी होंगे। ऐसा एक व्यक्ति अपने धर्म के प्रति पक्षपाती होता है, बिलकुल इसी वजह से वह अपने धर्म के भीतर मौजूद हर प्रतिगामी व उत्पीड़नकारी तत्त्व को उखाड़ फेंकना चाहता है। यही एक तरीक़ा है जिससे आप एक सच्चे हिन्दू, मुसलमान, सिक्ख या ईसाई होते हुए भी सेक्युलर बने रह सकते हैं।

42

'सेक्युलर' शब्द का महत्त्व

उदार लोकतंत्रों में 'सेक्युलर' शब्द क्या मूल्य जोड़ता है? उदार लोकतंत्र का मतलब ऐसे राज्य जो व्यक्तियों की स्वतंत्रता और नागरिकों की राजनीतिक आज़ादी की

रक्षा करते हैं। कुछ विद्वानों की मानें तो कोई मूल्य नहीं जुड़ता। क्यों? क्योंकि धर्मनिरपेक्षतावाद जहाँ केवल धर्म के आधार पर भेदभाव के ख़िलाफ़ है, एक 'उदार लोकतंत्र' हर क़िस्म के भेदभाव के ख़िलाफ़ है। फिर धर्मनिरपेक्षता को लेकर अलग से क्यों सोचना? क्यों न ख़ुद को उदार लोकतंत्र के मूल्यों के प्रति ही वचनबद्ध रखा जाय? यूरोप में यही सोचने का चलन है। यहाँ तक कि कुछ भारतीय विद्वान भी अनुच्छेद 14-16 और अनुच्छेद 19 को पर्याप्त मानते हैं।

भेदभाव और स्वीकार्यता

यह ख़याल अगर ग़लत नहीं है तो अपर्याप्त ज़रूर है। सेक्युलर शब्द बहुत अहम है। जो लोग उदार लोकतंत्र को पर्याप्त मानते हैं उन्हें दोबारा सोचना चाहिए। यह सच है कि उनके दावे की यूरोप में थोड़ी बहुत वैधता है पर वहाँ भी अब वह अपनी प्रासंगिकता खोता जा रहा है। भारत जैसे देशों में हालाँकि इस विचार की अब तक शुरुआत भी नहीं हो सकी है। आइए पहले यूरोप को समझते हैं। पश्चिमी यूरोप में सेक्युलर राज्यों का उभार सीधे धार्मिक युद्धों के बाद नहीं हो गया था। इन युद्धों को सेक्युलर राज्य ने नहीं रोका, एक ऐसे इक़बालिया (कनफेशनल) राज्य ने रोका जहाँ लोगों को राजा का धर्म अपनाने को बाध्य किया गया। जो नहीं माने उन्हें मार दिया गया या देशनिकाला दे दिया गया। इसके बाद से हरेक यूरोपीय समाज धार्मिक रूप से एकरस हो गया—इंग्लैंड एंग्लिकन हो गया, स्कैंडिनेविया लूथरन हो गया, फ्रांस कैथोलिक हो गया। कालांतर में उभरे कुछ असहमत समूहों को बरदाश्त किया गया, लेकिन उन्हें अपनी असहमति की क़ीमत भी चुकानी पड़ी। मसलन, उन्हें अपने चर्च चलाने की छूट तो दी गई पर शर्त यह थी कि उसे सँकरी गलियों में कहीं छुपा होना चाहिए। यहाँ तक कि रईसों को भी उनके मकानों के भीतर छोटे चैपल बनाने को बाध्य किया गया था। असहमत लोग लगातार दंड और उत्पीड़न के साये में जीते थे। प्राक्-आधुनिक यूरोप के सहिष्णु राज्य आधुनिक यूरोप के उदार जनतंत्रों के मुक़ाबले बहुत पिछड़े थे।

एक बार जब बाक़ी धर्मों का सफाया हो गया या उन्हें अपने पाले में खींच लिया गया, इसके बाद चर्च के सामाजिक-राजनीतिक हस्तक्षेप के ख़िलाफ़ लड़ाई शुरू हुई। चर्च और राज्य को अलग करने की माँग (जिसे बाद में राजनीतिक सेक्युलरिज़्म कहा गया) का समर्थन उन लोगों ने किया जो मुक्त बाज़ार, निजी संपत्ति और निजी स्वतंत्रताएँ चाहते थे। एक बार यह अलगाव मुकम्मल हो गया तो इसे इतना स्वाभाविक माना जाने लगा कि यह धीरे-धीरे पीछे खिसकने लगा। इस अर्थ में सेक्युलरिज़्म ने उन धार्मिक रूप से एकरस समाजों में अपनी राजनीतिक

और सामाजिक प्रमुखता को खो दिया। लोगों को लगने लगा कि एक उदार राज्य की लड़ाई ही पर्याप्त है।

सदियों बाद, जब पश्चिमी यूरोप के लोकमानस में ईसाइयत का और ज़्यादा पतन हुआ, तब 'सेक्युलर' शब्द को एक ऐसी मानवतावादी विश्वदृष्टि के क़रीब पाया गया जिसमें धर्म एक संभावित सार्वजनिक समस्या था, चाहे निजी रूप से उसके जो भी लाभ रहे हों। सेक्युलर शब्द धीरे-धीरे सामान्य होता जा रहा था लेकिन उन समाजों की सामूहिक कटु स्मृतियों में वह एक टकराव के स्रोत के रूप में अब भी मौजूद था जहाँ से बड़ी मुश्किल से जान बचाकर लोग आए थे। इस बीच धर्म का और अवमूल्यन हुआ, वह हाशिये पर चला गया। कोई भी अब धर्माधारित पहचान नहीं चाहता था। इसलिए इसके साथ ही राज्य और धर्म के अलगाव का विचार भी अपना मूल्य खोता गया। इन उदार राज्यों ने अब सभी नागरिकों को औपचारिक समानता का दरजा दे दिया और ख़ुद को उदार लोकतंत्र कहना शुरू किया।

मान लीजिए कि यूरोप को धर्मयुद्धों की शुरुआत होते ही अगर एक स्वतंत्रताप्रेमी, समानताप्रेमी राज्य बनाना पड़ जाता तो क्या होता? अगर धर्मयुद्धों और स्वतंत्रता, समानता व बंधुत्व के मूल्यों के प्रति गम्भीर वचनबद्धता पैदा होने के बीच इतना लम्बा वक़्फ़ा न होता तब क्या होता? तब लोग तुरन्त विधर्मियों के वध और धार्मिक रूप से समाज को एकरस बनाने पर रोक लगाने की माँग कर डालते। अन्यथा कोई राज्य स्वतंत्रता और समानता के आदर्श और कैसे जी पाता? इतना ही नहीं, तब धर्म का महत्त्व भी क़ायम रहता क्योंकि समाज तो बहुधार्मिक था। इसका मतलब कि विधर्मियों और असहमतों के सफाये के बजाय एक आम सहमति क़ायम करनी पड़ती कि उनके ऊपर बहुसंख्यक धार्मिक समुदाय अपना प्रभुत्व न गाँठे। ऐसे में सामाजिक वातावरण जब एक से ज़्यादा धर्मों से युक्त होता तो यूरोपीय समाज को भी समता के प्रति वचनबद्धता ज़ाहिर करने के क्रम में सभी धर्मों को निष्पक्ष मान्यता देने को बाध्य होना पड़ जाता। तब वे राज्य बिलकुल उसी अर्थ में सेक्युलर होते जिसे भारतीयों ने अपने लिए परिकल्पित किया—एक ऐसा औज़ार जिससे न केवल धार्मिक कट्टरता और धर्मों के भीतर उत्पीड़न के ख़िलाफ़ लड़ा जाना है बल्कि एक धर्म के दूसरे पर प्रभुत्व के ख़िलाफ़ भी संघर्ष होना है। फिर वे राज्य ख़ुद को केवल उदार नहीं कह पाते (जिसमें यूरोपीय सन्दर्भ का सेक्युलर अपने आप समाहित हो), उन्हें उसमें सेक्युलर भी जोड़ना पड़ता जिस सन्दर्भ में गांधी, नेहरू और आंबेडकर ने उसकी परिकल्पना की थी, जहाँ उसका आशय सभी धर्मों को निष्पक्ष मान्यता देने से है। यहाँ मेरा कहना यह है कि समाज में जितना ज़्यादा धर्म की प्रमुखता होगी और विविधता की गहराई होगी, उतनी ही ज़्यादा संभावना अन्तरधार्मिक और आन्तरधार्मिक प्रभुत्वों की होगी लिहाज़ा राज्य को ख़ुद को सेक्युलर कहने का उतना ही ज़्यादा तात्कालिक दबाव भी होगा, चूँकि वह

स्वतंत्रता, समानता और निष्पक्ष मान्यता के प्रति वचनबद्ध है।

इतना ही नहीं, अगर धार्मिक पाखंड-और मान्यता का नकार लगातार क़ायम रहेगा तो इसे भुला देना या नज़रंदाज कर देना आसान नहीं होगा। इसीलिए इससे प्रभावित लोगों को लगातार यह बताये जाने की भी ज़रूरत होती है कि राज्य उनके लिए है। 'सेक्युलर' शब्द का काम बस इतना ही है—धर्माधारित या धार्मिक अलगाव, भेदभाव या अ-मान्यता से प्रभावित आदमी को आश्वस्त करना कि राज्य इस सबको रोकने के लिए वचनबद्ध है। सेकुर शब्द को हटा देने से राज्य के निष्पक्ष चरित्र में विश्वास डोल जाता है।

यही शब्द क्यों इस्तेमाल करना?

इस बात को दूसरे ढंग से भी कह सकते हैं। तमाम क़िस्म के उत्पीड़नों और भेदभावों को एक ही शब्द के अन्तर्गत क्यों समाहित करें? यदि 'सेक्युलर' एक ख़ास क़िस्म के प्रभुत्व की बात कर रहा है तो इसी का प्रयोग क्यों न करें? क्या सभी अवधारणाओं का मूल काम यह नहीं है कि चीज़ों को छोटी-छोटी इकाइयों में तोड़कर समझा जाए और भीड़ कम की जाए? एक फूल को आप लाल क्यों कहते हैं, केवल रंगीन क्यों नहीं कह देते? काम तो इसी से चल जाना था, लेकिन आपके पास उस फूल की विशिष्टता बताने के लिए एक शब्द मौजूद है। इसीलिए आप लाल फूल कहते हैं। हाँ, कुछ सन्दर्भों में ऐसा करना पर्याप्त हो सकता है। मसलन, अगर आपको सभी सफेद फूलों से उसका फ़र्क़ दर्शाना हो तब आप उसके लिए रंगीन का इस्तेमाल बेशक कर सकते हैं। ठीक इसी तरह 'सेक्युलर' हमें संस्थागत धार्मिक प्रभुत्व को रेखांकित करने में मदद करता है और बाक़ी हर क़िस्म के प्रभुत्व जैसे वर्ग, लिंग, जातीयता, आदि से विलगा पाने में सक्षम बनाता है। सेक्युलरिज़्म हमसे याचना करता है कि हम संस्थागत धार्मिक प्रभुत्व का प्रतिरोध करें।

धार्मिक रूप से एकरंगे समाजों में, ख़ासकर जहाँ धर्म की अहमियत कम हो चुकी है, उदार लोकतांत्रिक राज्य 'सेक्युलर' शब्द के प्रति उदासीन रहते हैं, हालाँकि भारत जैसे धार्मिक रूप से मज़बूत और विविध समाजों में इस शब्द के बिना काम ही नहीं चल सकता। यह सार्वजनिक ओर संवैधानिक विमर्श से ग़ायब नहीं हो सकता। फिर इसमें क्या आश्चर्य कि कुछ साल गुम रहने के बाद दोबारा यह शब्द सार्वजनिक फलक पर उभर आया है?

हम लोग यहाँ यूरोपियों की नक़ल नहीं कर सकते। हमें उदार लोकतंत्र के साथ सेक्युलरिज़्म की उस क़िस्म को गले लगाना ही होगा जो धर्माधारित ग़लत पहचान के ख़िलाफ़ लड़ती हो। वास्तव में, यूरोप भी अब बदल रहा है। पुराने उपनिवेशों से कामगारों के प्रवासन के बाद यूरोप में क़ायम हुई नई धार्मिक विविधता

ने धर्माधारित मान्यता और पहचान के सवाल को सतह पर ला दिया है। इसीलिए यूरोप में भी आनेवाले दिनों में एक निष्पक्ष सेक्युलर राज्य की माँग (भारत की तर्ज पर) मज़बूत होती जाएगी।

43

भारतीय सेक्युलरवाद का भविष्य

हमारे सार्वजनिक विमर्श में एक ओर जयघोष की गूँज सुनाई दे रही है तो दूसरी ओर धर्मनिरपेक्षता का मर्सिया गाया जा रहा है। राम मन्दिर के भूमि पूजन की घटना ने, ऐसा लगता है कि धर्मनिरपेक्षता की अन्त्येष्टि कर डाली है। किसी को अगर वाक़ई परवाह होगी तो उसकी राख सरयू में बहा दी जाएगी या किसी दरगाह के पास दफ़ना दी जाएगी। 1950 में बने इस गणतंत्र की सन्तान होने के नाते एक बार को मेरा मन भी शोकगीत गाने को होता है, फिर दूसरा मन कहता है कि थोड़ा ठहर कर सोचो इस मौक़े पर—क्या भारत में कभी कुछ भी मरता है? बेशक, चुप करा दिया जाता है, भूमिगत होने को मज़बूर कर दिया जाता है या किसी दूसरे नाम से चीज़ों का कायांतरण हो जाता है। लेकिन मौत? हमेशा के लिए अवसान? क़तई नहीं।

तीन साल पहले 6 अगस्त, 2017 को मैंने द *हिन्दू* में एक लेख लिखा था जो इस किताब में संकलित है। उसका शीर्षक था, 'संवैधानिक धर्मनिरपेक्षता या पार्टी सेक्युलरवाद?' उस लेख का मूल भाव यह था कि इस देश में सार्वजनिक और राजनीतिक विमर्श के केंद्र में स्थापित होने के क्रम में सेक्युलरिज़्म ने बहुत बड़ी क़ीमत चुकाई है। लगातार उसका दुरुपयोग हुआ है, उसे कलंकित किया गया है। संवैधानिक धर्मनिरपेक्षता से अलगाते हुए मैंने इसे 'पार्टी सेक्युलरवाद' का नाम दिया था।

सम्मान और आलोचना

यहाँ यह याद करना ज़रूरी है कि सवैधानिक धर्मनिरपेक्षता के दो लक्षण होते हैं। पहला, सभी धर्मों के लिए आलोचनात्मक सम्मान। दूसरे क़िस्म के सेक्युलरिज़्म की तरह हमारे यहाँ का धर्मनिरपेक्षतावाद धर्म-विरोधी नहीं है, बल्कि वह धर्मों का सम्मान करता है। एकल धर्म वाले समाजों की धर्मनिरपेक्षता से उलट हम एक

नहीं सारे धर्मों का सम्मान करते हैं। चूँकि धार्मिक को सामाजिक से अलगा पाना व्यावहारिक रूप से इतना सरल नहीं है, इसीलिए बी.आर. आंबेडकर ने कहा था कि धार्मिक सिद्धान्त या आचार के हर पहलू का सम्मान नहीं हो सकता। सम्मान के साथ आलोचनात्मक विवेक का होना बहुत ज़रूरी है।

इससे यह समझ में आता है कि राज्य को धर्म को सम्मानजनक ढंग से अकेला छोड़ देना चाहिए लेकिन उस वक़्त दख़ल देना चाहिए जब धार्मिक समूह धर्म के नाम पर साम्प्रदायिक विद्वेष और भेदभाव को फैलाएँ (अन्तरधार्मिक मुद्दा) या फिर अपने ही सदस्यों को अपने उत्पीड़न से रोक पाने में अक्षम हों (आन्तरधार्मिक मुद्दा)। इसीलिए भारतीय राज्य धर्म के साथ अलगाव वाला नज़रिया अपनाने के बजाय सभी से एक सैद्धान्तिक दूरी बनाकर रखता है। वह छुआछूत और अपने आदिम रूपों में पर्सनल क़ानूनों को जस का तस नहीं छोड़ सकता। राज्य बिना किसी पक्षपात के सभी धर्मों के स्कूलों को अनुदान दे सकता है। यानी उसे निरन्तर यह तय करते रहना पड़ता है कि कब और कैसे धर्म के साथ संलग्न होना है। यह इस पर निर्भर करता है कि राज्य की कौन-सी कार्रवाई स्वतंत्रता, समानता और बंधुत्व को प्रोत्साहित करती है। अकेले सरकारों के लिए इस संवैधानिक धर्मनिरपेक्षतावाद को क़ायम रखना सम्भव नहीं है। इसके लिए एक निष्पक्ष न्यायपालिका, एक छिद्रान्वेषी मीडिया और नागरिक समाज के कार्यकर्ताओं सहित सतर्क नागरिकों के सामूहिक प्रयासों की ज़रूरत पड़ती है।

अवसरवाद का उदय

कोई 40 साल पहले शुरू हुआ पार्टी सेक्युलरवाद एक विकृत विचार है जिसे हमारे यहाँ सभी राजनीतिक दलों ने गले लगाया है। इस सेक्युलरवाद ने हमारे संवैधानिक धर्मनिरपेक्षतावाद से सारे मूल्य बाहर निकाल फेंके हैं और उनकी जगह अवसरवाद को स्थापित कर दिया है। अब सेक्युलरवाद का अघोषित नारा है तात्कालिक चुनावी लाभ के लिए धार्मिक समुदायों में मौजूद कुछ बुरे तत्त्वों के साथ अवसरवादी दूरी क़ायम रखना यानी मुख्यत: अवसरवादी गठजोड़। स्वतंत्रता और समता-आधारित धार्मिक सुधार से ग़ाफ़िल इसने 'आलोचनात्मक सम्मान' में से आलोचनात्मक को निकाल फेंका है और गठजोड़ का मतलब निकाला है धार्मिक समूहों में मौजूद सबसे ज़्यादा आक्रामक, दृश्यमान, रूढ़िवादी और राजनीतिकृत धड़ों के साथ सौदेबाजी—जैसे बाबरी मस्जिद/रामजन्मभूमि का पूजा के लिए ताला खुलवाना और शाह बानो केस में महिला अधिकारों की तिलांजलि, आदि। इसने साम्प्रदायिक हिंसा करवाने में भी भूमिका निभाई है। पार्टी धर्मनिरपेक्षता पर आधारित राज्य ने बारी-बारी से बहुसंख्यकों और अल्पसंख्यकों के कट्टर धड़े के साथ जो रिश्ता निभाया है

उसी ने बहुसंख्यकवादी दल के क़ब्ज़े की ज़मीन तैयार की है। ऐसा 'सभी धर्मों के लिए सम्मान' में सभी की जगह बहुसंख्यक रख कर किया गया। इसका आशय यह निकलता है कि बहुसंख्यक धर्म की कभी निंदा नहीं करनी है जबकि दूसरों को कलंकित करना है। इसका एक और निहितार्थ यह निकाला गया कि राज्य को धर्म के साथ अवसरवादी दूरी से निजात दिलाने के लिए सैद्धान्तिक दूरी को बहाल नहीं करना है, बल्कि जादुई ढंग से इस दूरी को ही पूरी तरह से ख़त्म कर देना है। ये सेक्युलरवाद की खाल में निर्बाध बहुसंख्यकवाद है, जो अपने अनैतिक आचार को नज़रंदाज कर के केवल 'स्यूडो-सेक्युलरिज़्म' का विरोध करता है।

आज भारतीय संवैधानिक धर्मनिरपेक्षतावाद को यही पार्टी सेक्युलरवाद निगल चुका है, जबकि मीडिया, न्यायपालिका और विपक्ष ने चूँ तक नहीं की है। इसके बावजूद मैं संवैधानिक धर्मनिरपेक्षता की मौत की मुनादी करने से कतराता हूँ क्योंकि इसकी जड़ें सदियों पुरानी बहुलतावादी परम्पराओं में हैं। इसे इतनी जल्दी दरकिनार नहीं किया जा सकता। इसके बजाय मैं कहूँगा कि एक झटका लगा है—साम्प्रदायिक सौहार्द जैसे अन्तरधार्मिक मसलों से मोटे तौर पर राज्य-संचालित राजनीतिक परियोजना के माध्यम से निपटने की एक प्रक्रिया पर अचानक ब्रेक लगा दिया गया है। सेक्युलरवाद की गाड़ी अचानक चों कर के रुक गई है। ऐसे में इसका कोई भविष्य है क्या?

दो निर्णायक पहलें

सेक्युलरिज़्म के विमर्श और उसके आचरण को दोबारा शुरू करने के लिए मैं दो ज़रूरी बातें सुझाऊँगा। पहली, राजनीतिकेन्द्रित परियोजना से इसे समाजकेन्द्रित न्याय-आधारित परियोजना बनाया जाए। दूसरे, अन्तरधार्मिक से हटकर इसका ज़ोर आन्तरधार्मिक पर लाया जाए। इस बात को आंबेडकर और नेहरू के हवाले से कहना चाहूँगा। आंबेडकर ने कहा था कि जब दो तक़रीबन बराबर समुदाय एक दूसरे को अपना दुश्मन मानने लगें तो वे बहुसंख्यक-अल्पसंख्यक ग्रंथि में फँस जाते हैं। यह राजनीतिक टकराव और सामाजिक अलगाव के एक अनंत दुष्चक्र को जन्म देता है। यह बात तीस और चालीस के दशक में सही थी लेकिन आज की तारीख में मुसलमान ख़ुद को इतना कमज़ोर महसूस करने लगे हैं कि उन्होंने इस ग्रंथि से मुक्ति पा ली है। यह ग्रंथि फट चुकी है। इसका नतीजा न तो खुला टकराव है और न ही सद्भाव, बल्कि अपनी ही धरती पर मुसलमानों के लिए एक ऐसा अस्तित्व जैसे कि वे वनवास में जी रहे हों।

आंबेडकर ने यह भी कहा था कि समुदाय जब एक दूसरे को ख़तरा मानने लग जाते हैं तब वे संगठित होने लगते हैं। इसका एक और नकारात्मक असर होता

है। समुदाय के भीतर तमाम असहमतियों को दबा दिया जाता है और उस समुदाय के लिए जो सुधार के काम हो सकते थे, उन सबको रोक दिया जाता है। ऐसे में यदि ग्रंथि फट जाए तो जाने-अनजाने एक अवसर पैदा होता है जहाँ समुदाय का ध्यान दूसरे से हट कर अपने पर आ सकता है। हो सकता है ऐसे में वह एकाधिक असहमत स्वरों के बीच गहन आत्मनिरीक्षण को सतह पर आने का मौक़ा दे। इससे शायद ऐसी परिस्थितियाँ बन सकें जहाँ अन्तरधार्मिक नाइंसाफ़ियों को जड़ से ही मिटाया जा सके ताकि इन समुदायों के सदस्य बराबर और स्वतंत्र महसूस कर सकें। आख़िरकार, भारत में सेक्युलरवाद को जितना नुक़सान दलगत राजनीति से हुआ है उतना ही धार्मिक रूढ़िवाद और पाखंड-ने उसका रास्ता बाधित किया है।

यूरोप का उदाहरण

इसे समझने में यूरोप का उदाहरण काम आ सकता है। वहाँ चर्च के दमन के ख़िलाफ़ लड़ाई जितनी लोगों द्वारा संचालित थी उतनी ही राज्य उसे चला रहा था। धर्म के भीतर के उत्पीड़न से लड़ने के लिए यूरोप का सेक्युलरिज़्म एक सिद्धान्त देता था। नेहरू इस बात को समझते थे। उनके लिए सेक्युलरवाद केवल धार्मिक समुदायों के बीच दोस्ती क़ायम करने का कोई प्रोजेक्ट नहीं था बल्कि धर्माधारित जातिगत और लैंगिक उत्पीड़नों का विरोध भी उसमें शामिल था—जो काम हमारे समाज में उन्नीसवीं सदी में उभरे समता और स्वतंत्रता-केन्द्रित सुधारवादी आन्दोलनों ने किया था।

फिलहाल, ऐसा लग सकता है कि सेक्युलरवाद की राज्य-संचालित राजनीतिक परियोजना और उसके संवैधानिक स्वरूप को एक तगड़ा झटका लगा है, लेकिन बिलकुल यही झटका सेक्युलरवाद की सामाजिक परियोजना में जान फूँकने का एक अवसर हमें मुहैया करा रहा है। चूँकि भारतीय राज्य धार्मिक उत्पीड़न और हिंसा के शिकार लोगों को राहत देने में नाकाम साबित हुआ है, लिहाज़ा समाज की तलहटी से उठता हुआ एक शान्तिपूर्ण और लोकतांत्रिक सेक्युलरिज़्म हमें वह प्रस्थान-बिंदु उपलब्ध कराता है जहाँ से हम अपने-अपने धर्मों की बहुप्रतीक्षित आन्तरिक आलोचना और सुधार पर काम शुरू कर सकते हैं तथा समानता, स्वतंत्रता और न्याय के संवैधानिक मूल्यों के साथ उनका मेल दोबारा बिठा सकते हैं। यह काम वे युवा मिलकर कर सकते हैं जिनके ऊपर अभी राजनीति और विचारधारा का मुलम्मा नहीं चढ़ा है। ये युवा अपने सामूहिक प्रयासों से धर्मों के भीतर मौजूद नाइंसाफ़ियों के ख़िलाफ़ सशक्तीकरण के सामाजिक संघर्ष को मज़बूत करने में मदद कर सकते हैं। जिन्हें भी इन संवैधानिक मूल्यों की पुष्टि से सबसे ज़्यादा लाभ होना है—जैसे उत्पीड़ित अल्पसंख्यक, दलित, महिलाएँ, अपने-अपने धर्मों

के पाखंड, कट्टरता और व्यवसायीकरण से परेशान हो चुके नागरिक—उन्हें साथ आकर इस परियोजना को शुरू करना चाहिए।

समुदायों के बीच रिश्ते

मैं यह नहीं कह रहा कि धार्मिक समुदायों के बीच रिश्तों और ऐसे मुद्दों की उपेक्षा कर दी जाए। चूँकि राज्य ने ख़ुद ही विद्वेष को पैदा किया है इसलिए यह राज्य के बूते के बाहर है कि वह सामुदायिक सद्भाव को दोबारा स्थापित कर पाए। हाँ, एक-दूसरे के प्रति आसक्ति और सनक से थोड़ी दूरी और स्वायत्तता बनाकर चलने से समुदायों को थोड़ा साँस लेने की जगह ज़रूर मिलेगी। ऐसे में हर समुदाय अपने भीतर सह-अस्तित्व के नए तरीक़ों को गढ़ने के संसाधनों का नए सिरे से संधान कर सकेगा। यहाँ मसला घिसे-पिटे पुराने धार्मिक सहिष्णुता वाले तरीक़ों की बहाली भर का नहीं है। दरअसल, सेक्युलरिज़्म की राजनीतिक परियोजना पैदा ही इसलिए हुई थी क्योंकि धार्मिक सहिष्णुता ने काम करना बन्द कर दिया था। इसलिए आज की तारीख़ में सामाजिक-धार्मिक आदान-प्रदान के नए रूपों की दरकार है जो रोज़मर्रा के काम-धंधों को सुगम बना सकें और नागरिकों के राजनीतिक अलगाव को थोड़ा कम कर सकें—राजनीतिक अलगाव एक ऐसा लोकतांत्रिक नुक़सान है जिसके दूरगामी प्रभाव सेक्युलरिज़्म के दायरे से बाहर हैं और बहुत व्यापक हैं।

यदि भीतर से आंशिक तौर पर ही धर्म की आलोचना पैदा हो पाती है, तब जाकर इसमें स्थानीय धार्मिकताओं और उनकी अभिव्यक्ति के एकाधिक स्वरूपों को भी जोड़ा जा सकेगा। बाहर से होनेवाली आलोचना, जो आंशिक रूप से भी अन्त:स्थ न हो, अब काम नहीं करेगी। न ही यह सम्भव है कि लोकप्रिय लोकतांत्रिक संघर्षों की अगुवाई अचानक मध्यवर्ग के हाथ में आ जाए। हाँ, ऐसे संघर्षों को भी बौद्धिकों के समर्थन की ज़रूरत तो होती ही है, लेकिन अपने हस्तक्षेपों की प्रभावशीलता के लिए ऐसे बौद्धिकों को तमाम सांस्कृतिक परम्पराओं से काफ़ी पहले सबक़ लेने चाहिए थे—उनसे भी जो उनके तात्कालिक दायरे से बाहर की परम्पराएँ हैं। अपनी आवाज़ में वज़न डालने और उसे सुनाने के लिए इतना तो करना ही होगा।

खंड V

कुछ गहन विचारणीय मुद्दे

44

कर्मकांड, मिथक और सिद्धान्त

आलोचनात्मक चिन्तन की तमाम भूमिकाओं के बीच एक भूमिका पर सबसे कम सोचा-समझा गया है। वह है परस्पर विरोधी नज़रियों के बीच समन्वय बैठाना और ऐसे पक्षों के बीच एक साझा ज़मीन की तलाश करना जो बिलकुल उलटे ध्रुवों पर जान पड़ते हैं। ऐसा ही परस्पर विरोध धार्मिक और धर्मनिरपेक्ष या सेक्युलर के बीच मौजूद है। चूँकि धर्म को आम तौर से मिथकों व कर्मकांडों से जोड़ा जाता है जबकि सेक्युलर को विज्ञान और तर्काधारित सिद्धान्त का पर्याय माना जाता है तो मैं यहाँ एक ओर मिथक और कर्मकांड तथा दूसरी ओर विज्ञान और सिद्धान्त के बीच ध्रुवीयता पर सवाल खड़ा करना चाहूँगा।

ऐसा करने के लिए मैं विकासवादी मनोवैज्ञानिक मर्लिन डोनाल्ड के काम से कुछ मदद लूँगा। वे कहते हैं कि समय के साथ मनुष्य ने मानवीय और मानवेतर जगत को समझने के लिए अपने भीतर सिलसिलेवार तीन विशिष्ट सांस्कृतिक क्षमताएँ विकसित की हैं। पहली क्षमता क़रीब 20 लाख वर्ष पहले विकसित हुई थी, जिसे वे मीमेटिक कहते हैं। यह क्षमता मूलत: हमारे कर्म-कौशल से जुड़ी होती है और मोटे तौर पर प्रदर्श होती है। इस क्षमता के अन्तर्गत हम अपने शरीर के उपयोग से न केवल अभिव्यक्ति और भाव-भंगिमाएँ ज़ाहिर करते हैं (मसलन, चेहरे से खुशी या ग़ुस्से का इजहार, ना कहने के लिए सिर हिलाना, आश्चर्य या नाखुशी ज़ाहिर करने के लिए भौंह का प्रयोग), बल्कि अपने अतीत, वर्तमान और भविष्य की घटनाओं की सामूहिक अभिव्यक्ति भी करते हैं (जैसे, राजा का राज्याभिषेक, पितरों का श्राद्धकर्म या किसी की मरनी में सादे सफेद कपड़े पहनना, इत्यादि)।

हमारी व्याकरणिक भाषा और मौखिक आख्यानों को रचने की क्षमता को वह दूसरी सांस्कृतिक क्षमता के रूप में गिनाते हैं, जो आज से कोई एक लाख से ढाई लाख वर्ष पूर्व विकसित हुई थी। इसमें कहानियाँ सुनाना, दंतकथाएँ, नीति उपदेश आदि आते हैं। हम कैसे आए, हमारी दुनिया कैसे आई, हमारे मरने के बाद हमारा और इस जगत का क्या होगा, इस तरह के सवालों का जवाब पाने के लिए कल्पना का मुक्त होकर किया जानेवाला इस्तेमाल इसमें आता है। इसी क्रम में हम स्वर्ग और नरक की कल्पना करते हैं, अपने आदर्श जगत को या दु:स्वप्नों को गढ़ते हैं,

धरती के पार दूसरी दुनियाओं के बारे में अनुमान लगाते हैं। सोचने की यह क्षमता तथ्यों के पार होती है, यह काल्पनिक निर्मिति होती है जिसमें गल्पकथाएँ आती हैं, फंतासी जुड़ जाती है, आद्यरूपी किरदार होते हैं, नायक और खलनायक होते हैं। डोनाल्ड इसे मिथक गढ़ने की क्षमता कहते हैं।

उनके मुताबिक़ तीसरी क्षमता कोई तीन से पाँच हज़ार साल पहले विकसित हुई थी, जिसके सहारे हम अपने अनुभवों के पार जाकर संधान करते हैं, अपने जगत के पार या अपने भीतर की दुनिया की एक अवधारणा गढ़ते हैं। यह संधान निर्वैयक्तिक तर्क के माध्यम से किया जाता है जो हमारे निजी और आत्मगत प्रवृत्तियों से स्वतंत्र होता है और एक वस्तुगत जगत को हमारे सामने लाता है। यह एक क़िस्म का अमूर्त चिन्तन है जो हमें अपने तात्कालिक सन्दर्भ से पार ले जाकर सामान्य ढंग से सोचने में मदद करता है। ऐसी चिन्तन क्षमता लिखित शब्दों पर निर्भर होती है। इसमें हम सोचने की प्रक्रिया के बारे में सोचते हैं, तर्कों की आन्तरिक संरचनाओं को खँगालते हैं और अपनी मान्यताओं के पीछे छुपी पूर्वस्थापनाओं या अनुमानों को निकाल कर बाहर लाते हैं। इस विचार-प्रक्रिया में कल्पना बहुत सीमित मात्रा में होती है। कल्पना यहाँ साक्ष्य और तर्क के दायरे में बँधी होती है। संक्षेप में कहें तो यही विज्ञान, तर्काधारित दर्शन और अमूर्त चिन्तन की दुनिया है। डोनाल्ड इसे सैद्धान्तिक क्षमता का नाम देते हैं।

खाँचों में बँटा हमारा जीवन

ये तीनों क्षमताएँ किन्हीं बिंदुओं पर आकर एक-दूसरे के ख़िलाफ़ खड़ी हो जा सकती हैं, लेकिन हमारा सरोकार यहाँ उससे नहीं है। इनके बीच जो विपरीत ध्रुवीयता पैदा होती है, वह विचारधारा के चलते है। विचारधारा इन क्षमताओं को परस्पर अलगाव में डाल कर यह दावा करने लगती है कि बाद में विकसित क्षमता ही श्रेष्ठ है और उसका उदय क़ायदे से तब होता है जब उससे पहले वाली निम्न क्षमता समाप्त हो जाती है। यानी, तर्काधारित विज्ञान और दर्शन का उच्चतर सैद्धान्तिक चरण अनिवार्य बना देता है कि हम मिथकीय और कर्मकांडीय चरणों को पीछे छोड़ दें क्योंकि वे उससे निम्नतर थे। ऐसे में, मिथकीय और कर्मकांडीय क्षमता के अवशेषों को छाँट कर ही एक सैद्धान्तिक संस्कृति विकसित की जाती है।

इस विकास-प्रक्रिया से इतर, हम में से कुछ लोग अपने जीवन को खाँचों में बाँट कर ही इस समस्या को हल करते हैं। इसके दो तरीक़े होते हैं। एक तरीक़ा कुछ वैज्ञानिकों, इंजीनियरों, डॉक्टरों और अर्थशास्त्रियों की ज़िन्दगी में हमें देखने को मिलता है। ऐसे लोग अपने शोध, अनुसंधान या पेशेवर तकनीकी जीवन में तर्क को लेकर बहुत कट्टर होते हैं और तर्क-प्रक्रिया को सबसे ऊपर स्थान देते

हैं। लेकिन अपनी निजी, सामाजिक और राजनीतिक ज़िन्दगी में वे धार्मिक मिथकों और कर्मकांडों को क़ायम रखते हैं। समस्या को हल करने का दूसरा तरीक़ा हमें धर्मविरोधी, या सेक्युलर लोगों में दिखाई देता है। ऐसे लोग मिथकों और कर्मकांडों को बीते ज़माने की चीज़ मानकर ख़ारिज किए रहते हैं और अपनी ज़िन्दगी को ऐसे जीते हैं जैसे कि तर्क ही सब कुछ हो। लेकिन जब खेल, थिएटर या नृत्य की बात आती है तो इन्हें कर्मकांड स्वीकार होते हैं। वैसे ही, उपन्यास, कविता, सिनेमा, कला और मनोरंजन में ये मिथकों को भी बरदाश्त कर लेते हैं।

खाँचों में बँटे ऐसे जीवन से समस्या का हल निकाल लेना जुगाड़-भर है, सन्तोषजनक नहीं। ऐसे लोग लगातार गहरी नासमझी में घिरे रहते हैं। जैसा कि डोनाल्ड हमें बताते हैं, ये तीन क्षमताएँ मनुष्य में दरअसल एक के बाद एक पैदा हुई हैं—एक, दूसरे के कंधे पर सवार होकर उसके बाद आई हैं लेकिन पहली को नष्ट किए बग़ैर। यानी, अगली क्षमता ने पिछली की जगह नहीं ली, उसे बस संशोधित कर दिया। इसके अलावा, इनके बीच कोई ऊँच-नीच वाला सम्बन्ध नहीं है। तीनों मिलकर मनुष्य की सोचने-समझने की समग्र क्षमता में योगदान देती हैं। तीनों की अपनी ख़ासियत है। हक़ीक़त यह है कि हम सभी, चाहे सेक्युलर हों या धार्मिक, इन तीनों संस्कृतियों के हिस्सेदार हैं—कर्मकांडीय, मिथकीय और सैद्धान्तिक। हम सभी अलग-अलग मात्राओं में इन तीनों सांस्कृतिक क्षमताओं का इस्तेमाल करते हैं। आधुनिक मस्तिष्क कर्मकांडीय, मिथकीय और सैद्धान्तिक तत्त्वों का एक जटिल सम्मिश्रण है।

आइए, उदाहरण के लिए कर्मकांड को लेते हैं। हमारे यहाँ शादियों में जो कर्मकांड होते हैं, वे दो व्यक्तियों के बीच वचनबद्धता को पुष्ट करने के उद्देश्य से किए जाते हैं। हर साल 30 जनवरी को दिन में 11 बजे जो दो मिनट का मौन रखा जाता है, वह गांधीजी की शहादत को याद रखने के उद्देश्य से होता है। ऐसे कर्मकांड किसी कृत्य की सामूहिक अहमियत को रेखांकित करते हैं, ऐसा क्षणभंगुर इनसानी अन्तर्क्रियाओं को टिकाऊ बनाने के काम आते हैं जो अन्यथा नष्ट हो जाएँगी। आपने क्या कभी कोई ऐसा सिंगल्स टेनिस मैच देखा है जो दोनों खिलाड़ियों के गले मिलने या हाथ मिलाने के बग़ैर ख़त्म हो गया हो? यह कर्मकांड बस इतना जताने के लिए होता है कि अब प्रतिद्वंद्विता ख़त्म हो चुकी है और वे फिर से दोस्त हैं। हमारे आधुनिक सेक्युलर जीवन मिथकों के सहारे भी चलते हैं। हमारी लोकप्रिय संस्कृति मिथकीय है, उसे तर्क या साक्ष्य की कोई परवाह नहीं। वह दो अलहदा घटनाओं को जोड़ कर परिकथा रच देती है। हमारे सामने नायकीय उदाहरण खड़े कर देती है। यहाँ तक कि एकदम विज्ञानसम्मत अर्थशास्त्र भी तो हमारे सामने एक विशुद्ध तार्किक आर्थिक मनुष्य का मिथक रचता है!

संक्षेप में कहें तो सेक्युलर तर्कवादियों को—यानी वैज्ञानिक और सैद्धान्तिक

पेशेवर—अपनी ज़िन्दगी में मिथकों और कर्मकांडों के होने को स्वीकार करना चाहिए। इसी तरह, धार्मिक मिथकों व कर्मकांडों में डूबे लोगों को वैज्ञानिक तर्क का सम्मान करना चाहिए और तर्क के सामाजिक उपयोग का मूल्य भी समझना चाहिए जो पार्श्व में जा चुकी आस्थाओं और दृश्यों को उघाड़ कर उनके अर्थ साफ़ कर रहा है और हमारे बीच बातचीत की साझा ज़मीन तैयार करते हुए आपसी समन्वय की समझदारी पैदा कर रहा है।

45

क्या कर्मकांड अब भी महत्त्व रखते हैं?

अनेक भारतीयों के लिए धार्मिक कर्मकांड उनकी ज़िन्दगी का सहज हिस्सा हैं। दूसरी ओर, कई ऐसे लोग हैं जो नहीं चाहते कि उनके कर्मकांड उजागर हों। उन्हें इससे असहज महसूस होता है। हमारी आधुनिक चेतना मानती है कि कर्मकांड हमारे प्राक्-आधुनिक अतीत के अवशेष हैं और शिक्षा व तर्कबुद्धि के आने के साथ ही हमें उन्हें छोड़ देना चाहिए। इसीलिए दिमाग़ में यह धारणा रहती है कि कर्मकांड पूरी तरह अनावश्यक हैं, बहुत से बहुत वैकल्पिक हैं। आधुनिक दिमाग़ के यही लक्षण हैं। ऐसा शायद इसलिए भी हो सकता है कि कर्मकांड को धर्म से जोड़कर देखा जाता है और यह माना जाता है कि तर्क के सामने वे टिक नहीं पाएँगे यानी वे निरर्थक हैं, खोखले हैं, अनावश्यक दुहराव वाले काम हैं जो समय खाते हैं, अंधविश्वासों को बढ़ावा देते हैं और उनमें बेमतलब का झंझट शामिल है। इसके अलावा, ये कर्मकांड एक सामूहिक मानसिकता को पुष्ट करते हैं जिसमें निजी आज़ादी और नवाचार के लिए जगह नहीं बच पाती है। कर्मकांडों की यह आलोचना कोई नई नहीं है, इसकी बहुत पुरानी नज़ीरें हैं। इसका इतिहास बहुत लम्बा है।

प्राचीन भारत में जब कर्मकांड महँगे और जटिल हुए तो ख़ुद ब्राह्मणों ने इन पर सवाल उठाए। सुगमता और किफ़ायत जाती रही तो कर्मकांडों का असल उद्देश्य भी नदारद हो गया। औपनिषदिक विद्वानों ने कर्मकांडों की निरर्थकता पर सवाल खड़े किए। उनका कहना था कि जब तक अप्रत्यक्ष ज्ञान के साथ कर्मकांड का सम्बन्ध नहीं होगा, तब तक वे वायवीय ही रहेंगे। इसी को कालांतर में ब्रह्म और आत्म के गहन सम्बन्ध के रूप में जाना गया। काफ़ी बाद में जैनियों और बौद्धों ने वैदिक कर्मकांडों की और ज़्यादा तार्किक आलोचना प्रस्तुत की। उन्होंने इन कर्मकांडों के

पीछे की भौतिक प्रेरणाओं पर सवाल उठाया। उन्होंने पूछा कि इस या उस लोक को सुधारने के लिए इन कर्मकांडों को करने का क्या मतलब है। गौतम बुद्ध और अशोक ने नीति जगत में कर्मकांडों की जगह सभी जीवित प्राणियों के प्रति दयालुता और करुणा को स्थापित किया। फिर भक्तिमार्गी सन्तों ने कर्मकांडों की नीतिगत केंद्रीयता पर सवाल उठाए। यहाँ तक कि दयानंद जैसे समाज सुधारकों ने हिन्दू धर्म के भीतर उपस्थित अत्यधिक कर्मकांड को ख़ारिज ही कर डाला।

कर्मकांड का महत्त्व

यहाँ से दो बातें निकल रही हैं। पहली, यदि समाज में कर्मकांड की तार्किक आलोचना हमेशा से मौजूद रही है, प्राचीन जगत से लेकर आधुनिक तक, तब हम अपने सामाजिक जगत को अतीत के कर्मकांड-केन्द्रित और वर्तमान के तर्क-केन्द्रित दौर की दो समयावधियों में नहीं बाँट सकते। दूसरे, आलोचना का लम्बा इतिहास बताता है कि कर्मकांड आलोचना के बावजूद टिके रहते हैं, ख़त्म नहीं होते। आप चाहे कितना ही ज़ोर लगा लें, उन्हें आप ख़त्म नहीं कर सकते। सवाल उठता है कि निरन्तर तार्किक आलोचना के बावजूद ये कर्मकांड आख़िर इनसानी जीवन में इतनी अहम भूमिका क्यों निभाते रहे हैं?

एक उदाहरण लेते हैं। हमें यदि डाक या एसएमस के माध्यम से युनिवर्सिटी की डिग्री मिलने लगे तो हमें सन्तोष नहीं होगा। इसीलिए हम स्वेच्छा से दीक्षांत समारोहों में हिस्सा लेने जाते हैं जहाँ डिग्री देनेवाले और लेनेवाले के लिए अलग-अलग परिधान पहनने की व्यवस्था होती है। इसी तरह, हर 15 अगस्त को हम झंडा फहराते हैं और अपने देश को आज़ाद रखने की क़सम खाते हैं या गणतंत्र दिवस की परेड के माध्यम से संविधान का जश्न मनाते हैं। जो लोग हमें छोड़ गए उनकी स्मृति में हम सभाएँ करते हैं। इसी तरह हमारे यहाँ हारी-बीमारी में इलाज के कुछ कर्मकांड हैं, उम्र का एक पड़ाव पार करने पर यज्ञोपवीत या विवाह, मृत्यु आदि के कर्मकांड हैं, देश की टेस्ट टीम में प्रवेश का कर्मकांड है जब नए खिलाड़ी को उसके वरिष्ठ खिलाड़ी की ओर से एक टोपी सौंपी जाती है। हमारी रोज़मर्रा की ज़िन्दगी में सबसे सरल कर्मकांड एक दूसरे का अभिवादन है।

ये सब इसलिए क्योंकि हम लोग मशीन नहीं हैं या महज़ जैविक प्राणी नहीं हैं बल्कि अभिव्यक्त करना जानते हैं। हम केवल बोल कर या लिख कर ही ख़ुद को अभिव्यक्त नहीं करते, सीधे शारीरिक भाव-भंगिमाओं से भी ख़ुद को ज़ाहिर करते हैं। पहले से मौजूद कर्मकांडों को जारी रख कर ख़ुद को अभिव्यक्त करते हैं या फिर नए कर्मकांड गढ़ लेते हैं। मसलन, शादी के समय हिन्दुओं में अग्नि का फेरा लेने की प्रथा तक़रीबन तीन हज़ार साल से बिना रुके जारी है।

ऐसे तमाम औपचारिक कृत्य या अभिव्यक्तियाँ मूलत: सार्वजनिक होती हैं, नाटकीय होती हैं ताकि सभी प्रासंगिक लोग उसमें हिस्सा ले सकें। कुछ ऐसे भी कर्मकांड होते हैं जो रोज़मर्रा के जीवन से हटकर एक ख़ास अवसर का अहसास कराते हैं। लेकिन कुल मिलाकर देखें तो कर्मकांड दरअसल हमारे सामाजिक जीवन की नज़ाकत को कम करने का सबसे किफ़ायती तरीक़ा हैं (चूँकि सामाजिक जीवन में कुछ भी स्थायी नहीं है)—यानी सामाजिक तौर-तरीक़ों को क़ायम करना और टिकाए रखना। ये काम शब्द या तर्क के भरोसे उतनी आसानी से सम्भव नहीं है जितना कर्मकांडों के ज़रिये हो सकता है।

इतना ही नहीं, अक्सर नियम-क़ानूनों के तहत बहुत ध्यान लगाकर सीखा गया कौशल भी कर्मकांड में तब्दील हो जाता है। मसलन, एक ही काम को बार-बार करने से पैदा हुई आदत, जिससे हम ग़ाफ़िल रहते हैं। जैसे टेनिस के खेल में बार-बार एक ही शॉट को दुहराया जाता है। धीरे-धीरे उसके बारे में हम सोचना बन्द कर देते हैं और उसमें महारत हासिल हो जाती है। बिलकुल इसी वजह से हम खेल में दक्ष हो जाते हैं। यह विचारहीनता ही हमें दक्षता हासिल करने में मदद करती है। विडम्बना यह है कि जब हम दैनिक जीवन की ओर से आँखें मूँद लेते हैं तो कर्मकांडों की अहमियत हमारी नज़र से ओझल हो जाती है। आप किसी सद्कारण से एक कर्मकांड को तिलांजलि भले दे दें लेकिन जल्द ही किसी दूसरे सद्कारण के चलते कोई और कर्मकांड वह जगह ले लेगा, जो पुराने कर्मकांड से ख़ाली हुई थी।

दो शर्तें

यानी ऐसे कर्मकांड और समारोह ज़रूरी हैं जिन्हें हमारे पुरखों ने बड़े जतन और कौशल के साथ सीखा और पीढ़ी-दर-पीढ़ी उसे आगे बढ़ाते रहे ताकि वे हमारी सामूहिक स्मृति और सांस्कृतिक थाती का हिस्सा बन जाएँ। सवाल फिर यह नहीं है कि कर्मकांड होने चाहिए या नहीं, सवाल यह है कि कर्मकांड कैसे हों। मेरा सुझाव है कि सभी कर्मकांडों को दो शर्तें पूरी करना चाहिए: एक तो नैतिक और दूसरा सौंदर्यशास्त्रीय। सुंदरता की जहाँ तक बात है तो हमें अपने कर्मकांडों को गीत, संगीत, नृत्य, नाटक आदि मीमेटिक विधाओं के साथ जोड़ कर प्रदर्शन करना चाहिए। यहाँ बहुत कुछ कहने की ज़रूरत नहीं है, इसे समझने के लिए बस वीवीएस लक्ष्मण की कलाई से निकले स्ट्रोक और ज्यॉफ़ बॉयकॉट या किसी पुछल्ले बल्लेबाज के नीरस स्ट्रोक की तुलना कर के देख लें। नैतिक पक्ष ज़्यादा अहम होता है। यही वह पक्ष है जिसके चलते हमने पहले नरबलि बन्द की, फिर पशुबलि बन्द की और आज भी इसकी दरकार यह है कि हम ऐसा कोई कर्मकांड न करें जो प्रभुत्व को सही ठहराता हो। इसका अर्थ यह है कि हम कर्मकांडों को बरतने में विवेक का

इस्तेमाल करें और ऐसे वैवाहिक कर्मकांडों पर भी सवाल उठाएँ जो पुरुष और स्त्री के बीच ऊँच-नीच को स्थापित करते हों। हाँ, यदि हम समूचे वैवाहिक कर्मकांड को ही ख़ारिज कर देंगे तो कुछ हासिल नहीं होगा।

46

भाषा का महत्त्व

तमिलभाषियों में उनके ऊपर हिन्दी को थोपे जाने का इतना भय है कि वे रह-रह कर भड़क उठते हैं और रोष व्यक्त करने लगते हैं। उनका यह व्यवहार हमें यह सोचने को बाध्य करता है कि भाषा हमारे लिए आख़िर इतना महत्त्व क्यों रखती है। किसी ख़ास भाषा के साथ हम इतने ज़्यादा क्यों जुड़े होते हैं? इतना क़रीबी लगाव आख़िर क्यों है हमारा भाषा के साथ?

भाषा एक ऐसा औज़ार है जिससे हम अपनी दुनिया को अभिव्यक्त करते हैं। हमारे दिमाग़ में कुछ विचार होते हैं और भाषा दूसरों को चिह्नों, अक्षरों या ध्वनियों के माध्यम से उन्हें बतलाने के काम आती है। हमारी मानसिक बुनावट तो निजी होती है लेकिन एक बार हमने उसे शब्द दे दिए तो वह सार्वजनिक हो जाती है। शब्दों के माध्यम से हम दूसरे को अपने ख़याल बताते हैं। अगर भाषा का बस इतना ही काम होता—चीज़ों की पहचान कर के उनके विवरण दूसरों तक पहुँचाना और भाषा से स्वतंत्र विचारों को उसके माध्यम से सार्वजनिक करना—तो कोई एक भाषा से इतना गहरे क्यों जुड़ा होता? यह काम तो किसी दूसरी भाषा के सहारे भी हो सकता था?

ऊपर बताया गया भाषा का कार्यभार उसका केवल एक पहलू है। वह अपनी मातृभाषा के साथ इनसान के लगाव की पहेली को हल नहीं करता। लोग जिस शिद्दत से अपनी भाषा के लिए लड़ते हैं, उसे यह व्याख्या स्पष्ट नहीं कर पाती है। तो क्या भाषा की कोई और भूमिका है?

चीज़ें और रिश्ते

प्रतिष्ठित दार्शनिक चार्ल्स टेलर का 'संघटन सिद्धान्त' इसे समझने में हमारी मदद करता है। इस सिद्धान्त के अनुसार, जब भाषा नहीं थी तभी से मनुष्य ने ख़ुद को

अभिव्यक्त करना शुरू कर दिया था लेकिन जैसे ही उन्होंने भाषा का प्रयोग शुरू किया, उनमें बुनियादी बदलाव आ गया। भाषा ने उन्हें पहले की अबूझ और शुरुआती अभिव्यक्तियों को समेटने और संयोजित करने में मदद की। इससे उनके सोचने का ढंग बदल गया। भाषा क्या करती है? किसी वस्तु के कुछ लक्षणों को उभार देती है और बाक़ी लक्षणों को पार्श्व में धकेल देती है जबकि कुछ को दफ़ना देती है। हम जब कुछ ही लक्षणों पर अपना ध्यान केन्द्रित करते हैं तो सरहदें खींचने लगते हैं, भेद करने लगते हैं, भले वे कितने ही मोटे या महीन या फिर पारदर्शी हों। हम फिर उस वस्तु को दूसरी वस्तुओं के बरअक्स रख कर देखने लगते हैं। अंग्रेज़ी का एक सरल उदाहरण लेते हैं। हम जब किसी टेबल पर बैठते हैं तो वह एक या एक से ज़्यादा पायों पर टिकी हुई, सपाट ऊपरी हिस्से वाली एक भौतिक वस्तु होती है जिसका इस्तेमाल खाने, लिखने, बैठक करने, इत्यादि कामों में हो सकता है। यह एक बेंच या स्टूल से अलग होती है जो देखने में तो टेबल जैसा ही लग सकता है लेकिन उसकी उपयोगिता दूसरी होती है। यानी, 'टेबल' शब्द के अर्थ में उसकी उपयोगिताएँ और कुछ ख़ास गतिविधियाँ समाहित हैं, जो हमें यह सिखाती हैं कि उसका इस्तेमाल कैसे करना है। यह सीख तब तक सम्भव नहीं है जब तक हम एक ख़ास क़िस्म की जागरूकता या चिन्तन से वाबस्ता न हों, जहाँ से यह ख़याल उभरता हो कि लकड़ी का एक टुकड़ा टेबल की शक्ल ले सकता है। लिहाज़ा, 'टेबल' शब्द एक नया विचार, एक नई सामाजिक वस्तु, और कुछ नई गतिविधियों को अपने साथ लेकर आता है। इस शब्द या इसके जैसे शब्द के बग़ैर टेबल नाम की सामाजिक-सांस्कृतिक वस्तु का अस्तित्व नहीं होगा। इसी अर्थ में दरअसल शब्द, विचार और हमारी दुनिया आपस में जुड़े हुए हैं और संघटित हैं।

जिस तरह हमारे इर्द-गिर्द की चीज़ें भाषायी रूप से संघटित हैं, वैसे ही एक-दूसरे के साथ हमारे रिश्ते भी परस्पर जुड़े हैं। मसलन, 'शिक्षक' और 'छात्र' जैसे दो शब्दों को सीखना दरअसल सामाजिक सम्बन्ध के एक समूचे अध्याय को सीखना है जो शिक्षा देनेवाले संस्थान और उसके आचार के लिए निर्णायक है। इससे हमें यह भी सीखने को मिलता है कि इन दो शब्दों की भूमिका को निभानेवाले दो लोग एक-दूसरे के साथ आपस में केसा सम्बन्ध रखते हैं—औपचारिक या अनौपचारिक, मित्रवत या भिन्न, कामचलाऊ या गम्भीर, इत्यादि। इतना ही नहीं, ये दो शब्द अपने बीच के सामाजिक सम्बन्ध में केवल सत्ता के होने या न होने को ही प्रतिबिंबित नहीं करते, बल्कि नई भावनाओं को भी लेकर आते हैं। जैसे, भाषाविहीन प्राणियों में अनुभव किया जानेवाला ग़ुस्सा घृणायुक्त नहीं होता क्योंकि घृणा के लिए इस बात का बोध होना ज़रूरी है कि क्या न्यायपूर्ण है और क्या अन्यायपूर्ण। किसी के प्रति इसी तरह, किसी की सराहना करना उसके प्रति

आकर्षण से कहीं ज़्यादा बड़ा काम है क्योंकि इसमें सामनेवाले में मौजूद गुणों या उपलब्धियों को देखना होता है। वैसे ही, हम लोग चीज़ों की केवल चाहत या नफ़रत से संचालित नहीं होते, एक कसौटी पर उनका मूल्यांकन भी करते हैं कि कौन-सी चाहत ठीक है और तमाम ठीक चाहतों के बीच भी कौन-सी ज़्यादा सार्थक है। यह कसौटी पर कसनेवाली बात—कि क्या सही है और क्या ग़लत या फिर नैतिक स्तर पर क्या ठीक है और क्या नहीं, जो ख़ूबी केवल मनुष्यों में ही पाई जाती है—भी भाषा के चलते ही सम्भव होती है। कुल मिलाकर देखें तो विशुद्ध भौतिक, रासायनिक या जैविक जगत से उलट इनसानी जगत शब्दों से भरा पड़ा है और भाषा के माध्यम से ज़ाहिर होता है। जैसा कि प्रोफ़ेसर टेलर कहते हैं, हम लोग भाषायी प्राणी हैं जो एक भाषायी आयाम में जीते हैं, जिसमें दूसरे प्राणियों का वास नहीं है।

एक भाषा से जुड़ाव

टेलर का सिद्धान्त भाषा के एक और लक्षण की ओर हमारा ध्यान खींचता है। वह है भाषा से जुड़ा सशक्त समुदायवाद। शब्द और उसके अर्थ दूसरों के साथ निरन्तर संवाद में बनते और बिगड़ते हैं। इससे समझ आता है कि एक भाषायी समुदाय (किसी भाषा को बोलनेवाला एक समुदाय) के बग़ैर कोई भाषा न तो अस्तित्व में रह सकती है और न ही आगे बढ़ सकती है। जैसे, तमिल भाषा अपने बोलनेवालों के बीच ही वजूद में रहेगी और फले-फूलेगी। यही बात बांग्ला और हिन्दी पर लागू होती है। केवल भाषायी समुदाय किसी भाषा को नहीं गढ़ता या आकार नहीं देता है बल्कि भाषा भी अपने बोलनेवाले भाषायी समुदाय को संघटित करती है और क़ायम रखती है। चूँकि हज़ारों भाषाएँ एक साथ अस्तित्व में हैं और अपने बोलनेवालों के द्वारा पोषित हैं, इसलिए दुनिया को समझने और अनुभव करने के तमाम परस्पर भिन्न भाषायी शब्द-भंडार भी मौजूद हैं। हरेक में उनके शब्दों के हिसाब से भिन्न भावनाएँ, सरोकार, अनुभूतियाँ और आकांक्षाएँ इत्यादि मौजूद हैं। यानी हम जो हैं और जैसे हैं, अपनी भाषा के बनाए हुए हैं। विशिष्ट भाषाएँ हमें विशिष्ट प्राणी बनाती हैं।

इसलिए, हमारी अपनी भाषा हमारे लिए इतना महत्त्व रखती है क्योंकि हमें, हमारी दुनिया को और इस दुनिया में हमारे होने के विशिष्ट तरीक़ों को वही गढ़ती है। ये दुनिया हमें अपना घर जान पड़ती है क्योंकि उसके पीछे हमारी भाषा काम कर रही है। कह सकते हैं कि हम सभी अपनी-अपनी भाषाओं के वासी हैं।

चूँकि हमारी सीखी भाषा ही हमें और हमारी दुनिया को बनाती है तो ज़ाहिर है कि उसके साथ हमारा रिश्ता बहुत गहरा होगा और हम उन सबके साथ बहुत

लगाव महसूस करेंगे जो हमारी भाषा को बोलते हैं। फ़र्ज़ कीजिए कि एक ग्रामीण तमिलभाषी बिना किसी तैयारी के अचानक टेक्सस पहुँच जाए तों उसे कैसा महसूस होगा? और यदि उसे वहाँ एक तमिल बोलनेवाला आदमी मिल जाए तब उसे कैसी राहत महसूस होगी। पचास साल पहले तमिलभाषियों को शायद पंजाब में ऐसा ही महसूस होता रहा होगा।

लोगों के भाषाओं से इसी जुड़ाव को संघटन सिद्धान्त व्याख्यायित करता है। यह बताता है कि एक ख़ास भाषा बोलनेवाले लोग क्यों घृणा से भर कर आक्रोशित हो जाते हैं जब उन्हें अपनी भाषा पर कोई ख़तरा महसूस होता है। वे अपनी भाषा को बचाने के लिए उस ख़तरे से लड़ते हैं।

इससे हालाँकि यह निष्कर्ष नहीं निकाल सकते कि भाषाएँ अपने आप में बन्द या स्व-निहित होती हैं। इसके बजाय, जैसा कि समाजशास्त्री स्टीवेन ल्यूक्स कहते हैं, भाषाएँ 'विभिन्न स्रोतों से आए विजातीय तत्त्वों का संकलन या गुच्छ होती हैं', जैसे एक आकाशगंगा में विचरण करते, एक-दूसरे के साथ संवाद करते, विनिमय करते, ख़ुद बनते-बिगड़ते और बदले में दूसरे को बनाते-बिगाड़ते तमाम नक्षत्र। इसीलिए शुद्धता की माँग भाषा की समृद्धि और नवाचार की दुश्मन है। मसलन, संस्कृत के शब्द 'पूजा' को लें। विद्वानों का मत है कि इस शब्द का मूल द्रविड़ हो सकता है, भारोपीय नहीं, क्योंकि तमिल में 'पू' का अर्थ फूल होता है। हम में से कितने लोगों को मालूम है कि संस्कृति के शब्द 'वेद' या 'विद्' का सम्बन्ध अंग्रेज़ी के 'विट' या 'विटनेस' से है या फिर अंग्रेज़ी का शब्द 'डॉटर' 'दुग्ध' से जुड़ा है और अंग्रेज़ी का 'फ्री' संस्कृत के 'प्रीत' के साथ? जो भाषाएँ एक-दूसरे से एकदम भिन्न और विशिष्ट जान पड़ती हैं, वे दरअसल आपस में जुड़े वैश्विक इतिहास और सुदीर्घ काल में एक साथ विकसित हुई हैं।

एक बात और हमें याद रखनी चाहिए कि किसी एक भाषायी समुदाय में जन्मे लोग कितनी सहजता और समर्पण के साथ दूसरी भाषा को अपना लेते हैं। इसका मतलब है कि हम एक से ज़्यादा भाषा के साथ जुड़ाव महसूस कर सकते हैं। जैसे, आंग्ल-हिब्रू भाषी भारतविज्ञानी डेविड शुल्मान के तमिल और तेलुगु प्रेम को ही ले लीजिए। अच्छे अनुवादकों का दो भाषाओं के प्रति प्रेम और शिद्दत तो ख़ैर मिसाल है ही। अपनी भाषा के साथ लोगों का गहरा लगाव बेशक समझ में आनेवाली चीज़ है, पर जिस सनक के साथ कुछ लोग अपनी भाषा की शुद्धता, विशिष्टता और श्रेष्ठता का बचाव करते हैं, वह शर्मनाक और अक्षम्य है।

47

निजी, सार्वजनिक और राजनीतिक नैतिकता

राजनीतिक, सार्वजनिक और निजी नैतिकता आपस में जुड़ी हुई होती हैं, लेकिन एक समान नहीं होतीं। इनका स्रोत एक हो सकता है, लेकिन ये तीनों विशिष्ट हैं। पश्चिम की विचार परम्परा में कम से कम मैकियावेली के समय से ही इस बात की मान्यता है, लेकिन भारत में यह हाल की परिघटना है।

नीतिशास्त्र के तीन आयाम

अशोक का उदाहरण लेते हैं। माना जाता है कि उसने तीन विभिन्न आयामों में धम्म (नीतिशास्त्र) की बात की थी। पहला दायरा अन्तर्वैयक्तिक है यानी दो व्यक्तियों के बीच की नैतिकता। जैसे, हम सभी की अपने बच्चों, जीवनसाथी, माता-पिता, शिक्षकों और पड़ोसियों के प्रति कुछ बाध्यताएँ होती हैं। इसी तरह कुछ ख़ास देखभाल चाहनेवाले ज़रूरतमन्द लोगों, बुजुर्गों, 'सेवकों', पशुओं और कभी-कभार अजनबियों के प्रति भी हमारे कुछ कर्तव्य होते हैं। अन्तर्वैयक्तिक नैतिकता यहाँ काम करती है।

दूसरा आयाम है अन्तरसमूह नैतिकता, जो सार्वजनिक जीवन में काम आती है। यहाँ विभिन्न धार्मिक-दार्शनिक समूहों के बीच सद्भाव क़ायम रखने के लिए आत्मसंयम से काम लेना होता है। अशोक ने विशेष रूप से इस आयाम में 'वाक्गति' का उल्लेख किया था—दूसरे समूह की आलोचना करने के मामले में अपनी ज़बान पर लगाम रखना और मौक़े की नज़ाकत व सद्कारण के हिसाब से इसे बरतना, वो भी अतिवादी ढंग से नहीं, मध्यम-गति से; इसी तरह अपने समूह की प्रशंसा तभी करना जब इसका सद्कारण उपस्थित हो, उपयुक्त मौक़ा हो और नियंत्रित ढंग से। सार्वजनिक नैतिकता के दो स्वीकार्य आयाम उन्होंने बताए थे—न विद्वेषपूर्ण अभिभाषण करना, न आत्मप्रशंसा करना। ये दोनों बातें हमारे समय के लिहाज़ से भी बहुत प्रासंगिक हैं।

अशोक ने तीसरा आयाम राजनीतिक नैतिकता का बताया था। इसमें उसने सत्ता सम्बन्ध की बात की थी कि शासक एवं शासित का एक-दूसरे के प्रति देय क्या है। प्रजा को राजा का आज्ञाकारी होना चाहिए, लेकिन राजा को भी 'जनहित' (सभी जीवित प्राणियों का हित) और 'जनसुख' (न सिर्फ़ इस जीवन में बल्कि जीवन के बाद भी) को सुनिश्चित करना चाहिए। ऐसा करने के लिए शासक और उसके कारिंदों का आचार 'दंडसम्मत' और 'वियोहलसम्मत' (दंड देने और राजनीतिक व विधिक व्यवहार में निष्पक्ष) होना चाहिए। अशोक की बताई राजनीतिक नैतिकता

में निष्पक्षता के प्रति वचनबद्धता निहित है। निष्पक्षता के प्रति वचनबद्धता का अर्थ है न्यायसम्मत होना।

इन तीनों नैतिकताओं के बीच क्या अन्तर है? उदाहरण के लिए, हमारी निजी ज़िन्दगी में जिन लोगों से हमारा रोज़ साबक़ा पड़ता है—जैसे परिवार, मित्रगण या 'सेवक'—वहाँ हम पक्षपाती होने से बच नहीं सकते। इसी तरह सार्वजनिक जीवन में, जहाँ हमारा लेना-देना विभिन्न धार्मिक-दार्शनिक अनुभूति वाले लोगों से होता है, अपने विश्व-दृष्टिकोण के चलते हम एक हद तक पक्षपात ज़रूर करते हैं। इन दोनों आयामों से उलट, राजनीतिक क्षेत्र में सभी के हित के लिए सत्ता का उपयोग करने की बाध्यता हमसे निष्पक्ष रहने की आकांक्षा करती है।

परिवार, नागरिक समाज और राज्य

दो हज़ार साल बाद जर्मन दार्शनिक फ्रीड्रिश हीगल ने यही बातें कुछ दूसरे ढंग से और एकदम अलहदा सन्दर्भ में कही थीं। उन्होंने मनावीय जीवन के तीन आयामों के बीच फ़र्क़ किया था—परिवार, नागरिक समाज और राज्य। हीगेल का कहना था कि परिवार सबसे छोटी इकाई होती जहाँ सदस्य ख़ुद को एक-दूसरे से अलग नहीं बरतते। उनकी पहचानें आपस में मिली हुई होती हैं। परिवार भावनात्मक रिश्ते, परस्पर प्रेम और लगाव से जुड़ा होता है। इसके सदस्य एक-दूसरे की उपलब्धियों पर गर्व करते हैं और दूसरे के ग़लत कृत्य पर शर्मिन्दा भी होते हैं। यहाँ नैतिकता भावनाओं से संचालित होती है।

परिवार हीगेल के बताए नागरिक समाज या ज़्यादा उपयुक्त रूप से कहें तो 'बाज़ार समाज' से बिलकुल अलग होता है। यहाँ हर कोई एक व्यक्ति के तौर पर व्यवहार करता है जहाँ उसके निजी हित सर्वोच्च होते हैं। ये हित दूसरे के हित से अलग हो सकते हैं, उसके प्रतिस्पर्धी हो सकते हैं और उससे टकराव में भी हो सकते हैं। यहाँ कोई भी प्रेम या लगाव के रिश्ते से नहीं जुड़ा होता है। चूँकि यहाँ कोई समुदाय नहीं होता बल्कि निजी हितों का एक समुच्चय होता है, लिहाज़ा कोई साझा नैतिकता भी नहीं होती जो सभी को आपस में जोड़े रख सके। यहाँ जीवन प्रतिस्पर्धी होता है। इसे कुछ दंडात्मक नियम-क़ानून नियंत्रित करते हैं ताकि निजी हितों को नियामित किया जा सके। अधिकतम यह हो सकता है कि एक व्यक्ति यहाँ अपनी नैतिकता ख़ुद तय करे।

हीगेल ने तीसरा आयाम वह बताया है जहाँ लोग ख़ुद को एक व्यापक राजनीतिक समुदाय के सदस्य के रूप में देखते हों—जैसे एक राज्य के नागरिक। एक राजनीतिक समुदाय के भीतर नागरिक न तो भावनाओं से जुड़े होते हैं और न ही निजी हित की आकांक्षा से, बल्कि सार्वजनिक विवेक द्वारा तय किए गए

समान मूल्यों के प्रति वचनबद्धता उन्हें जोड़ती है। ये मूल्य स्वतंत्रता, एकजुटता, साझा परम्पराएँ और सांस्कृतिक विरासत, आदि हो सकते हैं। इस क्षेत्र में नैतिकता की दरकार यह होती है कि हम अपने ख़ून के रिश्तों से ऊपर उठकर केवल अपने निजी हितों की आकांक्षा न करें बल्कि ख़ुद को साझा सिद्धान्तों में निहित ताक़त का इस्तेमाल करते हुए वचनबद्ध करें। इस आयाम में प्रेम और विद्वेष मोटे तौर पर पाखंड होते हैं जहाँ सहमति निर्माण सार्वजनिक विवेक के प्रयोग से किया जाता है। इसका लोकतांत्रिक संस्करण यह माँग करता है कि हम मिलजुल कर विमर्श करें और खुलेपन, परस्पर सम्मान और न्याय के मूल्यों से निर्देशित होते हुए एक-दूसरे को निष्पक्ष क़ानूनों व नीतियों तक पहुँचने में सहयोग करें जो राजनीति में हर एक को सैद्धान्तिक रूप से स्वीकार्य हों।

यहाँ सत्ता का प्रयोग करनेवालों को यह अहसास होना चाहिए कि उनके किए का दीर्घकालीन प्रभाव बड़ी संख्या में लोगों के जीवन पर पड़ सकता है। इसलिए उनके ऊपर बहुत ज़्यादा ज़िम्मेदारी आयद हो जाती है जिसके पीछे यह तथ्य काम करता है कि आम नागरिकों के ख़िलाफ़ बल प्रयोग के लिए उनके पास न्यूनतम वैधता है। चूँकि उनके पास परिवारों के मुखिया या नागरिक समाज के सदस्यों के मुक़ाबले हिंसा के कहीं ज़्यादा औज़ार होते हैं, इसलिए सत्ताधारी राजनीतिकों को हिंसा और बल के प्रयोग को लेकर बहुत ज़्यादा सतर्कता और संवेदनशीलता का प्रदर्शन करना पड़ता है।

निजी और राजनीतिक नैतिकता

निजी और राजनीतिक नैतिकता के बीच अन्तर से एक अहम निहितार्थ यह निकाला जाता है कि निजी जीवन में नैतिक शुद्धता अपने आप राजनीतिक जीवन में उच्च नैतिक दरजे की गारंटी दे देती है। ज़रूरी नहीं कि यह सच हो। सार्वजनिक सत्ता में बैठा व्यक्ति हो सकता है कि ख़ुद, अपने परिवार और अपने मित्रों के लिए लाभ लेने से इनकार कर दे और यौन सुख के रूप में भी कोई फ़ायदा न उठाए लेकिन ऐसी 'स्वच्छता' उसकी राजनीतिक नैतिकता का पर्याय हो, यह ज़रूरी नहीं है। निजी रूप से भ्रष्ट न होना किस काम का, जब कोई नेता एक ख़ास समुदाय के प्रति पक्षपाती हो जाए, सार्वजनिक विवेक को त्याग दे, अपने हाथ में सत्ता क़ायम रखने के लिए असहमति का दमन करने लगे, मनमाना बलप्रयोग करे और इस मुग़ालते में जिये जाए कि वह अपने इर्द-गिर्द की सभी संस्थाओं से सर्वोच्च है? या, अगर वह यह मानने लगे कि वही हर सच का ज्ञाता है और सबके कल्याण के बारे में उसे ही मालूम है—और चूँकि उसने अपने निजी जीवन में नैतिक बन्दिशें ख़ुद लगा रखी हैं तो इसी कारण से उसके द्वारा राजनीतिक जीवन में बलप्रयोग पर

कोई बन्दिश नहीं है? सार यह है कि एक व्यक्ति जो अपने निजी जीवन में निहायत ही नैतिक होता है, वह राजनीतिक नैतिकता के सभी मानकों की खुलकर धज्जियाँ उड़ा सकता है और न्याय व सार्वजनिक विवेक का हनन कर सकता है। इसके ठीक उलट, यह बहुत सम्भव है कि एक ऐसा व्यक्ति जो अपनी निजी ज़िन्दगी में नैतिक फिसलन का शिकार हो (अपने साथी के संग जिसने धोखा किया हो, पैसा बनाया हो, आदि) वह सार्वजनिक संस्थाओं की अखंडता का सम्मान करनेवाला निकले, हिंसा की नैतिक क़ीमत के प्रति पर्याप्त संवेदनशील हो, न्याय के प्रति गहन रूप से कटिबद्ध हो और तर्काधारित लोकतांत्रिक कसौटियों को क़ायम रखे।

इसे अन्यथा न लें। मैं यह नहीं कह रहा कि नेताओं को निजी जीवन में नैतिकता त्याग देनी चाहिए। हमारी दिक़्क़त यह है कि हम लोग अक्सर इस भ्रम में जीते हैं कि निजी और राजनीतिक जीवन दोनों जगह एक जैसी सहज सरल नैतिकता ही काम करती है। वास्तव में, हर मनुष्य बहुत जटिल नैतिकताओं का वाहक होता है। क्या ही आदर्श स्थिति होती यदि हमारी निजी और राजनीतिक नैतिकता एकसम होतीं और दोनों में हम उच्चतम नैतिक आदर्श को प्राप्त कर पाते। चूँकि यह दुनिया उतनी आदर्श नहीं है, इसलिए हम बस इतनी उम्मीद कर सकते हैं कि जब कोई व्यक्ति राजनीतिक जीवन में प्रवेश करे तो वह राजनीतिक नैतिकता के कम से कम न्यूनतम मानकों का पालन करे, भले ही निजी जीवन में वह विशुद्ध नैतिक रह पाने में नाकाम हो जाए।

48

संस्थाएँ क्यों महत्त्व रखती हैं

आजकल हमारी संस्थाओं के पतन पर बहुत बात हो रही है। संस्थाएँ काम नहीं कर पा रही हैं, उनकी व्यवस्थित ढंग से उपेक्षा की जा रही है या उन्हें नष्ट किया जा रहा है? एक तरफ़ तो लोग इस बारे में लगातार शिकायत करते दिखते हैं कि अदालतें निष्पक्ष ढंग से काम नहीं कर रहीं, संसद ठप पड़ी हुई है या उच्च शिक्षा की हालत खस्ता है। दूसरी ओर यह भी सुनने में आता है कि जब तक ताक़तवर लोगों का काम बन रहा है तब तक संस्थाओं के बारे में क्या ही सोचना। वैसे भी, सरकारी संस्थाओं में नियम और प्रक्रियाएँ बहुत जटिल हैं और काम करवाने में बहुत समय ख़राब होता है। इनके न रहने से भी अगर यही नतीजा निकलना है तो

काहे की चिन्ता? ऐसे में सवाल है कि क्या संस्थाएँ वाक़ई मायने रखती हैं? यदि हाँ तो क्यों? इनका काम क्या है? वैसे, ये संस्थाएँ अपने आप में हैं क्या चीज़?

मेरा कहना है कि संस्थाओं को समझने का सही तरीक़ा यह होना चाहिए कि उन्हें किसी सामाजिक प्रथा की तरह देखा जाए लेकिन उसी तक सीमित न किया जाए। इस अजीब से दावे का क्या अर्थ निकाला जाए? आइए, क़दम-दर-क़दम चलते हैं। सामाजिक प्रथा क्या होती है? अव्वल तो, यह व्यक्ति नहीं, ढेर सारे लोगों से ताल्लुक़ रखनेवाला एक आचार है जिसे क़ायम रखने की ताक़त किसी एक व्यक्ति के पास नहीं है। दूसरे, एक बार होनेवाली घटना से उलट यह बार-बार घटित होनेवाली घटना यानी प्रथा है। तीसरे, भीड़ में धक्का-मुक्की कर रहे लोगों का कोई सामूहिक उद्द्देश्य नहीं होता, वास्तव में वे पूरी तरह उद्द्देश्यविहीन हो सकते हैं। सामाजिक प्रथा उद्द्देश्यविहीन नहीं होती। यह साझी ज़रूरत या उद्द्देश्य को पूरा करने के लिए होती है इसलिए इसमें लोगों के सहयोग और समन्वय की ज़रूरत पड़ती है। प्रथा को क़ायम रखनेवाला कोई समूह होता है क्योंकि प्रथा कौशल की माँग करती है और कौशल को सीखना पड़ता है। चूँकि यह सामूहिक मामला है इसलिए इसमें कई क़िस्म के कौशल को साथ आना होता है। किसी दीवार पर गेंद मार रहा एक व्यक्ति एक सामाजिक प्रथा में तो संलग्न नहीं है, लेकिन वही व्यक्ति यदि फील्डर हुआ जो विकेटकीपर को गेंद फेंक रहा हो तो वह सामाजिक प्रथा का हिस्सा बन जाता है।

संक्षेप में कहें तो एक सामाजिक प्रथा टिकाऊ होती है, उद्द्देश्यपूर्ण होती है और एक समूह की बहुमूल्य गतिविधि होती है जिसे एकाधिक कौशल क्षमताओं को साथ लाकर साकार किया जाता है। सामाजिक प्रथाओं के बग़ैर इनसानी जीवन न तो सम्भव है और न ही सार्थक।

सामाजिक प्रथाओं को टिकाए रखना

सामाजिक प्रथाओं की इस कहानी में संस्था कहाँ आती है? प्रथाएँ नाज़ुक होती हैं। सामूहिक प्रयास न हो तो ये बिखर जाती हैं। बार-बार सामूहिक दुहराव और नवीनीकरण से ही प्रथा स्थापित होती है। समूहों द्वारा सार्थक दुहराव परस्पर विश्वास और उम्मीदों की माँग करता है। यह काम सबसे बेहतर तब होता है जब सबकी भूमिका तय हो और प्राधिकार की स्थिति में बैठे व्यक्ति की ओर से नियम बनाए जाएँ। जब एक सामाजिक प्रथा में भूमिकाएँ निबद्ध हो जाती हैं और वह ऐसे नियमों या मानकों से संचालित होने लगती है जो समूह को आपस में जोड़े रखते हैं और उसे स्थिरता प्रदान करते हैं, तब जाकर एक संस्था अस्तित्व में आती है। इस हिसाब से देखें तो क्रिकेट, शिक्षा, चिकित्सा, प्रशासन, ये सब प्रथाएँ हैं लेकिन

क्रिकेट संघ, युनिवर्सिटी, अस्पताल और सरकारी विभाग संस्थाएँ हैं। हम लोग अक्सर 'संस्था' शभ्द का प्रयोग बहुमूल्य सामाजिक प्रथाओं के लिए करते हैं और नियम-संचालित संगठित समूहों के लिए भी करते हैं, लेकिन बेहतर होगा कि इस शब्द को नियम-संचालित संगठनों तक ही सीमित रखा जाए।

अब समझा जा सकता है कि संस्थाएँ क्या महत्त्व रखती हैं—वे बहुमूल्य सामाजिक प्रथाओं को टिकाए रखती हैं। इसके अलावा, वे प्रयास और समय के मामले में व्यक्ति को बोझमुक्त करती हैं। चूँकि समय के साथ इनका विकास सामूहिक प्रयास से होता है तो इनके भीतर बसी सामाजिक चेतना व्यक्तियों के पास तत्काल नहीं आ जाती। मान लें कि एकदम सिफ़र से कोई सामूहिक गतिविधि की जानी है और हर व्यक्ति को उसमें हिस्सा लेना है, जहाँ उसके पास केवल अपना नैतिक बल ही सामूहिक प्रयास में जुड़ने का चालक है। ऐसे में सबको सोचने का अन्तहीन समय नहीं दिया जा सकता। इसीलिए, हम सोचने के समय को कम करते हुए सामाजिक नियमों और मानकों को यहाँ लागू करते हैं। यही वजह है कि संस्थाओं को प्राथमिक तौर पर नियमबद्ध होना पड़ता है।

संस्थागत नैतिकता

इससे समझ आता है कि संस्थाएँ भी एक नई नैतिकता को जन्म देती हैं: मसलन, भूमिकाएँ क़ायदे से निभाई जानी चाहिए, नियम का पालन होना चाहिए और अनुपालन की जिन पर ज़िम्मेदारी है उन्हें वह काम ज़िम्मेदारी, स्वतंत्रता और निष्पक्षता से करना चाहिए। संस्थाएँ भूमिका-आधारित अधिकारों और कर्तव्यों को पैदा करती हैं। जैसे, एक मरीज के शरीर पर छुरा लगाने का अधिकार केवल सर्जन को है; एक अदालत में फ़ैसला केवल एक पेशेवर जज ही दे सकता है; युनिवर्सिटी में वही पढ़ा सकता है जिसके पास ज़रूरी योग्यता हो। किसी टीम का कैप्टन चाहे कितना ही महान क्यों न हो, टीम तभी जीतती है जब हर खिलाड़ी अपनी तय भूमिका को निभाए और अम्पायर नियम-क़ायदों को ढंग से लागू करे। इसी तरह, एक सामाजिक प्रथा अपनी विशिष्ट संस्थागत नैतिकता के चलते ही मोटे तौर पर क़ायम रहती है।

पतन और बहाली

जब किसी संस्था का पतन होता है या उस पर सचेतन हमले किए जाते हैं तो उससे जुड़ी सामाजिक प्रथा ख़तरे में आ जाती है। मसलन, जब विश्वविद्यालय को ऐसे लोग चलाने लगें जिन्हें अकादमिक नियमों और मूल्यों की समझदारी कम हो तो

शिक्षा की गतिविधि प्रभावित होती है। ऐसे ही, यदि चुनाव आयोग पक्षपाती हो जाए तो स्वतंत्र व निष्पक्ष चुनाव की लोकतांत्रिक प्रथा ख़तरे में पड़ जाती है। जब मीडिया संस्थान घटनाओं और घटनाक्रम की निष्पक्ष और तटस्थ रिपोर्टिंग करना छोड़ देते हैं या फिर जब राजनीतिक फ़ैसले बन्द दरवाज़ों के भीतर सत्ता का दुरुपयोग करनेवाले लोग लेने लगते हैं, तब सक्रिय नागरिकता ख़तरे में पड़ जाती है। जब एक ताक़तवर व्यक्ति संस्थाओं का अतिक्रमण करने लगता है तो वह सामाजिक प्रथाओं को जैसा नुक़सान पहुँचाता है उसकी गणना भी नहीं की जा सकती।

संस्थाएँ तब भ्रष्ट होती हैं जब वे प्रथाओं को सुगम बनाने के बजाय उन्हें बाधित करने लगती हैं। यदि संस्थाएँ उन प्रथाओं से पूरी तरह कट जाएँ जिन पर वे आधारित हैं और केवल अपने हित और अपने अफ़सरों के हित में काम करने लगें तो वे खोखली हो जाती हैं—उदाहरण के लिए, जब किसी विश्वविद्यालय का प्रशासन अपने वेतन-भत्तों पर ज़्यादा फ़ंड ख़र्च करने लगे और छात्रों व शिक्षकों के अकादमिक ख़र्चे में कटौती कर दे, या फिर जब नेता और नौकरशाह यह भूल जाएँ कि वे अपने प्रशासनिक पद पर क्यों बैठे थे यानी जनसेवा के लिए।

संस्थान बनानेवाले जब ऊँघने लगते हैं तो संस्थाएँ भी सो जाती हैं। वे लद्धड़ हो जाती हैं। ऐसे में इन्हें झकझोर कर जगाने की ज़रूरत पड़ती है। ताजादम करना होता है। सामूहिक आत्मचिन्तन के बग़ैर ऐसा करना नामुमकिन है। इसलिए, एक तो अपने हित और दूसरे अपनी प्रथाओं के हित, संस्थाओं को आत्मचिन्तन नहीं छोड़ना चाहिए। समय-समय पर सामूहिक विचार-विमर्श होना चाहिए कि सामाजिक प्रथाओं और उन्हें पूरा करनेवाली संस्थाओं का उद्देश्य और महत्त्व क्या है और ये इतनी अहमियत क्यों रखती हैं।

49

विश्वविद्यालयों का क्या महत्त्व है : जेएनयू का मामला

मैंने अध्याय 2 में सुझाया था कि एक राष्ट्र को निरन्तर संवाद में संलग्न जनता के रूप में देखा जा सकता है। निश्चित रूप से देश में बहुत-सी जगहें होंगी जहाँ रोज़-ब-रोज़ संवाद के सहारे राष्ट्र को गढ़ने की कोशिशें की जा रही हैं, लेकिन जेएनयू इस मामले में मेरे लिए एक विशेष दरजा रखता है।

छोटा भारत

दिल्ली में अपनी प्रारंभिक शिक्षा के दौरान जिन छात्रों और शिक्षकों से मैं मिलता था उनमें ज़्यादातर उत्तर प्रदेश और पंजाब से होते थे। कभी-कभार कोई पश्चिम बंगाल, तमिलनाडु या महाराष्ट्र का मिल जाता था। जब 1980 से 2005 के बीच मैंने जेएनयू में पढ़ाया तो देखा कि वहाँ तो देश के हर कोने से लोग आते हैं। विश्वविद्यालय की परिभाषा में ही निहित है कि यह एक ऐसा संस्थान होगा जो सार्वदेशिक और सर्व-समावेशी हो, पर कितने ऐसे विश्वविद्यालय होंगे जहाँ यह आदर्श स्थिति है? जेएनयू ऐसा इसलिए कर सका क्योंकि उसने महिलाओं और अल्पसंख्यकों का स्वागत किया तथा अपनी प्रवेश-प्रक्रिया में वह इतना संवेदनशील रहा कि देश के तक़रीबन हर क्षेत्र के लोग यहाँ आ सकें—ख़ासकर आर्थिक रूप से अभावग्रस्त क्षेत्रों के लड़के और लड़कियाँ और वे लोग जो वर्ण-व्यवस्था में अपनी अवस्थिति के चलते ऐतिहासिक रूप से वंचित हैं। अपनी तमाम ख़ूबियों और ख़ामियों के साथ जेएनयू इस भारत देश का एक लघु संस्करण रहा है।

एक और ख़ास बात जो जेएनयू को दूसरों से अलग करती है वह यहाँ की लोकतांत्रिक संस्कृति है। देश में और कहाँ आपको ऐसा विश्वविद्यालय मिलेगा जहाँ के छात्रसंघ-चुनाव हाथ के बने पोस्टरों के सहारे लड़े जाते हैं और उसमें कोई धनबल शामिल नहीं होता? यहाँ हमेशा एक पक्ष के राजनीतिक तर्कों के ख़िलाफ़ दूसरे पक्ष से और मज़बूत तर्क दिए जाते रहे हैं। बेशक यह संवाद मौखिक बहसास-बहसी तक चला जाता था और बौद्धिक भिड़ंत हो जाती थी पर हिंसक कभी नहीं रहा। जेएनयू के चुनाव हमेशा से बहस-मुबाहिसे, तर्क, बौद्धिक विमर्श और विवादों के ज़िन्दा उत्सव रहे हैं जिन्होंने सतर्क और सक्रिय नागरिकों की फ़सल पैदा की। इनमें से कई को राष्ट्रीय राजनीति में पनाह मिली तो कुछ छात्र संविधान के प्रति वचनबद्ध सरकारी अफ़सर बने।

इन सब ख़ूबियों के बावजूद इस विश्वविद्यालय का सबसे विशिष्ट लक्षण इसका अकादमिक प्रोग्राम था। शिक्षण को यहाँ बहुत गम्भीरता से लिया जाता रहा है। कोई भी शिक्षक कभी कक्षा में नागा नहीं करता था। कक्षाओं में छात्र भरे रहते थे। उनमें से कई तो दूसरे विभागों और विषयों के होते थे, जो स्वेच्छा से चले आते थे। ज़्यादा छात्रों की उपस्थिति की सूरत में एमए की कक्षाएँ कभी-कभार दो घंटा तक चल जाती थीं। छात्रों का पूरा ध्यान शिक्षक की कही हर बात पर होता था। फिर भी, यदि किसी बिंदु पर कुछ सफ़ाई की दरकार होती तो बस एक हाथ ऊपर उठा देना ही पर्याप्त होता था। उससे व्याख्यान में कोई ख़लल नहीं पड़ता था। ऐसे में कभी-कभार पूरी कक्षा एक अप्रत्याशित और दिलचस्प बहस में तब्दील हो जाती। सुनने, बोलने और बहसने की कला नई ऊँचाइयों को छूती थी। कम छात्रों वाली

एमफिल की कक्षाओं में न तो शिक्षक और न ही छात्र कक्षा छोड़ने को तैयार होते थे। केयरटेकर जब ताला मारने आता तभी क्लास ख़त्म होती। कुछ लोग बात-बहस करते घर या हॉस्टल तक चले जाते। कुछ और उसी बहस में उलझे हुए जगत के रहस्यों को जानने के लिए ढाबे पर बैठ जाते थे। मुझे याद है कि ज़्यादातर शिक्षकों को अपने छात्रों का सम्मान हासिल था। छात्र बिना डरे अपने शिक्षकों के बौद्धिक दिशानिर्देश की ताक में होते थे।

मैं शायद भूमिका ज़्यादा बाँध रहा हूँ। सीधे मुद्दे पर आता हूँ। इसमें कोई दो राय नहीं कि पहले सेमेस्टर के बहुत से छात्र अच्छी अकादमिक तैयारी वाले अंग्रेज़ीभाषी शहरी छात्रों से ख़ौफ़ खाते थे। फिर तो सहज ही अन्दाज़ा लगाया जा सकता है कि इतने योग्य शिक्षकों के सामने उनकी बेचैनी कैसी होती होगी। ख़ासकर दलित छात्रों या 'पिछड़े क्षेत्रों' से आए छात्रों के साथ यह बात सच थी जो बमुश्किल ही अंग्रेज़ी बोल पाते थे। बोलते भी तो उनके लहजे में स्थानीयता का भारी पुट होता था। ख़ुद को यहाँ टिकाए रखने के लिए ये छात्र बड़ी मेहनत करते और बमुश्किल बी माइनस ग्रेड के साथ पास होते थे। दूसरे सेमेस्टर के अन्त तक हालाँकि उनके आत्मविश्वास में वृद्धि होती, वे कक्षाओं में बोलने लगते थे, फिर उनके ग्रेड भी सुधरने लगते थे। ऐसे छात्रों का रूपांतरण असाधारण होता था—निश्चित रूप से यह शिक्षक की जीत थी पर इसके पीछे विश्वविद्यालय परिसर की उस संस्कृति का भी योगदान था जहाँ साथियों से सीखने को प्रोत्साहन दिया जाता था।

मैं जिस स्कूल और कॉलेज में पढ़ा हूँ, वहाँ ऐसा लगता था कि सबसे मेधावी छात्र बिना मेहनत के ही श्रेष्ठ परिणाम ले आते थे गोया उनके भीतर कुछ हुनर छुपा हो या फिर ज्ञान के किसी उपग्रह के साथ उनका सीधा संपर्क हो, जहाँ से विचार प्रकाश की गति से सीधे उनके दिमाग़ में कौंध जाते हों। लेकिन हक़ीक़त में ज्ञान का उत्पादन और अर्जन गुणात्मक रूप से भिन्न होता है। असली विचार धीरे-धीरे उपजते हैं। उन्हें बहुत धैर्य, मेहनत और प्रतिबद्धता के साथ सीखा जाता है। बार-बार किताबें और लेख पढ़ने पड़ते हैं। लाइब्रेरी में पसीना बहाना पड़ता है। फिर विचारों का दायरा लाइब्रेरी और कक्षाओं से बाहर निकलकर छोटे लेकिन सघन दोस्ताना समूहों तक विस्तारित होता है। इसके बाद ध्यान का चरण आता है जहाँ शब्दों की किफ़ायत बरतना सीखना होता है। बरसों के श्रम के बाद एक सुसंगत परचा निकलकर आता है। दुनिया के सबसे अच्छे विश्वविद्यालयों में इसी समर्पित श्रम के चलते छात्रों का सम्मान होता है, उन्हें प्रशंसा मिलती है। जेएनयू दुनिया के बेहतरीन विश्वविद्यालयों की क़तार में प्रतिस्पर्धी इसलिए हुआ करता था क्योंकि यह हर किसी को ऐसे बौद्धिक श्रम का मूल्य सिखलाता था।

जब शोध और शिक्षण का रचनात्मक सम्बन्ध होता है और शिक्षक अपने विचारों का परीक्षण युवा रचनात्मक मस्तिष्कों के ऊपर करता है और बदले में

छात्र अनुशानात्मक बन्दिशों को तोड़कर अप्रत्याशित और रोमांचक सवाल पूछता है, तब मौलिक विचार पैदा होते हैं। इस मौलिक शोध के पनपने के लिए ज़रूरी है कि शिक्षकों को हर साल अपना पाठ्यक्रम दोबारा गढ़ने और सँवारने की आज़ादी मिले। इतना ही नहीं, निष्पक्षता का मतलब निर्वैयक्तिकता नहीं होता था। वही शिक्षक परचा बनाता था और कॉपी जाँचता था जो उस विषय को पढ़ाता था। यह गुरु शिष्य परम्परा का नया संस्करण था। यहाँ किसी अज्ञात परीक्षक की ज़रूरत नहीं होती थी। जेएनयू में सीखने की प्रक्रिया बीच की रचनात्मक जगहों पर घटती थी, जहाँ औपचारिक और अनौपचारिक, समता और जायज़ पदानुक्रम, मित्रता और सभ्यता, एकतरफा निर्देश और अनियंत्रित बहस का जटिल द्वंद्व काम करता था।

ख़ामियाँ

जेएनयू की अपनी कुछ कमियाँ भी थीं। अव्वल तो, यहाँ विचारधारा, गूढ़ शब्दों और अमूर्तीकरण पर ज़रूरत से ज़्यादा ज़ोर था। सैद्धान्तिक अमूर्तीकरण व्यवहार से उपजे अनुभवों पर बहुत भारी होता था। आँखें जो देख सकें और कान जो सुन सकें, उन सबके ऊपर छलिया विचारधाराएँ हावी थीं। जेएनयू के छात्रों ने देश की राजनीतिक, आर्थिक, ऐतिहासिक वास्तविकताओं पर पकड़ बनाने के औज़ारों को बरतना कैसे सीखा, उनकी अपनी दास्तानों के बरअक्स मेरा कहा शायद झूठा लगे। इसके बावजूद, विचारों को सामाजिक समूहों के हितों से जोड़ने की ऐसी जल्दबाजी हुआ करती थी गोया ये विचार किसी एक या दूसरे वर्ग का हित साधने के लिए ही पैदा हुए हों। यह जल्दबाजी छात्रों की समझदारी में बट्टा लगाती थी। अक्सर इसके चलते एक ओर तो किसी विचार में निहित एकाधिक संभावनाओं को खँगालने में नाकामी हाथ लगती, दूसरी ओर वास्तविक दुनिया से एक कटाव पैदा हो जाता था।

ये ठीक बात है कि एक अच्छे अकादमिक शोध के लिए एक सीमा तक दुनिया से कटना पड़ता है, कम-से-कम चरणों में है। अन्ततः एक शोधार्थी को दुनिया से दोबारा जुड़ने का रास्ता तो खोजना ही पड़ता है। यही जेएनयू का एक बड़ा रहस्य है—एक साथ वास्तविकता से यह जुड़ाव और कटाव कैसे सम्भव हो सकता है? ज्ञान के उत्पादन में बेशक बौद्धिक कूड़ा-कचरा भी पैदा होता है। अत्यधिक अमूर्तीकरण की स्थिति में पैदा हुई इस ज्ञान की बदहजमी को अगर एक ख़ास क़िस्म की स्वयंभू, दर्दनाक, व्यभिचारी राजनीति से दबाने की कोशिश की जाए तो यह अपने आप में भ्रामक, अलगावपरक और स्वलिप्त प्रक्रिया होगी। जेएनयू जैसे शिक्षण के महान केंद्र के लिहाज़ से यह ठीक नहीं था।

मेरी दूसरी आपत्ति एक बड़ी अनदेखी के पीछे मौजूद मानसिकता को लेकर है। जेएनयू को दर्शन का विभाग खोलने में चालीस बरस लग गए। दर्शनशास्त्र

दुनिया-भर के विश्वविद्यालयों में केंद्रीय स्थान रखता है। मेरा ख़याल है कि इसके पीछे साठ के दशक का अतिव्यापी समाजविज्ञानवाद ज़िम्मेदार रहा है, जब जेएनयू की स्थापना हुई थी। उतना ही ज़्यादा चिन्ताजनक यह बात है कि यहाँ भारतीय धर्मों का कोई गहन सामूहिक अध्ययन नहीं हुआ। पश्चिम में आप 'रिलीजन' की पढ़ाई को आसानी से नकार सकते हैं लेकिन भारत में जिसे 'धर्म' कहा जाता है, वहाँ यह ठीक नहीं है। चाहे अच्छा हो या बुरा, लेकिन भारत के सामाजिक यथार्थ की ज़मीन बहुविध धार्मिक संस्कृतियों से आंशिक तौर पर मिलकर बनी है यह सच है। धर्म के साथ संलग्नता को नकारना भारतीय यथार्थ की एक विकृत, आंशिक समझ पैदा करता है। इसका लाभ उन्हें मिलता है जो अपने सियासी फ़ायदों के लिए बहुलतावादी धार्मिक अनुभवों के साथ स्वेच्छा से खिलवाड़ करते हैं।

50

लोक दायरे में एक कलाकार

एक बहुत पुराना सच है कि हमारे कर्म ही हमारी सोच को बतलाते हैं। हम में से हर कोई अपने बारे में एक धारणा बनाकर जीता है। इसी धारणा के सहारे हम दुनिया में जीते हैं। यह धारणा ही हमारी प्रेरणाओं को शक्ल देती है और हमारे व्यवहार को तय करती है। पूछा जाना चाहिए कि एक कलाकार के मामले में, ख़ासकर हमारे इस दौर में, यह बात कैसे लागू होती होगी? इस दौर के कलाकार राज्य और राजनीति के बरअक्स ख़ुद को कैसे देखते होंगे?

बहुत पुरानी बात नहीं है जब कलाकार लोग अपने शासकों से बँधे रहते थे। वह ऊँच-नीच वाला एक परम्परागत समाज था जहाँ कलाकारों की मानसिक बुनावट में ही श्रद्धा और समर्पण निहित होता था। ऐसे समाजों में आख़िरकार राजा या शासक ही सबका सरपरस्त हुआ करता था। आज स्थिति अलग है। कलाकारों की ख़ुद को लेकर धारणा बदल चुकी है। ऐसी मोटे तौर पर दो धारणाएँ हमारे सामने आती हैं।

दो तरह की धारणाएँ

ज़्यादातर आधुनिक कलाकार ख़ुद को सांस्कृतिक या सौंदर्यशास्त्रीय मूल्यों के उत्पादक के तौर पर देखते हैं। अपने चुने हुए माध्यम से वे अपनी रचनाओं में

कल्पना और विचारों के सहारे ये मूल्य गढ़ते हैं। चूँकि यह जटिल प्रक्रिया सामान्यत: बन्द कमरों में घटित होती है, चाहे वह अध्ययन कक्ष हो, स्टूडियो हो या आँगन तो कुछ कलाकार ख़ुद को बहुत सीमित निजी दायरे में देखते हैं और सार्वजनिक मामलों में न्यूनतम भूमिका निभाते हैं। यह भूमिका महज़ प्रदर्श कलाओं या नुमाइशों में ज़ाहिर होती है। अपने काम में वे इतने मुब्तिला रहते हैं कि अक्सर उनके भीतर सार्वजनिक मसलों के प्रति एक उदासीनता विकसित हो जाती है। इसके बावजूद, चूँकि वे सौंदर्यशास्त्रीय मूल्यों के रचयिता हैं तो वे ही उन मूल्यों के संरक्षक भी होते हैं। इसीलिए जब इन मूल्यों को दमनकारी राज्य या सामाजिक ताक़तों से कोई ख़तरा पैदा होता है तो वे चुप नहीं रह पाते, बशर्ते उन्हें किसी बात का भय न हो। यानी समाज और राजनीति के सम्बन्ध में कलाकार एक प्रहरी जैसा होता है। महान कवि टी.एस. इलियट कहते हैं, 'नेताओं और अर्थशास्त्रियों के निर्णय जब सांस्कृतिक प्रभाव छोड़ने लगें तो हमें आलोचना और चेतावनी के हित उनके ऊपर सतर्कतापूर्ण और क़रीबी निगाह रखनी चाहिए।' इलियट ने कहा था कि सांस्कृतिक मूल्यों पर प्रतिकूल प्रभाव पड़ने लगे तो कलाकार को लोगों के बीच इस चिन्ता को लेकर जाना चाहिए।

इसे ऐसे भी कह सकते हैं कि जब कभी सांस्कृतिक संस्थाओं के संचालन के लिए अनिवार्य सामान्य परिस्थितियों की उपेक्षा होने लगे और शिष्टता के सामान्य मानकों का उल्लंघन हो, तब इससे आक्रोशित कलाकार को राज्य के ख़िलाफ़ खड़ा हो जाना चाहिए—एक कलाकार के बतौर नहीं, एक मर्यादापूर्ण मनुष्य के रूप में। इसका सहज उदाहरण रबींद्रनाथ टैगोर हैं, जिन्होंने जलियाँवाला बाग नरसंहार के बाद अपनी नाइटहुड की उपाधि अंग्रेज़ों को लौटा दी थी। याद कीजिए, 1989 में जब सफ़दर हाशमी की राजनीतिक गुंडों ने हत्या की थी तब कैसे तमाम कलाकार सड़कों पर निकल आए थे। जॉर्ज ऑरवेल इस बात को अच्छे ढंग से समझाते हैं, 'जब एक कलाकार राजनीति के साथ संलग्न होता है (प्रतिरोध में जुड़ता है, फासिस्टों से लड़ता है) तो ऐसा वह एक सामान्य मनुष्य के तौर पर करता है, कलाकार के रूप में नहीं।' इसका निहितार्थ यह है कि जब कोई कलाकार ख़ुद को राजनीतिक संघर्ष में झोंक देता है तो उस वक़्त वह अपनी सामाजिक पहचान को छोड़ कर वापस इनसानियत की ओर लौट रहा होता है। अपनी विशिष्टता या दूसरों के साथ फ़र्क़ को तिलांजलि देकर वह लड़ाई में दूसरों से इसलिए हाथ मिलाता है क्योंकि उसके बुनियादी नैतिकता-बोध का लगातार हनन किया जा रहा था।

विशुद्ध कलाकार, विशुद्ध नागरिक या दोनों

यह समझदारी कमोबेश अराजनीतिक क़िस्म की है, जिसका जन्म लोकतंत्र-पूर्व

समाजों में हुआ था जहाँ राजनीतिक आज़ादी कम हुआ करती थी और राजनीतिक निर्णयकारिता में लोकप्रिय भागीदारी तक़रीबन नदारद होती थी। लिहाज़ा, एक समुचित लोक दायरे के अभाव में कलाकार की अपनी समझदारी राज्य और राजनीतिक के प्रति उदासीनता भरी होती थी।

कालांतर में जब लोकतंत्र आया तो एक नए क़िस्म के कलाकार का उदय हुआ। नागरिकों का एक लोक दायरा विकसित हुआ जहाँ समूचे समाज को लेकर लोगों की समझदारी बनी, तब कलाकार की ख़ुद के प्रति धारणा भी बदली। कलाकार ने अब अपनी सामाजिक शख़्सियत को एक नागरिक के रूप में अपनी राजनीतिक शख्सियत से अलग कर के देखना छोड़ दिया। अब वह नागरिक-कलाकार हो गया। कभी वह विशुद्ध कलाकार के रूप में बरताव करता, कभी विशुद्ध नागरिक के तौर पर और कभी दोनों भूमिकाओं का निर्वहन एक साथ करने लगा। तब एक नई सामाजिक श्रेणी का उदय हुआ जिसे जन-बौद्धिक या जन-बुद्धिजीवी नाम दिया गया। कलाकार इस श्रेणी में आ गया। इस जन-बुद्धिजीवी को परिभाषित करते हुए फ्रेंच दार्शनिक ज़्याँ पॉल सार्त्र ने कहा कि वह एक ऐसा प्राणी है जो अनिवार्यत: 'अपने काम से काम रखने में नाकाम रहता है'। ऐसा कलाकार न केवल अपने क्षेत्र में हो रहे घटनाक्रम के लिए ख़ुद को ज़िम्मेदार महसूस करता है बल्कि दुनिया-भर की चीज़ों से सरोकार रखता है और निरन्तर अपनी सामाजिक व राजनीतिक सक्रियता से इस ज़िम्मेदारी को निभाने की कोशिश करता है। वह लोक दायरे के साथ अभिन्न रूप से जुड़ा होता है। उसके बग़ैर ख़ुद को अधूरा महसूस करता है। इसलिए जो भाषा उसे आती है यानी कला की भाषा, उसी के साथ वह ख़ुद को अभिव्यक्त करने के लिए उस दायरे में प्रवेश कर जाता है।

ऐसा करते हुए वह अक्सर लोगों की आँखें खोलने का काम करता है, भले ही उसकी मंशा हमेशा ऐसा करने की न हो। एक कलाकार जितना गहरा होगा, उसकी अन्तर्दृष्टि उतनी ही गहन होगी और उससे उम्मीद की जाएगी कि वह दूसरों के मुक़ाबले ज़्यादा दूर तक देख सके ताकि लोग वह बात समझ सकें जो अन्यथा वे अपने दम पर नहीं समझ पाते। इस तरह यह भूमिका उनकी अपनी परिभाषा का हिस्सा बन जाती है। फिर कलाकार को उम्मीद पैदा हो जाती है कि कला में यदि जनपक्ष समाहित हो तो वह नागरिक समाज और राजकीय संस्थाओं में बदलाव ला सकती है। लिहाज़ा, संवाद या एक कोमल फ़रमान के ज़रिये एक कलाकार जन धारणा को भी बदलने की कोशिश में रहता है। वह ख़ुद को एक साझा संस्कृति के उत्पादन में सह-भागीदार या उसका एक परिष्कृत शिक्षक मानने लगता है।

अपने कुछ कलाकारों के सार्वजनिक कृत्यों को हम इसी सन्दर्भ में चाहें तो देख सकते हैं। मसलन, कर्नाटक संगीत के कलाकार टी.एम. कृष्णा से यह उम्मीद करना अजीब होगा कि वे राज्य की चाकरी करें या समाज व राजनीति में

हो रहे कुकृत्यों के प्रति उदासीन बने रहें। उनके जैसे कलाकार दोनों क़िस्म की समझदारियों को अपने भीतर लेकर चलते हैं। उनकी कला की यह दरकार है कि वह निजी दायरे में घटित हो और उसे अकेले मे काफ़ी वक़्त दिया जाए, बावजूद इसके वे नैतिक क्षरण, सामाजिक अन्याय और राजनीतिक कुकृत्यों पर सबके बीच में एक सामान्य मनुष्य के रूप में बोलते हैं। साथ ही एक जन-बुद्धिजीवी के रूप में यानी एक नागरिक-कलाकार के बतौर वे अपनी कला के माध्यम से समाज और राजनीति पर टिप्पणी करने को बाध्य महसूस करते हैं। वे विरोध करते हैं, सरकार की आलोचना भी करते हैं। वे सामाजिक उत्पीड़न की मुख़ालफ़त करते हैं। दोनों तरह की समझदारी को साथ लेकर चलना हर कलाकार के लिए इतना आसान नहीं होता। इसके अलावा, लगातार सार्वजनिक मामलों में संलग्नता और प्रतिक्रिया आपके बचपन और मिज़ाज से भी बहुत हद तक तय होती है। उसी तरह, राजनीतिक अभिव्यक्ति हर कलाकार की नैतिक बाध्यता नहीं हो सकती। इसके बावजूद आज कोई यह दावा नहीं कर सकता कि एक कलाकार का बुनियादी कर्तव्य अपने काम से काम रखना है या ख़ुद को अपनी 'अराजनीतिक' कला तक महदूद रखना है। कृष्णा आज जो भी कर रहे हैं, वैसा करते हुए न तो वे वैचारिक अगुवा बनने की कोशिश में हैं और न ही किसी संकीर्ण राजनीतिक झुकाव को दर्शा रहे हैं। दरअसल, वे एक कलाकार के अन्तर्मन की आवाज़ के प्रति सच्चा बने रहने की कोशिश कर रहे हैं।

51

गहन सामाजिकता : साझा पावन स्थल

हम लोग बहुत अँधेरे समय में जी रहे हैं। ज़िन्दा स्मृति में शायद इससे ज़्यादा अँधेर कभी नहीं रही। एक दिन भी नहीं बीतता जब बलात्कार या भीड़ के हाथों हत्या की ख़बर न आती हो। झूठ-कपट, ज़हरीली अफ़वाहें, धमकियाँ, भयादोहन, नफ़रत और हिंसा तो अब आम हो चुकी है। इन तमाम इनसानी करतूतों में आप कुदरत के कहर से हो रहे विनाश को भी जोड़ लीजिए। इस चौतरफ़ा विषाद और विनाश के बीच असाधारण साहस, करुणा और लगाव के कुछ ऐसे उदाहरण भी मौजूद हैं जो सन्तोष और राहत देते हैं।

ख़ासकर, 2018 की विनाशक बाढ़ के दौरान केरल से दिल को सुकून देनेवाली

कुछ ऐसी कहानियाँ सामने आईं। मसलन, खबर आई कि मुसलमान युवकों के दो रोज़ेदार समूहों ने अपनी हज के दूसरे दिन वायनाड और मणप्पुरम के मन्दिरों से मलबा और गाद हटाने का काम किया। ऐसे ही मन्नरकड़ में सुन्नी स्टूडेंट्स फेडरेशन ने अयप्पा मन्दिर की धुलाई की। त्रिचूर की मस्जिदों में पानी भर गया था तो वहाँ पुरप्पिल्लिकवु रक्तेश्वर मन्दिर के प्रांगण को मुसलमानों के लिए खोल दिया गया ताकि वे ईद की नमाज़ अता कर सकें।

ख़ुशी की बात यह है कि ऐसे कृत्य केवल केरल तक या आज के ही समय तक सीमित नहीं हैं। उडुपि के श्रीकृष्ण मठ ने अपने परिसर में इफ्तार पार्टी दी तो सितंबर 2017 में उत्तराखंड के जोशीमठ में आई बाढ़ के वक़्त स्थानीय सिक्खों ने मुसलमानों को ईद की नमाज अपने गुरुद्वारे में पढ़ने दी। उसी साल बांग्लादेश-म्यांमा की सीमा पर रोहिंग्या शरणार्थियों के लिए सिक्खों की संस्था खालसा एड ने लंगर चलाया।

ऐसी घटनाओं से मैं तो इसी नतीजे पर पहुँचा हूँ कि रोज़मर्रा की हिंसा और नफ़रत, ग़ुस्से और मनमुटाव की सूचनाओं के बीच प्रेम और करुणा के कुछ ऐसे कृत्य भी हैं जिनकी ख़बर हम तक नहीं पहुँच पाती। ऐसी सूचनाएँ हमें आश्वस्त करती हैं कि सामान्य भारतीयों में अब भी मानवतावादी नैतिकता मौजूद है जो इनसानी पीड़ा के वक़्त जागृत हो उठती है।

करुणा की प्रेरणाएँ

ऐसे दयालुतापूर्ण कृत्यों के पीछे की प्रेरणा क्या होती होगी? भूलना नहीं चाहिए कि ये घटनाएँ एक ऐसे सामाजिक माहौल में हो रही हैं जहाँ जीवन बन्दिशों से घिरा हुआ है और लोग अलग-अलग खित्तों में बुरी तरह बँटे हुए हैं। मुसलमानों को लेकर हिन्दुओं के मन में तो तमाम क़िस्म की ग़लत धारणाएँ होती हैं, इसलिए सवाल उठता है कि वे उन्हें अपनी पावन जगहों पर क्यों पनाह देते हैं? मुसलमान तो एकेश्वरवादी हैं, फिर वे तैंतीस कोटि देवताओं को पूजनेवालों की मदद क्यों करते हैं? क्या लोग अपने-अपने मजहबों से ऊपर उठ कर एक व्यापक समुदाय की आपसदारी महसूस करने लगे हैं, मसलन केरल या भारत नाम का समुदाय? या फिर यह प्रेरणा उनके अपने धर्मों की अपेक्षाकृत कैथॉलिक समझदारी से प्रैदा हो रही है? या फिर इनसानी पीड़ा ही इतनी सघन होती है जो लोगों को पुरानी रंज़िशें और मतभेद भुला देने को बाध्य कर देती है? ये घटनाएँ धार्मिक सहिष्णुता या स्वीकार्यता के दायरे में परिभाषित नहीं की जा सकती हैं। यहाँ मानवाता के प्रति गहरा सम्मान झलकता है। कभी-कभार, अकथ दुख के मौक़ों पर हमें अपने भीतर छुपी इनसानियत दिखाई दे जाती है—या कहें अपने भीतर बसे भगवान के

साक्षात्कार हो जाते हैं। इसीलिए मेरी जिज्ञासा यह है कि दयालुता-भरे ऐसे कृत्यों के लिए क्या चीज़ इनसान को प्रेरित करती होगी? ऐसे कौन से गुण हैं जो हमें पूर्वग्रह, नफ़रत, उदासीनता, स्वार्थ से ऊपर उठा देते हैं और अपने-पराये की सरहद को तोड़ने को बाध्य कर देते हैं?

करुणा का जादू

इनमें एक जादुई गुण जो हम सबके पास है, दूसरे की जगह पर ख़ुद को रख कर देखने की क्षमता है। हम लोग अपने शरीर और अपने मन को एक साथ जोड़ कर देखने के आदी हैं, जैसे दोनों की सरहद एक होती हो। हमें लगता है कि जिस तरह हमारा शरीर हमारे जीव की भौतिक सीमाओं में आबद्ध है, वैसे ही हमारा मन भी है। ऐसा नहीं है। हमारे मन की सीमा हमारे शरीर की सीमा से बँधी हुई नहीं है। ऐसा शायद ही कभी होता होगा जब दोनों एक जगह मिल जाते होंगे, मसलन जब हमारी मृत्यु होती है। जीवन-भर हम पाते हैं कि हमारा मन, हमारा आत्म, लगातार सन्दर्भ के हिसाब से विस्तारित या संकुचित होता रहता है। इस आत्म के भीतर हमारे माता-पिता, बच्चे, दोस्त, संगी और सहकर्मी, भाषायी, धार्मिक और सांस्कृतिक समुदाय समाहित होते हैं। इसीलिए जब कभी दूसरा किसी बड़ी उपलब्धि को हासिल करता है या सघन पीड़ा में होता है तो हम ख़ुद की पहचान उससे करने लगते हैं। बिलकुल इसी क्षण में हम, हम नहीं रहते, परकाया प्रवेश कर जाते हैं, 'वे' हो जाते हैं। 'मैं' और 'वे' का फ़र्क़ मिट जाता है। सरहदें टूट जाती हैं। हम एक दूसरे के सुख-दुख को महसूस करने लग जाते हैं। यही करुणा है। यह बुनियादी इनसानी गुण है। किसी मनोविकारी प्रशिक्षण या दुर्भाग्य से गुज़रे व्यक्ति में भले इसका अभाव दिखे अन्यथा करुणा सबमें होती है।

गहन सामाजिकता

इस भावनात्मक, आनुभविक करुणा के अलावा एक और बुनियादी तत्त्व मनुष्यों में होता है। इसे समझाने के लिए मैं दार्शनिक डेविड वोंग के विचार का सहारा लूँगा, जो कहते हैं कि इनसान की मनोवैज्ञानिक बनावट में एक मनोवृत्ति हमेशा दूसरे के साथ एक रचनात्मक रिश्ता क़ायम करने की होती है। इनमें वे भी हैं जो हमें पूरी तरह समझ नहीं आते या फिर जिनसे हम असहमत होते हैं। बेशक, यह मनोवृत्ति हमेशा प्रभावी नहीं होती, लेकिन आदमी इसी मंशा से संचालित होता है। इस प्रवृत्ति को मैं 'गहन सामाजिकता' का नाम देता हूँ और यह अच्छी चीज़ है। लोग दूसरों से अच्छा रिश्ता केवल यांत्रिक कारणों से नहीं, बल्कि कुछ अन्तर्निहित कारणों से

भी बनाना चाहते हैं। इस रिश्ते के पीछे केवल परस्पर लाभ की मंशा नहीं होती है। लोग चाहते हैं कि दूसरों के साथ रहें और मिलकर काम करें क्योंकि इसमें आनंद आता है, सन्तोष मिलता है और मन खिलता है। यही वजह है कि लोग दूसरों से मान्यता और स्वीकार्यता की दरकार भी रखते हैं। कुछेक मसलों पर जिन्हें अहम मामले भी हो सकते हैं, असहमति हो जाए तो आदमी दूसरी सहमतियों को खोजने की कोशिश करता है। लोग बेशर्त सामाजिकता में सक्षम होते हैं। यही चीज़ उन्हें असहमतियों को दरकिनार करने और मतभेदों को न्यूनतम करने की ओर प्रवृत्त करती है। इसे मोटे तौर पर ऐसे समझिए कि हम लोग चूँकि अधूरे पैदा होते हैं तो अपनी पूर्णता को हम दूसरों में तलाशते हैं। अपनी समूची ज़िन्दगी हम दूसरे के सहारे ख़ुद को पूरा करने में जुटे रहते हैं। यही गहन सामाजिकता वह चालक बल है जो हमें तृप्त करती है। जितना भी श्रेष्ठ सामाजिक दर्शन और साहित्य है, वह हमें यही सिखाता है, चाहे धार्मिक हो या अधार्मिक। किताबी ज्ञान से ज़्यादा यह सूत्र आम लोगों के सीधे-सरल दिलों में एक इबारत की तरह मौजूद होता है।

52

बौद्धिक गुण की ज़रूरत

आज ज्ञान किसी की बपौती नहीं रह गया है। आधुनिक समाजों में व्यापक साक्षरता की आवश्यकता और लोकवृत्तों के विकास ने ज्ञान-अर्जन और सम्प्रेषण के साथ-साथ अलहदा लोगों और संस्कृतियों की समझ को लोकतांत्रिक बनाने का काम किया है। समकालीन समाजों में पढ़ने, लिखने और विचार-विनिमय के माध्यम से ज्ञान-संग्रहण एक सामान्य इनसानी ज़रूरत बन चुका है।

अतीत में ज्ञान-अर्जन, संरक्षण, पोषण और सम्प्रेषण में प्रशिक्षित व्यक्तियों को कठोर नियमों से गुज़रना होता था। उन्हें ज्ञान-निर्माण की प्रक्रिया सीखनी पड़ती थी—जैसे, साक्ष्य संग्रहण और अवलोकन की उपयुक्त विधियाँ, डेटा से ठोस नतीजे निकालना, अवधारणा निर्माण और व्याख्या की संरचनाएँ, सहानुभूतिपूर्ण समझदारी का पोषण, इत्यादि। यह सच है कि अतीत में ज्ञान-संग्रहण के कुछ तरीक़े जो सामान्य थे, आज हमें वे असहज करते हैं। तब के कुलीन लोग ज्ञान को ख़ुद के लिए ही सँजोकर रखते थे, ख़ुद के लिए ही लिखते थे, बोलते थे और 'अपने' ज्ञान की सुरक्षा करते थे। वे उसे सार्वजनिक नहीं करते थे। यहाँ तक कि बाहर का कोई

उसे हाथ लगाता तो वे उसे दंडित तक कर देते थे। इसके बावजूद, मूल बात यह है कि अतीत में ज्ञान-अर्जन के पर्याप्त जटिल तरीक़े मौजूद थे और उसी हिसाब से पढ़ने, लिखने, बोलने, सुनने और ज्ञान को साझा करने की एक नीति भी होती थी। बौद्धिक गुणों पर तब बहुत ज़ोर हुआ करता था। किसी भी क़िस्म के बौद्धिक छल-कपट पर लगाम कसने के लिए दंडात्मक उपाय होते थे।

जल्दबाजी में निष्कर्ष न निकालें

मुझे लगता है कि लोकतांत्रिक ज्ञान-अर्जन की हमारी दुनिया में बौद्धिक गुणों और नियम-क़ायदों की अनदेखी की जा रही है। सवाल है कि 'बौद्धिक जीवन' में हिस्सा लेनेवालों के लिए कौन से नियम-क़ायदे होने चाहिए? कौन से बौद्धिक गुणों को आज पैदा करने की ज़रूरत है और कौन-सी बुराइयों से बचा जाना चाहिए? ऐसे बहुत से गुण या अवगुण गिनवाए जा सकते हैं, लेकिन यहाँ मैं केवल एक पर बात करना चाहूँगा—दिमाग़ी खुलापन। यह हमारी शिक्षा का अनिवार्य अंग होना चाहिए जिसे बचपन में ही बच्चों में रोप देना चाहिए और इतनी मज़बूती के साथ कि यह आजीवन हमारे साथ बना रहे जब तक हम बौद्धिक रूप से सक्रिय हैं।

इस खुलेपन का मतलब क्या है? फ़र्ज़ करें कि एक अख़बार दावा करता है कि भारत की अर्थव्यवस्था 10 फ़ीसदी की दर से बढ़ रही है। चूँकि इस मसले पर मेरी कोई मान्यता नहीं है तो महज़ एक पाठक होने के नाते मेरा काम है इसे जाँचना कि यह दावा सही है या नहीं। इसमें बहुत अनुसंधान की ज़रूरत नहीं है—तमाम प्रासंगिक तथ्य इंटरनेट पर मौजूद हैं, कुछ इस दावे के समर्थन में और कुछ विरोध में। अगर वहाँ से भी कोई निर्णय लेने में दिक़्क़त हो तो दूसरे विश्वसनीय स्रोत भी उपलब्ध हैं। कुछ नहीं तो हम कम से कम इतना तो कर ही सकते हैं कि अख़बार के दावे को मानने या नकारने के बजाय फ़ैसला लेने में थोड़ा वक़्त लें। यानी अपना दिमाग़ खुला रखने के लिए मुझे बौद्धिक जल्दबाजी, हठ और अधीरता को छोड़ना होगा।

इसका मतलब यह निकलता है कि खुला दिमाग़ होने के लिए एक ज़रूरी यह है कि निष्कर्ष पर पहुँचने में जल्दबाजी न की जाए, कच्चे निष्कर्ष पर न पहुँचा जाए। ज़ाहिर है, फिर दोनों पक्षों को धैर्य से सुनने के लिए और बेहतर तर्क व साक्ष्य के आधार पर निर्णय लेने के लिए हमारा शैक्षणिक प्रशिक्षण भी होना ज़रूरी है। बौद्धिक जीवन का एक अहम अंग है कि बौद्धिक सतर्कता बरती जाए और अतिरंजित बातों के प्रभाव में आने से बचा जाए। अफ़सोस की बात है कि यह गुण आज भुलाया जा चुका है या इसकी उपेक्षा कर दी गई है। इसके अलावा और क्या वजह हो सकती है कि आज फर्ज़ी ख़बरें और अफ़वाहें इतनी कामयाब हैं?

गाँठ न बाँधें, सबको सुनें

दूसरा उदाहरण लेते हैं। फ़र्ज़ करें, मेरा इस बात में पक्का भरोसा है कि ग्लोबल वार्मिंग पूरी तरह बकवास है। जो लोग इसके ख़तरों के बारे में चिल्लाते हैं वे अतिरंजित बातें करते हैं और इसके पीछे उनकी कोई छुपी हुई मंशा है। अब मान लें कि मेरे सामने कुछ ठोस साक्ष्य रखे जाते हैं, जैसे पिछले दौर में हुआ जलवायु परिवर्तन सूरज के विकिरण में आए बदलावों की वजह से था लेकिन आज के दौर में यह मोटे तौर पर मानव-निर्मित है, जिसका कारण जीवाश्म ईंधनों का जलाया जाना, जंगलों की कटाई और क्लोरोफ्लोरोकार्बन जैसे सिंथेटिक पदार्थ हैं। यहाँ पेश किए गए साक्ष्य मेरी मान्यता को चुनौती देते हैं। इसके बावजूद मैं इनकी उपेक्षा कर देता हूँ और अपनी मान्यता पर क़ायम रहता हूँ। क्या यह बन्ददिमाग़ होने का संकेत नहीं है? यहाँ जिस बौद्धिक गुण की दरकार है, वह मुझसे साहस की माँग करता है कि मैं अपनी मान्यता को एकबारगी दरकिनार कर दूँ और सामनेवाले के तर्कों को ग़ौर से सुनूँ। ऐसी किसी भी स्थिति में, जब सामनेवाले से मेरे विचार टकरा रहे हों, विरोधी मान्यताओं, तर्कों और साक्ष्यों को निष्पक्ष ढंग से सुनना ही दिमाग़ खुला रखना है।

अपनी विश्वदृष्टि के पार जाएँ

खुला दिमाग़ होने का एक तीसरा आयाम कहीं ज़्यादा अहम है। यह अन्य लोगों के ज्ञान और उनकी संस्कृति से वास्ता रखता है। अक्सर हमारे पढ़ने, सुनने, देखने और समझने की आदतें एक ख़ास बौद्धिक खाँचे में क़ैद हो जाती हैं। हम वहीं से चीज़ों को देखने के आदी हो जाते हैं। हमारे लिए वह दृष्टि फिर स्वाभाविक हो जाती है। उसके बग़ैर न हम सोच पाते हैं, न लिख-पढ़ पाते हैं। मसलन, कुछ ज्ञान-मीमांसाओं में एक व्यक्ति के साथ हुआ कुछ भी अच्छा (जैसे एक अमीर आदमी की दौलत) या बुरा (जैसे एक ग़रीब की पीड़ा) या तो उसके अपने चुनाव का परिणाम माना जाता है या फिर उसका सम्बन्ध पिछले जन्म के कुकर्म-सुकर्म से होता है। इस खाँचे के भीतर व्यवस्थागत आयाम के लिए कोई जगह ही नहीं है, जहाँ सामाजिक, सांस्कृतिक और संस्थागत पूर्वग्रहों के चलते एक समूह दूसरे को नुक़सान भी पहुँचा सकता है। इस क़िस्म के बौद्धिक खाँचों पर किसी ख़ास संस्कृति, दर्शन, धर्म या जाति का प्रभाव हो सकता है। मसलन, एक हिन्दू अपनी हिन्दू मान्यताओं के हिसाब से दुनिया को देखता-समझता है तो एक मुसलमान या ईसाई अपनी धार्मिक मान्यता के हिसाब से चीज़ों को देखता है। ये सभी अपने-अपने प्रस्थान बिंदु से हटने में दिक़्क़त महसूस करते हैं। वे

अपनी दृष्टि को व्यापक नहीं कर पाते। यह स्वाभाविक ही है। दिक़्क़त तब होती है जब इन ठस खाँचों के चलते तमाम पूर्वग्रह पैदा होने लग जाते हैं। इसके चलते दिमाग़ बन्द हो जाता है।

इसीलिए केवल खुले दिल और दिमाग़ वाले लोग ही तमाम ठस विश्वदृष्टियों की सीमाओं को तोड़ पाते हैं। अफ़सोस यह है कि इस खुलेपन की याद सबसे कम तब आती है जब इसकी ज़रूरत सबसे ज़्यादा होती है। कोई भी समाज अपने बौद्धिक जीवन में नियम-क़ायदों के बग़ैर क़ायम नहीं रह सकता। बौद्धिक गुणों की उपेक्षा सम्भव है कि तत्काल किसी नुक़सान का अहसास न करवाए लेकिन लम्बी दौड़ में यह बहुत ख़तरनाक साबित होती है।

53

तार्किक मिज़ाज और नैतिक चिन्तन

मनुष्य साक्ष्य और तर्क के बग़ैर नहीं रह सकता। आपके पड़ोस में अगर कहीं से कोई कोबरा सांप निकल आए तो आप भूल मत जाइएगा कि उसके जहरीले और जानलेवा होने के साक्ष्य पहले से मौजूद हैं। बेहतर होगा कि आप भाग लें। साक्ष्य और तर्क का यह एक उपयोगी उदाहरण भर है। उपयोग के हिसाब से ऐसी तर्कशीलता बहुत प्राचीन काल से चली आ रही है, मनुष्य जितनी ही प्राचीन। रोज़मर्रा की ज़िन्दगी में तार्किक निष्कर्ष भी उतने ही जुड़े हुए हैं। मसलन, एक किसान बस मिट्टी को छूकर बता देगा कि उसमें क्या पैदा होगा और क्या नहीं।

तर्क के रूप

हमारा प्रारम्भिक समाजीकरण हमें तार्किक बना ही चुका है तो अलग से तर्कशीलता को विकसित करने को हमसे क्यों कहा जाता है? इसलिए क्योंकि हम साक्ष्य जुटाने, निष्कर्ष निकालने और उपयोग के हिसाब से तर्क का प्रयोग करने का जो भी कौशल सीखते हैं वह हमारे तात्कालिक अनुभव के दायरे तक ही सीमित होता है, लेकिन औद्योगिक समाजों का आधुनिक जीवन केवल इसी के सहारे नहीं चल सकता। जटिल साक्ष्यों को बरतना, उन्हें समझना और उनके आधार पर निगमनात्मक या आगमनात्मक तर्क-पद्धति के सहारे नतीजों पर पहुँचना औपचारिक शिक्षण की माँग

करता है। आधुनिक समाज ऐसे तर्कशील प्राणियों के बग़ैर चल ही नहीं सकता। पर, क्या इनसानी तर्क-क्षमता की भूमिका इतनी ही है?

अगर हम अपने अस्तित्व से दो क़दम आगे जाकर बेहतर जीवन जीने की आकांक्षा रखते हैं तो दो और क़िस्म की तर्कशीलता सामने आती है। पहली, मूल्यवान साध्य के सम्बन्ध में तर्कशील होना। हमें जो कुछ भी चाहिए, उसका सबसे बेहतर साधन क्या हो, केवल इतना ही जानना काफ़ी नहीं होता। हमें यह भी जानना होता है कि कौन-सी चाहतें ऐसी हैं जिनके पीछे हमें भागना चाहिए। कनाडा के दार्शनिक चार्ल्स टेलर कहते हैं कि हम लोग ऐसा मूल्यांकन करने में बहुत मज़बूत हैं। हम न सिर्फ़ यह तौलने की क्षमता रखते हैं कि पैसा इस चीज़ पर ख़र्च करें या उस पर (मोटे तौर पर), बल्कि हम यह सवाल भी ख़ुद से पूछते हैं कि हमारी ज़िन्दगी में पैसे का मोल क्या है। यानी, हम लोग अपनी इच्छाओं को किसी उच्चतर और ज़्यादा मूल्यवान चीज़ के बरअक्स तौलते हैं। जैसे, हमारे मन में सवाल आ सकता है कि बिना परिवार, मित्रों और समुदाय के या बिना किसी इज़्ज़त और आत्मसम्मान के पैसे वाली ज़िन्दगी का क्या मतलब है। जीवन के इन्हीं साध्यों पर विचार करने के लिए बुद्ध ने अपना राजसी जीवन त्याग दिया था। उन्होंने सवाल उठाया था कि एक व्यक्ति, एक सामाजिक प्राणी और इस दुनिया में जी रहे एक मनुष्य के रूप में हमारे जीवन को क्या चीज़ सार्थक बनाती है? जीवन की सार्थकता और हमारी इच्छाओं से जुड़े ऐसे सवालों के जवाब जानने के लिए तार्किक मिज़ाज को विकसित करना ज़रूरी है।

दूसरे, उतना ही आवश्यक है सन्दर्भ के हिसाब से नैतिक चिन्तन, जो व्यवहार में तो पर्याप्त दिखाई देता है लेकिन इसे और पोषित किए जाने की ज़रूरत है। फ़र्ज़ करें आपका बच्चा बीमार है, पत्नी शहर से बाहर है और आपको एक ज़रूरी मीटिंग में जाना है। आप क्या करेंगे? मुझे सन्देह है कि आप दोनों में से किसी एक को नहीं चुनेंगे—आप ये नहीं करेंगे कि दोनों को एक पलड़े पर रख के लाभ-लागत का विश्लेषण करने लगें या फिर अपनी नीति-निर्देशक पुस्तिका में झाँक कर यह सवाल पूछें कि दोनों में कौन-सा काम ज़रूरी है—काम के मोल को सबसे ऊपर रखना या बच्चे की सेहत को? दो में से एक को चुननेवाले ऐसे नियम अजीब होते हैं। सहज तौर पर देखें तो दोनों कामों में से किसी एक का मोल दूसरे पर भारी नहीं पड़ सकता। इतना तय है कि आप अपने बच्चे के स्वास्थ्य को मीटिंग से ज़्यादा तवज्जो देंगे। इसके बावजूद, आपकी नैतिकता उस सन्दर्भ से ही तय होगी। आपको हालात की नज़ाकत के प्रति संवेदनशील होना होगा। अगर बच्चे को सौ डिग्री बुख़ार है तो हो सकता है कि आप बच्चे को समझा-बुझा कर काम पर चले जाएँ लेकिन बुखार अगर 104 डिग्री है, तब आपके सामने उहापोह वाली स्थिति होगी। अगर मीटिंग वाक़ई बहुत ज़रूरी है, तब आप किसी भरोसेमन्द पड़ोसी या

दोस्त को मदद के लिए पुकारेंगे। अगर इसका भी विकल्प नहीं हुआ तो शायद आप मीटिंग को टाल दें, वहाँ न जाएँ।

मूल्यों के बीच द्वंद्व की स्थिति में इस तरीक़े के समझौते न सिर्फ़ निजी ज़िन्दगी में काम आते हैं बल्कि समाज में सार्वजनिक चिन्तन का एक बेहतर ख़ाक़ा भी मुहैया कराते हैं। सामूहिक निर्णय लेने की प्रक्रिया में सभी प्राथमिकताओं को लाभ-लागत की कसौटी पर एक ही पलड़े में नहीं तौला जा सकता। उदाहरण के लिए, तमाम ऐसे लोग हैं जिनके घर में एक छोटा-सा घास का दालान है और उस पर उनकी निजी व्यायामशाला भी है। इस आधार पर यह कह देना कि एक सार्वजनिक पार्क पर मॉल बनाने के बहुत लाभ होंगे, ग़लत तर्क है क्योंकि मॉल और पार्क दोनों का मूल्य एक नहीं है। दोनों को एक जैसी चाहत मानकर साथ में नहीं तौला जा सकता। एक पार्क के होने से मिलनेवाला पर्यावरणीय लाभ हमारे चिन्तन में स्वतंत्र और गुणात्मक रूप से भिन्न मूल्य के तौर पर आना चाहिए। आप पार्क के बदले मॉल से वह मूल्य पैदा नहीं कर सकते। इसके बावजूद, केवल एक निरपेक्ष मूल्य वाली नैतिकता भी यहाँ ठीक नहीं है, चूँकि हमारा पर्यावरण तो किसी भी परिस्थिति में हमेशा तमाम चीज़ों के मुक़ाबले ज़्यादा मूल्यवान होगा। मेरे ख़याल से, एकल मूल्य वाले सिद्धान्त उतने ही ख़तरनाक हैं जितना मूल्यरहित, मात्रात्मक और लाभ-लागत विश्लेषण का सिद्धान्त।

नैतिक तर्कणा का प्रतिमान

अपने समाज के मानकों, क़ानूनों और सार्वजनिक नीतियों पर सोचते हुए आगे कैसे बढ़ा जाए? हमें बहुत दूर जाने की ज़रूरत नहीं है। हमारा संविधान इस तार्किक सोच का एक आदर्श प्रतिमान है। संविधान सभा में एकाधिक मूल्यों पर बहस हुई थी और सभी दाँव पर थे—निजी स्वतंत्रता, समुदायों की धार्मिक स्वतंत्रता, लोगों के बीच बराबरी और अन्तरधार्मिक समूहों के बीच बराबरी। हमारा संविधान किसी एक मूल्य को दूसरों के ऊपर सर्वोच्चता नहीं देता है। यह सभी का सतर्कतापूर्वक संधान करता है। छोटे समूहों के बच्चों के बीच उस समूह विशेष के धार्मिक मूल्यों के पोषण का महत्त्व समझते हुए संविधान ने अल्पसंख्यकों को अपने शैक्षणिक संस्थान खोलने का मूलभूत अधिकार दिया हुआ है (सामुदायिक स्वतंत्रता)। सभी धार्मिक समूह, छोटे या बड़े, राज्य को अनुदान के लिए आवेदन कर सकते हैं (समूहों के बीच बराबरी)। राजकीय अनुदान लेने की शर्त यह है कि ईसाइयों द्वारा संचालित स्कूल में किसी हिन्दू बच्चे को प्रवेश से इनकार नहीं किया जा सकता (धर्म के आधार पर भेदभाव नहीं यानी समानता) और प्रवेश के बाद उसे चैपल में प्रार्थना के लिए बाध्य नहीं किया जा सकता (निजी स्वतंत्रता)।

मूल्यों के बीच संभावित टकराव को स्वीकार करना, किसी एक मूल्य को दूसरे पर भारी न पड़ने देना, सबके बीच सटीक सन्तुलन क़ायम करना और जातीय स्तर पर संवेदनशील समझौतों की जवाबदारी को अपने ऊपर लेना—यही ठोस नैतिक चिन्तन की असल पहचान है। मूल्यों के बीच से होते हुए राह बनाने की यह कला तार्किकता का अभिन्न अंश है।

54

प्रेम, सम्मान और आलोचना

जिसके प्रति हम श्रद्धाभाव रखते हैं उसकी आलोचना करना अस्वाभाविक बात जान पड़ती है। इसी तरह, जिस देश के प्रति हम वफ़ादार हैं उसकी ग़लतियों को सार्वजनिक रूप से स्वीकार करना स्वाभाविक नहीं होता। अपने बच्चे से हम 'अंधा' प्यार करते हैं तो ज़ाहिर है उसके चरित्र में नैतिक दोष हम कभी नहीं निकालेंगे। यानी प्रेम, समर्पण, देशभक्ति और सम्मान आदि तभी मुमकिन हैं जब आदमी आलोचनात्मक फ़ैसले सुनाना बन्द कर दे। सुनने में यह बात ठीक लगती है। अब इसे पलटकर देखें—दूसरे की कमियाँ और दोष तभी दिखाई देते हैं जब वह हमारा अपना नहीं रह जाता—मसलन, जब मैं अपने परिवार या समुदाय को ग़ैर समझने लगूँ तो उसकी बुराइयाँ मुझे दिखनी शुरू हो जाएँगी। अच्छी आलोचना, आलोच्य से आलोचक की दूरी पर निर्भर होती है। जितनी ज़्यादा दूरी, आलोचना उतनी श्रेष्ठ।

आलोचना को प्रेम-सम्मान आदि से काट कर इस तरह देखना मेरे ख़याल से ग़लत पद्धति है। पीछे एक निबंध में मैंने कहा था कि हम जिस धर्म या दर्शन के अनुयायी हैं, उसका सम्मान हम आलोचनात्मक ढंग से करते हैं। उसी बात को मैं यहाँ आगे बढ़ाना चाहूँगा और अपने परिवार, अपने संस्थान और अपने देश पर लागू करना चाहूँगा।

सही या ग़लत, पर देश हमारा है

अमेरिकी स्वतंत्रता संग्राम के बाद अमेरिकी नौसेना के एक अधिकारी स्टीफेन डीकटूर सीनियर ने टिप्पणी की थी, 'यह देश हमारा है! दूसरे देशों के साथ रिश्तों

में यह हमेशा सही साबित हो, लेकिन सही हो चाहे ग़लत, देश तो हमारा है।'' ऐसी वफ़ादारी और वचनबद्धता आलोचना से परे होती है। 'मेरा' या 'हमारा' जैसे सम्बन्धमूलक शब्दों में अपनापे की ज़बरदस्त भावना और वचनबद्धता निहित है, लेकिन इसका अर्थ यह नहीं कि उसके किसी ग़लत कृत्य की शिकायत पर हम रक्षात्मक मुद्रा में आ जाएँ। और भी तरीक़े हो सकते हैं प्रतिक्रिया देने के—रक्षात्मक हो जाना बेशक अच्छा विकल्प नहीं है, स्वाभाविक भले हो। कहीं ज़्यादा उपयुक्त प्रतिक्रिया यह होगी कि नकारात्मक निष्कर्ष पर ठहर कर विचार किया जाए और यदि विचार के बाद वह जायज़ जान पड़े तो ग़लत को सही करने की दिशा में बढ़ा जाए। एक आसान उदाहरण लेते हैं। एक अभिभावक को उसके बच्चे की कोई ग़लत हरक़त या चरित्र-दोष की बात बताई जाती है। माता-पिता यदि इस बात को ढँकना चाहेंगे और जिच करेंगे कि उसने कुछ भी ग़लत नहीं किया तो यह मूर्खतापूर्ण प्रतिक्रिया होगी। यह अदूरदर्शिता बच्चे को मनबढ़ बनाएगी और भविष्य में और ज़्यादा ग़लतियों के रास्ते खुल जाएँगे। बेहतर विवेकपूर्ण प्रतिक्रिया यह होनी चाहिए कि ग़लत को सही करने का संकल्प लिया जाए—बच्चे के साथ माँ-बाप आराम से बैठें, उसकी प्रेरणाओं को समझें और उसके नैतिक पोषण की एक संवेदनशील और सूक्ष्म प्रक्रिया शुरू करें। जो बात हमारे बच्चे के लिए सही है, वही हमारे धार्मिक समुदायों और राष्ट्र पर भी लागू होती है। जब कभी हमारी आँख के सामने हमारे धार्मिक समुदाय का कोई कुकृत्य (दूसरे समुदाय की औरत के साथ बर्बर बलात्कार) या राष्ट्र का कोई कुकृत्य (ग़रीबी की उपेक्षा या किसानों की ख़ुदकुशी) ज़ाहिर हो, हम न तो ग़लत का सार्वजनिक रूप से बचाव कर सकते हैं और न ही शुतुरमुर्ग की तरह ज़मीन में सिर गड़ा कर चुप बैठ सकते हैं। ऐसी ग़लतियों को सामूहिक रूप से खुले में पहले तो स्वीकारा जाना चाहिए, फिर उन्हें दुरुस्त किया जाना चाहिए।

बिलकुल इसी तर्ज पर एक अन्य अमेरिकी यूनियन जनरल ने डीकटूर के कहे को दुरुस्त किया था और उसके भीतर उलटा अर्थ भर दिया था—'ग़लत हो या सही, यह मेरा देश है। सही हुआ तो सही को क़ायम रखना पड़ेगा, ग़लत हुआ तो उसे सही करना पड़ेगा।' हमारा देश जब किन्हीं नैतिक मानकों पर खरा उतरता है और सही बरताव करता है तो हमें गर्व होता है और ख़ुशी मिलती है। जब देश का व्यवहार ग़लत होता है, देश तब भी हमारा ही रहता है, और बिलकुल इसी वजह से हमारी ख़ास ज़िम्मेदारी बनती है कि हम उसके ग़लत किए को स्वीकारें और खुलकर उसकी आलोचना करें। यह मान्यता ही ग़लत है कि हम अपने देश से जितना ज़्यादा जुड़े होंगे उसकी ग़लतियों को स्वीकारने में हमें उतनी ज़्यादा कठिनाई होगी। इसके उलट, सच्चाई यह है कि देश के हम जितना क़रीब होंगे, उसे सही रास्ते पर लाने की हमारी प्रेरणा उतनी ही प्रबल होगी। सही रास्ते पर लाने की प्रेरणा ही हमें

ग़लतियों को ठीक-ठीक पहचानने की समझदारी देती है। यानी प्रेम और लगाव ही हमें प्रेरित करता है कि हम निरन्तर और तीखी आलोचना करते रहें। चीज़ें जितना ग़लत होंगी, हमारी आलोचना भी उतनी तीव्र होगी और ग़लतियों को दुरुस्त करने की हमारी प्रेरणा भी उतनी ही प्रबल होती जाएगी। इसलिए, आलोचना करने के लिए पूरी तरह भावनात्मक अलगाव की कोई ज़रूरत नहीं है।

अलगाव नहीं, दूरी

संपूर्ण अलगाव के बग़ैर आलोचना बेशक सम्भव है, लेकिन वह थोड़ी दूरी की माँग अवश्य करती है। दूरी किससे? हम अपने परिवार की आलोचना करें, अपनी संस्थाओं की, अपने धर्म की या अपने देश की, समूचे समुदाय से दूरी बनाने की ज़रूरत नहीं होती। पूर्वशर्त यह है कि हम उक्त समुदाय के सड़े-गले तत्त्वों से दूरी बना पाने में सक्षम हों—जैसे, अपने बच्चों के झूठ से, अपने धर्म के भीतर ऊँच-नीच और असहिष्णुता के प्रति उपेक्षा से, सत्ता की टुच्ची कार्रवाइयों से, संस्थानों के भीतर होनेवाले खिलवाड़ से, देश के भीतर हो रहे दमन और उत्पीड़न से। इन बुरी प्रवृत्तियों से दूरी इसलिए नहीं बनानी कि हमें इनसे भागकर कहीं और चले जाना है। दूसरी इसलिए बनानी है ताकि उक्त समुदाय के भीतर ही हम उस नैतिक ज़मीन को तलाश कर उस पर खड़े हो सकें जहाँ से हम आलोचना कर सकते हैं। यानी ग़लत कृत्य की सूरत में हम अपने समुदायों के भीतर मौजूद अपेक्षाकृत नैतिक पक्ष को पकड़ते हैं। यदि हम ग़लत कृत्य के लाभार्थियों के निकट बने रहे या सत्तासीनों के कान में फूँकने के मैकियावेली लोभ में फँस गए, तब हम नाकाम हो जाएँगे। जैसे, एक परिवार के भीतर एक लड़का जब तक अपने उत्पीड़क पिता के सामने घुटने टेकता रहेगा या फिर अपनी माँ के उत्पीड़न से मिलनेवाले लाभ का हिस्सेदार बना रहेगा, तब तक वह पितृसत्ता को चुनौती नहीं दे पाएगा। हाँ, आलोचना के लिए ज़रूरी नहीं कि उसे परिवार को छोड़ना ही पड़ जाए। इसी तरह, भारत का कोई भी नागरिक यदि देश की कुछ बुरी प्रथाओं की आलोचना करता है तो वह राष्ट्रविरोधी नहीं हो जाता। कोई हिन्दू अगर अपने धर्म की कुरीतियों की आलोचना करता है तो वह हिन्दू-विरोधी नहीं हो जाता।

हम क्या हैं और हम कैसे हैं, इसकी सबसे अच्छी समझदारी भीतर से ही पैदा हो सकती है—अपने धार्मिक, राष्ट्रीय या सांस्थानिक समुदायों के भीतर से। इसीलिए अपने समुदाय के साथ सतत एक रिश्ता क़ायम रहना ज़रूरी है ताकि हम यह समझ सकें कि वह क्या है और उसे कैसा होना चाहिए। यह समझदारी पैदा होने के बाद ही हम उचित और प्रासंगिक आलोचना तक पहुँच पाएँगे। इससे यह निष्कर्ष निकलता है कि सही आलोचना करने के लिए एक गहरा रिश्ता आवश्यक है—थोड़ा

भावनात्मक और बौद्धिक रिश्ता, जैसे प्रेम, सम्मान और वचनबद्धता का रिश्ता। एक गतिशील जीवंत समुदाय के लिए आलोचनात्मक सम्मान निर्णायक तत्त्व है।

55

धार्मिक और राजनीतिक असहमति का सामाजिक मूल्य

न्यायमूर्ति डी.वाइ. चंद्रचूड़ ने टिप्पणी की थी कि असहमति महज़ 'लोकतंत्र का सेफ़्टी वॉल्व नहीं' है बल्कि सार्थक सामाजिक जीवन के लिए भी अहम है। जब हर कोई एक समान राय रखने लगेगा और सरकारी अफ़सानों को कोई चुनौती नहीं मिलेगी तो समाज कुंद हो जाएगा, ग़लतियाँ जमती चली जाएँगी और समाज भीतर से सड़ने लगेगा। इसीलिए रूढ़ियों को चुनौती दी जानी चाहिए और विचारों को खुलकर ज़ाहिर किया जाना चाहिए, वे प्रिय हों या अप्रिय, सही हों या ग़लत। यही एक तरीक़ा है जिससे हम सामाजिक, राजनीतिक और आर्थिक ख़ामियों को सार्वजनिक रूप से स्वीकार कर के उन्हें दूर कर सकते हैं।

यह कोई छुपी हुई बात नहीं है कि लोभी कॉरपोरेट ताक़तों ने भारी संख्या में ग़रीब आदिवासियों और किसानों की ज़मीनें लूट कर उन्हें और वंचित कर डाला है। ऐसे वंचित लोगों को जब सीधे रास्ते इंसाफ़ नहीं मिलता तो वे बन्दूक़ उठा लेते हैं। हाल-हाल तक हर अगली हिन्दी फ़िल्म की कहानी एक ही होती थी जिसमें बर्बर शोषण से गुज़रने के बाद एक मासूम किसान डकैत बन जाता था और अपना बदला लेता था। राज्य द्वारा ऐसे ज़ोर-जबर और हिंसा से वंचित निस्सहाय लोगों में जो अलगाव पैदा होता है और उन्हें हिंसा के एक दुष्चक्र में धकेल दिया जाता है, क्या हम इससे वाक़िफ़ नहीं हैं? इस अन्याय के ख़िलाफ़ बोलने की ज़िम्मेदारी क्या हर जागरूक नागरिक की नहीं है? राज्य यदि ऐसे लोगों को अपना दुश्मन ठहरा दे तो क्या जागरूक नागरिकों को अपनी असहमति दर्ज़ नहीं करवानी चाहिए? एक अमेरिकी जज ने इस सन्दर्भ में कोई पचास साल पहले एक अफ़सोसनाक टिप्पणी की थी, 'सरकारें शिकायत को दुरुस्त करने के बजाय शिकायत करनेवाले को ही गिरफ़्तार करने में ज़्यादा दिलचस्पी रखती हैं।' ग़रीबों और हाशिये के लोगों के मूलभूत अधिकारों के लिए लड़ रहे सामाजिक कार्यकर्ताओं के सन्दर्भ में भी यह बात बहुत प्रासंगिक है।

राजद्रोह का क़ानून

सत्ता दूर देखने की सलाहियत को छीन लेती है। अमेरिका में रईस ज़मींदारों की फेडरेलिस्ट पार्टी ने 1798 में एक राजद्रोह क़ानून बनाया था। इसके तहत सरकार की आलोचना करना जुर्म था। इस क़ानून को लाने के पीछे फ्रांस और अमेरिका के बीच बढ़ते तनाव को बताया गया था। अजीब बात यह रही कि इस क़ानून के तहत जितने लोगों को दंडित किया गया, वे सब विपक्ष के लोग थे जिनका वास्ता अपेक्षाकृत लोकतांत्रिक दल रिपब्लिकन से था। स्पष्ट था कि उक्त क़ानून रिपब्लिकन को सत्ता में आने से रोकने के लिए लाया गया था। एक रिपब्लिकन सांसद को इसलिए जेल हो गई क्योंकि उसने राष्ट्रपति जॉन एडम्स के बारे में कह दिया था कि 'सत्ता की अपरिमित भूख, हास्यास्पद आडंबर की असीम प्यास, मूर्खतापूर्ण ख़ुशामद और स्वार्थी कृपणता' उन्हें निग़लती जा रही है। जैसा कि प्रत्याशित था, फेडरेलिस्टों के सत्ता-लोभ पर पलटवार हुआ। जेल में बन्द सीनेटर हीरो बन कर उभरा और 1801 में उसका एक रिपब्लिकन साथी थॉमस जेफ़रसन नया राष्ट्रपति बना। अदूरदर्शी सरकारें यह नहीं देख पाती हैं कि असहमति को जुर्म क़रार देने की बहुत भारी राजनीतिक क़ीमत चुकानी पड़ती है।

असहमति का सामाजिक मूल्य तो अचूक होता ही है। असहमत आदमी संन्यासी या परित्यक्त नहीं होता। वह समाज से भागता नहीं है। वह समाज से जुड़ा हुआ एक आलोचक होता है जो अपने दौर की रूढ़ियों का विरोध करता है। वह अपने समाज के प्रति बहुत कटिबद्ध होता है। वह चाहता है कि उसका समाज फले-फूले। इसी वजह से वह उसकी बीमारियों के बारे में बोलता है। असहमति नागरिकता के सर्वाधिक साहसिक कृत्यों में से एक है। जब ज़्यादातर लोग ख़ामोश हो जाते हैं तो असहमत आदमी बोल पड़ता है। वह उन चीज़ों को दिखलाता है जिसे दूसरे लोग देखना नहीं चाहते। वह ख़तरों को जानते हुए भी अपनी गरदन आगे कर देता है कि बोलने पर उसे बदनाम किया जाएगा, ग़लत समझा जाएगा और उसके ऊपर गद्दारी का आरोप मढ़ दिया जाएगा। असहमत व्यक्ति अपनी धरती पर महज़ तमाशबीन बने रहने से इनकार करता है। वह जहाँ रहता है, वहाँ अपनी दावेदारी का मूल्य समझता है। उसे वहाँ का होने पर गर्व है, लेकिन दूसरों की अन्यायपूर्ण पीड़ा की सूरत में वह ख़ामोशी की सुविधा अख़्तियार करने से इनकार कर देता है। असहमत आदमी आला दरजे का देशभक्त होता है।

असहमति की भव्य परम्परा

भारत में राजनीतिक असहमति के इतिहास का मुझे कोई भान नहीं है, लेकिन

सामाजिक और धार्मिक असहमति की समृद्ध परम्परा का अन्दाज़ा ज़रूर है। मगध साम्राज्य के महान बौद्धिक, औपनिषदिक चिन्तक और बुद्ध को उनके दौर के धार्मिक-दार्शनिक बाग़ी माना जा सकता है जिन्होंने वैदिक कर्मकांडों को चुनौती दी थी। महान तमिल कवि शिववक्कियार ने जातिगत भेदभाव की आलोचना करते हुए पुनर्जन्म की अवधारणा को ख़ारिज कर दिया था—'घोंघा कभी टूटी हुई सीपी में नहीं लौटता, न प्राण कभी मृत देह में वापस आता है... डाल से गिरा हुआ फल पेड़ पर फिर से नहीं लटकता और मरा हुआ मनुष्य कभी भी, कभी भी, कभी भी दोबारा जन्म नहीं लेता'। बारहवीं सदी के कन्नड़ कवि और दार्शनिक बसवन्ना ने लैंगिक और जातिगत भेदभाव को ख़ारिज किया था। कबीर, रैदास और नानक ने अपने दौर के धर्मों से ख़ुद को जोड़ने से इनकार किया और आत्म की खोज व मुक्ति के नए पंथ बनाए।

उन्नीसवीं सदी में दलित औरतों ने खुलकर धर्माधारित पितृसत्ता का विरोध किया। सावित्री फुले की शिष्या मुक्ताबाई ने वर्णाधारित ब्राह्मणवादी विचारधारा पर हमला किया, 'जिस धर्म में केवल एक व्यक्ति की प्रतिष्ठा हो और बाक़ी वंचित, उसे धरती से ख़त्म हो जाना चाहिए ताकि वह हमारे दिमाग़ में दोबारा लौटकर न आ सके कि हमें उस पर गर्व करना पड़े।' ताराबाई शिंदे ने औरतों के शोषण पर हमला बोलते हुए पुरुषवादी प्रवृत्तियों को छीलकर रख दिया था, 'लोग हमेशा औरतों को दोषी ठहराते रहते हैं, जैसे कि सारी बुराई उन्हीं के कारण है... क्या यह सच है कि सिर्फ़ औरतों का शरीर ही बेहुरमती और तमाम क़िस्म के पाप का घर है? या फिर पुरुष भी उन्हीं कमियों से ग्रस्त हैं जो औरतों में पाई जाती हैं?"

ऐसी हर असहमत शख़्सियत आत्यंतिक रूप से एक नैतिक बाग़ी थी, जिसने अपने दौर के सार्वजनिक जीवन में सामाजिक, बौद्धिक और आध्यात्मिक जीवन को आलोड़ित कर डाला था। निश्चित रूप से रूढ़िवाद ने उन पर पलटवार किया होगा। इसके बावजूद वे सामाजिक उत्पीड़न या राजनीतिक दंड के भय से मुक्त होकर अपने विचार रखते रहे। यदि आज वे जीवित होते तो क्या उत्पीड़न, सार्वजनिक बदनामी और क़ैद से बचे रह पाते? मुझे तो अचरज होता है कि अपने क़िस्म के एक और बाग़ी स्वामी दयानंद सरस्वती भी हमारे समय में बच पाते या नहीं। इन लोगों के मुक़ाबले अपेक्षाकृत कहीं मामूली असहमतियों की क़ीमत लोगों को आज ट्रोल होकर, गिरफ्तार होकर और अपनी जान देकर चुकानी पड़ रही है। इसे विडम्बना कहें या एक सभ्यता की ख़ुदकुशी?

खंड VI

अन्याय और कुकृत्यों का स्वीकार

56

सबको एक साथ तौलने की झूठी नैतिकता के ख़िलाफ़

लोग जब सामाजिक अन्याय या अपमान की बात करते हैं तो आम तौर से उनके दिमाग़ में दलित, आदिवासी, अल्पसंख्यक या महिला जैसे हाशिये के बड़े उत्पीड़ित समूह होते हैं। इस लेख का विषय ऐसे विशाल समूहों की प्रताड़ना नहीं है। इसके बजाय मेरे मन में रोज़मर्रा की ज़िन्दगी में होनेवाले कुछ अन्याय और अपमान हैं जिनसे किसी भी व्यक्ति को गुज़रना पड़ता है। ऐसे अन्याय देखने में छोटे और कम नाटकीय होते हैं। ख़ासकर मैं एक विशेष क़िस्म के अपमान की बात करना चाहूँगा। इसे मैं झूठी नैतिक तुल्यता कहता हूँ। हमारे यहाँ लोग रोज़ाना ही ऐसे अनुभवों से दो-चार होते हैं, जब सब धान बाईस पसेरी रख के तौल दिया जाता है।

दैनिक नाइंसाफ़ियाँ

फ़र्ज़ करें कि एक विश्वविद्यालय में दो रिक्त अकादमिक पदों पर कई लोगों ने आवेदन किया है। ज़ाहिर है, चयन दो व्यक्तियों का ही होना है। दो को ही चुना भी जाता है। एक चयनित अभ्यर्थी की शानदार शैक्षणिक योग्यता है, उसने साक्षात्कार में बहुत अच्छा प्रदर्शन किया है और नौकरी पाने के लिए कोई ग़लत तरीक़ा नहीं अपनाया। दूसरे चुने गए अभ्यर्थी की पर्याप्त योग्यता है, उसका साक्षात्कार सामान्य रहा है लेकिन उसकी ख़ामियों को अनदेखा कर दिया गया था क्योंकि उसकी चयन प्रक्रिया 'फ़िक्स' थी। उसने नौकरी पाने के लिए एड़ी-चोटी का ज़ोर लगा दिया था। इन दो चुने गए व्यक्तियों के बीच इतने बड़े फ़र्क़ के बावजूद अकादमिक समुदाय दोनों को एक ही नज़र से देखता है, दोनों को ही 'फ़िक्सर' समझता है।

एक और उदाहरण लें। दो सरकारी अफ़सर हैं। दोनों के ऊपर वित्तीय भ्रष्टाचार के आरोप हैं। इनमें एक आदमी एकदम साफ़-सुथरा है लेकिन विभागीय द्वेष और जलन का शिकार है या कहिए कि इसे इसलिए नाप दिया गया क्योंकि इसने ताक़तवर नेताओं की बात नहीं मानी। दूसरा वास्तव में भ्रष्ट है। वो इस पद तक इसीलिए पहुँचा है क्योंकि उसने अपनी प्रोन्नति के हर चरण में अपने जमीर को बेचा था। अब दोनों मामले जनता के बीच आते हैं। अब इसे अज्ञानता कहिए, आलस्य या

टालू प्रवृत्ति कि लोग दोनों को एक ही नैतिक खाँचे में डाल देते हैं और मान लेते हैं कि दोनों बराबर भ्रष्ट हैं।

वो साफ़-सुथरा अफ़सर जिसे भ्रष्ट ठहराया जा चुका है, उसके साथ क्या कुछ ग़लत हुआ है? वह योग्य अभ्यर्थी जिसे 'फिक्सर' माना जा रहा है, क्या उसके साथ कुछ ग़लत हुआ है? एक वाक्य में इसका जवाब देना हो तो मैं कहूँगा कि दोनों ही झूठी नैतिक तुल्यता का शिकार हुए हैं। ये क्या बला है? इसमें क्या होता है किसी के साथ? जवाब: यह ग़लत पहचान के कारण होनेवाला अन्याय है।

न्याय की एक प्राचीन अवधारणा कहती है कि कुछ प्रासंगिक मामलों में बराबर व्यक्तियों के साथ बराबर का बरताव होना चाहिए। यदि वे उक्त सन्दर्भ में असमान हैं तो असमान बरताव हो। इसी से यह बात निकलकर आती है कि जब बराबर लोगों को असमान लाभ मिलते हैं (जैसे आय या प्रतिष्ठा), या फिर असमान लोगों को बराबर हिस्सा मिलता है तो दोनों ही स्थितियों में बँटवारे के न्याय का उल्लंघन होता है। इस सिद्धान्त को जीवन के दो आयामों में रख कर समझा जा सकता है। एक आयाम तो वह है जहाँ लोगों को जन्म से ही असमान माना जाता है। जन्मना जो उच्च है उसके साथ निम्न जैसा व्यवहार नहीं किया जाना चाहिए। इस ऊँच-नीच वाली व्याख्या को ख़ारिज कर देना चाहिए। दूसरे आयाम में, जहाँ सभी मनुष्यों को नैतिक बराबरी और अवसरों की बराबरी की गारंटी है, यह सिद्धान्त बदल जाता है—ज़रूरत, परिस्थिति या सामर्थ्य के मामले में जो बराबर हैं उनके साथ बराबर बरताव होना चाहिए और जो बराबर नहीं हैं उनके साथ बराबर बरताव नहीं होना चाहिए। अब अपने उदाहरणों पर लौटते हैं।

नौकरी उसी को मिलनी चाहिए जो सबसे योग्य हो और निष्पक्ष व स्वतंत्र चयन प्रक्रिया से होकर गुज़रा हो। उसे इस नौकरी के योग्य भी माना जाना चाहिए। बाक़ी, जो 'प्रासंगिक मामले में बराबर' पाए गए हैं, उन्हें नौकरी मिल भी जाए तो वे उसके योग्य नहीं होंगे। ऐसे में, जब दोनों को ही 'फिक्सर' के तौर पर देखा जाएगा तो योग्य अभ्यर्थी के साथ ग़लत होगा जिसका वह हक़दार नहीं है। इसी तरह यह बात उस व्यक्ति के बारे में सच है जिसे वित्तीय रूप से भ्रष्ट माना जा रहा है जबकि वह ऐसा है नहीं। यानी दो 'असमान' लोगों को बराबर रख कर और ग़लत ढंग से दोनों को बराबर ठहरा कर (क्योंकि दोनों व्यक्तियों में नैतिक अखंडता का प्रासंगिक गुण बराबर नहीं है) योग्य और साफ़-सुथरे व्यक्ति के साथ अन्याय किया जा रहा है।

ग़लत पहचान से उपजा अन्याय

ऐसे मामलों में अन्याय ग़लत पहचान के चलते होता है। हम में से हर किसी को

मोटामोटी पता है कि हम क्या हैं और किस काबिल हैं। इसके बावजूद, हम जो हैं उसे हमारे प्रति लोगों की धारणा भी आंशिक रूप से गढ़ती है। अगर लोगों की निगाह में हम ग़लत समझे गए या उन्होंने हमारे ऊपर कुछ ऐसे लक्षण थोप दिए जो हम हैं नहीं तो उससे बहुत नुक़सान हो सकता है। यह समाज अगर एक आईना है जो हमें हमारी ही विकृत और ग़लत तस्वीर पलटकर पेश करता है तो इससे हमारा आत्मसम्मान कम हो जाता है। यह ग़लत पहचान बहुत सूक्ष्म चीज़ है लेकिन इससे होनेवाला नुक़सान वास्तविक है। यह हमें अपनी ही नज़र में छोटा कर देता है, शर्मिन्दा कर देता है। जब हमारे इर्द-गिर्द हर कोई हमारी ऐसी ही छवि पलटकर हम पर फेंकता है तो अपने बारे में हमारी ख़ुद की धारणा डगमगाने लगती है। ऐसा न हो, इसके लिए ज़रूरी है कि हम मज़बूत और सुरक्षित हों। अच्छे नारीवादी और दलित विद्वानों ने इस बारे में काफ़ी काम किया है कि अपनी नज़र में अपनी हीन छवि बनने के नुक़सान कैसे जीवनपर्यंत साथ रह जाते हैं। यह अहसास रोज़मर्रा के जीवन में किसी को भी हो सकता है। चाहे कितना ही साधारण अहसास हो और किसी व्यक्ति पर ही क्यों न लक्षित हो, लेकिन इसका मनोवैज्ञानिक नुक़सान तो होता ही है। ऐसा तब होता है जब किसी के ऊपर ऐसी बुराई का झूठा ठप्पा लग जाए जैसा वह है नहीं। यही उसकी ग़लत पहचान बना देगा। यह ग़लत पहचान उसकी ज़िन्दगी पर गहरा ज़ख़्म छोड़ जाएगी।

यानी, झूठी नैतिक तुल्यता दरअसल ग़लत पहचान के कारण उपजा अन्याय है। यह मनोवैज्ञानिक नुक़सान पहुँचाने का एक तगड़ा औज़ार है जो किसी के अपमान के बराबर है। जब अच्छे-भले और योग्य व्यक्तियों के साथ ग़लत बरताव होता है तो वे न केवल सामाजिक अलगाव में पड़ जाते हैं बल्कि ख़ुद से भी कट जाते हैं। हर दिन के अन्याय और बदपहचानी इसमें जुड़ते जाते हैं। भले लोग ऐसे में न केवल अपना आत्मसम्मान और प्रतिष्ठा खो बैठते हैं बल्कि उनकी आत्मा ही मारी जाती है। जब हर कोई अच्छे और बुरे का फ़र्क़ भुला देता है और 'चलता है' वाली प्रवृत्ति को अपना लेता है या फिर हर कोई बराबर का दोषी अथवा निर्दोष मान लिया जाता है, तब एक समुदाय के तौर पर हम दिशाहीन भीड़ में तब्दील हो जाते हैं जहाँ किसी को भी कभी भी निशाना बनाया जा सकता है। झूठी नैतिक तुलनाएँ करने की हमारी आदत न सिर्फ़ यह दिखाती है कि हमारी चमड़ी कितनी मोटी हो चुकी है और हमें किसी चीज़ की परवाह नहीं रह गई है, बल्कि हम सब सामूहिक रूप से अनैतिकता के एक ऐसे कुएँ में फँस गए हैं जहाँ से बाहर निकलने की कोई राह नहीं है। ऐसे में यदि थोड़ी बहुत नैतिकता वाला एक आदमी भी समाज में बचा रह जाए तो यह स्थिति उसके लिए असहनीय साबित होगी।

57

राज्यहीनता का कलंक

यह जानना भयावह रूप से परेशान करनेवाला है कि असम में रह रहे चालीस लाख लोग (2018 में) राष्ट्रीय नागरिकता रजिस्टर की सूची से नदारद हैं। इन लोगों की भारतीय नागरिकता छिन सकती है और ये राज्यविहीन हो सकते हैं। हम लोग, जिनकी राष्ट्रीयता अब भी महफ़ूज़ है, क्या इनकी स्थिति में ख़ुद को रखकर एक बार देखने को तैयार हैं? यह समझने को तैयार हैं कि राज्यविहीनता की भयावहता का अनुभव क्या होता है? कि नागरिकता से वंचित हो जाने का तजुर्बा कैसा होता है?

नागरिकता और अपनापन

नागरिकता अक्सर राजनीतिक अधिकारों से जुड़ी होती है, लेकिन सबसे पहले और सबसे ऊपर वह अपनापे से जुड़ी हुई चीज़ है। एक नागरिक होने का अर्थ है राजनीतिक रूप से संगठित एक ख़ास समुदाय का सदस्य होना—मोटे तौर से जिसे राज्य कहते हैं। अपनापे का यही इकलौता आयाम नहीं है। आप एक गाँव, एक भाषा, एक धर्म, एक पेशे पर आधारित समुदाय के सदस्य भी हो सकते हैं। आधुनिक स्थितियों में हालाँकि बाक़ी आपसदारियों के मुक़ाबले राजनीतिक रूप से संगठित एक समुदाय का होना कहीं ज़्यादा अहम चीज़ है। बाक़ी पहचानों के मुक़ाबले हमारे नागरिक होने की पहचान ज़्यादा बुनियादी है। क्यों?

ऐसा इसलिए क्योंकि हमें जो कुछ भी चाहिए, हमारी जो भी इच्छाएँ हैं, जो भी लक्ष्य है, वह सब एक राज्य का नागरिक होने से जुड़े हैं। बेशक मनुष्य होने के नाते हमारे कुछ नैतिक अधिकार हैं लेकिन उनका कोई अर्थ या प्रभाव नहीं होगा जब तक कि राज्य द्वारा समर्थित एक क़ानूनी तंत्र के भीतर उनकी सामाजिक-राजनीतिक मान्यता न हो। हमारी ज़िन्दगी, हमारा परिवार, बुनियादी आज़ादियाँ, रोजगार, शिक्षा, आवाजाही और रोज़मर्रा की सुरक्षा, हर चीज़ राज्य के संरक्षण पर निर्भर होती है। अगर हम किसी राज्य के नागरिक नहीं हैं और उसका हमारे पास कोई सुबूत भी नहीं है (जैसे राशन कार्ड, ड्राइविंग लाइसेंस, आधार कार्ड या पासपोर्ट) तो हमारे पास कुछ भी नहीं है। नागरिकता से मिलनेवाले अप्रत्यक्ष अधिकार बिना किसी विधायी या न्यायिक समर्थन के अस्तित्व में ही नहीं हो सकते। प्रत्यक्ष नागरिक अधिकार तो बिलकुल भी नहीं, जिनके चलते हम अपने राजनीतिक समुदाय के गठन और पुनर्गठन में हिस्सा लेते हैं। संक्षेप में, किसी राज्य का सदस्य होकर ही

(जैसे भारत, बांग्लादेश, अमेरिका आदि) हम क़ायदे से जी सकते हैं, बल्कि तभी हम जी सकते हैं।

इससे यह समझ आता है कि कहीं का नागरिक न होना यानी राज्यविहीन होना मनुष्य के सबसे बुरे और अकल्पनीय दु:स्वप्न के अनुभव जैसा हो सकता है—जेल में आजीवन क़ैद से भी भयावह, राजनीतिक अलगाव में जीने या दलित अल्पसंख्यक के रूप में जीने से ज़्यादा भयावह। राज्यविहीनता के ख़तरे में पड़े लोगों के ज़ेहन में वोट देने या राजनीति के अधिकार की कल्पना बहुत दूर की कौड़ी होती है क्योंकि अव्वल तो इनके ऊपर कोई क़ानून ही नहीं लागू होता। इन्हें महज़ इस बिना पर हिरासत में लिया जा सकता है कि ये राज्यविहीन हैं। इन्हें इनके परिवारों से जुदा किया जा सकता है। इनका सामान यदि छिन गया तो ये कहीं रिपोर्ट नहीं कर सकते हैं। इनके पास अगर नौकरी नहीं है तो ऐसा कोई नहीं है जिससे ये गुहार लगा सकें। यदि वे भूखे हैं तो कोई भी जन वितरण प्रणाली इनकी मदद को नहीं आनेवाली। इन्हें बुनियादी स्वास्थ्य सेवाओं तक से वंचित किया जा सकता है, भले ही किसी बीमारी में इनकी जान जानेवाली हो। इनके सिर पर छत नहीं होती। ये बाहरी माने जाते हैं जिन्हें किसी भी क्षण प्रत्यर्पित किया जा सकता है, भले ही किसी को इसका अन्दाज़ा न हो कि इन्हें कहाँ भेजा जाना है। इनका समूचा सामाजिक और राजनीतिक वजूद ही अवैध हो जाता है। इस लिहाज़ से ये सामाजिक और राजनीतिक रूप से मृत, बस होते हैं। राज्यविहीन होना एक गहरी अस्तित्वगत असुरक्षा को जन्म देता है।

राज्यविहीनता मनुष्य से उसकी मनुष्यता छीन लेती है जिसे बाद में लौटाया नहीं जा सकता। आम तौर पर राज्यविहीन लोगों को ऐसा अपराधी और व्यभिचारी मान लिया जाता है, जिनके वजूद के केंद्र में केवल सेक्स होता है। इनके बीच अदृश्य रहने की प्रवृत्ति भी आम है—यानी इनकी कोई भी गतिविधि राज्य और जनता से छुपी रहनी चाहिए। राज्यविहीन लोग निरन्तर बहुरूपिये की ज़िन्दगी जीते हैं और अनाम रहकर बसर करते हैं। इस मायने में धरती के सबसे अभिशप्त जीव राज्यविहीन लोग ही हैं। इससे भी बुरा यह होता है कि राज्यविहीनता नरसंहार और हिंसा को पैदा करती है। जर्मनी में राज्य से बेदख़ल किए जाने के बाद जिस तरह यहूदियों का सफ़ाया किया गया, क्या उसे कोई भुला सकता है? उनसे उनकी राजनीतिक और सामाजिक पहचान छीनकर उन्हें मनुष्य से भी कमतर बना दिया गया। किसी को इनकी ज़रूरत नहीं थी। फिर इन्हें क़तार में खड़ा कर के मारने के लिए शिविरों में रवाना कर दिया गया।

राज्यविहीनता की यह उत्पीड़क स्थिति अक्सर तब पैदा होती है जब कुछ ख़ास जातीय समूहों पर घोषित रूप से किया गया हमला, राजनीतिक दंड या आर्थिक वंचना लोगों को उनकी धरती से बाहर खदेड़ देती है लेकिन जिस राज्य

में उन्हें शरण मिलती है अथवा अस्थायी रूप से रोज़गार मिलता है वह राज्य भी उन्हें नागरिक का दरजा नहीं देता। जातीय आधार पर नई सरहदें खिंचने पर भी राज्यविहीनता की स्थिति जन्म ले सकती है। मसलन, बांग्लादेश के गठन के चलते हज़ारों उर्दूभाषी बिहारी मुसलमान अपनी ही धरती पर राज्यविहीन हो गए थे। बांग्लादेश ने उनसे उनकी नागरिकता छीन ली और पाकिस्तान ने उन्हें स्वीकार करने से इनकार कर दिया। चूँकि वे किसी मान्य जातीय समूह का हिस्सा नहीं थे और सरहद के दोनों ओर रह रहे थे, लिहाज़ा वे राज्यविहीन हो गए। इसमें उनकी कोई ग़लती नहीं थी। यही हाल उन घुमंतू पशुपालक समूहों का हुआ है जिनके मानस में एक स्थायी घर या बन्दोबस्त की धारणा ही नहीं रही है। वे पहले उन्मुक्त होकर किसी क्षेत्र में विचरते थे लेकिन अब सीमाओं में क़ैद हो चुके हैं वे जिसे लांघ नहीं सकते। चूँकि वे समूचे इलाक़े को ही अपना मानते थे और किसी एक जगह के बाशिंदे नहीं थे तो नई सरहदों ने उनकी तमाम थातियों को छीन लिया, उन्हें राज्यविहीन बना डाला।

जाएँ तो जाएँ कहाँ

कल्पना कीजिए कि ईदी अमीन की बर्बर सत्ता में बहिष्कृत भारतीय मूल के युगांडावासियों का क्या हाल होता यदि ब्रिटिश पासपोर्ट होने के बावजूद यूके ने उन्हें अपने यहाँ प्रवेश नहीं दिया होता? यही हाल काफ़ी बदनाम किए जा चुके लेकिन वास्तव में बेबस रोहिंग्याओं का है। उनके पास न तो पासपोर्ट है और न ही कोई पहचान पत्र। उन्हें अपनी ही धरती पर नागरिकता से महरूम कर दिया गया है। वहाँ वे तमाम क़िस्म की वसूली, ज़मीन की ज़ब्ती, बेदख़ली, वैवाहिक बन्दिशों और सड़कों व सैन्य शिविरों में बंधुआ मज़दूरी को झेल रहे हैं। उनके पास जाने को कोई जगह नहीं बची है। इसलिए तमाम रोहिंग्या राज्यविहीनता के दु:स्वप्न को जी रहे हैं।

राज्यविहीनता कोई कुदरती आपदा नहीं, आदमी का पैदा किया हुआ संकट है। यह सरहदों की सनक में पगलाए नवगठित राष्ट्र-राज्यों की पैदाइश है। बेशक यह एक अन्तरराष्ट्रीय मानवीय त्रासदी है, पर क्या निकटवर्ती देशों (जैसे म्यांमा, बांग्लादेश और भारत) की उन समूहों के प्रति कोई ज़िम्मेदारी नहीं बनती जो सीमाहीन परिक्षेत्र के भीतर सभी के साथ मिल-जुलकर हाल तक रहते आए थे? क्या नई सीमाएँ सदियों पुरानी रिहाइशों और आवाजाहियों को पूरी तरह मिटा देंगी?

58

सबसे प्राचीन रूढ़िवादी विचारधारा अभी ज़िन्दा है

डेकन हेराल्ड में 2019 की शुरुआत में एक चौंकानेवाली रिपोर्ट प्रकाशित हुई थी। उसमें बताया गया था कि 2017 में दलितों के ख़िलाफ़ बेंगलुरु के शहरी ज़िलों में 201 और ग्रामीण ज़िलों में 106 आपराधिक उत्पीड़न की घटनाएँ हुई थीं। इसी तरह, केरल में जून 2016 से अप्रैल 2017 के बीच ऐसी 883 घटनाएँ हुई थीं। कुछ और रिपोर्टों में सामने आया था कि 2007 से 2017 के बीच के दशक में दलितों के ख़िलाफ़ जुर्म में 66 फ़ीसदी का इज़ाफ़ा हुआ है। इन आँकड़ों में छुपी भयावहता जीवंत हो उठती है जब हम घटनाओं के विवरण में जाते हैं।

कर्नाटक में 12 अप्रैल 2019 को 200 लोगों की भीड़ ने दलितों के एक छोटे से समूह पर इसलिए हमला कर दिया था क्योंकि वे भद्रा नदी में नहा रहे थे।[7] इनकी पिटाई करते हुए भीड़ बार-बार चिल्ला रही थी कि यह नदी ऊँची जाति के लोगों की है। ज़ाहिर है, संविधान का अनुच्छेद 15 महज़ काग़ज़ी शेर बनकर रह गया है।

किसी ख़ास जाति का होने के चलते मासूम लोगों के ऊपर ऐसी भयानक सामाजिक हिंसा के पीछे कौन-सी मानसिकता काम करती है? चूँकि ज़्यादातर उत्पीड़न के मामले ज़मीन, मज़दूरी और अधिकारों से जुड़े होते हैं तो सामान्यत: यह मान लिया जाता है कि ऐसी हिंसा के पीछे ग़रीबी और कमज़ोरी काम करती है। ऐसी व्याख्याएँ गहरे जाकर घटनाओं की समझ नहीं बना पाती हैं क्योंकि वे ऐसे उत्पीड़न के पीछे काम कर रही मूल विचारधारा की उपेक्षा कर देती हैं, जिसे कुछ खित्तों में ब्राह्मणवाद कहते हैं। यह एक भयंकर रूढ़िवादी और जातिवादी विचारधारा है। यह डॉ. बी.आर. आंबेडकर का निष्कर्ष था। उन्होंने कहा था कि ब्राह्मणवाद के ख़िलाफ़ एक मज़बूत आन्दोलन के बग़ैर दलितों का सशक्त होना मुमकिन नहीं है। पूछा जाना चाहिए कि आख़िर विरोध किस बात का करना है? यानी, ब्राह्मणवाद के मूल तत्त्व क्या हैं?

ब्राह्मणवाद, ब्राह्मण-विरोधी नहीं

अव्वल तो यह जान लेना चाहिए कि ब्राह्मणवाद का विरोध ब्राह्मणों का विरोध

7. सुमेधा पाल, 'Two Days Before 128th Ambedkar Jayanti, Dalits Attacked for Swimming in Bhadra River', *फार्वर्ड प्रेस,* 18 अप्रैल 2019, https://www.forwardspress.in/2019/o4/two-days-before-128th-ambedkar-jayanti-dalits-attacked-for-swimming-in-bhadra-river/

नहीं होता। ऐसा करने पर तो फिर यह निहितार्थ निकलेगा कि सारे ब्राह्मण इन उत्पीड़नकारी घटनाओं के ज़िम्मेदार हैं। यह तो वैसा ही झूठा आरोप हुआ, जैसे यह कि अलाउद्दीन खिलजी के राज में की गई किसी बुराई का दोष मुसलमानों के सिर मढ़ दिया जाए या फिर जलियाँवाला बाग नरसंहार का दोषी सारे अंग्रेज़ों को मान लिया जाए या किसी मुसलमान की भीड़ द्वारा हत्या का आरोप सभी हिन्दुओं के ऊपर लगा दिया जाए। इस सामूहिक ज़िम्मेदारी की मोटी समझ का शिकार हमें नहीं बनना चाहिए। जाति से बने एक समाज के भीतर कोई व्यक्ति बेशक ब्राह्मण हो सकता है लेकिन ज़रूरी नहीं कि वह ब्राह्मणवाद के मूल तत्त्वों को मानता हो। हो सकता है कि उसने उससे एक नैतिक दूरी बना ली हो। *मनुस्मृति* को पहली बार जलाने का संकल्प जिन लोगों ने लिया था उनमें आंबेडकर के साथ एक चितपावन ब्राह्मण जी.एस. सहस्त्रबुद्धे भी थे।

आंबेडकर ने दो क़दम आगे जाकर इस बात को समझाया था। 1938 में जीआइपी रेलवे के वंचित जाति कामगार सम्मेलन में भाषण देते हुए उन्होंने दावा किया था कि 'मैं जब ब्राह्मणवाद को दुश्मन कहता हूँ तो मेरा आशय एक समुदाय के बतौर ब्राह्मणों की सत्ता, विशेषाधिकार और हितों से नहीं होता।' सुनने में यह बात अजीब लगती है। ब्राह्मणों की सत्ता, विशेषाधिकार और हितों की रक्षा के अलावा ब्राह्मणवाद और क्या है?

वास्तव में, यह बयान उतना पेचीदा नहीं है। अपने इतिहास से ही एक उदाहरण लेते हैं। ईसा पूर्व 1500 में ऋग्वैदिक समाज के भीतर कर्मकांड के विशेषज्ञ हुआ करते थे। वे अपने कर्मकांडीय ज्ञान को एक से दूसरी पीढ़ी तक प्रसारित करते थे। शासकों या सामान्य लोगों को वह ज्ञान नहीं आता था। इसी ज्ञान की बदौलत इन ब्राह्मणों को कुछ ख़ास अधिकार मिले हुए थे। चूँकि ये ब्राह्मण दूसरे समुदायों की धार्मिक ज़रूरतों को पूरा करते थे तो इन्हें अलग से सम्मान भी मिलता था। यह सम्मान सबको हासिल नहीं था। इसने असमानता पैदा की, लेकिन यह ऊँच-नीच स्थायी और ठस नहीं थी। इसे पलटा जा सकता था। समाज की ज़रूरतों के चलते पैदा हुई ब्राह्मणों की श्रेष्ठता समाज के मूल ढाँचे में अन्तर्निहित नहीं थी, लिहाज़ा दूसरों के लिए यह अनिवार्यत: अपमानजनक भी नहीं थी। इस बलि-केन्द्रित वैदिक ब्राह्मणवाद का उस ब्राह्मणवाद के साथ घालमेल नहीं करना चाहिए, जिसे मिटाने की इच्छा आंबेडकर रखते थे। वैदिक कर्मकांडी ब्राह्मणों के विशेषाधिकार को ब्राह्मणवाद से जोड़कर नहीं देखना चाहिए।

एक गहरी रूढ़िवादी विचारधारा

फिर, आंबेडकर का ब्राह्मणवाद क्या है? यह धर्मशास्त्रों में संहिताबद्ध एक

सामाजिक-राजनीतिक विचारधारा है जो आदर्श अतीत की स्मृतियों और भविष्य के समाज की दृष्टि को सँजोती है, जहाँ ब्राह्मण सबसे ऊपर विराजित होता है—न सिर्फ़ उच्चतर आध्यात्मिकता के संरक्षक के रूप में बल्कि दुनिया के तक़रीबन हर व्यावहारिक मसले पर ज्ञान देनेवाले इकलौते स्रोत के रूप में भी। इस विचार में माना जाता है कि ब्राह्मण के पास एक बहुव्यवस्थित समाज का श्रेष्ठ ज्ञान है और उसे यह पता है कि एक अच्छे राज्य को कैसे चलाया जाना चाहिए। इतना ही नहीं, समाज में उसकी यह सर्वोच्च अवस्था और सर्वोच्च ज्ञान उसकी जन्मना स्थिति के कारण होता है। यह उन्हें बाक़ी मनुष्यों के मुक़ाबले स्वाभाविक रूप से श्रेष्ठ बना देता है। इतना श्रेष्ठ कि वे आपस में मिलकर एक जाति बन जाते हैं। इस तथ्य को कोई भी चीज़ बदल नहीं सकती। न ही कोई चाहकर ब्राह्मण बन सकता है। ब्राह्मण तो पैदा होता है।

इसीलिए यह स्थापना की गई है कि इस जीवन में किसी का कैसा भी कर्म उसकी स्थिति को नहीं बदल सकता। वह अगले जन्म में ही उसकी स्थिति को तय करेगा। यह बात सब पर लागू होती है, केवल ब्राह्मण पर नहीं। हर जाति का दरजा उसके जन्म से तय हो जाता है। जैसे, कोई अतिशूद्र पैदा होता है, इसलिए उसे सबसे निचली श्रेणी में जीना होता है। उसका कोई भी कृत्य इस चीज़ को बदल नहीं सकता। यह सामाजिक-राजनीतिक विचारधारा ऊँच-नीच को अनिवार्य, ठोस और अपरिवर्तनीय मानती है।

इस सामाजिक ऊँच-नीच वाली व्यवस्था को ही प्राकृतिक मान लिया गया है, जहाँ कोई भी दूसरे के साथ अपनी स्थिति की अदला-बदली नहीं कर सकता, वर्णक्रम में ऊपर या नीचे नहीं आ-जा सकता। ऐसा करने की कोई भी कोशिश अनैतिक मानी जाएगी। इस नज़रिये के हिसाब से दलितों को 'अपनी जगह' पर ही रहना चाहिए। यदि वे ऊपर आने की कोशिश करें तो उन्हें वापस उनकी जगह पर पटक देना चाहिए।

ब्राह्मणवाद, या कहें धर्मशास्त्रीय ब्राह्मणवाद इसीलिए रूढ़िवाद का सबसे आदर्श रूप है। यह एक ऐसी यथास्थितिवादी विचारधारा है जो अपनी सामाजिक हैसियत, सत्ता और विशेषाधिकार क़ायम रखने की आकांक्षा करनेवाले कुलीनों के लिए सर्वोपयुक्त है। इसके पूरे भारत और इसके पार फैलने और आज तक क़ायम रहने की वजह भी इसी लक्षण में निहित है—आपका धार्मिक-दार्शनिक दृष्टिकोण चाहे कुछ भी हो, यदि आप विशेषाधिकार-प्राप्त कुलीन हैं तो आप इस विचारधारा का लोभ सँवरण नहीं कर पाएँगे। मसलन, बौद्धों और जैनियों में भी ब्राह्मणवादी हो सकते हैं। इस्लाम या ईसाइयत में धर्म-परिवर्तन करानेवाले भी इस विचारधारा को माननेवाले हो सकते हैं। वास्तव में कई मुसलमान और ईसाई तो व्यवहार में ब्राह्मण और ठाकुर ही होते हैं जो मुसलमान और ईसाई दलितों को नीची निगाह से देखते हैं।

धर्मशास्त्रीय ब्राह्मणवाद दरअसल मौजूदा सत्ता, विशेषाधिकार और ऊँचे रसूख को कुदरती क़रार देता है। राजा इस विचार से बहुत ख़ुश रहते हैं। रईस बनिये और ज़मींदारों को यही विचारधारा भाती है। इससे उन्हें अतिशूद्रों के ऊपर अधिकार मिल जाता है। यहाँ तक कि थोड़ा ऊँचे स्तर पर मौजूद शूद्र भी इसके आगे घुटने टेक देते हैं। संक्षेप में कहें तो हर ऊपरी स्तर पर बैठा आदमी इस विचार को आकर्षक पाता है क्योंकि उससे नीचे वाले स्तर पर बैठे आदमी को अपनी सामाजिक-राजनीतिक हैसियत के मुताबिक़ काम करने होते हैं और वह उससे ज़्यादा की माँग नहीं कर सकता। जाति, लिंग और पंथ से इतर जो भी इस ऊँच-नीच वाली व्यवस्था से सहमत है, इसे सही ठहराता है और गले लगाता है वह 'ब्राह्मणवादी' है।

चूँकि यह विचारधारा अपने मूल में किसी भी क़िस्म की सामाजिक आवाजाही के ख़िलाफ़ है तो यह निजी स्वतंत्रता को बाधित करती है। चूँकि यह पूरी तरह ऊँच-नीच पर आधारित है तो यह पूरी तरह समता-विरोधी है। चूँकि एक मनुष्यों के एक समूह को दूसरे से बाँटती है तो यह बंधुत्व-विरोधी भी है। आश्चर्य नहीं कि आंबेडकर ने ब्राह्मणवाद को इसीलिए स्वतंत्रता, समता और बंधुत्व का नकार बताया था। यही वजह है कि धर्मशास्त्रीय ब्राह्मणवाद और संविधान एक दूसरे से ठीक उलट हैं।

59

नस्लवाद का विश्लेषण

एक बार फिर से नस्लवाद खुले आम सिर उठा रहा है। एक गोरे पुलिसवाले के घुटनों तले दबी एक काले आदमी की गरदन, उसका दर्द से बिलबिलाना, साँस लेने को छटपटाना और मिनटों बाद उसका मर जाना—यह दृश्य ऐसा था जो बग़ावत को मज़बूर कर दे। जाने कितनी बार इसी तरह अमेरिका में पुलिस बर्बरता के हाथों काले लोग मारे जा चुके हैं। ग़ुलामी के ख़िलाफ़ हुए गृहयुद्ध और आत्मसम्मान व बराबरी के हक़ में खड़े हुए नागरिक अधिकार आन्दोलन के बावजूद आज भी वहाँ काले लोगों के ख़िलाफ़ भेदभाव और हिंसा जारी है। नस्लवाद थमा नहीं है।

यहाँ मेरा उद्देश्य बस यह बतलाना है कि नस्लवाद क्या है। संक्षेप में, और थोड़ा सरलीकरण के साथ, इसे ऐसे समझें: किसी व्यक्ति की चमड़ी के रंग के आधार पर उसके समूह के वर्तमान, अतीत और भविष्य के बारे में सब कुछ बतलाना।

ध्यान रहे कि किसी के शारीरिक लक्षणों को देखना, चाहे चमड़ी का रंग ही क्यों न हो, अपने आप में नस्लवाद नहीं है। अच्छे लेखकों से उम्मीद की जाती है कि वे अपने किरदारों के सभी लक्षणों का सूक्ष्म विवरण पाठक को दें। इससे नस्ल का या नस्लवाद का कोई लेना-देना नहीं होता। मसलन, भारतीय महाकाव्यों में कृष्ण को श्याम वर्ण का बताया गया है, लेकिन इस विवरण का अपने आप में कोई अर्थ नहीं है जिससे कोई निष्कर्ष निकाला जा सके। किसी व्यक्ति के रंग के बारे में सचेत होना, चाहे वह आप ख़ुद हों या कोई दूसरा, एक मासूम-सी बात हो सकती है।

जब आप विभिन्न शारीरिक लक्षणों (जैसे चमड़ी का रंग, नाक का आकार, आँखें, होंठ) को एक साथ रखकर उस मनुष्य को एक विशिष्ट जैविक समूह का हिस्सा बताते हैं और साथ ही यह भी मानते हैं कि ये लक्षण पीढ़ी-दर-पीढ़ी प्रसारित होते हैं, तब आपके दिमाग़ में नस्ल की एक अवधारणा जन्म लेती है। ऐसे में आप एक मानव समूह को ख़ास जैविक स्रोत से उपजा मानने लगते हैं। फिर आप हर एक मनुष्य को किसी न किसी जैविक समूह से जोड़ देते हैं और मानने लगते हैं कि जन्मना उसके तमाम लक्षण उसके जैविक पुरखों से प्राप्त हैं। अब आप हर जैविक समूह यानी नस्ल को एक-दूसरे से भिन्न मानने लग जाते हैं और आपकी निगाह में ये अन्तर सहज और अमिट होते हैं, चूँकि कोई भी व्यक्ति पुरखों से विरासत में प्राप्त लक्षणों से न तो मुक्त हो सकता है और न ही ऐसे लक्षणों से युक्त हो सकता है जो उसे मिले नहीं हैं।

यही नस्ली विचार है, जो ज़बरदस्त ढंग से समस्याग्रस्त है। तीस के दशक में ख़ासकर बहुत कोशिशें की गई थीं नस्ल के वैज्ञानिक आधार को पुष्ट करने की, लेकिन नस्ल या नस्ली भेद का कोई वैज्ञानिक आधार नहीं खोजा जा सका। मौजूदा साक्ष्यों से बस इतना ही निष्कर्ष निकाला जा सकता है कि समूची मानवता का केवल एक अतीत है, मनुष्य अपने आप में एक नस्ल है और इसके भीतर नस्लें नहीं हैं। यानी नस्ल एक कपोल-कल्पना है, इसके बावजूद तमाम लोग नस्ल को मानते हैं। नस्ल आज भी एक सांस्कृतिक और सामाजिक यथार्थ है।

मनुष्यों को नस्लों में बाँट कर देखना नस्लवादी होने की अनिवार्य शर्त है, लेकिन इतना ही पर्याप्त नहीं है। नस्लवाद दो और कारकों पर निर्भर करता है। पहला, एक ख़ास जैविक लक्षण समूह के आधार पर यह मानना कि उसका सम्बन्ध चरित्र और व्यवहार के कुछ ख़ास तत्त्वों से होगा, यानी जैविक वंश से आदमी की संस्कृति और नैतिकता का पता लगाना। मसलन, किसी का चेहरा-मोहरा देख कर यह बता देना कि वह शख़्स कितना दिमाग़दार या सभ्य होगा, उसकी यौन प्रवृत्तियाँ क्या होंगी और पैसा बनाने में वह कितना चतुर होगा। दूसरे, यह मानना कि नस्ली संस्कृतियाँ और उसके आधार पर बने नैतिक तंत्र एक पदानुक्रम में हैं। यानी जो ऊपर है, वह नीचे वालों से श्रेष्ठ है।

इन्हें मिलाकर देखें तो हम पाते हैं कि नस्लवाद बाक़ायदा एक विचारधारा है, कुछ ख़ास क़िस्म की मान्यताओं और व्यवहारों का समुच्चय है जो जैविकता की पूर्वस्थापनाओं पर मनुष्यता को 'हम' और 'वे' के दो खाँचों में बाँटता है, जहाँ 'हम' ऊँचे हैं और 'वे' नीचे। यह न केवल मानव-समूहों को ऊँच-नीच के आधार पर बाँटता है बल्कि नीचे वालों को कलंकित भी करता है। ऊँच-नीच का बोध ही उस प्रेरणा को पैदा करता है जिससे संचालित होकर गोरे लोग काले लोगों के ऊपर ऐसे अत्याचार करते हैं जो यदि ख़ुद उनके समूह के सदस्यों के ऊपर हो तो उसे वे क्रूर और अन्यायपूर्ण करार देंगे। ऐसे में ऊँचे लोग यह मानते हैं कि निचले पायदान पर बैठे लोगों के साथ संपर्क उन्हें दूषित करता है, गंदा करता है। इसलिए उनसे जितना बचा जाए उतना बेहतर है। अन्तर-समूह विवाह से होनेवाले दूषण से बचने के लिए अमेरिका के दक्षिणी प्रान्तों में कुछ बेहद कठोर क़ानून हुआ करते थे जिनमें काले लोगों की हत्या को भी जायज़ ठहराया गया था। वर्णक्रम को क़ायम रखने का आख़िर और क्या तरीक़ा हो सकता था? इससे एक और अहम बात समझ आती है। सैद्धान्तिक रूप से वर्ण-सचेत होना अपने आप में भले दिक़्क़ततलब न हो, लेकिन व्यवहार में इसकी चेतना हमेशा ही नस्लवाद का लक्षण होती है जो कहीं गहरे में भीतर छुपी होती है और पता नहीं चलती।

नस्लवाद निचली नस्लों को भी दो श्रेणियों में बाँटता है। एक नस्ल को इतना ज़्यादा अछूत माना जाता है कि उसके जीना सम्भव नहीं है, उसे ख़त्म करना ही रास्ता होता है। इसे हम नाजी जर्मनी में यहूदी-विरोधी नरसंहारों में देख सकते हैं जिसने होलोकॉस्ट को पैदा किया। दूसरे क़िस्म की नस्ल ऐसी होती है जिसे नियंत्रित किया जाना है, ग़ुलाम बनाए रखना है। यहाँ काले लोगों का उदाहरण सटीक होगा। अपने देश में पहली सदी के धर्मशास्त्र के बाद आई कुछ वर्ण-सम्बन्धी विचारधाराएँ प्रतिलोम वर्णों को कलंकित करती थीं, जिनमें ख़ासकर चांडाल हुआ करते थे। ये विचारधाराएँ व्यवहार में नस्लवादी रही हैं। यही हाल आजकल यहूदी-विरोधी ईसाइयत में हल्के-फुल्के या फिर इस्लामोफ़ोबिया में देखने को मिलता है।

नस्लवाद मनुष्य की मान्यताओं, चरित्र और संस्कृति को प्राकृतिक क़रार देता है। मसलन, अशिक्षित होना इस विचार के हिसाब से सामाजिक-आर्थिक वंचना का सवाल नहीं है बल्कि कमज़ोर दिमाग़ का मामला है, जो उसके ख़ून में ही है। इसी तरह, यह विचार काले लोगों को पशुवत मानता है जो गोरी औरतों का शिकार करते हैं। उनके भीतर जंगलीपन होता है। उन्हें अगर बाँध के, मार-पीट के न रखा जाए तो वे सभ्यता को ही नष्ट कर देंगे। जॉर्ज फ्लायड की गरदन पर गोरे पुलिसवाले के घुटनेवाले नौ मिनट के उस वीडियो में काले लोगों के ख़िलाफ़ इसी नस्लवादी विचारधारा का नग्न मुज़ाहिरा हुआ था।

कुछ अमेरिकी ऐसी हिंसक घटनाओं के होने पर अचानक सदमे में आ जाते

हैं। उन्हें तब जाकर पता चलता है कि नस्लवाद अब भी मौजूद है। फिर वे सवाल करते हैं कि क्या नागरिक अधिकार आन्दोलन ने नस्लवाद को सफलतापूर्वक ख़त्म नहीं कर दिया था? क्या अब नस्ल के नाम पर किसी भी हिंसक घटना को जायज़ ठहराना मुश्किल नहीं है? क्या यह मानना ठीक नहीं कि अच्छे क़ानूनों, शिक्षा और तर्क के सहारे अमेरिका से नस्लवाद ख़त्म हो जाएगा? अफ़सोस की बात है कि नागरिक अधिकार आन्दोलन की सफलता ने ही दरअसल लोगों को इस ओर से आँख बन्द करने को प्रेरित किया था कि खुले में नहीं, लेकिन छुपे में अब भी काले लोगों से भेदभाव का तंत्र क़ायम है। जीवन-स्तर की गुणवत्ता को सुधारने पर लगी व्यवस्थागत बन्दिशें काले लोगों को छिटपुट ज़रायम में धकेल देती हैं। इसके बाद होनेवाली क़ैद, उससे जुड़ी बदनामी, अलगाव व भेदभाव और अन्ततः अपराधी ठहराये जाने की प्रक्रिया वही काम करती है जो नस्लवाद खुले में करता था। जैसा कि विद्वान जेन हिल ने दिखाया है, इन सब ने मिलकर यहाँ के आपराधिक क़ानूनी तंत्र को वर्णाधारित ग़ुलामी और नस्ली भेदभाव के समानांतर एक व्यवस्था के रूप में खड़ा कर दिया है। दोनों के नतीजे समान हैं। उदाहरण के लिए, अमेरिका के कई दक्षिणी प्रांतों में एक बार यदि किसी को अपराधी ठहरा दिया जाता है तो उससे वोट देने का अधिकार छिन जाता है। यानी एक बार क़ानून ने किसी काले आदमी को अपराधी क़रार दिया तो गोरे लोगों को उसके ख़िलाफ़ कुछ भी करने की छूट अपने आप मिल जाती है, वे तमाम कृत्य जो उन्होंने त्याग दिए थे। आज अमेरिका में क़ैद किए जाने की दर दुनिया में सबसे ज़्यादा है। यह चीन और ईरान जैसी दमनकारी सरकारों के मुक़ाबले भी ज़्यादा है। इसमें काले लोगों के आँकड़े चौंकानेवाले हैं। गोरों के मुक़ाबले उन्हें दस गुना ज़्यादा क़ैद की आशंका रहती है। अठारह साल के ऊपर के काले लोगों में हर बीस में से एक व्यक्ति जेल में है। गोरों की हत्या के दोषी काले लोगों को कालों की हत्या के दोषी गोरों के मुक़ाबले पन्द्रह गुना ज़्यादा मृत्युदंड मिलता है (सन्दर्भ के लिए नेटफ्लिक्स पर देखें फ़िल्म '13th')।

स्पष्ट है कि कुछ अमेरिकियों का सदिच्छावान नस्लवाद-विरोध—जो नस्लवाद को आदमी की ग़लत मान्यताओं के रूप में देखते हैं और मानते हैं कि शिक्षा और तर्क के सहारे उसे दूर किया जा सकता है—काम नहीं कर रहा है। यह सच है कि अच्छी शिक्षा नस्लवाद से लड़ने में एक भूमिका निभाती है, लेकिन हक़ीक़त यह भी है कि नस्लवाद की जड़ें सामाजिक ढाँचे के भीतर छुपी हुई हैं—लोगों के आचार-व्यवहार, आदतों और संस्थाओं में। सदियों तक काले लोगों के ख़िलाफ़ चले नस्लवाद ने अफ्रो-अमेरिकी लोगों के भीतर जो असुरक्षाएँ पैदा की हैं, उसके चलते उन्हें अच्छा जीवन बिताने में तमाम अवरोधों का सामना करना पड़ता है। जैसा कि ऊपर बताया है, मौजूदा क़ानूनी तंत्र जो गोरों के प्रति पक्षपाती है और काले लोगों को अन्यायपूर्ण तरीक़े से वंचित करता है, नस्लवाद रूपी अदृश्य शैतान

का ही रूप है। इस संस्थागत नस्लवाद को ख़त्म करने के लिए एक शान्तिपूर्ण आन्दोलन की दरकार है, जिसमें काले और गोरे दोनों भागीदार हों, जैसा फ्लायड की हत्या के बाद हुए प्रदर्शनों में दिखा था। अन्तिम सवाल यह है कि क्या ऐसा आन्दोलन टिक पाएगा? क्या उसे चलने भी दिया जाएगा?

60

मान-मर्दन की अनैतिकता

हर कोई कभी न कभी अपमानित महसूस करता है। वास्तव में, अपने आत्मबोध के साथ दूसरे से संवाद हमेशा अपमान की एक आशंका लिए होता है। ऐसा कौन है जिसने अपनी ज़िन्दगी में कभी गाली-गलौज, हिकारत की नज़र, या मानहानिपूर्ण मुद्रा को अनुभव नहीं किया होगा? कोई है जिसका आत्मसम्मान कभी छला न गया हो? दैनिक ज़िन्दगी में चौतरफ़ा ऐसे अपमान बिखरे पड़े हैं, फिर इसको लेकर इतना चिन्तित क्यों होना? जिस तरह शारीरिक जख्म जीवन का दुर्भाग्यपूर्ण अध्याय होते हैं, और वास्तव में साहस जैसे गुणों के पोषण के लिए ज़रूरी भी होते हैं, ठीक वैसे ही क्या हम मानसिक आघात को नहीं देख सकते? चुपचाप बरदाश्त नहीं कर सकते? क्या वाक़ई मान-मर्दन के साथ ऐसा कुछ है जो इसे नाक़ाबिले-बरदाश्त बनाता है?

बेशक है। कम से कम कुछ ख़ास क़िस्म के अपमान तो इतने बुरे होते हैं कि एक सभ्य समाज में उनकी कोई जगह नहीं होनी चाहिए। इसे समझने के लिए कुछ उदाहरण लेते हैं।

दलितों और कालों के साथ दुर्व्यवहार

विद्वान अध्येता गोपाल गुरु ने अठारहवीं सदी के महाराष्ट्र में अपमान की भयावह तस्वीर का वर्णन किया है। वहाँ दलितों को महारों (नज़रबन्दी वाले शिविर) में क़ैद रखा जाता था और गाँव के मुख्य मार्ग पर तभी चलने दिया जाता था जब ऊँची जातियों को उनकी सेवा की ज़रूरत पड़ती थी। इस छोटे वक़्फ़े में जब उन्हें बाहर निकलने की अनुमति मिलती, उन्हें अपने पैरों के 'गंदे' निशान झाड़ू से बुहार कर साफ़ करने होते थे। झाड़ू उनकी कमर से बँधे होते थे। इससे भी बुरा यह था कि उन्हें केवल दोपहर में ही बाहर निकलने दिया जाता था जब उनकी परछाईं

सबसे छोटी होती थी ताकि वह ऊँची जाति के लोगों के ऊपर न पड़ने पाए वरना वे 'दूषित' हो जाएँगे। गुरु लिखते हैं कि इन अस्पृश्यों को 'ख़ूबसूरत सुबहें और शीतल शामें' मयस्सर नहीं थीं।

अमेरिका में अफ़्रीकी-अमेरिकी लोगों के अनुभव भी इससे कुछ अलग नहीं हैं। सड़क पर जब भी कोई गोरा किसी काले के बगल से गुज़रता, काले आदमी को एक किनारे हो जाना पड़ता था। इससे ज़्यादा अपमानजनक और क्या हो सकता है कि सिर्फ़ काले रंग का होने के चलते आपको गोरों के मुक़ाबले आधा मील ज़्यादा चलना पड़े पेशाब करने के लिए? या फिर रेस्त्रां के पीछे वाली खिड़की से खाना लेना पड़े और कूड़े से भरी गली में बैठ कर खाना पड़े?

कभी-कभार का अपमान, असम्मान आत्मसम्मान को चोट तो पहुँचाता है लेकिन बरदाश्त किया जा सकता है, बल्कि कई बार वह उत्पादक भी होता है। ऐसे मामलों में आदमी अपने आत्मसम्मान को वापस पा सकता है। असल अपमान तब होता है जब शर्मिन्दगी से आप अपनी ही नज़र में गिर जाएँ, आपका मोल न रह जाए। यही असल मान-मर्दन है, जो बहुत गहरा होता है। ऐसे में पीड़ित व्यक्ति अपनी ख़ुदी को भूल जाता है। न उसके मन में कोई ख़याल होते हैं, न कोई दृष्टिकोण, न ही कोई अहसास या आत्मबोध। उसे उसकी मानवता से च्युत कर दिया जाता है, जैसे इनसानी प्रजाति के दायरे से बाहर धकेल दिया गया हो। वास्तव में, इनसान की तरह न बरता जाना भी इतना अपमानजनक नहीं है। ऐसे में कोई शेर के बारे में सोच सकता है, उससे डर सकता है, उसे सराह सकता है और फूलों के सौंदर्य के बारे में सोच सकता है। सबसे बुरा होता है जब आदमी को मनुष्यों के बीच गर्हित मान लिया जाता है। गहन अपमान का अर्थ है लोगों को अपने से नीचा मनुष्य मानना और बरतना।

इसीलिए, मान-मर्दन एक ऐसा ख़ास क़िस्म का दुर्व्यवहार है जो न्याय, स्वतंत्रता और बंधुत्व के छीन लिए जाने से कहीं ज़्यादा गहरा होता है। असमानता, अस्वतंत्रता और सामाजिक अलगाव की ऐसी क़िस्में भी मौजूद हैं जिनमें आदमी को शर्मिन्दा नहीं होना पड़ता। ज़रूरी नहीं कि आज़ादी पर लगाई गई बन्दिशें आपकी प्रतिष्ठा को छीनती ही हों—मसलन जब हत्या के दोषी किसी व्यक्ति को क़ैद कर लिया जाए लेकिन उसके साथ इनसानी व्यवहार किया जाए या फिर कारखाना मालिक के औपचारिक शोषण के शिकार मज़दूरों को बुनियादी सम्मान और कल्याणकारी अधिकार मिलते रहें। इसके बरअक्स कुछ ऐसे अन्याय होते हैं, ऐसी ग़ुलामियाँ होती हैं, जहाँ अमानवीय और अपमानजनक बरताव किया जाता है। इस तरह की बातें, मुद्राएँ और कृत्य जान-बूझ कर यह सन्देश देने के लिए किए जाते हैं कि सामनेवाला ग़ैर-बराबर है, स्वतंत्र नहीं है और उसके होने का कोई ख़ास मतलब नहीं है, उसका जीवन निरर्थक है जो इनसानी दायरे में कहीं नहीं आता।

संरचनागत अपमान

अतीत में दलितों और काले अमेरिकियों को जिस अपमान से गुज़रना पड़ा और आज भी बहुतों के साथ जो हो रहा है, वह आत्मसम्मान और प्रतिष्ठा का व्यवस्थागत नकार है। यह निरन्तर वंचना और दुर्व्यवहार की एक विकृत परिपाटी है। उन्हें जिस क़िस्म की शर्मिन्दगी उठानी पड़ती है वह कभी-कभार वाली नहीं, नियमित है। उसकी पैदाइश सामाजिक ढाँचे से होती है। वह संरचनागत है। इसीलिए इस अपमान को इतना स्वाभाविक बना दिया गया है कि न तो उत्पीड़क और न ही पीड़ित को इस बात का अहसास हो पाता है कि कुछ भयंकर रूप से ग़लत हो रहा है। ऐसी क्रूरता इतनी नियमित और निरन्तर होती है कि लोग इसका अहसास ही नहीं कर पाते हैं।

ऐसा ही कमोबेश एक और उदाहरण ज़्यादातर रूढ़िवादी हिन्दुओं और यहूदियों में और सामान्यत: सभी समुदायों में व्याप्त यह मान्यता है कि रजस्वला औरतें 'दूषित' होती हैं। जीवन में लम्बी अवधि तक हर महीने होनेवाली इस घटना के चलते औरतों को बार-बार सामुदायिक जीवन में अलगाव से गुज़रना पड़ता है। इस क़िस्म के दुर्व्यवहार को भी अपमान की उसी श्रेणी में रखा जाना चाहिए। यही वह मूल वजह है जिसके चलते रजस्वला औरतों के सबरीमाला मन्दिर में प्रवेश को ग़लत बताया गया था। इस कृत्य के पीछे किसी धर्म या परम्परा का कैसा भी हवाला दिया जाए, उससे कोई फ़र्क़ नहीं पड़ता।

सुविचारित अपमान

गहन अपमान और शर्मिन्दगी के इतने ही रूप नहीं हैं। कुछ और उदाहरण लेते हैं। एक व्यक्ति ने सड़क पर जान-बूझ कर कोई चीज़ फेंक दी और अब दूसरे से कह रहा है कि उठा कर उसे दे; या फिर एक ईमानदार पुलिस अफ़सर के पिता को सबके सामने वफ़ादार कुत्ते जैसा बरताव करने को कहा जाए; ऐसे मामले जान-बूझ कर किए गए अपमान की श्रेणी में आते हैं। दार्शनिक आविशाइ मार्गलिट लिखते हैं कि कैसे यहूदियों को यातना-शिविरों में अनावश्यक कामों में केवल इसलिए झोंक दिया जाता था ताकि मालिकान उनके ऊपर अपनी मनमर्ज़ी चला सकें। इस काम से न तो नाज़ियों को कोई लाभ होना था न ही यहूदियों को, इसकी कोई सामाजिक भूमिका नहीं थी, इसके बावजूद यह यातना और दंड का ऐसा कठोर रूप था जो किसी को सिर्फ़ इसलिए दिया जाता था क्योंकि वह यहूदी पैदा हुआ था। लेकिन बीसवीं सदी के आरम्भ में यह जर्मन सामाजिक ढाँचे का अंग नहीं था इसलिए इसे संरचनागत अपमान नहीं कह सकते।

ऐसे कृत्य केवल इसलिए किए जाते हैं ताकि करनेवाले की मर्ज़ी को थोपा सके।

उसमें पीड़ित की कोई इच्छा नहीं होती। वह समर्पित होता है। याद करें निस्सहाय तबरेज़ अंसारी का चेहरा, जिसे केवल मुसलमान होने के कारण भीड़ ने पीटकर मार डाला था। या फिर निर्भया का बलात्कार कांड याद करें—इस क़िस्म के तमाम बर्बर कृत्य इतने निरर्थक और फालतू जान पड़ते हैं कि उनसे यौन-प्रयोजन भी सधते नहीं दिखते। अन्ततः ऐसे अपराध न केवल पीड़ित को अपमानित करते हैं बल्कि सभी औरतों के लिए शर्मिन्दगी का कारण बनते हैं। ऐसे मामलों में ढहाया गया अपमान न सिर्फ़ पीड़ित को निशक्त करने की मंशा से किया जाता है बल्कि उसका एक उद्देश्य यह सुनिश्चित करना होता है कि इसकी छाप हमेशा के लिए उसके मानस पर पड़ जाए; वह बार-बार उसके विवरणों को सोचने पर मजबूर हो जाए कि ऐसा सिर्फ़ सामनेवाले की इच्छापूर्ति के लिए उसके साथ किया गया था। ऐसे में अपमानित व्यक्ति का दर्द अपमान करनेवाले को सुख देता है। यही बात इस कृत्य को घिनौना बनाती है।

एक और उदाहरण लें। कश्मीर घाटी से कश्मीरी पंडितों को निकाला जाना बेहद अन्यायपूर्ण था। उन्हें वापस लाकर बसाने और दूसरे समुदायों के साथ दोबारा रिश्ते बनाने के तरीक़े खोजे जाने चाहिए। लेकिन कश्मीरी पंडितों को न्याय दिलवाने के लिए क्या जम्मू और कश्मीर को बाँट देना ज़रूरी था? कह सकते हैं कि एक राज्य को विभिन्न प्रशासनिक इकाइयों में तोड़ने और पुनर्गठित करने में कोई शर्मिन्दगी जैसी बात तो नहीं है, लेकिन जब इस कृत्य पर गर्व किया जाने लगे, जीत का जश्न मनाया जाने लगे तो क्या यह जान-बूझ कर अपमानित करने जैसा नहीं हुआ?

दुनिया में कई सारे समूह ऐसे हैं जिन्हें संरचनागत, सुविचारित और अपमानजनक शर्मिन्दगी एक साथ झेलनी पड़ती है। किसी भी रूप में ऐसे अपमान को यदि हम होने देते हैं तो क्या ख़ुद को सभ्य कहने के हक़दार रह जाते हैं?

61

यौन अपराध के पीड़ितों के साथ समानुभूति

हाल के वर्षों में कई महिलाएँ यौन अपराधियों के हाथों झेली प्रताड़ना को सामने लाने के लिए समाज में आगे आई हैं। हम में से जितने भी लोगों ने उन्हें सुना या देखा, क्या हम वास्तव में उनके साथ हुए यौन अपराधों के मनोवैज्ञानिक असर को गहराई से समझ पाए हैं? क्या हम अतीत में हुए अन्यायों को सार्वजनिक रूप से

याद करने के उपचारी महत्त्व और सशक्तीकरण में उसकी भूमिका को समझते हैं?

दर्द से दोबारा गुज़रना

इतना तो तय है कि यौन अपराधों की शिकार इन महिलाओं ने लम्बे समय तक असहनीय पीड़ा और तनाव में जीवन गुज़ारा होगा। ज़ोर-जबर और हिंसा के शिकार लोगों के साथ यह अनुभव आम होता है। लम्बे समय तक उन्हें किसी भी चीज़ पर मन लगाने में कठिनाई आई होगी। उन्हें दौरे पड़े होंगे। अकेले रहने में डर लगता होगा। शायद उनके मन में मौत या ख़ुदकुशी के ख़याल भी आए होंगे। जाने कितनी बार उस भयावह क्षण को इन महिलाओं ने याद किया होगा, दोबारा उसी दर्द से गुज़री होंगी, हल्के से किसी के छूने पर सिहर गई होंगी, अपहचानी आवाज़ों पर उछल पड़ी होंगी और अपने ही घर में ख़ुद को और महफ़ूज़ कर लेने की ज़रूरत उन्हें महसूस हुई होगी। उनकी देह लगातार सदमे में रही होगी।

उन्होंने जब अपनी पीड़ा पर बाद में सोचा होगा तो शायद अपने साथ घटे का दोष भी ख़ुद पर ही मढ़ दिया होगा। इस अपराधबोध से बाहर निकलने के लिए वे नकार की मुद्रा में चली गई होंगी। यह नकार जितना लम्बा खिंचा होगा, सदमा उतना ही गहराता गया होगा। दर्दनाक स्मृतियों को दबाने से मनुष्य जड़ हो जाता है। दुनिया से कट जाता है। लोगों से कटने लगता है। उन्हें भी सामाजिक दूरी से तनाव महसूस हुआ होगा। उस पर से एक निस्सहायता और लाचारी का भाव भी रहा होगा कि उनके साथ जो ग़लत हुआ उसका वे बदला नहीं ले पा रही हैं। इससे ज़बरदस्त शर्मिन्दगी पैदा हुई होगी। यानी हमने जिन पीड़िताओं को देखा या सुना है, वे निश्चित रूप से गहन असुरक्षा, तनाव, शर्मिन्दगी, अपराधबोध और स्वत्वहरण के दौर से गुज़री होंगी।

इस पीड़ा का अन्त यहीं नहीं होता। जब लोगों के साथ ग़लत होता है तो वे केवल शारीरिक या मनोवैज्ञानिक रूप से आहत नहीं होते, नैतिक स्तर पर भी टूट जाते हैं। सबसे गहरी चोट उनके आत्मसम्मान के बोध को लगती है। किसी को भी यह सुनना पसन्द नहीं आता कि वह गिरा हुआ प्राणी है, उसके जीवन का कोई मोल नहीं है, लेकिन ग़लत करनेवाला उससे दरअसल यही कहना चाह रहा होता है। किसी के साथ जब नाइंसाफ़ी होती है तो उसे अपनी अप्रासंगिकता का बोध होता है। जान-बूझकर कोई हमारे साथ ग़लत करता है तो वह हमें नीचा दिखाने का एक प्रयास होता है। चूँकि हमारा आत्मसम्मान दूसरों की धारणा पर टिका होता है, इसलिए ग़लत कृत्य करनेवाले की मंशा पीड़ित के आत्मसम्मान को सीधे चोट पहुँचाने की होती है। ऐसी परिस्थितियों में पीड़ित महिला के साथ हुए अपमान और मान-मर्दन ने निश्चित रूप से एक गहरा नैतिक ज़ख़्म उसके भीतर पैदा किया होगा।

कल्पना करें कि इस अनुभव के बीच दोस्तों, सहकर्मियों और परिवार के साथ साक्षात्कार कैसा रहा होगा, जो अकेले में तो पीड़ित के साथ सहानुभूति रखते हैं लेकिन सार्वजनिक रूप से चुप रहने की सलाह देते होंगे और चुपचाप सब कुछ सहते हुए आगे बढ़ जाने को कहते होंगे। कल्पना करें, जब उनसे यह कहा गया होगा कि अपने साथ हुई घटना को सार्वजनिक करने से और ज़्यादा लानत मिलेगी, उत्पीड़न होगा, शर्मिन्दगी बढ़ेगी और अपमान होगा। पीड़ित व्यक्ति से कहना कि वह अपने साथ हुए अपमान को भूल जाए, दरअसल उसके साथ ऐसा बरताव करना है गोया कुछ ख़ास नुक़सान हुआ ही न हो—कि उसके पास शिकायत की कोई वजह नहीं है। बीती बातों को भुला देना, ज़िन्दगी की स्लेट को साफ़ करके नए सिरे से शुरुआत करना—ऐसी सलाह देना पीड़ित के आत्मसम्मान को और ठेस पहुँचाना है। साथ ही यह अपराधी के पक्ष में भी काम करता है, जिसे लगता है कि वह जुर्म कर के बच गया है और उसका आत्मविश्वास इतना बढ़ चुका है कि वह भविष्य में भी बिना किसी प्रतिरोध के ऐसे अपराध करने के लिए ख़ुद को सक्षम पा रहा है। यानी, पीड़ित को भूल जाने को कह देना अपराध को रोकता नहीं, बढ़ने में मदद करता है। तो क्या यह माना जाए कि अपने साथ हुए को सार्वजनिक रूप से याद करना ही पीड़ित की प्रतिष्ठा और आत्मसम्मान की बहाली का एक रास्ता है?

पीड़ितों को अपनी यातना की दास्तानें सबको सुनानी ही चाहिए—सिलसिलेवार एक-एक घटना को बताना चाहिए जैसा उन्होंने ख़ुद देखा, अपनी भावनाएँ, असन्तोष, इच्छित दंड और नैतिक विद्वेष को खुलकर ज़ाहिर करना चाहिए, अपराधी पर उँगली उठानी चाहिए और उसे उकसाना चाहिए। ज़रूरी यह है कि उसके साथ हुए घोर अन्याय को सार्वजनिक रूप से सभी के द्वारा घोर अन्याय के रूप में ही देखा और स्वीकारा जाए तथा अपराधी भी अपनी घृणास्पद हरकत के लिए पूरी ज़िम्मेदारी ले। तभी जाकर पीड़ित अपनी मोहभंग की अवस्था से बाहर आ पाएगा और दुनिया के साथ दोबारा रिश्ता क़ायम कर पाएगा, ज़िन्दगी दोबारा शुरू कर पाएगा और अपने दोस्तों, परिवार व व्यापक समुदाय के सदस्यों के साथ नए सिरे से सम्बन्ध बना पाएगा। चूँकि शारीरिक आघात ने उसे मानसिक रूप से भी आहत किया है और उसका आत्मसम्मान छिन चुका है, लिहाज़ा अपनी प्रतिष्ठा को हासिल करने का यही एक रास्ता है।

चुप्पी को तोड़ना

पीड़ित से लेकर अपराधी और गवाह तक चुप्पी की जो भयावह महामारी फैली हुई है, उसे ख़त्म करना इतना आसान नहीं है। अपराधी इसलिए चुप्पी चाहता है क्योंकि या तो वह अपने कृत्य को अपनी ग्लानि से ढँकने की फ़िराक़ में है या फिर अपना

और पीड़ित का मुँह बन्द करवा के वह उक्त घटना से और ज़्यादा ताक़त खींचने में लगा है। पीड़िता तो शर्म और डर के मारे चुप रहती ही है। जब तक उसके भीतर आत्मविश्वास पैदा करने और सन्देहों का शमन करनेवाली परिस्थितियाँ न पैदा कर दी जाएँ—और कभी-कभार तो भावनात्मक सदमे का उपचार भी ज़रूरी होता है—तब तक वे सार्वजनिक दायरे में आने को लेकर आम तौर से संकोची रहती हैं। यह ज्ञात तथ्य है कि बलात्कार पीड़िताओं का एक छोटा-सा हिस्सा ही अपने साथ हुए को स्वीकार करता है, मुक़दमा लिखवाना तो दूर की बात है। बचे गवाह तो वे इसलिए नहीं बोलते क्योंकि वे उदासीन, लापरवाह और स्वार्थी होते हैं या फिर उन्हें इस बात की समझ ही नहीं होती कि सामाजिक मर्यादाओं की माँग क्या है।

इसके बावजूद सबके बीच ऐसे अपराधों को याद करने से बेहतर और कोई विकल्प नहीं है। इससे अपराध खुले में आ जाते हैं, उनके नकार या अपराधी द्वारा उन्हें छुपाने की कोशिशों को चुनौती मिलती है तथा घटना के वे संस्करण कठघरे में खड़े हो जाते हैं जो उस पर मिट्टी डालकर उसके मूल चरित्र से छेड़छाड़ करने की कोशिश की मंशा से बुने गए थे। सार्वजनिक रूप से घटनाओं को याद करने का उद्देश्य अपराधी और अपराध के लाभार्थियों से इसकी सार्वजनिक स्वीकार्यता और ज़िम्मेदारी को हासिल करना है। यह काम ज़रूरी है क्योंकि सार्वजनिक स्वीकरण की नाटकीयता के पीछे बिखरी हुई ज़िन्दगी, टूटे हुए परिवार और निजी विश्वासघातों की दर्दनाक दास्तान छुपी हुई होती है। इसीलिए पीड़ित के उपयुक्त उपचार और उसके नैतिक जगत की बहाली का पहला निर्णायक क़दम सार्वजनिक स्वीकरण से होकर गुज़रता है। अतीत के अपराधों को याद करने, उन्हें सामूहिक रूप से स्वीकार करने और प्रायश्चित के बग़ैर अन्याय-उन्मूलन की कोई भी पहल बमुश्किल ही एक विवेकपूर्ण समाज की ठोस बुनियाद रखने के काम आ पाएगी।

62

क्षमायाचना की प्रतिकारक शक्ति

अतीत के यौन उत्पीड़न की सार्वजनिक की गई तमाम शहरी दास्तानों में शायद कई बार 'माफ़ी' का ज़िक्र आया है। मैंने ख़ुद दो मामलों में यह शब्द सुना है। कई साल पहले यौन उत्पीड़न झेल चुकी एक महिला मित्र ने स्वीकार किया कि मी टू अभियान शुरू होने के बाद ही उन्हें अपना मामला सार्वजनिक करने की हिम्मत

आई वरना उनके उत्पीड़क ने यदि एक चिट्ठी लिखकर निजी रूप से उनसे माफ़ी माँग ली होती तो वे ऐसा नहीं करतीं। उनका कहना था कि पब्लिक में नाम लेकर उसे शर्मिन्दा करना इतना आसान नहीं था। यह फ़ैसला लेने से पहले वे लम्बे समय तक नैतिक संकट में रहीं और लगातार द्वंद्व से गुज़री थीं। इसी तरह, एक और महिला हैं जिन्होंने मीडिया से दो टूक कह दिया था कि यदि उनके यौन उत्पीड़क ने सार्वजनिक रूप से माफ़ी माँग ली होती तो वे उसे माफ़ कर देतीं और उस पर मुक़दमा नहीं थोपतीं।

इन बयानों को सुनते हुए मुझे एक अल्जीरियाई मुस्लिम वायुयान चालक से जुड़ी ख़बर याद आ गई जिसके ऊपर 9/11 के दोषियों को प्रशिक्षण देने का आरोप लगा था। इसके चलते उसे लन्दन की जेल में पाँच महीने काटने पड़े थे, जिसके बाद अदालत ने उसे बरी कर दिया था। इस पायलट ने सार्वजनिक रूप से माफ़ी माँगे जाने की माँग की थी—सिर्फ़ ग़लत आरोपों के लिए नहीं बल्कि उसकी और उसके परिवार की ज़िन्दगी में भावनात्मक उथल-पुथल पैदा करने के एवज़ में उससे कभी किसी ने सार्वजनिक माफ़ी नहीं माँगी। इसके बाद उसे क़ानूनी कार्रवाई को मज़बूर होना पड़ा। अपनी प्रतिष्ठा और परिवार की इज़्ज़त को बहाल करने के लिए उसने एफबीआइ और अमेरिकी न्याय विभाग के ऊपर मुक़दमा ठोंक दिया था।

रिश्तों की मरम्मत

माफ़ी माँगना बेजा कर्मकांड नहीं है। हमारी रोज़मर्रा की ज़िन्दगी माफ़ी से भरी पड़ी है। इसमें आश्चर्य जैसी कोई बात नहीं होनी चाहिए। मनुष्य अपने सम्बन्धों में जीता है और उनसे सुकून पाता है। आत्मसम्मान का हमारा बोध इस पर निर्भर करता है कि सामनेवाला हमें किस तरह देखता है। बदले में यह इस पर निर्भर करता है कि हम सामनेवाले के साथ कैसा बरताव करते हैं। इस समझदारी के बावजूद रोज़मर्रा के जीवन में हम अपने परिवार, दोस्तों, अपने 'मातहतों', और सहकर्मियों के साथ रिश्ते में और अपने व्यापक समुदाय के साथ व्यवहार में ग़लतियाँ कर बैठते हैं। कोई भी रिश्ता ग़लतियों के बग़ैर मुमकिन नहीं होता। मसलन, हम लोग दूसरों की ज़रूरतों के प्रति संवेदनहीन हरकत कर बैठते हैं, उनकी ज़रूरतों को स्वीकार करने के बजाय उपेक्षा कर देते हैं, दूसरों को ऐसे कामों का दोषी ठहरा देते हैं जो उन्होंने नहीं किए, उनके साथ ग़लत बरताव करते हैं, उन्हें नीचा दिखाते हैं, शर्मिन्दा और अपमानित करते हैं। इससे बहुत तनाव पैदा होता है और दो लोगों के बीच रिश्ता प्रभावित होता है। कभी-कभार ये ज़ख़्म पक जाते हैं, शिकायतें जम जाती हैं और तनाव लगातार बढ़ता ही जाता है। कभी ऐसा भी होता है कि हम अकेले पलों में सोचते हुए अपनी ग़लतियों का अहसास करते हैं, उसके लिए माफ़ी माँगते हैं, और

रिश्ते को आगे और बिगड़ने से संभाल लेते हैं। वास्तव में, किसी के भी निजी जीवन की कल्पना माफ़ी के बग़ैर की ही नहीं जा सकती। सार्वजनिक जीवन में हालाँकि माफ़ी की भूमिका कहीं ज़्यादा होती है। सामाजिक आचार-व्यवहार में क्षमायाचना न्याय को बहाल करने में बहुत अहम स्थान रखती है। हमारे क़ानूनी तंत्र में यदि इसे क़ायदे से जगह दे दी जाए तो वह उसमें बहुत सुधार ला सकती है और क़ानून के सपाट ठंडे कलेजे को कुछ गरमाहट दे सकती है। कोई अपराधी अपने किए अपराध के एवज़ में मिली क़ानूनी सज़ा को स्वीकारने के अलावा यदि पीड़ित से माफ़ी भी माँग ले तो क्या इससे पीड़ित की ज़िन्दगी और सामान्य तौर पर हमारे आहत सामाजिक जीवन में वाक़ई कुछ फ़र्क़ नहीं पड़ जाएगा?

खोखली और सच्ची माफ़ी

क्षमायाचना कैसे काम करती है? इसकी ताक़त कहाँ से आती है? अव्वल तो यह समझना ज़रूरी है कि खोखली, अगम्भीर और झूठी माफ़ी नैतिक रूप से अनुपयोगी और सामाजिक रूप से निष्प्रभावी होती है। टूटे हुए रिश्तों को जोड़ना तो दूर, यह और ज़्यादा नुक़सान पैदा करती है। ऐसी माफ़ी कुकृत्य करनेवाले की अन्दरूनी बीमारी के साथ एक विश्वासघात होती है क्योंकि वह अपने पीड़ित को अब भी एक ऐसी वस्तु के रूप में देख रहा होता है जिसे बेवकूफ बनाया जा सकता है और एक औज़ार की तरह उसका इस्तेमाल कर के अपने अपराधबोध को ढँका जा सकता है। ऐसी कर्मकांडी माफ़ी आत्म-तुष्टीकरण की नाकाम कोशिश से ज़्यादा कुछ नहीं होती। कुल मिलाकर यह बस मुलम्मे का काम करती है। जिसके साथ पहले ही कुछ ग़लत हो चुका है उसका इस माफ़ी से कोई भला नहीं होता।

इसके उलट, सच्ची माफ़ी बहुत सरल और सहज होती है। यहाँ अपराधी क़ायदे से अपनी ग़लती को स्वीकार करता है, ज़िम्मेदारी लेता है और अपने किए का प्रायश्चित करता है। अमूमन बोल कर माँगी जानेवाली ऐसा माफ़ी कभी-कभार बिना बोले भी काम कर जाती है। इस बात का अहसास मुझे तब हुआ जब मैं लाहौर अपने ससुर के पुरानेवाले घर में गया। वहाँ रहनेवाले परिवार को जब उस घर से हमारे रिश्ते का पता चला तो उन्होंने हमारा स्वागत किया, चाय पिलाई और बाक़ी की यात्रा के दौरान वहीं रुकने की गुज़ारिश की। विदा लेते वक़्त उन्होंने मेरा हाथ अपने दोनों हाथों में ऐसी गरमाहट के साथ थामा कि मुझे लगा जैसे मेरी पत्नी के परिवार के विस्थापन के लिए सारे लोग मिलकर एक साथ माफ़ी माँग रहे हों। ऐसा लगा गोया वे कह रहे हों कि हमारे साथ जो हुआ वह आगे किसी के साथ नहीं होना चाहिए। मैं इसी चीज़ की बात कर रहा था। एक प्रभावी क्षमायाचना इस वचनबद्धता के साथ आती है कि एक बार जो हो गया, वह अपराध दोबारा

नहीं किया जाएगा। ज़ाहिर है माफ़ी माँगने से जो ग़लत हुआ है, वह सही नहीं हो जाता, लेकिन पीड़ित से यह कहने के बजाय कि बीती को भूल जाओ और आगे बढ़ो, माफ़ी यह सन्देश देती है कि आगे बढ़ना बिना स्वीकार और प्रायश्चित के मुमकिन नहीं है।

अब इसका ठीक उलटा सोचिए, जहाँ अपराध करनेवाला यह मानने से ही इनकार कर दे कि उसने कुछ ग़लत किया है। ऐसा कर के वह इस बात को दोबारा पुष्ट कर रहा होता है कि उसकी नैतिकता दूसरे पक्ष से बिलकुल अलहदा है और वह उनके नियम-क़ानूनों को नहीं मानता। इस बेरहम आदमी को न तो दुख है और न ही शर्म, ऐसा लगता है कि यह दोबारा वही अपराध करेगा। अब ऐसे अनिश्चित नैतिक जगत में सोचिए कि पीड़ित कैसे सुरक्षित महसूस कर पाएगी। उसे डर क्यों न लगे? दूसरी ओर, अगर वह माफ़ी माँग लेता तो यह इस बात की स्वीकारोक्ति होती कि अपने पिछले कुकर्मों के बावजूद वह आगे से पीड़ित के ही नैतिक जगत को साझा करेगा। इससे पीड़ित का उसमें भरोसा जगता। पीड़ित आश्वस्त हो जाती कि अब वह सुरक्षित है। फिर अपने दर्द से निपटने में वह कहीं ज़्यादा सक्षम होती।

सच्ची क्षमायाचना टूटे हुए रिश्तों को जोड़ने में मदद करती है। वह एक साझा नैतिक जगत का निर्माण करती है जिससे यह उम्मीद पैदा होती है कि ज़िन्दगी की शुरुआत नए सिरे से की जा सकती है।

63

न्याय, क्षमादान और भूलने का आह्वान

विभाजन के बाद भारत सामूहिक हिंसा की अनगिनत घटनाओं का साक्षी रहा है। इनमें तीन घटनाएँ सबसे ज़्यादा बर्बर रही हैं : असम में 1983 का नेल्ली नरसंहार, दिल्ली में 1984 में सिक्खों का भयावह नरसंहार और गुजरात में 2002 का पैशाचिक नरसंहार।

दंडात्मक न्याय की आवश्यकता

ख़ुद को सभ्य कहनेवाला कोई भी समाज इतने बड़े पैमाने की नृशंसताओं की छूट नहीं दे सकता। यदि कभी विचलन के तौर पर ऐसी घटनाएँ होती भी हैं तो आपराधिक क़ानून तंत्र दोषियों को तत्काल दंडित करना सुनिश्चित करता है।

भारत में हालाँकि बार-बार ऐसे विनाशक विचलन होते हैं। जब दंडात्मक न्याय की प्रक्रिया शुरू होती है तो यह बेहद धीमी, लचर और राजनीतिक दख़लंदाजी से भरीं होती है। इसके बावजूद दंडात्मक न्याय जब कारगर रहा, जैसा कि 2018 के सज्जन कुमार वाले फ़ैसले में, इसने पीड़ितों को थोड़ा सुकून देने का काम बेशक किया। विश्वास नहीं होता कि न्याय में देरी के बावजूद लोग अब भी उसे न्याय का सुनिश्चित होना मानते हैं!

सिक्ख नरसंहार के चौंतीस साल बाद दिसंबर 2018 में आए फ़ैसले को जिस तरह से लिया गया, वह एक बार फिर दिखाता है कि एकतरफ़ा सामूहिक हिंसा के शिकार लोगों को दंड-आधारित न्याय की सख़्त ज़रूरत है। इसके बग़ैर उन्हें आगे बढ़ने, बीती हुई को भूल जाने, और माफ़ करने के लिए जबरन प्रेरित नहीं किया जाना चाहिए। इसमें दो राय नहीं हैं कि ऐसे सुझाव वही देते हैं जो हिंसा के भागीदार होते हैं यानी अपराधी या संवेदनहीन तमाशबीन। भूलना न तो सम्भव होता है और न ही भूलना चाहिए। सदमे के शिकार में लोग एकबारगी चुप हो जाएँ लेकिन वे अपने नुक़सान और दर्द को भूलते नहीं हैं। अव्वल तो आप चाहकर चीज़ों को नहीं भुला सकते। स्मृतिलोप कोई ऐच्छिक मामला नहीं होता। इसके उलट, आप जितना ज़्यादा भुलाना चाहेंगे, चीज़ें उतनी ज़्यादा याद आएँगी। घटना की बर्बरता और प्रियजनों की याद बार-बार आपको सताएगी। दूसरे, ऐसी किसी माँग को नैतिक रूप से सही नहीं ठहराया जा सकता। फ़र्ज़ करें कि आपके निकट के किसी व्यक्ति को आपकी आँखों के सामने जलाकर मार दिया जाए। क्या ज़िन्दगी भर आपको वह भयावह दृश्य परेशान नहीं करता रहेगा? क्या समय के साथ इस घटना से लगे सदमे की शुरुआती तीव्रता कम हो जाएगी, ख़ासकर तब जब मारा गया व्यक्ति आपकी इकलौती सन्तान रहा हो? क्या यह ज़ख़्म कभी भर पाएगा? ऐसे में किसी का यह कहना कि अब आगे बढ़ जाओ, कितनी बेहूदा बात होगी। यहाँ तक कि जब दोस्त और परिवार आपसे कह रहा हो कि अब रोना-धोना बन्द करो और उस दु:स्वप्न की जकड़ से बाहर निकलो तो वे भी आपसे उस सदमे को भुला देने की उम्मीद नहीं कर रहे होते हैं बल्कि बस इतना चाह रहे होते हैं कि आप अपनी ज़िन्दगी को दोबारा खड़ा करने के तरीक़े सोचें। मेरे ख़याल से इस आजीवन जगी रहनेवाली इस बीमारी का आंशिक रूप से एक ही उपचार है कि यातना को क़ायदे से एक बार याद कर लिया जाए।

आक्रोश और आत्मसम्मान

क्षमा करना तो और जटिल काम है। अपने मुज़रिम को माफ़ कर देना दरअसल उसकी ओर लक्षित अपने आक्रोश से मुक्त हो जाना है। अब इस बात पर गम्भीर

तर्क करना बहुत कठिन होगा कि आक्रोश से मुक्ति हमेशा नैतिक रूप से उपयुक्त होती है इसलिए लोगों को हमेशा दूसरों को माफ़ कर देना चाहिए। अपने मुज़रिम के ख़िलाफ़ ग़ुस्से और नफ़रत को पालने में भला पीड़ित का क्या कसूर। किसी के साथ यदि कुछ ग़लत हुआ है और अगर वह आत्मसम्मान वाला शख़्स है तो वह आक्रोशित होगा ही। हाँ, जिसके पास आत्मसम्मान रत्ती-भर भी नहीं है, जो स्वत्व से हीन है और एकदम थोथा है, उसी को ग़ुस्सा नहीं आएगा। इसलिए प्रासंगिक सवाल यह नहीं है कि अपने दोषी को माफ़ किया जाए अथवा नहीं, सवाल यह है कि किन परिस्थितियों में माफ़ी देना उपयुक्त होगा। इसका जवाब है—तभी, जब इससे पीड़ित के आत्मसम्मान की बहाली होती तो। यह कैसे होगा? ऐसा तभी होगा जब मुज़रिम सार्वजनिक रूप से अपने कुकर्म को स्वीकार करे, उस कुकर्म से दूरी बनाए और पीड़ित के साथ स्वर में स्वर मिलाकर अपने अतीत के कुकर्मों की निंदा करे।

ये सब काम वास्तव में बहुत मुश्किल हैं। ऐसा तभी होगा जब दोषी के व्यक्तित्व में ज़बरदस्त नैतिक और आध्यात्मिक बदलाव आएगा। अपनी ग़लतियों को मानने की आनुभविक प्रक्रिया इस अहसास से शुरू होती है कि व्यक्ति के बहुत भीतर गहरे कोई गम्भीर दिक़्क़त है, कोई दरार है, जिसके चलते वह ग़लत काम करने को प्रेरित हुआ था। इसके लिए एक सच्चा आत्मसाक्षात्कार ज़रूरी है। यह केवल मानसिक प्रक्रिया नहीं है। यह अहसासों में घटित होती है और इसके लिए कलेजा कड़ा करना पड़ता है। इतनी ईमानदार, नैतिक आत्म-आलोचना कलेजा चाक कर जाती है। इस सुदीर्घ और दर्दनाक प्रक्रिया से गुज़रते हुए व्यक्ति अपने अन्तर को दंडित करता है, जिसे कुछ लोग अन्तरात्मा या रूह कहते हैं। रूह का ऐसा दंड व्यक्ति की अस्मिता में बुनियादी रूपांतरण पैदा करता है। इस बदलाव के बग़ैर कोई भी अपराधी माफ़ी देने योग्य नहीं हो सकता। सच्चा पश्चात्ताप ही मनुष्य को क्षमा के योग्य बनाता है। तब जाकर उससे कोई यह बात कह सकेगा, 'इसने बहुत झेल लिया, अब इसे जाने दो।' क्षमादान की यह आवाज़ दिल से आती है। दबाव में कोई किसी को माफ़ नहीं कर सकता। पीड़ित की ओर से कोई तीसरा व्यक्ति भी अपराधी को माफ़ नहीं कर सकता।

क्षमादान को समझना

कभी-कभार ऐसा दावा किया जाता है कि किसी को क्षमा करने से वह पापमुक्त हो जाता है—यानी अपने पाप से लड़कर जीतने के बजाय यह उससे समझौते का एक आमंत्रण होता है। यह ग़लत समझदारी है। दरअसल, उपयुक्त क्षमादान तभी होता है जब पापी अपने पाप को स्वीकार करता है और अपने पीड़ित के समक्ष

प्रायश्चित करता है। ऐसे में उसे माफ़ कर देना न तो उसके किए ग़लत को सही में बदलना है और न ही उसे यह रियायत दे देना है—मसलन, जैसे हम किसी बच्चे को उसकी ग़लती के लिए रियायत दे देते हैं—कि उस ग़लती के लिए उसे ज़िम्मेदार नहीं ठहराया जा सकता। चूँकि किया गया पाप वास्तव में कभी धुलता नहीं है, इसलिए क्षमादान पाप के साथ कोई समझौता नहीं है।

क्षमादान को दया नहीं समझा जाना चाहिए। दया-भाव में किसी को माफ़ किए बग़ैर उसकी सज़ा की अवधि कम की जा सकती है। इसके उलट, एक पीड़ित अपने अपराधी को माफ़ तो कर सकता है लेकिन वह उसकी सज़ा को कम नहीं करवा सकता या क़ानूनी दंड से मुक्त नहीं कर सकता। वास्तव में, कभी-कभार क़ानूनी प्रक्रिया या उसका परिणाम ही 'आत्मा के दंड' का बायस बन जाता है। ऐसा होने पर माफ़ कर देना नैतिक रूप से उपयुक्त होता है, बशर्ते कि यह पीड़ित का चुनाव हो। क्षमादान वास्तव में अपराधी के प्रति पीड़ित के रवैये में बदलाव का द्योतक है, क़ानूनी दंड प्रक्रिया में बदलाव का नहीं।

कोई भी पीड़ित अपने प्रति किए गए ग़लत को कभी नहीं भुला सकता। इसीलिए न्याय ज़रूरी है, ताकि वह ग़लत को सम्बोधित कर सके और दुख को कम कर सके। क्षमादान भी यह प्रतिकारक भूमिका निभा सकता है, बशर्ते उसे औपचारिक न्याय का स्थानापन्न नहीं बल्कि पूरक के रूप में देखा-समझा जाए।

खंड VII

क्या हम भटक गए हैं?

64

क्या हम अचेत हो चुके हैं?

भारत में अखबार पढ़ना असहनीय होता जा रहा है। असम का स्वास्थ्य मंत्री कह रहा है कि कैंसर के रोगी पिछले जन्म के पापों को भोग रहे हैं;[8] एक निर्वाचित विधायक एकदम ठंडे लहजे में एक अभिनेता का सिर कलम करने की माँग कर रहा है; कहीं कुछ मौलवियों को बेमतलब बेरहमी से पीटा गया है; तो दिल दहला देनेवाली एक घटना में चार साल के एक बच्चे ने अपने साथ पढ़नेवाली एक बच्ची का यौन उत्पीड़न किया है।[9] मैं सोच रहा हूँ कि एक देश, एक समाज और एक सभ्यता के रूप में क्या हम बिल्कुल ही अपना रास्ता भूल गए हैं!

इसका ये मतलब मत निकालिएगा कि मैं सीधे सत्तारूढ़ दल पर हमला करने जा रहा हूँ, हालाँकि इस सब में राजनीति की बेशक एक भूमिका तो होती ही है। मेरी चिन्ता उस सामाजिक और सांस्कृतिक बीमारी को लेकर है जो लम्बे समय से यहाँ विकसित हो रही है, जिसने हम सब को अपनी चपेट में ले लिया है और जो ऐसी घटनाओं के द्वारा हमारी सामूहिक चेतना को ज़बरदस्त नुक़सान पहुँचा रही है।

बाहरी और अन्दरूनी अच्छाइयाँ

इस सांस्कृतिक और नैतिक पतन के सभी कारणों की एक समग्र तस्वीर पेश करना तो मेरे सामर्थ्य में नहीं है, लेकिन ऐसे दो कारण मैं ज़रूर गिनवाना चाहूँगा जो तत्काल मेरे ज़ेहन में आते हैं। उम्मीद है कि इनके आधार पर आगे और बात हो सकेगी। स्कॉटिश दार्शनिक एलस्डेयर मैकिन्टायर ने सामाजिक आचार में बाहरी

---

8. पीटीआई, 'People Have Cancer Because of Their Sins, This is Divine Justice: Says Assam Minister', *द इकॉनॉमिक टाइम्स,* 23 नवम्बर, 2017, https://economictimes.indiatimes.com/news/politics-and-nation/people-have-cancer-because-of-their-sins-this-is-divine-justice-says-assam-minister/articleshow/61760849.cms?from=mdr
9. टीएनएन, '4-Year-Old Sexually Abused in School by "Classmate"', *द टाइम्स ऑफ इंडिया,* 24 नवम्बर, 2017 https://timesofindia.indiatimes.com/city/delhi/4-year-old-sexually-abusedin-school-by-classmate/articleshow/61760133.cms

और अन्दरूनी अच्छाइयों पर बात की है। मैं वहीं से अपनी बात उठाना चाहूँगा। वे कहते हैं कि बाहरी अच्छाइयों पर ज़रूरत से ज़्यादा ज़ोर सामाजिक आचार के क्षेत्र में अन्दरूनी अच्छाइयों से हमारा ध्यान हटा देता है। दूसरे, बाहरी अच्छाइयों का निरन्तर पीछा करने की सनक के साथ जो अप्रिय इनसानी प्रवृत्तियाँ जुड़ी होती हैं, वे उन नैतिक गुणों को बहुत नुक़सान पहुँचाती हैं जिनके बग़ैर इनसानी जीवन संकीर्ण, दरिद्र और पशुवत् हो जाता है, छोटा या एकाकी भले न होता हो। मैं दोनों पर बारी-बारी से बात करूँगा।

दुनिया के किसी भी काम को करने के पीछे का चालक बल उस काम में निहित आन्तरिक अच्छाई होती है। मसलन, लेखन को ही लें। लेखन में तमाम अच्छे गुण छुपे हैं। यह कल्पना के सहारे हमें मानवीय जीवन के द्वंद्वों और नैतिक जटिलताओं का जीवन्त बोध कराता है। मानवीय नियति के ऊपर हमारी पकड़ मज़बूत होती है। इसी तरह वकालत के काम को लें। वकालत की अच्छाई यह है कि उसके भीतर न्याय का मूल्य छुपा हुआ है। डॉक्टरी को लें। इसमें लोगों का उपचार करने, उनकी मदद करने, उन्हें स्वस्थ जीवन देने की अच्छाई निहित है। जनवादी राजनीति को देखिए, यह हर नागरिक के हित में सामूहिक कल्याण को समृद्ध करने की बात करती है। सामान्य नैतिकता भी यही कहती है कि भले हमेशा दूसरों का भला न कर सको, लेकिन किसी को नुक़सान नहीं पहुँचाना चाहिए। हर सामाजिक आचार और प्रथा के भीतर कोई-न-कोई अच्छाई होती ही है। वही उसे सार्थक बनाती है और आंशिक रूप से परिभाषित भी करती है। इन अच्छाइयों को आप तब तक साकार नहीं कर सकते जब तक उस सामाजिक कार्य के लिए उपयुक्त महारत हासिल न कर लें। महारत हासिल करने में बहुत मेहनत लगती है। एक बार ऐसा हो जाए, फिर आन्तरिक अच्छाइयों की ताक़त समूचे समुदाय तक पहुँचती है और हर कोई समृद्ध होता है।

क्रिकेट से एक उदाहरण लेते हैं। जब रंजीत सिंह जी ने लेग ग्लांस को खोजा या तेंदुलकर ने अपर कट को साधा या पाकिस्तानी गेंदबाजों ने रिवर्स स्विंग की ईजाद की तो ऐसा कर के उन्होंने न सिर्फ़ अपने खेल की गुणवत्ता को बढ़ाया बल्कि समूचे क्रिकेट समुदाय को लाभान्वित किया। अपने खेल में श्रेष्ठ होने की स्वस्थ प्रतिस्पर्धा यहाँ हर किसी के खेल को बेहतर बनाती है। क्रिकेट में जितने ज़्यादा नवाचार होते हैं, उनके साझा उपयोग से उतना ही सामूहिक आनन्द मिलता है। मेरा मानना है कि हर उस काम के लिए यह बात सच है जिसमें महारत की ज़रूरत पड़ती है, चाहे वह खेती-किसानी हो, पाककला हो, जूते सिलना हो, बढ़ईगिरी हो, लेखन हो, नृत्य हो, फुटबॉल का खेल हो, वास्तु हो, क़ानून हो या फिर लोकतांत्रिक राजनीति। इन कामों में जो कुछ भी पैदा होता है, वह सबका साझा होता है और हर कोई उसका सुख ले सकता है। कोई चाहे तो उसे और परिष्कृत

कर सकता है। बेहतरी की गुंजाइश हमेशा रहती है। अभ्यास और समृद्धि की कोई सीमा नहीं होती। वास्तव में, इस हुनर का यदि आप इस्तेमाल नहीं करते हैं और बुरी आदतें पकड़ लेते हैं तो आप अच्छे हुनर को भूल जाएँगे। यह अकेले आपका नहीं, सामूहिक नुक़सान होगा।

इसी बिन्दु पर बाहरी अच्छाइयाँ परिदृश्य में आती हैं। अपने काम में कुशल और हुनरमन्द होने से बाहरी अच्छाइयाँ अपने आप आना शुरू हो जाती हैं, जैसे पैसा, शोहरत और ताक़त। ये चीज़ें बाहरी हैं क्योंकि अपने पेशेवर काम से बाहर भी इन्हें हासिल किया जा सकता है। जैसे, किसी बीमारी का इलाज चिकित्सा क्षेत्र के बाहर नहीं हो सकता, लेकिन पैसा बनाने के लिए ज़रूरी नहीं कि डॉक्टर ही बना जाए। इसके अलावा, बाहरी अच्छाइयों को अर्जित करने के लिए अपने काम में श्रेष्ठता के किसी ख़ास मानक पर पहुँचना ज़रूरी नहीं होता। आम तौर से श्रेष्ठता मानकों की उपेक्षा कर के ही बाहरी उपलब्धियाँ हासिल की जाती हैं। जैसे, सारे मशहूर और पैसेवाले डॉक्टर या वकील अपनी प्रतिष्ठा के हिसाब से हुनरमन्द नहीं होते। अगर आपकी काबिलियत के चलते बाहरी अच्छाइयाँ आपकी झोली में आ गिरती हैं तो उन्हें छोड़ने की ज़रूरत नहीं है। कहने का आशय यह है कि यदि कोई व्यक्ति पैसा कमाने, शोहरत या ताक़त पाने के प्राथमिक उद्देश्य से ही क्रिकेट, क़ानून या राजनीति में अपना करियर चुनता है तब इन पेशों की अन्दरूनी अच्छाइयों को वह हासिल नहीं कर पाएगा। ऐसे में पूरी इनसानियत का नुक़सान होता है। अन्दरूनी अच्छाइयों की क़ीमत पर बाहरी अच्छाइयों के पीछे भागना बुरी बात है, लेकिन दोनों का फ़र्क़ ही भूल जाना हर किसी का स्थायी नुक़सान करता है। दरअसल, इन दोनों क़िस्म की अच्छाइयों के बीच के फ़र्क़ का घालमेल ही सबसे ज़्यादा दिक़्क़ततलब चीज़ है।

नकारात्मक भावनाएँ

बाहरी अच्छाइयों के पीछे भागने का एक बुरा परिणाम और होता है। उनकी सनक में हम आत्मचिन्तन और आत्मसमृद्धि को भूल जाते हैं। इससे हमारी कल्पनाशक्ति बँध जाती है और विचारहीनता आ जाती है। दिमाग़ संकीर्ण हो जाता है और पूर्वग्रह पैदा हो जाते हैं। इसके अलावा, ये बाहरी अच्छाइयाँ चूँकि मूलत: निजी होती हैं और चूँकि दूसरों की क़ीमत पर कमाई गई होती हैं, इसलिए ये स्वार्थपरता को जन्म देती हैं। एक के पास जितना ज़्यादा पैसा, शोहरत और ताक़त होगी, दूसरों के पास वह उतनी ही कम होगी। इससे नकारात्मक भाव पैदा होंगे, जैसे नफ़रत, जलन और मनमुटाव। दूसरों के साथ समानुभूति की हमारी क्षमता घटती जाएगी। हम दूसरों के बारे में सोचना बन्द कर देंगे। करुणा का ह्रास होगा। इससे समाज का नैतिक

मानस प्रभावित होगा। अन्त में इसकी मार हमारे बच्चों और हम पर ही पड़ेगी।

इधर बीच जो घटनाएँ हो रही हैं, उनमें झलक रही नग्न पाशविकता के पीछे मैं पैसे, दो मिनट की शोहरत और ताक़त की नंगी दौड़ को देख पा रहा हूँ, जहाँ बाहरी अच्छाइयों ने अन्दरूनी अच्छाइयों पर विजय पा ली है। यह मनुष्यता के गहरे मूल्यों से रसातल की ओर हमारे पतन को दर्शाता है।

65

क्या भारत में न्यूनतम शिष्टता भी बची है?

कुछ साल पहले विजयवाड़ा के हवाई सफ़र में एक बुज़ुर्ग से मेरी मुलाक़ात हुई थी। उन्होंने कहा था, "मुझे अब भी विश्वास नहीं हो रहा कि जम्मू के एक मन्दिर के भीतर एक बच्ची का बलात्कार हुआ। बहुत दिन नहीं हुए जब हज़ारों लोग निर्भया कांड के बाद दिल्ली की सड़कों पर आक्रोश में निकल आए थे, लेकिन मन्दिर वाली घटना से तो लग रहा है कि कुछ हुआ ही नहीं है। समाज की सेहत लोगों की सेहत से कोई अलग नहीं है।"

वे बोलते रहे, "किसी गम्भीर बीमारी के शुरुआती लक्षणों को नज़रन्दाज़ कर देने पर यही होता है। वह जड़ पकड़ लेती है। आप बिलकुल ठीक महसूस करते रहते हैं और अचानक एक दिन बीमार पड़ जाते हैं। आक्रोश और सभ्यता का बोध हम लोग बहुत तेज़ी से खोते जा रहे हैं। पता चला कि एक दिन न्यूनतम शिष्टता भी नहीं रहेगी। हर समाज में हमेशा बर्बरता अपनी जगह खोजने के लिए मँडराती रहती है। आपको नहीं लगता कि हम लोग भी बर्बर होते जा रहे हैं?"

थोड़ी देर शान्त रहने के बाद मैंने कहा, "हम लोग बुनियादी रूप से शिष्ट ही हैं, लेकिन बर्बरता के इलाक़े अब धीरे-धीरे हर जगह उभर आए हैं।" अन्यथा, उन्नाव की पाशविकता, मुर्शिदाबाद में एक परिवार की बर्बर हत्या और झारखंड में एक व्यक्ति की भीड़ के हाथों हत्या को हम कैसे चुपचाप सह सकते थे? आर्थिक रूप से कमज़ोर लोगों के समाज में तो हमेशा ही अशिष्टता वाली स्थिति रही है, लेकिन अब ऐसा लगता है कि आर्थिक रूप से आकांक्षी जीवन वाले समाज भी वहीं पहुँच रहे हैं जहाँ न्यूनतम शिष्टता ख़त्म हो जाती है। मैंने कहा, "जब तक हम समाज को एक नैतिक चेतावनी जारी नहीं करते, डूबा हुआ ही समझिए।"

बुनियादी प्रक्रियागत न्याय

'न्यूनतम शिष्ट' होने का अर्थ है कि किसी समाज में उसके हिसाब से उपलब्ध सर्वश्रेष्ठ नैतिक मानकों का पालन नहीं किया जा रहा है। एक न्यूनतम शिष्ट समाज अन्याय और शोषण से मुक्त नहीं होता। ज़रूरी नहीं है कि वहाँ राजनीतिक समानता हो। इसके बावजूद ऐसे समाजों का एक गुण यह होता है कि वह हत्या, प्रताड़ना या दुर्व्यवहार के ख़िलाफ़ प्रभावी निषेधाज्ञाओं के माध्यम से अत्यधिक बुरे कुकृत्यों को होने से ज़रूर रोकता है। अंग्रेज़ी के दार्शनिक स्टुअर्ट हैम्पशायर ने ऐसे समाज में 'बुनियादी प्रक्रियागत न्याय' के होने का ज़िक्र किया है। यह न्याय का सबसे प्राथमिक रूप है जिसमें समझौते और मध्यस्थता की ऐसी निष्पक्ष प्रक्रियाएँ शामिल होती हैं जो दो असहमत व्यक्तियों के बीच अस्थायी और कामचलाऊ समझौते को मान्यता देती हैं। बुनियादी प्रक्रियागत न्याय अच्छी ज़िन्दगी की विभिन्न धारणाओं को 'बग़ैर किसी ठोस समन्वय' और 'साझा ज़मीन की तलाश' के एक साथ रहने में सक्षम बनाता है।

यह सह-अस्तित्व 'असीमित महत्त्वाकांक्षा और अपने हिस्से में हमेशा ज़्यादा पाने की चाहत' के ऊपर बन्दिश लगाकर सम्भव किया जाता है। इससे यह लाभ होता है कि हर किसी की आवाज़ सुनी जाती है, राजनीतिक दायरे में तक़रीबन सभी की कमोबेश मौजूदगी रहती है और यह गारंटी भी क़ायम रहती है कि सर्वाधिक हाशिये पर रहनेवाले शोषित जन भी समझौतों का हिस्सा रहें, भले ये समझौते कितनी ही ग़ैर-बराबर परिस्थितियों में घटते हों।

संक्षेप में, बुनियादी प्रक्रियागत न्याय समाज के सभी सदस्यों के बीच संवाद और समझौते को बरकरार रखता है। भीषण विवादों के बावजूद उसमें शामिल लोग 'दलीलों और रियायतों के बीच सन्तुलन क़ायम रखने को स्वीकार करते और उसके लिए तैयार' रहते हैं। बुनियादी प्रक्रियागत न्याय इस तरह से एक 'न्यूनतम शिष्ट जीवन को मुमकिन बनाता है, जिसका मूल्य भलाई की किसी भी व्यापक धारणा के मुक़ाबले स्वतंत्र होता है।'

सपाट नैतिक परिदृश्य में

इसके उलट, एक ऐसा समाज जहाँ न्यूनतम नैतिक बन्दिशों को भी तिलांजलि दे दी जाती हो, वह बर्बर हो जाता है। ऐसा आम तौर से खस्ता आर्थिक परिस्थितियों के चलते होता है, लेकिन चौंकानेवाली बात यह है कि जब समाज में महानता की चाह रखनेवाले, या यों कहें कि आर्थिक या राजनीतिक कामयाबी की होड़ में जुटे समूह मौजूद हों तो वे भी बचे-खुचे नैतिक नियम-क़ायदों को त्याग देते हैं (क्योंकि

उन्हें यह गवारा नहीं होता कि उनके 'अर्थ' या 'मोक्ष' की राह में 'धर्म' रोड़ा बने)। एक बार जब कर्म के ऊपर लगी नैतिक बन्दिशों को लोगों के मानस और सार्वजनिक जीवन से निकाल बाहर कर दिया जाता है (मसलन, बुनियादी निष्पक्षता और प्रक्रियागत न्याय) तथा 'समूचे नैतिक परिदृश्य को ही सपाट बना दिया जाता है, जैसे कि बमबारी कर दी गई हो', तब कुछ भी वर्जित नहीं रह जाता। तब हिंसा और वर्चस्व के लिए दरवाज़े पूरी तरह खुल जाते हैं। इसके बाद बुराइयाँ खुलकर सतह पर आ जाती हैं। हैम्पशायर लिखते हैं, "ऐसे में इनसानी जीवन के प्रत्येक सराहनीय, प्रशंसनीय और वांछित तत्त्व के ख़िलाफ़ सक्रिय रूप से काम कर रही ताक़त को ही सराहनीय और प्रशंसनीय मान लिया जाता है।" एक बर्बर समाज में, जहाँ प्रक्रियागत न्याय को क्षत-विक्षत कर दिया गया हो, संवाद की जगह दमनकारी चुप्पी ले लेती है और मध्यस्थता व समझौते की समूची प्रणाली ही ग़ायब हो जाती है। यह निष्कर्ष हैम्पशायर ने दूसरे विश्वयुद्ध के दौरान, ख़ासकर नाजी शासन की भयावहता के सन्दर्भ में निकाला था। उन्होंने लिखा, "मैंने यह जाना कि एक बार जब सरकार सारे नैतिक अवरोधों को हटा देती है, तब यातना और हत्या के एक विशाल उद्यम को संगठित करना और स्वेच्छा से इसे लागू करनेवाले लोगों को उसमें काम पर लगाना कितना आसान हो जाता है।" बलप्रयोग, भयादोहन और सुदीर्घ टकराव अक्सर आबादी को हतोत्साहित कर देते हैं और उसे आसानी से वश में आ जाने लायक़ बना देते हैं। वह सत्ता के सामने घुटने टेक देती है। इस तरह सार्वजनिक जीवन से नैतिकता पूरी तरह ख़त्म हो जाती है।

अनैतिक निजी जीवन

जब सार्वजनिक जीवन में नैतिकता ख़त्म हो जाती है तो बाक़ी का सामाजिक जगत भी अप्रभावित नहीं रहता। बुराई सामाजिक दायरे से लोगों के निजी जीवन में प्रवेश कर जाती है और अन्तरंग कोनों को घेर लेती है। ऐसे में दोस्त-मित्र, प्रेमी, परिवार के सदस्य, हर कोई संदिग्ध हरकतों में लिप्त हो सकता है। मोटे तौर पर दोस्त और दुश्मन में फ़र्क़ ख़त्म हो जाता है। समाजशास्त्री वीना दास ने 1984 के सिक्ख विरोधी दंगों पर रिपोर्ट करते हुए बताया था कि कैसे अपने ही परिजन के विश्वासघात के चलते एक महिला भीड़ की हिंसा का शिकार हुई थी। महिला का नाम शान्ति था। उसने बताया था कि "मेरे मामा ने पहले तो मेरे पति को छुप जाने को कहा और उसके बाद छुपने की जगह जाकर भीड़ के नेता को बता दी। अपनी ज़िन्दगी बचाने के लिए उन्होंने हमारी ज़िन्दगी का सौदा कर दिया।" पुलित्जर पुरस्कार विजेता टीना रोजेनबर्ग ने ऐसी ही एक कहानी एक दम्पती के बारे में लिखी थी। वेरा वुलेनबर्गर और उसके पति नुड वुलेनबर्गर कम्युनिस्ट शासन वाले पूर्वी जर्मनी में शान्ति दस्ते

के बाग़ी सदस्य थे। उनके ऊपर लगातार सरकारी पुलिस की नज़र रहती थी। उन्होंने अपनी नौकरी और आज़ादी इसी चक्कर में जोख़िम में डाल दी थी। जर्मनी के एकीकरण के बाद वेरा पूर्वी जर्मनी की संसद में आ गई और उसने पुलिस ज़्यादती के शिकार रहे लोगों की निजी फ़ाइलें निकलवाने का अभियान चलाया। इस क्रम में उसे अपनी निजी फाइल हाथ लगी। उसमें डोनाल्ड कूटनाम के पुलिस के एक मुख़बिर की रिपोर्टें भरी पड़ी थीं। उन रिपोर्टों में कुछ सूचनाएँ ऐसी थीं जो वेरा के अलावा केवल एक और व्यक्ति को पता थीं। पता लगा कि डोनाल्ड और कोई नहीं, उसका पति ही था। ऐसी दुनिया की भयावहता इससे ज़्यादा और क्या हो सकती है। मित्रहीनता और प्रेम के अभाव से घिरे माहौल में निजी अविश्वास से पैदा हुआ दुर्भाग्य मनुष्य के लिए सबसे बुरा होता है।

काश, मैं थोड़ा और भरोसे के साथ अपने बुज़ुर्ग सहयात्री को समझा पाता कि अभी हम लोग एक न्यूनतम शिष्ट समाज के तौर पर न सिर्फ़ बचे हुए हैं, बल्कि उससे ज़्यादा कुछ हैं। पर जिस तरीक़े से हमारे चारों ओर असभ्यता फैलती जा रही है मैं ख़ुद परेशान हूँ, डरा हुआ हूँ और तनाव में हूँ कि कहीं हम पीछे तो नहीं जा रहे। समाज से जब न्यूनतम शिष्टता ख़त्म हो जाती है तब उसे स्वतंत्रता, समानता, न्याय और सशक्तीकरण की पटरी पर वापस ला पाना बहुत मुश्किल होता है। ये सारे अहम मूल्य जो हाल तक बड़े स्तर पर सामूहिक कार्रवाइयों को पैदा करते थे, ऐसा लगता है कि अचानक हवा हो गए हैं जबकि लोग अब भी दो जून की रोटी के लिए संघर्ष किए जा रहे हैं। ऐसे अनिश्चित समय में अगर बहुत बुरा होने से बचाना है तो ज़्यादा ऊँचे और आदर्श नैतिक मानकों की तरफ दौड़ने के बजाय बेहतर हो कि हम चीज़ों को ज़मीन पर रह कर देखें। ऐसे ही मामलों में गांधी जी हमें रास्ता दिखाते हैं। उनके अनशन वैसे तो गहन आत्म-रूपान्तरण के उद्देश्य से होते थे, लेकिन इस नाज़ुक सामाजिक सहमति को कसने का एक व्यावहारिक औज़ार भी थे कि चाहे जो हो जाए, बर्बरता को हमें त्यागना ही होगा।

66

हमारी लोक संस्कृति की नैतिक स्थूलता

हमारे क़रीबी लोगों, परिवार या दोस्तों के साथ कुछ बुरा होता है तो हम बहुत घबरा जाते हैं। हमारी प्रतिक्रिया में डर होता है। यह स्वाभाविक भी है। लेकिन हमारे छोटे

से दायरे के बाहर अगर किसी के साथ कुछ ग़लत होता है तब हमें वैसा डर क्यों नहीं लगता? किसी अनजान के साथ हुए अत्याचार पर हम ख़ामोश क्यों रहते हैं? एक ग़रीब मुसलमान की भीड़ द्वारा की गई हत्या या दलितों पर लगातार हो रहे अत्याचारों के ख़िलाफ़ सामूहिक आक्रोश क्यों पैदा नहीं हो पाता है?

ऐसी घटनाओं पर एक स्वर में निन्दा करने के बजाय हम नैतिक रूप से ख़ुद को अलग-थलग क्यों पाते हैं? सार्वजनिक रूप से ऐसे बयान क्यों जारी किए जाते हैं कि इसकी निन्दा करने से पहले अतीत में हुए अपराधों की निन्दा करो? फ़र्ज़ करें कि निर्भया की माँ से भी उस घटना के बाद यही कह दिया जाता कि एक शर्त पर हम इस घटना की निन्दा करेंगे कि पहले अतीत में हुए सारे बलात्कारों पर बात हो! ऐसी प्रतिक्रियाओं में निहित नैतिक स्थूलता को हम अक्सर नज़रन्दाज़ कर देते हैं।

हमारी लोक संस्कृति

हमारे आसपास की बर्बरताओं ने क्या दूसरों की पीड़ा के प्रति हमारी अनुभूतियों को ठस्स कर डाला है? इन घटनाओं के इर्द-गिर्द होनेवाली 'गन्दी' राजनीति ने क्या शिष्ट-सभ्य पुरुषों और स्त्रियों को अपने-अपने खोल में सिमटने और चुप हो जाने को मज़बूर कर दिया है? पता नहीं। मेरे पास इस परिघटना की कोई सीधी व्याख्या मौजूद नहीं है, लेकिन मैं इस संस्कृति के दो पहलुओं की ओर ज़रूर ध्यान खींचना चाहूँगा जो हमारे साझा नैतिक भोंथरेपन में योगदान देते हैं।

पहली बात, हमारे जैसे तमाम शहरी मध्यवर्गीय और उच्चवर्गीय लोगों ने यह मानना शुरू कर दिया है कि नैतिक मूल्य निजी होते हैं। यह आत्मगत प्राथमिकताओं का मुद्दा है व्यक्ति ख़ुद चुन सकता है, लिहाज़ा ज़रूरी नहीं है कि जो चीज़ एक व्यक्ति के लिए मूल्यवान है वह दूसरे के लिए भी हो। दावा किया जाता है कि नैतिक मूल्य आदमी के हिसाब से बदलते हैं, कोई वस्तुगत नैतिकता जैसी चीज़ नहीं होती है। इस मान्यता से दो नतीजे निकाल लिये जाते हैं—पहला, हम लोग नैतिक मूल्यों पर किसी साझा समझ पर नहीं पहुँच सकते, और चूँकि कोई साझा नैतिकता नाम की चीज़ नहीं है इसलिए दूसरे, किसी को भी किसी के ख़िलाफ़ नैतिक फ़तवेबाजी करने का अधिकार नहीं है। इस तर्क-पद्धति पर एक क़दम और आगे बढ़ाते ही हम इस विनाशकारी निष्कर्ष पर पहुँच जाते हैं कि जिन मसलों पर समाज में एक आम सहमति बड़ी आसानी से बन सकती थी—जैसे किसी मनुष्य के ख़िलाफ़ क्रूरता नहीं करनी चाहिए—उन पर भी साझा नैतिक निर्णय की गुंजाइश नहीं रह जाती। यह निष्कर्ष पूरी तरह आत्मगत राय है।

दूसरा आयाम भी इतना ही गम्भीर है। यह सिक्के का दूसरा पहलू है। यह आम धारणा है कि मूल्य-आधारित मानवीय मामलों में जहाँ कोई आम राय देना सम्भव

नहीं है वहीं मानवेतर क्षेत्र में—जैसे कुदरत और उससे जुड़ी चीज़ों में, जहाँ नैतिक मूल्य होते ही नहीं हैं—हमेशा एक सही और आम जवाब मौजूद होता है। यानी इस इनसानों की दुनिया में आत्मगत नैतिक राय से आप मुक्त हो जाएँ तो वस्तुगत ज्ञान तक पहुँच पाएँगे। इसी से यह बात भी निकलती है कि जहाँ कहीं मनुष्य को वस्तु के रूप में देखा जाता है—जैसे विशुद्ध वैज्ञानिक प्रयोगों में या पश्चिमी औषधीय प्रणालियों में अथवा अर्थशास्त्र में—वहाँ एक विशिष्ट मूल्य-आधारित प्रतिक्रिया अस्तित्व में होती है, जो एक नहीं बल्कि सबके ऊपर समान रूप से लागू हो।

जिन स्थानों पर निजी और वस्तुगत दोनों आयामों का संगम होता है, वहाँ साझा इनसानी समझदारी फँस जाती है या नामुमकिन हो जाती है। नैतिक क्षेत्र में आत्मगतवाद हमें बताता है कि कोई साझा मानवीय समझदारी अस्तित्व में नहीं है और वैज्ञानिक दृष्टिकोण में वस्तुगतवाद हमें बताता है कि साझा समझदारी केवल नैतिक मूल्यों से मुक्त जगत में ही सम्भव है।

लेकिन सामाजिक परिस्थितियों में नैतिक प्रतिक्रियाओं की तत्काल दरकार होती है। जैसे, निर्दोषों की हत्या या उनके ऊपर बमबारी के मामले में नैतिक प्रतिक्रिया इनसानों के बीच की परस्पर समझदारी पर निर्भर करती है कि एक व्यक्ति दूसरे की स्थितियों में ख़ुद को रखकर कल्पना कर सकता है या नहीं, उसके दुख-दर्द को महसूस कर सकता है या नहीं। यानी नैतिक निर्णय या आक्रोश किसी घटना की समानुभूतिपूर्ण समझ पर निर्भर करता है।

दिक़्क़त यह है कि हम लोग ऐसी क्षमताएँ लेकर पैदा नहीं होते, इन्हें सीखना पड़ता है। दूसरों के नज़रिये को उन्हीं की रोशनी में समझना, उनकी पीड़ा को महसूस करना, उनकी नियति की कल्पना करना, ये सब अर्जित किए जानेवाली क्षमताएँ हैं। हमें बाक़ायदा यह सिखाया जाता है कि अपनी क्षुद्रताओं से ऊपर उठो, भेदों और बहुलता का सम्मान करो, तर्क के सामाजिक उपयोग का मूल्य समझो ताकि असहमतियों के साथ प्रयोग कर के सहमति के नए स्तरों का सन्धान किया जा सके, प्राप्त ज्ञान को आलोचनात्मक दृष्टि से खँगाला जा सके और जटिल द्वंद्व की स्थिति में ठोस फ़ैसले लेकर ख़ुद की बेहतर समझदारी तक पहुँचा जा सके।

ये तमाम क्षमताएँ हमारे भीतर पोषित विचार और कल्पनाओं पर निर्भर करती हैं। इन क्षमताओं के लिए हमें भौतिकी, रसायन या गणित पढ़ने की ज़रूरत नहीं है। इन्हें सीखने में दर्शन, साहित्य और विभिन्न धार्मिक परम्पराओं में निबद्ध आख्यान काम आते हैं। हमें ये चीज़ें पंचतंत्र, जातक कथाएँ, महाभारत, बुद्ध, प्लेटो, कनफ़्यूशियस को पढ़ने से सीखने को मिलेंगी। अल-गजाली और रूमी, अन्नमाचार्य ओर वारकरी परम्परा के चिन्तक यहाँ हमारे काम आएँगे। कुल मिलाकर, हमें ये क्षमताएँ विकसित करने के लिए मानव-विज्ञान को पढ़ना होगा।

केवल नौकरी का मामला नहीं

हमारी जटिल नैतिक अनुभूतियाँ परिवार के भीतर उतनी विकसित नहीं होतीं जितनी मानवविज्ञान के व्यवस्थित शिक्षण से पैदा होती हैं। जो शिक्षा-पद्धति मानवविज्ञान की उपेक्षा करती है वह धीरे-धीरे नैतिक विनाश की ओर बढ़ जाती है। दिक़्क़त यह है कि हम मध्यवर्गीय और उच्चवर्गीय लोगों में से कई अपने बच्चों को यही तकनीक-केन्द्रित और मानव-मूल्यरहित शिक्षा देना चाहते हैं। शिक्षा को केवल रोजगार दिलवाने की क्षमता पैदा करने तक सीमित कर के देखना—यानी व्यक्तियों के लिए ज़्यादा भौतिक समृद्धि के एक औज़ार के रूप में देखना जो गणनीय राष्ट्रीय परिसम्पत्तियों को गुणात्मक रूप में बढ़ाने के काम आए (जैसे जीडीपी, मुनाफा और ताक़त)—स्वेच्छा से अपने नैतिक जगत को चौरस बनाने के बराबर है।

परिवार और दोस्त-मित्रों के मामले में तो हमारी सहज नैतिकता ही काम कर जाती है क्योंकि यह इतनी सशक्त होती है कि हमारे उस नैतिक खोखलेपन को ढँक लेती है जो मानविकीरहित हमारी शिक्षण-प्रणाली ने हम में रोपा है। लेकिन जब दूसरे मनुष्यों की बात आती है तब हमारी सहज नैतिकता कमज़ोर पड़ जाती है, काम नहीं आती। इसीलिए हमें मानविकीकेन्द्रित शिक्षा प्रणाली की ज़रूरत है जो हमारे परिजनों और क़रीबियों के पार जाकर हमारे नैतिक जगत का विस्तार करे और हमारी अनुभूतियों को और परिष्कृत बनाए।

आज इसके ठीक उलट हम नैतिक बन्दिशों के गवाह बन रहे हैं। एक ऐसी संस्कृति जो पहले अपने सभी बुज़ुर्गों को उदारता और सम्मान के साथ बरतती थी, उसमें लोग आज अपने बूढ़े माता-पिता के प्रति भी नैतिक रूप से लापरवाह हो चले हैं। जिस संवेदनहीन ढंग से हम अपने निजी दायरे के बाहर के लोगों से व्यवहार करते हैं, मुझे आशंका है कि वही प्रवृत्ति अब यहाँ भी घर कर चुकी है।

67

विशिष्ट पहचान का घातक विचार

हर मनुष्य केवल एक धर्म या भाषायी समुदाय, एक संस्कृति या एक ख़ास सभ्यता से आता है, यह ख़याल ऐसा लगता है कि अब हर जगह फैल चुका है। बहुत से लोग अब यह मानने लगे हैं कि हमारी पहचान परस्पर विशिष्ट समूहों की सदस्यता

से परिभाषित होती है। जैसे, मैं अगर बंगाली हूँ तो असमिया या उड़िया नहीं हो सकता; अगर हिन्दू हूँ तो मुसलमान या ईसाई नहीं हो सकता।

यह विशिष्ट पहचान वाला ख़याल बहुत हाल का है, बल्कि आज की तारीख़ में भी बहुत से ऐसे लोग हैं जो इस तरह से नहीं सोचते या फिर बहुत यक़ीन के साथ यह नहीं मानते। हम में एक से अधिक सम्बद्धताएँ बहुत आम हैं क्योंकि हम लोग जिन संस्कृतियों में जाते हैं वहाँ से कुछ-न-कुछ लेते ही हैं, और मनुष्य जब अनजानी जगहों का सन्धान करता है तो मूल्य व विचार अपनी सूक्ष्मता में उसे प्रभावित करते ही हैं। हम कौन हैं, इसकी समझ एक नहीं है। इसकी अनन्त व्याख्याएँ हैं और उसे मिटाया नहीं जा सकता। पहचान के किसी एक स्थिर खाँचे में बँधे रहने से यह कहीं ज़्यादा बेहतर है।

पहचान बहुस्तरीय होती है

हम एक संस्कृति, एक धर्म या एक भाषा के प्राणी हैं, यह सोच ही अवांछनीय और अव्यावहारिक है। यह व्यावहारिक नहीं है क्योंकि हमारी समूची पहचान उससे बहुत ज़्यादा बहुस्तरीय और जटिल है जैसा हम अपने बारे में या दूसरे हमारे बारे में मानते हैं। जो बाहर से ज़ाहिर है, केवल उसी पहलू को अपनी पहचान मान लेना अपनी ही एक विकृत और अधूरी छवि को स्वीकार कर लेने जैसा होगा। यह अवांछनीय भी है क्योंकि यह हमें केवल एक परम्परा से पोषित मानने को बाध्य करती है जबकि ऐसा नहीं है। हम जब विभिन्न प्रभावों के तले जीते हैं और तमाम विचार-प्रवाहों व मूल्यों से समृद्ध होते हैं, तभी हमारी ज़िन्दगी भी बेहतर होती है।

संस्कृतियों का मिलन

दिल्ली में रहनेवाले किसी व्यक्ति को उदाहरण के तौर पर लेते हैं। वह हिन्दी, उर्दू और पंजाबी की एकाधिक धाराओं का वारिस होगा। स्थानीय बोलियों को छोड़ भी दें तो ये भाषाएँ संस्कृत और पुरानी फारसी से मिलकर बनी हैं, जो भाषाओं के प्राचीन परिवार में एक-दूसरे की क़रीबी रिश्तेदार हैं ('असुर' और 'अहुर' या 'यज्ञ' और 'यस्न' को देखें)। बोलनेवाले नहीं जानते कि उनकी ज़बान में कई शब्द अरबी स्रोत से हैं (जैसे आदमी या मालिक)। चूँकि भाषा केवल संचार का औज़ार नहीं है बल्कि कई दुनियाओं को अपने में समाहित करती है तो इन दुनियाओं का आपस में मिलना हमारी समझ के मुक़ाबले कहीं ज़्यादा जटिल होता है। इसी तरह हमारे इर्द-गिर्द जो स्मारक या इमारतें हैं (हुमायूँ का मकबरा, संसद भवन, रामलीला मैदान) और तमाम क़िस्म के पकवान हैं, वे सब आपस में मिली-जुली संस्कृतियों

और दुनियाओं की देन हैं। ये सब मिलकर पहचानों को गढ़ते हैं।

यही बात उन नैतिक ढाँचों के लिए भी सच है जो हमारी धारणाओं और संकल्पों को गढ़ते हैं। ये नैतिक ढाँचे पाँच हज़ार साल के दौरान विकसित मूल्यों से मिलकर बने हैं। मुझे सन्देह है कि एक भी ऐसा भारतीय नहीं होगा जो प्राचीन विचार-सरणियों से मिलकर नहीं बना—इनमें हिन्दू धर्म, बुद्ध, महावीर, भारत में आंशिक रूप से विकसित इस्लाम और ईसाइयत की परम्पराओं, नानक, कबीर, और वास्को द गामा के भारत आने के बाद जन्मे पश्चिमी मूल्य सबके सब शामिल हैं। साक्ष्यों के हिसाब से देखें तो किसी एक धारा से होने का दावा हवा हो जाएगा। वह या तो हठधर्मी का नतीजा होगा या फिर मूर्खता का होगा। फिर क्या कारण है कि हम लोग इन तमाम परम्पराओं को गले लगाने के बजाय केवल एक के प्रति वफ़ादारी का दावा करते हैं?

एक गम्भीर आपत्ति

यहाँ कोई आपत्ति करते हुए कह सकता है कि एक व्यक्ति की पहचान उसे प्रभावित करनेवाली हर चीज़ से मिलकर नहीं बनती है बल्कि उन तत्त्वों से ही बनती है जिसे वह अपने लिए महत्त्वपूर्ण समझता है। कोई यह भी कह सकता है कि व्यक्ति की मूलभूत प्रतिबद्धताएँ हो सकता है किसी एक वैचारिक ढाँचे से निकल रही हों और वही ढाँचा उसकी पहचान को तय करता हो। ऐसे तर्क में यह माना जाता है कि पहचान सार्वजनिक रूप से मान्य तत्त्वों से ही परिभाषित होती है क्योंकि उसके वास्तविक महत्त्व पर वह मान्यता एक निर्णय है। इसी से तय होता है कि हम कौन हैं, कहाँ के हैं और किसके प्रति हमारी श्रद्धा है।

यह तर्क आगे बढ़कर कहता है कि एक व्यक्ति की पहचान किसी उच्चतर आदर्श के प्रति उसके रुझान से तय होती है। एक ख़ास क़िस्म का व्यक्ति बनने की उसकी तलाश यानी अपनी दिशा का संधान करने का उसका संकल्प उसकी पहचान को तय करेगा। ऐसा करते वक़्त क्या उसे 'बाहरी या बुरे तत्त्वों' को अपने में से छाँट नहीं देना होगा? किसी उच्चतर की ओर यात्रा क्या अक्सर अपने भीतर अच्छे और बुरे के बीच जंग का प्रतीक नहीं है? क्यों न इसे एक ख़ास क़िस्म के शुद्धीकरण के तौर पर देखा जाए? मसलन, एक हिन्दू के लिए शुद्धीकरण या एक मुसलमान के लिए जिहाद? अगर ऐसा ही है तो क्या इससे यह मतलब नहीं निकलता कि एक व्यक्ति इसलिए हिन्दू है क्योंकि वह केवल हिन्दू धर्म के भीतर के सबसे बहुमूल्य तत्त्व को पाने की आकांक्षा रखता है, किसी और परम्परा में नहीं? यानी उसे यह बताना कि उसके भीतर एक मुस्लिम तत्त्व भी मौजूद है अप्रासंगिक होगा क्योंकि उसके वजूद का सारा मसला एक अच्छा हिन्दू होने में निहित है, या

कहें अपने स्व में से अहिन्दू या हिन्दू-विरोधी तत्त्वों को छाँटने में निहित है। ये तो ज़बरदस्ती की लड़ाई जान पड़ती है! इस लड़ाई में दो बड़ी चुनौतियों की उपेक्षा की जा रही है।

पहली, दो विभिन्न नीतिशास्त्रीय परम्पराओं के साक्षात्कार में दोनों परम्पराओं के भीतर कुछ अहम बदलाव होते हैं। मसलन, वैदिक परम्परा में जीवन के तीन साध्य बतलाए गए थे—काम, अर्थ, धर्म। बुद्ध की शिक्षाओं से साक्षात्कार होने के बाद इसमें चौथा साध्य जुड़ा—मोक्ष। इसी तरह, आर्य समाज ने मूर्तिपूजा को चुनौती देकर उसकी जगह मूल वैदिक अग्नि-केन्द्रित कर्मकांड को रख दिया, पर क्या इस बात से कोई इनकार कर सकेगा कि इसके ऊपर निराकार ईश्वर के इस्लामिक विचार का भी प्रभाव था? धर्मों ने एक-दूसरे के भीतर सर्वोच्च आदर्श की अवधारणा को हमेशा गढ़ा है, भले ही वे अपने मूल स्रोत को छुपाते या लांछित करते रहे हों।

दूसरी चुनौती भी उतनी ही अहम है। वो यह कि हम में से ज़्यादातर लोग एकाधिक नैतिक स्रोतों से संचालित होते हैं। हम अपने भीतर विभिन्न प्रवृत्तियों की मौजूदगी को मानते हैं। कभी-कभार तो कुछ प्रवृत्तियाँ एक दूसरे से एकदम बेमेल भी हो सकती हैं। उदाहरण के लिए फ्रेंच दार्शनिक पॉल रिकर को लें। उन्होंने इस बात को उजागर किया था कि वे जिस प्रोटेस्टेंट धारा में पैदा हुए थे वहाँ अकेले में बाइबिल को पढ़ने की प्रथा हुआ करती थी। इसका कोई बौद्धिक आयाम नहीं था, लेकिन प्रार्थना करना और अपनी आत्मा का परीक्षण करना उनके पालन-पोषण का एक अंग रहा था। उतना ही अहम था आलोचनात्मक चिन्तन और तार्किकता के वे सार्वजनिक पैमाने, जिनसे वे प्रभावित हुए थे। वे कहते हैं, "मैं हमेशा इन दो ध्रुवों के बीच आवाजाही करता रहा—एक बाइबिल की दुनिया और दूसरी तर्काधारित आलोचना की। मेरे समूचे जीवन में यह द्वैत मौजूद रहा है। मैं इन दोनों के प्रति वफ़ादार रहा हूँ।" मेरे ख़याल से रिकर का यह आत्मविवरण बहुत से बौद्धिकों की ज़िन्दगी की झलक देता है। कई वैज्ञानिक अपनी हिन्दू दृष्टि को गम्भीरता से लेते हैं; कई दार्शनिक अपनी यहूदी, इस्लामिक या केथोलिक आध्यात्मिकता में राहत पाते हैं। दोनों के प्रति वफ़ादार ये लोग मानते हैं कि इनमें से एक भी उनसे छिन जाए तो वह नुक़सान बड़ा अहम होगा।

एकाधिक सम्बद्धताएँ

मुझे आश्चर्य नहीं होगा यदि आज ऐसे कई मुसलमान निकल आएँ जो क़ुरान और रामायण दोनों से प्रभावित हों। हरियाणा के मेव समुदाय में बीसवीं सदी के मध्य तक यह बहुत आम बात थी। हमारे कई महानतम गायक, संगीतकार और कवि आज भी हिन्दू और इस्लामी रहस्यवाद, दोनों से प्रभावित रहते हैं। मैंने बिस्मिल्ला

ख़ान पर एक फ़िल्म देखी थी जिसमें वे बता रहे थे कि बनारस में होना उनके लिए एक दैवी आशीर्वाद जैसा है—"मैं घाट से उतर कर गंगा में नहाने जाता हूँ, फिर नमाज के लिए मस्जिद जाता हूँ और उसके बाद रियाज़ के लिए सीधे बालाजी मन्दिर।" सच्चाई यह है कि अतीत में बड़ी संख्या में ऐसे लोग रहे हैं जिनकी एक या दो नहीं, एकाधिक सम्बद्धताएँ और पहचानें थीं। भविष्य में यह ग़ायब नहीं हो जाएगा। अफ़सोस की बात है कि एक विशिष्ट पहचान की माँग दरअसल आदमी को अधूरा बनाती है।

विशिष्ट पहचान या सम्बद्धता का ख़याल वैश्विक संस्कृतियों के लिए एक ख़तरनाक बात है। उतना ही ख़तरनाक वह राजनीतिक प्रोजेक्ट है जो लोगों को एक पहचान में तब्दील करने का आह्वान करता है, बहुलता छोड़ने को कहता है ताकि हम विशुद्ध एक पहचान वाले बन जाएँ। ख़ुद को 'शुद्ध' करने और 'किसी भी प्रदूषक विदेशी तत्त्व' से मुक्त करने की माँग को पूरा करना न सिर्फ़ एक कठिन काम है—यदि हमें एक समृद्ध जीवन जीने की चाह है—बल्कि यह मानने लायक़ बात भी नहीं है।

68

विचारधारात्मक हिंसा का नया चेहरा

एक युवा अमेरिकी विद्वान एलेन फ़िशर ने बहुलतावाद पर एक किताब लिखी है। प्राक्-आधुनिक भारत में धार्मिक हिंसा का एक ज्वलन्त उदाहरण उन्होंने पुस्तक में दिया है। बात 1598 की है जब चिदम्बरम के मन्दिर में कुछ वैष्णव पंडे विष्णु की एक प्रतिमा स्थापित करना चाहते थे और इसके लिए उन्होंने राजा से अनुमति माँगी थी। चिदम्बरम को भारतीय उपमहाद्वीप में शैव धारा के सबसे महत्त्वपूर्ण मन्दिरों में एक माना जाता है। जब शैव पंडों को इसकी ख़बर लगी तो उन्होंने वैष्णव पंडों की माँग के विरोध में सामूहिक ख़ुदकुशी की धमकी दे डाली। इसके बाद बीस पंडों ने मन्दिर के गोपुरम से छलाँग मार कर वास्तव में अपनी जान दे दी। इससे समझ आता है कि विभिन्न आस्थाओं और मान्यताओं के लोग अपनी आस्था की रक्षा के लिए दूसरों की जान लेने के बजाय ख़ुद अपनी जान दे देते थे क्योंकि दूसरे पंथ के किसी सदस्य की हत्या करना अकल्पनीय था।

आज इस देश में जो हो रहा है, उपर्युक्त घटना की रोशनी में देखें तो प्रलयंकारी

जान पड़ता है। भारत में बेशक बहुत सी दिक़्क़तें रही हैं, लेकिन अलहदा मान्यताएँ रखने पर किसी की हत्या करने का ख़याल यहाँ कभी नहीं रहा है। दो सदी से ज़्यादा समय तक यहाँ नास्तिकता और तर्कवाद की गतिशील परम्परा रही है जिसमें जैनी, बौद्ध, सांख्य और मीमांसा के अनुयायी शामिल रहे हैं। देवी-देवताओं और तमाम क़िस्म के कर्मकांडों को माननेवाले इनका भीषण विरोध करते थे लेकिन इन्हें अपने अस्तित्व के लिए ख़तरा कभी नहीं मानते थे। हँसी-मज़ाक़, ताने, व्यंग्यबाण आदि ख़ूब चलते थे और सार्वजनिक रूप से ख़ुद के श्रेष्ठ होने के दावे भी किए जाते थे। यहाँ तक कि अपशब्द भी कहे जाते थे, लेकिन हिंसा स्वीकार्य नहीं थी। शारीरिक हिंसा दुर्लभ चीज़ थी। तीसरी सदी के अशोक के स्तम्भों पर लिखी गई इबारतों में विभिन्न धार्मिक-दार्शनिक समूहों को एक दूसरे के प्रति विद्वेषपूर्ण वाणी और अपमान के प्रति चेताया गया है। अशोक ने इस बात का तसव्वुर भी नहीं किया था कि लोग एक दूसरे को चोट पहुँचा सकते हैं, हत्या तो उसकी कल्पना में बहुत दूर की चीज़ थी। वह मानकर चलता था कि उसके साम्राज्य में ऐसा नहीं होगा। कहने का मतलब यह नहीं है कि प्राचीन समाज बहुत शान्तिपूर्ण हुआ करते थे। वहाँ भी रोज़मर्रा की राजनीतिक-सामाजिक हिंसा तो होती ही थी जो ऊँच-नीच वाले सभी समाजों में आम होती है, लेकिन औपनिवेशिक आधुनिकता के आने से पहले तक भारत में विचारधारात्मक हिंसा नाम की कोई चीज़ नहीं हुआ करती थी।

हिंसा के रूप

हिंसा कई क़िस्म की होती है। एक तो लोभ, ग़ुस्से और डर से उपजती है जो कि हमेशा ही मौजूद रही है। इसे हम साधारण हिंसा कह सकते हैं। फिर आती है राजनीतिक हिंसा यानी अपनी सत्ता को क़ायम रखने और ज़मीनें क़ब्ज़ाने के लिए की जानेवाली हिंसा। तीसरे क़िस्म की कर्मकांडी हिंसा होती है, जो आर्ष समाजों में हुआ करती थी, जहाँ जागतिक कल्याण और ब्रह्मांडीय सन्तुलन क़ायम रखने के लिए पशुबलि दी जाती थी, जिसमें कभी-कभार नरबलि भी शामिल होती थी। भारत में ऐसी हिंसा का एक स्रोत शुद्ध और अशुद्ध के बीच का भेद भी था, जो हमें जाति और लिंगाधारित हिंसा में देखने को मिलता है।

विचारधारात्मक हिंसा इन सभी क़िस्मों से अलग होती है। यह इस रूढ़ि से पैदा होती है कि मेरी मान्यताएँ और विचार इतने विशिष्ट और मौलिक हैं कि अकेले उन्हें ही रहना चाहिए। चूँकि मेरे विचार को कोई चुनौती नहीं दे सकता और जो मैं कह रहा हूँ अन्तिम सच वही है, इसलिए मेरे सच को चुनौती देनेवाली कोई भी बात ख़तरनाक है और उसको ख़त्म किया जाना ज़रूरी है। इसका एक और आयाम यह है कि मेरे जैसा विचार रखनेवाले मेरे भाई-बन्धु हैं और उनके भीतर किसी

भी क़िस्म का विचलन स्वीकार नहीं किया जा सकता, इसलिए विचलनग्रस्त और असहमत भाई-बन्धुओं को भी नहीं बख़्शा जाना चाहिए। जो दूसरे विचार रखते हैं वे तो बाहरी हैं, इसलिए उनसे लड़ा जाना है, उन्हें बहिष्कृत करना है और ज़रूरत पड़ने पर उनका सफाया भी कर देना उचित है।

एक समय में विचारधारात्मक हिंसा धर्म की एक ख़ास अवधारणा के विकास के साथ जुड़ी हुई थी। इसीलिए इसको हम धार्मिक हिंसा का नाम भी दे सकते हैं। लेकिन पिछली दो सदियों में इसने कुछ अधार्मिक विचारधाओं के बीच अपनी पैठ बना ली, जैसे स्टालिनवाद, फासीवाद और अज्ञात भय पर टिके राष्ट्रवाद में। इसीलिए इसे धार्मिक हिंसा के बजाय विचारधारात्मक हिंसा कहना उपयुक्त होगा।

इसी विचारधारात्मक हिंसा का नया चेहरा हमने नरेन्द्र दाभोलकर, गोविन्द पानसरे, एम.एम. कलबुर्गी और गौरी लंकेश की भयावह हत्याओं में देखा है। ऐसी ही विचारधारात्मक हिंसा की छवियाँ हम पश्चिम बंगाल और केरल में भी दो समूहों के बीच चल रहे युद्ध में देख सकते हैं। उपर्युक्त हत्याओं के बारे में ख़ास बात यह है कि यहाँ नफ़रत पैदा करनेवाले समूहों द्वारा संचालित हत्यारे गिरोहों की ओर से लाचार व्यक्तियों को निशाना बनाया गया है, केवल इसलिए कि उन्होंने सार्वजनिक रूप से अपने अलहदा ख़यालात ज़ाहिर कर दिए थे। सामान्य मध्यवर्गीय लोगों के ख़िलाफ़ हत्यारे गिरोहों की यह हिंसा भारत के इतिहास में एकदम नई चीज़ है।

नया डर

सिलसिलेवार हुई इन हत्याओं का एक और लक्षण है जो बहुत चिन्ताजनक है। इन्हें यदि तेज़ी से रोका नहीं गया तो ये एक नए क़िस्म का डर पैदा करती हैं जिससे कुछ और लोग भयभीत हो जाते हैं। यह सच है कि हमारे समाज में हमेशा ही कोई-न-कोई समूह किसी-न-किसी डर में जीता रहा है। मसलन, गाँवों में दलित हमेशा उच्च जातियों की हिंसा के भय के साये में जीते रहे हैं। औरतें डर के मारे कभी रात में खुलकर बाहर नहीं निकल पाई हैं। छोटे शहरों-क़स्बों में पत्रकार हमेशा ताक़तवर दबंगों के डर में जीते रहे हैं। दंगों के दौरान और बाद में हमेशा अल्पसंख्यकों को सार्वजनिक प्रतिक्रिया का डर रहा है। यहाँ तक कि मध्यवर्ग और उच्चवर्गीय परिवार भी दिल्ली जैसे शहरों में डर के मारे गेटबन्द समुदायों में रहते हैं। इन हालिया हत्याओं के बारे में लेकिन नई बात यह है कि इसने महानगरों और बड़े शहरों में उन नागरिकों को चुप करा दिया है जो मुखर थे और जनता के बीच में खुलकर बोलते थे। बौद्धिकों और सामाजिक कार्यकर्ताओं पर क़ानूनी मुक़दमे लादकर और उन्हें धमकाकर भी यही हासिल किया जा रहा है।

सवाल उठता है कि क्या हम अपनी परम्पराओं से इतना ज़्यादा कट चुके हैं

कि दूसरों के विचारों को बरदाश्त तक नहीं कर सकते? क्या पूरे समाज पर एक ही विचारधारा को थोपने की कोशिशें हो रही हैं? क्या इसीलिए नफ़रती समूहों और हिंसक गिरोहों को बहुत सोच-समझ कर पोषित करने के बाद सार्वजनिक महत्त्व की बहसों और संवादों में खलल डालने के लिए जगह-जगह बैठाया गया है, ताकि लोग अलगाव में पड़ जाएँ? एक राष्ट्र यदि वाक़ई संवादरत जनता से मिलकर बनता है, तब तो अपने ही नागरिक भाई-बन्धुओं के ख़िलाफ़ चल रही ऐसे साइबर दबंगई और शारीरिक हमले निश्चित तौर पर संवाद को ख़त्म करने की साज़िश हैं। ज़ाहिर है, नागरिक संवाद पर कोई भी हमला अपने मूल में इस राष्ट्र पर किया गया हमला है।

69

क्या हम अपने अहं में सनक चुके हैं?

कई साल पहले की बात है। मैं सड़क पर गाड़ी चला रहा था। उस वक़्त दिल्ली की रिंग रोड बहुत चौड़ी हुआ करती थी। अचानक साइड की लेन से एक गाड़ी निकल कर आई और मुझसे एकदम टकराते-टकराते रह गई। मैंने अचानक अपनी गाड़ी को रोका और उस गाड़ीवाले की ओर तेज़ी से बढ़ा। उससे मैंने पूछा कि क्या वह जानता है कि मेन रोड पर चलनेवाली गाड़ी को पहले जाने का अधिकार होता है। उसने बेहिचक जवाब दिया, "जो जिस रोड पर चलता है वही रोड उसके लिए मेन रोड होती है।" इस घटना के बहाने मैंने अपने छात्रों को सापेक्षतावाद का मतलब समझाया था, हालाँकि इस मामले में यह भी आसानी से देखा जा सकता है कि कैसे लोग अपने हित को दूसरों के हितों के ऊपर रखते हैं। उस दौर में यह बीमारी पनप ही रही थी, आज इसने पूरे समाज को अपनी चपेट में ले लिया है। आज नैतिक रूप से असंवेदी हो चुके हमारे समाज में हर किसी को खुली छूट मिली हुई है। आज के भारत का एक चिन्ताजनक पहलू लोगों के अहं का सनक में तब्दील होते जाना है जो हम सब को निगल रहा है।

यहाँ मैं किसी के निजी हित पर हमला नहीं कर रहा हूँ। निजी हित को अहंवाद से अलगा पाना बहुत ज़रूरी है। मैं अहंवाद के बढ़ते जाने से परेशान हूँ, न कि निजी हितों की वैध पूर्ति से।

निजी हित

निजी हित का मतलब है कि आदमी अपनी चाहतों और इच्छाओं के प्रति जागरूक है। अपनी भलाई के लिए जागृत मनुष्य अपनी चाहतों का पीछा करता है और उन्हें पाकर सन्तुष्ट भी होता है। इसमें कुछ भी ग़लत नहीं है। वास्तव में हम तो चाहते ही हैं कि लोग अपने हितों को समझें और बड़े जतन व ध्यान से उन्हें हासिल करें। जैसे हम किसी मधुमेह के मरीज़ को मिठाई खाने के प्रति चेताते हैं, एक बच्चे को डाँटते हैं जिसने खाने के पहले हाथ न धोया हो या परीक्षा के पहले पढ़ाई नहीं करनेवाले छात्र को समझाते हैं, यह वैसी ही बात है। अपने हित को न समझना और उसके लिए प्रयास न करना कोई अच्छा गुण नहीं है।

हमें न सिर्फ़ अपने हितों पर ध्यान देना चाहिए बल्कि उन्हें समृद्ध भी करते रहना चाहिए। हमें इस बात की समझदारी होनी चाहिए कि हमारे लिए क्या अच्छा है और क्या बुरा, हमें क्या चाहिए और क्या नहीं, इसके बाद हमें अपने हित के हिसाब से चीज़ों को पाने का प्रयास करना चाहिए। मसलन, लगातार फास्ट फूड खाना अस्वास्थ्यकर होता है। आपका मन करे, तब भी वह आपके लिए ठीक नहीं है। इसीलिए घर में पके सन्तुलित भोजन को खाने की सलाह दी जाती है।

लेकिन मेरा हित अगर दूसरे के हित से टकराने लगे, तब क्या किया जाए? दूसरे के हित की क़ीमत पर अपना हित साधें? क्या यही अहंवाद है—कि हम सब दूसरों के हितों की उपेक्षा कर के अपने हित को साधने में लगे हुए हैं?

अहंवाद

अहंवाद आधुनिक तर्कबुद्धि की एक विकृत पैदाइश है। केवल मेरा हित ही दुनिया में सबसे ज़्यादा मायने रखता है, इस बात को तार्किक रूप से नाप-तौल कर साबित करना अहंवाद है। इससे यह नतीजा निकलता है कि बाक़ी सारे लोग बेकार हैं। यह दो तरीक़ों से होता है। यदि मेरा का मतलब मैं ख़ुद हूँ, तब तो यह निजी अहंवाद है। यदि मेरा का मतलब मेरा समूह है जिसमें कई लोग हैं, तब उसे हम सामुदायिक अहंवाद कहेंगे। ऐसे अहंवाद के केन्द्र में परिवार, जाति समूह, भाषायी समुदाय, राष्ट्रीय समुदाय, कुछ भी हो सकता है। सामुदायिक अहंवाद का अर्थ यह है कि केवल मेरा समुदाय ही मायने रखता है, बाक़ी समुदाय बेकार हैं।

इससे पहले यह समझ लेना चाहिए कि एक व्यक्ति यदि दूसरों के हित की उपेक्षा कर के भी अपना हित साधने में लगा है तो ज़रूरी नहीं कि वह अहंवादी हो। एक अहंवादी द्वारा दूसरों के हितों की उपेक्षा अलग क़िस्म की होती है। अहंवाद वहाँ पैदा होता है जब दूसरों की उपेक्षा करनेवाला कृत्य इस मान्यता से पैदा हो

रहा हो कि दूसरों का कोई मोल ही नहीं है। कोई दो व्यक्ति, जो एक दूसरे के मोल को समझते हों, उनके भी निजी हित कभी न कभी टकरा सकते हैं। इस टकराव को बातचीत और समझौते से हल किया जा सकता है क्योंकि दोनों के भीतर एक साझा नैतिकता मौजूद है। अहंवादी की दिक़्क़त यह है कि वह दूसरों को सुनता ही नहीं है। उसकी कोई नैतिकता नहीं होती है।

वास्तव में, स्व-हित का सन्धान कभी-कभार न्याय के हित में भी होता है। कुछ उदाहरणों से बात को समझने की कोशिश करते हैं। वीरेन और नील के सामने एक सेब रखा है। वीरेन के पास पहले से छह सेब हैं। उसे एक और चाहिए। नील के पास एक भी सेब नहीं है। उसे भी सेब चाहिए। नील वह सेब ले लेता है। ऐसा कर के वह वीरेन के हितों की उपेक्षा करता है। बेशक उसने दूसरे की क़ीमत पर अपना हित साधा है, लेकिन वह अहंवादी नहीं है। एक और उदाहरण लें। राम और रवि तेज़ गति की एक ट्रेन के एक ही डिब्बे में हैं। दोनों कहीं और नहीं जा सकते। रवि एक सिगरेट जलाता है। राम को अस्थमा की दिक़्क़त है। वह रवि को सिगरेट बुझाने को कहता है। रवि नहीं मानता। राम उससे सिगरेट छीन कर खिड़की से बाहर फेंक देता है। यहाँ उसने अपने हित में ऐसा किया है पर रवि के हित की उपेक्षा की है, लेकिन वह अहंवादी नहीं है। इसी तरह, ओडिशा के चक्रवात में बरबाद हो गया एक ग़रीब आदमी जन वितरण प्रणाली के अभाव में अगर स्थानीय बनिया के यहाँ से राशन लूट लेता है तो उसे हम अहंवादी नहीं कहेंगे।

हमारे मौजूदा सामाजिक-सांस्कृतिक माहौल की बीमारी ये है कि हम में से कई ऐसे लोग हैं जो एक दूसरे के ख़िलाफ़ काम कर रहे हैं, न सिर्फ़ अपने हित को साधने के लिए बल्कि दूसरों को यह सन्देश पहुँचाने के लिए कि उनकी कोई अहमियत नहीं है। अस्पतालों में घोर उपेक्षा के कारण मर रहे बच्चों, छोटी-छोटी बच्चियों के बर्बर बलात्कारों और पाशविक भीड़ के हाथों निर्दोषों की हत्याओं से और क्या सन्देश जाता है?

70

लिंचिंग के पीछे के चिन्ताजनक पहलू

बुलन्दशहर के स्याणा क्षेत्र में एसएचओ सुबोध सिंह को 3 दिसम्बर, 2018 को एक हिंसक भीड़ ने पहले पीटा, फिर गोली मार कर उनकी जान ले ली। यह दक्षिणपंथी

समूहों की भीड़ थी जो कथित गौकशी के ख़िलाफ़ प्रदर्शन के दौरान हिंसक हो गई थी।[10] एक पुलिसवाले और एक युवक की लिंचिंग भीड़ का कोई स्वत:स्फूर्त नैतिक कृत्य नहीं था। किसी के ऊपर भी होनेवाली सामूहिक हिंसा में हमेशा हितों, पूर्वग्रहों और ताक़त की मिली-जुली जटिलता काम करती है।

इस भयावह घटना के पीछे मैं केवल एक पहलू को व्याख्या के लिए उठाना चाहूँगा—ताक़त वाली बात। इस क़िस्म का आक्रामक हमला विरोधियों और पक्ष चुनने से इनकार करनेवालों में भय पैदा करता है। बुलन्दशहर की लिंचिंग केवल अल्पसंख्यकों यानी कथित गौ-हत्यारों को आतंकित करने के लिए नहीं थी। यह उन्हें भी डराने का प्रयास थी जो निष्पक्ष रूप से क़ानून को लागू करने की कोशिश कर रहे हैं। राज्य की मशीनरी के भीतर बैठे अफ़सरों को डराने के लिए यह हत्या की गई थी। लेकिन मेरी दिलचस्पी सतह के नीचे इस हत्या के विचारधारात्मक पहलुओं को समझने में है। चूँकि भीड़ द्वारा हत्या किसी एक विचारधारा तक सीमित चीज़ नहीं है तो मैं सीधे विचारधाराओं के मूल में जाना चाहूँगा ताकि उनके केन्द्र में मौजूद विचार की संरचना को समझा जा सके। क्या है वह संरचना? मेरा जवाब है—'हम' और 'वे' का घोषित फ़र्क़। लेकिन लिचिंग के मामले में इतनी सरल व्याख्या भी अधूरी जान पड़ती है।

मतभेदों के साथ जीना

मान लीजिए कि मेरा और आपका केवल धर्म अलग है, बाक़ी सब चीज़ें एक जैसी हैं। ज़ाहिर है, आपके धार्मिक आचार मुझसे अलग होंगे। में मन्दिर जाता हूँ, आप गिरजा जाते होंगे। इसका मतलब यह नहीं कि अपने धार्मिक अन्तर के बावजूद हम दूसरे मामलों में साथ नहीं आ सकते। आख़िरकार, मन्दिर या चर्च जानेवाले एक भाषा तो बोलते होंगे, एक राजनीति का अंग तो होंगे, एक परिवार का अंग तो होंगे, किसी पड़ोस में रहते होंगे, उनका रोजगार होगा, शौक़ होंगे, और दोनों अपने आसपास के लोगों के साथ अलग-अलग मुद्दों पर जुड़ते भी होंगे। यानी किसी धार्मिक समुदाय की हमारी सदस्यता हमारी कई सामुदायिक सम्बद्धताओं में महज़ एक अदद है। हर किसी के एक से ज़्यादा नेटवर्क और एकजुटताएँ होती हैं। अब ईसाइयों से यदि पूछा जाए कि उनके बीच रहनेवाले हिन्दुओं को क्या चर्च जाना ज़रूरी है तो उनका सहज जवाब होगा, 'नहीं, यह हमारी जगह है और उन्हें

10. पीयूष राय, 'Cop Among Two Killed in Mob Riots Over "Cow Slaughter" in Bulandshahar', *द टाइम्स इंडिया* 4 दिसम्बर, 2018, https://timesofindia.indiatimes.com/city/meerut/mob-violence-in-bulandshahr-over-cow-slaughter-cop-among-two-killed/articleshow/66920578.cms

इसकी ज़रूरत नहीं है। वे तो मन्दिर जाते ही हैं।' यहाँ पर 'हम' और 'वे' वाला चिन्तन नुक़सान नहीं पहुँचा रहा तो ज़ाहिर है इस रूप में किया गया भेद एक-दूसरे के ख़िलाफ़ हिंसा का वैचारिक कारण कभी नहीं बन सकता।

अब कल्पना करें कि यही धार्मिक पहलू जीवन के दूसरे पहलुओं को भी अपनी चपेट में लेना शुरू कर दे। तब धर्म हमें परिभाषित करनेवाला मुख्य लक्षण हो जाएगा। मसलन, मान लें कि हर कोई यह मानने लगे कि उनकी एक समान गतिविधियों के बावजूद धर्म ही उन्हें प्राथमिक रूप से परिभाषित करता है। ऐसे लोग अपने और दूसरे समुदाय के बीच एक स्पष्ट विभाजक रेखा खींच देंगे। वे फिर अपने आपको दूसरों से एकदम अलग देखना शुरू कर देंगे। ऐसा अन्तर शायद टकराव को भी पैदा करे। ऐसे लोग क्या साथ रह पाएँगे? मेरा मानना है कि बिलकुल रह सकते हैं क्योंकि टकरावों के बावजूद उनके बीच कुछ-न-कुछ साझा निकल ही आएगा। ज़िन्दगी सामाजिक सहयोग से चलती है। लोग अगर अपने बीच के मतभेदों पर ही ज़ोर देने लगें और अपने बीच के साझा तत्त्वों पर विचार करना ही छोड़ दें, तब तो ज़िन्दगी ही ठप हो जाएगी। फिर, मतभेदों और टकरावों के हिंसक होने की भी कोई वजह नहीं है। इसलिए 'हम' और 'वे' के बीच बहुत तीखा फ़र्क़ (धार्मिक मतभेद) होने के बावजूद वह अपने आप में हिंसा का, या कहें लिंचिंग का कारण नहीं बनता।

परायेपन की कट्टरता

फिर वह क्या चीज़ है जो हिंसा पैदा करती है? सिर्फ़ 'हम' और 'वे' के बीच के दो खाँचों में ढली सोच हिंसा पैदा करने के लिए पर्याप्त नहीं होती, इसके लिए दो और पहलुओं में आस्था की ज़रूरत होती है। पहला कि केवल मेरा समूह ही मायने रखता है, केवल हम ही सही हैं, सच्चे हैं और सार्थक हैं जबकि बाक़ी सब बेकार हैं क्योंकि बुरे हैं, ख़राब हैं या ग़लत हैं और उनकी धारणाएँ झूठी हैं। दूसरे, जो हमारे जैसे हैं वे हमारे भाई-बन्धु हैं और जो हमारे जैसे नहीं हैं वे इतने गड़बड़ लोग हैं कि हमारे साथ रह नहीं सकते। उनसे बात करना, कोई भी संवाद करना, उनके पास जाना सम्भव नहीं है। चूँकि उनसे अब कोई सहमति का बिन्दु नहीं बचा, सब समझौते ख़त्म हो चुके हैं इसलिए वे हमारे दुश्मन हैं, उनसे हमें लगातार ख़तरा है और उन्हें बाहर निकाला जाना चाहिए, ख़त्म कर दिया जाना चाहिए। अपनी श्रेष्ठता का यह कट्टर बोध और दूसरे के नीच होने की यही धारणा हमें इस निष्कर्ष पर पहुँचाती है कि दूसरा हमारे बीच नहीं रह सकता, इसलिए यह सोच दूसरे को बहिष्कृत करनेवाली हिंसा में तब्दील हो जाती है। अगर कोई एक समूह या वर्ग इस तरह की सोच में मुब्तिला है तो समझिए कि पूरे समाज के सामने विनाश मुँह बाये खड़ा है।

इस तरह के कट्टर परायेपन और 'अन्यता' का परिणाम केवल लक्षित समुदाय के लिए विनाशक नहीं होता बल्कि हिंसा करनेवाले समुदाय को भी यह अन्ततः नुक़सान पहुँचाता है। ऐसा इसलिए क्योंकि जो लोग दूसरों को शत्रु के रूप में देखते हैं वे अपने लोगों पर भी सन्देह करने लग जाते हैं। यह एक ऐसा दुस्चक्र है जिसमें लोग अपने ही बीच दुश्मन को तलाशने लगते हैं। अपने ही समुदाय के ऐसे लोगों को विधर्मी या गद्दार मान लिया जाता है जो समूह के दबंग वैचारिक अगुवों के बताए रास्ते से थोड़ा भी विचलन दिखाते हों। इनसे सहानुभूति रखनेवाले को भी विश्वासघाती मान लिया जाता है। जो ऐसी स्थिति में तटस्थ बने रहने की कोशिश करता है वह 'हम में से' एक नहीं रह जाता, गद्दार हो जाता है। ऐसे तमाम असहमतों को तुरन्त ठीक किया जाना ज़रूरी होता है। चूँकि ऐसे अलगाववादी समूहों में समझाने-बुझाने के तरीक़े नहीं बचे होते, लिहाज़ा समूह की केन्द्रीय मान्यताओं से विचलन करनेवाले आदमी को या उससे इनकार करनेवाले को हिंसक तरीक़े से निपटाने की ज़रूरत पैदा हो जाती है। इसका अर्थ यह है कि लिंचिंग की हिंसा के पीछे यह धारणा काम करती है कि सच या अच्छाई का विचार केवल एक ही समूह की थाती है, और बाक़ी सब जो इसे नहीं मानते वे दुश्मन हैं जिनसे लड़ा जाना है, जिन्हें जीता जाना है और जिन्हें ख़त्म कर दिया जाना है।

71

विषाक्त मर्दानगी की भारतीय संस्कृति

मैं 2019 में सामाजिक हिंसा की तीन घटनाओं से सहम गया था। एक घटना गाँव के किसी बुज़ुर्ग द्वारा एक किशोरी की बेरहमी से की गई पिटाई की थी। उसका कसूर क्या था? उसने अपने किशोर प्रेमी के साथ भागने का दुस्साहस किया था। दूसरी घटना पहलू ख़ान की लिंचिंग के बाद उसके छह अपराधियों की रिहाई की थी जब टीवी चैनलों ने उस घटना के विज़ुअल बार-बार चलाए थे। तीसरी घटना चोरी के आरोप में पीटे गए तीन दलितों की थी। इन हिंसक घटनाओं की बर्बरता किसी की नज़र से ओझल नहीं रह सकती, लेकिन एक बात जो ध्यान देने की है वो यह कि इन्हें अंजाम देनेवालों में कोई औरत शामिल नहीं थी। क्रूरता के इस रंगमंच के सारे किरदार पुरुष हैं।

औरतें भी हिंसा करती हैं, इसमें दो राय नहीं हैं। वे भी दूसरों के ख़िलाफ़,

ख़ासकर औरतों के ख़िलाफ़ क्रूर हो सकती हैं, लेकिन ऐसी हिंसा में जो संस्कृति झलकती है वह अनिवार्यत: मर्दाना होती है। यही मर्दाना संस्कृति ऐसी घटनाओं के होने, इनके दुहराव और इनके महिमामंडन में केन्द्रीय भूमिका निभाती है।

विद्वानों ने इस ओर ध्यान आकर्षित किया है कि मर्दानगी का विचार उतना देह के साथ नहीं जुड़ा है जितना सामाजिक-सांस्कृतिक विचारधाराओं और उनके आचरण से जुड़ा है। मर्दानगी कुदरती रूप से प्राप्त चीज़ नहीं है बल्कि वह एक लक्ष्य है जिसे हासिल किया जाता है। लड़का पैदा होना बेशक एक विशेषाधिकार देता है लेकिन उसे अगर मर्दाना तौर-तरीक़ों से पाला-पोसा नहीं गया तो यह ग़ायब भी हो सकता है। इसके अलावा, वयस्क मर्दों को नियमित प्रदर्शन से इस विशेषाधिकार को क़ायम भी रखना होता है। उन्हें दिखाना पड़ता है कि वे सच्चे मर्द हैं—एकदम मर्दाना आदमी न कि औरताना। तो किसी को क़ायदे से पीटने से बेहतर तरीक़ा इसे दर्शाने का और क्या हो सकता है? माना जाता है कि अगर कोई ऐसे मर्दाना काम नहीं करता या अपने मर्द होने का लाभ नहीं उठाता तो उसका पुरुषत्व ख़त्म हो जाता है, वह स्त्रैण हो जाता है।

मर्दानगी के मॉडल

मर्दानगी के इस मॉडल के मूल लक्षण क्या होते हैं? पहला कि पुरुषों में आक्रामकता प्राकृतिक और वांछित होती है। एक 'सच्चा' मर्द हमेशा लड़ने को तैयार रहता है। अगर नहीं तो उसे कलाई में चूड़ियाँ पहनने को कह दिया जाता है। यहाँ तक कि उसके शारीरिक, मानसिक और सामाजिक स्पेस में थोड़ा-सा अतिक्रमण भी उसे अस्वीकार्य होता है।

दूसरे, मर्द को दर्द नहीं होता, वह बाहुबली और भावनाहीन होता है। उसे रोना कराहना नहीं चाहिए, आसानी से विचलित नहीं होना चाहिए। यहाँ मुझे लैटिन अमेरिका के अपने एक दोस्त की याद आ रही है जो कहता था कि उसे हिन्दी फ़िल्मों में दिखाया जानेवाला प्रेम और नाटकीयता बहुत पसन्द है लेकिन उसमें हीरो के औरताना लक्षणों को लेकर उसे दिक़्क़त होती है। वह पूछता था, "वे इतनी जल्दी रो क्यों पड़ते हैं?" इससे यह समझ आता है कि मर्दों को दूसरों के प्रभाव में आकर उसके प्रति समानुभूति, सहानुभूति या करुणा नहीं दिखानी चाहिए। मर्द को दर्द नहीं होता का एक अर्थ यह भी है कि उसे दूसरों के दर्द से होनेवाले अपने दर्द को दबा लेना चाहिए और डर या किसी और कमज़ोरी पर शर्मिन्दगी महसूस करनी चाहिए।

तीसरे, पुरुषों को महत्त्वाकांक्षी और कठोर होना चाहिए। एक बार उन्होंने कोई लक्ष्य तय कर लिया तो नतीजों की परवाह किए बग़ैर उसे हासिल करना

चाहिए। चूँकि जीतना बहुत ज़रूरी है तो उस लक्ष्य के दावेदार दूसरे पुरुष उसके स्वाभाविक दुश्मन हैं। यानी इस मॉडल में एक और लक्षण विशुद्ध मर्दाना गलाकाट प्रतिस्पर्धा का होता है।

चौथे, यह पुरुष को शोभा नहीं देता कि वह दूसरे की राय ले, कमज़ोर आदमी से समझौते करे या वांछित से कम पर मान जाए। वह स्वतंत्र फ़ैसले ले सकता है। उस पर कोई सवाल नहीं कर सकता। जैसा कि एक फ़िल्म में अमिताभ बच्चन का किरदार कहता है, "बस, कह दिया न!" यानी एक बार मर्द ने कह दिया तो वह ब्रह्मवाक्य है। आँख बन्द करके उसका पालन किया जाना है। पुरुष सम्प्रभु, स्वायत्त और मुक्त होता है। वह उस दुनिया का मालिक है जहाँ वह रहता है—वह औरत पर राज करता है और बच्चे को केवल जन्म देता है। संक्षेप में कहें तो उसकी आज़ादी का एक अंश दूसरों पर राज करने से आता है, ख़ासकर औरतें और 'नौकर'।

इन सभी लक्षणों के ठीक उलट स्त्रियों को माना जाता है—अतार्किक होना, असंयमी होना, भावुक होना, कारुणिक होना, अनिर्णायक होना, तुरन्त रो देना और पक्षपाती होना। औरतें दिमाग़ी और शारीरिक रूप से कमज़ोर होती हैं इसलिए उन्हें मर्दों पर निर्भर और उनकी सुरक्षा में होना चाहिए। इससे यह बात निकलती है कि जब पुरुष ऐसी प्रवृत्तियाँ दर्शाते हैं तो वे नाज़ुक और कमज़ोर हो जाते हैं। इसलिए औरतों की तरह व्यवहार करना मर्दानगी के साथ किया गया छल है। इसके उलट ठंडे दिलो-दिमाग़ से हत्या करना यह दिखाता है कि मर्दानगी अपने पूरे शबाब पर है और ज़िन्दा है।

आज़ादी के ख़िलाफ़ मर्दानगी

सामाजिक हिंसा के दृश्यों में एक और लक्षण प्रतिबिम्बित होता है जो मर्दानगी की संस्कृति का केन्द्रीय तत्त्व है। वो यह मान्यता है कि 'सच्चा मर्द' नैतिक व्यवस्था को क़ायम रखने के लिए सीधे ज़िम्मेदार है। चूँकि वह उसका संरक्षक है तो व्यवस्थाएँ गड़बड़ाने पर उसे तुरन्त उन्हें दुरुस्त करना चाहिए। चूँकि किशोरी ने समुदाय की इज़्ज़त-प्रतिष्ठा को आघात पहुँचाया है तो वह सार्वजनिक रूप से कठोर दंड की भागी है और यह काम उसी समुदाय के किसी बुज़ुर्ग पुरुष को करना है। अन्यथा सामाजिक व्यवस्था के भीतर उसकी ग़ुलामी को कैसे सुनिश्चित किया जाएगा? इसी तरह, दलितों और म्लेच्छों (मुसलमानों) को समाज में अपना तय दरजा पता रहना चाहिए। बराबरी हासिल करने की किसी भी कोशिश को दबा दिया जाना चाहिए। एक दलित आख़िर मूँछ रखने या घोड़ी पर चढ़ने की हिमाकत कैसे कर सकता है? उसे उसकी औक़ात बताई जानी चाहिए। मर्दानगी का विचार दिमाग़ में लिए घूम रहे पुरुषों को यह बात समझ ही नहीं आएगी कि उन्हें क़ानून को अपने

हाथ में नहीं लेना चाहिए। यह अचरज की बात नहीं है क्योंकि उनके नज़रिये से देखें तो क़ानून को तोड़ा ही जाना चाहिए यदि वह ज़्यादा बुनियादी नैतिक व्यवस्था का अतिक्रमण कर रहा हो।

मुझे इस बात का अन्दाज़ा नहीं है कि मर्दाना हिंसा के ख़िलाफ़ भारतीयों में कितना आक्रोश है। क्या हम ऐसी हिंसा को रोक पाने में अक्षम हैं? क्या हम इसे रोकने का सोच नहीं सकते? या फिर हम चुपचाप इसे समर्थन देते रहते हैं? प्राचीन और आधुनिक भारत में हुई महान शख़्सियतों ने अपने-अपने तरीक़े से इस पुरुष-केन्द्रित जगत के भीतर पुरुष-स्त्री के ख़तरनाक द्वैध से बचने की कोशिश की है। बुद्ध के यहाँ करुणा कोई स्त्रैण गुण नहीं है, वह सभी मनुष्यों के लिए एक बुनियादी नैतिक मूल्य है। महावीर ने तो अहिंसा के नैतिक महत्त्व को केवल मनुष्यों तक ही नहीं, सभी जीवों में पोषित करने की बात कही थी। अशोक ने राजनीतिक और सामाजिक हिंसा की व्यर्थता को समझा तथा विभिन्न धार्मिक-दार्शनिक समूहों के बीच सद्भावपूर्ण सह-अस्तित्व की पैरवी की। प्राचीन धर्मसूत्रों में कहा गया है कि ज्ञान केवल पेशेवर रूप से प्रशिक्षित पुरुषों यानी ब्राह्मणों की बपौती नहीं है, महिलाओं और निचले दरजे के लोगों से बहुत कुछ सीखा जा सकता है। हमारे दौर में महात्मा गांधी ने दिखाया कि उत्पीड़क के ख़िलाफ़ हिंसक टकराव के मुक़ाबले शान्तिपूर्ण प्रतिरोध कितना ज़्यादा प्रभावी हो सकता है। हिंसक मर्दानगी के इस जगत में हालाँकि ये सारे गुण औरतों और कमज़ोर लोगों के लायक़ मान लिए गए।

जिन लोगों ने हमें औपनिवेशिक शासन से मुक्ति दिलाई, उनके द्वारा परिकल्पित व्यवस्था के केन्द्र में सबके लिए सच्ची आज़ादी का मूल्य था। इसके उलट, ज़हरीली मर्दानगी की संस्कृति में वर्चस्व का तत्त्व केन्द्रीय होता है जो स्वतंत्रता-संवेदी समतावादी नीति के साथ बेमेल है। फिर सवाल उठता है कि मोटे तौर पर आक्रामक और हिंसक पुरुषों द्वारा समर्थित एक सड़ा-गला, रूढ़िवादी और पुरुषवादी नैतिक तंत्र आज हमारे समाज के आकांक्षी वर्गों के बीच आख़िर कैसे समर्थन पा रहा है?

यह भी चिन्ता की बात है कि सामाजिक हिंसा एक लोकतंत्र में बार-बार ख़ुद को पुनरुत्पादित करती है। लोकतंत्र इसलिए होते हैं कि वे परामर्श, समझौते, रायशुमारी और संवाद के ग़ैर-मर्दाना मूल्यों को प्रोत्साहित करें। लोकतंत्र हमें बताता है कि ज़रूरी नहीं हम जो चाहें वह हमें मिल ही जाए—यानी ताक़त, दृढ़ता, साहस आदि का प्रदर्शन एक बात है लेकिन अपनी सनक में हठधर्मी हो जाना, अपने को लड़ाकू दिखाना और कमज़ोर पर दबंगई झाड़ना बिलकुल दूसरी बात है। शान्तिपूर्ण और सक्रिय लोकतंत्रों में लोगों को यह विश्वास रहता है कि वे ख़ुद को हमलों के प्रति महफ़ूज़ कर लेंगे, लेकिन वे यह बात भी उतने ही अच्छे से समझते हैं कि हिंसा कोई नायकीय कृत्य नहीं है। महानतम भारतीयों ने मर्दाना रूढ़ियों को तोड़ने का काम किया है और पुरुष-स्त्री के द्वैध में फँसने से इनकार किया है। क्या आज

भारत के लोग उनका अनुकरण करेंगे, हिंसा को रोकेंगे और सबके लिए आज़ादी को सुनिश्चित करेंगे?

72

तर्क का पतन

यह दावा हमेशा से अतिरंजित रहा है कि मनुष्य एक तर्कशील प्राणी है और तार्किक फ़ैसले लेने की क्षमता ही उसे दूसरे प्राणियों से अलग करती है। इसमें हालाँकि कोई अतिशयोक्ति नहीं है कि सभी लोग तार्किक ढंग से सोचना सीख सकते हैं बशर्ते उन्हें बताया जाए कि उसमें क्या फ़ायदा है। तर्क के कई काम होते हैं—एक साझा समझदारी और आम सहमति पर पहुँचाना, क्या प्रासंगिक है और क्या नहीं है इसका फ़र्क़ कराना, मनुष्य के गहनतम विचारों को अभिव्यक्ति देना और उन्हें सुसंगत बनाना, ग़लत को सही से अलगाना, अच्छे और बुरे का अन्तर समझाना तथा साधारण व महत्त्वपूर्ण या तात्कालिक का अन्तर बताना। हम लोग विशुद्ध तार्किक नहीं हैं और ऐसा होना भी नहीं चाहिए, पर ज़रूरत पड़ने पर भी तर्क का उपयोग न करना या तो मूर्खतापूर्ण होगा या फिर शुद्ध बदमाशी।

सबसे गर्हित तर्क

वैसे मोटे तौर पर हम अपने चारों ओर की दुनिया में और इलेक्ट्रॉनिक मीडिया में देखते हैं कि तर्क का पतन हो चुका है। या कहें, जान-बूझकर हर तरह के तार्किक चिन्तन को तिलांजलि दे दी गई है और उसके बजाय छल, झूठ, परदादारी और अस्वीकार की विभिन्न रणनीतियाँ अपना ली गई हैं। चर्चाओं को रोका जा रहा है, संवादों में अड़ंगा डाला जा रहा है, तथ्यों को तोड़ा-मरोड़ा जा रहा है। अब ऐसा लगता है कि तर्क को केवल स्वहित और सत्ता के हित में चाकरी के लिए लगा दिया गया है। बेशक तर्क परिदृश्य से पूरी तरह ग़ायब नहीं हुआ है, लेकिन उसे सबसे गर्हित स्वरूप में लाकर छोड़ दिया गया है—ऐसा स्वरूप जो महज़ यांत्रिक और मानवद्वेषी है।

जब तर्क इतना गर्हित हो तो शब्द खोखले हो जाते हैं और निरर्थक ध्वनियों में तब्दील हो जाते हैं। ऐसे में बौद्धिक विमर्श कुकुरझौंझौं में तब्दील हो जाता है या नूराकुश्ती बनकर रह जाता है। तुर्की की लेखिका एसे तमलकुरान ने यूकेआइपी

के अतिदक्षिणपंथी नेता निगेल फ़रागे के ब्रिटिश पत्रकारों के साथ एक संवाद की दिलचस्प तुलना की थी। पत्रकारों का यह समूह फरागे की दलीलों का छिद्रान्वेषण कर रहा था और सर्वज्ञात तथ्यों के सहारे उन्हें झूठा ठहरा रहा था। तमलकुरान ने लिखा कि यह क़वायद एक एक ऐसे कबूतर के साथ शतरंज खेलने जैसी थी जिसमें कबूतर न सिर्फ़ मुहरों को गिरा दे रहा था बल्कि बोर्ड पर बीट भी करता जा रहा था। उन्होंने लिखा, "कबूतर गर्व के साथ अपनी जीत की मुनादी करते हुए फुर्र हो गया और अपने पीछे आपके साफ़ करने को अपनी गन्दगी छोड़ गया।" सवाल उठता है कि ऐसे लोगों के साथ कैसे बात की जाए, कैसे एक साझा ज़मीन खोजी जाए जो केवल विध्वंस पैदा करते हों और अपनी अज्ञानता से संचालित होते हों। तमलकुरान बताती हैं कि तुर्की के राष्ट्रपति एर्दोआन के समर्थकों के साथ एक क़ायदे की राजनीतिक चर्चा करना कितना असम्भव काम है—"उनसे बात करना बिना ढक्कन लगाए मिल्कशेक बनाने जैसा है"। लोग जब कुतर्क करने पर ही आमादा हों तो तर्क लाचार हो जाता है।

सवाल के बदले सवाल

आजकल टीवी पर चलनेवाली बहसों में सबसे ज़्यादा दिक़्क़ततलब बात यह है कि हर महत्त्वपूर्ण सार्वजनिक मसले पर होनेवाली ज़रूरी बातचीत तत्काल भाजपा और कांग्रेस के बीच एक-दूसरे पर कीचड़ उछालने के खेल में बदल जाती है, जैसे कि सारे भारतीय दोनों में से किसी एक के समर्थक ही हों। सारा ध्यान अतीत में कांग्रेस के किए या अनकिए ग़लत कामों की ओर मोड़ दिया जाता है जिससे वर्तमान में की जा रही ग़लतियों की ज़िम्मेदारी और जवाबदेही से बचने में मदद मिलती है। मसलन, दिल्ली के दंगों में हुई भयावह मौतों पर केवल इसलिए चर्चा नहीं हो पाई क्योंकि "1984 में सिक्खों की हत्या के ज़िम्मेदार लोगों की 2020 की दिल्ली पर बात करने की हिम्मत कैसे हो गई?" इसी तरह प्रेस के दमन के बारे में शिकायत या मौजूदा निजाम के ख़िलाफ़ बोलने में लोगों के डर के सवाल को इन्दिरा गांधी द्वारा लगाई इमरजेंसी की ओर मोड़ दिया जाता है। सवाल है कि एक पार्टी की हमें कुछ अच्छी चीज़ दे पाने में नाकामी (मसलन, स्वतंत्रता) इसी मामले में दूसरी पार्टी की नाकामी को कैसे मिटा देती है? लोग दोनों के ख़िलाफ़ शिकायत क्यों नहीं कर सकते?

एक उदाहरण लीजिए। चालीस साल पहले एक आदमी चोरी करते हुए रँगे हाथों पकड़ा गया और उसे सज़ा हुई। आज उसके यहाँ ख़ुद चोरी हो जाती है और वह पुलिस के पास अपराध की शिकायत लिखवाने जाता है। पुलिस उससे पूछती है—"तुम वही आदमी हो न जिसने 1980 में चोरी की थी? तुम्हें शिकायत करने

का कोई हक़ नहीं है।" यह तो अजीब बात हुई! क्या एक आदमी के शिकायत करने या विरोध करने का अधिकार केवल इसलिए मारा जाएगा क्योंकि उसने एक बार ग़लती कर दी थी? ये कैसा तर्क हुआ भला? यह सच है कि किसी जुर्म के तुरन्त बाद कुछ दलीलें वैध और प्रासंगिक रह जाती हैं, लेकिन समय बीतने के साथ और परिस्थिति बदलने पर उनका बल जाता रहता है। चालीस के दशक में द्वितीय विश्व युद्ध छेड़ने में नाजी जर्मनी की ज़िम्मेदारी पर बात की जा सकती थी लेकिन इक्कीसवीं सदी में भी उस पर लगातार बात करते रहने का कोई मतलब नहीं है। लम्बा समय हुआ जब उसके अपराध को स्वीकार कर लिया गया था और दंड दिया जा चुका है। इसके अलावा जर्मनों ने उसके लिए अपने शब्दों और कर्मों दोनों से माफ़ी माँग ली है। यहाँ तक कि उन्होंने भी, जिन्होंने ख़ुद को नैतिक रूप से उस कृत्य से उस वक़्त अलग कर लिया था। उन्होंने अपने स्मारकों में बाक़ायदा उस अपराध को एक स्मृति की तरह संस्थागत कर डाला है। इसलिए आज की तारीख़ में जर्मनों को और दोषी ठहराये जाने का कोई मतलब नहीं बनता है। उसे अब उठाने का क्या फ़ायदा, ख़ासकर उनके द्वारा जो आज ख़ुद मनुष्य की आज़ादियों का क़त्ल कर रहे हैं?

बेशक इमरजेंसी एक भयावह घटना थी। वह भारतीय लोकतंत्र पर एक स्थायी दाग़ है, इसलिए हमें लगातार उसे याद रखना चाहिए ताकि हम यह सुनिश्चित कर सकें कि उसका दुहराव न होने पाए। लेकिन मुख्य विपक्षी दल कांग्रेस द्वारा आज इमरजेंसी जैसे क़दमों का विरोध किए जाने पर उसे चुप रहने के लिए कहना बेतुका होगा। इसी तरह, सत्तर के दशक में यातना झेल चुके और आज फिर उसी स्थिति को महसूस कर रहे आम लोगों द्वारा अभिव्यक्ति की आज़ादी पर हमले या हेबियस कॉर्पस के निलम्बन या फिर स्वतंत्र न्यायपालिका का गला घोंटे जाने का विरोध करने पर उनसे यह कहना कि वे 'चुनिन्दा' विरोध करना बन्द करें, पागलपन है। अधिकारों के आज हो रहे उल्लंघनों के ख़िलाफ़ बोलने पर लोगों को एक ही साँस में अतीत के हर एक उल्लंघन पर बोलने के लिए बाध्य करना दरअसल हर किसी को चुप कराने जैसा शैतानी कृत्य है।

आइए, वापस वर्तमान में चलते हैं। हम जानते हैं कि कुछ नेताओं द्वारा लगाया गया नारा 'गोली मारो सालों को' स्पष्ट रूप से एकतरफ़ा हिंसा का उकसावा था। उन्हें वीडियो में ऐसा करते देखा गया। चुनाव आयोग में उसे रिपोर्ट किया गया। उनके प्रचार पर रोक भी लगी। इस तथ्य को तो नहीं उलटा जा सकता। इसके तुरन्त बाद राजधानी हिंसा की चपेट में आ गई वहीं जहाँ यह नारा लगा था। जब अदालत में एक जनहित याचिका लगाई गई और दोषियों के ख़िलाफ़ मुक़दमा दर्ज़ करने की अपील की गई तो प्रतिवादी ने कहा कि जब तक इस क़िस्म के सारे नफ़रती भाषणों का विश्लेषण नहीं हो जाता तब तक कुछ नहीं किया जाना

चाहिए। जैसे कि इतना ही परेशान करने को काफ़ी नहीं था, एक और हास्यास्पद बात पूरे विमर्श में हुई। कांग्रेस के एक नेता का भाषण, जिसे पहले उकसावे के रूप में नहीं देखा गया था, वह मीडिया में प्रसारित कर दिया गया और उस पर उन लोगों की ओर से ख़ूब हल्ला मचाया गया जो उसका क़ानूनी महत्त्व समझते थे। ऐसा लोगों को भ्रमित करने और पूरी बहस को नया मोड़ देने के लिए किया गया था। सवाल पर पलटकर सवाल दाग़ने के दौर में क्यों न इसे कुतर्क का एक ज़बरदस्त औज़ार माना जाए?

राजनीतिक कार्रवाइयों का मूल्यांकन

बहुत समय नहीं बीता जब मेरी बात एक टैक्सी चालक से असम के एनआरसी को लेकर हो रही थी। मैंने उससे कहा कि सर्वे के प्रभारी अधिकारी को लेकर मुझे बहुत अफ़सोस है कि पहले भी उसकी पेशेवर अखंडता पर सवाल उठाए गए और अब तो उसके ऊपर पाँच-पाँच एफ़आइआर दर्ज़ हैं। क्या अपराध था उसका? उसने ढेर सारे ऐसे हिन्दुओं को खोज निकाला था जिनके पास अपनी नागरिकता को साबित करने के काग़ज़ात नहीं थे और अब उन्हें अवैध प्रवासी क़रार दिया जा चुका है। इस बात पर उसने सपाट ढंग से प्रतिक्रिया दी, "लेकिन सर, वह पाकिस्तान में होता तो उसे गोली मार दी जाती।" उसके कहने का आशय था कि पाकिस्तान की तुलना में भारत सहिष्णु है। भारत में तो केवल मुक़दमे ही होते हैं जबकि पाकिस्तान में गोली मार दी जाती है। इसी को कुतर्की पागलपन कहते हैं। आज भारत में राजनीतिक कार्रवाइयों को दो मानकों पर तौला जाता है। पहला, कांग्रेस द्वारा किए गए बुरे काम और दूसरा, सरहद पार के दुश्मन द्वारा किए गए वास्तविक या काल्पनिक बुरे काम। इन दोनों कसौटियों की सनक में हमारे राजनीतिक वर्ग और बाक़ी सभी लोग संवैधानिक सिद्धान्तों और राजनीतिक नैतिकता को दरकिनार कर चुके हैं।

73

बौद्धिक स्वायत्तता का क्षरण

आज की दुनिया में किसी को यह पसन्द नहीं है कि उन्हें बताया जाए कि क्या करना या सोचना है। ख़ासकर युवा लोग अपने सोच-विचार को लेकर आज़ाद रहना

पसन्द करते हैं। बौद्धिक स्वायत्तता को एक अहम मूल्य माना जाता है। यह बात अतीत में सच नहीं थी जब लोग बड़ी संख्या में निरक्षर थे और ज्ञान का उत्पादन व संग्रहण मुट्‌ठी-भर ताक़तवर लोगों का काम हुआ करता था, जिनके समक्ष समर्पण करने को व्यापक सामाजिक वैधता हासिल थी।

लेकिन तब भी कवियों और दार्शनिकों को लगातार महसूस होता था कि सत्ता का आकर्षण उनकी बौद्धिक स्वायत्तता को दबाता रहता है। शासकों के सम्बन्ध में कैसा रुख़ अपनाया जाए, अपने शिष्यों के इस सवाल पर मध्यकालीन दार्शनिक सन्त अल-गजाली ने जवाब दिया था, "शासक के पास बिन माँगी सलाह देने के लिए जाना विनाशकारी होता है। अगर शासक ख़ुद माँगे, तभी अपनी सलाह देनी चाहिए। बेहतर तो यही है कि वह अपने रास्ते जाए और आप अपने रास्ते।"

बौद्धिक स्वायत्तता की उपेक्षा

अठारहवीं सदी के अन्त में जब ज्ञान-उत्पादन की प्रौद्योगिकियाँ समाज के बड़े तबक़ों तक पहुँचने लगीं, उसके बाद से बौद्धिक स्वायत्तता को न सिर्फ़ राज्यसत्ता से बल्कि कुछ और प्रच्छन्न तरीक़ों से भी ख़तरा पहुँचा है। इस मामले में औपनिवेशिकता एक बड़ा बिन्दु है। बौद्धिक नियंत्रण की ब्रिटिश प्रणाली ज़ोर ज़बरदस्ती पर नहीं टिकी थी बल्कि एक शिक्षा-पद्धति को स्थापित कर के लाई गई थी। हमारे श्रेष्ठतम चिन्तकों ने हालाँकि इस शिक्षण तंत्र को अपने तरीक़ों से मात दे दी थी—इस अवधि के सबसे मौलिक भारतीय चिन्तक गांधी जी ख़ुद इसी शिक्षा-प्रणाली की पैदाइश थे—लेकिन कुछ चिन्तकों के भीतर इस प्रणाली ने बहुत चिन्ता पैदा कर दी थी। मसलन, श्री अरविन्द ने यूरोपीय सम्पर्क से थोपे गए नए ज्ञान के सामने 'भारतीय मेधा के निरन्तर ह्रास' पर दुख जताया था। उन्होंने कहा था, "कुछ भी हमारा नहीं है, कुछ भी हमारी देशज मेधा का नहीं है, सब उधार का है। हम लोगों ने यूरोपीय ज्ञान का कितना कम समझा है। हमने वही समझा है जो यूरोपीय अपने और अपनी आधुनिक सभ्यता के बारे में हमें समझाना चाहते हैं। हमारी अंग्रेज़ी संस्कृति—अगर इसे संस्कृति कहा जा सके तो—ने हमारी निर्भरता की बुराई को ख़त्म करने के बजाय दस गुना बढ़ा दिया है।"

'इस सार्थक ग़ुलामी' का इससे भी विनाशक नुक़सान बौद्धिक स्वायत्तता को हुआ। श्री अरविन्द कहते थे कि भारतीयों का नारा हो गया है 'प्राधिकार'—बाहर यानी यूरोप से आ रहे विचारों का अंधानुकरण (जैसा कि उस वक़्त के अंग्रेज़ी शिक्षित भारतीयों का हाल था) या फिर भीतर यानी हमारी जड़ हो चुकी परम्पराएँ (जैसा कि परम्परागत पंडितों का हाल था)। ऐसी स्थिति हो गई गोया भारत के बौद्धिक कुलीनों के सामने केवल दो ही रास्ते अपनाने को बचे—उच्च

पश्चिमीकृत आधुनिकता अथवा पिछड़ी परम्परा। कुछ कुलीन तो अपने जीवन के हर विवरण को केवल पश्चिमी विचारों के हिसाब से चला रहे थे। अन्य केवल शास्त्रों, परम्पराओं और पोथियों के सहारे जीवन काट रहे थे। दोनों ही एक दूसरे को सुधारने में जुटे थे, जो और कुछ नहीं बल्कि गुरु सायण के प्राधिकार को मैक्सम्युलर से प्रतिस्थापित करना था या फिर यूरोपीय वैज्ञानिकों व विद्वानों के रूढ़िवाद की जगह ब्राह्मण पंडितों के पाखंड को बैठाना था। एक सच्चे विकल्प का यह अभाव दरअसल अपने बारे में सोचने की क्षमता के ह्रास का लक्षण था—अपने बारे में सोचना यानी सवाल उठाए बग़ैर किसी भी चीज़ को स्वीकार या इनकार न करने की मनुष्य की शक्ति।

क़रीब दशक-भर बाद दार्शनिक के.सी. भट्टाचार्य भी इसी निष्कर्ष पर पहुँचे थे। 1928 में दिए अपने व्याख्यान 'विचारों का स्वराज' में उन्होंने आशंका जताई थी कि कुछ भारतीय वर्चस्व के एक सूक्ष्म रूप से ग्रसित हैं जहाँ 'विचारों और भावनाओं का अपना पारम्परिक साँचा बग़ैर तुलना या प्रतिस्पर्धा के एक बाहरी संस्कृति के नए साँचे द्वारा ऐसे प्रतिस्थापित कर लिया जाता है जैसे किसी में प्रेत का वास हो जाता हो।' जब दो संस्कृतियाँ एक दूसरे के क़रीब आती हैं तो उनके बीच लेन-देन तो होता ही है। यह भी हो सकता है कि एक संस्कृति दूसरे से जितना ले, उससे कहीं ज़्यादा उसको दे। लेकिन ऐसे हर रचनात्मक सम्मिलन में सबसे पहले विचार आपस में टकराते हैं और दो संस्कृतियों के बीच जब 'मुक्त और सबकी आँखों के सामने एक संघर्ष को विकसित होने दिया जाता है', तब जाकर बाहरी संस्कृति के तत्त्वों को स्वीकार करने की स्थिति बन पाती है।

आज के भारत में दो बाहरी विचार

मुझे लगता है कि हमने बिना सवाल उठाए या अपनी बौद्धिक परम्पराओं से निकले विचारों के साथ बिना उपयुक्त तुलना किए दो बेहद समस्याग्रस्त बाहरी अवधारणाओं को अपनी सामूहिक चेतना में प्रवेश करने की अनुमति दे दी है। एक तो धर्म की अवधारणा है और दूसरे, राष्ट्र की एक ख़ास अवधारणा। आचरण, मान्यताओं और सिद्धान्तों के एक सीमांकित तंत्र के रूप में धर्म मोटे तौर पर प्राक्-आधुनिक यूरोपीय निर्मिति है जो सोलहवीं और सत्रहवीं सदी में धर्मशास्त्रीय विवादों के माध्यम से अस्तित्व में आया। औपनिवेशिकता के प्रभाव में यह श्रेणी भारत चली आई और इसने भारतीयों को विशिष्ट धार्मिक समुदायों का सदस्य होने की तरह सोचने को बाध्य किया, जो एक दूसरे से भिन्न नहीं बल्कि एक दूसरे के परस्पर विरोधी हैं। यह सच है कि देवी-देवता, नीतिशास्त्रीय मानक, धार्मिक आचार और कर्मकांड इत्यादि अतीत में भी किसी-न-किसी रूप में यहाँ मौजूद थे, लेकिन इन्हें हिन्दू धर्म

नाम की एक इकाई का अंश नहीं माना जाता था। जो कोई भी एक ख़ास क़िस्म के धार्मिक आचार को मानता था वह ख़ुद को बाक़ी दूसरे समुदायों की प्रतिस्पर्धा और विरोध में अवस्थित किसी एक सैद्धान्तिक और धार्मिक व्यवस्था का अंग नहीं मानता था। वास्तव में, समुदायों के बीच आवाजाही और एकाधिक श्रद्धाएँ सामान्य बात हुआ करती थीं। नतीजतन, बहुत से लोग ठस और स्थूल इकाइयों में बँधने को तैयार नहीं होते थे। वे धार्मिक तो थे लेकिन किसी एक धर्म के नहीं थे। अब यह स्थिति नहीं रही है।

दूसरे, धार्मिक मान्यता और आचरण को या किसी एक सिद्धान्त के प्रति श्रद्धा को व्यापक राष्ट्रीय समुदाय की सदस्यता की शर्त के तौर पर नहीं देखा जाता था। किसी व्यक्ति की धार्मिक और भाषायी पहचान का उसकी राष्ट्रीयता से बहुत लेना-देना नहीं होता था। अफ़सोस की बात है कि आज हमारे देश के बहुत से लोगों के लिए राष्ट्र की परिभाषा एक धर्म या भाषा से तय होती है। ऐसे जातीय राष्ट्र की अलगाववादी अवधारणा—जो भारत के स्थानीय धर्मों या राष्ट्रवाद की अवधारणाओं के बिलकुल ख़िलाफ़ थी—सबसे पहले स्पेन से 1492 में निकली थी, जो बाद में यूरोप के धर्मयुद्धों के दौरान विकसित हुई और जिसने अठारहवीं या उन्नीसवीं सदी तक आते-आते भारतीय मानस को अपना चपेट में ले लिया। संकीर्ण शैक्षणिक संस्थान और इलेक्ट्रॉनिक मीडिया तो इसे ऐसे बताते हैं जैसे यह विशुद्ध भारतीय अवधारणा हो जिसे बिना किसी सवाल के भारतीयों ने अपना लिया। आस्था और समुदाय के भारतीय विचारों के साथ बिना कोई उपयुक्त तुलना किए या सवाल उठाए धर्म और राष्ट्र की बाहरी अवधारणाओं को स्वीकार कर के हमने बौद्धिक स्वायत्तता की बलि दे दी और उसी नारकीय रास्ते पर चले आए जिससे यूरोप अब तक नहीं उबर सका है।

अपनी पहचान या समुदाय को एकाश्म या एकल धर्म के सन्दर्भ में परिभाषित करना—हिन्दू, मुस्लिम या अन्य—एक विकृत यूरोपीय विचार है, जो हमारे सांस्कृतिक आधिपत्य को दर्शाता है और हमारी बौद्धिक स्वायत्तता के ह्रास का लक्षण है। ऐसा कर के हमने एक ऐसी चीज़ के बदले अपनी सामूहिक मेधा को बिना आलोचनात्मक दृष्टि के त्याग दिया जो हमारे विशिष्ट परिप्रेक्ष्य में बेमेल है। क्या इसे पलटाया जा सकता है? क्या श्री अरविन्द की चेतावनी या गांधी जी के उदाहरण को मानने के लिए अब बहुत देर हो चुकी है? क्या हम अपनी बौद्धिक स्वायत्तता को दोबारा हासिल कर सकते हैं?

74

अकादमिक स्वतंत्रता की ख़तरनाक स्थिति

अपने विचार ज़ाहिर करना हर भारतीय का मूलभूत अधिकार है। अपने विचारों के सच होने का दावा करना भी उसका अधिकार है, लेकिन वे सच हैं या नहीं यह तय करना उसके हाथ में नहीं है। उसके विचारों का सत्य, उसकी वैधता और यहाँ तक कि संभाव्यता भी दूसरों के परीक्षण और प्रतिवाद से तय होती है।

परीक्षण के कुछ तरीक़े दूसरों के मुक़ाबले ज़्यादा न्यायसंगत, गहन और सख़्त होते हैं। वे निराधार, अस्थिर और अरक्षणीय विचारों का परदाफाश कर देते हैं। साथ ही ये तरीक़े दिखाते हैं कि दूसरे विचार कम पूर्वग्रहग्रस्त हैं, समय के साथ प्रासंगिक हैं और अपने दोष को स्वीकार करने के प्रति ज़्यादा खुले हुए हैं। ऐसा कर के ये परीक्षण दुनिया की एक बेहतर और स्पष्ट समझदारी सामने लाते हैं तथा मानवीय स्थितियों की जटिलताओं को समझने की अन्तर्दृष्टि प्रदान करते हैं। इसीलिए ये तरीक़े दूसरों के मुक़ाबले गुणात्मक दृष्टि से ज़्यादा सार्थक होते हैं और 'ज्ञान' कहलाने के ज़्यादा योग्य होते हैं। ज्ञान का उत्पादन बेशक विचारों से होता है लेकिन विचारों पर समाप्त नहीं होता।

अकादमिक स्वतंत्रता प्रतिवाद और सूक्ष्म परीक्षण के उन दायरों की सुरक्षा करती है जिनके माध्यम से ज्ञान पैदा होता है। साथ ही यह आलोचनात्मक परीक्षण करनेवाले विद्वानों और किसी विचार पर सामूहिक विमर्श करनेवाले अध्यापकों व छात्रों की स्वतंत्रता से भी ताल्लुक़ रखती है ताकि वे किसी रोक-टोक, बन्दिश या अवैध हस्तक्षेप के बग़ैर अपने काम को कर सकें। महज़ विचार से ज्ञान को छाँटकर अलग करना अनुसन्धान में न सिर्फ़ ठोस प्रशिक्षण की माँग करता है बल्कि विद्वत्ता के पेशेवर मानकों, विद्वानों की संलग्नता के मानकों और पूर्वस्थापित प्रविधियों के प्रति जागरूकता की माँग भी करता है। यह हर उस आचार के लिए सही है जिसमें श्रेष्ठता मानकों की दरकार होती है। मसलन, ये मेरा अपना विचार नहीं है कि विव रिचर्ड्स एक महान बल्लेबाज थे। इस तथ्य को अन्तरराष्ट्रीय क्रिकेट की महान विभूतियों ने अपने सामूहिक निर्णय से स्थापित किया है।

धैर्य के साथ अर्जित कौशल

संक्षेप में कहें तो अकादमिक स्वतंत्रता ज्ञान का उत्पादन और प्रसार करनेवाले सभी वाहकों (शिक्षकों, शोधकर्ताओं और छात्रों) के धैर्य से अर्जित कौशल और आचार की सुरक्षा करती है। चूँकि अकादमिक आचार संस्थानों के भीतर ही टिका

रह सकता है तो अकादमिक स्वतंत्रता में संस्थानों की स्वायत्तता भी शामिल होती है जहाँ शिक्षण और विद्वत शोध किए जाते हैं।

अकादमिक स्वतंत्रता में मेरी अकादमिक दिलचस्पी 1999 में पैदा हुई जब अमेरिकन एसोसिएशन ऑफ यूनिवर्सिटी प्रोफेसर्स के जर्नल *एकेडीम* में मुझसे भारत में अकादमिक स्वतंत्रता की स्थिति पर एक छोटा-सा लेख लिखने को कहा गया। उस लेख में मैंने दावा किया कि विद्वानों की स्वतंत्रता और अकादमिक संस्थानों की स्वायत्तता को आम तौर से अन्दरूनी और बाहरी दोनों कारकों से चुनौती मिलती है।

आन्तरिक चुनौतियाँ तब सामने आती हैं जब अकादमिक संस्थानों को भीतर से कमज़ोर किया जाता है, मसलन जब अकादमिक ख़ुद ही शिक्षण और शोध में निहित श्रेष्ठता मानकों की उपेक्षा कर दें। दूसरी ओर, बाहरी ख़तरे तब पैदा होते हैं जब संस्थानों पर दमनकारी समुदायों, राज्य के उत्पीड़क तंत्र या निर्बाध बाज़ार ताक़तों का वर्चस्व हो जाता है। मेरा तर्क था कि भारतीय अकादमिक संस्थान को बाजार और राज्य से कम दमनकारी समुदायों और अकादमिकों द्वारा अपने ऊपर थोपे गये अवरोधों से ज़्यादा ख़तरा है।

मैंने इसके लिए अपने शिक्षक समुदाय को ही दोषी ठहराया था जो उस परिघटना का शिकार हो गया है जिसे मैं दिमाग़ पर विचारधारा का ज़रूरत से ज़्यादा हावी हो जाना कहता हूँ। मुझे ऐसा लगा कि सिद्धान्त और व्यवहार के बीच की खाई को पाटने की जल्दी में कई अकादमिकों ने रूढ़ियों के साथ धैर्यपूर्वक और खुले दिमाग़ से विमर्श करने के बजाय पहले से तैयार लद्धड़ समाधान पेश कर डाले थे। अकादमिक स्वतंत्रता को दूसरे आन्तरिक ख़तरे व्यापक सामाजिक बीमारी का परिणाम थे। मसलन, मेरिट आधारित संस्थानों को कुछ स्वयंभू अकादमिक अपनी जागीरों में तब्दील करते जा रहे थे जिसके माध्यम से वे अपने वफ़ादार सहयोगियों को संरक्षण देते थे और दूसरों के लिए उत्पीड़क माहौल बना देते थे। ऐसे माहौल में विचारों को उनकी आन्तरिक सार्थकता के लिए नहीं सराहा जाता था बल्कि यह देखा जाने लगा था कि उसे देनेवाला कौन है—'अपना' आदमी या 'उनका' आदमी। इस तरह एक व्यक्ति की जाति, समुदाय या राजनीतिक रुझान उसके तर्कों या पेश किए साक्ष्यों से ज़्यादा महत्त्व रखने लगे। ज़ाहिर है ऐसी हरकतें विद्वत्ता की परम्परा को समृद्ध तो नहीं ही कर रही थीं।

मेरे ख़याल से अकादमिक स्वतंत्रता को ज़्यादा गम्भीर ख़तरा कुन्ददिमाग़ समुदायों से पैदा हुआ। मैंने अपनी बात को रेखांकित करने के लिए दिवंगत इतिहासकार मुशीरुल हसन का उदाहरण दिया था जिन्हें मुस्लिमों ने ही निशाने पर ले लिया था क्योंकि उन्होंने रुश्दी की *सेटेनिक वर्सेज* पर लगे प्रतिबन्ध के ऊपर एक सामान्य सी टिप्पणी कर दी थी।

मेरा कहना था कि इमरजेंसी के संक्षिप्त दौर को छोड़ दें तो मोटे तौर पर आज़ाद

भारत में राज्य द्वारा अकादमिक स्वतंत्रता पर बन्दिश लगाने की कोई कोशिश नहीं की गई। मुझे याद नहीं है कि कभी सेमीनारों पर निगरानी रखी गई या किताबों को प्रतिबन्धित किया गया या अकादमिकों को उनके विचारों के लिए जेल में डाला गया हो, हालाँकि लोकतांत्रिक ढंग से चुनी गई सरकारों द्वारा अकादमिक संस्थानों के ऊपर प्रत्यक्ष और प्रच्छन्न दबाव तो डाले ही जाते रहे और यह आम बात थी। कांग्रेस पार्टी का प्रभुत्व जब कम होने लगा तब अपनी असुरक्षा में उसने संस्थानों में हस्तक्षेप करना शुरू किया। यहाँ तक कि पश्चिम बंगाल और केरल की कम्युनिस्ट सरकारें भी कॉलेज और विश्वविद्यालयों की नियुक्ति में अवैध दख़ल देने से बाज नहीं आती थीं। यही बात भाजपा सरकारों के लिए भी कही जा सकती है, जिन्होंने प्रशासकीय निकायों को अपने सदस्यों या समर्थकों से भर कर प्रतिष्ठित अकादमिक संस्थानों की अखंडता की उपेक्षा का काम किया है।

मेरे वह लेख लिखने के बीस साल बाद आज अकादमिक स्वतंत्रता की स्थिति क्या है? मुझे डर है कि आज ताक़तवर स्थिति में बैठे ज़्यादा से ज़्यादा अकादमिक न केवल विचारधारा के अत्यधिक प्रभाव में हैं बल्कि राजनीतिक रूप से दीक्षित जान पड़ते हैं। समाज में बढ़ती असहिष्णुता ने अकादमिक स्वतंत्रता पर हमलों को और बढ़ाया है। विश्वविद्यालयों के पाठ्यक्रम से कई महत्त्वपूर्ण पुस्तकों को विशुद्ध ग़ैर-अकादमिक आधार पर हटाया जाना इस बात की ताकीद करता है।[11] राज्य का दख़ल बढ़ा है, राष्ट्रीय हित की सरकारी परिभाषा के नाम पर आलोचनात्मक शिक्षण-प्रथाओं की बलि दे दी गई है। देश के प्रतिष्ठित संस्थानों में से एक दिल्ली के जवाहरलाल नेहरू विश्वविद्यालय को मौजूदा केन्द्र सरकार द्वारा लगातार निशाना बनाया जाना इसका प्रमाण है।[12]

शिक्षा एक 'जिंस'

अकादमिक स्वतंत्रता के सामने आज नए ख़तरे उभर आए हैं। एक तो अकादमिक क्षेत्र के निगमीकरण से पैदा हुआ है जिसके अन्तर्गत विश्वविद्यालयों को कारोबारी

11. अरण्यशंकर, 'Dalit Authors, Mahasweta Devi Removed from English Syllabus, DU Comes Under Fire', *द इंडियन एक्सप्रेस,* 27 अगस्त, 2021, https://indiaexpress.com/article/cities/delhi/du-committee-mahasweta-devi-two-dalit-authors-english-syllabus-face-flak-7470324/
12. शालिनी ओझा, 'What happened at JNU Last Night? All Your Questions Answered', *न्यूज़ बाइट्स,* 6 जनवरी, 2022, https://www.newsbytesapp.com/news/india/everything-thatpappened-inside-jnu-last-night/story and 'International Statement form Academis Regarding Attacks on JNU, The Caravan, 9 January 2020, https://caravanmagazine.in/noticeboard/statment-academics-attack-jnu-vc-resign;

प्रतिष्ठानों की शक्ल दी जा रही है। इसके चलते प्रशासन को प्रबन्धन, फैकल्टी को वैतनिक कर्मी और छात्रों को उपभोक्ता मान लिया गया है जिन्हें यह माँग करने का अधिकार है कि उन्हें क्या पढ़ाया जाए, गोया ज्ञान को अपने जायक़े के हिसाब से ख़रीदा जा सकता हो। जब कॉरपोरट ताक़त फैकल्टी और पाठ्यक्रम पर नियंत्रण कर लेती है तो कुलपति और कॉलेजों के प्रिंसिपल किसी कॉरपोरेट के सीईओ की तरह फैकल्टी को काम की ज़रूरत के हिसाब से रख सकते हैं और निकाल सकते हैं।

ज्ञान के जगत को लेकिन सबसे बड़ा ख़तरा 'बौद्धिकता-विरोध' से पैदा हुआ है। जो सोचने-मात्र को ही निन्दनीय मानता है। सोचना, तर्क करना, सवाल उठाना और आलोचना करना अब ख़तरनाक मान लिया गया है और इसे हिकारत के साथ देखा और बरता जाता है। ज्ञान और राय के बीच का फ़र्क़ पूरी तरह धुंधला कर दिया गया है। सूचना-सम्पन्न विद्वानों के विचारों, पेशेवर अकादमिक मानकों और अकादमिक विशेषज्ञता को हास्यास्पद बना दिया गया है। यह बुनियादी विचार कि शिक्षा का कार्यभार छात्रों को आलोचना-सक्षम मनुष्यों में बदलना है जो समाज के सहजबोध पर सक्रिय सवाल कर सकें, इसकी घोर उपेक्षा हुई है।

अगर ऐसे ही चलता रहा तो स्वायत्त विद्वत्ता, स्वतंत्र विचार और शुद्ध परीक्षण के स्थल के तौर पर विश्वविद्यालय बच नहीं पाएगा। हमारे सबसे मेधावी छात्र देश छोड़कर चले जाएँगे और देश का भविष्य एक बार एक फिर नए दौर के 'ब्रेन ड्रेन' के ख़तरे में पड़ जाएगा और इस झटके से भारत जल्दी नहीं उबर सकेगा।

75

समुदायों के बीच बुरी ग्रन्थियों से लड़ना

सार्वजनिक जीवन से मुसलमानों का अदृश्य होते जाना हर भारतीय के लिए चिन्ता की बात होनी चाहिए। उतनी ही चिन्ताजनक उन भारतीयों की आदतें भी होनी चाहिए जो मुसलमानों को अलगाव में डालने के लिए अपनी पूरी ताक़त लगा देते हैं। सवाल है कि जब मुसलमानों के साथ होनेवाले ग़लत कृत्यों को सार्वजनिक रूप से सही ठहराया जा रहा हो तो ऐसे में वे क्या करें? मौजूदा दौर में हिन्दू-मुसलमान की समस्या की एक ऐतिहासिक समझदारी बेशक अनिवार्य है लेकिन अतीत में जो हुआ—आज़ादी से पहले के भारत में—उसके सहारे वर्तमान की घटनाओं को सही ठहराना बिलकुल दूसरी बात है।

हिन्दू और मुसलमानों पर आंबेडकर

इसमें कोई शक नहीं कि चालीस के दशक तक हिन्दू और मुस्लिम कुलीनों के बीच का रिश्ता खट्टा हो चुका था। बीसवीं सदी के उत्तरार्द्ध में ज़िन्दा तक़रीबन हर महत्त्वपूर्ण भारतीय चिन्तक ने इस बारे में लिखा है लेकिन आंबेडकर के तटस्थ लेखन के क़रीब कोई नहीं ठहरता। चालीस के दशक में जब गांधी हिन्दू-मुस्लिम एकता क़ायम करने में जुटे हुए थे, आंबेडकर ने लिखा—

> यह कहने में कोई अतिशयोक्ति नहीं है कि हिन्दुओं और मुसलमानों के बीच गृहयुद्ध को चलते हुए बीस साल पूरे हो रहे हैं। दोनों समुदायों के बीच कितनी गहरी दुश्मनी है, उसे औरतों के ख़िलाफ़ किए गए बेरहम अत्याचारों से समझा जा सकता है...दोनों पक्षों का मिजाज़ एक दूसरे से जंग में मुब्तिला दो देशों जैसा है...चौंकानेवाली बात यह है कि क्रूरता के इन सचेत और ठंडे कृत्यों को निन्दनीय नहीं समझा गया बल्कि इन्हें युद्ध-कौशल की वैध कार्रवाइयाँ माना गया जिनके लिए कोई माफ़ी ज़रूरी नहीं थी।[13]

यह टिप्पणी क्या हमारे समय की कुछ घटनाओं पर सटीक नहीं जान पड़ती?

आंबेडकर यहाँ जिस बात की ओर इशारा कर रहे हैं उसे मैं बहुसंख्यक-अल्पसंख्यक ग्रन्थि कहता हूँ—यह रिश्तों का एक ऐसा बीमार तंत्र है जो बहुत ज़हरीला हो चुका है, जिसमें नकारात्मक भावों (विद्वेष, बैर, नफरत) की इतनी अति शामिल है कि यह दोनों समूहों को बदले की पाशविकता में धकेल देती है। ये एक दूसरे के साथ तनाव में और गहरे धँसते चले जाते हैं। ऐसी ग्रन्थियों में परस्पर दुश्मनी खुलेआम चलती है, शिकायतों की परतें जमती चली जाती हैं। समय के साथ परस्पर भय और गाढ़ा होता जाता है और समूहों के बीच के रिश्ते विकृत हो जाते हैं। ऐसा लगता है कि आंबेडकर दोनों पक्षों के मानस में घुसकर देख रहे हों—ऐसे लोग जो एक दूसरे को सिर्फ़ और सिर्फ़ नुक़सान पहुँचाने और शर्मिन्दा करने के उद्‌देश्य से चोट पहुँचाते हों। दूसरे के ख़िलाफ़ आक्रामकता ही उन्हें परिभाषित करती है।

इस ग्रन्थि के चलते दोनों पक्षों के बीच एक तार्किक और समावेशी समाधान सम्भव नहीं हो सका। इसने दोनों समुदायों के भीतर सुधारों का रास्ता भी रोक दिया। आंबेडकर इस बात को बहुत जल्दी समझ चुके थे कि समाज में जब यह ग्रन्थि पैदा हो जाती है तब स्वतंत्रता को समृद्ध करनेवाली और समानता को लानेवाली

13. बी.आर. आंबेडकर, *Writings and Speeches: Pakistan or the Partition of India*, खंड, 8, (बोम्बे एजूकेशन डिपार्टमेंट, महाराष्ट्र सरकार, 1990) 184-186, 236.

कोई भी पहल ठंडे बस्ते में फेंक दी जाती है। उन्होंने कहा था कि जब समूह एक दूसरे को अपने वजूद के लिए ख़तरा मानने लगते हैं, तब वे अपनी समूची ऊर्जा इस ख़तरे से निपटने में लगा देते हैं। एक दूसरे के ख़िलाफ़ एक साझा मोर्चा बनाने की बाध्यता 'सामाजिक बुराइयों के मामले में चुप्पी की साजिश' को रचती है। कोई भी पक्ष उसे सम्बोधित नहीं करता, 'भले ही ज़ख़्म बह रहे हों और उन्हें तत्काल उपचार की ज़रूरत क्यों न हो...सिर्फ़ इसलिए क्योंकि वे सामाजिक सुधार की हर पहल को समूहों के भीतर असहमति पैदा करने, उसे बाँटने के तरीक़े के रूप में देखते हैं जिससे उनकी युद्धरत क़तारें कमज़ोर हो जाएँगी जबकि ख़तरे से निपटने के लिए उन्हें अभी एकजुट रहना है।' यही धारणा सामाजिक गतिरोध पैदा कर देती है। फिर दोनों तरफ़ विचारों और कृत्यों पर विवेकहीन रूढ़ियों का क़ब्ज़ा हो जाता है।

यह ग्रन्थि क्यों क़ायम है

आंबेडकर ने आज़ादी से कुछ साल पहले ही ये वाक्य लिखे थे। सत्तर साल बाद सन्दर्भ बुनियादी रूप से बदल चुका है। बहुसंख्य हिन्दू और मुसलमान अपने जीवन को बेहतर बनाने में जुटे हुए हैं और वे इस ग्रन्थि को नहीं पालना चाहते। मुसलमान अल्पसंख्यक होते हुए भी भारी संख्या में हैं लेकिन उनकी ताक़त अब कमज़ोर हो चुकी है। वे जानते हैं कि इस ग्रन्थि ने उनका क्या नुक़सान किया है। इसलिए एक छोटे से तबक़े को छोड़कर मोटे तौर पर वे भी इससे दूर ही रहना चाहते हैं। दोनों समूहों की हिचक के चलते इस ग्रन्थि को अब तक ख़त्म हो जाना चाहिए था, लेकिन यह अब तक क़ायम है। क्यों? पहली बात, इसका एक मनोवैज्ञानिक वजूद है। भले ही यह दोनों पक्षों के छोटे से हिस्से के मानस में क़ायम रही है, लेकिन पिछले दो दशकों के दौरान हिन्दू अतिवादियों के दिमाग़ में इसका गुणात्मक विस्तार हुआ है। दूसरे, इसकी एक सामाजिक मौजूदगी भी है, जिसे भारतीय राजनीति पैदा कर रही है। अफ़सोस की बात यह है कि इसके होने का अहसास ही चुनावी फ़ायदे लेकर आता है। मासूम नागरिक इसके चक्कर में पड़ जाते हैं और एक आभासी ग्रन्थि को और ताक़तवर कर देते हैं। लेकिन इसके सामाजिक निहितार्थ देश में अख़लाक़ जैसे लोगों के लिए ख़ासकर जानलेवा साबित हुए हैं। बहुत दिन नहीं हुए जब इंडियन एक्सप्रेस में मुसलमानों की स्थिति पर एक विवाद खड़ा हुआ था। दुनिया-भर की दिलचस्प व्याख्याएँ की गईं लेकिन किसी ने भी आंबेडकर के सुझाए उस साधारण से नुस्ख़े को नहीं पकड़ा जिसके चलते दोनों समुदायों में गतिरोध आ गया था। अपने समुदाय के भीतर की समस्याओं को सम्बोधित करने के बजाय दोनों पक्षों ने अपनी सारी ऊर्जा आक्रान्ताओं से लड़ने में लगा दी। अन्तर-धार्मिक प्रभुत्व हमेशा धर्मों के भीतर प्रभुत्व को बढ़ावा देता है। और आंबेडकर ने हमें याद दिलाया था

कि आन्तरिक सुधारों की क़ीमत सबसे ज़्यादा समुदाय के वंचित समुदायों को चुकानी पड़ती है, यानी औरतें, बच्चे, बुज़ुर्ग और ग़रीब। मुस्लिम कट्टरता हिन्दू अतिवाद पर पनपती है। मुसलमान औरतें तब तक बुरक़ा नहीं छोड़ेंगी जब तक कट्टर हिन्दुओं की आक्रामकता से उन्हें निजात नहीं मिल जाती।

अतिवाद हमेशा बुनियादी शिष्टता का नाश करता है। दूसरे के ख़िलाफ़ हिंसा की कोई भी हरकत समाज में बर्बरता के ऐसे बीज बो देती है जिससे कोई भी नहीं बच सकेगा। हम नहीं चाहेंगे कि हमारा बच्चा असभ्य समाज में बड़ा हो। हर बार जब हम ऐसी बुरी घटनाओं को होने देते हैं, हम अपनी क़ब्र ख़ुद खोद रहे होते हैं। बेशक, यही वह अहसास था जिसने अकादमिकों और भूतपूर्व सरकारी अधिकारियों को प्रधानमंत्री के नाम ख़त लिखने को विवश किया था कि वे कट्टरता पर लगाम कसें। और यह समझने में कोई ग़लती नहीं होनी चाहिए कि मुसलमानों के प्रति आक्रामकता और नफ़रत हिन्दुओं को भी नुक़सान पहुँचाती है। हिन्दू कट्टरता हिन्दू मानस को कुन्द कर देती है और उसके भीतर रूढ़िवाद को बढ़ावा देती है। इस सन्दर्भ में मोटे तौर पर देखें तो कठुआ में एक मुसलमान बच्ची का बलात्कार और उन्नाव में एक हिन्दू लड़की का बलात्कार, दोनों घटनाएँ आपस में जुड़ी हुई हैं।

76

सार्वजनिक विमर्श में हाशिये पर न्याय

आज हमारे सार्वजनिक विमर्श पर दो विचार हावी हैं। पहला, किसी हद तक परोक्ष रूप में, स्वहित का विचार। दूसरा, कहीं ज़्यादा स्पष्ट रूप में, राष्ट्र के गौरव का विचार। अपने भौतिक या सांस्कृतिक हित की पूर्ति कैसे दूसरों को प्रभावित कर रही है, इससे हमें कोई फ़र्क़ नहीं पड़ता। इस बात को लेकर शायद ही कोई स्वीकारता है कि लालच और संकीर्ण स्वार्थ ग़ैर-बराबरी पैदा करते हैं—यानी सामाजिक लाभों का असमान बँटवारा।

इसके अलावा, यह विचार भी नदारद है कि विकास जैसे राष्ट्रीय लक्ष्यों को साकार करने का बोझ हम सबके द्वारा बराबर साझा किया जाना चाहिए। कोई भी महत्त्व की चीज़ बिना त्याग के तो हासिल नहीं होती है। फिर ऐसा क्यों है कि कुछ लोग तक़रीबन सब कुछ त्याग देते हैं जबकि कुछ दूसरे लोग बिना कुछ खोए हर लाभ पाते रहते हैं? अपने हितों को आगे बढ़ाने की बाध्यता के चलते यह बोझ हम

में से सबसे ज़्यादा कमज़ोर के कन्धे पर चला जाता है जो कुछ बोल नहीं पाता। क्या यह ग़लत नहीं है कि सबसे कम वेतन कमानेवाले कामगार और किसान से देश के निर्माण के लिए सबसे ज़्यादा बलिदान करने की उम्मीद की जाती है? सामाजिक श्रम का ऐसा असमान बँटवारा क्यों है? इसके बावजूद हमारे मुख्यधारा के सार्वजनिक विमर्श में लाभ और बोझ के निष्पक्ष बँटवारे पर सरोकार दुर्लभ है, जो कि न्याय का मूल है।

लाभ और बोझ का बँटवारा

वितरण-न्याय क्या है और यह क्यों मायने रखता है? क़रीब दो दशक पहले मेरी छोटी बेटी ने एक सवाल पूछ कर मुझे चौंका दिया था, "न्याय क्या होता है, बाबा?" मेरे सामने पानी की एक बोतल रखी हुई थी। मैंने उसे ऐसे समझाना शुरू किया, "इस बोतल के साथ मैं बहुत से काम कर सकता हूँ। मुझे प्यास न लगी हो तब भी मैं इसे पकड़ सकता हूँ और अपने लिए रखे रह सकता हूँ। या फिर, मुझे प्यास लगी हो तब भी तुम्हें प्यार के मारे मैं ये दे सकता हूँ। या फिर किसी तीसरे आदमी को मैं इसे दे सकता हूँ जिसे इसकी सबसे ज़्यादा ज़रूरत हो, इसलिए नहीं कि मेरा उससे कोई लगाव है। यही न्याय है।" कुछ दिन बाद गाड़ी चलाते हुए मैं लाल बत्ती पर रुका। वहाँ एक भिखारी मेरे पास उम्मीद की नज़र से देखते हुए आया। हमने उसे बिस्कुट का एक पैकेट दे दिया। मेरी बच्ची ने तुरन्त कहा, 'यही न्याय है न? हम उसे प्यार नहीं करते फिर भी हमने उसे दे दिया।' बेटी ने न्याय को पूरी तरह समझा नहीं था, लेकिन वह सही रास्ते पर थी। न्याय के लिए कम-से-कम इतनी शर्त ज़रूर है कि हम लोभी न हों, चीज़ों को हड़पें नहीं बल्कि उनके साथ साझा करें जिन्हें हम जानते नहीं या प्यार नहीं करते। मोटे तौर पर कह सकते हैं कि न्याय का बोध तब पैदा होता है जब हम अजनबियों के साथ चीज़ें साझा करना शुरू करते हैं।

वास्तव में, वितरण-न्याय के विचार की एक पूर्वशर्त न सिर्फ़ प्रेम या परिचय के अभाव वाली एक सामाजिक परिस्थिति है बल्कि कुछ और चीज़ें भी हैं, जिन्हें स्कॉटिश दार्शनिक डेविड ह्यूम ने 'न्याय की परिस्थितियाँ' कहा था। मसलन, जिस समाज में हर चीज़ प्रचुर मात्रा में उपलब्ध हो वहाँ न्याय की ज़रूरत नहीं होगी। हर किसी के पास उसकी चाहत के मुताबिक़ ढेर सारी चीज़ें होंगी। इसलिए ऐसे समाज में किसी के साथ बाँटने की ज़रूरत ही ख़त्म हो जाती है। इसी तरह, भयंकर अभावग्रस्तता वाले समाज में भी न्याय असम्भव है क्योंकि महज़ ज़िन्दा रहने के लिए हर किसी को जो मिल जाए उसे छीन लेने की ज़रूरत पड़ती है। इसीलिए न्याय उन्हीं समाजों में सम्भव और अनिवार्य है जहाँ अभावग्रस्तता का स्तर मध्यम हो।

न्याय यह भी मानकर चलता है कि लोग न तो पूरी तरह अकेले होते हैं न ही दूसरों के साथ पूरी तरह जुड़े होते हैं। अगर आप किसी निर्जन द्वीप पर रॉबिन्सन क्रूसो के जैसे उपस्थित हैं तो लूट का माल साझा करने के लिए वहाँ कोई होगा ही नहीं। यदि आप दूसरों के साथ पूरी तरह जुड़े हुए होंगे कि आपमें और दूसरों में कोई फ़र्क़ ही नहीं होगा, तब भी साझा करने की कार्रवाई अनावश्यक हो जाएगी। अब अपने साथ तो कोई चीज़ बाँटी नहीं जा सकती! कहने का मतलब कि न्याय का मूल्य उन समाजों में होता है जहाँ कुछ कमियाँ होती हैं और जहाँ लोगों को ऐसे लोगों के साथ रहना पड़ता है जिन्हें वे अनिवार्यत: प्यार नहीं करते। यानी लोगों के मनोविज्ञान को लेकर यह पूर्वमान्यता होती है कि लोग न तो पूरी तरह स्वार्थी होते हैं, न पूरी तरह उदार। चूँकि ज़्यादातर समाजों की यही हालत है तो हम आसानी से कह सकते हैं कि न्याय एक ज़रूरी सामाजिक गुण है और उसका नैतिक मूल्य बड़ा है।

लोगों को उनका दाय देना

वास्तव में, न्याय है क्या? न्याय का बुनियादी विचार यह है कि हर किसी को क़ायदे से उसका दाय मिले, या कहें कि समाज के लाभ और बोझ इस तरीक़े से बांटें जाएँ कि हर किसी को उसका वाजिब हिस्सा मिले। अब सवाल आता है कि "एक व्यक्ति के दाय का अर्थ क्या है?" यहाँ पर हमें न्याय के दरजेदार और समतावादी विचार के बीच फ़र्क़ बरतना होगा। दरजेदार यानी पदानुक्रमित अवधारणा में व्यक्ति का दाय दरजेदार समाज में उसकी अवस्थिति से तय होता है, मसलन जन्मना उसकी स्थिति से। कुछ समूह पैदा ही विशेषाधिकार के साथ होते हैं। इसलिए उनके सदस्य आनुपातिक रूप से लाभ का बड़ा हिस्सा हड़प जाते हैं जबकि बोझ उनके हिस्से कम आता है। पदानुक्रम की अवधारणा में न्याय का मतलब होता है लाभों और बोझ का असमान बँटवारा या साझा किया जाना। उदाहरण के लिए, एक जातिगत ऊँच-नीच वाले समाज में 'ऊँची जातियों' में पैदा हुए लोग धन-दौलत, सत्ता, सांस्कृतिक हैसियत और ज्ञान के ज़्यादा हिस्से के हक़दार होते हैं जबकि 'निम्न जाति' में पैदा हुआ आदमी उसी हिसाब से अपना दाय पाता है—यानी बहुत कम और कभी-कभार तो कुछ भी नहीं।

न्याय की इस अवधारणा को तक़रीबन हमेशा ही चुनौती दी गई है। भारतीय इतिहास से ही अनगिनत उदाहरण दिए जा सकते हैं जहाँ इस पदानुक्रमित अवधारणा के पहलुओं का विरोध किया गया—बुद्ध की शुरुआती शिक्षाओं में, भारतीय महाकाव्यों के अंशों में, भक्ति काव्य में, वीरशैव आन्दोलन में। हमारे दौर में यह चुनौती बहुत सशक्त हो चली है और लम्बे समय से अब तक टिकी हुई है। ऐसा इसलिए है क्योंकि हमारे दौर में ही यह विचार क़ायम है कि वर्ण, वर्ग, समुदाय या

लिंग से इतर हर व्यक्ति का नैतिक मूल्य समान है। हर कोई इस दुनिया को अर्थ और मूल्य देने में बराबर सक्षम है और इसी कारण उनकी समान नैतिक प्रतिष्ठा भी है। ज़ाहिर है, ऐसे में हमें न्याय की एक अलग अवधारणा चाहिए, जो लोगों को उनका दाय उनकी समान प्रतिष्ठा के हिसाब से वितरित करे। जिन समाजों में ऊँच-नीच अब भी ज़िन्दा है वहाँ लोगों को सबसे पहले समान माने जाने का संघर्ष करना पड़ता है—जिसे हम बुनियादी सामाजिक न्याय कहते हैं। इसके बाद वे तय करते हैं कि सामाजिक लाभों और बोझ को कैसे बराबर व्यक्तियों में बाँटा जाए। यही समतावादी वितरण-न्याय का मूल है।

आवश्यकता और पात्रता

बराबर नैतिक प्रतिष्ठा वाले व्यक्तियों का दाय क्या है, इसकी व्याख्या के लिए दो कसौटियाँ होती हैं। पहली है ज़रूरत पर आधारित सिद्धान्त, जिसके अनुसार व्यक्ति को वही मिलना चाहिए जिसकी उसे वास्तव में ज़रूरत है—यानी सामान्य मनुष्य के कल्याण के लिए जो भी अनिवार्य हो। चूँकि हमारी बुनियादी ज़रूरतें तो एक जैसी हैं इसलिए न्याय की दरकार है कि हर किसी की वे ज़रूरतें पूरी की जाएँ। इस बुनियादी ज़रूरत के पार हमारी ज़रूरतों में फ़र्क़ आ जाता है। इसलिए न्याय की दरकार इन आगे की ज़रूरतों को पूरा करने में भी होती है। मसलन, एक विद्वान या एक पर्वतारोही की विशिष्ट ज़रूरतें।

दूसरा सिद्धान्त है पात्रता का, जिसके अनुसार किसी व्यक्ति को वह मिलना चाहिए जिसका वह पात्र है। यह जन्म या परम्परा से तय नहीं होता बल्कि एक व्यक्ति के गुणों से तय होता है, जैसे 'प्राकृतिक' हुनर या उत्पादक प्रयास। संक्षेप में, भले ही हमारी शुरुआत बराबरी से होती है, पर जो लोग हुनरमन्द होते हैं या कड़ी मेहनत करते हैं उन्हें ज़्यादा लाभ मिलने चाहिए और उन पर कम बोझ होना चाहिए। इसके उलट, जो लोग धन-सम्पदा या सांस्कृतिक सम्पदा के उत्पादन में असमान योगदान दे रहे हैं, वे योग्य लोगों के समान लाभ के हक़दार नहीं हैं। यही सिद्धान्त सबको बराबर अवसर की बात करता है, हालाँकि उसके परिणाम जायज़ ढंग से असमान हो सकते हैं।

चुप्पी को तोड़ना

न्याय की सबसे तार्किक समतावादी अवधारणाएँ आवश्यकता और पात्रता के बीच सन्तुलन साधने की कोशिश करती हैं। वे लाभों का ऐसा वितरण सुनिश्चित करने की कोशिश करती हैं जो हर किसी की ज़रूरत को सन्तुष्ट कर सके और सामाजिक

बोझ या बलिदानों का ऐसा निष्पक्ष वितरण करती हैं जिन्हें पूरा किया जा सके। इसके बाद, जो लोग प्राकृतिक गुणों या सामाजिक शिक्षण अथवा निजी प्रयासों के चलते ज़्यादा के हक़दार हो जाते हैं, उनके लिए पुरस्कार होते हैं।

हमारा समाज भौतिक, सांस्कृतिक और ज्ञान सम्बन्धी असमानताओं से गहरे ग्रस्त है। ये असमानताएँ दिन पर दिन बढ़ती ही जा रही हैं। कभी-कभार असमान नैतिक मूल्य के दावे भी इनके बीच देखने को मिलते हैं। लेकिन आजकल सामाजिक और वितरण-न्याय पर आम तौर पर लोग चुप रहते हैं। इसीलिए यह पूछा जाना ज़रूरी है कि हमारे संविधान की प्रस्तावना में वर्णित समतावादी न्याय के विभिन्न स्वरूपों के सम्बन्ध में आज हम कहाँ खड़े हैं? अफ़सोस की बात है कि हम सामाजिक और वितरण-न्याय के मानकों पर नीचे ही गिरते जा रहे हैं। यह रुझान कब पलटेगा? हमारी प्राथमिकता न्याय को दोबारा सार्वजनिक विमर्श में स्थापित करने की होनी चाहिए। अन्यथा, हमारे राष्ट्र के सपने कभी साकार नहीं हो पाएँगे।

77

राष्ट्रवाद और संघवाद का संकट

कई मुख्यमंत्री भारतीय संघवाद के बढ़ते संकट की शिकायत कर चुके हैं। इस शिकायत के पीछे एक कारण है केन्द्र सरकार द्वारा राज्यों को जीएसटी की भरपाई करने की क़ानूनी प्रतिबद्धता से पीछे हट जाना, लेकिन यह एक ख़तरनाक संकट की महज़ आहट है। इससे ज़्यादा गहरा संकट राष्ट्रवाद की ग़लत समझ और लोकतांत्रिक सिद्धान्तों के प्रति केन्द्र सरकार की उपेक्षा का है। संघवाद उन्हीं के हाथों में ठीक से काम कर सकता है जिनकी भारत के लोकतांत्रिक राष्ट्रवाद पर अच्छी पकड़ हो। दोनों ही अनिवार्य हैं और दोनों एक दूसरे के बग़ैर ठीक से काम नहीं कर सकते।

तीन तरह के राष्ट्रवाद

भारतीय उपमहाद्वीप में राष्ट्रवाद की दो व्यापक अवधारणाएँ आज़ादी से पहले पैदा हुई थीं। पहली अवधारणा यह थी कि मज़बूत एकीकृत संस्कृति वाले एक समुदाय के पास अपना एक राज्य होना चाहिए। इसी ने भारत को दो तरह के राष्ट्रवादों में

बाँट डाला। एक ने संस्कृति को जातीय-धार्मिक सन्दर्भों में परिभाषित किया और दिलचस्प ढंग से इसको एक ही जैसे दो संगठनों हिन्दू महासभा और मुस्लिम लीग ने सूत्रीकृत किया। हिन्दू और मुसलमान दो अलहदा राष्ट्र थे और इन्हें अपने लिए अलग राज्य चाहिए था। हिन्दू महासभा के लिए भारतीय राष्ट्रवाद को बस हिन्दू राष्ट्रवाद बनना था। इस हिन्दू पहचान का प्राथमिक होना न केवल धार्मिक अल्पसंख्यकों के लिए, बल्कि भाषायी अल्पसंख्यकों के लिए भी प्रतिकूल साबित होता, जिनमें वे हिन्दू भी शामिल होते जो अपनी मातृभाषा को अपने धर्म जितना ही अहम मानते थे। इसके उलट, हिन्दू राष्ट्रवादियों के लिए हिन्दू पहचान हमेशा तमिल या पंजाबी पहचान पर भारी होती थी।

इसी अवधारणा की दूसरी अभिव्यक्ति कांग्रेस पार्टी के कुछ धड़ों द्वारा सूत्रीकृत की गई। वे भी राष्ट्र को समान संस्कृति द्वारा परिभाषित मानते थे जिसके अनुयायियों को अपने एक राज्य की दरकार होती है। यह समान संस्कृति हालाँकि जातीय-धार्मिक नहीं थी। इसके बजाय यह साझा ऐतिहासिक अनुभवों, ब्रिटिश औपनिवेशिक राज के ख़िलाफ़ लड़ाई और विभिन्न सांस्कृतिक स्रोतों से निकले विचारों की व्याख्याओं के विकासक्रम से परिभाषित थी। चूँकि कोई और बेहतर शब्द नहीं है, इसलिए इसे हम फिलहाल नागरिक राष्ट्रवाद का नाम दे देते हैं। यह किसी भी जातीय-धार्मिक राष्ट्रवाद से ज़्यादा समावेशी था। इसकी सेक्युलर और मिश्रित विषयवस्तु हिन्दू या मुस्लिम राष्ट्रवाद से गुणात्मक रूप से भिन्न थी, हालाँकि इसका बुनियादी स्वरूप हिन्दू राष्ट्रवाद से कोई अलग नहीं है। इसमें भी समान संस्कृति को एकता के सशक्त विचार के सन्दर्भ में ही परिकल्पित किया गया है, जो अन्य विशिष्ट पहचानों को बहिष्कृत कर देता है या हाशिये पर डाल देता है। यानी एक नागरिक भारतीय पहचान जो सबसे बेहतर ढंग से सूक्ष्म मिश्रित संस्कृतियों से गढ़ी जाती है, दूसरी सार्वजनिक पहचानों का अतिक्रमण करती है, जिनमें भाषायी अस्मिता वाले भी हैं।

तीसरा राष्ट्रवाद यह मानता है कि सीमाओं में महदूद विशिष्ट स्थानीय संस्कृतियों से पोषित समुदायों के पास अपने राज्य को गढ़ने और अपने शैक्षणिक, क़ानूनी, आर्थिक और अन्य संस्थानों को आकार देने की क्षमता होती है। इनके पास स्व-प्रशासन के अधिकार होते हैं। इसके बावजूद, वे स्वतंत्र राष्ट्रीय आकांक्षाओं को तिलांजलि दे देते हैं और ख़ुद को एक वृहत्तर व समान रूप से महत्त्वपूर्ण साझा संस्कृति वाले दूसरे राज्य का घटक मानते हैं जो हर किसी का होता है। वास्तव में वे इसी साझा संस्कृति पर ख़ुद को खड़ा कर के एक राष्ट्र को शक्ल देने के लिए उसके साथ आते हैं। राज्य की समान संस्कृति और घटक राज्यों की विशिष्ट संस्कृतियों के बीच कभी-कभार टकराव भी होते हैं, लेकिन इन्हें रोकने-थामने के तरीक़े भी विकसित किए जाते हैं। इसे हम सम्मिलित राष्ट्रवाद कह सकते हैं, जो उतने ही मज़बूत भाषायी संघवाद से सुसंगत होता है। यहाँ केन्द्रीय राज्य एकाधिक

राष्ट्रीयताओं वाला (बहुराष्ट्रीय) नहीं होता। बहुत से बहुत होता भी है तो घोषित तौर पर नहीं क्योंकि ख़ुद को वह ऐसा नहीं कहता। यह एक अत्यधिक विनम्र बहुराष्ट्रीय राज्य होता है।

भाषायी संघवाद

तीस के दशक में राष्ट्रवाद की तीनों क़िस्में भारत के राजनीतिक कुलीनों के बीच प्रचलित थीं। चालीस के दशक में हालाँकि सम्मिलित राष्ट्रवाद को बाक़ी दोनों राष्ट्रवादों ने डुबो दिया। विभाजन के बाद भारत ने जातीय-धार्मिक राष्ट्रवाद को ख़ारिज कर दिया, लेकिन इसके सत्ताधारी कुलीनों को हमेशा भाषायी पहचानों की राजनीतिक अभिव्यक्ति से डर लगता रहा और वे उन्हें सन्देह के साथ देखते रहे कि कहीं आगे देश को और विभाजनों का मुँह न देखना पड़ जाए। ऐसी चिन्ता करनेवालों में सबसे ऊपर ख़ुद जवाहरलाल नेहरू थे, जिनके मन में आशंका रहती थी कि जातीय-धार्मिक आधार पर गढ़ा गया संघ कहीं नेताओं को भाषायी आधार पर संगठित होने का बहाना न दे दे और भौतिक सुख-समृद्धि के मुद्दों से ध्यान न भटक जाए। दूसरे, यह डर था कि धार्मिक पहचानों की तरह कहीं भाषायी पहचानें भी जातीय-धार्मिक राष्ट्रवाद के चलते 'फ्रीज़' न हो जाएँ जिसके चलते जातीय समूहों के बीच हिंसा, अलगाववाद को इतना प्रोत्साहन मिल जाए कि भारत फिर से टूट जाए।

इसीलिए जब 1950 में संविधान लागू हुआ तो भारत ने एकल, नागरिक राष्ट्रवाद को अपनी आधिकारिक विचारधारा के रूप में अपनाया। एक संघीय व्यवस्था को स्वीकार तो किया गया, लेकिन प्रान्तों के स्तर पर सरकारों को स्थानीय समूह-संस्कृतियों की मान्यता के नैतिक आधार के बजाय कार्यात्मक सन्दर्भों में परिभाषित किया गया। इसके पीछे भारत की सुरक्षा और एकता को प्राथमिक कारण बताया गया। इसके चलते हुआ ये कि अतीत के औपनिवेशिक राज में केन्द्रीकृत राज्य के अनुभव से लोगों में जो एकल मानस बना था, वह दोबार उभर आया। ऐसा प्रतीत हुआ कि बहुसांस्कृतिक संघों वाले सम्मिलित राष्ट्रवाद का विचार हमेशा के लिए कहीं गुम हो गया। इस मसले की पड़ताल के लिए एक विशेष आयोग गठित किया गया। उसने माना कि भाषायी आधार पर प्रान्तों का गठन 'भारतीय राष्ट्र के व्यापक हित में नहीं है'। इसके बाद एक और समिति बनी जिसमें नेहरू भी थे। उसने आयोग की सिफारिशों को संज्ञान में लेते हुए यह महसूस किया कि भले ही 'वर्तमान में नए प्रान्तों के गठन के लिए अवसर उपयुक्त नहीं है, लेकिन अगर जनभावना निरन्तर इसी पक्ष में रही तो लोकतांत्रिक होने के नाते हमें उसे मान लेना होगा।'

ज़्यादा वक़्त नहीं बीता जब एकल व्यवस्था और उसका वैचारिक आधार ही

अपर्याप्त लगने लगा। इसी मौक़े पर तीसरा राष्ट्रवाद, जो ठंडे बस्ते में पड़ा था, वापस परिदृश्य में आया। भारत ने धीरे-धीरे इसके आधार पर ख़ुद को प्रान्तों के एक ऐसे संघ के रूप में रूपान्तरित किया जिसने जातीय पहचानों को थोक भाव से एक व्यापक नागरिक पहचान में समाहित करने से इनकार कर दिया। ऐसा तब हुआ जब अचानक उभरी जन-राजनीति के समक्ष भारत का लोकतांत्रिक राज्य लड़खड़ाता-सा महसूस हुआ। स्थानीय नेताओं ने उस वक़्त स्वायत्तता और राजनीतिक अधिकारों को साझा करने की माँग उठा दी थी। इसके चलते भाषायी राज्यों का मुद्दा एक बड़े आन्दोलन का बायस बन गया, जिसके चलते 1953 में तेलुगुभाषी लोगों के लिए आंध्र प्रदेश का गठन करने को भारत को बाध्य होना पड़ा। इसके तत्काल बाद ही राज्य पुनर्गठन आयोग अस्तित्व में आया ताकि भाषायी आधार पर प्रान्तों का पुनर्गठन किया जा सके।

आयोग की दलील थी कि न्याय का तकाज़ा है कि आंशिक रूप से स्वशासित प्रान्तों को बनाया जाए जो सभी प्रमुख भाषायी समूहों को मान्यता दे सकें। इसके अलावा, उनका गठन प्रशासकीय सक्षमता लाएगा, लोकतंत्र को गहरा करेगा और भाषायी वर्चस्व के डर के चलते स्थानीय अल्पसंख्यकों में पैदा हुई उत्तेजना का शमन करेगा। चूँकि वर्चस्व अन्ततः प्रतिरोध और टकराव में बदल जाता है जो राष्ट्र-राज्य के ह्रास का कारण बनता है तो केवल संघवाद ही भाषा-आधारित बहुसंख्यकवाद को रोक पाने में सक्षम होगा, टकरावों को थामेगा और भारतीय राष्ट्रवाद को सशक्त करेगा। केवल सम्मिलित राष्ट्रवाद ही ऐसा है जो एकता के दावे और विविध संस्कृतियों की मान्यता के दावों को रचनात्मक रूप से मिश्रित कर सकता था। इसी राष्ट्रवाद के तहत एक मज़बूत लोकतांत्रिक ज़मीन पर एकाधिक पूरक पहचानों के बीच संवाद, बहस और समझौते के माध्यम से संयोजन सम्भव था जो विवादों के समाधान में मददगार हो।

आयोग की सिफ़ारिशों के बाद 1956 में प्रान्तों का पुनर्गठन किया गया। जल्द ही जनांदोलन ने बॉम्बे को महाराष्ट्र और गुजरात में बाँट दिया। फिर 1966 में हरियाणा को पंजाब से अलग कर के एक स्वतंत्र प्रान्त बना दिया गया। काफ़ी बाद में अरुणाचल प्रदेश, मिज़ोरम, झारखंड, छतीसंगढ़ और उत्तराखंड नाम के प्रान्त अस्तित्व में आए। धीरे-धीरे भारत एक सम्मिलित राष्ट्र-राज्य बनता गया और इसने 'सबको समेटे रहने' के विचार से 'सबके साथ आने' के विचार तक की यात्रा पूरी की। यही (भाषायी) संघवाद था। इसका आशय यह था कि अब क्षेत्रीय पक्ष अपने क्षेत्र में और केन्द्र में भी पहले के मुक़ाबले कहीं ज़्यादा मज़बूत थे। इसने केन्द्र को अपेक्षाकृत ज़्यादा स्थिरता प्रदान की क्योंकि वह ऐसे क्षेत्रीय समूहों की सहमति और भागीदारी पर खड़ा था जो एक स्तर पर स्वशासित भी थे। भारतीय संघवाद ने केन्द्रीय राज्य और प्रान्तों के बीच असम्मतियों को समाहित कर के अपनी

संकीर्णताओं को भी दूर करने की कोशिश की—सभी राज्यों को बराबर बरतने के लिए उनकी विशिष्ट ज़रूरतों को स्वीकार करना और उसी के अनुरूप से उनके साथ व्यवहार करना ज़रूरी था।

प्रान्तों की बराबरी

इस सम्मिलित राष्ट्रवाद ने भारत के हित में काम किया है और तमाम समूहों को लाभ पहुँचाया है। यह सच है कि भारत के सरहदी इलाक़ों जैसे उत्तर-पूर्व और कश्मीर में यह उतना कारगर नहीं रहा, लेकिन वहाँ की समस्याएँ तभी हल हो पाएँगी जब सम्मिलित राष्ट्रवाद को और गहराई दी जाएगी। उसे छोड़ने से ऐसा नहीं होगा। भारत का अनुभव दिखाता है कि जब कभी केन्द्र निष्पक्ष रहा है, उसने प्रान्तीय जनता का सम्मान किया है, समूची राजनीति सुगम तरीक़े से काम करती रही है। दूसरी ओर जब कभी प्रान्तों का अपमान हुआ है और लोकतांत्रिक क्रियाकलाप के मानकों से समझौता किया गया। बहुत मज़बूत ओर हिंसक ताक़तें बेलगाम हो गईं जिससे राज्य की स्थिरता ख़तरे में पड़ गई।

संघवाद का समकालीन संकट इसी सम्मिलित, लोकतांत्रिक भारतीय राष्ट्रवाद के ऊपर हमले के चलते है। यह हमला अवधारणात्मक रूप से कुन्द और नैतिक रूप से कमज़ोर हिन्दू राष्ट्रवाद की ओर से किया जा रहा है। इस हमले को जब तक नहीं रोका जाता और इस रुझान को पलटा नहीं जाता, मुझे डर है कि जल्द ही हमारी राष्ट्र-निर्माण की विशिष्ट परियोजना में बड़ी दरारें दिखना शुरू हो जाएँगी। यह भारतीय गणराज्य के लिए विनाशकारी साबित होगा।

78

'पद्मावत' प्रकरण के तीन सबक़

फ़िल्म 'पद्मावत' पर चले लम्बे विवाद से क्या हम अपने बारे में और अपने सामाजिक-राजनीतिक जीवन के बारे में कोई सबक़ ले सकते हैं? कम-से-कम तीन बातें इससे निकल कर ज़रूर आई हैं। पहली कि अभिव्यक्ति की स्वतंत्रता बहुत ज़रूरी चीज़ है, न सिर्फ़ उनके लिए जो सार्वजनिक रूप से इसके मोल को समझते और ज़ाहिर करते हैं बल्कि उनके लिए भी जो इसका बहुत सम्मान नहीं करते।

ऐसा मैं क्यों कह रहा हूँ? इस फ़िल्म पर प्रतिबन्ध लगाने की माँग करनेवाले तक़रीबन सारे समूह अच्छे से जानते थे कि अगर उनकी अभिव्यक्ति पर बन्दिश होती और तमाम क़िस्म का मीडिया उन्हें उपलब्ध नहीं होता तो वे अपने लक्ष्य की ओर एक इंच भी नहीं बढ़ पाते। अगर उन्हें मीडिया के इस्तेमाल से रोक दिया जाता तो वे न तो अपने पक्ष में लोगों की धारणा का निर्माण कर पाते और न ही सरकार के ऊपर दबाव बना पाते। फ़र्ज़ करिए कि देश में ऐसी सरकार होती जो जौहर की प्रथा को बिलकुल भी बरदाश्त नहीं करती या फिर लोग ऐसे होते जो इस प्रथा के हलके से भी महिमामंडन से इतना भड़क जाते कि उसके प्रवर्तकों के ऊपर निषेधाज्ञा की माँग कर डालते तब क्या होता? तब क्या यह मुद्दा लोगों की नज़र में आ पाता? क्या अभिव्यक्ति की स्वतंत्रता के अधिकार की संवैधानिक गारंटी अतीत में अपने विचार गढ़ने और आज ज़ाहिर करने में इन समूहों के काम नहीं आ रही?

स्वतंत्र अभिव्यक्ति की ज़रूरत

ऐसा होना भी चाहिए। इनसान मूलत: ख़ुद को अभिव्यक्त करनेवाला प्राणी है। अभिव्यक्ति खाने और सोने जितना ही महत्त्वपूर्ण बुनियादी कर्म है। अपनी मान्यताएँ, चाहतें, अहसास आदि को शारीरिक मुद्रा, प्रदर्शन, मौखिक या लिखित तरीक़े से किसी सार्वजनिक माध्यम से ज़ाहिर करना दरअसल इनसान की बुनियादी ज़रूरत होती है। हम लोग इसे इतना हलका मान कर चलते हैं कि उसकी अहमियत तभी समझ में आती है जब यह अधिकार हमसे छीन लिया जाता है। समकालीन लोकतंत्रों में चूँकि हर व्यक्ति की राय बहुत अहम मानी जाती है और उसे निर्णय प्रक्रिया में तभी शामिल किया जा सकता है जब वह सार्वजनिक रूप से ज़ाहिर हो सके, इसीलिए आज स्वतंत्र अभिव्यक्ति की ज़रूरत को पहले से कहीं ज़्यादा आज महत्त्व मिल रहा है। जो लोग यह समझते हैं कि अभिव्यक्ति की स्वतंत्रता केवल अंग्रेज़ी शिक्षित पश्चिमी दिमाग़ वाले लिबरल कुलीनों की बपौती है वे ग़लती करते हैं। उतने ही ग़लत वे लोग हैं जिन्हें लगता है कि ग़रीबों को मुक्त अभिव्यक्ति की कोई ज़रूरत नहीं है क्योंकि उनका तो कुल जीवन दो जून की रोटी जुटाने भर तक सीमित है। यह बात तो अब व्यापक रूप में स्वीकृत है कि स्वतंत्र प्रेस की वजह से ही ऐसी मानव-निर्मित आपदाओं को टाला जा सका जिनका प्रभाव ग़रीबों पर पड़ सकता था। जैसा कि अमर्त्य सेन ने कहा था, जब प्रतिबद्ध पत्रकार अकाल की विभीषिका से प्रभावित लोगों के संकट को सामने लाए तब जाकर अकाल परिदृश्य से ग़ायब होना शुरू हुआ। वास्तव में, अन्याय और उत्पीड़न के ख़िलाफ़ हर लोकप्रिय संघर्ष की एक शर्त होती है कि कमज़ोर और वंचित लोग स्वतंत्र रूप

से ख़ुद को सार्वजनिक रूप से ज़ाहिर कर सकें। शिकायतों की अभिव्यक्तियों पर नियंत्रण जितना कम रहा, तब तक स्वतंत्रता की माँग के संघर्ष उतने ही समृद्ध हुए।

पदानुक्रम और प्रभुत्व की आवाज़ें

अभिव्यक्ति की स्वतंत्रता के मोल को अगर हर कोई इतना समझता है तो आज इसके सामने संकट किस बात का है? 'पद्मावत' का दूसरा सन्देश यहीं से निकलता है। वो यह है कि अभिव्यक्ति की स्वतंत्रता का अधिकार कुछ समूहों को दूसरों के मुक़ाबले ज़्यादा मिला हुआ है। करणी सेना जैसे समूह यह मानकर चलते हैं कि अभिव्यक्ति की स्वतंत्रता विषयवस्तु के मामले में वस्तुगत नहीं होनी चाहिए बल्कि उनकी मर्ज़ी के विषय के साथ जुड़ी होनी चाहिए। यानी जो लोग हमारी बात से इत्तेफ़ाक़ रखें और हमारे बारे में सकारात्मक सोचें केवल उन्हीं को बोलने का अधिकार होना चाहिए और ऐसी कोई भी बात जो हमारे विचारों को दूसरी रोशनी में देखने की कोशिश करती हो अथवा हमारे आख्यानों पर हलका-सा भी सवाल उठाती हो उसे बाहर कर दिया जाना चाहिए। वे मानते हैं कि उनसे असहमत हर राय उनकी भावनाएँ आहत करती है और जो भी बात उनकी साम्प्रदायिक भावनाओं को आहत करे, उसकी सार्वजनिक जीवन मं कोई जगह नहीं होनी चाहिए।

'पद्मावत' विवाद ने दिखाया है कि ऐसा कोई भी समूह जो ताक़त रखता है और भीड़ को जुटाकर उद्वेलित कर सकता है, उसे दूसरों को यह कहने की आज़ादी है कि उसके अपने अधिकारों के बरक्स बाक़ी समूहों के अधिकारों का कोई मोल नहीं है, भले ही वे कितने ही तार्किक और संवेदनशील हों—और यह बात कला क्षेत्र में भी लागू होती है। इस तरह हम देखते हैं कि अभिव्यक्ति की स्वतंत्रता के अधिकार में भी ऊँच-नीच के क्रम पर ज़ोर दिया जा रहा है—कि यह एक ऐसा अधिकार है जिसे केवल ख़ास मानसिकता या विचारधारा के लोग ही प्रयोग कर सकते हैं, बाक़ी नहीं। और ऐसी मानसिकता वाले समूहों के लिए हर चीज़ की छूट है, हिंसक धमकी देने की भी, जो किसी सभ्य समाज में आम तौर से नियंत्रित होती है।

इस विवाद के रास्ते जो तीसरा सन्देश हम तक पहुँचाया गया है वह अभिव्यक्ति की स्वतंत्रता के अधिकार में बराबरी के हनन से भी ज़्यादा ख़तरनाक है। सतह पर तो ऐसा लगता है कि उन लोगों के लिए मामला अभिव्यक्ति की स्वतंत्रता का था ही नहीं, विशुद्ध दबंगई और प्रभाव जमाने का था। ज़्यादातर लोगों की अभिव्यक्ति की स्वतंत्रता के अधिकार का बुनियादी मूल्य ही दरअसल कुछ लोगों के प्रभुत्व-साधन के नीचे दबकर रह गया। अगर एक ख़ास समूह के नुमाइन्दों को सत्ताधारी दल का खुला समर्थन मिल जाए तो फिर हर दूसरे समूह को, संस्थान को और

यहाँ तक कि हमारे संवैधानिक मूल्यों के अभिभावक सुप्रीम कोर्ट को भी उनकी इच्छा के हिसाब से घुटने टेकने पड़ते हैं। जैसे कि 'पद्मावत' के अभिनेता का सिर कलम करने का आह्वान पर्याप्त नहीं था, सुप्रीम कोर्ट के एक प्रतिष्ठित व वरिष्ठ अधिवक्ता (जिन्होंने फ़िल्म की स्क्रीनिंग के हक़ में उसका बचाव किया था) और सेंसर बोर्ड के मुखिया को भी धमकी दे डाली गई। भारत की ओर से दुनिया को सबसे बड़े निर्यातों में एक, फ़िल्म उद्योग को कथित 'फ्रिंज' तत्त्वों के आगे झुकना पड़ा। कुल मिलाकर एक छोटे से समूह के तमाशे ने समूचे राष्ट्र को बंधक बना डाला। और सच में, उन राज्य सरकारों की मुझे चिन्ता हो रही है जिन्होंने इन समूहों को हवा दी। क्या हम नहीं जानते कि शैतान अन्ततः अपने पैदा करनेवाले को ही निगल जाता है?

79

विरासती प्रतिमाओं का सवाल

दुनिया में बड़ी संख्या में ऐसी घटनाएँ हुई हैं जहाँ लोगों ने पुरानी प्रतिमाओं को ध्वस्त किया है क्योंकि वे उन्हें अतीत में हुए अपने उत्पीड़न के वर्तमान प्रतीकों और ज़िन्दा शर्मिन्दगी के रूप में देखते थे। बहुत समय नहीं हुआ जब यूके के ब्रिस्टल में लोगों ने एडवर्ड कोल्स्टन की प्रतिमा को गिरा दिया था। वह ग़ुलाम पालता था। इसके बाद हमने देखा कि भारत में भी साम्राज्यवादी शासकों की प्रतिमाएँ गिराई गईं। कभी जिन्हें विरासत समझा जाता था, माना जाता था कि ये अतीत के प्रतीक हैं जिन्हें सँजोकर रखना चाहिए, आज उन्हें काल-बाह्य माना जा रहा है जिन्हें सार्वजनिक स्मृति से मिटा देना ही बेहतर है।

इसमें चौंकानेवाली कोई बात नहीं है। विरासत पर हमेशा से विवाद रहा है। विरासत कोई कुदरती चीज़ नहीं होती। इसे इनसान ख़ुद बनाता है। जब हम 'विरासत' कहते हैं तो वह हमारे पुरखों से विरासत मे मिली हर चीज़ को संकेतित नहीं करता। वह उन चीज़ों का एक चयन होता है जिन्हें हम आज मानते हैं। हर समाज यह ख़ुद तय करता है कि उसकी विरासत क्या है और क्या नहीं। चूँकि हर सामूहिक निर्णय में राजनीति शामिल होती है तो विरासतों की निर्मिति भी एक राजनीतिक प्रक्रिया है जिसके दायरे में केवल सत्ताधारी कुलीन नहीं आते बल्कि वे लोग भी आते हैं जिनका विरासत से सरोकार होता है।

वर्तमान में अतीत

विरासत की फ़िक्र क्यों करनी होती है? क्योंकि विरासत हमारी सामूहिक समझदारी में योगदान देती है, उन्हें समृद्ध करती है। हमारी विरासत हमारी सामूहिक पहचान को पुष्ट करती है और हमारे गर्व का स्रोत होती है। विरासत इसलिए भी अहम होती है क्योंकि यह इतिहास का वह अंश है जिसे हमारे शिल्पकार लगातार जीवंत करते हैं और हमारे जिये हुए सामूहिक अनुभवों के साथ उनका एकीकरण जारी रहता है। ये इतिहास के उस हिस्से की नुमाइन्दगी करते हैं जिसे हम जी चुके होते हैं और जिसके साथ हम अब भी जी रहे होते हैं। चूँकि इसका सीधा लेना-देना हमारी पहचान से होता है तो विरासत भावनाएँ भी जगाती है।

विरासती स्मारकों के निर्माण के साथ नैतिक मूल्यों का भी लेना-देना होता है क्योंकि वे समाज के उस अतीत का अंग हैं जिसके साथ हमारे मूल्य जुड़े हैं। कुछ सूक्ष्म होते हैं, जैसे आख्यान, संगीत, प्रदर्श कलाएँ, इत्यादि। कुछ ठोस होते हैं, जिन्हें स्मारकों और प्रतिमाओं के रूप में सँजोया जाता है। 'विरासत' कोई मूल्य-निरपेक्ष शब्द नहीं है। इसमें एक मूल्य-निर्णय शामिल होता है कि क्या याद रखे और सँजोये जाने लायक़ है। इसके उलट, यह हमारे इतिहास के कुछ लक्षणों को पृष्ठभूमि में भी धकेल देती हैं। ऐसे लक्षण जिन्हें भूल जाना ही बेहतर होता हो या बहुत से बहुत जिन्हें बिना किसी मोह के याद किया जाता हो। विरासती स्मारकों के निर्माण के मूल में यह बात होती है कि क्या याद रखा जाना है और क्या भुला दिया जाना है, किस चीज़ का सम्मान और उत्सव मनाना है और किसे 'दाग़' क़रार देना है—यानी अफ़सोस या खेद की चीज़ जिसका बार-बार सार्वजनिक शोक मनाया जाना चाहिए और केवल इसलिए याद रखा जाना चाहिए ताकि भविष्य तक वह हमारे साथ क़ायम रहे। राजघाट केवल गांधी जी को याद करने की जगह नहीं है। वहाँ हम एक देशवासी द्वारा उनकी हत्या का शोक भी मनाते हैं।

विरासतें अतीत की ग़लतियों को सम्बोधित करने और दुरुस्त करने का भी एक माध्यम हैं। बर्लिन में होलोकॉस्ट का स्मारक और वॉशिंगटन में वियतनाम का स्मारक दोनों सार्वजनिक माफ़ी का प्रतीक हैं।

विविधता वाले समाजों में प्रतिक्रिया

जटिल, स्तरीकृत और विविधीकृत समाजों में अक्सर ऐसा होता है कि इतिहास का जो हिस्सा किसी समूह के लिए पोषक होता है वह दूसरे के लिए निन्दनीय होता है। हो सकता है कि जो चीज़ किन्हीं लोगों में गर्व का भाव जगाती हो, वह दूसरों को शर्मिन्दा करती हो, बल्कि अपमानजनक भी हो। ऐसा न भी हो तो

बहुत सम्भव है कि उससे उनके भीतर कोई भाव ही न जगता हो। इसीलिए, कुछ मुट्ठी-भर लोगों की विरासत का सार्वजनिक प्रदर्शन बाक़ी लोगों के लिए तनाव और अलगाव का स्रोत हो सकता है। विरासत अक्सर सांस्कृतिक वर्चस्व के साथ भी जुड़ी होती है और इसीलिए प्रतिरोध को आमंत्रित करती है। इससे यह समझ में आता है कि विरासती स्मारक लोगों को सहज या असहज करते हैं और उनकी ओर लोग आकर्षित या विकर्षित होते हैं। जहाँ कहीं प्रतीकात्मक सत्ता का विभाजन असमान ढंग से हो, उन्हें ज़ाहिर करनेवाले शिल्प और कलाएँ विवाद पैदा करते हैं। फिर ज़ाहिर है कि एक ग़ुलाम पालनेवाले मालिक या साम्राज्यवादी शासक की प्रतिमा पहले के ग़ुलामों और उपनिवेशित लोगों में हिकारत पैदा करेगी ही। इसी तरह, जिन समाजों में जातिगत ऊँच-नीच है, वहाँ दलित प्रतीकों को लगातार उपेक्षित किए जाने के कारण उन्हें विरासत में शामिल करने की माँग उठती रहती है। दलित प्रतीकों की मान्यता को लेकर लम्बे संघर्ष के बाद आंबेडकर की प्रतिमा सार्वजनिक स्थलों का हिस्सा बन सकी थी। ऐसे में अगर आंबेडकर प्रतिमा को कहीं तोड़ दिया जाए तो दलितों को और हम सबको आख़िर ग़ुस्सा क्यों न आए?

सार्वजनिक प्रतिमाएँ

आगे मैं केवल सार्वजनिक प्रतिमाओं की बात करूँगा जो चौक-चौराहों और सड़कों पर लगाई जाती हैं, कहीं छुपाकर या किसी विशेष पार्क अथवा संग्रहालय में नहीं, ताकि सभी उन्हें देख सकें। कौन तय करता है कि लोगों के देखने के लिए सड़क चौराहों पर क्या लगाया जाए? समाज में इतने ज़्यादा मतभेद हैं और निर्णय लेनेवालों को प्रभावित करनेवाले इतने मुँह हैं तो ऐसे एक सामान्य फ़ैसले पर पहुँचने का तरीक़ा क्या हो सकता है? कैसे इन मतभेदों को विवादों और हिंसक टकरावों में तब्दील होने से रोका जा सकता है?

उत्पीड़कों की प्रतिमाओं को गिराए जाते देखना तो समझ में आता है, पर ऐसी स्थिति आए ही क्यों? सामूहिक विचार-विमर्श के बाद यह फ़ैसला क्यों नहीं लिया जा सकता कि इनके साथ क्या करना है? आख़िर स्मारकों को केवल सरकारों के भरोसे क्यों छोड़ना, जो आती-जाती रहती हैं? स्मारकों की राजनीति से बचना सम्भव नहीं है तो क्या इससे सरोकार रखनेवाले समाज के सभी तबक़ों, कलाकारों, दार्शनिकों, इतिहासकारों, वास्तुकारों और हमारी सांस्कृतिक स्मृति के संरक्षकों को साथ बैठाकर बातचीत और विचार-विमर्श भी नहीं किया जा सकता? क्या साठ के दशक में रायशुमारी के माध्यम से ही इंडिया गेट के पास साम्राज्यवादी मंडप के नीचे से जॉर्ज पंचम की मूर्ति नहीं हटवा दी गई थी और उस जगह को ख़ाली छोड़

दिया गया था इस याद को क़ायम रखने के लिए कि हमारे गणराज्य में तानाशाहों और राजाओं की कोई जगह नहीं है?

महात्मा और मोहनदास

गांधी की प्रतिमाओं का ही उदाहरण लेते हैं, चूँकि उनका वैश्विक महत्त्व भी है और वर्तमान में उनकी प्रासंगिकता को लेकर आज विवाद भी हैं। कुछ लोगों को वाक़ई लगता है कि महात्मा गांधी की मूर्ति नहीं होनी चाहिए क्योंकि साम्राज्यवाद के साथ कथित रूप से उनकी मिलीभगत थी और वे नस्लवादी भी थे। तो क्या हम हिंसक तरीक़े से उनकी प्रतिमाएँ गिराने की छूट दे दें? गांधी जी न तो महात्मा पैदा हुए थे, न ही एक रात में महात्मा बन गए थे। उन्होंने एक साधारण इनसान की तरह अपना जीवन शुरू किया था और वे जिस सामाजिक तबक़े से आते थे, उनकी भी सामान्य मध्यवर्गीय आकांक्षाएँ थीं। यह बात समझी जा सकती है कि बपचन में उनके भीतर भी जातिगत पूर्वग्रह रहे होंगे और क़ानून की पढ़ाई के लिए लन्दन जाने के बाद उन्होंने अपने साम्राज्यवादी मालिकान के पूर्वग्रहों को भी पाल लिया होगा और भारत के किसानों या 'अस्पृश्यों' से कहीं ज़्यादा ख़ुद को पढ़े-लिखे अंग्रेज़ कुलीनों के क़रीब पाने लगे होंगे। जोहानेसबर्ग में भी हो सकता है वे उत्पीड़ित काले लोगों के मुक़ाबले ख़ुद को श्रेष्ठ समझते रहे हों।

असल सवाल यह है कि क्या वे अपने नस्ली और जातिगत विचारों को लेकर इसी तरह आगे भी जीते रहे या फिर अपने उन्होंने पूर्वग्रहों के ख़िलाफ़ संघर्ष किया—केवल सतही तौर पर नहीं बल्कि अपने भीतर की सबसे बुरी प्रवृत्तियों को चुनौती देते हुए, जिसके चलते वे ख़ुद को बिलकुल अलग मनुष्य में रूपान्तरित कर सके। सारे विवरण यही बताते कि गांधी जी ज़िन्दगी-भर अपनी बुराइयों से लड़ते रहे और अन्त में जाकर महात्मा कहलाए—महान नैतिक महत्त्व की ऐसी वैश्विक शख़्सियत जिसकी सराहना उनके दुश्मनों ने भी की और जिन्होंने मार्टिन लूथर किंग और नेल्सन मंडेला जैसे नेताओं को प्रभावित किया। इसीलिए दुनिया-भर में इस महात्मा की प्रतिमाएँ उनके आत्मचेतस संघर्षों का सम्मान करने के लिए लगाई गईं, न कि अंग्रेज़ों के वफ़ादार उच्च जाति के गुजराती वकील मोहनदास करमचंद की। जो लोग उनकी प्रतिमाएँ खंडित करना चाहते हैं, वे केवल उनके शुरुआती जीवन के कुछ टुकड़ों को देख पा रहे हैं जिसे ख़ुद गांधी ने अपने महान संघर्ष से अस्वीकार कर दिया था। इससे ज़्यादा अजीब और त्रासद बात और क्या हो सकती है? फ़र्ज़ करिए कि अतीत के सारे महान लोगों को अगर 'पितृसत्ता की कसौटी' पर कसा जाए तो उनकी प्रतिमाओं का क्या हश्र होगा। कौन पास हो पाएगा? न

क्रान्ताकिारी मार्क्स, न महान दलित नेता आंबेडकर, न मंडेला, न मार्टिन लूथर किंग। मुझे सन्देह है कि जितने पुरुष देवताओं की हम पूजा करते हैं, सब इस कसौटी पर फ़ेल हो जाएँगे।

इसलिए एक सामान्य सबक़ इससे हम यह ले सकते हैं कि प्रतिमाओं को क़ायम रखने या हटाने का फ़ैसला ऐतिहासिक शख़्सियतों के मौजूदा रूढ़ चरित्रों अथवा संकीर्ण राजनीतिक मानकों के आधार पर नहीं लिया जा सकता क्योंकि ये कसौटियाँ एक दौर की सामान्य लाक्षणिक कमियों को उजागर करती हैं। इसके बजाय हमें उस शख़्सियत द्वारा उसके दौर और जीवनकाल के दौरान सामाजिक, राजनीतिक और बौद्धिक जगत में किए कुल योगदान पर एक जटिल सामूहिक निर्णय लेना चाहिए। इस कसौटी पर मेरे हिसाब से गांधी उत्तीर्ण होते हैं, लेकिन कोल्स्टन और सेसिल रोड्स क़तई नहीं। हमें अतीत पर फ़ैसला लेते वक़्त कालभ्रम में नहीं फँसना चाहिए।

कुछ नई प्रतिमाएँ गढ़ें

जिस दौर में प्रतिमाओं को गिराया जा रहा है, क्यों न कुछ नई प्रतिमाएँ खड़ा करने पर बात हो? अच्छे कामों के लिए भी राजनीतिक सत्ता का मुँह ताकने की आदत से मैं थोड़ा परेशान रहता हूँ। आख़िर एम.एस. सुब्बुलक्ष्मी, कुमार गंधर्व या बेगम अख़्तर की प्रतिमा स्थापित करने के लिए कोई आन्दोलन क्यों नहीं होता, जिनका हमारी सांस्कृतिक विरासत में इतना बड़ा योगदान है? मेट्रो स्टेशनों और बस टर्मिनल के आसपास के चौराहों पर मोहम्मद रफ़ी या किशोर कुमार की मूर्ति लगाने से बेहतर क्या कुछ और हो सकता है?

80

जंग की भूख, अमन की बदहज़मी

एक दिन टेलीविज़न पर अचानक एक ख़बर आती है कि पुतिन ने जंग को रोकने का आह्वान करते हुए अपने किए पर पश्चात्ताप व्यक्त किया और अपनी पैदा की हुई भयावहता पर गहन खेद भी ज़ाहिर किया है। बड़े पैमाने पर की गई हत्याओं और बचे हुए लोगों की पीड़ा के लिए उन्होंने माफ़ी भी माँगी है। आज के दौर

में युद्ध की मानसिकता वाले नेताओं पर इस घटना का ज़बरदस्त प्रभाव पड़ा है। इससे प्रभावित होकर अब जॉर्ज बुश और टोनी ब्लेयर ने भी इराक़ में बरपा किए अपने विनाश पर माफ़ी माँग ली है। ऐसा लगता है कि हम लोग अपने सोचने के ढंग और दुनिया के बारे में अपने नज़रिये को लेकर एक नाटकीय और इंक़लाबी बदलाव के मोड़ से गुज़र रहे हैं। शान्तिपूर्ण दुनिया की ओर यह एक सच्चा क़दम है—एक ऐसी दुनिया, जहाँ जंग के लिए कोई जगह नहीं होगी और हिंसक आक्रमण ग़ुजरे ज़माने की चीज़ हो चुके होंगे।

यह परिदृश्य मैंने अपनी कल्पना की उड़ान से रचा है, बावजूद इसके कि एक युद्ध जारी है और पूरी दुनिया को वह प्रभावित कर रहा है। नैतिक आत्मसंयम के लिहाज़ से यह समय बहुत ठीक नहीं है। फिर भी ऐसा ही कुछ इस दुनिया में एक बार ज़रूर हुआ था, ईसा पूर्व 260 में, जब सम्राट अशोक ने युद्ध और विजय को त्याग दिया था। वो दिन और आज का दिन, तब से दुनिया-भर के लोग युद्धों पर विलाप किए जा रहे हैं। ख़ुद हमारे दौर में युद्धों के ख़िलाफ़ विशाल विरोध-प्रदर्शन हुए हैं। मेरी जानकारी में कोई और उदाहरण नहीं है जब किसी सम्राट ने अपने ही कृत्यों की निन्दा करते हुए मानवता को नई नैतिक दिशा दी हो।

अति-मर्दाना संस्कृति

अशोक के रूपान्तरण का वह कृत्य युगांतरकारी था। उससे पहले तक वह ख़ुद एक योद्धा की नीति पर चलनेवाला व्यक्ति था। अशोक से पहले की कुलीन संस्कृति में पौरुषेय गुणों की बहुत महत्ता हुआ करती थी। ऋग्वेद के अनुसार आकाश, वर्षा और बिजली के देवता इन्द्र युद्ध के भी देवता हैं। वह बहुत ताक़तवर और हिंसक हैं। अपनी विशाल देहयष्टि और भीषण साहस से इन्द्र ने केवल बाहुबल के सहारे ब्रह्मांड को धरती और स्वर्ग में बाँट दिया तथा अवरुद्ध जल, पशुओं और प्रकाश को मुक्त कर दिया था। अपने ओज से इन्द्र ने अपने शत्रुओं का नाश कर दिया था। अपने शत्रु को राजनीतिक रूप से परास्त करने के लिए इन्द्र उसके आक्रोश को चूर-चूर कर देता है, बाँट देता है, कुचल देता है। 'सच्चा' पुरुष वैदिक देव इन्द्र को अपना आदर्श मानता है। ऐसे पुरुषों को सुर कहा जाता है। वे घुड़सवारी और रथ की सवारी से युद्धकौशल में सिद्धहस्त होते हैं। वे पशुओं को लूटने में अपने बल का प्रयोग करते हैं और युद्ध को महिमामंडित करते हैं। ऐसे पुरुषों के लिए हिंसा और आक्रमण ही जीवन की शैली होती है। किसी दूसरे के परिक्षेत्र में घुसकर उस पर आक्रमण और विजय को पूरी तरह वैध माना जाता है।

युद्ध के ख़िलाफ़ नैतिक चेतना

अशोक ख़ुद इसी नीति पर चलता रहा था जब तक कि उसने कलिंग पर विजय नहीं प्राप्त कर ली। कलिंग विजय में भयावह विनाश हुआ। क़रीब डेढ़ लाख लोग विस्थापित हो गए और कम-से-कम एक लाख लोग मारे गए। इस विनाश ने उसे तोड़ दिया और उसके दृष्टिकोण को बदल डाला। अशोक स्तम्भ पर ख़ुदा राजादेश कहता है :

> कलिंग विजय के बाद देवताओं के प्रिय (अशोक) को पश्चात्ताप हुआ, चूँकि जब किसी स्वतंत्र राज्य पर विजय हासिल की जाती है तो वहाँ की प्रजा की हत्या, लूटपाट और उजाड़ बेहद भयावह होती है... बचे हुए सारे लोग हिंसा, हत्या और अपने प्रियजनों से बिछोह की पीड़ा में जीते हैं। जो इसके प्रत्यक्ष प्रभाव से बच जाते हैं, वे भी अपने मित्रजनों, परिचितों, सहकर्मियों और सगे-सम्बन्धियों की क्षति से पीड़ित होते हैं।[14]

इस युद्ध का हर कलिंगवासी पर त्रासद प्रभाव पड़ा था। वह कहता है, "आज यदि उसके हज़ारवें हिस्से की भी हत्या हो जाती या उन्हें बाहर भेज दिया जाता तो यह उसके मन पर बहुत भारी होता।"

रोमिला थापर ठीक ही लिखती हैं कि 'कलिंग की पीड़ा पर पैदा हुआ खेद और पश्चात्ताप एक व्यक्ति के किसी भावुक क्षण का परिणाम नहीं था, बल्कि यह उस व्यक्ति का सार्थक परिशोक था जो सचेत रूप से इस बात के प्रति जागरूक था कि उसने कैसा दुख पैदा किया है।"[15] इसके बाद ही अशोक ने सार्वजनिक रूप से अपनी विजय के महिमामंडन का खंडन किया और इस विचार को ख़ारिज कर दिया कि यश और वैभव अपने आप में कोई अच्छी बात है। अब वह केवल वही सश और वैभव चाहता था जो धम्म और नैतिकता के अनुपालन से पैदा होता हो—सार्वजनिक और राजनीतिक दोनों।

यहीं से राजा का केन्द्रीय धर्म सर्वजन, सर्वलोक हित बन गया। युद्ध और विजय मनुष्यों की भौतिक सुरक्षा को अस्थिर करते हैं और साथ ही इन अच्छाइयों की वैधता को कम करते हैं। इसलिए, इन्हें त्याग दिया जाना चाहिए। सच्चा वैभव सत्ता और विजय से ऊपर उठकर सामान्य लोगों के जीवन को क़ायम रखनेवाली अच्छाइयों को समृद्ध करने में है। धम्म को इस तरीक़े से दोबारा सूत्रीकृत कर के

---

14. अशोक का शिलालेख 13
15. रोमिला थापर, 'Asoka and the Decline of the Mauryas' (India: OUP, 2012)

अशोक ने ब्राह्मण-क्षत्रिय पौरुष संस्कृति को पूरी तरह बदलने का प्रयास किया। युद्ध-नीति को ख़ारिज करके अशोक ने राजा होने की एक बुनियादी रूप से नई दृष्टि प्रतिपादित की जहाँ हिंसा एक अनिवार्य घटक होने के बजाय महज़ प्रासंगिक चीज़ थी।

अशोक के नीतिशास्त्र के अनुसार समूहों के बीच या उनके ख़िलाफ़ संगठित हिंसा या जंग विनाश और अस्थिरता पैदा करते हैं। यह इनसानी प्रकृति से पैदा नहीं होती, न ही यह इनसानी परिस्थितियों में अन्तर्निहित है। यह अतृप्त लोभ और विशाल महत्त्वाकांक्षा की पैदाइश है। बिना ग़ुस्से, आक्रोश और टकराव के दुनिया की कल्पना करना कठिन है लेकिन उन्हें रोकने-थामने के कई तरीक़े मौजूद हैं। बड़े स्तर की हिंसा और युद्ध से बचा जा सकता है।

मानवता ने कुछ नहीं सीखा

इसके बावजूद मनुष्य की प्रजाति सीखने को तैयार नहीं है। संगठित हिंसा जैसी चीज़ें हमारे बिलकुल सामने हैं लेकिन आज के ताक़तवर शासक उनकी उपेक्षा किए चले जाते हैं। इससे भी बुरी बात यह है कि वे अपनी क्रूरताओं को सही ठहराते हें, बचकाने तर्क देते हैं और निरन्तर इस मान्यता को और पुष्ट करते जाते हैं कि युद्ध मनुष्य की प्रकृति का हिस्सा हैं तथा हिंसा हमारे डीएनए में ही है। वे युद्ध को सही ठहराते हुए उसके कुछ सकारात्मक प्रभाव बताते हैं। वे पूछते हैं कि क्या दूसरे विश्व युद्ध के बाद औरतों की स्थिति में सुधार नहीं आया? क्या युद्ध के बाद यूरोप में कल्याणकारी राज्य नहीं बने? शिक्षा, प्रौद्योगिकी और औषधि में सुधारों के ज़रिये क्या जीवन लम्बा नहीं हुआ? ये सब विचित्र दलीलें हैं। ज़ाहिर है बुरी चीज़ों के भी ऐसे अवांछित परिणाम होते हैं जो हमारा भला कर सकते हैं लेकिन यह तो कोई वजह नहीं हुई कि हम बुरे काम करें। हमें भलाई के लिए सबसे बेहतर शान्तिपूर्ण विकल्पों को चुनना होगा। वेसे भी, हम यह नहीं भूल सकते कि युद्ध को थोपनेवाले ताक़तवर महत्त्वाकांक्षी पुरुष होते हैं जो कमज़ोर को डराकर उससे सामान्यत: कुछ बहुमूल्य चीज़ छीनना चाहते हैं। जंग कुछ लोगों के फ़ायदे के लिए बहुत सारे लोगों का विनाश तय करती है। इसीलिए यह देखकर दुख होता है कि हमारी चुनी हुई सरकारें शान्ति के लिए तक़रीबन कुछ नहीं करती हैं। अन्तरराष्ट्रीय मंचों पर तो हम युद्धक कार्रवाइयों की निन्दा करते हैं और उनकी व्यर्थता पर उपदेश देते हैं लेकिन ठीक उसी साँस में हम शान्ति स्थापित करनेवालों को स्त्रैण कहकर उनका मजाक उड़ाते हैं। हमारा सारा सार्वजनिक विमर्श दरअसल युद्धक पौरुष के महिमामंडन से भरा पड़ा है।

जंग से राहत नहीं

विडम्बना कहिए कि युद्ध की अपरिहार्यता के ख़िलाफ़ मनुष्य की जागरूकता तब बढ़ी है जब युद्धों की तीव्रता और स्तर कई गुना बढ़ चुका है। बीसवीं सदी को हम युद्धों की सदी कह सकते हैं। इक्कीसवीं सदी का पहली चौथाई बीसवीं सदी का ही विस्तार जान पड़ता है। मुझे आश्चर्य नहीं होगा अगर यह बात सामने आए कि पिछले सौ एक साल में एक दिन भी ऐसा नहीं गुज़रा जब दुनिया के किसी-न-किसी हिस्से में बड़े स्तर की हिंसा या विनाश न हुआ हो तथा 'सुदीर्घ शान्ति' के बाद एक साल भी ऐसा नहीं गुज़रा जब दुनिया के सबसे ताक़तवर देशों ने वहाँ बम न गिराया हो, जिसे वे अपना दुश्मन समझते हैं। दुनिया के किसी-न-किसी इलाक़े में सामान्य लोगों को युद्ध समाप्त होने के लम्बे समय बाद तक उसके बर्बर परिणाम भोगने पड़े हैं। युद्ध के ख़िलाफ़ एक व्यवस्थित और सूत्रीकृत नैतिक चेतना को विकसित किए हमें दो हज़ार साल से ज़्यादा हो रहे हैं। मानवता इससे अब नहीं तो कब सीखेगी!

खंड VIII

महामारी पर विचार

81

प्रवासी मज़दूरों की बदहाली के दृश्य

महामारी ने हमें देश के मज़दूरों के बारे में सोचने को बाध्य किया है। वायरस ने हमारे सामने एक ओर स्वास्थ्यकर्मियों के महत्त्वपूर्ण मूल्य को दर्शाया है, वहीं इसने हमारी अर्थव्यवस्था में प्रवासी मज़दूरों की अहम भूमिका के बारे में लोगों की जागरूकता को भी बढ़ाया है। हमें इस बात का अहसास हुआ है कि क़रीब दस करोड़ से साढ़े बारह करोड़ लोग अपने गाँव, परिवार और घर छोड़कर लम्बी यात्रा कर के सुदूर शहरों क़स्बों में काम खोजने आते हैं। उन्हीं के अदृश्य हाथों से फ़सलों की कटाई होती है और हम खाते हैं। वे ही हमारी सड़कें साफ़ रखते हैं, कारखाने चलाते हैं, सड़क बनाते हैं और हमारे मकानों को खड़ा करते हैं।

घर वापसी

घर से दूर रहना कभी भी आसान नहीं होता। घर केवल ईंट-पत्थर का नहीं बना होता, टिन और लकड़ी का तो बिलकुल भी नहीं। घर वह जगह है जहाँ हमें सुकून मिलता है, जहाँ रिश्ते पनपते हैं और परिवार बढ़ता है। यह रोज़मर्रा के संघर्षों से हमें पनाह देता है। घर हमारी पहचान का विस्तार होता है। यह हमें अपनापन मुहैया कराता है। घर में शान्ति और राहत होती है। घर में नहीं होने पर आदमी घर में होने की इच्छा रखता है। ज़ाहिर है, फिर घर का मतलब अजनबियों के साथ साझा किए भीड़भाड़ वाले कमरे नहीं, बल्कि वह जगह होती है जहाँ अपना परिवार, दोस्त-मित्र और बिरादरी रहती हो। फिर इसमें कोई आश्चर्य नहीं कि अपने 'घर' जाने के लिए प्रवासी मज़दूर भूखे पेट सैकड़ों किलोमीटर की संकल्प-भरी यात्रा पर निकल पड़े थे। मेरा ख़याल है कि अगर उनके नियोक्ता या राज्य उनका पेट भरने को तैयार होते, तब भी उनमें से कई यही रास्ता चुनते। इसलिए उन्होंने बहुत वाजिब सवाल उठाया था कि अगर विदेश में फँसे भारतीय छात्रों को विशेष हवाई जहाज़ों में वापस लाया गया और मध्यवर्गीय छात्रों को कोटा के कोचिंग सेंटरों से उनके शहरों तक भेजा गया तो इनके लिए वैसे ही इंतजाम क्यों नहीं किए गए? क्या वे इसी देश के नागरिक नहीं हैं? क्या वे कुछ कम भारतीय हैं?

'सामान्य' दिनों में उनकी हालत

लॉकडाउन के दौरान प्रवासी मज़दूरों की बदहाली के बहाने हमें 'सामान्य' दिनों में उनकी स्थिति पर सोचना चाहिए। इनमें से कई 'अनुबंधित मज़दूर' होते हैं जिन्होंने कभी लिखित अनुबंध का मुँह नहीं देखा होगा। क़ानूनन हर माह न्यूनतम नियमित भत्ता दिए जाने का प्रावधान है लेकिन शायद ही कभी दिया जाता है। कई को तो महीनों पैसा नहीं मिलता और जब सीज़न के अन्त में उन्हें भुगतान होता है तो वह अक्सर किए गए वादे से काफ़ी कम होता है क्योंकि हिसाब-किताब पारदर्शी नहीं रखा जाता और आम तौर से अन्तिम भुगतान में कटौती कर दी जाती है।

नियमित भत्तों के भुगतान के अभाव में वे या तो अपने नियोक्ता से उधार लेते हैं या स्थानीय सूदखोर से क़र्ज़ पर पैसा उठाते हैं। इसके चलते वे वित्तीय रूप से और कमज़ोर हो जाते हैं। अक्सर वे देर तक काम करते हैं, दस घंटे से तेरह घंटे के बीच, और तम्बू या झुग्गियों में रहते हैं जहाँ पीने के लायक़ पानी नहीं होता, शौचालय नहीं होते और बिजली भी नहीं होती है। मुझे लगता है कि शायद ही वे कभी कुदरती घटनाओं से महफूज़ रह पाते होंगे। कई के पास रसोई नहीं होती है। वे अपने ही जैसी स्थिति में रहनेवाले रेहड़ी-पटरीवालों के यहाँ खाना खाने को मज़बूर होते हैं। ऐसी जर्जर परिस्थितियों में रहने और काम करनेवाले लोगों को लेकर कैसा आश्चर्य कि वे अचानक लगे लॉकडाउन में अपने घरों को लौटने के लिए तुरन्त तैयार हो गए?

प्रधानमंत्री ने महामारी के दौरान करुणा और समानुभूति की आवश्यकता पर बात की थी। ज़ाहिर है ये नैतिक गुण सराहनीय हैं जो न केवल आपात स्थिति में बल्कि सामान्य स्थितियों में भी ज़रूरी होते हैं। केवल निजी गुणों के सहारे हालाँकि सामाजिक बुराइयों से लड़ना पर्याप्त नहीं होता क्योंकि व्यक्ति की भावनाएँ उतनी मायने नहीं रखती हैं जितना सामूहिक भावना मायने रखती है जिसे एक सिलसिलेवार ढंग से सरकारी एजेंसी की कार्रवाइयों द्वारा लागू किया जाता है। इसीलिए प्रभावी सरकारी नीतियों का कोई विकल्प नहीं है। बेशक गुरुद्वारे और ग़ैर-सरकारी एजेंसियाँ भूखों का पेट भरने में अपनी पूरक भूमिका निभा सकती हैं लेकिन यह ज़िम्मेदारी बुनियादी रूप से राज्य की होती है।

काम, घर और प्रतिष्ठा

संक्षेप में, एक न्यूनतम कल्याणकारी राज्य के लिए सामाजिक नीति का एक तंत्र कारगर होना चाहिए जो किसी आपात स्थिति में भारतीय नागरिकों की बुनियादी

ज़रूरतों को सम्बोधित कर सके। ऐसा केवल महामारियों के दौरान नहीं बल्कि हर वक़्त होना चाहिए। सामाजिक-आर्थिक अधिकार, जिसमें काम का अधिकार भी शामिल है, लम्बे समय से हमारे राज्य के नीति निर्देशक तत्त्वों का अंग रहा है। भारत की संसद ने 2005 में महात्मा गांधी राष्ट्रीय ग्रामीण रोज़गार गारंटी क़ानून को बना कर एक ऐसी प्रक्रिया की शुरुआत की थी जो नागरिकता की अवधारणा के घटक के तौर पर एक विशिष्ट और अहम कल्याणकारी प्रावधान को सामने लाता है। एक राजनीतिक व्यवस्था का नागरिक होना आपको काम के अवसर के योग्य बनाता है। किसी बंजर क्षेत्र में ज़बरदस्त गर्मी के बीच शारीरिक श्रम हाड़ तोड़नेवाला और ख़ून चूसनेवाला काम होता है जो गांधी, मार्क्स और हीगेल किसी की भी अवधारणा के हिसाब से आत्मसाक्षात्कार के माध्यम से सशक्त करनेवाला तो क़तई नहीं होता। इसके बावजूद, ऐसा शारीरिक काम भी धर्मादा दान के मुक़ाबले गया-गुज़रा और दूर की कौड़ी बना हुआ है। वैसे भी बराबरी के लोकतांत्रिक मानकों के हिसाब से देखें तो धर्मार्थ दान पर जीना अपमानजनक होता है और आदमी की प्रतिष्ठा को कम करता है। इसके उलट कोई भी स्वैच्छिक काम, चाहे कितना ही कठिन क्यों न हो, एक ख़ास अर्थ में चुपचाप आदमी की प्रतिष्ठा और आत्मसम्मान को बढ़ाने के काम आता है। इसे हम राजस्थान के पलसाणा में देख सकते हैं जहाँ प्रवासी मज़दूरों के एक समूह ने लॉकडाउन में उन्हें आश्रय दिए जाने के बदले मुफ़्त में एक स्कूल की इमारत को पूरा रँग डाला था।

आत्मसम्मान और सन्तोष का एक स्रोत आदमी का काम होता है। नीति निर्देशक तत्त्व दूसरी चीज़ों पर ज़ोर देते हैं, जैसे उपयुक्त आवास। अब समय आ गया है कि राज्य इन चीज़ों को गम्भीरता से ले। ज़ाहिर है कोई भी राज्य किसी का घर नहीं बना सकता—उसे एक निजी लगाव की ज़रूरत होती है—लेकिन आवासन के अधिकार की गारंटी तो दी ही जा सकती है क्योंकि प्रतिष्ठापूर्ण जीवन-स्तर से सम्बन्धित अनुच्छेद में यह राज्य की ज़िम्मेदारी के भीतर निहित है।

एकाधिक वंचनाएँ

ऐसी सामाजिक नीतियाँ तब तक साकार नहीं हो सकती हैं जब तक नीति-निर्माता ग़रीबों को कमतर मनुष्य के रूप में देखना बन्द नहीं करेंगे। यह बात विवादास्पद जान पड़ सकती है इसलिए इसे समझ लेना ज़रूरी है। मेरे ख़याल से हम सभी अपने जेहन में ग़रीबों की जो तस्वीर लेकर घूमते हैं वह मेहनतकश लोग होते हैं जिनकी भौतिक ज़रूरतें बुनियादी होती हैं और जो बच्चे पैदा करते हैं। इन ज़रूरतों से वंचित रहने पर वे पीड़ा झेलते हैं। हमारी इनसानियत इसी पीड़ा को करुणा

के साथ स्वीकार करने में है। ज़ाहिर है, अपने बारे में हमारी नज़र में यही छवि नहीं है क्योंकि हमारी कहीं ज़्यादा जटिल सामाजिक, सांस्कृतिक, राजनीतिक और आध्यात्मिक ज़रूरतें हैं। हमें अपने बच्चों के साथ बिताने को वक़्त चाहिए, अपने मनोरंजन के लिए समय चाहिए, दोस्ती-मित्रता और साहचर्य चाहिए ताकि हमारा सामाजिक जीवन फलता-फूलता रहे। इसके अलावा अपनी बौद्धिक समृद्धि के लिए हमें गीत-संगीत, साहित्य, कला, कविता आदि चाहिए। फिर सार्वजनिक क्षेत्र में अपनी ज़िम्मेदारियाँ पूरी करने के लिए भी वक़्त चाहिए। हमें निजता भी चाहिए, एकाकीपन के कुछ घंटे भी चाहिए और अपने बारे में सोचने की मोहलत भी चाहिए। हमारा दुख उनसे बिलकुल अलहदा है। हमारे अलग क़िस्म के तनाव हैं, उत्तेजनाएँ हैं, डर हैं, आन्तरिक उथल-पुथल है और आत्महीनता का बोध है।

'उनके' और 'हमारे' बीच इतने भारी अन्तर मौजूद हैं, फिर भी हमारे दिमाग़ में यह बात कभी नहीं आती कि ग़रीबों के भी एक से ज़्यादा अभाव हो सकते हैं—केवल भौतिक ही नहीं बल्कि सामाजिक, सांस्कृतिक, राजनीतिक और आध्यात्मिक भी। आख़िर कब किसी नीति-निर्माता ने ग़रीबों के पारिवारिक जीवनस्तर या आध्यात्मिक जीवन के बारे में सोचा है? या यह कि उनके पास अपने बच्चों के लिए वक़्त होता है या नहीं? या फिर यह कि वे अपने बारे में पर्याप्त ढंग से सोच पाने की अक्षमता के चलते कितने वंचित होंगे?

मैं यह अजीब माँग तो नहीं करना चाहता कि हमारी राजकीय नीतियाँ ऐसे बनाई जाएँ जो इन तमाम पराभौतिक ज़रूरतों के बारे में भी सोचें। मेरा बस इतना कहना है कि जब तक नीति निर्माताओं की ग़रीबों के बारे में धारणा वैसी ही नहीं होगी जैसी अपने बारे में है—यानी जटिल और विविध ज़रूरतों वाले लोग—तब तक वे यह अहसास नहीं कर पाएँगे कि ग़रीब आदमी अपनी भौतिक वंचनाओं से किन बुरे परिणामों को भोगने को अभिशप्त होता है और वे इन वंचनाओं को दूर करने के लिए तात्कालिक क़दम भी नहीं उठा पाएँगे। नीति-निर्माताओं को यह समझने की ज़रूरत है कि ग़रीब भरे-पूरे मनुष्य होते हैं। जब तक उन्हें इसी रूप में नहीं देखा जाएगा, वे उनकी भौतिक ज़रूरतों को पूरा करने की नीतियाँ भी क़ायदे से नहीं बना पाएँगे। ऐसा तब तक नहीं होगा जब तक वे ग़रीबों के दर्द को नहीं महसूस करेंगे। शायद साहित्य और सिनेमा इसमें उनकी कुछ मदद कर पाए।

82

अफ़वाहों पर लगाम

1984 में दिल्ली जब सिक्ख विरोधी दंगों की चपेट में थी, एक अफ़वाह फैली हुई थी कि पेयजल में ज़हर मिला दिया गया है। ऐसी अफ़वाहें नई नहीं हैं। सदियों तक यूरोपीय यहूदियों के ऊपर युद्ध, महामारी या आन्तरिक तनाव के दौरान कुओं में ज़हर मिला देने का झूठा आरोप लगाया जाता रहा। अठारहवीं सदी के उत्तरार्द्ध में पेरिस जब वर्ग के आधार पर भयंकर रूप से बँटा हुआ था, ज़बरदस्त अफ़वाह फैली थी कि ग़रीबों को अमीर ज़हरीला आटा बाँट रहे हैं।

फिर इसमें कोई अचरज नहीं जब कोविड-19 महामारी के दौरान अफ़वाहों का बाज़ार गरम हुआ कि मुसलमान जान-बूझ कर 2000 रुपये के संक्रमित नोट सड़क पर फेंक रहे हैं या मुसलमान फलवाले फलों-सब्ज़ियों पर थूक रहे हैं। सामाजिक तनाव या क़ुदरती आपदाओं के दौर अफ़वाहों के पनपने के लिए उर्वर ज़मीन का काम करते हैं। ये अफ़वाहें न सिर्फ़ जंगल की आग की तरह फैलती हैं बल्कि इनके परिणाम बहुत बुरे होते हैं—दोषारोपण, सामाजिक बहिष्कार, हिंसा और लूट और यहाँ तक कि भीड़ के हाथों क़त्ल भी।

अफ़वाह का विश्लेषण

अफ़वाहें पैदा कहाँ से होती हैं? वे इतनी तेज़ी से क्यों ओर कैसे फैलती हैं? संकट में वे कैसे पनपती हैं? सारी अफ़वाहें ख़तरनाक नहीं होती हैं। कुछ में नुक़सान पहुँचाने की ताक़त होती है—जैसे आकाश में उल्कापिंड—जो आती हैं और बिना टकराये ग़ायब हो जाती हैं। लेकिन यहाँ हमारा सरोकार ज़हरीली अफ़वाहों से है जो बड़ी घटनाओं के साथ आती हैं और उनके नतीजे विनाशक होते हैं। ऐसी अफ़वाहों पर लगाम कैसे कसी जाए?

अव्वल तो अफ़वाह एक ऐसी सूचना, विचार, रिपोर्ट या अफ़साना है जो पुष्ट नहीं होता। इसलिए इसकी विश्वसनीयता सन्दिग्ध होती है। अफ़वाह के केन्द्र में उसका यही अपुष्ट चरित्र होता है जो इसे वैसा बनाता है जैसी वह है। जैसे ही सार्वजनिक रूप से यह साबित हो जाए कि बात सही है या ग़लत, वह बात अफ़वाह नहीं रह जाती। इस लिहाज़ से देखें तो एक अफ़वाह की सत्यता या उसका ग़लत होना उसके प्रभाव के लिए अप्रासंगिक चीज़ है। फिर भी, हर अपुष्ट बात अफ़वाह नहीं होती। अफ़वाह बनने के लिए उसमें और लक्षण होने ज़रूरी हैं। पहला, उसमें सच का आभास होना चाहिए। इसके बाद ऐसा कुछ हो जो पाठक या श्रोता के लिए उसे

प्रासंगिक बना दे। यदि कोई बात अपने आप में विचित्र है—जैसे कि सूरज आज रात जम जाएगा—या तत्काल जिसका झूठ पकड़ा जा सके—जैसे सचिन ने वन डे मैच में हज़ार रन बनाए—वह बात अफ़वाह नहीं बन सकती। दूसरे, बात ऐसी हो जो आपके विवेक को धोखा दे सके। उसमें एक भावना का पुट होना चाहिए ताकि अपने शिकार के सामूहिक मानस को वह हर सके। इसके बाद ही कई लोग उस पर विश्वास करना शुरू करेंगे। इससे उसका तीसरा लक्षण सामने आता है—वह बहुत तेज़ फैलती है। चौथे, वह किसी घटना की शक्ल में सामने आती है—जैसे आँधी या तूफान, जो एक झटके में आता है और तबाही मचा कर चला जाता है। यानी वह अल्पकालिक होती है। पाँचवाँ, कुछ लोगों द्वारा अफ़वाह जान-बूझकर उड़ाई जाती है, लेकिन यह अपनी ताक़त भीड़ से इकट्ठा करती है। इसलिए इसकी ताक़त के आगे जानकार आदमी भी लाचार होता है। कुल मिलाकर एक अफ़वाह ऐसा उपयोगी अर्धसत्य होता है जिसकी भावनात्मक छवियाँ बहुत सशक्त होती हैं और यह इतना तेज़ फैलता है कि लोगों के दिमाग़ को हरते हुए एक साझा मानस और वाहक पैदा कर देता है, अक्सर जिसके सामाजिक परिणाम गम्भीर होते हैं।

अफ़वाहें उन समाजों में प्रभावकारी होती हैं जो उन्हें ग्रहण करने को पहले से ही तैयार होते हैं। इन्हें ग्रहण करने की परिस्थितियाँ क्या होती हैं? पहला, एक ऐसा सन्दर्भ जहाँ या तो सूचना का अभाव है या फिर सूचनाओं की अधिकता है। ऐसे अनिश्चित सन्दर्भों में अपने आसपास के जगत का सन्तोषजनक अर्थ निकाल पाने में अक्षम लोग उत्तेजित और अस्थिर रहते हैं। उनकी बौद्धिक ज़रूरतों को पूरा करने के लिए उन्हें उपलब्ध ज्ञान के फुटकर टुकड़े परोस दिए जाते हैं, जो अर्धसत्यों और संकेतों से बने एक पैबन्द जैसा होता है और कुल मिलाकर घटनाओं को समझने का एक कमज़ोर और झीना-सा ढाँचा मुहैया करा देता है। इसी ढाँचे पर अफ़वाहें पनाह पाती हैं। इस बौद्धिक ढाँचे में भावनात्मक उत्तेजना को भी जोड़ लीजिए, फिर आपके पास अफ़वाहों के फलने-फूलने का एक बना-बनाया माहौल तैयार हो जाएगा। ऐसे में एक उत्तेजित दिमाग़ सारे सक्ष्यों को परे रखकर अफ़वाहों के सामने घुटने टेक देता है क्योंकि अक्सर उससे उसकी भावनात्मक ज़रूरत पूरी हो रही होती है। याद करिए कैसे नोटबन्दी के दौरान ग़रीब आदमी अपना पैसा लुट जाने को लेकर लगातार उत्तेजित और चिन्तित रहने के बावजूद इस अफ़वाह में सुकून पा रहा था कि अमीरों के यहाँ जमा करोड़ों रुपये की नकदी बेकार हो गई है।

अफ़वाहें फैलती क्यों हैं

राँची और पटना विश्वविद्यालयों में रह चुके एक मनोवैज्ञानिक जमुना प्रसाद उन शुरुआती लोगों में थे जिन्होंने उच्च मानसिक उत्तेजना और अफ़वाहों के सुगम

प्रसार के बीच रिश्ते को स्थापित किया था। जीते जी उन्हें मान्यता नहीं मिल सकी लेकिन मरणोपरांत उन्हें अफ़वाहों के सामाजिक मनोविज्ञान के प्रणेता के रूप में जाना गया। प्रसाद ने इस रिश्ते को स्थापित करने के लिए 1934 में बिहार और नेपाल में आए विनाशकारी भूकंप के सामाजिक प्रभावों का अध्ययन किया था। दूसरे विद्वानों ने भी दिखाया है कि तीव्र संकट के वक़्त लोग अटकलबाजी और पूर्वग्रहों के आसरे हो जाते हैं। ऐसे में अगर 'बाहरी' लोगों का पहले से कोई ऐसा समूह मौजूद हो जिसे नापसन्द किया जाता हो और अविश्वसनीय माना जाता हो तो वह आसान निशाना बन जाता है। फिर मौजूदा संकट का दोष उसी के ऊपर मढ़ दिया जाता है। इसीलिए अफ़वाहें ऐसे समाजों में कामयाब होती हैं जो 'हम' और 'वे' में बँटे होते हैं। ऐसे समाजों में अफ़वाहें एक काल्पनिक दुश्मन के ख़िलाफ़ लोगों को और क़रीब लाकर, उनमें अस्थायी एकता क़ायम कर मौजूदा ध्रुवीकरण को और गहरा करती हैं। स्वाभाविक है कि ऐसे बँटवारे से जिन्हें लाभ होता है, अफ़वाहें उन्हीं को लाभ पहुँचाती हैं।

अनिश्चय, भय और 'अन्य', तीनों की उपयुक्त उपस्थिति के अलावा चौथा आयाम बस एक कहानी सुनाने का बचता है। यह कहानी 'दुश्मन' के किसी भयंकर कुकृत्य की होनी चाहिए जिससे यह समझ आए कि उसी ने कथित रूप से यह तबाही पैदा की है। उसी कहानी का नाम होता है अफ़वाह। यह कहानी जितनी ज़्यादा डरावनी, ग़ुस्सा पैदा करनेवाली और घृणास्पद होगी, उसका भावनात्मक असर उतना ही तगड़ा होगा और उतनी ही जल्दी वह फैलेगी। लेकिन जैसा कि पहले बताया, शुरुआत करने के लिए ज़रूरी है कि उस पर एकबारगी भरोसा किया जा सके। इसके लिए कुछ तथ्यात्मक विवरण कहानी में जोड़े जाने ज़रूरी होते हैं ताकि उसमें कुछ दम आ सके।

1984 के नरसंहार के दौरान सिक्खों को मजबूरी में गुरुद्वारों में शरण लेनी पड़ी। इसने एक अफ़वाह को पैदा किया कि वे गुरुद्वारों में हथियार जुटा रहे हैं और शहर की कुलीन कॉलोनियों पर लूट और हमले की योजना बना रहे हैं। सच्चाई यह थी कि वे वहाँ शरण लिए हुए थे। यानी समूचे अफ़साने में केवल एक तथ्य सही था कि वे गुरुद्वारों में इकट्ठा थे और इतने से सच ने पूरी झूठी कहानी को भरोसे के लायक़ बना दिया। बिलकुल इसी तरीक़े से भारत में कई मुसलमानों को कलंकित होना पड़ा है और हिंसा झेलनी पड़ी है। इसी उत्तेजना में इन्दौर में कुछ मुसलमानों ने डॉक्टरों की एक टीम को पीट दिया था जो कोविड-19 की जाँच करने उनके पास गए थे। वे मुसलमान इस अफ़वाह के चक्कर में पड़ गए थे कि उन्हें मेडिकल क्वारंटीन के नाम पर उनके परिवारों से अलग किया गया है।

ध्रुवीकृत समाजों में डर और लाचारी अफ़वाहबाजी को आसान बना देती है,

लेकिन कुछ और कारण भी हैं कि अफ़वाहें इतने बड़े पैमाने पर फैल जाती हैं। इनमें तीन सबसे प्रमुख हैं। पहला, पढ़े-लिखे विवेकवान लोग अफ़वाहों की पुष्टि करने के चक्कर में उनके झांसे में आ जाते हैं। लोग अपने समूहों के हाथों अलगाव और शर्मिन्दगी से बचने के लिए उनके जैसा बरताव करना सुरक्षित समझते हैं। दूसरे, विडम्बना कहिए कि जब एक जैसा सोचनेवाले लोग किसी चीज़ पर बात करते हैं तो वह बात धारणा के तौर पर मज़बूत हो जाती है। बातचीत का असर गुणात्मक होता है, आप जितनी बात करेंगे उतना ही ज़्यादा अफ़वाह फैलेगी। तीसरी बात, किसी अविश्वसनीय बाहरी के द्वारा अफ़वाह का खंडन उसे और ठोस बनाने के काम में आता है, भले ही वह आदमी कितना ही जानकार क्यों न हो। ध्रुवीकृत समाजों में समूहों की गतिकी अपने ढंग से काम करती है। यहाँ हर व्यक्ति अन्ततः एक पाले में होता है। इसलिए निष्पक्ष आवाज़ों के लिए बीच की ज़मीन अकल्पनीय होती है।

प्रभावोत्पादकता को कम करना

संक्षेप में कहें तो यह एक पहेली जैसा है—चूँकि समाज कभी भी पूरी तरह सूचित या सुरक्षित नहीं किया जा सकता इसलिए अफ़वाहें अपरिहार्य हैं और संकट के क्षण में अभिशाप बन जाती हैं। यह जानते हुए भी इसका कोई तार्किक खंडन या प्रासंगिक सूचना प्रदान करने का प्रयास उसे रोक पाने में नाकाम रहता है। तो क्या अफ़वाहें ऐसी सुनामी हैं जिनके आगे हम सब बेबस हैं?

यह नियतिवाद ठीक नहीं है। अफ़वाहों के अनुकूल परिस्थितियों को बदलने से उनकी प्रभावोत्पादकता कम हो सकती है। समाज में विभाजनों को कम करना, पूर्वग्रहों की पकड़ को हलका करना, सामूहिक उत्तेजनाओं और समूहों की सनक को धैर्य के साथ सम्बोधित करना इसका निषेध करने में सक्षम क़दम हो सकते हैं, लेकिन ये सब दीर्घकालीन उपाय हैं। फ़िलहाल के लिए तो नियामक क़ानून ही अफ़वाहों को कम कर पाएँगे, साथ ही कुछ ऐसे प्राधिकारी व्यक्तियों की ज़रूरत होगी जो नुक़सानदेह अफ़वाहों का खंडन कर सकें, कम-से-कम इसी आधार पर कि जो लोग उसे फैला रहे हैं उनका भी उससे नुक़सान हो सकता है। सामुदायिक नेतृत्व और लोकतांत्रिक ढंग से चुने गए पदाधिकारी ख़तरनाक अफ़वाहों के प्रसार को रोकने में अपनी निर्णायक भूमिका निभा सकते हैं।

83

नियतिवाद की मौत

यह महामारी ऐसा लगता है एक युगांतकारी मोड़ है। लाखों लोग बीमार हो गए और हज़ारों मारे गए। हम अचानक ही इसकी लपेट में आ गए और यह भी नहीं जानते कि इससे कैसे निपटना है। इस क़िस्म की ऐतिहासिक घटनाएँ हमें ऐसे बड़े सवालों को उठाने का मौक़ा देती हैं जिन्हें हम जीवन की आपाधापी में अक्सर मसलन मनुष्य के नियंत्रण में क्या है और क्या नहीं? तेज़ी से हो रहे बदलावों की सूरत में सामूहिक असहायता को कैसे देखा-समझा जाए? हमारी ज़िन्दगी मं आपात स्थिति, बदक़िस्मती और खुशक़िस्मती की क्या जगह है? इनका एक जवाब तो नियतिवाद के पास है कि मनुष्य के हाथ में कुछ भी नहीं। हम लोग अपने नियंत्रण से बाहर की अबूझ घटनाओं के सतत शिकार हैं।

ऐसा लगता है कि महामारी के आने से लोगों के मानस में नियतिवाद लौट आया है। कर्म की धरती पर हम और उम्मीद भी क्या कर सकते हैं, जहाँ जन्म, मरण, हैसियत, विवाह, पेशा और जीवन के सभी अनुभव पहले से तय हैं! क्या हमारी क़िस्मत हमारे माथे पर या हमारे हाथों की लकीरों में नहीं लिखी है? क्या पैदा होते ही हमारे हिस्से का भाग्य और दुर्भाग्य हमें नहीं मिल जाता? क्या हिन्दू धर्म नियतिवाद का ही पर्याय नहीं हैं? ज़ाहिर है, ऐसे दौर में चौतरफ़ा नियतिवादी हताशा की उम्मीद तो की ही जानी चाहिए।

तक़रीबन अनुपस्थित नियतिवाद

इसके बावजूद इस बात के साक्ष्य बहुत कम हैं। मुझे नहीं दिखता कि आम लोग अपने भाग्य के आगे समर्पण कर चुके हैं। इसके बजाय वे तो यह चाहते हैं कि सरकारें हालात को अपने हाथ में लें, डॉक्टर और नर्स जीवन को बचाएँ, वैज्ञानिक जल्दी से कोई इलाज दें और बाक़ी नागरिक भाई-बन्धु ज़िम्मेदारी निभाएँ। ग़रीब आदमी ने भी अपने भाग्य के आगे घुटने नहीं टेके हैं। वे भारी ख़तरे उठाकर घर लौट रहे हैं। सरकारों ने उन्हें छोड़ दिया है लेकिन वे भूखे मरने को तैयार नहीं हैं। ऐसा लगता है कि हिन्दू भाग्यवाद पश्चिम की प्राच्यवादी कल्पना की कोई मिथकीय निर्मिति हो या फिर अमीरों का खेल, जो ग़रीबों को भाग्य का शिकार मानते हैं जबकि ग़रीब अपने बारे में ख़ुद ऐसा नहीं सोचता।

भारत में भाग्यवाद की तक़रीबन यह अनुपस्थिति आधुनिकता का तोहफा नहीं है। ऐतिहासिक रूप से भारतीय विचारों का एक बड़ा धड़ा अभाग्यवादी रहा है और

उसने मनुष्य को कर्ता माना है। दार्शनिक सुकुमारी भट्टाचारजी ने ऋग्वेद, ब्राह्मण, संहिताओं, उपनिषदों, अरण्यकों और जैमिनी की 'पूर्व मीमांसा' जैसे प्राचीन ग्रन्थों में भाग्यवाद की अनुपस्थिति के साक्ष्य और तर्क रखे हैं। बुद्ध और महावीर की शिक्षाओं में कर्म पर दी गई शिक्षाएँ केवल नास्तिकता नहीं बल्कि मनुष्य के कर्तृत्व की द्योतक हैं। भाग्य का प्रत्यय बेशक उपस्थित है, पर वह अन्त:स्थ है और कई जन्मों में मनुष्य के कर्म पर निर्भर है। पौराणिक साहित्य में भाग्य और कर्तृत्व एक साथ उपस्थित हैं। महाभारत में दो क़िस्म के ऋषि हैं। प्रवृत्ति ऋषि तप से शक्ति ग्रहण करते हैं, निवृत्ति ऋषि सक्रिय रूप से आध्यात्मिक ज्ञान का अर्जन करते हैं। दोनों ही इस तर्क को ख़ारिज करते हैं कि मनुष्य अपने नियंत्रण के पार की शक्तियों का शिकार है। प्राचीन भारत में शायद नास्तिक आजीवक ही भाग्यवाद को मानते थे।

भारत के लोक साहित्य में अक्सर एक देवी या देवता होता है जो नवजात के माथे पर उसका भाग्य लिख देता है। कई भारतीय भाषाओं में इसके लिए शब्द मौजूद हैं—तमिल में तलैयलेत्तु या तलैविति, कन्नड़ में हनेली बरेडिड्डू या हनेबारेहाय संस्कृत में फललिखित, इत्यादि। हिन्दुस्तानी में भी आम तौर से यही कहते हैं कि 'हमारी क़िस्मत में ये लिखा है'।

इसी को आम तौर से भारतीय भाग्यवाद या नियतिवाद की पुष्टि के तौर पर मान लिया जाता है, लेकिन इसी साहित्य में अपने विवेक के सहारे अपनी क़िस्मत को पलटने या भाग्य को बदलने की बात भी कही गई है। मसलन, भाग्य को वे ही बदल सकते हैं जो कर्म करते हैं और जोख़िम उठाने को तैयार रहते हैं। इसे चुनौती भी दी जा सकती है, ख़ासकर वंचितों में इसके लिए 'काला जादू' या पुरखों व स्थानीय देवियों की पूजा बताई गई है। कैथलीन गॉ जैसे नृशास्त्रियों ने बताया है कि तमिलनाडु के दलितों में भाग्य की अवधारणा को अस्वीकार किया गया है। उच्च जातियों में यही भूमिका ज्योतिष निभाता है। यह भाग्य का प्रबन्धन करने या दुर्भाग्य को टालने के तरीक़े बताता है।

भीषण संकट के लम्बे दौर में अक्सर तमाम विश्वदृष्टियाँ ऐसी उभर कर आती हैं जो इनसानी लाचारी को स्थायी बना देती हैं, अप्रत्याशित और अनपेक्षित ताक़तों को उभार देती हैं और मनुष्य के कर्तृत्व, व्यवस्था और विवेक को ही महत्त्वहीन क़रार दे देती हैं। उदाहरण के लिए, दूसरे विश्व युद्ध के दौरान पैदा हुए विद्रूप के विचार को ही लीजिए, जिसने अर्थ के सन्धान को व्यर्थ क़रार दिया था। तक़रीबन नियतिवाद की ही तरह इसने भी मानवीय कर्म की व्यर्थता को केन्द्र में रखा। इसके बावजूद, कर्म के नकार पर आधारित भाग्यवाद जैसी विश्वदृष्टियों का उन नज़रियों से घाल-मेल नहीं करना चाहिए जो भाग्य को महत्त्व देते हैं। नियति तो मानवीय स्थिति का एक अन्तर्निहित लक्षण है जो बार-बार ख़ुद को दुहराती है। प्रत्येक सभ्यता में ऐसी अवधारणाएँ बिन बुलाए उभर आती हैं। सभी प्राचीन विश्वदृष्टियों

में इसके लिए शब्द मौजूद हैं—ग्रीक में मोइरा, चीनी में मिंग, संस्कृत में भाग्य। आधुनिक विश्वदृष्टियों को भी भाग्य को अपने में समाहित करना चाहिए। क्यों?

मानवीय जगत को हमेशा मानवीय कर्तृत्व और प्रकृति के बीच एक महान प्रतिस्पर्धा के रूप में देखा जा सकता है। प्रकृति मनुष्य के नियंत्रण से फिलहाल बाहर है। मनुष्य अपनी नियति को जितना ज़्यादा नियंत्रित करने में समर्थ होगा, उसके नज़रिये में भाग्य के लिए उतनी कम जगह होगी। दुनिया को जितना ज़्यादा समझा जाएगा उतना ही कम रहस्यमय वह होती जाएगी। इसके बावजूद कुछ पल ऐसे होते हैं जब मनुष्य बहुत निस्सहाय महसूस करता है—मसलन, युद्ध के बीच, कुदरती आपदाओं के बीच, सामाजिक उथल-पुथल के दौरान और निजी हादसों के दौरान। कमज़ोरी के ऐसे आत्यंतिक क्षणों में जब चीज़ें हाथ से बाहर जाती महसूस हों और तार्किक विश्लेषण में न समाएँ, सामान्य मनुष्य अपनी व्यावहारिक चेतना के साथ भाग्य जैसी अवधारणाओं का आलम्बन ले सकता है। वह ऐसे में ख़ुद को छोड़ देता है और अन्ततः अपनी स्थिति को स्वीकार कर लेता है, यह सोच कर कि 'जो है ठीक है' या 'यही होना लिखा था', इत्यादि।

मानवीय शक्ति बनाम संयोग

मैकियावेली ने कहा था कि मानवीय शक्ति और संयोग या भाग्य के बीच निरन्तर एक जंग छिड़ी रहती है। हमें लगातार इसका आकलन करते रहना होगा कि पलड़ा किस ओर झुक रहा है। हमें क्या मिला है और उसे कितना बदला जा सकता है, इस बारे में मनुष्यों को, समाज को और वास्तव में समूची मानवता को एक यथार्थवादी अन्दाज़ा तो होना ही चाहिए। किसी मनुष्येतर अवधारणा की कल्पना को पूरी तरह त्याग देना नामुमकिन बात है, वैसे ही अपने कर्मों की ज़िम्मेदारी को पूरी तरह नकार देना भी नामुमकिन है। हमारे साथ जो कुछ भी हो रहा है उसके लिए आंशिक तौर पर हम ख़ुद ज़िम्मेदार हैं, भले ही यह परिस्थितियों के हिसाब से कम-ज़्यादा होता रहता है, हालाँकि एक आयाम जो हमारे नियंत्रण से हमेशा बाहर रहता है वह हमारे जीवन में होनेवाली सांयोगिक घटनाएँ हैं, जैसे दुर्घटना, संयोग, बीमारी, विनाश, शोक वियोग, इत्यादि। ये घटनाएँ इनसान के कर्तृत्व को छलती हैं और सारी योजनाओं को धता बता देती हैं। ऐसे में हमें ख़ुद को पूरी तरह नियति पर छोड़ने को मजबूर होना पड़ जाता है। वास्तव में, सौभाग्य से ज़्यादा भाग्य का लेना-देना दुर्भाग्य के साथ है। इसीलिए हादसों में होनेवाली मौतों को दुर्भाग्यपूर्ण कहा जाता है।

कुल मिलाकर कह सकते हैं कि ऐसा नियतिवाद जो नियति को ऊपर रखता हो और मानवीय कर्तृत्व को न मानता हो उसे तो ख़त्म हो ही जाना चाहिए लेकिन

ऐसे विचार जो आपात स्थिति, दुर्भाग्य या दुर्योग को संज्ञान में लेते हुए नियति और मानवीय कर्तृत्व के द्वंद्वात्मक रिश्ते को दर्शाते हैं उन्हें ख़त्म नहीं किया जा सकता। फिर भी, इनके प्रभाव या प्रासंगिकता को बेशक बेहतर समझदारी, ठोस व्याख्याओं और ज्ञान से कम किया जा सकता है, यह जानकर कि क्या हमारे वश में है और क्या नहीं। इससे भी आगे बढ़कर यह मूल्यांकन करना ज़रूरी है कि हमें कौन-सी चीज़ को वश में करना चाहिए और किसे नहीं।

84

सामाजिक पीड़ा का भार

यह एक स्वयंसिद्ध सत्य है कि दुख जीवन का हिस्सा है। कोई भी दुख से मुक्त नहीं है।

इस बारे में बुद्ध ने एक गहन दार्शनिक व्याख्या प्रस्तुत की है। वे कहते हैं कि मनुष्य का अस्तित्व ही दुखमय है क्योंकि इस जगत में हर चीज़ क्षणभंगुर है। दुनिया के ख़त्म हो जाने, चीज़ों के खो जाने का डर ही दुख का अनुभव देता है। जीवन और जगत में उपस्थित यह अनिवार्य दोष हमें तक़रीबन स्थायी रूप से दुखी बनाए रखता है, या कहें कि हम हमेशा असन्तुष्ट रहते हैं।

अपरिहार्य सच

इस बात को एक और आयाम में समझा जा सकता है। हमारी दैनिक चर्या जब हारी-बीमारी, बुढ़ापे, कुदरती आपदा इत्यादि से प्रभावित होती है तो हम एक अयाचित और नकारात्मक अनुभव से गुज़रते हैं। अपने जीवन-चक्र में हर मनुष्य ऐसे अनुभवों से दो-चार होता है। बुद्ध ने बहुत प्रज्ञावान बात इस बारे में कही है। यही बात भारतीय वांग्मय में भी है। वास्तव में दुनिया का हर धर्म इस सर्वव्यापी लेकिन अपरिहार्य मानवीय पीड़ा को सम्बोधित करने और इसका अर्थ निकालने की कोशिश करता है, जो कि शारीरिक और मानसिक (व्यर्थताबोध, निरर्थकता, उत्तेजना और अवसाद के अर्थ में) दोनों स्तरों पर अनुभव की जाती है। अजीब बात यह है कि अपने अतीत के बारे में सोचने और अपने भविष्य की कल्पना करने की हमारी क्षमता इस पीड़ा को बढ़ाती ही है।

बुद्ध ने जीवन के त्रासद अध्यायों से उपजी पीड़ा के बारे में ही नहीं कहा था बल्कि रोज़ाना की छोटी-छोटी स्थायी पीड़ाओं और असन्तोष पर बात की थी जो हर व्यक्ति अपने भीतर अनुभव करता है—जैसे, किसी प्रयास का व्यर्थ हो जाना, कोई अधूरी आकांक्षा या एक गँवा दिया गया अवसर। ऐसी पीड़ाएँ हमारी सामाजिक अन्तर्क्रियाओं और संवादों के चलते पैदा होती हैं। पीड़ा की अवधि के हिसाब से उन्होंने दुख को दो वर्गों में बाँटा था, एक नित्य और एक अनित्य। महान अशोक ने इसमें एक तीसरा आयाम जोड़ा, जिसमें पीड़ा को उसके स्रोत से अलग कर के देखा गया—कि स्रोत कर्ता के बाहर है या भीतर। इसीलिए उसने कलिंग के लोगों को पहुँचाई पीड़ा की ज़िम्मेदारी ख़ुद अपने ऊपर ले ली थी और पश्चात्ताप किया था। उसने स्वीकार किया कि उसके छेड़े युद्ध से उपजा सन्ताप एक सिलसिले में तब्दील हो गया जिसने बदले में और ज़्यादा लोगों को उस पीड़ा का भागी बनाया और उसका विस्तार किया।

दुखांत महाकाव्य 'महाभारत' में अठारह दिनों तक चले युद्ध का वर्णन है। इसमें भी एक समूह द्वारा दूसरे समूह को यातना दी गई थी। उपर्युक्त के अनुसार हम इनसानी दुख-दर्द को उसके स्रोत, तीव्रता और अवधि की तीन श्रेणियों में बाँट सकते हैं। इसी के साथ तीसरे प्रकार के दुख (बुद्ध के यहाँ दुक्ख) तक आते हैं जहाँ मनुष्य द्वारा उत्पन्न उथल-पुथल के कारण दैनिक जीवन अस्त-व्यस्त हो जाता है, जैसा कि अतीत के दोनों विश्वयुद्धों के चलते अनुभव किया गया था।

अभिघातक दृश्य

एक समूह द्वारा दूसरे पर या शासक द्वारा शासितों के ऊपर किए गए ऐसे अत्याचार सामाजिक-राजनीतिक पीड़ा की श्रेणी में आते हैं। ऐसा समाज के ताक़तवर लोगों के किए सही या ग़लत कृत्यों के चलते होता है जो युद्ध थोपते हैं, कठोर आर्थिक बन्दिशें लगा देते हैं, सचेत रूप से सामाजिक विभाजन के बीज बो देते हैं और कमज़ोर लोगों के हितों की उपेक्षा कुछ मुट्ठी-भर लोगों के लाभ के लिए कर देते हैं। ऐसे अनुभवों से बचना मुश्किल है। इतिहास गवाह है कि इस व्यवस्थागत हिंसा और संस्थागत उत्पीड़न को शायद ही कभी उस रूप में स्वीकारा गया जिस रूप में यह रहा: यानी प्रदत्त अनुभव नहीं, मानव-निर्मित अनुभव।

हाल के दौर में हमारा जीवन मोटे तौर से इसी मानव-निर्मित पीड़ा का शिकार रहा है। कुछ दृश्य याद करें: चिलचिलाती धूप में सड़कों सैकड़ों किलोमीटर बिना पैसा कौड़ी के पैदल चलने को मजबूर ग़रीब मज़दूर, सिर पर बोझा उठाए या एक ठेले पर लेटी गर्भवती औरत जिसे उसका पति धकेल रहा है, सड़क के किनारे बच्चे को जन्म देती एक औरत और पल-भर बाद ही उसका अपनी यात्रा पर फिर

से चल देना, या फिर टूटे हुए सूटकेस से चिपकी अपनी चार साल की बच्ची को खींचती हुई एक और माँ, सड़क किनारे अचानक गर्मी से अचेत होकर गिर पड़ा दस साल का एक बालक, अपने पूरे परिवार और गृहस्थी को रिक्शे पर लादे दिल्ली से बिहार जाता एक रिक्शेवाला, पुलिस की निगाह से बचने के लिए एक डम्पर में छुपे ढेर सारे लोग, घर तक पहुँचानेवाली किसी ट्रेन के इंतज़ार में रेलवे प्लेटफॉर्म पर अनन्त रातें बिताते हज़ारों लोग, रेलवे पटरी और सड़कों पर ट्रेन या तेज़ रफ़्तार वाहनों से कुचल कर मारे जाते लोग, और हर ओर बिखरा उनका ख़ून, उनकी रोटियाँ और उनकी टूटी हुई चप्पलें। ये दृश्य अकेले कोविड-19 या फिर अचानक लगाए लॉकडाउन का परिणाम नहीं थे। मोटे तौर पर ये लॉकडाउन के कुप्रबन्धन से उपजे थे। इन्हीं दृश्यों को देखकर आर्थर शोपेनहावर का यह कथन याद आता है, "यह दुनिया नरक है और लोग एक तरफ़ तो यातनाग्रस्त रूहें हैं और दूसरी तरफ़ उनमें शैतान का वास है।"

ये तस्वीरें किसी को भी तोड़ देनेवाली थीं। एक तो इनमें दुख-दर्द एकदम नंगे रूप में ज़ाहिर हो रहा था—अकल्पनीय थकान और मूर्छा में, अत्यधिक गर्मी में, भूख से ऐंठती अन्तड़ियों में, सूख चुके होठों में, बेहोशी में—और दूसरे, ये तस्वीरें असह्य मानसिक पीड़ा को दर्शा रही थीं—दमित आक्रोश, बूढ़े माँ-बाप या छोटे बच्चों की बदहाली का क्षोभ, घर की याद, डर, प्रतिष्ठा का ह्रास, शर्मिन्दगी, सामाजिक अस्वीकार, विश्वासघात और इस बात का सघन अहसास कि आप ऐसे लोगों के साथ रहते हैं जो आपको कूड़े-कचरे से ज़्यादा नहीं समझते। ये सब पीड़ाएँ मिलकर एक मनुष्य की इयत्ता पर सीधे चोट कर रही थीं और उस अवसादग्रस्त मनुष्य को अपने अस्तित्व पर ही सन्देह पैदा हो रहा था। दुनिया के अलग-अलग हिस्सों में लोग जो अनुभव रोज़ाना करते हैं, यहाँ वे सारे अनुभव हमें थोक भाव में एक साथ देखने को मिल रहे थे। मौजूदा महामारी जैसी बड़े स्तर की आपदाएँ करोड़ों लोगों की संरचनागत पीड़ा को कैसे अपने भीतर समाहित करती हैं यह उसका नग्न मुज़ाहिरा था, जो इस बात की ओर संकेत करता है कि ज़्यादातर समाज कितने ख़राब तरीक़ों से संयोजित किए गए हैं।

नैतिक उदासीनता

ऐसा लगता है कि इस दुनिया में कुछ बुनियादी गड़बड़ है कि रोज़-ब-रोज़ लोगों के प्रति मानवता का इनकार भी हमें नैतिक रूप से उदासीन बनाए रखता है। आख़िर ऐसा कैसे हो सकता है कि हम लोग, जो ख़ुद भी दर्द और पीड़ा के सामने उतने ही लाचार महसूस करते हैं, दूसरों को ऐसे अनुभवों से कैसे गुज़रने दे सकते हैं जिन्हें हम अपने लिए एक मिनट भी स्वीकार न कर पाएँ? ख़ुद को गढ़ने की ऐसी

प्रक्रिया हमें कैसे स्वीकार हो जाती है जो हमें नैतिक नहीं बना पाती? सहृदयता के बग़ैर कोई राष्ट्र बन कैसे सकता है? वह सामाजिक ढाँचा कैसे खड़ा रह सकता है जो उन्हीं लोगों को नकार दे जिन्होंने अपना ख़ून-पसीना लगाकर उसे बनाया था? क्या हम हिंसा के किसी आदिम कर्मकांड को अंजाम दे रहे हैं जहाँ सबसे बहुमूल्य चीज़ की बलि दी जानी ज़रूरी मानी जाती है?

अफ़सोस की बात यह है कि यही नैतिक स्थूलता—परेशान करनेवाली स्थितियों की ओर से ख़ुद को बन्द कर लेने की क्षमता, उन्हें देखने-सुनने या उनके बारे में सोचने और महसूस करने का अस्वीकार—हमें न सिर्फ़ सामान्य बनाए रखने की एक मनोवैज्ञानिक रणनीति है बल्कि हमारे भीतर बचपन से पोषित की गई एक आदत है जिसने हमें ऐसा बना दिया है। यह ऐसी सामाजिक और राजनीतिक प्रक्रियाओं पर खड़ी है जिनकी पैदाइश ही दूसरों के उत्पीड़न से होती है। यह उत्पीड़न बहुत सचेत रूप से ढँक कर रखा जाता है। बेशक, ऐसी कुछ प्रथाओं के पीछे हमारी पुरानी सामाजिक विरासत भी काम करती है, जैसे जातिगत ऊँच-नीच की व्यवस्था जो दूसरों के साथ असमान बरताव पर ही टिकी है। कुछ ऐसी प्रक्रियाएँ भी हैं जो आधुनिक प्रौद्योगिकी और संगठनों की देन हैं। समूची आबादी पर रिमोट कंट्रोल दबाकर बग गिरा देने, नरसंहार की संगठित मशीनरी, पर्यावरण के विनाश और करोड़ों लोगों की संरचनागत ग़रीबी के बीच क्या वही अनैतिक सूत्र काम नहीं करता?

इस गंभीर अन्याय के दोषी हम सब हैं। लेकिन इस साझे पाप में अलग-अलग लोगों की ज़िम्मेदारी अलग-अलग मात्रा में है। जिनके पास ज़्यादा ताक़त और दौलत है जो सरकारें और बड़े-बड़े उद्योग चलाते हैं, उनके इस सामूहिक पीड़ा की ज़िम्मेदारी ज़्यादा होनी चाहिए।

शोपेनहावर ने इस दुनिया को एक दंडगृह कहा था। सम्भव है कि कभी वह समय रहा हो जब ज़्यादातर लोगों ने ख़ुद को ऐसी ही किसी दुनिया के हिसाब से साधा हो, जहाँ जीवन को एक दंड की तरह देखा जाता था और जीवन-दंड में कुछ भी अप्रिय या बेक़ायदा महसूस नहीं किया जाता था। कुदरती आपदाओं और मानव निर्मित संकटों को जहाँ जीवन का अभिन्न हिस्सा माना जाता था। अब यह सोच हर जगह बदल चुकी है। ख़ासकर भारत में उपनिवेशविरोधी संघर्ष के बाद आए राजनीतिक लोकतंत्र के समकालीन अनुभवों ने इस नज़रिये को ख़त्म कर दिया है। आज ज़्यादा से ज़्यादा लोग ऐसे हैं जो अपने दुख के लिए किसी न किसी को ज़िम्मेदार मानते हैं और यह चाहते हैं कि जो सरकार उनके नाम पर चल रही है वह कुछ करे। इसीलिए जब कभी उन्हें उपयुक्त जान पड़ता है, वे सीधे मुँह या पीठ पीछे सरकार को ही दोष देते हैं। इसीलिए, अब सरकारों को और साथ ही इस देश के नागरिकों को भी चेत जाना चाहिए।

85

वैज्ञानिक चेतना के बारे में

कोविड-19 का एक अप्रत्याशित लाभ यह हुआ है कि लोगों में इस बीमारी के फैलने और इसकी रोकथाम के तरीक़ों के बारे में जागरूकता बढ़ी है। तक़रीबन हर टीवी चैनल ने साबुन या अल्कोहल से बने सैनिटाइजर से हाथ धोने पर, अपनी कुहनी की आड़ लगाकर या रूमाल लगाकर छींकने पर ज़ोर दिया और एक दूसरे से सुरक्षित दूरी बनाकर रहने को कहा। ये सभी चेतावनियाँ यह मानकर चलती हैं कि कोविड-19 किसी संक्रमित व्यक्ति की छींक या खाँसी से निकली बूँदों को साँस में लेने या संक्रमित सतहों को छूने से फैलता है। इसी आधार पर यह माना जाता है कि कोरोना का वायरस अस्तित्व में है और हमारे शरीर में संक्रमण पैदा कर सकता है। कुल मिलाकर यह कार्य-कारण की श्रृंखला से बने आनुभविक जगत की स्वीकार्यता का द्योतक है। यह देखकर खुशी हुई कि बाबा और योगी लोग भी मानने लगे थे कि यदि साँस की दिक़्क़त और ज़्यादा बुख़ार के लक्षण हैं तो प्रशिक्षित डॉक्टरों के पास ही जाना चाहिए। बाबा रामदेव ने तो यहाँ तक मान लिया कि गौमूत्र पीने से कोविड-19 का इलाज होने का कोई प्रमाण नहीं है, भले उन्होंने यह दावा कर फिर भी किया कि इससे बचाव मुमकिन है।

तथ्याधारित तर्कणा तक

इससे यह निष्कर्ष नहीं निकाला जा सकता कि हमारा समाज इस नज़रिये को अपना ही चुका है, चूँकि कई ज्योतिषियों का कहना था कि सार्स-कोव-2 राहु और केतु के मिलने से पैदा हुआ है। कुछ स्वामी लोग मानते हैं कि गौमूत्र, गोबर और घी के मिश्रण से कर्मकांड के सहारे वायरस को भगाया जा सकता है। इसके बावजूद, यह सन्तोषप्रद है कि जब घर में आग लगती है तो अधिकतर भारतीय अटकलों और झूठी निष्प्रभावी सूचनाओं के बजाय साक्ष्य-आधारित तर्क पर ही भरोसा करते हैं। जब ख़ुद का जीवन ही दाँव पर लग जाता है, तब लोग जो वास्तव में काम आए उसी को अपनाते हैं। हो सकता है कि उनमें से कुछ लोग ऐसा मानते हों कि हाथ धोने से जो लाभ होगा वह कर्मकांड से नहीं होगा। या फिर राहु-केतु वाली कहानी वायरस की कहानी जितनी व्यावहारिक नहीं है। अटकलबाजियों से भौतिक, वस्तुगत और प्रेक्षणीय आख्यानों की तरफ़ लोगों का यह रुझान तब पैदा होता है जब लोग ख़ुद अनुभव कर लेते हैं कि क्या कारगर है और क्या नहीं।

कोई दो पीढ़ी या उससे पहले लोगों ने दवा की गोली फाँकनी शुरू की थी। वह हमारी संस्कृति का हिस्सा बन गया। इसके ख़तरे, दुरुपयोग और अति पर बहुत कुछ लिखा जा चुका है, लेकिन इस बात से इनकार नहीं किया जा सकता कि दिशानिर्देश के तहत उपयुक्त निगरानी में एक निश्चित खुराक में गोली फाँकने से संक्रामक रोगों का उपचार सम्भव है। कोविड-19 के प्रति हमारी विवेकपूर्ण प्रतिक्रिया में यह दिख रहा है कि हम लोग बीमारी की रोकथाम की लोकप्रिय संस्कृति के मामले में उसी चरण पर पहुँच चुके हैं। उतना ही ज़रूरी डेटा संग्रहण का काम भी है। भारत के समाचार चैनल लगातार कोविड से संक्रमित लोगों की संख्या बताते रहे। उन्होंने बताया कि किन देशों में संक्रमण की दर उच्च है, कितने प्रतिशत लोगों का उपचार हो चुका है और कितने प्रतिशत की मौत हुई है, जो मर गए उनमें कितने प्रतिशत लोग पहले किसी बीमारी से ग्रस्त थे तथा उम्र, संक्रमण के प्रति संवेदनशीलता और मौत के बीच कोई रिश्ता है या नहीं। बीमारी प्रबन्धन और बचाव में डेटा की भूमिका पर भी लोगों में जागरूकता बढ़ी है। ये छोटे-छोटे क़दम साक्ष्य-आधारित तर्क-पद्धति की स्वीकार्यता को दिखलाते हैं और इस दुनिया में कार्य-कारण आधारित आनुभविक व्याख्या की छोटी-सी जीत का संकेत भी देते हैं। चूँकि यही बातें आपस में मिल कर वैज्ञानिक नज़रिया बनाती हैं तो हम यह भी कह सकते हैं कि हमने वैज्ञानिक चेतना को पोषित करने की दिशा में कुछ तरक़्क़ी की है।

चीज़ों को देखना, श्रेणियों में बाँटना और नियमितता के पैटर्न को पहचानना व इसके कारणों को जानना, यही विज्ञान के लक्षण होते हैं। इसके बावजूद हम सब लोगों का काम ज़रूरी नहीं कि विज्ञान ही हो। इसकी ज़रूरत भी नहीं है। आज की ज़रूरत यह है कि हर कोई विज्ञान के मोटे लक्षणों और उपयोग को पकड़े यानी हम लोग वैज्ञानिक चेतना वाले बनें। विज्ञान इसलिए ज़रूरी है क्योंकि वह कारगर होता है और हमें वैज्ञानिक चेतना की दरकार इसलिए है ताकि हर किसी तक विज्ञान के लाभ पहुँचें।

जीवन में विज्ञान की भूमिका

कुछ लोगों को घिसे-पिटे पुराने शब्द 'वैज्ञानिक चेतना' से दिक़्क़त हो सकती है। विज्ञान ने जितना विनाश मचाया है, उसे देखते हुए आधुनिक विज्ञान को मूल्यवान कैसे कहा जा सकता है? परमाणु विनाश, और द्योगिक प्रदूषण, जलवायु परिवर्तन, प्रौद्योगिकी के कारण सुस्त हो चुकी जीवनशैली, ये सब तो ऐसे तथ्य हैं जिनसे कोई इनकार नहीं कर सकता। इसके बावजूद विज्ञान हमारी ज़िन्दगी में सीमित लेकिन अहम भूमिका तो अदा करता ही है और एक अर्थ में हमेशा से करता रहा है। ऐसा

इसलिए है क्योंकि हम अपने प्राकृतिक जगत के साथ विनिमय और सम्पर्क से नहीं बच सकते और उसका दोहन करने की हमारी ज़रूरत भी कभी ख़त्म नहीं होनेवाली है। भाषा के जन्म से पहले पैदा हुआ विज्ञान तो बीस लाख साल से इस धरती पर लोगों के कौशल में मौजूद है, भले ही वह चेतना और प्रतीकों के रूप में आज उपलब्ध न हो। भाषा-आधारित विज्ञान को भी चालीस-पचास हज़ार साल हो गए, जब हमने प्रकृति को समझना, उसका अनुमान लगाना और दोहन करना शुरू किया था और हम एक दूसरे को चीज़ों के कारण बताने लगे थे। इसके बाद ही यह विचार पैदा हुआ कि प्राकृतिक शक्तियों को ख़ुश करने के लिए कौन से कर्मकांड किए जाएँ ताकि बीमारी और मौत से निजात मिले तथा जीवन की तमाम सुख-समृद्धि हमें हासिल हो (जादू, ज्योतिष, ओझाई, इत्यादि)। आधुनिकता-पूर्व की हमारी तमाम कहानियों में चीज़ों को समझाने, अन्दाज़ा लगाने और नियंत्रित करने के आचार शामिल हैं। इन्हीं प्राचीन कहानियों का एक परिवर्तित-परिशोधित संस्करण आधुनिक विज्ञान है। यह उसी से बना है। वैज्ञानिक भी इस बात को सहर्ष मानते हैं कि मिथक, परी-कथाएँ और प्राचीन कहानियाँ मौजूदा वैज्ञानिक अन्तर्दृष्टि का स्रोत हैं। इस अर्थ में, मिथकों और धर्म से स्वतंत्र विज्ञान जीने के लिए अपर्याप्त है। आधुनिक विज्ञान की एक और बड़ी सीमा यह है कि वह परस्पर या अन्तरसांस्कृतिक समझदारी को बढ़ाने में अथवा आत्मखोज, आत्मचेतना या आत्मज्ञान की नैतिक परियोजनाओं में तक़रीबन कोई भूमिका नहीं निभाता। ऐसा सामूहिक और निजी आत्मज्ञान और नैतिक दिशानिर्देश हमें मानविकी, व्याख्यात्मक समाज विज्ञान और धर्मों से मिलता है।

इसलिए हमें यह बात खुलकर स्वीकार करनी चाहिए कि वैज्ञानिक चेतना कुछ ख़ास सन्दर्भों में उपयोगी और कुछ विशिष्ट उद्देश्यों के लिए अनिवार्य होती है। यदि ऐसा है तो इसकी निर्मिति की पूर्व शर्तें क्या होंगी? पहली, यह संकल्प कि किसी भी ऐसे विचार या दावे को छूटते ही मान नहीं लेना है या ख़ारिज नहीं कर देना है जो हमारी धारणा के विपरीत हो। जैसे, कोई कह दे कि एक लहसुन की कली खाने से रक्तचाप कम हो जाएगा या भारत की जीडीपी वृद्धि दर 7 प्रतिशत है, तुरन्त मान लेनेवाली बातें नहीं हैं। इनके प्रति एक स्वस्थ सन्देह ज़रूरी है। इसके अलावा, कोई भी डेटा या दावा केवल इसलिए नहीं मान लिया जाना चाहिए कि इसे बहुमत मानता है या वह किसी राजनीतिक अथवा धार्मिक सत्ता द्वारा बताया गया है। साक्ष्य-आधारित दावा हमेशा पूर्वग्रह और रूढ़ि का दुश्मन होता है। दूसरे, अच्छा विज्ञान यह मानता है कि सच हमेशा छलिया होता है और वैज्ञानिक परीक्षण सहित सारे मानवीय प्रयास अपूर्ण हैं, जिन्हें लगातार निगरानी और संशोधन की ज़रूरत है। तीसरे, सैद्धान्तिक रूप से विज्ञान निरंकुशता-विरोधी होता है। वेज्ञानिक संस्थाएँ चाहे कितना ही पदानुक्रमित हों, उसके अधिकारी

चाहे कितने ही ताक़तवर हों, हक़ीक़त यह है कि अगर कोई शोध सहायक ऐसा परीक्षण परिणाम लेकर आता है जो पूर्वस्थापित वैज्ञानिक दावे को चुनौती दे रहा हो तो उसकी पड़ताल की जानी चाहिए और यदि उसकी वैधता की पुष्टि होती है तो उसे स्थापित मान्यता की जगह प्रतिस्थापित कर दिया जाना चाहिए। यानी यदि वैज्ञानिक चेतना अहम है तो उसके लिए किस क़िस्म की जन-संस्कृति को आगे बढ़ाने की ज़रूरत होगी? कौन इसे आगे बढ़ाने का ज़िम्मेदार होगा? और लोगों को हम बिना स्वहित के केवल उनकी भलाई के नाम पर साक्ष्य-आधारित तर्क की ओर कैसे खींच पाएँगे?

86

विशेषज्ञ की वापसी

लोक विमर्श में विशेषज्ञ की वापसी हो गई है। अपने में ही बकबक करनेवाले नकचढ़े और आलसी बुद्धिजीवी के तौर पर जिसे हाल-फिलहाल तक दुश्मन मान कर ख़ारिज किया जाता रहा था, आज वह एक बहुमूल्य सलाहकार और सहयोगी के रूप में लौट आया है जिसके बग़ैर हमारा काम नहीं चल पाएगा। वे तमाम नेता जिन्होंने कभी विशेषज्ञों की उपेक्षा की थी और उनके बारे में बुरा-भला कहा था, आज अपनी अज्ञानता का सार्वजनिक प्रदर्शन बन्द कर के उन्हें सराह रहे हैं। भले ही यह कोरोना वायरस के चलते सम्भव हुआ है, लेकिन स्वागतयोग्य क़दम है। क्यों? क्या एक विशेषज्ञ बिलकुल निर्दोष और आलोचना से परे होता है? क्या उसकी आलोचना कभी नहीं करनी चाहिए? वैसे, यह विशेषज्ञता है क्या बला?

कौन होता है विशेषज्ञ

मनुष्य ने बहुत पहले ही जान लिया था कि वह सब कुछ अकेले कर के सिर्फ़ अपने बल पर जीवन नहीं जी सकता। उसे दूसरों पर निर्भर होना पड़ेगा जिनकी अलहदा सामाजिक भूमिकाएँ हैं। लेकिन श्रम का सामान्य विभाजन समाज में विशेषज्ञ नहीं दे सकता था। किसी काम को करने की महारत या तकनीक आना विशेषज्ञता का होना नहीं है। एक आदमी साइकिल चला सकता है या क्रिकेट

खेल सकता है लेकिन ज़रूरी नहीं कि वह अच्छे से ऐसा कर पाए। विशेषज्ञता किसी काम को बहुत अच्छे से करने से आती है। इसके लिए तकनीकी कौशल से कहीं आगे की चीज़ें विकसित करनी पड़ती हैं। ऐसा तब होता है जब कौशल को बड़े धैर्य के साथ पोषित किया जाता है और लगातार ऐसा करना पड़ता है। निरन्तर लगे बग़ैर और समय दिए बग़ैर यह अर्जित नहीं किया जा सकता। इस प्रक्रिया में मनुष्य ग़लतियाँ करता है और उनसे सीखता है। दूसरों की रचनात्मक आलोचना भी बरदाश्त करनी पड़ती है। विशेषज्ञ बनने के लिए आदमी को किसी काम के इर्द-गिर्द की व्यापक संस्कृति को अपने भीतर पोषित करना होता है।

इन बातों के आधार पर एक विशेषज्ञ के शुरुआती लक्षण बताए जा सकते हैं—वे केवल किसी काम को करनेवाले या तकनीकी भूमिका निभानेवाले लोग नहीं होते बल्कि दूसरों के लिए रोल मॉडल या आदर्श होते हैं। अपने चुने हुए क्षेत्र के वे प्रामाणिक जानकार होते हैं और विशेष कौशल सीखने में समय ख़र्च करते हैं। अपने क्षेत्र में श्रेष्ठता के मानकों को वे सीखते हैं। उन्हें प्राप्त करने का प्रयास करते हैं और कोशिश करते हैं कि उन मानकों को और ऊपर उठाया जा सके। फिर वे ऐसे जानकार हो जाते हैं जो किसी को वह काम सिखा भी सकते हैं। एक व्यक्ति किसी बगीचे का बागबान हो सकता है लेकिन विशेषज्ञता उसे अनुभव, निरन्तर शिक्षण, आत्मसुधार और दूसरों को अपना कौशल देने की क्षमता के साथ ही आती है। संक्षेप में, विशेषज्ञ लोग वे होते हैं जिनके पास विशेष कौशल और गुण होते हैं तथा वैध प्राधिकार होता है और दूसरों को सलाह देने और सिखाने की हैसियत भी होती है। यही चीज़ उन्हें अविशेषज्ञों, सक्षम कार्यकर्ताओं और नौसिखुओं से अलग करती है।

कौशल को औपचारिक और अनौपचारिक दोनों ढंग से सीखा जा सकता है। अनौपचारिक प्रशिक्षण पाए लोग जो मोटे तौर पर शारीरिक काम करते हैं, उनमें किसान, बागवान, रसोइए, बढ़ई, कुम्हार, मिस्त्री, वैद्य, परपंरागत चिकित्सक, संगीतकार और नर्तक आते हैं। समकालीन सामाजिक और आर्थिक जीवन की जटिलता यह माँग करती है कि हर कोई साक्षर हो और न्यूनतम औपचारिक शिक्षण स्कूल में हुआ हो। अतीत में इतने से विशेषज्ञ बन जाना आसान था लेकिन आजकल यह विशेषज्ञता को सक्षम बनानेवाला केवल एक आयाम है। कुछ क्षेत्रों में आज विशेषज्ञ बनने के लिए लम्बा औपचारिक प्रशिक्षण ओर शिक्षा की ज़रूरत पड़ती है। आजकल के विशेषज्ञों, जैसे डॉक्टर, इंजीनियर, वास्तुकार, वकील, माइक्रोबायोलॉजिस्ट, भौतिकविद, इतिहासकार, अर्थशास्त्री, समाजशास्त्री, इत्यादि को अनौपचारिक विशेषज्ञों से अलग करनेवाला लक्षण उनकी लम्बी औपचारिक शिक्षा है जो ज्ञान प्रदान करती है। ऐसे क्षेत्रों में अनुभव ज़रूरी होता

है लेकिन पर्याप्त नहीं होता। आज अनौपचारिक कौशल और औपचारिक ज्ञान दोनों ज़रूरी है।

विशेषज्ञों का अपमान

समाज में यदि विशेषज्ञों का होना अच्छी बात है तो हाल के दिनों में सार्वजनिक विमर्श में उन्हें नीचा क्यों दिखाया गया? इसके दो कारण दिमाग़ में आते हैं। एक बहुत समय नहीं हुआ जब हमारे समाज में विशेषज्ञता विरासत में मिली मानी जाती थी। यहाँ शास्त्रीय ज्ञान का बहुत मान हुआ करता था जबकि अनौपचारिक विशेषज्ञों के व्यावहारिक ज्ञान का कोई मोल नहीं था। उन्हें विशेषज्ञ नहीं माना जाता था। अगर एक वैज्ञानिक अपने बच्चों में आनुवंशिक स्तर पर विज्ञान को हस्तांतरित नहीं करता तो शास्त्रीय ज्ञान जन्मना ब्राह्मणों का ही विशेषाधिकार क्यों था? वैसे हम में से कितने लोग मालियों की विशेषज्ञता को मान्यता देते हैं जो इतने ख़ूबसूरत बाग़ीचे उगाते हैं? आख़िर अपने क्षेत्र में वे किसी डॉक्टर के मुक़ाबले कमतर विशेषज्ञ कैसे हुए? इस मामले में कुछ मानसिकता तो बदली है लेकिन पर्याप्त नहीं है। मसलन, किसी ज़माने में वैद्य, नट, नर्तकी आदि को नीची निगाह से देखा जाता था लेकिन आज डॉक्टरों, अभिनेताओं और डांसरों को उस तरह से नहीं देखा जाता।

इस अर्थ में कह सकते हैं कि विशेषज्ञों के प्रति हिकारत का भाव दरअसल विरासत में मिली शास्त्रीय विशेषज्ञता के ख़िलाफ़ लोकतांत्रिक बग़ावत से पैदा होता है। यह बग़ावत ख़त्म नहीं होगी अगर विरासत में मिली विशेषज्ञता की जगह ज्ञान और श्रेष्ठता के अहंकार को स्थापित कर दिया जाएगा। इसीलिए, जब तक विशेषज्ञ समानता और एकजुटता के वातावरण में अपने भीतर विनम्रता और संशोधनीयता नहीं लाएँगे तब तक उनकी प्रासंगिकता के ऊपर बादल मँडराते रहेंगे।

दूसरा कारण यह है कि एक क्षेत्र के विशेषज्ञ को दूसरे क्षेत्रों में भी उतना ही मान आसानी से मिल जाता है और उनका प्राधिकार हर जगह क़ायम रहता है। लिहाज़ा वे सबके ऊपर अपनी धौंस जमाते हैं। यह ठीक है कि परम्परागत ब्राह्मण शास्त्रों का ज्ञाता है, लेकिन उसकी यह संकीर्ण विशेषज्ञता समाज में सबके ऊपर समान प्राधिकार को कैसे लागू कर सकती है? वो भी तब जबकि विशेषज्ञ अपने ज्ञान को तालों में बन्द कर के रखते थे ओर पारदर्शिता में यक़ीन नहीं करते थे। इसलिए एक क्षेत्र से दूसरे में विशेषज्ञता के प्राधिकार के हस्तांतरण को चुनौती बिलकुल जायज़ है। हम कह सकते हैं कि विशेषज्ञ का मान कम होने की आंशिक वजह उसके इर्द-गिर्द का ऐतिहासिक रूप से चला आता सांस्कृतिक माहौल है। इस पदानुक्रमित संस्कृति से विशेषज्ञता को मुक्त कराना होगा।

शिक्षा और विशेषज्ञता

लेकिन आजकल की विशिष्ट समस्या की जड़ लोगों की मानसिकता में है। असली दिक़्क़त हमारे समाज में सामान्य साक्षरता की स्थिति और शिक्षा से पैदा होती है। हम सभी को हमारी शिक्षा में यही सिखाया जाता है कि विशेषज्ञता का मतलब सक्षमता है और ज्ञान आसानी से मिल ज़ाता है। रफ़्तार के इस दौर में धैर्य के साथ सीखने की प्रथा को बहुत नुक़सान पहुँचा है। जल्दबाज़ी में सीखनेवालों की नज़र में कौशल-अर्जन समय की बरबादी है। उन्हें लगता है कि जब सब कुछ अपने आप सीखा जा सकता है तो विशेषज्ञ के भरोसे रहने की ज़रूरत ही क्या है (जैसे आजकल ख़ुद ही दवा लेने का चलन आ गया है)।

समाजविज्ञान और मानविकी में तो स्थिति और बुरी है। मैं तो अति-आत्मविश्वासी स्वयंभू इतिहासकारों और लोकप्रिय आँकड़ाबाजों को देखकर ही दंग रह जाता हूँ जो बिना किसी सन्देह के दावा करते फिरते हैं कि उन्हें भारत की आबादी में अल्पसंख्यकों की प्रतिशतता का सब मालूम है। यह स्वतंत्रता और समानता उन्मत्त हो जाने के उदाहरण हैं।

यह समस्या विकीपीडिया, गूगल और वॉट्सएप के चलते और बढ़ गई है। इंटरनेट हमें यह आभास दिलाता है कि हर सूचना और विचार बराबर सच है। लोग इसीलिए साक्ष्यों को चुनिन्दा ढंग से पूर्वग्रह के साथ देखते हैं। वे जो मानते हैं, उसी को पुष्ट कर लेते हैं और उसके ख़िलाफ़ किसी भी दलील या साक्ष्य की उपेक्षा करते हैं। इस तरह इंटरनेट सच को झूठ बना देता है और विचारों को रूढ़ियों में तब्दील कर देता है। यह बौद्धिक भेड़ियाधसान है जहाँ हर किसी के पास वस्तुगत और विद्वत-पुष्ट ज्ञान की हत्या करने का खुला लाइसेंस है। ऐसा माहौल विशेषज्ञों के लिए बिलकुल भी मुफीद नहीं है क्योंकि वे तो अपने दावों की वैधता जाँचनेवाले लोग हैं। इतना ही नहीं, अविशेषज्ञों से उनके मतभेद का राजनीतिक और आर्थिक दोहन भी होने लगता है। चूँकि विशेषज्ञों द्वारा परीक्षण को दरकिनार किया जा चुका है तो पूँजीपति बड़ी आसानी से विज्ञापन और नेताओं के सहारे अपना माल बेच सकता है और झूठे वादे कर सकता है।

कोविड-19 ने कम-से-कम टीवी पर कुछ चीज़ों को इस मामले में बदला है। प्रधानमंत्री हमसे अंधविश्वास छोड़ने को कह रहे थे, अफ़वाहें न मानने को कह रहे थे और फैक्टचेक पर ज़ोर दे रहे थे। यह बेहतर शुरुआत है। हमने देखा कि सबसे अच्छे मेडिकल कॉलेज के डॉक्टर आम लोगों के सवालों के वैज्ञानिक जवाब दे रहे थे। कई बार 'साक्ष्य' शब्द सुनने को मिला। जॉन हॉपकिंस यूनिवर्सिटी और इम्पीरियल कॉलेज लन्दन के आँकड़े उद्धृत किए गए। लोग अलग-अलग संस्थानों के वैक्सीन शोध में काफ़ी रुचि लेते दिखाई दिए। यह फेक न्यूज के लिए बुरा दौर

था। एक हिन्दी के चैनल ने तो बाक़ायदे 'सच्चाई का इंडेक्स' के नाम से प्रोग्राम शुरू कर दिया। यह 'सच्चाई' यानी तथ्य और साक्ष्य विशेषज्ञों से आ रहे थे। अँधेरे के बीच उजाले की एक किरण की तरह हम पाते हैं कि मौजूदा महामारी का एक अनिच्छित लाभ तथ्यों, सच और विशेषज्ञों की वापसी के रूप में हुआ है। हम उम्मीद ही कर सकते हैं कि विशेषज्ञता की यह ताज़ा सम्मान बहाली केवल डॉक्टरों और शोधकर्ताओं तक सीमित नहीं रहे बल्कि उन इतिहासकारों, समाज वैज्ञानिकों और सामाजिक बुद्धिजीवियों तक भी विस्तारित हो, जिनकी ज़रूरत लॉकडाउन के ठीक बाद प्रवासी मज़दूरों पर इसके विनाशक प्रभाव को जानने के सन्दर्भ में हमें आन पड़ी थी।

खंड IX

ज़िन्दगी का भुरभुरापन

87

पोस्ट-ट्रुथ के दौर में तथ्यों की महत्ता

मैंने लोगों को यह कहते सुना है कि तथ्य महत्त्वहीन होते हैं, केवल जनता की राय मायने रखती है इसलिए राजनीतिक कार्रवाई और सार्वजनिक नीति तथ्यों से नहीं जनता की राय से निर्देशित होनी चाहिए। एक और ख़तरनाक दावा यह किया जाता है कि दुनिया में तथ्य नाम की कोई चीज़ ही नहीं है, बस पूर्वग्रहग्रस्त व्याख्याएँ और आत्मगत धारणाएँ हैं।

इन दोनों अजीबोग़रीब दावों के व्यावहारिक परिणाम ख़तरनाक होते हैं। फ़र्ज़ कीजिए कि आप लुट गए हैं और उसकी शिकायत लिखवाने के लिए थाने पहुँचे हैं। वहाँ पुलिसवाला आपसे अगर दो टूक कह दे कि 'मेरे ख़याल से यह तथ्य नहीं, बस आपकी राय है' तो कैसा भयावह महसूस होगा। और बुरा तब होगा जब आप डॉक्टर के पास अपने सीने में दर्द की शिकायत लेकर पहुँचें और वह कह दे कि 'मैं इसे तथ्य नहीं मानता, यह आपकी अपनी राय है'। उस वक़्त अगर वाक़ई आपको दिल का दौरा पड़ा होगा तो ख़ुदा ख़ैर करे।

सार्वजनिक जीवन में तथ्यों की उपेक्षा या उनके प्रति उदासीनता बहुत आम बात है। सरकारें असहज तथ्यों को नहीं मानती हैं और पूरी ताक़त से उनका खंडन कर देती हैं, जैसे उच्च बेरोज़गारी की दर, अर्थव्यवस्था में गिरावट, अधिकारों का हनन, घोटाले, आदि। तथ्यों को स्वीकार न करने के परिणाम विनाशक होते हैं। मसलन, बेरोज़गारी की समस्या को सम्बोधित नहीं करने से सामाजिक तनाव पैदा हो सकता है, हिंसा हो सकती है और आतंकवाद फैल सकता है।

सामान्य और जटिल तथ्य

कैसे पता चलता है कि कोई बात तथ्य है? हर क़िस्म के तथ्य एक जैसे नहीं होते। कुछ साधारण होते हैं जबकि कुछ बहुत जटिल होते हैं। तथ्य जितना जटिल होगा, उसे स्थापित कराना उतना ही कठिन होगा और एकाधिक व्याख्याओं या अस्पष्टता की गुंजाइश भी ज़्यादा होगी। उदाहरण लें—जॉन एफ़. केनेडी (1) का निधन हो गया, और (2) की हत्या हो गई। निधन की बात को स्थापित

करना आसान है लेकिन ओसवाल्ड के हाथों हत्या की बात को स्थापित करने में ज़्यादा सूचनाओं की ज़रूरत पड़ी थी और काफ़ी समय लगा था, जिसके लिए कई गवाहों, फ़िल्मों और फॉरेन्सिक साक्ष्यों की मदद लेनी पड़ी थी। लेकिन ओसवाल्ड ने ऐसा क्यों किया? दावा किया जाता है कि उसने सीआइए की शह पर चाहते या न चाहते हुए ऐसा किया। अब उसकी मंशा को स्थापित करना और ज़्यादा मुश्किल था, इसलिए कभी भी यह बात निष्कर्षात्मक रूप से साबित नहीं हो पाई। इसके बावजूद मंशा को लेकर भी दलीलें मौजूद हैं, कुछ अच्छी और कुछ बुरी, जैसा कि क़ानूनी फ़ैसलों के मामले में होता है। उनके तथ्य केवल साक्ष्यों पर आधारित नहीं होते बल्कि तर्काधारित भी होते हैं। यानी तथ्य वही है जिसके पक्ष में तर्क खड़ा है। लेकिन तर्कों की तुलना कर के उनकी वैधता को स्थापित करने में भी समय लगता है। उसके लिए कौशल की ज़रूरत पड़ती है। फिर भी सम्भव है कि हम किसी अन्तिम नतीजे पर न पहुँच पाएँ। इसलिए मसला तथ्यों के होने या न होने का नहीं है, बलिक जहाँ जटिल व सामूहिक मंशाओं के संग एकाधिक कारण मौजूद हों वहाँ शिक्षित लोगों को भी तथ्य जुटाने में बहुत दिक़्क़त आती है। शायद, देश की बुरी अर्थव्यवस्था जैसे तथ्य इस श्रेणी में रखे जा सकते हैं।

इतना ही नहीं, जब प्रच्छन्न हितों द्वारा फैलाई भ्रामक सूचनाएँ, झूठ आदि परिदृश्य को दूषित कर देते हैं और जान-बूझकर घटना के इर्द-गिर्द एक कुहरा रचने की कोशिश की जाती है, जैसा कि किसी ज़माने में तम्बाकू उद्योग ने किया था, तब तथ्य छलने लगते हैं। ऐसी अपारदर्शी स्थिति अब समाजों में इतने गहरे पैठ चुकी है कि हम लोग तमाम तथ्यात्मक दावों को सन्देह से देखने लगे हैं। हम एक अनिश्चित दुनिया में रह रहे हैं। यह पोस्ट-ट्रुथ का दौर है जब हम नहीं जानते कि तथ्यों के लिए किस पर भरोसा करें। इस पहेली से कैसे निपटा जाए?

क्षेत्र विशेषज्ञता का युग

पहले हम जिस समाज में रहते थे, उसमें कुछ क्षेत्रों, मसलन शास्त्र के मामले में माना जाता था कि उसका ज्ञान अर्जित नहीं किया जा सकता, विरासत में मिलता है जबकि कुछ दूसरे क्षेत्र, जैसे कृषि, बिनकारी, गायन आदि इतने महत्त्वहीन थे कि उन्हें ज्ञान माना ही नहीं जाता था। इसके बावजूद विशेषज्ञों का एक ऐसा ख़ास समूह समाज में हमेशा होता था जिसके पास ज्ञान के सभी क्षेत्रों में सत्य की मुनादी करने का अधिकार होता था। यह समाज ग़ायब हुआ तो स्थिति ऐसी आ गई कि हमने ख़ुद को ठीक उलटी परिस्थिति में पाया जहाँ हमारे पास अपने

अलावा किसी और पर भरोसा करने का विकल्प नहीं है और बड़ी आसानी से इंटरनेट पर उपलब्ध सूचनाओं को देख कर हम इस भ्रम में पड़ जाते हैं कि हम हर चीज़ के विशेषज्ञ हो सकते हैं। अफ़सोस की बात है कि कि जब इंटरनेट भी काम नहीं आता, तब हम एक ख़ास क़िस्म की अनिश्चितता, अविश्वास और परस्पर सन्देह के गड्ढे में जा गिरते हैं। यह गनीमत है कि सच जानने के बस यही रास्ते नहीं हैं।

मेरा मानना है कि हमें इस बात को पहचानना चाहिए कि आज के समाजों में ज्ञान समान रूप से वितरित है लेकिन उसके भीतर श्रम का विभाजन बौद्धिक स्तर पर क़ायम है। फिर भी विशेषज्ञता का पहले के मुक़ाबले कहीं ज़्यादा लोकतांत्रीकरण हो चुका है। हम सभी किसी-न-किसी चीज़ में कुशल हैं और छोटे-मोटे क्षेत्र के जानकार हैं। तमाम क्षेत्रों में हम सबको तथ्यों की पहचान करने या स्थापित करने का औपचारिक या अनौपचारिक प्रशिक्षण प्राप्त है।

हो सकता है कि अर्थशास्त्रियों को कृषि क्षेत्र की समग्र स्थिति के बारे में ज़्यादा ज्ञान हो लेकिन किसानों को फ़सलों और उनकी उपज की परिस्थितियों के बारे में जानकारी होती है। इसीलिए, अपने सामाजिक जगत में हमें ज्ञान के मामले में ख़ुद पर और दूसरों पर एक साथ भरोसा करना चाहिए और उपयुक्त तरीक़े से दोनों का विश्लेषण करते हुए तथ्य अर्जन की प्रक्रिया में वैकल्पिक नेतृत्व देना चाहिए। तथ्य और सामाजिक भरोसा एक दूसरे से जुड़ी हुई चीज़ें हैं और समाज के चलने में निर्णायक स्थान रखती हैं।

जब विशेषज्ञों के बीच ही मतभेद हो जाए तब क्या होता है? ऐसे में निजी उपलब्धियाँ मायने रखती हैं। प्रत्येक विशेषज्ञता के क्षेत्र में कुछ लोग ऐसे होते हैं जो बहुत मेहनती और ईमानदार होते हैं, ख़ुद को धोखा नही देते, अपनी नाकामियों को स्वीकारते हैं और कमियों को दूर करते हैं। ऐसे बौद्धिक गुणों और नैतिक चरित्र वाले व्यक्तियों की उपलब्धियाँ अमूमन ज़्यादा होती हैं। इसीलिए सबसे बढ़िया रास्ता है कि ऐसे उच्च उपलब्धि वाले विशेषज्ञों पर भरोसा करें। सभी शिक्षक विचारधारा की दुकान खोले नहीं बैठे हैं, उसी तरह सारे डॉक्टर पैसा बनाने में नहीं जुटे हैं। कुछ डॉक्टर आपको ख़ुद ही बताते हैं कि आपको इलाज की कोई ज़रूरत नहीं है और ज़रूरत पड़ने पर आपको पहले कुछ जाँच करवा लेनी चाहिए ताकि उपचार की दिशा तय की जा सके। मीडियाकर्मियों, वकीलों, नौकरशाहों, बिजली मिस्त्री, दुकानदारों, कारोबारियों और यहाँ तक कि शायद नेताओं के मामले में भी यह बात सच है।

सरकारों को जब हर क्षेत्र के विशेषज्ञों द्वारा उपलब्ध कराए गए सर्वश्रेष्ठ तथ्यों पर आधारित जनता की आम राय प्राप्त होती है और सरकारें उस पर काम भी करती हैं, तभी हम सबको लाभ होता है। ऐसे तथ्यों की पहचान भरोसेमन्द विशेषज्ञों की

पहचान व मोटे तौर पर सामाजिक भरोसे के बग़ैर नामुमकिन है। इसे उलटा कर के कहें तो तथ्यों को लेकर सन्देह न सिर्फ़ हमारे बौद्धिक संकट का एक लक्षण है, बल्कि सामाजिक अविश्वास का भी संकेत है।

88

पहले हमें समान अपराध संहिता की ज़रूरत है

2016-17 के दौरान एक के बाद एक ऐसी चार घटनाएँ हुईं जो भारतीय समाज के एक बड़े संकट को रेखांकित कर रही थीं। पहली, एक एयरलाइंस के कर्मचारी की एक सांसद द्वारा पिटाई और सीनाज़ोरी। दूसरे, एंटी रोमियो पुलिस दस्ते द्वारा युवकों और युवतियों का उत्पीड़न। तीसरी घटना पहलू ख़ान की एक अनियंत्रित भीड़ के हाथों हत्या और चौथी में भीड़ ने एक नाइजीरियाई छात्र के ऊपर हमला किया था। ऐसा नहीं है कि इस तरह की घटनाएँ पहले नहीं हुईं, लेकिन ये चारों घटनाएँ इतनी जल्दी-जल्दी हुईं कि ऐसा लगा जैसे समूचे क़ानूनी तंत्र पर ही हमला हो गया है। यह छिटपुट क़ानून तोड़ने की घटनाएँ नहीं थीं न ही कभी-कभार अपने हाथ में क़ानून लेने के मामले थे। इन्हें देखकर ऐसा लगता है कि क़ानून व्यवस्था ही पूरी तरह ध्वस्त हो गई है।

क्या होती है क़ानून व्यवस्था? क़ानूनों का होना ही क़ानून व्यवस्था नहीं है। इसी तरह, मनमर्ज़ी से बनाए गए क़ानून अथवा किसी व्यक्ति या समूह की सनक के चलते बनाए गए क़ानून या फिर किसी राजनीतिक ताक़त की मर्ज़ी से लगातार बदलते क़ानूनों से चलनेवाला समाज भी क़ानून व्यवस्था पर आधारित नहीं कहा जाता। मसलन, एक पुलिसवाला अपनी पहचान दिखाए बग़ैर या अपने सन्देह की वजह बताए बग़ैर मुझसे न सवाल पूछ सकता है और न ही मुझे हिरासत में ले सकता है। यदि वह ऐसा करता है तो मैं उसका उतना ही सशक्त विरोध करूँगा जितना किसी और व्यक्ति का ऐसा करने पर करता। तथाकथित एंटी रोमियो पुलिस दस्तों ने इसी तरह ग़ैर-क़ानूनी ढंग से लोगों को पकड़ा और उनसे सवाल-जवाब किए हैं। क़ानून व्यवस्था का मतलब होता है कि सरकार के सबसे ज़ाहिर एजेंट यानी पुलिसवाले भी क़ानून से ऊपर नहीं हैं।

क़ानून के आगे सब बराबर

निर्वाचित प्रतिनिधि या सरकारी अधिकारी भी क़ानून से ऊपर नहीं हैं। यही वह जायज़ आकांक्षा है जिसने एक शिवसेना सांसद के सामने सरकार के आत्मसमर्पण को झूठा ठहरा दिया था। क़ानून व्यवस्था तभी क़ायम रहती है जब क़ानून सबके ऊपर बराबरी से लागू हो। नेता और मंत्री आदि को सभी नागरिकों की तरह क़ानून का पालन करना चाहिए। ऐसा नहीं हो सकता कि एक समूह के लिए कुछ और क़ानून हो और दूसरे के लिए कुछ और। अगर एक ही जुर्म के लिए 'निचली जातियों' के ऊपर ऊँची जाति के अपराधी के मुक़ाबले ज़्यादा जुर्माना ठोंक दिया जाए या फिर जैसा कि कुछ देशों में होता है, दो या उससे ज़्यादा औरतों की गवाही की ज़रूरत वहाँ पड़े जहाँ केवल एक आदमी की गवाही पर्याप्त होती हो, ऐसे में समता के मूलभूत सिद्धान्त का उल्लंघन होता है जिसका मतलब है कि सभी व्यक्ति बराबर नहीं हैं। क़ानून व्यवस्था को ईमानदारी से माननेवालों के लिए इससे बुरा कुछ भी नहीं हो सकता। नस्ल, धर्म या भाषायी पहचान के आधार पर क़ानूनी भेदभाव अस्वीकार्य है। कोई भी व्यक्ति हत्या कर के सिर्फ़ इसलिए नहीं बच सकता क्योंकि वह किसी बहुसंख्यक धर्म का है, या भाषायी प्रभुत्व वाले समूह का है या इससे भी बुरा, ख़ास नस्ल का है। इसीलिए जिस भीड़ ने नाइजीरियाई युवक पर हमला किया और जिन्होंने पहलू ख़ान की हत्या की, दोनों के साथ ऐसा बरताव किया जाना चाहिए जो नजीर बन सके। कुछ गौसेवकों ने एक निर्दोष आदमी को मार दिया यह बहुत बुरा हुआ, लेकिन उनके साथ अगर इस आधार पर हल्का व्यवहार किया जा रहा है क्योंकि उनका दावा है कि गौसेवक होने के नाते उन्होंने हिन्दुओं के हित में काम किया है और इसलिए उनके साथ अलग बरताव होना चाहिए तो यह क़ानून व्यवस्था का पतन होगा।

यह बताने की ज़रूरत नहीं होनी चाहिए कि क़ानून व्यवस्था के ध्वस्त होने का असर सबके ऊपर पड़ता है। आज एक मुसलमान डेयरी किसान पर हमला हुआ है, कल को वह कोई हिन्दू किसान या पशुपालक भी हो सकता है जो नियमित रूप से गायों या दूसरे मवेशियों को एक जगह से दूसरी जगह ले जाता है। आक्रोशित भीड़ या प्रेरित हत्यारे आदमी-आदमी में फ़र्क़ नहीं कर पाते कि वह कौन है। अमेरिका में हम ऐसा देख चुके हैं जहाँ मुस्लिम समझ कर एक सिक्ख को मार दिया गया था।

अधिकार और क़ानून व्यवस्था

इससे भी ज़्यादा अहम यह है कि हमारे देश में केवल एक निष्पक्ष क़ानून व्यवस्था पर्याप्त नहीं है। सतर्कता से बनाए गए ऐसे तमाम क़ानून हैं जो सब पर बराबरी

से लागू होते हैं फिर भी राज्य हमारी निजता में दख़लन्दाजी कर ही देता है और समाज औरतों के ख़िलाफ़ भेदभाव जारी रखता है, लेकिन इन्हें इसलिए चुनौती दी जा सकती है क्योंकि क़ानून व्यवस्था के भीतर न्याय की अवधारणा भी होती है। भारत में, जैसा कि जस्टिस भगवती और चंद्रचूड़ और अन्य ने भी कहा है, क़ानून व्यवस्था का मतलब है अधिकार-संवेदी संवैधानिक क़ानून की व्यवस्था। क़ानूनों को व्यक्तियों और समूहों के अधिकारों का सम्मान करना चाहिए, एक दूसरे के बरक्स और राज्य के बरक्स भी। इसका निहितार्थ यह है कि व्यक्ति और समूह अदालतों से माँग कर सकते हैं कि वह उनके अधिकारों को लागू करे। इसका अर्थ यह है कि यदि न्यायपालिका स्वयंभू समूहों या सरकार द्वारा अधिकारों के उल्लंघन के प्रति उदासीन है तो वह संविधान और क़ानून व्यवस्था को नाकाम कर रही है। इसीलिए तत्काल ज़रूरत है कि क़ानून व्यवस्था को लागू किया जाए। बेशक एक समान व न्यायपूर्ण नागरिक संहिता को लाना हमारी उपलब्धि होगी, लेकिन भारतीय राज्य क्या उससे पहले एक समान अपराध संहिता लागू कर सकता है?

89

तथ्यों के सहारे सच को छुपाना

हाथरस की घटना ने देश की चेतना, वह जितनी भी बची है, को झकझोर दिया था।[16] हमने न सिर्फ़ सामाजिक उत्पीड़न का सबसे क्रूर चेहरा देखा बल्कि उत्पीड़कों के समर्थन में खुलेआम राज्य मशीनरी को काम करते भी देखा।[17] उस दलित किशोरी (इसे मैं आगे भारती कहूँगा) के ऊपर अमानवीय हमला जिसने अन्ततः उसकी जान ले ली, उसमें पुलिस ने एफआइआर दायर करने में पहले हिचक दिखाई, उसके बाद उसका मेडिकल परीक्षण सुस्त और लापरवाह रहा, फिर मरते वक़्त उसके

16. रितु देवी, 'From UP Police's Delay in Filing FIR to Forced-Cremation of Victim: Timeline of Hathras Horror', द *लॉजिकल इंडियन,* 30 सितं. 2020, https://thelogicalindian.com/humaninterest/from-up-polices-delay-in-filing-fir-to-forced-cremation-of-victim-timeline-of-hathras-horror-24091
17. अनुजा जायसवाल, 'Hathras DM Threatened Us, Allege Dalit Girl's Family', *द टाइम्स ऑफ इंडिया,* 2 अक्टूबर, 2020, https://timesofindia.indiatimes.com/city/agra/media-will-leave-well- be-here-dalit-girls-family-says-hathras-dm-threatened-them/articleshow/78434214.cms

अन्तिम शब्दों की उपेक्षा की गई और अन्त में पुलिसवालों ने परिजनों की मौजूदगी के बग़ैर बेहद जल्दबाजी में उसकी लाश को फूँक डाला।

जान-बूझकर नष्ट किए गए साक्ष्यों के बाद राजनीतिक उत्पीड़न की बारी आई। परिवार के सदस्यों को घर में नज़रबन्द कर दिया गया, समूचे गाँव को बैरिकेड लगाकर पुलिस छावनी बना दिया गया तथा जिन विपक्षी नेताओं और मीडिया वालों ने वहाँ पहुँचने की कोशिश की उन्हें रास्ते में रोककर प्रताड़ित किया गया।[18] यह साफ़ तौर से तानाशाही व्यवहार था जिसने हमारे संवैधानिक लोकतंत्र का मख़ौल उड़ाया।

कैसे झूठ खड़ा किया गया

मैं इन तमाम बिन्दुओं के बजाय हालाँकि सत्ताधारी दल के प्रवक्ता के भाषणों पर बात करूँगा जिन्होंने इस भयावह घटना के इर्द-गिर्द एक अफसाना रचने की कोशिश की। सुननेवाले को छलने के लिए झूठी दलीलों का प्रयोग तो कुतर्क का आम चलन होता है। यहाँ तो सच्चे बयानों के माध्यम से ही और ज़्यादा ज़रूरी और प्रासंगिक सच को ढँकने का काम किया गया था। यह मामला किसी सामान्य फ़ेक न्यूज़ या झूठी सूचना का नहीं है। यहाँ बहुत चुनकर ऐसे शब्द बोले गए जिनकी मंशा लोगों को छलने की थी। ऐसे बहुत कम उदाहरण मौजूद हैं जहाँ सच और तथ्य के इस्तेमाल से एक झूठा अफ़साना गढ़ा जाता है।

मैं यहाँ तीन उदाहरण दे रहा हूँ। पहला उदाहरण ग़लत विवरण का है। मैंने टीवी चैनल पर कहते सुना कि "मैं इस महिला की मौत से बहुत दुखी हूँ"। सुनने में यह उपयुक्त और संवेदनशील जान पड़ता है और यह सच भी है कि भारती की मौत हुई थी। मौत की घटना पर दुख-भरा बयान भी उचित ही लगता है। पर क्या वाक़ई ऐसा ही है? यह बात चूँकि निर्विवाद रूप से सच है कि उसे बेरहम तरीक़े से पीटा गया और अन्ततः हत्या कर दी गई तो 'मौत' का प्रयोग यहाँ क़तई ठीक नहीं है। 'मौत' कह देने से यह फ़र्क़ समझ में नहीं आता कि व्यक्ति कुदरती आपदा

---

18. अदिति मूर्ति, 'CBI Releases Long List of U.P. Police Failures in Hathras Gang Rape Case' *द स्वाडल,* 22 दिसम्बर, 2020, https://theswaddle.com/cbi-releases-long-list-of-u-p- police-failures-in-hathras-gang-rape-case/; GC News Desk, 'Political Turmoil in UP, Section 144 Imposed in Hathras, Media-Politicians Banned Entry, Goa Chronicle, 1 October 2020, https://goachronicle.com/political-turmoil-in-up-section-144-imposed-in-hathras-media- politicians-banned-entry/; Kriti Mehta, 'Opposition Leaders Claim "Facts Suppressed" as UP Police "Forcibly Cremate" Hathras Gang-rape Victim, Times Now, 30 September 2020, https://www.timesnownews.com/india/article/leaders-across-party-lines-claim-facts- suppressed-as-up-police-forcefully-cremate-hathras-gangrape-victim/660129

में मारा गया था, हादसे में, ख़ुदकुशी से या हत्या से।

यानी जब हत्या हुई हो, तब मौत की बात करना पूरी तरह भ्रामक है। अगर बार-बार इसी शब्द का प्रयोग किया जाए तो यह ऐसा कुतर्क होगा जो माफ़ किए जाने लायक़ नहीं है। यह सच को विकृत करता है। इसी तरह, एक हत्या के सन्दर्भ में अकेले दुख उपयुक्त भाव नहीं हो सकता। अगर भीतर ग़ुस्सा नहीं है, डर नहीं है, आक्रोश नहीं है तो यह बोलनेवाली की भावनात्मक व नैतिक अक्षमता को दर्शाता है। इसलिए भारती की बर्बर हत्या पर दुख जताना अपर्याप्त भावना है जो एक ग़लत विवरण के साथ उसे और झूठा बनाता है। दोनों मिलकर सच को छुपाने का काम करते हैं। मनुष्य घटनाओं पर जैसे शब्द चुनता है, वही सच और झूठ के बीच का फ़र्क़ पैदा करते हैं।

अप्रासंगिक व्याख्याएँ

ताक़तवर मुजरिम केवल ग़लत विवरणों के सहारे ही सार्वजनिक विमर्श को भ्रमित कर के अपनी ज़िम्मेदारी से नहीं भागते। कई बार, कुछ ऐसी व्याख्याएँ जो तथ्यात्मक रूप से सच हों वे भी बराबर नुक़सान करती हैं। भारती के ऊपर हुए ख़तरनाक हमले के सन्दर्भ में पुरुषों के ग़ुस्से, हिंसा और नियंत्रण क़ायम करने की प्रवृत्ति का हवाला देकर आख़िर क्या हासिल किया जा रहा था?

एक उदाहरण लें। एक पुलिसवाला एक जले हुए घर में घुसता है और वहाँ किरासन का डिब्बा और एक जली हुई तीली उसे बरामद होती है। निकलते वक़्त रिपोर्टर उससे पूछता है कि आग कैसे लगी। वह जवाब देता है कि घर में ऑक्सीजन थी, उससे आग लगी। बेशक, यह बात ग़लत नहीं है। कोई भी चीज़ बिना ऑक्सीजन के आग नहीं पकड़ती, लेकिन यह जवाब अटपटा और अप्रासंगिक है जो रिपोर्टर को माथा पीटने पर मज़बूर कर देगा। जवाब बिलकुल ग़लत है क्योंकि एक सही व्याख्या ज़रूरी नहीं कि केवल तथ्यात्मक रूप से सटीक हो, उसका सवाल से सुसंगत होना भी ज़रूरी है।

ज़ाहिर है सवाल पूछते वक़्त रिपोर्टर के मन में यह सवाल रहा होगा कि घर अपने आप जल गया या आग लगाई गई और अगर आग लगाई गई तो किसने लगाई और क्यों। किसी अपराधी की मंशा का पता लगाना और उस आपराधिक कृत्य पर ज़िम्मेदारी तय करना सबसे अहम होता है। इसी तरह, यह बिलकुल सच है कि पुरुष आक्रामक होते हैं लेकिन ऑक्सीजन वाले जवाब की तरह ही यह बात सभी बलात्कारों और हत्याओं पर समान रूप से लागू होती है। इसलिए हाथरस जैसे हिंसा के विशिष्ट मामलों में यह जवाब प्रासंगिक नहीं है। हमारी दिलचस्पी यदि वाक़ई यह जानने में है कि भारती पर हमला क्यों किया गया तो हमें स्थानीय

सामाजिक, आर्थिक, सांस्कृतिक और शायद राजनीतिक कारणों की पड़ताल करनी होगी। इसके बजाय अप्रासंगिक और सामान्य बयान देना सच को छुपाने और एक संभावित जुर्म को ढँकने जैसा हो जाएगा। इसी तरह, घटना के तुरन्त बाद चर्चा को देश-भर में हो रहे बलात्कारों से जोड़ना हाथरस की विशिष्ट घटना से ध्यान भटकाता है जिसके कारण अपराधी छूट जाते हैं।

पीड़िता की पहचान

यहाँ मैं अपने तीसरे बिन्दु पर आता हूँ, जो इतना स्वाभाविक है कि मुझे उसे बताते हुए भी अजीब लग रहा है। बस इतना कहना कि भारती का बलात्कार हुआ और उसकी हत्या हो गई और यहीं रुक जाना, सच कहने में कंजूसी और नैतिक स्तर पर संवेदनहीनता को दिखाता है। किसी ऐसे विवरण को छोड़ दिया जाना जो कहानी का सबसे अहम हिस्सा हो, जिसके बग़ैर कहानी के मूल को समझा ही न जा सके, जघन्य अपराध होता है। यह घटना भी तमाम बलात्कारों जितनी ही भयावह थी, लेकिन इस मामले में अलग थी कि यहाँ महिला दलित जाति से थी और उसके अपराधी 'ऊँची जाति' से थे। अगर भारती दलित नहीं होती तो शायद यह जुर्म भी नहीं होता।[19] वास्तव में, सिर्फ़ इसलिए उसका सामूहिक बलात्कार और हत्या नहीं हुई कि वह दलित थी बल्कि इसलिए भी क्योंकि उसके परिवार ने अतीत में 'उच्च जाति' के प्रभुत्व को चुनौती दी थी। भारती मरते वक़्त भी चुप नहीं रही थी। उसने अपने 'डाइंग डिक्लेरेशन' में अपने अपराधियों का नाम लिया था।

इसलिए, यह कहना तथ्यात्मक रूप से बिलकुल भी ग़लत नहीं है कि एक युवती पर हमला कर के कुछ बर्बर पुरुषों ने उसकी हत्या कर दी, लेकिन इस तथ्य की उपेक्षा करना कि भारती दलित थी और ऐसा कर के अपराध की जातिगत प्रकृति को छुपा लेना हमें यह नहीं समझा पाता कि वास्तव में हुआ क्या था। इसीलिए ऐसा कहना झूठ बोलने जैसा ही हो जाता है। जाति और लैंगिकता दोनों कारकों को एक साथ मिलाकर ही हाथरस की घटना को ठीक से समझा जा सकता है। इसकी उपेक्षा करना या इसे छुपा लेना समूचे आख्यान को ही झूठा बना देता है, भले ही कोई भी ग़लत तथ्य या सफ़ेद झूठ न बोला गया हो।

निजी रंजिश के चलते किसी औरत की हत्या, केवल पौरुष प्रदर्शन के लिए हत्या और किसी औरत की दलित पहचान के चलते हत्या, इन तीनों के बीच के फ़र्क़ को हम छुपा नहीं सकते। यह सच्चाई है कि एक जातिग्रस्त समाज के भीतर

---

19. दीप्सिता धर, 'Hathras Rape: A Caste Continuum', *आउटलुक*, 1 अक्टूबर, 2020 https://www.outlookindia.com/website/story/india-news-heres-why-caste-matters-when-a-dalit-woman-is-raped/361253

कुछ समूह अपनी जाति की ज़ंजीरों में जकड़े होते हैं और ज़ाति के पदानुक्रम के हिसाब से समाज में अवस्थित अपने परिवारों में केवल जन्म के आधार पर भीषण परिणामों का शिकार होते हैं।

उपदेश काफ़ी नहीं

यही बात धर्म के लिए भी सच है। समूचे भारत में मुसलमानों और दलितों या फिर कश्मीर में पंडितों का उत्पीड़न—वे जो हैं केवल उसी के कारण उन पर हमला—हिंसा के एक ऐसे आयाम को सामने लाता है जिसकी निन्दा सामान्य उपदेशात्मक वाक्यों से नहीं की जा सकती, जैसे 'सारी हत्याएँ ग़लत होती हैं' या 'सारे बलात्कार भयानक होते हैं'। ऐसे सरलीकृत सच और सामान्य बयान दरअसल उस तर्क को ही विकृत कर देते हैं जिसके चलते लोग मारे जाते हैं। रंग, धर्म या राष्ट्रीयता के आधार पर लोगों से भेदभाव, दुर्व्यवहार और उनके ऊपर चुनिन्दा हमला एक ऐसा अपराध है जो दूसरे क़िस्म के अपराधों से गुणात्मक रूप में भिन्न होता है क्योंकि यह न केवल एक व्यक्ति को बल्कि समूची बिरादरी को आतंकित कर देता है। जहाँ ज़रूरी और प्रासंगिक हो वहाँ इन विशिष्ट समूहों की पहचान को दर्ज़ न करना जुर्म का ग़लत विवरण देने के बराबर है और उसके असल कारणों को छुपाने जैसा है।

संक्षेप में, हाथरस कांड जैसे प्रकरणों में, जहाँ जाति और लिंग आधारित प्रताड़ना आपस में गुँथी हुई हों, आप लैंगिक आयाम को इस तरीक़े से नहीं उभार सकते कि उस हिंसक घटना में जाति की भूमिका लोगों की नज़रों से छुप जाए। जातिगत आयाम पर ज़ोर देकर उसके लैंगिक को ढँक लेना भी विवरण को विकृत करने के बराबर होगा। राजनीतिक रूप से प्रेरित यह कुतर्क बहुत ख़तरनाक है। यह न केवल अपराध को वैध ठहराता है बल्कि उसे बढ़ावा भी देता है।

90

मनमानी सत्ता का वायरस

लॉकडाउन के आरम्भिक दिनों में जब कोविड-19 के संक्रमण में उभार शुरू ही हुआ था, हमने देश में एक और वायरस को फैलते हुए देखा—सांप्रदायिकता का वायरस। एक और वायरस हमारे आसपास है जिस पर कम ही बात की जाती है और

यह लगातार हमारे लोकतांत्रिक ढाँचे को भीतर से खोखला किए जा रहा है—वह वायरस है मनमानी सत्ता का। इससे बेहतर इसका साक्ष्य क्या होगा कि एक गर्भवती छात्रा को 'अभूतपूर्व स्तर पर' अव्यवस्था फैलाने के आरोप में गिरफ़्तार कर लिया गया और ज़मानत तक नहीं दी गई जबकि उसने नागरिकता संशोधन विधेयक, 2019 के ख़िलाफ़ हुए प्रदर्शनों में तमाम और लोगों की तरह महज़ हिस्सा लिया था।

निरंकुशता और ग़ुलामी

सत्ता का यह मनमाना प्रयोग, जिसमें क़ानूनों को ताक पर रख दिया जाता है या फिर उनका चुनिन्दा इस्तेमाल किया जाता है, बहुत चिन्ताजनक है। चिन्ता तब और ज़्यादा होती है जब लोकतांत्रिक तरीक़े से चुनी गई एक सरकार यह करती है। राजनीतिक दायरे में अक्सर मनमाना आचरण निरंकुशता में तब्दील हो जाता है और सामाजिक दायरे के भीतर उसकी निरन्तर उपस्थिति ग़ुलामी पैदा करती है। दोनों ही तरीक़ों से हमारी बुनियादी स्वतंत्रताओं से खिलवाड़ होता है। पूछा जा सकता है कि स्वतंत्रता के लोप और मनमानेपन के बीच क्या रिश्ता होता है?

जब तक कुछ स्थिरता की उम्मीद न हो, कोई भी व्यक्ति, समुदाय और नागरिक स्वतंत्र होकर काम नहीं कर सकता है। लोगों की उम्मीदों को क़ायम रख कर क़ानून कुछ ज़रूरी आज़ादियों को सक्षम बनाता है, भले ही कुछ और आज़ादियों को दबाता भी हो। उदाहरण के लिए, जब यह बात सबको पता हो कि क़ानूनन गाड़ी को सड़क के बाएँ ही चलाना है तो मैं ज़्यादा आज़ादी के साथ गाड़ी चला पाऊंगा क्योंकि मुझे उम्मीद होगी कि सामने से आकर कोई मुझे टक्कर नहीं मारेगा। ऐसे में मैं गाड़ी की एक तय चाल के हिसाब से घर से दफ़्तर पहुँचने का सही-सही समय निकाल पाऊँगा। इससे मुझे दूसरों के साथ अपना काम संयोजित करने में मदद मिलेगी और दूसरों को भी वैसी ही सहूलियत होगी। यानी मैं या कोई भी अपने लक्ष्यों को अपनी उम्मीद के हिसाब से पूरा कर पाएगा। इस तरह हम परस्पर एक दूसरे की स्वतंत्रता को बढ़ाने के काम आएँगे। कोई भी क़ानून अगर हमें आश्वस्त करता है तो बदले में हमारे काम और हमारे सामाजिक संवाद पहले से ज़्यादा प्रत्याशित हो जाते हैं। हमारी कई स्वतंत्रताएँ ऐसी होती हैं जहाँ यह शर्त होती है कि कुछ भी 'मनमाना, औचक या अप्रत्याशित' न होने पाए वरना वह हमें असन्तुलित कर देगा। यानी मनमानापन हमारी आज़ादियों को बाधित करता है।

लेकिन मनमानेपन का एक और बुनियादी लक्षण कहीं ज़्यादा नुक़सानदेह है, अगर वह किसी दूसरे का मनमानापन हो और हम उसके ग़ुलाम हो जाएँ, ख़ासकर तब जब वह ताक़तवर हो। वापस पहले वाले उदाहरण पर आइए। फ़र्ज़ करें कि दो वाहन एक साथ जेब्रा क्रॉसिंग पार कर के लाल बत्ती पर रुक जाते हैं। यहाँ

पुलिसवाला यानी मौक़े पर मौजूद राज्य का प्रतिनिधि एक गाड़ी का चालान काट देता है और दूसरे को छोड़ देता है। इससे भी बुरा तब होगा जब वह दंड लगाने के बजाय उस गाड़ी के चालक का ड्राइविंग लाइसेंस ज़ब्त कर ले जो क्रॉसिंग से थोड़ा पीछे रुका था, केवल इसलिए कि उसे वह गाड़ी पसन्द नहीं है। ज़ाहिर तौर से यह क़ानून का मनमाना क्रियान्वयन है और विशुद्ध अन्याय है। इससे यह पता चलता है कि रोज़मर्रा के हमारे मामूली काम, जैसे घर से दफ़्तर जाना भी दूसरों की मनमानी के मोहताज हो सकते हैं। ताक़त जब राज्य द्वारा मनमाने ढंग से थोपी जाती है, तब एक व्यक्ति को सामान्य और जायज़ नियम-क़ानूनों के बजाय राज्य के मुलाजिमों की मर्ज़ी से काम करना पड़ता है। इसका सबसे बुरा स्वरूप है राजनीतिक दासता, जब समूची आबादी को उपनिवेशित कर के उपनिवेशक और राज्य की आज्ञाओं के अधीन ला दिया जाता है। ऐसे में राजनीतिक मालिकान की इच्छापूर्ति और पसन्द-नापसन्द के हिसाब से काम करना होता है, चाहे वह अच्छा हो या बुरा। यही बात सामाजिक सत्ता के मनमाने इस्तेमाल के लिए भी सच है, जैसे सामाजिक ग़ुलामी। ग़ुलाम को हमेशा अपने आका का हुक्म बजाना होता है। चूँकि ग़ुलाम के ऊपर मालिक का स्वामित्व है तो मालिक उसके साथ जायज़ तौर पर कुछ भी कर सकता है। ग़ुलाम आदमी उसी की इजाज़त से उठता, बैठता, खाता, पीता, सोता और सांस लेता है। मालिक की मर्ज़ी होगी तो वह सोये हुए ग़ुलाम को आधी रात जगा कर खेत में काम करवाएगा। ग़ुलाम को पता ही नहीं होता कि उसका मालिक उससे कब और क्या माँग बैठेगा। हो सकता है कि एक क्षण में मालिक उससे प्यार से बातें करने लगे या दया दिखाने लग जाए, दूसरे ही क्षण उसके प्रति वह हिकारत दिखा दे या उसे बेच दे, या चाहे तो हत्या कर दे। आख़िरकार मालिक को अपनी सम्पत्ति के साथ जो चाहे करने का जायज़ हक़ है। ऐसे मनमाने काम परिवारों का पुरुष मुखिया हमेशा से करता आया है। यह आज भी जारी है। इसी तरह, निर्बाध पूँजीवाद में श्रम को नियमित करनेवाला क़ानून काम नहीं करता है। यहाँ कामगारों को नियोक्ता की मर्ज़ी के हिसाब से रखा और निकाला जा सकता है। काम और काम करने के घंटे तय नहीं होते। अनियामित दिहाड़ी मज़दूरी तक़रीबन गुलाती ही है। घरों में क्या अब भी घरेलू नौकरों से ग़ुलामों की तरह बर्ताव नहीं किया जाता।

आपातकाल और अब

इन उदाहरणों से हम समझ सकते हैं कि मनमानी राजनीतिक ताक़त और आज़ादी के बीच कैसा उलटा रिश्ता है। तानाशाहियों में समूची आबादी ही सर्वोच्च नेता या कुलीनों की मर्ज़ी की ग़ुलाम होती है। हिटलर और स्टालिन के राज में आख़िर किसे डर नहीं लगता था कि आधी रात कहीं कोई दरवाज़े पर आकर दस्तक न

दे डाले? इन दोनों ने जो तबाही मचाई वह तो काग़ज़ों में दर्ज़ है, लेकिन दुनिया भर में और भी छोटी-छोटी निरंकुश सत्ताएँ भरी पड़ी हैं। यहाँ तक कि लोकतंत्र के भीतर भी निरंकुशता की गुंजाइशें होती हैं जहाँ क़ानून का प्रयोग लगातार विपक्षियों को प्रताड़ित करने में किया जा सकता है। इमरजेंसी का जिन्हें अनुभव है वे जानते हैं कि विपक्ष के नेताओं को तब राज्य के ख़िलाफ़ षडयंत्र रचने के झूठे आरोपों में जेल में डाल दिया गया था। उसी के बाद राज्य के एक छोटे से गुट ने हर राजनीतिक रूप से महत्त्वपूर्ण व्यक्ति को नियंत्रित करना शुरू कर दिया था। ज़ाहिर है, उस अनुभव ने हमें सिखा दिया होगा कि मनमानी सत्ता से आज़ादी का मतलब कितना अहम होता है।

आजकल हम देख रहे हैं कि कोई भी उठ कर बिना किसी पुष्ट शिकायत और जायज़ व्याख्या के किसी के भी ख़िलाफ़ मुक़दमा लिखवा दे रहा है। ऐसी एफआइआर की संख्या लगातार बढ़ती ही जा रही है। विपक्ष भी ऐसी घटनाओं पर थका-हारा और चुप नज़र आता है। मुझे शक होता है कि कहीं हम दोबारा तो उसी दिशा में नहीं बढ़ चले हैं।

अधिकारों का ख़ात्मा

सामाजिक कार्यकर्ताओं की गिरफ़्तारी को ही लें। संविधान का अनुच्छेद 21 कहता है कि हर नागरिक को सुरक्षा और आज़ादी का अधिकार है। किसी को भी बिना उपयुक्त क़ानूनी प्रक्रिया के नहीं पकड़ा जा सकता और उसकी आज़ादी नहीं छीनी जा सकती। अनुच्छेद 22 कहता है कि गिरफ़्तार किए गए या हिरासत में लिए गए व्यक्ति को उसका कारण बताया जाना चाहिए और एक निश्चित समयावधि के भीतर प्राधिकारी के समक्ष प्रस्तुत किया जाना चाहिए। क़ानूनी जानकारों का मानना है कि इस अनुच्छेद की सबसे अच्छी व्याख्या इस पर निर्भर करती है कि गिरफ़्तारी का कारण तर्क संगत हो। इसी तरह, एहतियातन हिरासत में लिए जाने का आधार, जिसे वैसे भी बहुत दुर्लभ मामलों में ही लागू किया जाना चाहिए, यह मानकर चलता है कि अपराध के पीछे सन्देह बहुत ठोस होगा और ऐसे उपलब्ध साक्ष्यों व प्रासंगिक सूचनाओं पर आधारित होगा जो किसी तीसरे पर्यवेक्षक को भी सन्तुष्ट कर सके, महज़ आरोप की शक्ल में न हो। हक़ीक़त लेकिन इससे उलट है। हमारी दुनिया में सब कुछ वैसे ही होता है जैसा फ़िल्मों में दिखाया जाता है कि पुलिस किसी सत्ताधारी नेता के कहने पर काम करती है और क़ानून का इस्तेमाल नागरिकों को प्रताड़ित करने में किया जाता है। क्या सन्देह के पीछे हमेशा ही ठोस साक्ष्य होते हैं? 'अपराधी' क्या वाक़ई आन्तरिक सुरक्षा को ख़तरा था या महज़ मौक़ा-ए-वारदात पर मौजूद था? केस के तथ्य चाहे जो हों, क्या एक गर्भवती छात्रा ओर सामाजिक

कार्यकर्ता द्वारा किया गया जुर्म इतना गम्भीर था कि चौथी बार आवेदन पर भी उसे ज़मानत नहीं दी जानी चाहिए थी? अगर आम लोगों को यहाँ मनमानापन समझ में आता है तो सत्र-न्यायालय के जज महोदय को यह बात क्यों नहीं समझ में आ रही? इतना ही नहीं, सवाल उठता है कि कोरोना वायरस से संक्रमित अपनी जेलों में राजनीतिक बन्दियों को ठूँसने की क्या ज़रूरत है जबकि दूसरे देशों में सामान्य मुज़रिमों तक को जेलों से छोड़ा जा रहा है? इस दौर में तो लॉकडाउन के दौरान न्यूनतम लॉक-अप का राजनीतिक नारा दिया जाना चाहिए था।

अतीत की राज्य सरकारों और केन्द्र सरकार के अन्तर्गत भी यह होता था। इसकी निन्दा की जानी चाहिए। इसके बावजूद, आज सबसे ज़्यादा चिन्ताजनक बात यह है कि इस कृत्य की तीव्रता और इसमें निहित पक्षपात बहुत तेज़ी से बढ़ा है। याद रखना चाहिए कि 2011-12 के दौरान भ्रष्टाचार-विरोधी आन्दोलन में हिस्सा लेने पर लोगों को जेल नहीं हुई थी। न ही मीडिया का गला घोंटा गया था जब वह तत्कालीन केन्द्र सरकार के पीछे पड़ गया था। फिर आज सिर्फ़ अपना काम करने के चलते ही राजनीतिक कार्यकर्ताओं और पत्रकारों के ख़िलाफ़ मुक़दमे क्यों हो रहे हैं?

भारतीय लोकतंत्र के जीवन में इमरजेंसी एक संक्षिप्त, निर्णायक लेकिन ऐतिहासिक क्षण था जब भात की राजनीतिक व्यवस्था के पास विकल्प था कि या तो वह निरंकुशता की राह पर चली जाती या और मज़बूत लोकतंत्र के रूप में वापसी करती। लोकतंत्र में दोबारा अपनी आस्था जताकर भारत ने बहुत अहम इम्तिहान को पास और बड़ी मज़बूती से दूसरा रास्ता चुना था। क्या उस अनुभव से प्राप्त लाभों को हम मिट्टी में मिला देना चाहते हैं? क्या लोकतंत्र को ख़त्म किए जाने के ख़िलाफ़ चला संघर्ष बेकार हो चुका है? क्या उस दौर के शिकार मुट्ठी-भर लोग अब सबके साथ वही करेंगे जो इमरजेंसी में उनके साथ हुआ था?

91

पुलिस का आतंक और क़ानून का रंगमंच

तमिलनाडु के सत्तनकुलम में स्थानीय पुलिस के हाथों जयराज और बेनिक्स की हत्या ने देश-भर में आक्रोश भर दिया था। घटना के विवरणों को। एक मामूली दुकानदार को एक मामूली जुर्म के आरोप में उठा कर थाने ले जाया जाता है। उसके बेटे को भी पकड़ लिया जाता है। दोनों की बेरहमी से पिटाई होती है। जिस

अस्पताल में उन्हें भर्ती कराया जाता है उसका कहना है कि दोनों के शरीर पर ख़ून के थक्के थे, फिर भी वहाँ से फ़र्ज़ी स्वास्थ्य प्रमाणपत्र जारी कर दिया जाता है। मजिस्ट्रेट उनका शारीरिक परीक्षण किए बग़ैर उन्हें न्यायिक हिरासत में भेज देता है। कुछ ही दिनों के भीतर दोनों की मौत हो जाती है।

राज्य और क़ानून

यह घटना हमारे राज्य के बारे में तथा क़ानून और हिंसा के बीच के रिश्ते के बारे में क्या बतलाती है? आधुनिक राज्य प्रतिद्वंद्वी स्थानीय शासकों के बीच बँटी सत्ता को एकत्रित कर के क़ायम हुआ था। इस सत्ता को आपस में जुड़ी हुई कुछ संस्थाओं में निहित कर दिया गया। यही सत्ताएँ आज बल-प्रयोग और हिंसा का एकाधिकार क़ायम कर चुकी हैं। क़ायदे से इन संस्थाओं को शासक से स्वायत्त होकर काम करना था। ये संस्थाएँ शासक की निजी जागीर का हिस्सा नहीं हैं। ये जनता के हित में काम करती हैं।

जयराज-बेनिक्स का प्रकरण सन्देह पैदा करता है कि भारत में ऐसा आधुनिक, निर्वैयक्तिक राज्य वाक़ई अस्तित्व में है या नहीं। यह दिखाता है कि हमारी राजनीतिक संस्थाएँ, जिनमें न्यायिक मशीनरी भी शामिल है, शासकों की इच्छा से स्वतंत्र नहीं हैं बल्कि वे उनकी आज्ञाओं का पालन करती हैं।

दूसरे, स्थानीय पुलिसवाले ख़ुद को अपने छोटे से इलाक़े में सर्वेसर्वा समझते हैं। वे अपने मन से क़ानून बनाकर लागू करते हैं। उन्हें ऐसा करते हुए यह भरोसा होता है कि वे ऊपर बैठे अपने आकाओं की सम्प्रभु ताक़त से ही कुछ उधार ले रहे हैं। उन्हें संरक्षण प्राप्त होता है। भारत के समाज में अब भी प्रतिद्वंद्वी सत्ता समूह मौजूद हैं और हर एक का अपना 'निजी' पुलिस बल है। इन सभी के दबाव में आम आबादी उन्हीं की मर्ज़ी के हिसाब से चलती है। ऐसा लगता है कि पूरा देश ही छोटे-छोटे साम्राज्यों में बँटा हुआ है और इनमें से हर एक हिंसा पर अपना एकाधिकार क़ायम करने की कोशिश में है।

तीसरी बात, पुलिस बर्बरता अब नियमित चीज़ हो चली है। हर ग़रीब अपनी रोज़मर्रा की ज़िन्दगी में इसका अनुभव करता है। पुलिस की हरकतें रोज़मर्रा की ज़िन्दगी के विनिमय और संवादों को प्रभावित करती हैं। पुलिस की वर्दी इसमें प्रतीक की भूमिका निभाती है—जो वर्दीधारी है वह ताक़तवर है, उसकी इज़्ज़त है और उसके पीछे समूचा प्रशासनिक अमला खड़ा है। यही सामाजिक सर्वोच्चता उन ग़ैरक़ानूनी कामों को सम्भव बनाती है जो कभी-कभार निहायत ही आपराधिक होते हैं। सत्तनकुलम की पुलिस ने जो कुछ भी किया, पहले क्षण से लेकर अन्त तक, सब कुछ ग़ैरक़ानूनी था और कुछ भी क़ानून की किताबों के हिसाब से नहीं

था। क़ानूनी को ग़ैरक़ानूनी से अलगाना तो बहुत दूर की बात रही, पुलिस यहाँ ख़ुद अपराधी बन गई। कह सकते हैं कि जयराज और बेनिक्स एक स्वातंत्र्योत्तर संवैधानिक राज्य के नागरिक नहीं थे, बल्कि औपनिवेशिक या उपनिवेश-पूर्व के पुलिसिया राज्य की प्रजा थे।

प्रदर्शनकारी कला के रूप में क़ानून

हमारा समाज क़ानून के राज से चलता है जिसे राज्य ने बनाया है। यही क़ानून निष्पक्ष ढंग से सामाजिक विवादों का निपटारा भी करता है। इसीलिए लोग न सिर्फ़ भौतिक संसाधनों, ताक़त, रसूख, विचार आदि को हासिल करने के लिए अपनी पूरी ताक़त लगा देते हैं, बल्कि वे क़ानून को भी अपने पाले में करने का पूरा प्रयास करते हैं। क़ानून अगर आपकी जेब में हो तो बहुत फ़ायदे होते हैं। फिर वह आपके हित में काम करता है। चूँकि लोकतंत्र में क़ानून को हर किसी के लिए बराबर काम करना होता है, इसलिए ऐसा दिखाना भी ज़रूरी हो जाता है। आम लोगों को यह भरोसा दिलाना ज़रूरी होता है कि सब ठीक है। यहाँ क़ानून प्रदर्शनकारी कलाओं की तरह हो जाता है। क़ानूनी अदालतों की कार्यवाहियाँ किसी रंगमंच या सिनेमा की तरह ही होती हैं जो देखनेवाले को अपने सच्चे होने के आभास में फँसा लेती हैं। कह सकते हैं कि अदालतें चलती तो हैं पर काम नहीं करती हैं। इस लिहाज़ से क़ानून के राज का पूरा विमर्श बस एक मुहावरा बनकर रह जाता है। जयराज और बेनिक्स को न्यायिक हिरासत में भेजे जाने का अदालती फ़ैसला एक ऐसे लचर और लापरवाह न्यायिक तंत्र का उदाहरण है जिसका उद्देश्य केवल क़ानून के राज का आभास क़ायम रखना है।[20] मजिस्ट्रेट ने इस आभास को क़ायम रखने के लिए अपने काम का ठीक से प्रदर्शन करने की भी परवाह नहीं की।

यह सच है कि महिला हेड कांस्टेबल रेवती जैसे कुछ प्रतिबद्ध पुलिसवाले पुलिस बल की निष्ठा को क़ायम रखने के लिए ओवरटाइम काम करते हैं। लोग जब बल की सक्षमता पर वाक़ई सन्देह करने लगते हैं तो ऐसे ही पुलिसवालों के कारण क़ानून निष्पक्षता-पूर्वक सबके लिए काम कर पाता है। पर ऐसा तभी तक होता है जब तक उसकी विश्वसनीय छवि वापस बहाल नहीं हो जाती। उसके बाद फिर वही ढाक के तीन पात।

20. एम.के. अनंत, 'Man, Son Die in Custody: Relatives, Traders complain of Police Torture', *द टाइम्स ऑफ़ इंडिया*, 24 जून, 2020 https://timesofindia.indiatimes. com/city/chennai/man-on-die-in-custody-relatives-traders-complain-of-police-torture/articleshow/76539691.cmshups://www.newindianexpress.com/sport/cricket/2020/ jun/27/indian-cricketers-ravichandran-ashwin-shikhar-dhawan-all-for-justice-in-tamil-nadu-custodial-death-2162203.html

क़ानून व्यवस्था का सही से काम करना इसीलिए अपवाद है। इसके ठीक उलट, क़ानून की निष्क्रियता और स्थानीय ताक़तों की ग़ैरक़ानूनी हरकतें अब रवायत हैं। जो चुनाव जीतकर आता है, उसे मनमाने ढंग से क़ानून का इस्तेमाल कर के राज करने की ताक़त मिल जाती है। फिर वे लोगों को अपने तरीक़े से हाँकते हैं, जैसे बीते ज़माने के राजा-महाराजा किया करते थे। यानी, हमारा लोकतंत्र हमें ऐसे लोगों को चुनने की आज़ादी देता है जिनके समक्ष अगले पाँच साल के लिए हमें आत्मसमर्पण करना होता है। क्या यह बात सच नहीं? या अतिरंजित है? फ़ैसला आपके हाथ में है।

अत्यधिक बलप्रयोग

इसमें दो राय नहीं है कि क़ानून व्यवस्था बल की तैनाती पर टिकी होती है, लेकिन बल का प्रयोग व्यक्तियों की प्रतिष्ठा के अनुरूप ही किया जाना चाहिए। क़ानून के राज में अत्यधिक बलप्रयोग पर बन्दिशें होती हैं। जैसे, सभ्य समाजों में सूचना निकलवाने और बयान क़ुबूल करवाने के लिए अत्यधिक हिंसा को अवैध माना गया है। इसके बावजूद जयराज और बेनिक्स ऐसी ही सिलसिलेवार हिंसा का शिकार हुए। इस अत्यधिक बलप्रयोग को कैसे समझा जाए?

जब किसी की हड्डियाँ तोड़ दी जाएँ और उसका चेहरा क्षत-विक्षत कर दिया जाए तो उस व्यक्ति के मान-सम्मान का कोई मतलब नहीं रह जाता। किसी के शरीर का अंग-भंग करना उसे शर्मिन्दा करने जैसी हरकत होती है। ऐसी अतिवादी हिंसा यह सन्देश दे रही होती है कि मारे गए व्यक्ति का जीना निरर्थक था। इस शर्मिन्दगी को मुकम्मल करने के लिए क्षत-विक्षत देह सार्वजनिक की जाती है। यूरोपीय विचारक मिशेल फूको लिखते हैं कि मध्यकालीन युग में जो यातनाएँ दी जाती थीं, उन्हीं की तर्ज पर आधुनिक अनुशासनात्मक संस्थानों में दंड का प्रावधान किया गया है। ये तो हम जानते ही हैं कि आज भी भीड़ द्वारा खुलेआम लोगों की हत्याएँ पहले जैसी जारी हैं। जयराज-बेनिक्स के प्रकरण में भी हम हिंसा के सार्वजनिक प्रदर्शन के तत्त्वों को देख सकते हैं। एक बन्द सार्वजनिक स्थल पर पिटाई के बाद सबकी आँखों के सामने उन्हें अस्पताल ले जाना, फिर मजिस्ट्रेट के सामने पेशी और मौत के बाद सार्वजनिक रूप से परिवार को लाशों का सौंपा जाना इसकी तसदीक़ करता है।

इस तरह, एक मामूली जुर्म से शुरू हुआ यह प्रकरण एक भीषण अपराध में तब्दील होता चला गया जब उनकी देह को धीरे-धीरे अपमानित किया गया। उनकी देह पर लोहे की रॉड से किया गया एक-एक प्रहार उनके जुर्म को और बढ़ाता गया, पुलिस की दंडहीनता को और गहरा करता गया और इससे निकलती चेतावनी

बाक़ी सबके लिए और ज़्यादा मुखर होती गई। ये क्षत-विक्षत लाशें दरअसल सबसे बढ़कर इस बात की तसदीक़ कर रही थीं कि असहमति की क़ीमत कितनी बड़ी हो सकती है।

बर्बरता का उद्देश्य

तमिलनाडु के तुतुकुडि में ऐसी ही अतिवादी हिंसा हुई थी, लेकिन उसका एक ख़ास सामाजिक और राजनीतिक उद्देश्य था। *द हिन्दू* ने एक शनिवार को प्रकाशित एक लेख 'व्हेन प्रोटेक्टर्स टर्न परपेट्रेटर्स' (जब रक्षक ही भक्षक बन जाए) में लिखा था कि हिरासत में लिए जाने से एक दिन पहले जयराज पड़ोस की एक दुकान के कुछ कामगारों के पास गया था जिनके पैसे नहीं मिले थे। एक पुलिसवाले ने गाली देते हुए इन कामगारों से कहा था कि अगर वे वहाँ से नहीं हटे तो वह उन सबको सज़ा देगा। इसके बावजूद, जयराज ने बड़ी सहानुभूति के साथ उन कामगारों के पास जाकर कहा कि वे अपने पक्ष पर मज़बूती से डटे रहें। यह बात पुलिसवाले को चुभ गई। उसे लगा कि उसकी सत्ता को खुलेआम चुनौती दी जा रही है। यह चुनौती सिर्फ़ राज्य को नहीं थी जिसका वह पुलिसवाला नुमाइन्दा था, बल्कि पुलिसवाले ने ख़ुद अपने ऊपर इसे ले लिया था। इसके बाद से अत्याचार का जो सिलसिला शुरू हुआ उसकी कोई हद नहीं थी। *द हिन्दू* की रिपोर्ट बताती है कि उस इलाक़े में अवैध रेत खनन और अवैध शराब की बिक्री बहुत आम है। इससे यह समझ में आता है कि जो पुलिस बल एक भ्रष्ट और आपराधिक तंत्र को संरक्षण देने का काम कर रहा था, उसे मिलनेवाली चुनौती से सख़्ती से निपटा जाना उसके लिए कितना ज़रूरी था। व्यवस्था की दरारों को और ज़्यादा उभरने नहीं दिया जाना चाहिए, इसी तर्क के साथ उस दरार को बहुत तेज़ी से तत्काल भर दिया गया। निरंकुश शासन डर पर पलता है, उसे कोई विचलन मंज़ूर नहीं होता। जयराज और बेनिक्स ने बस इतनी ग़लती कर दी थी कि उन्होंने स्थानीय फ़रमान पर सवाल उठा दिया था। एक आम आदमी की ऐसी चुनौती को कैसे बरदाश्त किया जा सकता था?

यह प्रकरण दिखाता है कि क़ानून के उपयुक्त राज के बिना हम सब स्थानीय अत्याचारों तले दबकर जीने को विवश रहेंगे। सवाल यह है कि हमारे सामूहिक जीवन पर इस यातना का असर महसूस हो सके, उससे पहले हमें और कितनी ज़िन्दगियों से हाथ धोना होगा?

92

एक बँटे हुए समाज में प्रेम

भारत में चल रहे सांस्कृतिक युद्ध में एक नया मोर्चा खुल गया है। पहले शिक्षकों, विद्वानों और अख़बारी पत्रकारों को चुप कराया गया, उसके बाद टीवी समाचार चैनलों पर क़ब्ज़ा किया गया, फिर मुंबई के फ़िल्म उद्योग को कलंकित किया गया, अब विज्ञापन की दुनिया में जंग का नया मोर्चा खोल दिया गया है। टाटा की कंपनी तनिष्क का एक विज्ञापन बाज़ार में आते ही उसे तत्काल वापस लेने का हल्ला मच गया। कहा गया कि इससे हिन्दुओं की भावना आहत हुई है। इस विज्ञापन के ख़िलाफ़ सनक-भरे हमले किए गए और हिंसा की धमकियाँ तक जारी की गईं। ये धमकियाँ खोखली नहीं थीं—गुजरात और मध्यप्रदेश में तनिष्क के शोरूमों पर गुंडों का हमला हुआ और उन्होंने दुकानदारों से लिखित में माफ़ी माँगने को कहा।

सन्देश और हमला

यह विज्ञापन क्या सन्देश देना चाह रहा था और उससे क्या चीज़ आहत हुई? विज्ञापन में एक कुलीन मुसलमान परिवार की हिन्दू बहू की गोदभराई की रस्म दिखाई गई है। आम तौर से दो परिवारों के बीच वैवाहिक रिश्ते के बाद परिवारों में तनाव आ जाता है। लड़की अपने ससुराल जाती है तो उसका जीवन बदल जाता है। ऐसे में पति और सास के सहयोग के बग़ैर एक घर से निकलकर दूसरे घर को अपना बनाने की यह प्रक्रिया लड़की के लिए बहुत दर्दनाक होती है। विज्ञापन में मुसलमान सास हिन्दू कर्मकांड कर रही है। उस दौरान वह अपनी बहू के गले में बहुत प्यार से बाँहें डालती है और कहती है कि बेटी का प्यार किसी भी मज़हब की प्रथाओं से बड़ा होता है।

अपनी विद्वेषपूर्ण सांप्रदायिक चेतना के मारे ट्रोल्स ने इस विज्ञापन पर उसके 'सेक्युलर' सन्देश के लिए हमला बोल दिया। इसके पीछे वे एक कारण यह बताते हैं कि इस विज्ञापन में 'लव जिहाद' दिखाया गया है जो हिन्दू लड़कियों को मुसलमानों द्वारा फँसाने की साज़िश है ताकि मुसलमान भारत की जनांकिकीय स्थिति को बदल सकें। वे कहते हैं कि इसीलिए ऐसी शादियाँ निजी या पारिवारिक मसला नहीं हैं बल्कि समुदाय से सरोकार रखती हैं और सामुदायिक नैतिकता को आहत करती हैं। हिन्दू-मुस्लिम शादियों के प्रति यह असहिष्णुता विशुद्ध राजनीतिक निर्मिति है। ऐसे तमाम उदाहरण हैं जहाँ राजनीतिक रूप से प्रेरित असहिष्णुता ने इन शादियों को कम-से-कम शुरुआती दिनों के दौरान नरक में बदल डाला है।

ट्रोलिंग की ये घटनाएँ अन्तरधार्मिक वैवाहिक युगलों के राजनीति-उत्प्रेरित उत्पीड़न के लम्बे चलन के सन्दर्भ में देखी जानी चाहिए।

एक और धारणा ऐसी शादियों के विरोध के पीछे होती है जो उतनी सनकी नहीं लगती। लोग मानते हैं कि वर्ग, शिक्षा और मिज़ाज के मामले में दो व्यक्तियों का मेल चाहे कितना भी अच्छा हो पर हिन्दू और मुसलमान के बीच प्राकृतिक रूप से रिश्ता बेमेल होता है। यही समझदारी अन्तरधार्मिक शादियों के ख़िलाफ़ सामाजिक असन्तोष में आम तौर से दिखती है, ख़ासकर जब लड़की हिन्दू और और लड़का मुसलमान हो। इस दलील को समझना होगा: अगर लड़की का धर्म परिवर्तन और नाम परिवर्तन ऐसे विवाह की पूर्व शर्त है तब तो आपत्ति समझ में आती है, लेकिन ऐसा हमेशा नहीं होता। चाहे जो हो, मौजूदा विज्ञापन इस बात पर ज़ोर देता है कि लड़की शादी के बाद हिन्दू ही है। यह तथ्य एक झटके में एतराज़ करनेवालों की सारी हवा निकाल देगा। लेकिन विरोध तब भी क़ायम है तो पक्का इसकी एक तीसरी वजह होनी चाहिए—वो यह मान्यता है कि अन्तरधार्मिक शादियाँ सामाजिक मानकों के ख़िलाफ़ होती हैं। इसी तर्क पर एक 'यथार्थवादी विश्लेषक' यह दावा कर सकता है कि कुलीन सेक्युलर लोग भारत के सामाजिक मानकों से कटे हुए होते हैं। वह कहेगा कि जब हमारे सामाजिक मानकों के हिसाब से हिन्दुओं, मुसलमानों और ईसाइयों में अन्तरजातीय शादियों तक की मनाही है, तब यह मान लेना कि भारत के लोग अन्तरधार्मिक शादी को स्वीकार कर लेंगे कितनी बड़ी गफ़लत है।

इसके अलावा, अन्तरधार्मिक विवाह कभी भी सामान्य विवाह नहीं होते। तनिष्क का विज्ञापन न सिर्फ़ सांप्रदायिक सद्भाव की बात कर रहा है बल्कि वह प्रेम विवाह का भी जश्न मना रहा है, जो कि निजी चुनाव का मसला है। यहाँ बराबरी में विश्वास करनेवाला एक परिवार लड़की की विशिष्ट पहचान और इच्छाओं का सम्मान करता दिख रहा है। यही बात रूढ़िवादियों को और नाराज़ कर देती है। थोड़ा और गहरे जाकर देखें तो हम पाएँगे कि समाज में युवाओं के बीच प्रेम, सामुदायिक प्रथाओं के ख़िलाफ़ उनकी बग़ावत और महिलाओं को दिए जा रहे उचित सम्मान से जो तनाव पैदा हो रहा है, ये ट्रोल उसी तनाव को अपने पाले में करने की कोशिश कर रहे हैं। यानी, अन्तरधार्मिक शादियों के ख़िलाफ़ यह हमला सांप्रदायिकता और दमघोंटू रूढ़िवाद दोनों का मिला-जुला खेल है।

यथार्थ के उलट

भारत के लोगों का यह सामान्य और रूढ़िग्रस्त चित्रण बदलती हुई सामाजिक वास्तविकताओं के बरक्स एक झूठ है। बड़े-बड़े शहर और महानगरों ने पुराने समुदाय-आधारित तंत्र के पतन की आंशिक स्थितियाँ पैदा की हैं। सार्वजनिक यातायात,

कार्यस्थल, रेस्त्रां, मॉल, शैक्षणिक संस्थान, इत्यादि सबके सब अन्तरधार्मिक और अन्तरजातीय मेल-मिलाप को सुगम बना रहे हैं और बढ़ावा दे रहे हैं। यह निकटता टकराव और मित्रता दोनों के अवसर पैदा करती है। मित्रताएँ प्रेम और विवाह में बदल जा सकती हैं, भले ही वे सामाजिक रूढ़िवादियों और असहिष्णुओं को कितना ही उकसाएँ। कोई भी समाज ऐसा नहीं रहा जिसने लोगों के भावनात्मक जीवन को नियंत्रित करने में कामयाबी हासिल की हो। प्रेम-विवाह का इतिहास लम्बा है। यहाँ तक कि धर्मशास्त्रों में भी प्रेम-विवाह को कम-से-कम क्षत्रियों के लिए सही ठहराया गया है—इसे वहाँ गंधर्व विवाह का नाम दिया गया है। महाग्रन्थों में क्षत्रिय महिलाओं के स्वयंवर का ज़िक्र आता है। हम देखते हैं कि ऐसे प्राचीन सामाजिक-मिथकीय प्रतीकों पर बनी फ़िल्में अक्सर निजी चुनाव और प्रेम को ही शादियों का इकलौता आधार मानती हैं। जिस ढंग से जाति और समुदाय-आधारित विवाहों के ख़िलाफ़ हमारे समाज में लहर चल रही है, इसमें क्या अचरज कि आज का युवा प्रेम और अपनी पसन्द के व्यक्ति के साथ शादी करने का सपना देख रहा है?

सामान्य चलन नहीं

फिर पुरानी पीढ़ी भी अब उतनी ज़िद्दी नहीं है जैसा उसे माना जाता है। कम-से-कम महानगरों में तो ऐसी शादियों की शुरुआत में सामाजिक बहिष्कार और अस्वीकार्यता के बाद ख़ासकर बच्चे होने पर लोग माफ़ कर देते हैं, दम्पती को स्वीकार कर लेते हैं और उनसे रिश्ते सुधार लेते हैं। अधिकतर लोगों को यह महसूस हो जाता है कि दो सहमत वयस्कों के ऊपर एक हद से ज़्यादा वे अपनी इच्छाएँ नहीं थोप सकते। इस तथ्य को नज़रन्दाज़ नहीं किया जाना चाहिए, ऐसा करना भारत के लोगों को हृदयहीन और ठस मान लेने जैसा होगा जिनके लिए प्रेम से ज़्यादा अहम चीज़ प्रथा होती है। यह भारतीयों का ग़लत चित्रण होगा। धार्मिक रूढ़ियों के प्रति सनक भरी कटिबद्धता दूसरे समुदायों से नफ़रत करनेवाले लोगों में हो सकती है लेकिन सारे भारतीयों के बीच यह सामान्य चलन नहीं है।

संक्षेप में कहें तो अन्तरधार्मिक विवाहों के ख़िलाफ़ सामाजिक असहिष्णुता अब भी जारी है लेकिन ट्रोल सेना ने इसे अतिरंजित कर दिया है। सवाल है कि इस नफ़रत और असहिष्णुता को क्या चीज़ प्रेरित कर रही है? यह दरअसल सत्ता में बैठे नए कुलीनों की पुरानों को हटा देने की महत्त्वाकांक्षा की पैदाइश है। बहुसंख्यक समुदाय के भीतर एक मुट्ठी-भर अल्पसंख्यक गिरोह सबकी आवाज़ होने का दावा कर के ख़ुद को सबके ऊपर थोप रहा है। यह 'जनता' के मुहावरे में बात करता है क्योंकि एक लोकतंत्र में जो कोई भी बड़ी संख्या का दावा करता है उसी की दावेदारी सामाजिक और राजनीतिक सत्ता पर भी होती है। अगर जनता

की राय ही मायने रखती है, तब संकीर्ण विचारों को जनता की राय बातकर बड़े राजनीतिक लाभ आसानी से लिए जा सकते हैं। टीवी पर किसी ने एक टिप्पणी की थी कि यदि कॉरपोरेट और जनता में से किसी एक की आवाज़ को दबाने का विकल्प दिया जाए तो लोगों को कॉरपोरेट चुनना चाहिए। वास्तव में, यह हमला और नफ़रत नए कुलीनों में मुख्यत: पुरुषों की पैदा की हुई चीज़ है जिन्हें पैसे और सत्ता का लालच है। लव जिहाद इसी विमर्श का अंग है।

दो कथाएँ

ऐसे ध्रुवीकृत माहौल में एक व्यावसायिक प्रतिष्ठान द्वारा समझदारी, स्वीकार्यता, प्रेम और सांप्रदायिक सद्भाव का सन्देश जारी करना बहुत साहस की माँग करता है। समर्थन देने के बजाय ज़्यादातर इलेक्ट्रॉनिक और सोशल मीडिया ने खुलेआम इस क़दम को लताड़ा है। उधर भारतीय राज्य तमाशबीन की भूमिका में रहा है या उसने हमलावरों को एक ग़ैर-ज़िम्मेदार समर्थन दिया है।

आज भारत में बहुत कुछ दाँव पर लगा हुआ है—न सिर्फ़ सांप्रदायिक सद्भाव बल्कि निजी आज़ादी, लैंगिक समानता और अभिव्यक्ति की आज़ादी, साथ ही आर्थिक स्वतंत्रता और समानता भी। पूँजीवादी बाज़ार के अपने कई नुक़सान हैं लेकिन वह व्यक्ति के धर्म, विचारधारा, नस्ल, वर्ण और यौन प्राथमिकताओं से अलग होकर सबको ख़रीदने और बेचने की छूट देता है। इस विज्ञापन का वापस लिया जाना सुरक्षित कारोबारी माहौल के साथ नत्थी स्वतंत्रता और समानता के सिद्धान्तों की उपेक्षा है।

यह सच नहीं है कि सारे भारतीय सामाजिक बदलाव के प्रति ठस हैं या फिर सारे हिन्दू मुसलमानों से सख़्त नफ़रत करते हैं। साधारण लोगों पर की जानेवाली ग्राउंड रिपोर्टें हमें हमेशा दो तरह की कहानियाँ सुनाती हैं। सिर्फ़ वही एक नहीं जिस पर ट्रोल्स चाहते हैं कि हम यक़ीन करें।

खंड X

हताशा के दौर में उम्मीद

93

दक्षिण एशियाई चेतना से एक औचक भेंट

टैक्सी एक ऐसी चलती-फिरती जगह होती है जहाँ दो अजनबी कुछ पल के लिए साथ आ जाते हैं। पहियों पर चलनेवाले धातु से बने 6×6 फीट के एक डिब्बे में अक्सर ही दो व्यक्तियों या छोटे समूहों की औचक भेंट होती है। संयोग से यदि सवारी और ड्राइवर दोनों एक ही मिज़ाज के हुए तो एक टैक्सी सामाजिक लगावट का मौक़ा भी बन कर उभरती है। फिर शुरू होती है एक यात्रा, जो आपको बात करने को मज़बूर करती है। अगर आप ड्राइवर के बगल वाली सीट पर बैठे हों तो क्या ही बात है। एक कच्चे एथ्नोग्राफर के लिए इससे बड़ा सौभाग्य कुछ नहीं हो सकता। यह सफ़र मनुष्यों, समाजों और संस्कृतियों को जानने-समझने का एक अवसर बन जाता है। टैक्सी में हुई बातें दोनों की स्मृतियों में लम्बे समय तक बसी रहती हैं।

सबको ख़ाली हाथ ही जाना है

न्यूयॉर्क या सिडनी जैसे बड़े महानगरों में भारत से जानेवाले किसी व्यक्ति का पाकिस्तानी टैक्सी ड्राइवरों से टकराना लाज़मी है। पहले तो बात यहाँ से शुरू होती है कि आप कहाँ से हैं, और पाकिस्तान का ज़िक्र आते ही यह शब्द माहौल में तैरने लगता है। फिर एक दुख उपजता है—देश का विभाजन बहुत बुरा हुआ, इसकी कोई ज़रूरत नहीं थी, बहुत दर्दनाक था सब कुछ। फिर दोष मढ़ने का दौर शुरू होता है, "सब नेताओं का किया-धरा है, केवल पुरानेवाले नहीं आज वाले भी दोषी हैं, जिनके चक्कर में आम लोग फँस जाते हैं। काश, लोगों के हाथों में सब कुछ होता, लेकिन नेताओं को ये गवारा नहीं होगा। क़िस्मत को यही मंज़ूर है कि दो भाई अलग-अलग रहें, अब तो साथ आना कभी मुमकिन नहीं होगा।" सफ़र के अन्त में दोनों दुख के साथ एक-दूसरे को विदा कहते हैं। अन्त में ड्राइवर पैसे लेने से इनकार कर देता है, लेकिन सवारी का ज़ोर इस बात पर होता है कि बिना पैसे दिए वह नहीं जा सकता। किसी तरह पैसे की लेन-देन होती है, फिर दोनों तरफ़ से अभिवादन इस नाटकीय साक्षात्कार का अन्त करता है। पिछले दो दशकों के

दौरान मेरे साथ यह सैकड़ों बार हुआ है। अपनी-अपनी धरती से दूर प्रवासी दक्षिण एशियाई लोग एक-दूसरे की ओर ख़ास क़िस्म का खिंचाव महसूस करते हैं। यही लोग जब अपने देश लौट कर आते हैं तो ऐसे नहीं रह जाते।

सिडनी में ऐसी ही एक यात्रा पर मुझे अब्दुल मलिक मिले। उन्होंने गाड़ी रोक कर मुझे बैठने को कहा। उनके चेहरे को देखकर लगता था कि वे एक धर्मपारायण मुसलमान हैं—ज़रूरत से थोड़ी लम्बी दाढ़ी जो वी का आकार नहीं बना पा रही थी, बाक़ी चेहरे के बाल सफाचट और बिना मुँछों वाला चेहरा। इसी क़िस्म के चेहरे को देखकर एक आम हिन्दू समझता है कि सामनेवाला कट्टर मुसलमान है। बातचीत सामान्य ढंग से ही शुरू हुई लेकिन उसने अप्रत्याशित मोड़ ले लिया, "सर, मुझे नेता लोग समझ नहीं आते। ये सब सच्चे मुसलमान होने का दावा करते हैं, पर एक मुसलमान की सबसे बड़ी चिन्ता तो मौत के बाद की होती है क्योंकि ज़िन्दगी में अच्छे काम करने से ही उसे जन्नत नसीब होती है। उलटे हमारे देश के नेता लूटपाट में लगे हुए हैं और अपनी मुक़द्दस ज़मीन का वे कुछ भी भला नहीं करते। हमारे यहाँ के नेताओं को केवल पैसे और ताक़त इकट्ठा करने से मतलब है। उन्हें यह बात क्यों नहीं समझ आती कि इससे उन्हें जन्नत नहीं मिलेगी? ये नेता अच्छे मुसलमान नहीं हैं।"

यह सुनकर मैं चौंका था, पर चुपचाप सुनता रहा, "और आपको मालूम है सर, उन्हें लगता है कि वे अपने परिवार के लिए अपने पीछे कुछ छोड़ जाएँगे, लेकिन बदले में उन्हें क्या मिलेगा? जब बेनजीर का परिवार उनकी हत्या के बाद सत्ता में आया था तो क्या उसने उनके हत्यारों को पकड़ा? क़तई नहीं, इन्होंने बस पैसा बनाया और अपनी ताक़त में इज़ाफ़ा करते रहे। सब कुछ सिर्फ़ अपने लिए। ये सब सड़े-गले लोग हैं। इस खेल में ये लोग इतने गहरे धँसे हुए हैं कि इन्हें अपनी पत्नी और माँ को धोखा देते हुए भी कोई रंज नहीं होता। या हो सकता है कि ये लोग अपने परिवार को भी पैसे और सत्ता का लालच ही सिखाते होंगे, अपने बच्चों के लिए विरासत में यही छोड़कर जाते होंगे।"

मेरे ख़याल से परिवार के बारे में उनकी ये बातें कठोर थीं, लेकिन इनमें कुछ दम तो था। सत्ता और पैसे में इतना कुछ दाँव पर लगा होता है कि लोग प्यार, लगाव और सम्मान की साधारण भावनाएँ भी भूल जाते हैं। 'तीसरी कसम' के शैलेंद्र के लिखे और मुकेश के गाये गीत से उन्होंने अपना दार्शनिक ज्ञान ख़त्म किया, "सजन रे झूठ मत बोलो ख़ुदा के पास जाना है, न हाथी है न घोड़ा है वहाँ पैदल ही जाना है।" फिर अन्त में वे बोले, "सब यहीं धरा रह जाएगा जनाब! फिर क्यूँ ये मारामारी।"

"बिलकुल, सर," मैंने सहमति में जवाब दिया।

जीवन के उद्देश्य को भूल जाना

मेरे दिमाग़ में सवाल यही था कि क्या पैसेवाले ताक़तवर लोग इस बात को समझते भी हैं? सत्ता और पैसे की भूख राष्ट्र की क़ीमत पर पूरी की जाती है, न कि राष्ट्र के हित में, जैसा कि कभी-कभार दावा किया जाता है। ये उनके परिवार के हित में भी नहीं होता, जिनका वैसे भी उस पर कोई ख़ास दावा नहीं होता। मोटे तौर से लोग ऐसा अपनी ही प्रेरणा से करते हैं केवल तात्कालिक प्रतिष्ठा और सुख के लिए, जिसका मोल बस उन्हीं के लिए होता है।

होटल की तरफ़ जाते हुए मैं मलिक की बातें सोच रहा था। उनका कहना था कि आज के नेता इनसानी ज़िन्दगी का असल उद्देश्य ही भूल चुके हैं—हमारा अस्तित्व क्यों है, हमारा जीवन सार्थक कैसे बनता है और उसे क्या चीज़ सार्थक बनाती है। इसीलिए वे राजनीति को बदनाम कर देते हैं जिसका असल उद्देश्य सामूहिक ताक़त का उपयोग सबके कल्याण के हित करना होता है—हो सकता है आगे यही बात वे मुझे कहते। लेकिन केवल नेताओं को दोष क्यों देना? क्या हम सब बराबर के दोषी नहीं हैं? क्या हम लोग ख़ुद अपने-अपने पेशों का असल उद्देश्य नहीं भूल चुके हैं—क़ानून, मेडिसिन, शिक्षा, आदि? क्या हम सब इनसानी जीवन के उद्देश्य का बोध भुला नहीं चुके हैं?

मेरे लिए यह कहना मुश्किल है कि वे इस्लाम को ठीक से समझते रहे होंगे या नहीं, पर इसमें कोई शक नहीं है कि वह उनकी इस्लाम की अपनी व्याख्या थी कि एक मुसलमान को अपनी ज़िन्दगी में क्या करना चाहिए—जन्नत पाने के लिए पैसे ओर ताक़त की असीम आकांक्षा से ख़ुद को बचाना। सवाल है कि उनकी जगह कोई हिन्दू होता तो क्या वह इस दौर के हिन्दू नेताओं और कारोबारियों के बारे में कुछ और राय रखता? यह निष्कर्ष निकालना मुश्किल नहीं है कि टैक्सी के भीतर हो या बाहर, दक्षिण एशिया के सभी जीवित धर्म परस्पर अलग-अलग होते हुए भी एक ख़ास क़िस्म की लोक चेतना से युक्त हैं। अफ़सोस की बात है कि अत्यधिक अमीर और ताक़तवर लोग इस बात से ग़ाफ़िल रहते हैं।

94

और अन्त में प्रार्थना...

पुलवामा में हुए हमले से जब हम लोग उबर ही रहे थे और सबके मन में यह

सवाल था कि सरकार कैसे सरहद पार आतंक के इस ताज़ा प्रकरण से निपटेगी, उसी दौरान एक टीवी चैनल ने हमें हताहत सैनिकों के दुखी रिश्तेदारों की तस्वीरें दिखाईं। इनमें से कुछ लोग तो इतनी नफ़रत से भरे हुए थे कि वे प्रतिशोध के लिए चिल्ला रहे थे, लेकिन कुछ और लोग इस त्रायद मौक़े पर भी बदले की कार्रवाई की व्यर्थता पर बात कर रहे थे। एक ग्रामीण इलाके की विधवा हो चुकी महिला ने कहा, "इससे और लोगों को हमारे जैसा ही दुख पहुँचेगा।" उस महिला ने प्रतिशोध और हिंसा की बात नहीं की थी, अमन-चैन को चुना था। बड़ी समझदारी के साथ उसने कहा, "युद्ध अन्तिम रास्ता है, जब हर उपाय नाकाम हो जाए।"

युद्ध और देशभक्ति

अफ़सोस के साथ कहना पड़ रहा है कि युद्ध कभी-कभार ज़रूरी कार्रवाई हो जाती है, ख़ासकर तब जब आप अपने बचाव में ऐसा कर रहे हों। इसके बावजूद किसी को भी यह बात समझने-भर के लिए अखंड शान्तिवादी होने की ज़रूरत नहीं है कि जंग कितनी मुश्किलें साथ लेकर आती है और युद्धोन्माद का विरोध क्यों किया जाना चाहिए। हमेशा युद्ध लड़ने के लिए तैयार रहना देशभक्त होने का संकेत नहीं होता। यह सच है कि देशभक्त व्यक्ति को अपनी मातृभूमि या पितृभूमि की रक्षा के लिए जान देने के लिए तैयार रहना चाहिए, लेकिन कोई अगर यह सोच रहा है कि देश का हर नागरिक सुख-शान्ति के साथ रहे, समृद्ध जीवन जिये और जीवन का अपनी सम्पूर्णता में आनन्द ले तो क्या वह कमतर देशभक्त हो जाता है? अपने देशवासियों के संकटों से रोज़-ब-रोज़ लड़ना, उनकी ज़िन्दगियों में सुधार लाना, उन्हें और उनकी रिहाइशों को प्रेम करना और ज़रूरत पड़ने पर इस प्रेम को अपने शब्दों या कर्म से ज़ाहिर करना एक देशभक्त का काम है।

जंग में रत देश अलग होते हैं। जंग चीज़ों में खलल डालती है और चूँकि वह ख़तरनाक है, मनुष्य की बलि माँगती है तो एक देशभक्त को उसके गौरवगान से बचना ही चाहिए। ख़ासकर यह उम्मीद समकालीन नेताओं और देशभक्तों से की जाती है जो ख़ुद कभी युद्ध के मोर्चे पर नहीं जाते, जैसे अतीत में युद्ध की मुनादी करनेवाले शासक ख़ुद पहली पंक्ति में लड़ने जाया करते थे। आज युद्ध में मरनेवाले हमारी सेना के अफ़सर और जवान होते हैं, वे नहीं जो युद्ध का आह्वान करते हैं या उसके पक्ष में चिल्लाते हैं। हमारे शासक तो अपने जीवन को सुरक्षित करने के लिए तमाम तामझाम के साथ चलते हैं। अगर वे अपनी ज़िन्दगी के साथ दूसरों को खिलवाड़ करने की छूट नहीं देते तो उन्हें यह सुनिश्चित करना चाहिए कि देशवासियों की ज़िन्दगी के साथ, ख़ासकर हमारे जवानों की ज़िन्दगी के साथ कोई और खिलवाड़ न करने पाए। युद्ध पर निर्णय बिना जल्दबाजी के पूरी ज़िम्मेदारी

के साथ लिया जाना चाहिए। केवल दिखावे के लिए या खेल में रणनीतिक बढ़त बनाने के लिए जंग नहीं थोपनी चाहिए।

वैसे, इनसानी दिमाग़ बहुत रहस्यमय ढंग से काम करता है। टीवी पर उन दृश्यों को देखते हुए ये ख़याल मेरे मन में नहीं आए थे। यह तो पीछे जाकर सोचने पर ख़याल आता है। उस वक़्त तो अजीब क़िस्म का भावनात्मक उभार हुआ था मन में, जिसमें दुख, अवसाद, शर्म और पुरानी यादें, तमाम भाव मिश्रित थे। ठीक इसी के बाद मेरे मन में अचानक साहिर लुधियानवी का लिखा और जयदेव का संगीत दिया हुआ वह गीत कौंधा जिसे 1961 में आई देव आनन्द की फ़िल्म 'हम दोनों' में लता मंगेशकर ने गाया था : माँगों का सिंदूर न छूटे, माँ बहनों की आस न छूटे।

शान्ति और विवेक के लिए एक प्रार्थना

फ़िल्म में ये पंक्तियाँ युद्ध में लापता भारतीय फ़ौज के एक मेजर की माँ और पत्नी की गायी प्रार्थना का अंश हैं। इसमें केवल अपने प्रियजन की वापसी की गुहार नहीं है बल्कि उन सभी पत्नियों, माँओं और बहनों के प्रियजनों की घर वापसी कामना की गई है जो युद्ध में गए हैं। किसी युद्ध में मौत एक विचलन होती है, एक विपर्यय होती है। युद्ध हमसे ऐसे नौजवान, ज़िन्दादिल और सक्रिय लोगों को छीन लेता है जो अपनी ज़िन्दगी पूरे तौर से नहीं जी सके होते। एक सिपाही जब अपनी ज़िन्दगी के उत्कर्ष पर मारा जाता है तो वह कई अधूरे काम अपने पीछे छोड़ जाता है। कई रिश्ते अधूरे रह जाते हैं। लाखों ख़्वाहिशें अपूर्ण रह जाती हैं। लोग मानते हैं कि जब एक नौजवान की असामयिक मौत होती है तो उसकी आत्मा अधर में अटकी रह जाती है और देह वहाँ नहीं पहुँच पाती जहाँ उसे पहुँचना था। ऐसे में वह आत्मा प्रेत बनकर हमारे इर्द-गिर्द मँडराती रहती है। काश ऐसा किसी के साथ न हो, कवि कहता है—देह बिना भटके ना प्राण।

यह मधुर गीत एक शान्ति-प्रार्थना से कहीं ज़्यादा है। यह बड़े सूक्ष्म ढंग से उनके ऊपर उँगली उठाता है जो हमें अविवेकपूर्ण ढंग से युद्ध में धकेल देते हैं और उन आर्थिक व राजनीतिक रूप से ताक़तवर लोगों की ओर इशारा करता है जो अपने लाभ और नापाक उद्देश्यों के लिए हमारे ऊपर जंग को थोपते हैं। इसीलिए वह कहता है, "ओ सारे जग के रखवाले, निर्बल को बल देनेवाले, बलवानों को दे दे ज्ञान।"

यहाँ 'ज्ञान' का आशय केवल जानकारी नहीं, बल्कि विवेक, नैतिक अन्तर्दृष्टि, और अन्तःकरण से भी है। कवि ईश्वर से कह रहा है कि शासकों को ज्ञान दे कि वे अन्तःकरण से राज करें, सही और ग़लत आचार के बीच फ़र्क़ कर सकें। वास्तव में ऐसे ही लोगों को हमारा मार्गदर्शन करना होगा जब कभी हम किसी कृत्य को लेकर नैतिक द्वंद्व में फँसे हों।

इतना ही नहीं, यह प्रार्थना एक और आह्वान करती है कि हम सबको ईश्वर सन्मति दे यानी हमारी मेधा को कल्याणकारी कामों में लगाए, हमारे निर्णयों को सही रखे और हम सब अपने अन्त:करण की सुनें। क्यों? क्योंकि ग़लत फ़ैसले, भ्रामक नैतिक दलीलें और सन्मति का न होना केवल नेताओं की बीमारी नहीं है, उनकी भी है जो ऐसे नेताओं को समर्थन देते हैं और उनके क़दमों को जायज़ ठहराते हैं। आख़िर को, हमारे जैसे आम लोग ही युद्धोन्माद में बह जाते हैं। जिनको सन्मति नहीं होती उन्हें नेता भी अपने जैसे ही मिलते हैं। वैसे लोग इसी के योग्य होते हैं। इसलिए ईश्वर हम सबको सन्मति दे क्योंकि सन्मतियुक्त लोग ही ऐसे नेताओं पर लगाम कस सकते हैं जो अच्छे और बुरे, सही और ग़लत का फ़र्क़ भूल चुके हों।

सभ्यता की टेक

यह प्रार्थना किसे सम्बोधित है? 'अल्लाह तेरो नाम, ईश्वर तेरो नाम' को। यही इस गीत का मास्टरस्ट्रोक है। यहाँ साहिर न केवल गांधी को ले आते हैं, बल्कि सदियों पुरानी इस उपमहाद्वीप की धार्मिक-दार्शनिक विरासत को भी ले आते हैं जिसमें माना जाता है कि हर परम्परा एक ही साझा नैतिक जगत की राह है जहाँ एक धर्म का ईश्वर दूसरे धर्म के ईश्वर में बदल जाता है। यानी सारे धर्मों के ईश्वर एक दूसरे का महज़ अलग-अलग संस्करण हैं। यह समावेशी एकेश्वरवाद का उत्कृष्ट उदाहरण है, जहाँ ईश्वर एक ही है लेकिन उसे अलग-अलग परम्पराओं में अलग-अलग नामों से पुकारा जाता है। इसीलिए यह प्रार्थना अल्लाह, ईश्वर और इस रास्ते हर धर्म के भगवान को सम्बोधित है।

जब लोग एक दूसरे के ख़िलाफ़ जहर उगल रहे हों, अपने देशवासियों के ख़िलाफ़ युद्ध कर के भी उन्हें सन्तोष नहीं मिल रहा हो और वे दूसरों से भी युद्ध करने पर आमादा हों, कुछ भी काम नहीं आता (करुणा, तर्क, संवाद)। ऐसे में निस्सहाय तमाशबीन आदमी जिसका अख़्तियार अब अपनी सामूहिक ज़िन्दगी पर नहीं रहा है और वह क्षितिज पर विनाश के बादलों को मँडराते देख रहा है, अक्सर प्रार्थना में फूट पड़ता है। अपने कर्तृत्व से वंचित लोग और कर भी क्या सकते हैं, सिवाय इसके कि बस उम्मीद पालें कि किसी तरह लोगों का दिमाग़ सही हो और हम सबको इस अनन्त सामूहिक पागलपन से छुटकारा मिले? जो एक ईश्वर में विश्वास करता है वह उसका आह्वान करता है। जो कई देवी-देवताओं को मानता है वह उसे याद करता है। जो किसी ईश्वर को नहीं मानते, बस उम्मीद करते हैं कि उनकी क़िस्मत अच्छी होगी। इसीलिए यह हमारे दौर की एक प्रातिनिधिक प्रार्थना है। हम अल्लाह और ईश्वर दोनों से प्रार्थना करते हैं कि वह किसी तरह

कुछ चमत्कार करे और अनावश्यक हत्याओं पर रोक लगाए, अमीर और ताक़तवर लोगों को विवेक और अं:करण दे, तथा हम सब को सन्मति व शान्ति प्रदान करे।

95

नई सरकारों के लिए मेरी इच्छा-सूची

हर आम चुनाव में राजनीतिक विश्लेषक और चुनाव-विशेषज्ञ भविष्यवाणी करते हैं कि किस दल को सबसे ज़्यादा सीटें मिलेंगी, किसी को स्पष्ट बहुमत नहीं मिला तो किस पार्टी को किन-किन के साथ गठबन्धन कर के सरकार बनानी चाहिए। अटकलबाज़ी के इस खेल में हर आदमी, औरत और यहाँ तक कि बच्चे भी शामिल हो जाते हैं। ऐसा लगता है कि ख़ाली समय में भड़काऊ बहसें करना, तीख़ी दलीलें देना और एक-दूसरे पर कीचड़ उछालना ही इस देश का पसन्दीदा काम हो जाता है।

कहना पड़ रहा है कि कभी-कभार मैं भी ख़ुद को इसमें फँसने से रोक नहीं पाता, लेकिन जब ऐसा करने से बच जाता हूँ तो नई सरकार से अपनी उम्मीदों की सूची अपने दोस्तों से साझा करता हूँ, सरकार भले ही किसी भी पार्टी या गठबन्धन की बने। निजी पसन्द को एकबारगी किनारे कर के और सामूहिक कल्याण को सर्वोपरि रखते हुए मैं दोस्तों से पूछता हूँ कि देश को निकट भविष्य में किस चीज़ की आवश्यकता है।

मैंने बड़े क़रीने से काट-छाँटकर एक सूची बनाई है और यहाँ केवल पाँच ज़रूरतें गिनवा रहा हूँ। ज़रूरी नहीं कि ये पाँचों किसी महत्त्व-क्रम से ही हों।

क़ानून का सम्मान करें और मानवीय बनें

पहला, नई सरकार को क़ानून का राज स्थापित करना चाहिए। इसका मतलब है क़ानून के अनुपालन से मनमानेपन को समाप्त करना—राजनीतिक फ़ैसले किसी एक व्यक्ति या समूह की सनक के चलते न लिए जाएँ। कोई कितना ही ताक़तवर और पैसेवाला क्यों न हो, वह क़ानून से ऊपर नहीं होना चाहिए। क़ानून सबके ऊपर बराबर लागू होना चाहिए। ऐसा नहीं कि किसी एक समूह के लिए आपराधिक क़ानून दूसरे समूह से अलग हों। भीड़ की ताक़त के सामने क़ानून का राज कमज़ोर नहीं पड़ना चाहिए, जैसा कि लिंचिंग के हालिया मामलों में देखने में आया है। कोई

भी अपराधी दंड के डर के बग़ैर खुला न घूमने पाए। क्या नई सरकार बस एक बार ही सही, सामूहिक हिंसा के मुजरिमों के बजाय उसके शिकार लोगों के साथ खड़ी हो सकती है?

इसी से जुड़ा एक शर्मनाक बिन्दु यह है कि एक सभ्य समाज धर्म, भाषा, नस्ल, लिंग या जाति के आधार पर भेदभाव बरतता है। इन आधारों पर किसी समूह को निशाना बनाया जाना, हत्या करना, यातना देना, शर्मिन्दा करना सर्वथा घृणित कार्य है। क्या चुनी हुई सरकार इस नफ़रत को रोकेगी और विद्वेष की किसी भी अभिव्यक्ति अथवा हिंसा को थामने के लिए जो बन सकेगा कर पाएगी ताकि एक ज़्यादा समावेशी समाज का निर्माण हो सके?

दूसरे, सरकार से उम्मीद की जाती है कि वह उन नागरिकों की मदद करे जो अभावग्रस्त हैं और जिन्हें भौतिक सहयोग की सख़्त दरकार है, जैसे चक्रवात और बाढ़ की मार से ग्रस्त लोग और संकटग्रस्त किसान। इसके अलावा, हर सरकार से उम्मीद की जाती है कि वह ग़रीबी को दूर करने के लिए बड़े संरचनागत सुधारों को भी लागू करे। ऐसे प्रयासों की तह में यह मानसिकता काम करती होती है कि ग़रीब लोग महज़ जैविक प्राणी होते हैं जिन्हें बस खाने, पोषण, साफ़ पानी और हवा की ज़रूरत है। इस सन्दर्भ में, एक उदार सरकार को अपने लाभार्थियों को ऐसे लोगों के रूप में भी देखना चाहिए जिनके लिए मित्रता, परिवार और समुदाय का भी मोल होता है, जो अपने बारे में सोच सकते हैं और जिन्हें आत्मसम्मान भी चाहिए होता है, जिन्हें अपनी कहानियाँ सुनानी होती हैं और अपने जीवन-जगत को लेकर नई कल्पनाएँ भी करनी होती हैं। क्या नई सरकार ऐसी नीतियाँ बनाएगी जो इनसानी जीवन को उसकी समूचे वैभव और जटिलता में देखे तथा ऐसे संगठनों की मदद करे जो आर्थिक अभावग्रस्तता के सामाजिक और मनोवैज्ञानिक परिणामों को सम्बोधित करते हैं?

संस्थाओं की इज़्ज़त

तीसरे, हमारी सरकार को संस्थाओं की स्वतंत्रता का सम्मान करना चाहिए। एक समाज सामूहिक प्रयासों से ही टिकता और पोषित होता है। कोई भी महत्त्वपूर्ण काम किसी एक समूह के वश में नहीं होता, उसके लिए समूहों के बीच कामों का बँटवारा किया जाना होता है। अलग-अलग कौशल और दक्षता वाले ऐसे समूहों के बीच जब काम बाँटा जाता है तो हर समूह अपने काम को करने के विशिष्ट नियम, मानक, आदि भी तय करता है। यदि एक राष्ट्र को अपने लक्ष्य साकार करने हैं तो यह ज़रूरी है कि तमाम सार्वजनिक संस्थाएँ, जैसे विश्वविद्यालय, प्रेस, न्यायपालिका, केन्द्रीय बैंक चुनाव आयोग, पुलिस और अन्वेषण एजेंसियाँ ऐसे काबिल और योग्य

लोगों के हाथों में रहें जिन्हें न सिर्फ़ इन संस्थाओं की गहरी समझदारी हो बल्कि वे यह भी समझतें हों कि इनमें से हर संस्था अपने-अपने तईं समाज के समग्र संचालन में कैसे योगदान करती है। निर्वाचित नेताओं को यह सुनिश्चित करना चाहिए कि ये संस्थाएँ एक साथ मिलकर काम करें ताकि सामूहिक उद्देश्य की पूर्ति हो सके। नेताओं को इन संस्थाओं को अपनी मुट्ठी में कर के अपनी मनमर्ज़ी नहीं चलानी चाहिए, दख़ल नहीं देना चाहिए और इनका दुरुपयोग नहीं करना चाहिए, बल्कि उनके क्रियाकलापों को सुगम बनाने में मध्यस्थता करनी चाहिए। कोई सरकार किसी ऐसे व्यक्ति को किसी अकादमिक संस्थान का प्रभारी कैसे बना सकती है जिसे बौद्धिक उद्यम और विद्वत्ता के मानकों का कोई ज्ञान ही न हो? साहित्य कला परिषद, ललित कला अकादमी या फ़िल्म एंड टेलिविजन इंस्टिट्यूट आफ़ इंडिया जैसे संस्थानों का प्रशासन किसी ऐसे व्यक्ति के हाथ में आप कैसे दे सकते हैं जिसे कला, साहित्य या सिनेमा की रत्ती-भर समझदारी न हो?

आलोचनाओं को सुनना

चौथे, एक निर्वाचित सरकार को अपने बारे में आम लोगों का कहा सुनना चाहिए—चाहे वह अच्छा हो या बुरा। उसका कर्तव्य है कि वह जनता की तरफ़ से बोलनेवाले बुद्धिजीवियों को सुने जिनकी समूची सामाजिक भूमिका सत्ताधारियों अथवा ऐसे लोगों का मूल्यांकन, आलोचना और आकलन करना है जो आम लोगों को व्यवस्थागत नुक़सान पहुँचाने की ताक़त रखते हैं। इसलिए, जो सरकारें आलोचना या असहमति को नहीं पचा सकतीं वे शासन के योग्य नहीं होती हैं।

सांस्कृतिक विरासत की रक्षा

हर समाज अपने अतीत के कुछ अंशों को याद रखता है और उसे अपनी आगामी पीढ़ियों को देता जाता है। यदि अपने भविष्य को बनाने के लिहाज़ से हमने अपना अतीत याद नहीं रखा तो अपने वर्तमान को भी नष्ट कर रहे होंगे। कोई भी इनसानी समाज तब तक समृद्ध नहीं हो सकता जब तक भावी पीढ़ियों के पास अतीत का ख़ज़ाना न हो। यानी हमारी विरासत अतीत का वह उपयोगी हिस्सा होती है जो हमारे सामूहिक भविष्य को गढ़ने के काम आती है। ऐसी सांस्कृतिक विरासत ठोस भी होते हैं और सूक्ष्म भी। ठोस विरासतों में हम स्मारकों और इमारतों को गिन सकते हैं। सूक्ष्म विरासतों में विचार, मूल्य और प्रतीक आते हैं। इन विरासतों का संकीर्ण राजनीतिक लाभ के लिए दोहन करने वालों के बजाय हमें एक ऐसी सरकार चाहिए जो इसे विनाश से बचाने के प्रति वचनबद्ध हो और जो अतीत की निशानदेहियों को

वर्तमान के साथ जोड़ने का काम कर सके। मेरी जानकारी में ऐसी सैकड़ों-हज़ारों प्राचीन पाली और संस्कृत की पांडुलिपियाँ हैं जो देश के विभिन्न हिस्सों में सड़ रही हैं; ज्ञानार्जन की पुरानी पद्धतियाँ मर रही हैं; मौखिक परम्पराएँ लुप्त हो रही हैं; और सैकड़ों भाषाएँ ग़ायब होने को हैं। ये सभी चीज़ें हैं जिसकी क्षतिपूर्ति नहीं की जा सकती। क्या हमारी नई सरकार अपने राजनीतिक एजेंडे के तहत सड़कों और शहरों के नाम बदलने के बजाय हमारी सड़ती-ग़लती सांस्कृतिक विरासत को बचाने पर अपना ध्यान लगाएगी?

96

भारतीय उदारवाद के उभार का क्षण

उदारवाद आज दुनिया के किसी भी लोकतंत्र के मुक़ाबले भारत में सबसे ज़्यादा संकटग्रस्त है। इसकी वजह यह है कि देश में रूढ़िवादी समुदायों ने इधर बीच बहुत ज़्यादा ताक़त हासिल कर ली है। जाति और धर्म के स्वयंभू संरक्षक नौजवान पीढ़ी के हलक में ऐसे अटक गए हैं कि आज वे ही यह तय करने लगे हैं कि कौन किससे मिल सकता है, बात कर सकता है, दोस्ती या शादी कर सकता है; किसे क्या खाना चाहिए, क्या पहनना चाहिए, क्या पढ़ना या देखना चाहिए; मोबाइल फोन रखना चाहिए या नहीं; वे यहाँ तक फ़रमान सुनाने लगे हैं कि युवा लड़के-लड़कियाँ अपने घर से बाहर कहाँ और कब निकल सकते हैं। प्रेम और दोस्ती के अन्तरंग दायरे में अतिक्रमण और सुख व निजी आदतों में जबरन दख़ल दे कर ये गिरोह निजी आज़ादियों का दम घोंट रहे हैं और व्यक्तिगत चुनाव के बुनियादी मानकों का ही हनन कर रहे हैं।

दूसरे, लोगों को अब खुलकर बोलना मुश्किल जान पड़ रहा है। आहत भावनाओं, सामूहिक प्रतिष्ठा के हनन, हमले और कथित शर्मिन्दगी के नाम पर एक ऐसी सार्वजनिक संस्कृति गढ़ दी गई है जिसमें बर्बरतम तरीक़ों से प्रतिक्रिया करने का सामाजिक-राजनीतिक लाइसेंस कुछ लोगों को मिल गया है। इसने डर का एक ऐसा माहौल बना दिया है जहाँ रचनात्मक कलाकार, बुद्धिजीवी और यहाँ तक कि आम लोग भी चौक-चौराहों पर सार्वजनिक संवादों में अपने मन की बात बोलने से बचने लगे हैं। बोलने के पहले सब उचक कर आसपास देख लेते हैं कि कहीं मोटा भाई उन्हें देख-सुन तो नहीं रहा है। सामाजिक धमकियों और क़ानूनी प्रताड़ना

का डर ऐसा है कि सार्वजनिक अभिव्यक्ति बहुत महँगी चीज़ हो चली है। लोग या तो चुप मार जा रहे हैं या फिर सार्वजनिक जीवन से ख़ुद को काट ले रहे हैं।

तीसरे, विशाल कॉरपोरेशन और सरकारों के पास हमारा एक-एक विवरण मौजूद है जिसके चलते हम और कमज़ोर व असुरक्षित हो गए हैं। जासूसी और निगरानी के तरीक़े इतने प्रच्छन्न हो चुके हैं कि हम अपनी इच्छा के बग़ैर ही सरकार की नज़रों में हैं। हमारी निजी ओर अन्तरंग ज़िन्दगी के एक-एक सूक्ष्म विवरण आज विशाल ताक़तवर संगठनों को केवल एक बटन दबाने से हासिल हो जाते हैं। इससे ज़्यादा डरावनी बात क्या होगी कि अपने दोस्तों और परिवार से फ़ोन पर बात करने या मिलने की प्रक्रिया में हमें सीसीटीवी कैमरे, फ़िंगरप्रिंट स्कैनर और फेस रिकॉग्नीशन से गुज़रना पड़ता है?

चौथे, क़ानून के राज में भरोसा बहुत बुरी तरह हिल चुका है। क्या इस बात की कोई गारंटी है कि क़ानून का राज निष्पक्ष रूप से लागू होगा और वो भी सबके ऊपर बराबरी से? इसके उलट, सरकार के हर स्तर पर हमें अधिकारियों द्वारा उत्पीड़न का डर सताता रहता है। हम इस बात से घबराए रहते हैं कि हमारे ऊपर कोई सत्ता का बेना इस्तेमाल न कर दे और क़ानून व्यवस्था को अपनी मुट्ठी में रखनेवाला कोई अफ़सर हमसे बदतमीजी या क्रूरता न कर बैठे।

ना कहने की आज़ादी

राज्य, समुदाय और व्यक्तियों के निजी चुनाव, अभिव्यक्ति और ताक़त का उदारवाद से क्या लेना-देना है? दरअसल, सब कुछ यही है। यह शब्द उदारवाद यानी 'लिबरलिज़्म' आज विभिन्न लोगों के लिए अलग-अलग मायने रखने लगा है और इसे आम तौर से इनसे जोड़ कर देखा जाता है (1) ज़्यादा समानता की माँग, (2) व्यक्तिगत विवेक और स्वायत्तता की रक्षा, (3) नैतिक रूढ़िवाद के ख़िलाफ़ एक औज़ार, (4) अन्तरराष्ट्रीयतावाद और मानववाद, (5) मुक्त बाज़ार। जब इस शब्द का ज़रूरत से ज़्यादा इस्तेमाल होने लगता है तो इसे भी चालू जुमलों वाली बीमारी पकड़ लेती है, इसका वज़न कम हो जाता है, इससे तनाव ज़्यादा पैदा होता है और इसका ज़िक्र बेमतलब का हल्ला पैदा करता है। इसके बावजूद, एक पल ठहरकर सोचने पर हम पाते हैं कि चाहे कितने भी अर्थांतर हुए हों, इसके मूल में एक मूल्य हमेशा से अक्षुण्ण रहा है—एक व्यक्ति की ना कहने की आज़ादी। जब कोई बुरी चीज़ मेरे बिलकुल क़रीब आती महसूस हो, मुझे घेरने लगे, बरदाश्त के बाहर होने लगे और उसे रोका जाना ही इकलौता रास्ता हो; तो मेरे पास यह कहने की आज़ादी हो कि बस, बहुत हो चुका, और नहीं; क्योंकि मेरी दुनिया बहुत छोटी है, मेरी निजता सीमित है, और मेरी अनुमति के बग़ैर कोई भी उसमें नहीं घुस सकता और

मेरे लिए भी बाहर एक जगह मौजूद है जिसे तब तक बाधित नहीं किया जा सकता जब तक कि उससे दूसरे का नुक़सान न हो हो। यानी, अपनी मोटे तौर पर निजी और आंशिक तौर पर सार्वजनिक दुनिया में मैं बिना भय या प्रलोभन के जी सकूँ।

क़ानून के राज पर आधारित आधुनिक राज्य का निर्माण दरअसल इसीलिए किया गया था कि वह अलग-अलग समुदायों के ताक़तवर गिरोहों द्वारा चलाई जानेवाली निजी सेनाओं द्वारा निजी ज़िन्दगियों में दिए जानेवाले क्रूर दख़ल को रोके और एक निष्पक्ष सार्वजनिक सत्ता क़ायम कर के समाज को चलाए—एक ऐसी सत्ता, जो मेरी छोटी-सी दुनिया की रक्षा कर सके जहाँ मैं सम्प्रभु हूँ और जो मुझे भयमुक्त जीने देती है। इसमें हालाँकि ज़रूरी यह था कि क़ानून का राज मुझे राज्य की ज़ोर-ज़बरदस्ती वाले मनमाने, अप्रत्याशित और अनावश्यक कृत्यों से भी बचाए। उदारवाद के चाहे जो भी दूसरे अर्थ हों, लेकिन इस सन्दर्भ में उसका एक अर्थ यह बनता है कि यह हर क़िस्म की संगठित सत्ता द्वारा निजी आज़ादियों में सेंध के ख़िलाफ़ है। वास्तव में, पश्चिमी समाजों के भीतर दमनकारी समुदायों, हस्तक्षेपकारी चर्च और उत्पीड़क राज्यसत्ता द्वारा व्यक्तिगत स्वतंत्रता को बाधित किए जाने के प्रयासों के ख़िलाफ़ ही उदारवाद पैदा हुआ था।

इस न्यूनतम अर्थ में कह सकते हैं कि 'लिबरल' शब्द का अब देशकाल के भीतर कोई सीमित प्रयोग नहीं रह गया है। इसका अर्थ आज बहुत व्यापक हो चुका है और भारत में तो इसकी अर्थच्छवियाँ संन्यासी ब्राह्मणों के आत्मत्याग से लेकर बुद्ध, महावीर, आरम्भिक लिंगायतों के आन्दोलन तथा नानक, कबीर, अक्का महादेवी और मीरा सहित फुले और आंबेडकर से प्रेरित आन्दोलनों तक फैली हुई हैं। इस 'महीन' उदारवाद में पश्चिमी जैसा कुछ नहीं है। वास्तव में, उदारवाद की प्राचीन से लेकर आधुनिक धाराएँ मौजूद हैं और जिस तरह अतीत में उदारवाद अलग-अलग रूपों में रहा है वैसे ही भविष्य में भी रहेगा। इन सब धाराओं के बीच एक सन्देश समान है, जो बहुत साफ़ और सरल है—किसी के हलक में तक जबरन कुछ मत घुसओ, व्यक्तियों पर जबरन शारीरिक और मानसिक कष्ट ढहाना बन्द करो, ख़ासकर कमज़ोर आदमी पर, भले ही तुम्हारा सरोकार तुम्हारी निगाह में कितना ही बहुमूल्य क्यों न हो।

एक अपरिहार्य बग़ावत

उत्पीड़न और हिंसा के मौजूदा माहौल में निश्चित रूप से इस व्यवस्था के ख़िलाफ़ एक बग़ावत खड़ी होगी। लगातार बन्दिशों के तहत जी रहे और संज़ीदगी से सोचनेवाले नौजवान युवक-युवतियाँ, दलित, अन्य पिछड़े समुदाय, ग़रीब मुसलमान और छोटे शहरों-क़स्बों और गाँवों के लोग एक दिन उठ खड़े होंगे और व्यक्तिगत

चुनाव और अभिव्यक्ति की स्वतंत्रता के बेहतर अवसरों की माँग करने लगेंगे। तो क्या माना जाए कि इस देश में उदारवाद का एक नया अध्याय अँगड़ाई ले रहा है, जो पारम्परिक अंग्रेज़ीभाषी शहरी कुलीनों द्वारा गढ़े गए उदारवाद से एकदम भिन्न होगा और विशुद्ध भारतीय सांस्कृतिक परिस्थितियों से निर्मित होगा?

97

रोज़मर्रा की राजनीति

पुराने समाजों में रोज़मर्रा के साधारण जीवन को हमेशा कमतर समझा गया है। ख़ासकर अच्छी ज़िन्दगी के बारे में विपुल लेखन करनेवाले कुलीनों ने हमेशा सामान्य दैनिक ज़िन्दगी और बड़ी ज़िन्दगी के बीच फ़र्क़ बरता है। उनकी नज़र में बड़ी ज़िन्दगी होने का मतलब सार्थकता (उनकी निगाह में यह जो भी हो) का पीछा करते हुए एक वृहत्तर और व्यापक लक्ष्य को प्राप्त करना रहा है जबकि सर्वत्र फैली रोज़मर्रा की ज़िन्दगी बेहद मामूली और महत्त्वहीन है। ज़्यादा महत्त्वपूर्ण वह जीवन है जो ज्ञान-ध्यान में बिताया गया हो, या युद्ध और जीत का रोमांच जिसमें शामिल हो, जिसमें राजनीति हो अथवा उच्च कलाओं या जिसे धर्म की सेवा में समर्पित कर दिया गया हो, जहाँ मनुष्य अपने 'सत्व' को प्राप्त कर पाता है।

हर परम्परा में रोज़मर्रा की ज़िन्दगी को महत्त्वहीन नहीं माना जाता। ब्राह्मणवादी परम्परा में एक गृहस्थ का जीवन सार्थक, आत्मतुष्ट होता था जिसका धार्मिक और शायद दार्शनिक महत्त्व भी था। जैन और बौद्ध व्यापारी भी अपने वाणिज्यिक जीवन मूल्य एक को जोड़ कर देखते थे जैसे यूरोपीय बुर्जुआ प्रोटेस्टेंट नैतिकता के साथ जीता था। लेकिन इन सभी परम्पराओं में भी बहुसंख्य कामगार आबादी के जीवन को अन्तर्निहित रूप से मूल्यहीन ही माना गया।

रोज़ के जीवन की महत्त्वहीनता वाली धारणा एक स्तर पर बेशक सच है। कोई चीज़ अगर लगातार दुहराई जाए तो वह वैसे ही उबाऊ और एकरस हो जाती है। उसमें फिर उत्साह या कौतुक का भाव नहीं रह जाता। रोज़मर्रा की ज़िन्दगी एक खटराग है, जो हमारे अनुभव जगत में सतह पर चमकने के बजाय पार्श्व में चली जाती है। रोज़ सुबह दाँत माँजने या खाना पकाने, सफ़ाई करने और कपड़े धोने में कौन-सा उत्साह पैदा हो सकता है भला? रोज़-रोज़ यही काम करने में आख़िर आनन्द कैसे आएगा? कुछ ऐसे काम जिनसे शुरू में थोड़ा सन्तोष मिलता है वे भी

लम्बे समय में थकाऊ हो जाते हैं और लोग उनसे बचने लगते हैं। ऐसे कामों से लोगों को छुट्टी चाहिए होती है।

यही सब सोचकर कई दार्शनिकों ने यह निष्कर्ष निकाला कि दैनिक जीवन दरअसल इनसान को अलगाव में डालनेवाले सबसे ज़्यादा गहरे लक्षणों का एक प्रतीक है। एक ही तरह के श्रम के दुहराव और ऊब—जैसे घरेलू ज़िम्मेदारियाँ, बच्चों को पालना, आदि—को देखते हुए ही एम. हाइडेगर जैसे चिन्तक ने दैनिकता को 'अप्रामाणिक, मामूली और भ्रान्ति' की संज्ञा दे दी थी। एक ग़रीब मज़दूर के लिए तो दैनिकता ऊब और एकरसता से कहीं ज़्यादा दुष्कर चीज़ होती है—कारख़ाने में असेंबली लाइन पर काम, घर में अमानवीय स्थितियाँ, भीड़भाड़ वाले सार्वजनिक यातायात की विविशता, दो जून की रोटी का संघर्ष, या मैला साफ़ करने जैसे बेहद अमानवीय काम। ज़ाहिर है ऐसा वजूद किसी को भी तर्क और कल्पना से महरूम कर देगा, उसकी इन्द्रियों और दिमाग़ को सुन्न कर देगा, जब तक कि उस व्यक्ति में असाधारण और रहस्यमय जीवन-शक्ति न हो।

यूरोप जैसी जगहों पर दैनिक जीवन के महत्त्व को युद्धों की समाप्ति के बाद ही क़ायदे से समझा गया था। जब फ्रांस को विसैन्यीकृत कर दिया गया और आम लोगों को खाना, पानी और दूसरे ज़रूरी सामान मुहैया कराए जाने लगे, तब जाकर विचार-जगत में दैनिकता एक पर्याप्त विषय बनकर उभरी। पेरिस में 1968 में हुई छात्रों-मज़दूरों की बगावत के जश्नुमा माहौल ने कुछ हफ़्तों के लिए दैनिक जीवन को लगभग ठप्प कर दिया था। जब लोगों को इस बात का अहसास हुआ कि इस बग़ावत की प्रकृति भंगुर है, स्थायी नहीं, तब जाकर वहाँ रोज़मर्रा की ज़िन्दगी बहाल हो सकी। भारत में तो ज़िन्दगी का रोज़मर्रापन ऐसा है कि वह हर पल हमारी आँखों के सामने नाचता रहता है। वह चाहे जिस रूप में भी हो, लेकिन लोगों के पास यहाँ अपनी दैनिकता के अलावा और कुछ है ही नहीं। इससे बच पाना नामुमकिन है। गोया कोई विशाल चक्की है जो दिन-रात चलती ही रहती है और अनाज के दानों की तरह लोगों को अपने भीतर खींचती जाती है। लोग अपनी ज़रूरतों के अभाव में इसमें पिसते ही रहते हैं। अन्त में उनकी हताशाएँ मिलकर इतनी बड़ी और सामूहिक हो जाती हैं कि वे उन्हीं स्थितियों के ख़िलाफ़ बगावत करने को मज़बूर हो जाते हैं जिन्होंने उन्हें ऐसी अमानवीय परिस्थितियों में धकेला होता है। हर दिन के खटराग से मुक्ति के बाद मिलनेवाली राहत या मौजूदा ज़िन्दगी को ही बेहतर बनाने के स्वप्न की कल्पना यहाँ अनिवार्यत: किसी जंग या इंकलाब के रास्ते नहीं की जाती।

ग़रीब आदमी के लिए दैनिक जीवन की नारकीयता की कल्पना मैं कर सकता हूँ, लेकिन अधिकतर भारतीय शहरों में रहनेवाले एक औसत मध्यवर्गीय व्यक्ति के जीवन के बारे में भी जरा सोचकर देखिए: अपने निर्धारित समय पर कभी न पहुँचनेवाली ट्रेन, मीटर से कभी न चलनेवाले ऑटो या देर से चल रही बसों का

अनन्त इतजार; सूख चुके नलके से पानी के टपकने की प्रतीक्षा; गर्मियों में बिजली का गुल हो जाना, जो दिन को नाकाबिले बरदाश्त बना दे और शामों से टीवी का इकलौता सुख छीन ले; हर महीने कतार में खड़े होकर बिल चुकाने की मज़बूरी; ग़लती से लग गए टैक्स को दुरुस्त करवाने के लिए सरकारी दफ़्तर में एक मेज से दूसरी मेज तक मँडराते रहना और फिर भी नतीजा ढाक के तीन पात; किसी रोमांचक फ़िल्म के क्लाइमैक्स पर पहुँचते ही ठोंकने-पीटने की आवाज़; बदबूदार सार्वजनिक शौचालयों के इस्तेमाल की मज़बूरी; कचरे से पटी सड़कों-गलियों और टूटी-फूटी पटरियों पर पूरी एकाग्रता के साथ सँभालकर क़दम रखना कि कहीं गड्ढे या गोबर में पैर न चला जाए; देर रात तक बेचैनी में जागते रहना क्योंकि बेटी अभी घर नहीं पहुँची है और गली में रोशनी कम रहती है; डेंगू और मलेरिया का डर; अस्पताल में बिस्तर न मिलना; मौक़े पड़ने पर एम्बुलेंस का देर से आना और आ गई तो इमरजेंसी पहुँचने में देरी हो जाना; और बारिश होने पर हर जगह से अचानक फूट पड़े सोतों के बीच ट्रैफिक जाम में धीरे-धीरे घिसटना।

इसमें आप गन्दे पेयजल और प्रदूषित हवा को भी जोड़ लें। फिर बदहालियों की यह फ़ेहरिस्त पूरी हो जाएगी। इनमें से कई समस्याओं से उच्च वर्ग भी ग्रस्त है, चाहे वह किना ही ख़र्च कर के अच्छी सेहत, साफ़ हवा ओर तेज़ कारें ख़रीद ले। मसलन, भारत के 80 करोड़ मोबाइलधारियों में से क्या हर एक व्यक्ति, ग़रीब या अमीर, राज्य की जासूसी के दायरे में नहीं है और क्या हरेक को बड़े निगम अपना शिकार नहीं बना रहे? रोज़मर्रा की ज़िन्दगी राज्य और बहुराष्ट्रीय कंपनियों की अक्षमता या साज़िशों से प्रभावित हो रही है और इसमें हमारी विवेकहीनता का भी योगदान है।

ये समस्याएँ अपने आप ग़ायब नहीं हो जाएँगी। हमारे शासकों की सदिच्छा भी इन्हें दुरुस्त नहीं कर सकती, न ही लोग अपने बल पर इन्हें रोक सकते हैं। जितना नुक़सान हो चुका है, उसकी भरपाई लोगों के दैनिक प्रतिरोध भी नहीं कर पाएँगे। अगर आपको अपनी निजी ज़िन्दगी में सुख से रहना है तो उसके लिए सामूहिक कार्रवाई की ज़रूरत पड़ेगी। सामूहिक प्रतिरोध के बग़ैर आप कैसे इन बदहाल स्थितियों पर कोई असर डाल पाएँगे? केवल सामूहिक राजनीति ही दैनिक जीवन को क़ायम रख सकती है। तमाम क्षेत्रीय, धार्मिक और जातिगत मतभेदों से ऊपर उठकर एक व्यापक गठजोड़ बनाना होगा जो लोगों के दैनिक जीवन की प्रतिष्ठा को बहाल करे। हमें आज एक ऐसी राजनीति की ज़रूरत है जो लोगों की ज़िन्दगी में रोज़मर्रा के छोट-छोटे बदलाव ला सकती हो, ताकि हम ज़िन्दगी की बुनावट और लय का स्वाद ले सकें।

अगले कुछ दशकों में ऐसी राजनीति का उभरना अपरिहार्य जान पड़ता है जो लोगों की ज़रूरतों के इर्द-गिर्द बुनी गई हो ताकि रोज़मर्रा का जीवन सुगम, बिना दख़लन्दाज़ी वाला और सम्मानजनक बन सके। साफ़ हवा-पानी मिले, स्वच्छता

हो, बेहतर सड़क और सार्वजनिक यातायात हो, मिलावटरहित भोजन मिले और निजी ज़िन्दगी महफ़ूज़ हो। ऐसी न्यूनतम गरिमयी ज़िन्दगी को सुनिश्चित करने के लिए राजनीति का होना ज़रूरी है। हमें बस एक सामान्य जीवन चाहिए और एक ऐसी सरकार जो इसे सम्भव बना सके। भविष्य की राजनीति को किसी आदर्श सपने के पीछे भागने की ज़रूरत नहीं है, बस उसे रोज़मर्रा की ज़िन्दगी और उसकी दुश्वारियों पर अपनी निगाह जमाये रखनी है।

आख़िरकार, रोज़ की साधारण ज़िन्दगी को भविष्य के भव्य सपने, खोखले मगर शानदार जलसे और चुनावों के जश्न कब तक दरकिनार किए रहेंगे?

98

आम लोगों की ताक़त

जब महात्मा गांधी 1931 में दूसरी गोलमेज सम्मेलन में हिस्सा लेने के लिए इंग्लैंड गए तो उनके एक क़रीबी सहयोगी ने सुझाव दिया कि 'वार्ता से जुड़े बड़े सैद्धान्तिक सवालों पर' विचार करने के लिए वे सप्ताहान्त में ऑक्सफ़ोर्ड प्रवास करें। इससे कुछ ब्रिटिश राजनेताओं के साथ आराम से अनौपचारिक संवाद का भी एक मौक़ा मिल सकेगा। बैलियल कॉलेज के मास्टर दार्शनिक ए.डी. लिंडसे ने गांधी जी को न्योता दिया। गांधी जी ने उसे स्वीकार कर लिया। वे 26 अक्टूबर को अपने निजी सचिव महादेव देसाई, सुपुत्र देवदास, अपनी अंग्रेज़ शिष्या मीरा बहन और मित्र सी.एफ. एंड्रयूज के साथ वहाँ पहुँचे। उनकी सुरक्षा को सुनिश्चित करने के लिए उन्हें लेने एक लम्बा-चौड़ा जासूस आया। गांधी की कृश काया के सामने वह और महाकाय नज़र आ रहा था। पता नहीं उस जासूस ने क्या-क्या काम किए, लेकिन एक काम उसने अवश्य किया कि बकरी के दूध की उपलब्धता के बारे में गांधी के पूछने पर उसने पास की पहाड़ी से एक बकरी लाकर कॉलेज के आँगन में बाँध दी। इस तरह गांधी खाने-पीने के लिए कॉलेज से बाहर जाने से बच गए। अपने कमरे के फ़र्श पर बैठकर ही वे दूध ओर फलाहार लेते रहे।

भारतीयों को सम्बोधन

ऑक्सफ़ोर्ड में गांधी जी ने वहाँ पढ़ रहे कोई पचासेक भारतीय छात्रों को सम्बोधित

किया। इनमें से ज़्यादातर छात्र हिन्दुस्तानी कपड़ों में ही आए थे। साड़ी पहनीं मंत्रमुग्ध छात्राएँ भी उनमें शामिल थीं। जो छात्र पश्चिमी परिधान में आए थे वे भी हिन्दुस्तानी पगड़ी पहनना नहीं भूले थे। गांधी ने अपना उद्बोधन शुरू किया, "छात्रों के बीच में मुझे अपना सा लगता है क्योंकि मैं ख़ुद एक छात्र हूँ। आप लोग अगर मुझसे सवाल पूछना शुरू करेंगे तो शायद हम एक-दूसरे को बेहतर जान पाएँगे। क्या आप मेरे साथ थोड़ा सहज होना पसन्द करेंगे? में कोई भूगर्भीय नमूना नहीं हूँ।"

उनसे पहला सवाल भारत में औरतों के भविष्य को लेकर पूछा गया था। उन्होंने कहा था, 'भारत में औरतों का भविष्य यह है कि वे हर मामले में पुरुषों के बराबर रहेंगी, भले उनसे ऊपर न हो पाएँ।" फिर उन्होंने मुसलमानों और 'अस्पृश्यों' के लिए स्वतंत्र चुनाव क्षेत्र के बारे में सवालों के जवाब दिए। उनसे समाजवाद की रचनात्मक ताक़त के बारे में पूछा गया। बिना पलक झपकाये गांधी जी ने जवाब दिया, "वह बेशक एक रचनात्मक ताक़त हो सकता था यदि वह बल पर आश्रित न होता।" एक अंग्रेज़ ने उनसे पूछा कि क्या वे इंग्लैंड की सदिच्छा पर भरोसा करते हैं। उन्होंने जवाब दिया कि उन्हें इंग्लैंड की सदिच्छा में उतना ही भरोसा है जितना मनुष्य की सदिच्छा में है। वे बोले, "मैं इस नतीजे पर पहुँचा हूँ कि मनुष्य की सारी ऊर्जा अच्छे की ओर ही प्रवृत्त होती है अन्यथा यह दुनिया कब की तबाह हो चुकी होती। इसीलिए मैं इंग्लैंड पर विश्वास करता हूँ, बावजूद इसके कि मुझे कई बार धोखा मिला है। मुझे भरोसा है कि अंग्रेज़ों का स्वभाव एक दिन बदलेगा और वे प्रतिक्रिया देंगे।"

धार्मिकता और नैतिकता

ऑक्सफर्ड मेल ने रिपोर्ट किया कि गांधी उस छोटे-से शहर की खूबसूरती से दंग थे। कवि एडवर्ड जॉन थॉम्पसन के घर जाते हुए उन्होंने कई बार गाड़ी रुकवाई और उतर कर वहाँ की इमारतों, पुलों, कॉलेजों के परिसर आदि की प्रशंसा की। बाद में गांधी बैलियल में मास्टर लिंडसे के आवास पर गए। उनके साथ मदन मोहन मालवीय, सरोजिनी नायडू और कई अन्य ब्रिटिश सांसद भी थे। आगंतुकों में लिंडसे के सुपुत्र भी थे, जो वेल्स में शिक्षक थे। उन्होंने थोड़ा संकोच से गांधी से पूछा, "लोग जानना चाहते हैं कि आपमें ईसाइयत कितनी है?" इसका सीधा-सा मतलब यह था कि गांधी जी ने हिन्दू धर्म से ईसाइयत की ओर कितनी यात्रा की है। गांधी जी हाज़िरजवाब थे लेकिन समझदार भी थे। उन्होंने सवाल को चतुराई से दरकिनार कर दिया। उन्होंने जान-बूझकर इस सवाल का एक दूसरा आशय निकाला। वो यह कि गांधी जी ने ईसा मसीह की शिक्षाओं को कितना समझा है। उन्होंने कितनी गहराई में जाकर ईसा मसीह के उदाहरण को अपने भीतर लागू किया

है? गांधी बोल ही रहे थे कि लिंडसे कमरे में आ गए। गांधी ने कहा, "ये लीजिए, आपके पिताजी भी आ गए। क्या वे बता सकते हैं कि वे कितने ईसाई हैं? वे नहीं बता पाएँगे, और मैं भी नहीं।"

गांधी जी के अनुसार हम सभी को ईमानदारी से इस बात का जवाब देना चाहिए कि हमने अपनी आध्यात्मिक यात्रा में ख़ुद को आदर्श बनाने में कितनी दूरी तय की है। ऐसा कहते हुए गांधी अपने धार्मिक और नैतिक चिन्तन के दो बिन्दुओं को रेखांकित कर रहे थे। पहला, धर्म-परिवर्तन की व्यर्थता—एक ऐसा कृत्य जो मानता है कि एक आदमी केवल एक ही धर्म का हो सकता है, उससे ज़्यादा का नहीं, और उसे ऐसे धर्म को अपनाना चाहिए जो बाक़ी से श्रेष्ठ हो। गांधी जी एक धर्म की दूसरे पर श्रेष्ठता और इससे निकलनेवाली सीमित व विशिष्ट सदस्यता की धारणा को ही ख़ारिज करते थे। दूसरे, वे एकाधिक सम्बद्धताओं के महत्त्व को प्रकाशित कर रहे थे। उनके मुताबिक़ अगर सारा मसला और गहरे उतरने, और ऊँचे जाने का ही है तो एक हिन्दू ईसा मसीह की शिक्षाओं को क्यों नहीं मान सकता? ईसा की शिक्षाएँ राम, कृष्ण, बुद्ध, नानक, कबीर की सच्ची शिक्षाओं से असंगत कैसे हो सकती हैं? आख़िर क्यों किसी को प्रेरणा के केवल एक ही स्रोत से बँधे रहना चाहिए?

अपने ईसाई दोस्तों को वे यह सन्देश देना चाह रहे थे कि लोग अपनी मुक्ति के रास्ते ख़ुद खोज सकते हैं, अपनी परम्परा के भीतर से ही आत्म की प्राप्ति कर सकते हैं और उन पर चस्पाँ नामों को बदलने की कोई ज़रूरत नहीं होनी चाहिए। सामान्य तौर पर लोगों को और ख़ासकर हिन्दुओं को गांधी का सन्देश यह था कि कोई भी धर्म उन्हें पूरी तरह नहीं बाँध सकता। ख़ुद गांधी के कुछ मुद्दों पर कई विचार विशुद्ध हिन्दू नहीं थे बल्कि ईसाइयत के ज़्यादा क़रीब थे लेकिन इन्हें ईसाई विचार भी कहना पूरी तरह सम्भव नहीं था क्योंकि इनमें हिन्दू और जैन धर्म का पुट भी था। गांधी जी भले ही एक हिन्दू की मौत मरे और आजीवन हिन्दू ही रहे, पर उन्होंने ईसा मसीह के उदाहरण को अपने दौर के किसी भी व्यक्ति के मुक़ाबले कहीं ज़्यादा जिया। जैसा कि दार्शनिक मार्गरेट चटर्जी हमें याद दिलाती हैं, गांधी ने ईसा मसीह की शिक्षाओं को इसलिए माना क्योंकि उन्हें उनके भीतर उन्हीं बातों की पुष्टि दिखाई दी जो गांधी को अपनी बहुलतावादी परम्परा से हासिल हुई थीं।

सामूहिक कार्रवाई

लिंडसे के एक मित्र ने उन्हें कहा था कि उन्हें गांधी को नेता बनने की आकांक्षा रखने वाले सन्त के रूप में नहीं बल्कि एक ऐसे राजनेता के रूप में देखना चाहिए जो सन्त बनने की कोशिश कर रहा है। इसके बावजूद लिंडसे ओर उनकी पत्नी को

गांधी का अपने यहाँ मेहमान बनकर आना उन्हें किसी सन्त का आना लगा। गांधी की यह बात लिंडसे को बहुत प्रभावित करती थी कि ऐसी कोई ईश्वरीय इच्छा हो ही नहीं सकती जिसे एक आम निरक्षर आदमी नहीं समझ सके। अक्सर यह समझा जाता है कि गांधी के यहाँ सामाजिक बदलाव की शर्त प्रत्येक व्यक्ति के नैतिक चरित्र में रूपान्तरण है। गांधी बेशक आत्म-रूपान्तर पर ज़ोर देते थे, लेकिन इससे यह निष्कर्ष निकालना अजीब होगा कि सामूहिक कार्रवाई उनकी नज़र में कम महत्त्व की थी। सामाजिक और राजनीतिक चिन्तन में गांधी के महानतम योगदानों में एक विचार यह है कि जब सदिच्छाधारी सामान्य लोग—यानी पैसे, सत्ता या प्रसिद्धि के लोभ से मुक्त लोग—एक साथ आते हैं तो भीषण रचनात्मक शक्ति का उत्सर्जन होता है। ऐसी एकजुटता ही अन्यायपूर्ण और उत्पीड़नकारी सामाजिक प्रथाओं और राजनीतिक निरंकुशता के ख़िलाफ़ सबसे प्रभावी प्रतिरोध खड़ा कर सकती है। दुनिया को बदलने की ताक़त आम पुरुषों और स्त्रियों की अहिंसक ऊर्जाओं के सामूहिक होने से पैदा होती है। यह एक ऐसा सबक़ है जिसे ऊँचे और ताक़तवर लोग, सामाजिक रूढ़िवाद में गहरे धँसे लोग या सर्वसत्तावादी प्रवृत्तियों से संचालित लोग भूल जाते हैं और अपना ही नुक़सान कर बैठते हैं।

99

सेक्युलर की वापसी

जामिया के एक छात्र निखिल से एक टीवी चैनल के ऐंकर ने सवाल पूछा था—जामिया आपके लिए क्या मायने रखता है? उसका जवाब सुनकर मुझे बहुत सुकून मिला। निखिल ने कुछ देर सोचने के बाद कहा था, "इसने मुझे तहज़ीब सिखाई है, संविधान की समझ दी है, मुझे पढ़ना, लिखना, सोचना सिखाया है। मैं जब जामिया में आया था तब मुझे भारत की कोई समझ नहीं थी। इस विश्वविद्यालय ने मुझे अपने देश के बारे में समझाया है। मैं जीवनपर्यन्त गांधी जी के सपने को साकार करने के लिए काम करूँगा। मैं अपना सेक्युलर भारत वापस चाहता हूँ।"

यहाँ गांधी का ज़िक्र बहुत उपयुक्त था क्योंकि रोज़मर्रा की धर्मनिरपेक्षता को समझने में गांधी का योगदान बहुत भव्य है, जो कम से कम सेक्युलरिज़्म की तीन और समझदारियों से एकदम अलहदा है। पहला, पश्चिमी यूरोप और उत्तरी अमेरिका का राजनीतिक सेक्युलरिज़्म, जहाँ चर्च और राज्य के बीच एक ख़ास क़िस्म की

दूरी की आवश्यकता होती है ताकि समानता और निजी स्वतंत्रता की रक्षा की जा सके, लेकिन वहाँ बन्धुत्व या समुदाय के लिए जगह नहीं है। जबकि विविधता वाले जटिल समाजों में बन्धुत्व निर्णायक मूल्य होता है। दूसरा है भारत का क़ानूनी, संवैधानिक-दार्शनिक सेक्युलरिज़्म। यह अत्यधिक जटिल, सूक्ष्म और समग्र है, जो यहाँ की गहन विधिता और साथ ही समुदायों के भीतर मौजूद उत्पीड़न को भी संज्ञान में लेता है। यहाँ राज्य को सभी धार्मिक समुदायों के साथ एक सैद्धान्तिक दूरी बनाए रखने की ज़रूरत होती है ताकि संस्थागत हो चुके धार्मिक प्रभुत्व को कम किया जा सके। इस सेक्युलरिज़्म का उतना ही सरोकार अन्तरधार्मिक प्रभुत्व को रोकना है जितना धर्मों के भीतर धामिक बुनियाद पर क़ायम जातिगत और लैंगिक ऊँच-नीच व सनक से लड़ना है। अन्त में आता है हाल के दिनों में भारत के अधिकतर राजनीतिक दलों द्वारा बरता गया सेक्युलरिज़्म, जिसे मैं पार्टी सेक्युलरिज़्म कहता हूँ। यह सेक्युलरिज़्म कहने के लायक़ भी नहीं है क्योंकि यह सिद्धान्तविहीन और अवसरवादी है जो सभी धर्मों के सबसे भ्रष्ट, पाखंडी और प्रतिगामी तत्त्वों के साथ गलबहियाँ करता है और जिसका कुल हित अपनी सत्ता को क़ायम रखना होता है। सत्ता क़ायम रखने के लिए यह सेक्युलरिज़्म दंगे भी करवा सकता है और अन्तरधार्मिक तनावों पर खेल भी सकता है।

इनके उलट, गांधी की धर्मनिरपेक्षता बहुत साधारण है कि एक ख़ास क्षेत्र में रहनेवाले सारे धार्मिक समुदाय सहजता और आश्वस्ति भाव के साथ एक दूसरे के साथ रहें। सेक्युलरिज़्म की यह धारणा लोगों पर निर्भर है और गांधी मानते थे कि यह भारतीय चेतना में पहले से मौजूद है, सार्वजनिक विमर्श का एक अहम अंग है और हमारी सामाजिक कसौटी भी है। अफ़सोस कि इसी को आज साम्प्रदायिक राजनीति से ख़तरा है। इस ख़तरे का सामना करने के लिए राज्य के सहयोग की दरकार होती है जो निष्पक्ष हो और किसी एक धर्म की ओर झुका हुआ न हो। इसके अलावा, जब कभी कोई तनाव उपजे या नफ़रत फैले, राज्य तत्काल सांप्रदायिक सौहार्द को क़ायम करने के लिए क़दम उठाए। भाईचारे के अपने बुनियादी कर्तव्य को पूरा करने के लिए और राजनीतिक अलगाव को रोकने के लिए राज्य को ख़ुद को सभी धर्मों से बराबर दूर रखना होगा।

इसीलिए यह देखना काफ़ी सुखद था कि इतने ढेर सारे युवक और युवतियाँ सेक्युलर भारत के गांधी के सपने को लेकर इतना संकल्पित होकर सड़कों पर संवैधानिक सेक्युलरिज़्म की रक्षा करने को निकल पड़े थे। इन युवाओं के इस कृत्य से चार बातें निकल कर आती हैं। पहली कि हमारी नीतियाँ बुनियादी रूप से अन्यायपूर्ण हैं जिनके भीतर बहुत साफ़ तौर से भेदभावकारी मंशा निहित है। यह असंवैधानिक है जो न केवल भेदभाव के शिकार व्यक्ति की प्रतिष्ठा को अपमानित करता है बल्कि हर राजनीतिक नागरिक का अपमान करता है। देश भर में जो

प्रदर्शन हुए जिनमें असंख्य लोगों ने हिस्सा लिया, उसमें यह स्पष्ट कर दिया गया कि ऐसा कोई भी क़ानून या नीति जो धर्म के आधार पर भेद करेगा वह स्वीकार्य नहीं है। इसके अलावा, सरकारी अफ़सर के सामने काग़जात पेश कर के अपनी नागरिकता को साबित करने का पूरा मामला ही घृणास्पद है—भारत में पैदा होनेवाले किसी भी व्यक्ति को यहाँ का नागरिक माना जाना चाहिए और उसे इसका सुबूत देने को बाध्य नहीं किया जाना चाहिए। ऐसा करना उसका अनावश्यक उत्पीड़न होगा। प्रदर्शनकारी कई छात्र इस बात से आश्वस्त थे कि सीएए भेदभावकारी है। क्या वाक़ई? फ़िलहाल, अनुच्छेद 14 हमें भारत की सीमा के भीतर क़ानून से बराबर सुरक्षा का अधिकार मुहैया कराता है। मान लें कि यूरोप का एक आदमी यहाँ आकर एक जुर्म करता है। तो क्या उसके साथ भारतीयों के मुक़ाबले अलग व्यवहार किया जाना चाहिए? क्या क़ानून को केवल इसी आधार पर अलग तरीक़े से लागू किया जाएगा क्योंकि वह, मान लीजिए, यूरोपीय ईसाई है? क़तई नहीं।

इसी तरह मान लें कि अपने देश में हिंसा और दंड के भय से कुछ अवैध प्रवासी भारत की सीमा में घुस आते हैं। उन्हें प्रत्यर्पण के लिए पहचाने जाने और जाँच किए जाने की ज़रूरत है। यहाँ भी एक समान आपराधिक क़ानून ही लागू किया जाएगा। या तो सभी को शरण दे दी जाएगी या फिर सभी का प्रत्यर्पण कर दिया जाएगा। यानी भारत की सीमा के भीतर किसी के साथ भी अलग बरताव नहीं किया जा सकता, चाहे वह भारतीय नागरिक हो या विदेशी। छात्रों ने इसी सीधे-सादे तर्क को अपने भीतर उतार लिया था।

दूसरी बात जो इन प्रदर्शनों से निकल कर आती है वह है नफ़रत और प्रतिशोध की राजनीति से इनकार। शान्तिपूर्ण प्रदर्शनकारियों का मानना था कि विभाजक नीतियाँ परस्पर विद्वेष और आक्रामकता का एक दुश्चक्र रचकर अमन-चैन और स्थिरता को भंग करती हैं। ऐसा नहीं है कि दोनों समुदायों के बीच तनाव और छिटपुट संघर्ष कोई नई बात है। यह अतीत में भी रहा है, लेकिन इनके बीच इतना गहरा विभाजन तभी पैदा हुआ जब उन्नीसवीं सदी में भारत में एक ख़तरनाक जातीय-राष्ट्रवादी विचारधारा बाहर से आई, जिसकी परिणति 1947 में देश-विभाजन के रूप में हुई। ऐसा लगता है कि भारत के युवा इस बात को समझ चुके हैं कि मौजूदा सरकार के नेताओं ने उन काली घटनाओं से कोई सबक़ नहीं लिया है, इसीलिए वे दूसरे समुदाय के ख़िलाफ़ नफ़रत के आधार पर परिभाषित अखिल-हिन्दू पहचान को सुदृढ़ करने की नीतियाँ बनाए जा रहे हैं।

तीसरी बात इन प्रदर्शनों से यह निकली कि युवा हिन्दुओं में भारतीय संस्कृति और सभ्यता में मुसलमानों के योगदान की स्वीकार्यता है। वे जानते हैं कि मुसलमानों ने इस देश में सभ्य नागरिकता की निर्मिति में कैसे अपना सहयोग दिया है। इसीलिए इन युवाओं में किसी ने गोल टोपी लगा रखी थी, किसी ने बिन्दी तो कोई हिजाब

और बुरक़े में आया था। वे यह सन्देश देना चाह रहे थे कि भले ही वे हिन्दू या मुसलमान दिखते हों लेकिन उनकी अपनी धार्मिक पहचानें एक-दूसरे की पहचान के विरुद्ध नहीं खड़ी हैं। एक व्यक्ति बिना मुस्लिमविरोधी हुए भी हिन्दू हो सकता है और कोई व्यक्ति बिना हिन्दूविरोधी हुए मुसलमान भी हो सकता है। भारत के नागरिक इस मायने में एक ही सामाजिक और सार्वजनिक स्पेस को साझा करते हैं, और ऐसा परस्पर सहिष्णुता के चलते नहीं है बल्कि एक दूसरे को सक्रिय रूप से स्वीकार करने के कारण है जहाँ वे एक दूसरे की नियति और दुखों में शामिल होते हैं। इन छात्रों ने यही सन्देश दिया था कि इस नागरिक मैत्री में दरार डालने की कोशिशों को वे बरदाश्त नहीं करेंगे।

इसी तरह, सार्वजनिक संस्कृति में शिष्टता, सभ्यता और परिष्कार की कसौटियाँ भी भारत में एकाधिक धामिक परम्पराओं द्वारा गढ़ी गई हैं जिसमें मुसलमानों ने अहम भूमिका निभाई है। मसलन, कव्वाली और गजल हमारी संस्कृति का उतना ही अहम हिस्सा हैं जितने भजन। क्या हिन्दी की फ़िल्मों में गाये गए महानतम भजन साहिर लुधियानवी और जावेद अख़्तर ने नहीं लिखे, उन्हें लता मंगेशकर और मोहम्मद रफी ने नहीं गाया और उनकी धुनें नौशाद या ए.आर. रहमान ने नहीं बनाईं? भाजपा के अभिनेता सांसद परेश रावल का यह बयान अनायास नहीं था कि बनारस हिन्दू युनिवर्सिटी में फ़िरोज़ ख़ान द्वारा संस्कृत पढ़ाए जाने पर प्रतिबन्ध लगाने की माँग से वे ख़ुद सदमे में हैं।[21] रफी और नौशाद के बग़ैर भारत की लोकप्रिय संस्कृति का तसव्वुर भी नहीं किया जा सकता, यह बात परेश रावल ने कही थी और उन्होंने 'इस मूर्खता को ख़त्म' करने की माँग की थी।

फ़िरोज़ ख़ान कोई इकलौते नहीं हैं। समूची परम्परा है ऐसी विद्वत्ता की—दारा शुकोह से लेकर अकबर, तुग़लक और अमीर ख़ुसरो तक—जो आधुनिक भारत में मोहम्मद हनीफ़ ख़ान शास्त्री और पंडित ग़ुलाम दस्तगीर जैसे संस्कृत के विद्वानों तक चली आती है।

बहरहाल, अन्त में इन प्रदर्शनकारी छात्रों ने एक बात और साफ़ की कि धार्मिक पहचानों को केन्द्र में रखने से बहुसंख्य भारतीयों की रोज़मर्रा की ज़िन्दगी के कई बुनियादी मुद्दे दरकिनार हो जाते हैं। जैसे, इसकी ताकीद करते हुए एक पोस्टर कह रहा था—बाँटो और राज करो अब और नहीं चलेगा। इस आन्दोलन का सन्देश यह था कि सरकार का काम लोगों की रोज़मर्रा की ज़िन्दगी को सुगम

21. पीटीआई, 'BHU Protests: Paresh Rawal Supports Muslim Sanskrit Professor, Appeals to Students to Not Engage in "Idiocy"', *हिन्दुस्तान टाइम्स*, 20 नवम्बर, 2019, https://www.hindustantimes.com/bollywood/bhu-protests-paresh-rawal-supporets-muslim-sanskrit-professor-appeals-to-students-to-not-engage-in-idiocy/story-oZm7J9f5LHFWbKFz-I-Ih5xR.J.html.

और बेहतर बनाना है, वह चाहे हिन्दू हो या मुसलमान, उसे नष्ट करना नहीं है। इन युवा छात्राओं ने भारत के सार्वजनिक विमर्श में सेक्युलरिज़्म की वापसी करवाई है। यह उन लोगों के लिए तो निश्चित रूप से एक राहतकारी और सुखद बात है जो भारत की विविधतापूर्ण सांस्कृतिक विरासत की रक्षा करने की आकांक्षा रखते हैं, संविधान को बचाए रखना चाहते हैं और हर भारतीय के बेहतर जीवन स्तर की कामना करते हैं।

100

कौन उठाए गांधी के सेक्युलरवाद का झंडा?

पिछले कुछ वर्षों के दौरान उभरे तमाम हिन्दू नारों के बीच आज भारत की धर्मनिरपेक्षता किस स्थिति में है? कुछ लोग कहते हैं कि धर्मनिरपेक्षता बिखर रही है। क्या इसे हम ऐसे कह सकते हैं कि आज उसकी ज़रूरत पहले के मुक़ाबले कहीं ज़्यादा है?

भारत में दो अलग-अलग क़िस्म की धर्मनिरपेक्षताएँ विकसित हुई हैं, जो आपस में जुड़ी हैं। एक है संवैधानिक धर्मनिरपेक्षता का सैद्धान्तिक दूरी वाला मॉडल। दूसरा है सांप्रदायिक सद्‌भाव वाला महात्मा गांधी का मॉडल। मेरा ख़याल है कि गांधी जी के मॉडल को दोबारा ज़िन्दा करने की सख़्त ज़रूरत है। क्या चीज़ है जो इसे ख़ास बनाती है और इसकी ज़रूरत आज क्यों है? इसका जवाब जानने के लिए सेक्युलरिज़्म की यूरोपीय अवधारणाओं के साथ एक तुलना बहुत ज़रूरी है।

सेक्युलरिज़्म : यूरोप बनाम भारत

यूरोप में राजनीतिक सेक्युलरिज़्म के उभार की पृष्ठभूमि वहाँ की ज़बरदस्त धार्मिक सज़ातीयता है। वहाँ ताक़त में कमज़ोर धर्मों के अनुयायियों और असहमतों को धर्मयुद्धों के दौरान या तो देश से निकाल दिया गया या मार दिया गया था। ऐसे एकल धर्म वाले समाजों के शासकों ने खुलेआम किसी एक चर्च के साथ अपनी आस्था ज़ाहिर कर के राज्य और चर्च के बीच एक सशक्त गठजोड़ क़ायम कर दिया था। दिक़्क़त तब शुरू हुई जब चर्च राजनीति में दख़ल देने लगा और सामाजिक दमन पर उतर आया। तब असल सवाल यह पैदा हुआ कि चर्च पर लगाम कैसे कसी जाए। इसके लिए राज्य को चर्च से निर्णायक रूप से अलगाना बहुत ज़रूरी हो गया

ताकि कुछ सामाजिक लक्ष्यों को हासिल किया जा सके, जिनमें निजी स्वतंत्रता और समानता का संवर्द्धन भी शामिल था। इस क़िस्म के सेक्युलरिज़्म के लिए विविधता से निपटना कोई मुद्दा ही नहीं था क्योंकि धार्मिक विविधता को तो धर्मयुद्धों के बाद ही तमाम अनैतिक और अवांछित तरीक़ों से समाप्त किया जा चुका था।

इसके उलट, भारत में गहरी धार्मिक विविधता कोई वैकल्पिक या अतिरिक्त चीज़ नहीं थी बल्कि इसके सामाजिक, सांस्कृतिक और ऐतिहासिक परिदृश्य का अंग थी। गांधी जी इस बात को समझते थे और बार-बार कहने से चूकते भी नहीं थे। वे कहते हैं कि भारत "प्राचीन जगत का इकलौता देश है जिसने सांस्कृतिक लोकतंत्र को मान्यता दी हुई है, जहाँ यह धारणा है कि एक ईश्वर तक पहुँचने के कई रास्ते मौजूद हैं, लक्ष्य केवल एक है, क्योंकि ईश्वर भी एक ही है और सारे समान हैं। वैसे तो दुनिया में जितने लोग हैं उतने ही रास्ते भी हैं...कह सकते हैं कि तमाम सारे धर्म एक पेड़ के पत्तों की तरह हैं, वे देखने में अलग जान पड़ सकते हैं लेकिन सबका तना एक है।" गांधी ने इस विचार को ख़ारिज कर दिया था कि कभी भी दुनिया में सभी मनुष्यों के लिए कोई एक ही धर्म अस्तित्व में हो सकता है या कोई समान धार्मिक संहिता हो सकती है।

गहन सामाजिकता

ऐसे में विभिन्न धार्मिक समुदायों को उपयुक्त मान्यता दिए जाने की ज़रूरत है और उनके सदस्यों के बीच आश्वस्ति और भरोसा सुनिश्चित करने की आवश्यकता है। गांधी की दृष्टि में यह एक व्यावहारिक लक्ष्य है क्योंकि वे मानते थे कि सारे मनुष्य गहन रूप से सामाजिक होने की इच्छा रखते हैं। वे इनसानी रिश्तों को ही साध्य के रूप में देखते हैं। मनुष्य एक दूसरे के साथ रचनात्मक रिश्ता क़ायम करना चाहता है। यदि ऐसा नहीं है तो आदमी सामनेवाले की सहमति का अनावश्यक रूप से मोहताज क्यों होता है? यह जान जाने पर कि किसी एक मसले पर दो लोगों के बीच सहमति असम्भव है, आदमी क्यों चाहता है कि किसी और बात पर ही सही, सहमति बन जाए? संवाद ख़त्म होने के बाद भी मनुष्य उसे बहाल क्यों करना चाहता है? आख़िर लम्बे समय तक एक-दूसरे से दूर रहने बोलचाल बन्द होने के बावजूद लोग दोबारा कैसे बातें करने लग जाते हैं? इसलिए क्योंकि मनुष्य एक दूसरे के बग़ैर रह ही नहीं सकता। वह अपने मिज़ाज के लोगों के साथ रहने को चाहे कितना ही तत्पर क्यों न हो, लेकिन उसे उनके साथ भी रहना पड़ता है जिनसे उसका मिज़ाज नहीं मिलता और उनसे भी बात करनी पड़ती है जिससे उसके मतभेद हों।

चूँकि समूची मनुष्यता के लिए कोई एक धर्म नहीं हो सकता, लिहाज़ा दुनिया

की यह धार्मिक विविधता ही परस्पर इज़्ज़त, समान बरताव और सांप्रदायिक सौहार्द को अनिवार्य बनाती है।

गांधी मानते थे कि यह मनुष्य की गहन सामाजिकता की चाहत के चलते सम्भव किया जा सकता है।

कभी-कभार ही ऐसा होता है कि मनुष्य अपने समुदाय से स्वतंत्र होकर अकेले में रहना चाहता है, लेकिन ऐतिहासिक रूप से अन्तर्निहित सांस्कृतिक और धार्मिक परम्पराओं का भागीदार होने के चलते लोग आपस में धार्मिक-सांस्कृतिक समुदाय के बतौर भी मिलते हैं। उन्हें इन साक्षात्कारों को सक्रिय रूप से एक शक्ल देनी होती है और यह तय करना पड़ता है कि वे एक-दूसरे के प्रति खटास न पैदा करें बल्कि आपस में दोस्ताना, शिष्ट, भले और सम्मानपूर्ण सम्बन्ध बनाए रखें। एक दूसरे की धार्मिक और दार्शनिक परम्पराओं की इज़्ज़त किए बग़ैर लोग एक दूसरे के प्रति भले रह ही नहीं सकते।

गांधीवादी सेक्युलरिज़्म

गांधी जी को लगता था कि सांप्रदायिक सौहार्द को क़ायम रखने की बड़ी ज़िम्मेदारी ख़ुद समुदायों के कन्धों पर है, पर ऐसे समय भी आते हैं जब सद्भाव टूट जाता है। जब ऐसा होता है, तब राज्य को दख़ल देने की ज़रूरत पड़ती है। ऐसा सम्भव हो सके, इसके लिए ज़रूरी है कि राज्य किसी एक धर्म की ओर न झुका हो बल्कि सभी से समान दूरी पर हो। इस तरह राज्य के लिए एक निश्चित भूमिका का संकेत करता है। यह समझ आता है कि सेक्युलरिज़्म एक हद जहाँ राज्य ख़ुद को सभी क़िस्म की धार्मिक-दार्शनिक धाराओं से दूर रखते हुए समुदायों के बीच एक ख़ास क़िस्म की समानता और भाईचारे का प्रचार-प्रसार कर सके। निजी स्वतंत्रता और समानता के हित में आधुनिक पश्चिमी सेक्युलरिज़्म चर्च और राज्य को अलग तो करता है, लेकिन वहाँ भाईचारे और समुदाय की कोई जगह नहीं होती है। इससे बिलकुल अलग, गांधी की अवधारणा यह माँग करती है कि सभी धार्मिक समुदायों के बीच बेहतर रिश्तों के हित में राज्य सेक्युलर बना रहे, ख़ासकर जब ये रिश्ते पहले से तनावग्रस्त हों। इसलिए सांप्रदायिक तनाव के मौजूदा दौर में गांधी की अवधारणा का कोई विकल्प नहीं है।

गांधी की यह दृष्टि रणनीतिक मज़बूरियों से पैदा नहीं हुई थी बल्कि इसके पीछे उनका गहरा यकीन था। कभी-कभी कहा जाता है कि गांधी जी के विचार जैन पंथ की शिक्षाओं से आए थे। उन्होंने कहा था, "सारे धर्म सच्चे हैं और सभी में कुछ गड़बड़ियाँ हैं।" इसका आशय यह था कि सभी धर्म अपरिहार्यत: अधूरे और आंशिक और टुकड़ों में मौजूद हैं, इसलिए हर परम्परा को एक दूसरे का पूरक

होना चाहिए, एक दूसरे को समृद्ध करना चाहिए, न कि एक दूसरे से अलग और विशिष्ट प्रतिद्वंद्वी के रूप में रहना चाहिए। इस दार्शनिक विरासत का खंडन किए बग़ैर मैं आगे बढ़कर यह दावा करना चाहूँगा कि गांधी के विचार प्राचीन जगत के उस परम्परागत विवेक से निर्मित थे जहाँ प्रत्येक सांस्कृतिक धर्म के भीतर मौजूद देवी-देवता विविध होते हुए भी दरअसल एक ही मानसिक जगत का हिस्सा थे। इसीलिए वे आपस में जुड़े हुए थे और एक-दूसरे की छवि को प्रतिबिंबित करते थे। इसीलिए कोई भी संस्कृति दूसरी संस्कृति के ईश्वर के अस्तित्व को नकारती नहीं थी बल्कि उसे समाविष्ट करने के रास्ते खोजती थी। मसलन, एक संस्कृति का भगवान दूसरी संस्कृति के भगवानों के कुनबे का सदस्य बन सकता का (जैसे गणेश, शिव और पार्वती की सन्तान हैं)। इसी तरह एक भगवान के आधे को दूसरे के आधे से मिलाकर एक नया भगवान बनाया जा सकता था, जैसे हरि-हरा। इससे भी बड़ी बात, उनके बीच समरूपता का एक सम्बन्ध स्थापित किया जा सकता था, जैसे रूद्र और शिव के बीच की समरूपता। इससे यह कहना सम्भव हो जाता है कि सभी संस्कृतियों के भगवान एक ही हैं, बस उनके नाम अलग-अलग हैं। गांधी इन्हीं परम्पराओं से प्रेरित थे, ख़ासकर समरूपता बैठानेवाली आदत से। इसी दृष्टि से उन्होंने दुनिया के नए धर्मों को देखा। तभी उन्होंने कहा कि राम, अल्लाह और सत्य एक ही संज्ञा को सम्बोधन हैं। यदि ऐसा है, तब तो किसी दूसरे के भगवान पर किया जानेवाला हर हमला मुझे मेरे भगवान पर ही हमले की तरह जान पड़ेगा। उसी तरह, हर वह दावा जो अपने भगवान को दूसरों से श्रेष्ठ क़रार देता हो, वह अपने ही भगवान को अन्ततः शर्मिन्दा कर रहा होगा।

इसके बावजूद, गांधीवादी सेक्युलरिज़्म का साकार होना पारम्परिक लोक-विवेक में आस्था पर निर्भर करता है और यह आस्था एक ख़ास क़िस्म के नैतिक कर्तृत्व पर टिकी हुई है। जब भले और आस्तिक लोग, आम स्त्री और पुरुष—जो धन, सत्ता और प्रसिद्धि के मोहपाश से मुक्त हैं और यही बात उन्हें आम बनाती है—साथ में आते हैं तब वे अहिंसक और रचनात्मक ऊर्जा का संचार करते हैं। यही ऊर्जा हमारे जगत को नैतिक स्तर पर क़ायम रखती है और उसे सुधारती है। विडम्बना यह है कि ऐसे स्त्री-पुरुष हमारे दौर में कहीं नहीं दिखते। बेशक गांधीवादी सेक्युलरिज़्म की सख़्त ज़रूरत है, लेकिन सवाल उठता है कि उसका झंडा कौन उठाएगा?

अनुवादकीय

प्रो. राजीव भार्गव की किताब 'Between Hope and Despair' में संकलित लेखों में से कुछेक मैंने सरसरी तौर से अख़बार में पहले पढ़े थे। कभी अलग से उनके लिखे पर हालाँकि ध्यान नहीं गया था। इसकी एक वजह तो यह हो सकती है कि द *हिन्दू* के अपने स्तम्भ से पहले उन्होंने कभी लोकप्रिय लेखन नहीं किया, जैसा कि वे ख़ुद स्वीकारते हैं। दूसरे, राजधानी दिल्ली के कुछ लोकरंजक बौद्धिकों और अकादमिकों की तरह शिक्षणेतर हलचलों का वे कभी हिस्सा नहीं रहे कि अलग से आकृष्ट करते। इसीलिए जब एक सौ निबन्धों वाली उनकी इस किताब का अनुवाद—जो 'राष्ट्र और नैतिकता' के रूप में अब आपके हाथों में है—करने के लिए मुझसे कहा गया तो इसे मैंने हल्के में लिया। अख़बारी स्तम्भों के नियमित अनुवाद के पुराने अभ्यास के चलते भी मेरे लिए यह स्वाभाविक ही था।

जब मैंने किताब पढ़नी शुरू की, तब एक अध्याय से दूसरे और दूसरे से अगले तक पहुँचने की प्रक्रिया में दिमाग़ के भीतर कुछ सुलझता हुआ पाया। ऐसा लगा कि किसी ने उन गाँठों को प्यार से, हौले से खोल दिया हो जिन्हें खोलने के लिए मैं ख़ुद किन्हीं और उद्यमों के सन्दर्भ में कुछ बरस से उलझा पड़ा था। किताब के पचासेक अध्याय पार करने के बाद यह प्रक्रिया दिमाग़ से मन तक आ पहुँची। किताब पूरी करने के बाद का अनुभव तक़रीबन वैसा था जैसा किसी आध्यात्मिक सत्संग के अन्त में एक श्रोता का होता होगा। पठनीयता का यह सफ़र और उसका आनुभविक निचोड़ क्या 'ट्रांसलेटेबल' भी है? पहला और अन्तिम सवाल मेरे ज़ेहन में यही बचा था। इस गुत्थी से निपटने में मुझे दो महीने लग गए।

इस जिज्ञासा की वजह मेरे लिए बहुत साफ़ थी—प्रो. भार्गव द्वारा अभिव्यक्त विचारों की टेक 'राजनीति' नहीं है, 'मूल्य' हैं। मौजूदा लोक-दायरे में जब किसिम-किसिम के पाले खिंचे हुए हों और हर किसी का खूँटा भी पूर्व-परिभाषित हो, 'मोरलिटी' और 'एथिक्स' की रोशनी में दैनन्दिन के घटनाक्रम को देखना, समझना और सरल ढंग से समझाना एक दुर्लभ और विलक्षण काम है। संवैधानिक नीति, मानवीय नैतिकता और अद्वैत करुणा की भुरभुरी ज़मीन पर खड़ा यह पाठ

अनिवार्यत: 'बाइनरी' के विरोध में है—यानी वह दुई, जिसे न सिर्फ़ रोज़-ब-रोज़ इस दुनिया को बेहतर बनाने के नाम पर हमारे ऊपर थोपा जाता है बल्कि वह भी, जिसे हम अपने खंडित अन्तर से बाहरी दुनिया में प्रोजेक्ट करते रहते हैं। इस किताब को पढ़ना बाहरी और आन्तरिक, दोनों क़िस्म की 'बाइनरी' को हल कर लेने जैसा दुष्कर कर्म है। यह सहिष्णु संवाद की माँग करता है। यह एकतरफ़ा पठन या औपदेशिक पाठन से नहीं हो सकता।

लेखक की मान्यता भी यही है। लिहाज़ा अनुवादक के तर्जुमे से भी ऐसी ही स्वाभाविक अपेक्षा होनी चाहिए। यह अगोचर अपेक्षा ही इस किताब के अनुवाद को कठिन बनाती है, सामान्य से पर्याप्त कठिन। इस कठिनाई की काट मैंने यों निकाली कि इसका ज़्यादातर अंश बोलकर अनुवाद किया। लिखित भाषा नक़ली होने का ख़तरा लिये होती है। बोली हुई बात कहीं पहुँचने की ज़्यादा गुंजाइश रखती है। उसमें एक ख़तरा हालाँकि पारिभाषिक शब्दावली के सरलीकरण का अवश्य होता है। इसीलिए मेरे अनुवाद का पहला ड्राफ़्ट ग़ाफ़िल या कहें 'रेकलेस' था, जिसे दोहरे-तिहरे सम्पादन ने तकनीकी रूप से 'सन्तुलित' बना दिया है।

स्वामी रामतीर्थ के दर्शन से उधार लेकर कहूँ तो यह अनूदित पाठ 'स्टेट ऑफ़ बैलेंस्ड रेकलेसनेस' की पैदाइश है। बिलकुल वैसी सन्तुलित लापरवाही जैसी हम एक-दूसरे को बिना कोई भावनात्मक चोट पहुँचाए रोज़मर्रा के संवाद में बरतते हैं, इस सदिच्छा से कि सामने वाला हमारी बात को समझ रहा होगा। प्रो. भार्गव की यह किताब तो सदिच्छापूर्ण है ही, इसका अनुवाद भी सदिच्छा से ही प्रेरित है। यह सदिच्छा हर उस पाले तक पहुँचने का जतन करती है जो एक-दूसरे के ख़िलाफ़ इस दुनिया में जाने-अनजाने खिंच गए हैं।

एक अनुवादक के बतौर मैं इस किताब पर काम करते हुए कई गुना समृद्ध हुआ हूँ—वैचारिक और रूहानी दोनों ही स्तरों पर। पाठक ख़ुद बताएँगे कि प्रो. भार्गव की बात उन तक पहुँच रही है या नहीं।

अभिषेक श्रीवास्तव

नामानुक्रमणिका